经济科学译库

面板数据分析

（第二版）

萧政 Cheng Hsiao /著

李杰 /译

Analysis of Panel Data

(Second Edition)

中国人民大学出版社

·北京·

中文版序

“面板数据”（又称“纵列数据”）是由大量个体的时序观测构成的数据集。也就是说，面板数据集包含样本中各个体的多个观测值。与只在给定时点有一次观测值的横截面数据集或只有单个对象各时期观测值的时序数据集相比较而言，面板数据集具有很多优势，譬如自由度更多，更能有效降低解释变量间的共线性程度，以及得到精度更高的参数估计量。更重要的是，由于面板数据融合了个体间差异和个体内在动态信息，故很多复杂的行为假设——这些行为假设比用横截面数据集或时序数据集研究的行为假设复杂得多——都可以用面板数据进行研究。面板数据一般重点关注个体结果，而影响个体结果的因素何其之多，但经济模型或计量模型不是对现实的完美镜像，而是对现实世界的简化分析，故在模型中引入所有的影响因素既不可行也无必要。面板数据分析面临的一个重要挑战是如何控制各横截面单元和各时期不可观测的异质性因素以得到对可观测因素影响的推断。本书的目的就是简要介绍面板数据分析中的这些基本问题，重点在于如何应用面板数据的模型和方法。我希望本书的中文版有助于推动这一重要领域的研究。

感谢译者李杰将本书翻译为中文。虽然我没有完整地阅读中文译稿，但我们之间有过多次交流，并且他发现了英文原版中我没有注意到的许多错误，所以我有理由相信本书中文版的翻译质量是可靠的。

萧　政

2012 年 3 月 2 日

第二版序

自 1986 年本书第一版出版以来，讨论面板数据的文章显著增多。根据社会科学引文索引（Social Science Citation Index，SSCI）的数据，1989 年有 29 篇文章与面板数据有关，而在 1997 年这个数字是 518，1998 年是 553，1999 年是 650。面板数据日益受到重视，一方面是因为借助面板数据集比利用单纯的横截面数据集或时间序列数据集能更好地回答重点关注的问题，且这种数据越来越容易获取；另一方面是因为研究人员计算能力的快速提升；当然更是受到了该领域内在方法逻辑体系发展的推动［参见 Trognon（2000）］。

新版在第一版的基础上进行了重大修订，主要补充了离散选择（第 7 章）和样本选择（第 8 章）等非线性面板数据模型的内容；新增的第 10 章包括模拟技术、大 N 和大 T 理论、单位根及协整检验、多水平结构以及截面相依等若干主题；新增了关于动态模型的估计（4.5 节～4.7 节）、固定系数和随机系数模型的 Bayes 诊断（6.6 节～6.8 节）以及重复横截面数据（或伪面板数据）等若干小节。此外，还更新了原有章节中的若干论述。譬如，引入了严格外生性的概念，在广义矩法框架下介绍估计量，以便建立识别各种模型所必需的假设之间的联系；根据对非观测特异效应假设的约束条件，更新了对固定效应和随机效应的论述；等等。

与第一版一样，新版的目标仍是为分析各种类型的数据提供最新的综合分析框架，重点在于系统地阐述如何对受重大政策影响的问题进行恰当的统计推断。新版既不是关于面板数据计量经济学的百科全书，也不是这方面的发展史，故有很多重要贡献在本书中都没有提到，对此我深感抱歉。关于面板数据计量经济学发展史的论述可以参见 Nerlove（2000）。一些别的出版物和参考资料可参见 Arellano 和 Honoré（2001）的综述，或者参见近来由 Matyás 和 Sevester（1996）；Hsiao，Lahiri，Lee 和 Pesaran（1999）；Hsiao，Morimune 和 Powell（2001）以及 Krishnakumar 和 Ronchetti（2000）编撰的四卷资料。Blanchard（1996）对相关软件有过评论。

我要感谢编辑 Scott Parris 在准备修订期间对我的鼓励和帮助，还有 Andrew Chesher 和两位匿名读者对初稿的建设性批评。我也非常感谢 E. Kyriazidou 对第 7 章和第 8 章细心而又细致的批评，感谢 S. Chen 和 J. Powell 对第 8 章、H. R. Moon 对大面板这一节有益的批评和建议，感谢 Sena Schlessinger 用她娴熟的技能输入了除第 7 章外的全部手稿，Yan Shen 仔细校对了全部手稿并熟练地输入了第 7 章的手稿，还有 Siyan Wang 绘制了第 8 章的图表。当然，书中所有的遗留错误都由我负责。James Heckman、C. Manski、Daniel McFadden、Ariel Pakes、《计量经济学》（*Econometrica*）、《美国统计学会杂志》（*Journal of the American Statistical Association*）、《计量经济学杂志》（*Journal of Econometrics*）、《区域科学与城市经济学》（*Regional Science and Urban Economics*）、《经济研究评论》（*Review of Economic Studies*）、芝加哥大学出版社、Elsevier Science 等允许我复制其文章中的部分内容，在此一并感谢。

第一版序

近来，经济学领域的实证研究因利用一类样本容量较大的新型数据——不同时期观测到个体的横截面数据——飞速发展。利用这种数据，我们可构建并检验更贴近现实的行为模型，而这些模型仅用单纯的横截面数据集或时间序列数据集却无法识别。但新型数据的利用也产生了新的问题。新方法不断引入，观念也在发生变化。在准备著述一部导论性专著时，作者必须选择所涵括的主题。我选择了控制不可观测的个体和/或时间属性以避免设定偏误并提高估计的效率。虽说作品的选题范围在某种程度上属于作者的个人风格问题，但本书主要还是讨论最基本和最常用的方法。书中也给出了一些应用这些方法的案例，并对（模型的）用途、计算方法以及（对模型的）解释进行了讨论。

非常感谢 C. Manski 和剑桥大学出版社的一位读者，以及 G. Chamberlain 和 J. Ham 建设性的批评与建议。也感谢 Mario Tello Pacheco，他通读全稿并对表述中存在的问题提出了大量的建议，还更正了许多大大小小的错误。还要感谢 V. Bencivenga，A. C. Cameron，T. Crawley，A. Deaton，E. Kuh，B. Ma，D. McFadden，D. Mountain，G. Solon，G. Taylor 和 K. Y. Tsui 等人的有益批评，感谢 Sophia Knapik 和 Jennifer Johnson 耐心地输入初稿以及反反复复的修改稿。当然，此类事务很容易产生错误，请读者就仍然存在的问题对作者提出批评指正。

本书的若干内容是在我与莫雷山的贝尔实验室、普林斯顿大学、斯坦福大学、南加州大学以及多伦多大学的交流过程中完成的。我非常感谢这些机构为我提供文秘和研究上的便利，非常荣幸与那里富有激情的同事们一同工作。感谢美国国家科学基金和加拿大社会科学与人文科学研究委员会的资助。

目　录

第1章　导　论

1.1　面板数据的优点

纵列数据集（longitudinal data set），又称**面板数据集**（panel data set），是在不同时期跟踪由给定个体组成的样本而获取的数据集，它包含样本中每个个体的多个观测值。无论是在发达国家还是在发展中国家，面板数据都已经很常见。譬如，美国有两个最著名的面板数据集：NLS（National Longitudinal Surveys of Labor Market Experience）数据集和密歇根大学的 PSID（Panel Study of Income Dynamics）数据集。

NLS 对数据的收集始于 20 世纪 60 年代中期，它由五个不同的纵列数据库组成，涵括了劳动力的不同组成部分：1966 年年龄在 45～59 岁的男子、1966 年年龄在 14～24 岁的青年男子、1967 年年龄在 30～44 岁的女子、1968 年年龄在 14～24 岁的青年女子、1979 年年龄在 14～21 岁的青年男女。1986 年扩展后的 NLS 还包含对参加 1979 年调查的青年组女子所生孩子的调查。调查的变量上千个，重点在于了解劳动力市场的供给信息。表 1.1 对 NLS 调查的组、初始样本容量、每个组已经被调查的年数，还有每个组当前的调查状态进行了归纳［详细信息见《NLS手册2000》（*NLS Handbook* 2000），美国劳动部，劳动统计局］。

PSID从1968年开始收集数据并持续至今，它在全国范围内收集具有代表性的6 000多个家庭和15 000多位个人的年度经济信息。该数据集有5 000多个变量，包括就业、收入、人力资本，以及住房、是否乘车上班、流动性等方面的信息。除NLS和PSID之外还有一些经济学家感兴趣的其他面板数据，Borus（1981）和Juster（2000）将这些数据编录在目并进行了论述；读者还可参见Ashenfelter和Solon（1982），以及Becketti等人（1988）的工作来了解这些数据。[1]

表1.1　　NLS：受访组、样本容量、调查年份以及调查状态

受访组	年龄组	出生年份组	初始样本容量	起始年份/结束年份	调查次数	最后受调查人数	状态
老年男子	45～59	4/2/07—4/1/21	5 020	1966/1990	13	2 092[1]	结束
成年女子	30～44	4/2/23—4/1/37	5 083	1967/1999	19	2 466[2]	持续中
青年男子	14～24	4/2/42—4/1/52	5 225	1966/1981	12	3 398	结束
青年女子	14～24	1944—1954	5 159	1968/1999	20	2 900[2]	持续中
NLSY79	14～21	1957—1964	12 686[3]	1979/1998	18	8 399	持续中
NLSY79儿童	出生～14	—	—[4]	1986/1998	7	4 924	持续中
NLSY79青年人	15～22	—	—[4]	1994/1998	3	2 143	持续中
NLSY97	12～16	1980—1984	8 984	1997/1999	3	8 386	持续中

[1]1990年的调查对象包含2 206名寡妇或别的近亲故去的受访者。

[2]初始样本容量。

[3]样本中去掉军人（1985年）和经济贫困的非黑人、非西班牙裔（1991年）之后，包含9 964名有效受访者。

[4]NLSY79中儿童和青年人样本容量与NLSY79中女性受访者所生孩子的数量有关，该数量随着时间递增。

资料来源：NLS Handbook，2000，U. S. Department of Labor，Bureau of Labor Statistics.

欧洲的许多国家有年度或更高频率的全国调查数据，如荷兰的SEP（Socio-Economic Panel），德国的GSOEP（German Social Economics Panel），卢森堡的PSELL（Luxembourg Social Economic Panel），英国的BHPS（British Household Panel Survey）等。“为满足欧盟内部对各成员国关于收入、工作与就业、贫穷与社会排斥、住房、健康，以及若干其他有关私有财产和人员居住条件的社会指标等可比较信息不断增长的需求”［Eurostat（1996）］，欧盟统计局在1994年建成的国家数据采集器已经开始用统一设计的标准化多功能年度纵列数据调查表来协调和链接现有的国家面板数据。譬如，分别始于1993年和1995年的MIP（Manheim Innovation Panel）和MIP-S（Manheim Innovation Panel-Service Sector）包含德国制造业和服务业中有5个及以上雇员企业的创新活动（产品创新、创新支出、研发支出、阻碍创新的因素、资本收益、工资和雇员的技能结构等等）的年度数据。调查严格按照经合组织和欧盟统计局的《奥斯陆手册》（*OSLO Manual*）中推荐的创新调查方法进行，因此获取的德国企业创新活动的数据可在国家之间进行比较。1993 年和 1997 年的数据也成为了欧盟创新调查数据 CIS Ⅰ和 CIS Ⅱ的一部分［详情参见 Janz 等（2001）］。类似地，ECHP（European Community Household Panel）计划推出家庭和个人级别的欧盟人口统计数据。ECHP 包含人口特征、劳动力行为、收入、健康、教育与培训、住房、移民等信息。ECHP 现在覆盖欧共体 15 国中除瑞典之外的 14 国［Peracchi（2000）］。ECHP 的详细统计数据公布在欧盟统计局的参考数据库 New Cronos 中，发布的数据涉及三个领域，即健康、住房以及收入与居住条件（ILC）。[2]

虽然多数发展中国家尚未形成收集统计数据的传统，但面板数据在这些国家也越来越常见。获取原始调查数据对回答许多有意义的重大问题显得尤为重要。世界银行已经发出倡议并协助设计了许多面板数据调查。譬如，中国国务院农村发展研究中心发展研究所与世界银行合作，从 1984 年至 1990 年对中国的 200 家大型乡镇企业进行年度调查［Hsiao 等（1998）］。

在经济研究中，与传统的横截面数据集或时间序列数据集相比，面板数据集具有多方面的优势［参见 Hsiao（1985a，1995，2000）］。面板数据通常能为研究人员提供大量的数据点，因此增加了数据的自由度并降低了解释变量间的共线性程度，故而提高了计量模型估计的有效性。更重要的是，纵列数据允许研究人员分析大量用横截面数据或时间序列数据无法处理的重大经济问题。譬如，我们考虑一个来自 Ben-Porath（1973）的案例：假设从某已婚女士的横截面样本中发现样本中的女士们平均每年有 50%的劳动参与率。对该发现的一种极端解释是：样本中的女士们来自同一个总体，在任意给定的年份，样本中的每位女士正处于就业状态的几率为 50%。而另一种极端解释是：样本中的女士们来自不同的总体，其中的 50%一直在工作，而另外 50%从不工作。在第一种情形，人们预期每位女士婚后一半的时间在劳动力市场之外度过，而另一半时间花在劳动力市场内，并以平均两年的工作期限频繁地变动工作。在第二种情形，女士们没有工作状态的变化，她们的当前工作状态就是将来工作状态的完美预测。要对这两个模型进行区分，我们需要利用个体的劳动力历史信息来估计在生命周期的不同时段参与劳动力市场的概率。这只有在我们对大量的个体有连续的观测时才可能实现。

利用横截面数据对变化的动态情况进行推断时遇到的困难，在劳动力市场研究的其他方面也会碰到。我们以工会组织对经济行为的影响为例进行说明［参见 Freeman 和 Medoff（1981）］。对于有工会的企业（或雇员）和没有工会的企业（或雇员）进行比较而发现的差别，有些经济学家倾向于相信其基本真实性，并认为工会及集体议价方式从根本上改变了雇佣关系中最重要的方面，包括补偿金、劳动力内部与外部的流动性、工作规则和（工作）环境等。而另一些经济学家则认为工会影响不过是些假象而已，他们认为现实世界几乎满足完全竞争的所有条件；上述差别主要根源于这些企业（或工人）在工会成立之前的差异，或工会成立之后在发挥协调作用之前的差异。长远来看，工会无法帮助工人提高工资，因为企业会雇用更高技能的工人来应对所支付的（被工会强迫的）高工资。如果我们认同前一种观点，那么工资或收入方程中表示工会有无的虚拟变量前的系数就是对工会影响的度量。如果我们接受后一种观点，那么表示工会有无的虚拟变量可能仅仅只是工人技能的代理变量。通常我们不能依靠单纯的横截面数据集在这两种假设之间直接作出选择，因为估计量很可能反映的是不同的人或企业间在任何比较中都存在的个体差异。但利用面板数据，我们就可以研究工人从无工会企业转到有工会企业（或从有工会企业转到无工会企业）后其工资的差异来区分这两种假设。如果我们接受工会（对工资）没有影响的观点，那么工人从无工会企业转到有工会企业后，只要他的工作技能在各时期保持不变，则他的工资将不受影响。另一方面，如果工会确实有助于提高工人的工资，则在工人技能保持不变的情况下，工人从无工会企业转到有工会企业后其工资会得到提升。当给定的工人或企业改变状态时（譬如说从无工会企业到有工会企业，或从有工会企业转到无工会企业），我们跟踪调查他们一段时间，就可以构建一个合适的递归结构来研究前后的效应。

然而微观动态效应和宏观动态效应通常不能用横截面数据集进行估计，单纯的时间序列数据集通常也无法给出动态系数的准确估计。譬如，考虑分布滞后模型

$$y_t = \sum_{\tau=0}^{h} \beta_\tau x_{t-\tau} + u_t, \quad t = 1,\cdots,T \tag{1.1.1}$$

的估计问题，其中 x_t 是外生变量，u_t 是随机扰动项。通常情况下，x_t 接近 x_{t-1}，且更接近 $2x_{t-1} - x_{t-2} = x_{t-1} + (x_{t-1} - x_{t-2})$；这（$h+1$）个解释变量 x_1，x_{t-1}，…，x_{t-h}中存在非常严重的多重共线性。因此，如果不假定每个滞后项系数都只是少量参数函数的先验信息，就不能获取滞后项系数精确估计的充分信息［参见 Almon滞后，有理分布滞后（Malinvaud（1970）］。如果借助面板数据，我们就可以利用个体之间 x 值的差分缓解共线性问题，因此我们可放弃约束滞后项系数 $\{\beta_\tau\}$ 的传统方法，而添加一个不同的先验约束来估计无约束分布滞后模型。

另一个例子是在通常情况下测量误差可能导致模型不可识别的问题。但利用对给定个体或在给定时点的多重观测值，研究人员便可识别用其他数据无法识别的模型［参见 Biørn（1992）；Griliches 和 Hausman（1986）；Hsiao（1991b）；Hsiao 和 Taylor（1991）；Wansbeek 和 Koning（1989）］。

与单纯的横截面数据或时间序列数据相比，我们可利用面板数据构建并检验更复杂的行为模型。除此优点外，对实证研究中常出现的一个重要计量经济学问题，即我们发现（或没有发现的）某些效应产生的真实原因是存在与解释变量相关的遗漏（被误测或不可观测）变量，利用面板数据，我们有降低或消除该问题影响的方法。如果同时利用跨期动态信息和调查对象的个体信息，则我们可用更自然的方式更好地控制遗漏变量或不可观测变量的影响。譬如，考虑简单的回归模型：

$$y_{it} = \alpha^* + \boldsymbol{\beta}'\mathbf{x}_{it} + \boldsymbol{\rho}'\mathbf{z}_{it} + u_{it}, \quad i=1,\cdots,N, t=1,\cdots,T \tag{1.1.2}$$

其中$\mathbf{x}_{it}$和$\mathbf{z}_{it}$分别是$k_1\times1$ 和 $k_2\times1$ 的外生变量向量；α^*，$\boldsymbol{\beta}$和$\boldsymbol{\rho}$分别是1×1，$k_1\times1$ 和 $k_2\times1$ 的常数向量；误差项 u_{it}对所有的 i 和 t 独立同分布，其均值为零，方差为σ_u^2。众所周知，y_{it}对$\mathbf{x}_{it}$和$\mathbf{z}_{it}$的最小二乘回归可得到α^*，$\boldsymbol{\beta}$和$\boldsymbol{\rho}$的无偏一致估

计量。如果假定$\mathbf{z}_{it}$的值不可观测，且$\mathbf{x}_{it}$与$\mathbf{z}_{it}$的协方差不为零，则 y_{it} 对$\mathbf{x}_{it}$的最小二乘回归系数是有偏的。但如果能够获取一组个体的重复观测值，则我们可清除$\mathbf{z}$变量的影响。譬如，如果对所有的 t 都有$\mathbf{z}_{it}=\mathbf{z}_i$（即每个个体有自己的$\mathbf{z}$值，且该值在各时期保持不变），则我们可以求个体观测值在时间上的一阶差分，并得到

$$y_{it}-y_{i,t-1}=\boldsymbol{\beta}'(\mathbf{x}_{it}-\mathbf{x}_{i,t-1})+(u_{it}-u_{i,t-1}),\quad i=1,\cdots,N,t=2,\cdots,T \tag{1.1.3}$$

类似地，如果对所有的 i 都有 $\mathbf{z}_{it}=\mathbf{z}_t$（即每个时期有各自的 $\mathbf{z}$ 值，且该值对所有个体的影响都一样），则我们可以在给定的时点求个体对当期均值的偏离值，并得到

$$y_{it}-\bar{y}_t=\boldsymbol{\beta}'(\mathbf{x}_{it}-\bar{\mathbf{x}}_t)+(u_{it}-\bar{u}_t),\quad i=1,\cdots,N,t=1,\cdots,T \tag{1.1.4}$$

其中 $\bar{y}_t=(1/N)\sum_{i=1}^{N}y_{it}$，$\bar{\mathbf{x}}_t=(1/N)\sum_{i=1}^{N}\mathbf{x}_{it}$，$\bar{u}_t=(1/N)\sum_{i=1}^{N}u_{it}$。现在可由式（1.1.3）或式（1.1.4）的最小二乘回归导出 $\boldsymbol{\beta}$ 的无偏一致估计。但如果前一种情形（$\mathbf{z}_{it}=\mathbf{z}_i$）仅有横截面数据（$T=1$），或后一种情形（$\mathbf{z}_{it}=\mathbf{z}_t$）仅有时间序列数据（$N=1$），则我们无法进行这样的数据转换。除非存在与$\mathbf{x}$相关，但与$\mathbf{z}$和 u 无关的工具变量，否则我们不能得到 $\boldsymbol{\beta}$ 的无偏一致估计。

麦柯迪（MaCurdy，1981）关于确定条件下盛年期男子的生命周期劳动力供给的研究就使用这种方法。在某种简化的假设下，麦柯迪证明工人的劳动供给方程可以表示成式（1.1.2），其中 y 是工作小时数的对数，x 是实际工资率的对数，而 z 是工人初始财富的边际效用（不可观测）的对数，初始财富是工人一生中工资和财产性收入的综合衡量指标，假定它在工人的一生中都不变，但每个工人有各自的初始财富（即 $\mathbf{z}_{it}=\mathbf{z}_i$）。在该问题中，不仅 $\mathbf{x}_{it}$ 与 $\mathbf{z}_i$ 相关，而且每个可以作为 $\mathbf{x}_{it}$ 工具变量的经济变量（譬如教育）也与 $\mathbf{z}_i$ 相关。故一般情况下，我们不能利用横截面数据集一致地估计 $\boldsymbol{\beta}$[3]，但如果使用面板数据集，我们对式（1.1.2）进行一阶差分后就能一致地估计 $\boldsymbol{\beta}$。

还有一个例子是增长率的“条件收敛”问题［参见 Durlauf（2001）；Temple（1999）］。通常认为，动态转移路径已知后，增长回归应该控制稳态收入水平［参见 Barro 和 Sala-i-Martin（1995）；Mankiew，Romer 和 Weil（1992）］。故增长率回归模型的回归元一般包括投资率、初始收入、政策效果的度量（比如注册学生数和黑市汇率溢价）等。但国家技术效率的初始水平 $\mathbf{z}_{i0}$ 这一重要成分因不可观测而被遗漏。由于越是低效的国家越可能有更低的投资率或入学率，人们很容易认为 $\mathbf{z}_{i0}$ 与回归元相关，所以导出的横截面参数估计量将产生遗漏变量偏误。但利用面板数据，通过对各国不同时期的观测值求如式（1.1.3）的一阶差分就可以消除初始效率水平的影响。

面板数据包含两个维度：横截面维度 N，时间维度 T。我们预期面板数据估计量的计算比仅用横截面数据（$T=1$）或者时间序列数据（$N=1$）时更复杂。但在某些场合使用面板数据事实上简化了计算和推断。譬如，考虑如下动态 Tobit 模型

$$y_{it}^*=\gamma y_{i,t-1}^*+\beta x_{it}+\epsilon_{it} \tag{1.1.5}$$

其中 y^* 不可观测，我们观测到的是 y，如果 $y_{it}^*>0$，则 $y_{it}=y_{it}^*$，否则 $y_{it}=0$。计

算 y_{it} 在 $y_{i,t-1}=0$ 下的条件密度比计算 $y_{i,t-1}^*$ 已知时的条件密度更复杂，因为（y_{it}，$y_{i,t-1}$）的联合密度函数包含对 $y_{i,t-1}^*$ 从 $-\infty$ 到 0 的积分。此外，不同时期有大量截取的观测值时，完全利用最大似然原理几乎不可能。但利用面板数据，只需集中关注 $y_{i,t-1}>0$ 的数据子集，就可在很大程度上简化对 γ 和 β 的估计，因为联合密度函数 $f(y_{it}, y_{i,t-1})$ 可以表示成条件密度函数 $f(y_{it} \mid y_{i,t-1})$ 和 $y_{i,t-1}$ 的边缘密度函数的乘积。但如果 $y_{i,t-1}^*$ 可观测，则 y_{it} 在 $y_{i,t-1}=y_{i,t-1}{}^*$ 下的条件密度就是 ϵ_{it} 的密度［Arellano，Bover 和 Labeager（1999）］。

最后再看一个非平稳数据时序分析的例子。如果数据是非平稳的，则 $T\to\infty$ 时，最小二乘估计量或最大似然估计量的极限分布不再是正态分布［参见 Dickey 和 Fuller（1979，1981）；Phillips 和 Durlauf（1986）］。因此，常用检验统计量的行为通常要靠计算机模拟进行推断。但如果使用面板数据，且各横截面单元的观测相互独立，则我们可用各横截面单元的中心极限定理证明许多估计量的分布仍是渐近正态的，Wald 型检验统计量是渐近 χ^2 分布的［参见 Binder，Hsiao 和 Pesaran（2000）；Levin 和 Lin（1993）；Pesaran，Shin 和 Smith（1999）；Phillips 和 Moon（1999，2000）；Quah（1994）］。

与纯粹的时序数据相比，面板数据还能对个体结果作出更精确的预测。如果控制某些变量后个体的行为具有相似性，则面板数据不仅提供个体行为信息，还使得通过观察其他个体的行为来研究某个体的行为成为可能。因此，通过混合数据可以得到对个体行为更为精确的描述［参见 Hsiao 和 Mountain（1994）；Hsiao 和 Tahmiscioglu（1997）；Hsiao 等（1989）；Hsiao，Applebe 和 Dineen（1993）］。

1.2 使用面板数据时的问题

1.2.1 异质性偏误

面板数据因理论上可分离特殊行为、实验处理，或更一般的政策影响而备受推崇。这种理论能力以“经济数据由受控制的实验生成”的假设为基础，在这些实验中，实验结果可用服从某概率分布的随机变量表示，而该分布是关于多个用来描述实验环境的变量的光滑函数。如果获取的数据确实是由可控的简单实验生成，则可直接使用标准的统计方法。但是，大多数面板数据来自非常复杂的日常经济生活。通常情况下，不同的个体可能受不同因素的影响。解释个体行为时，我们可以列出无穷多个影响因素。但建模的目的不是模仿现实，而是刻画影响结果的基本力量，所以，在模型设定中包含所有影响个体结果的因素既不可行也不必要。典型的做法是剔除那些没有显著影响的或个体所特有的因素。

但剔除个体特有的重要因素后，经济变量 y 由包含参数的概率分布函数 $P(y \mid \boldsymbol{\theta})$（其中 $\boldsymbol{\theta}$ 是 m 维实数向量，该分布函数在任何时候对所有的个体都是一样的）生成的标准假设可能不合实际。如果忽略了存在于横截面单元中的个体特异效应，或存在于时间序列单元中的时间特异效应，且这些效应没有被所包含的解释变量捕捉到，则将导致模型参数的异质性。忽略这些异质性又将导致重要参数的估计不一致或无意义。譬如，考虑一个简单的模型

$$y_{it}=\alpha_i^*+\beta_i x_{it}+u_{it},\quad i=1,\cdots,N,t=1,\cdots,T \tag{1.2.1}$$

其中 x 是一个纯量外生变量（$k_1=1$），u_{it} 是均值为零、方差为 σ_u^2 的误差项。虽然参数 α_i^* 和 β_i 在各时期保持不变，但对不同的横截面单元有不同的值。在该假设下可能有多种抽样分布。利用所有的 NT 个观测值估计模型

$$y_{it}=\alpha^*+\beta x_{it}+u_{it},\quad i=1,\cdots,N,t=1,\cdots,T \tag{1.2.2}$$

时，这些抽样分布可能将 y_{it} 关于 x_{it} 的最小二乘回归引入歧途。譬如，考虑数据由情形 1 或情形 2 生成的两种情况。

情形 1：截距不等（$\alpha_i^*\neq\alpha_j^*$），斜率相同（$\beta_i=\beta_j$）。我们借助图 1.1 至图 1.3 描述因假定 $\alpha_i^*\neq\alpha_j^*$ 和 $\beta_i=\beta_j$ 可能导致的偏误。在这些图形中，虚线椭圆代表个体不同时期数据的散点图，虚线直线表示个体回归函数。实直线表示用 NT 个观测值作式（1.2.2）的最小二乘回归得到的回归函数。这种情形下有多种可能的情况，如图 1.1、图 1.2 和图 1.3 所示。这些图形描述了基于混合数据用最小二乘估计法估计式（1.2.2）时因截距异质性而产生的偏误情形。由图可知，在这些情况下显然不能使用没有考虑截距异质性的混合数据做回归。此外，混合数据回归中斜率估计量的偏误方向也无法事先辨识，任何方向都有可能。

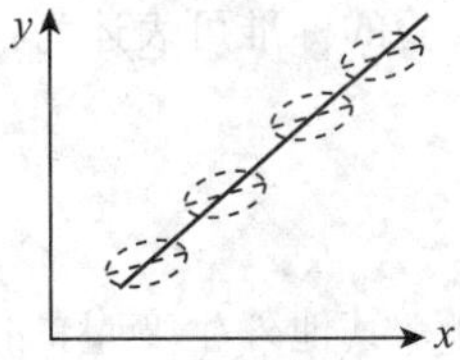

图 1.1

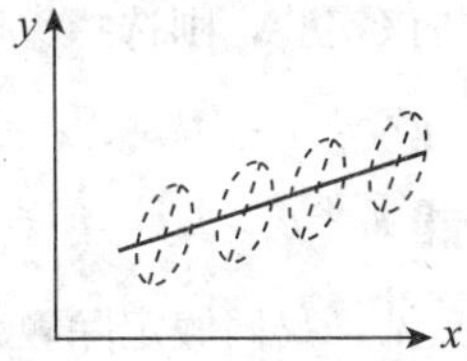

图 1.2

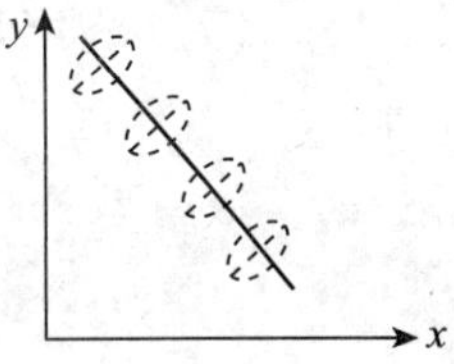

图 1.3

情形 2：截距和斜率都不同（$\alpha_i^*\neq\alpha_j^*$，$\beta_i\neq\beta_j$）。图 1.4 和图 1.5 中没有画出散点图，圆圈中的数字表示回归方程分析的个体。以图 1.4 为例，如果假定所有的横截面单元具有相同的参数，则用全部 NT 个观测值的简单混合数据（回归）导出的估计没有意义，因为它是所有个体回归系数的平均值，但不同个体的回归系数差别巨大。图 1.5 所示的情形中混合数据回归也没有任何意义，因为这将导致混合数据模型是曲线关系的错误推断。无论对哪种情形，**“典型经济人”**（representative agent）的经典假设都不成立，在同质性假设下的混合数据回归毫无意义。

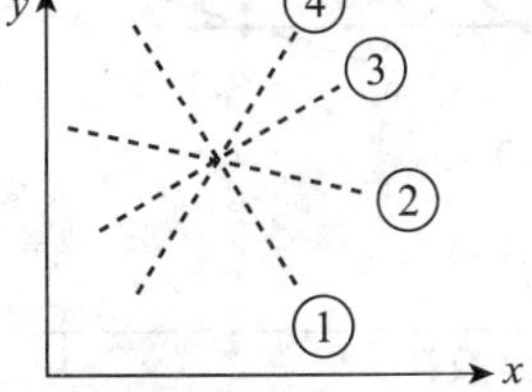

图 1.4

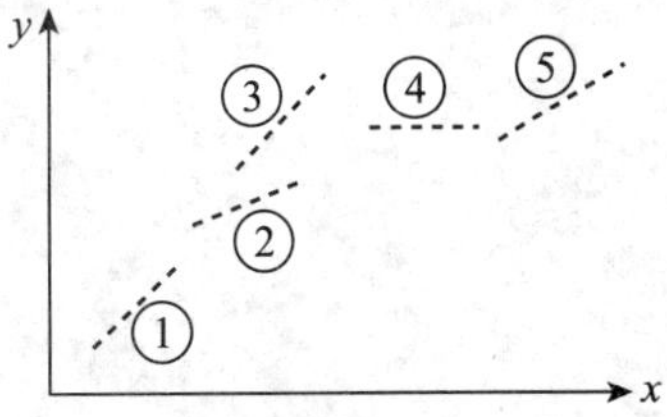

图 1.5

忽略横截面单元的参数异质性将导致多种偏误。如果截距和斜率随着时间变化，则即使在给定的时点截距和斜率对所有的个体都一样，也会出现类似的偏误问题。当然，还有很多比这里描述的更复杂的情况［参见 Chesher 和 Lancaster (1983)；Kuh (1963)］。

1.2.2 选择性偏误

样本并非从总体中随机抽取是另一个在横截面数据和面板数据中都常见的偏误原因。例如，新泽西州负所得税实验就排除了实验区域内收入超过官方规定的贫困水平 1.5 倍的家庭。基于收入断尾后，落在收入（具体而言，工资或劳动小时数）变化范围某子区间内的收入数据成为因变量，利用这些数据进行推断将产生通常所说的**选择性偏误**（selection bias)［参见 Hausman 和 Wise (1977)；Heckman (1976a，1979)；Hsiao (1974b)］。

为方便表述，我们用一个横截面例子来解释使用非随机样本如何使最小二乘估计产生偏误。假定总体中收入（y）和外生变量（$\mathbf{x}$)($\mathbf{x}$ 包括教育、智力等等）之间的关系为

$$y_i=\boldsymbol{\beta}'\mathbf{x}_i+u_i,\quad i=1,\cdots,N \tag{1.2.3}$$

其中扰动项 u_i 独立同分布，均值为零，方差为 σ_u^2。如果规定只有收入低于 L 的家庭才能参与该实验，则选择家庭参与实验的标准可表述为：

$$\begin{aligned}&y_i=\boldsymbol{\beta}'\mathbf{x}_i+u_i\leqslant L,\text{参与}\\&y_i=\boldsymbol{\beta}'\mathbf{x}_i+u_i>L,\text{不参与}\end{aligned} \tag{1.2.4}$$

为简单起见，我们假定除教育变量外，其他外生变量的值都相同。在图 1.6 中，我们用向上倾斜的实线直线表示教育和收入之间的“平均”关系，圆点表示在选定的教育值对应的收入均值附近的收入分布，所有收入超过给定水平 L（L 由水平直线标示）的家庭都被排除在实验之外。在估计教育对收入的影响时，我们仅观察到低于这一水平的点（圆圈圈住的点），因此用普通最小二乘方法容易低估教育对收入的影响。[4] 换句话说，样本选择过程引入了自变量和误差项之间的相关性，从而导致一条向下偏误的回归线，如图 1.6 所示。

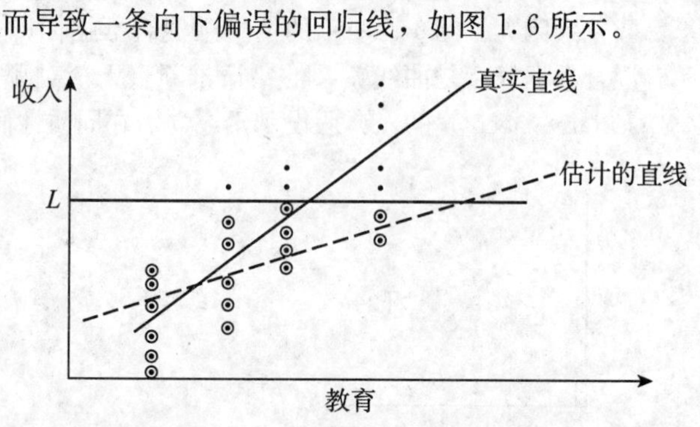

图 1.6

这些例子表明，尽管面板数据优点很多，但它们仍受制于自身潜在的实际问题。只有恰当处理面板数据中的样本选择和异质性偏误，我们对得到的结果才有信心。本书的中心在于控制不可观测的个体特性或者时间特性后对总体特征作出正确推断。

1.3 全书内容提要

由于样本波动源对经济模型的设定和估计影响极大，所以我们首先在第 2 章简要回顾经典的协方差分析方法。然后我们放宽“刻画各期横截面样本观测值的参数都相同”的假设，并对若干考查不同个体和不同时期行为差异的模型设定进行检验。譬如，观测值 y 与属性向量 $\mathbf{x}$ 相关的单方程模型可以有如下情形：

1. 斜率系数为常数，截距随个体变化：

$$y_{it} = \alpha_i^* + \sum_{k=1}^{K} \beta_k x_{kit} + u_{it}, \quad i = 1, \cdots, N, t = 1, \cdots, T \tag{1.3.1}$$

2. 斜率系数为常数，截距随个体和时间而变化：

$$y_{it} = \alpha_{it}^* + \sum_{k=1}^{K} \beta_k x_{kit} + u_{it}, \quad i = 1, \cdots, N, t = 1, \cdots, T \tag{1.3.2}$$

3. 所有的系数随个体变化：

$$y_{it} = \alpha_i^* + \sum_{k=1}^{K} \beta_{ki} x_{kit} + u_{it}, \quad i = 1, \cdots, N, t = 1, \cdots, T \tag{1.3.3}$$

4. 所有的系数随时间和个体变化：

$$y_{it} = \alpha_{it}^* + \sum_{k=1}^{K} \beta_{kit} x_{kit} + u_{it}, \quad i = 1, \cdots, N, t = 1, \cdots, T \tag{1.3.4}$$

根据系数是随机变量还是固定常数的假设，对每种情形还可继续分类。

分析面板数据时，斜率为常数而截距可变的模型［如式（1.3.1）和式（1.3.2）］应用最为广泛，因为这类模型为“在任何时期参数对所有个体都取相同值”的假设提供了简单而又合理的一般方案，因此本书的大部分篇幅都在讨论这类模型。第 3 章讨论截距可变的静态模型，第 4 章讨论动态模型，第 5 章讨论联立方程模型。第 6 章讨论线性变系数模型［譬如式（1.3.3）和式（1.3.4）］的基本问题。第 7 章和第 8 章分别讨论离散数据模型和样本选择模型。第 9 章讨论非完全面板数据模型，譬如估计短面板的分布滞后模型、轮换样本、一系列独立横截面数据的混合数据（伪面板数据），还有单个横截面数据与单个时间序列数据的混合数据。第 10 章讨论诸如模拟方法、测量误差、有大 N 或 T 的面板数据、单位根检验、截面相依以及多水平面板等多个主题。第 11 章对使用面板数据所带来的问题进行总结概述。

面板数据分析面临的挑战是为受实际问题（这些问题与我们对数据生成过程

的理解一致）推动和影响的推断问题提供建立统计模型的最佳途径，这一挑战还将持续下去。本专著的目标是对以前的工作进行总结，并以此方式为读者提供基本的面板数据分析和推断工具。一些重要而高深的问题，譬如连续持久时间模型（continuous time-duration models）［参见 Florens，Fougére 和 Mouchart（1996）；Fougére 和 Kamionka（1996）；Heckman 和 Singer（1984）；Kiefer（1988）；Lancaster（1990）］，广义非线性模型［参见 Abrevaya（1999）；Amemiya（1983）；Gourieroux 和 Jasiak（2000）；Hsiao（1992c）；Jorgenson 和 Stokes（1982）；Lancaster（2001）；Wooldridge（1999）］[5]，计数模型［Cameron 和 Trevedi（1998）］，社会事业的计量评估［参见 Angrist 和 Hahn（1999）；Hahn（1998）；Heckman（2001）；Heckman 和 Vytlacil（2001）；Heckman，Ichimura 和 Todd（1998）；Hirano，Imbens 和 Ridder（2000）；Imbens 和 Angrist（1994）］，都超出了本书的讨论范围。

第 2 章　协方差分析

2.1　引言[1]

假设我们有 N 个个体的 K 个属性在 T 个不同时期的样本观测值，用 y_{it}，x_{kit}，$i=1$，…，N，$t=1$，…，T，$k=1$，…，K 表示。一般假定 y 的观测值是某随机实验的结果，该实验结果在属性向量 $\mathbf{x}$ 和参数向量 $\boldsymbol{\theta}$ 下的条件概率分布为 $f(y \mid \mathbf{x}, \boldsymbol{\theta})$。使用面板数据的最终目标之一就是利用获取的信息对参数 $\boldsymbol{\theta}$ 进行统计推断，譬如常假定的 y 是关于 $\mathbf{x}$ 的线性函数的简单模型。但利用全部的 NT 个观测值做最小二乘回归时，我们需要假定回归参数在所有时期对全部横截面单元都取相同值。如果该假设不成立，则如 1.2 节的讨论，混合数据的最小二乘估计可能导致错误的推断。因此，作为充分挖掘数据的第一步，我们通常需要检验描述随机结果变量 y 的参数是否对所有的 i 和 t 保持不变。

协方差分析检验（analysis-of-covariance test）是识别样本波动源时广泛采用的方法。**“方差分析”**（analysis of variance）常指一类特殊的线性假设，这类假设假定随机变量 y 的期望值仅与所考察个体所属的类（该类由一个或多个因素决定）有关，但不包括与回归有关的检验。而协方差分析模型具有混合特征，既像回归模型一样包含真正的外生变量，同时又像通常的方差分析一样允许每个个体的真实关系依赖个体所属的类。

常用来分析定量因素和定性因素影响的线性模型为

$$y_{it}=\alpha_{it}^{*}+\boldsymbol{\beta}_{it}'\mathbf{x}_{it}+u_{it},\quad i=1,\cdots,N,t=1,\cdots,T \tag{2.1.1}$$

其中 α_{it}^{*} 和 $\boldsymbol{\beta}_{it}'=(\beta_{1it},\ \beta_{2it},\ \cdots,\ \beta_{Kit})$ 分别是随着 i 与 t 变化的 1×1 和 $1\times K$ 的常数向量，$\mathbf{x}_{it}'=(x_{1it},\ x_{2it},\ \cdots,\ x_{Kit})$ 是 $1\times K$ 的外生变量向量，u_{it} 是误差项。我们可从两个方面对回归系数估计量进行检验：首先，回归斜率系数的同质性；其次，回归截距系数的同质性。检验过程主要有三步：

1. 检验各个体在不同时期的斜率和截距是否都相等。
2. 检验（各个体或各时期的）回归斜率（向量）是否都相等。
3. 检验各回归截距是否都相等。

显然，如果接受完全同质性假设（第 1 步），则检验步骤中止。但如果拒绝了完全同质性假设，则第 2 步将确定回归斜率是否相同。如果没有拒绝斜率系数的同质性假设，则第 3 步（也是最后一步检验）确定回归截距是否相等。从原理上讲，第 1 步是从第 2 步和第 3 步分离出来的。[2]

虽然对多维数据也可进行此类分析，但如 Scheffé（1959）或 Searle（1971）所述，只有单因素协方差分析应用比较广泛。故本章我们仅讨论单因素协方差分析方法。

2.2 协方差分析

模型（2.1.1）仅用来在理论上对某些情形进行描述，它既无法估计也不可用来预测，因为该模型中的可用自由度 NT 比模型参数的个数 $NT(K+1)+$（描述 u_{it} 分布的参数个数）小。故在进行任何推断之前，必须给模型（2.1.1）添加一个结构性限制。首先，我们假定参数不随时间变化，但随个体变化。因此，我们可为每个个体设定各自的回归方程：

$$y_{it}=\alpha_{i}^{*}+\boldsymbol{\beta}_{i}'\mathbf{x}_{it}+u_{it},\quad i=1,\cdots,N,t=1,\cdots,T \tag{2.2.1}$$

对模型（2.2.1）有三种类型的约束条件，它们分别是：

H_1：回归斜率系数相同，但截距不同，即

$$y_{it}=\alpha_{i}^{*}+\boldsymbol{\beta}'\mathbf{x}_{it}+u_{it} \tag{2.2.2}$$

H_2：回归截距相同，但斜率系数不同，即

$$y_{it}=\alpha^{*}+\boldsymbol{\beta}_{i}'\mathbf{x}_{it}+u_{it} \tag{2.2.3}$$

H_3：斜率和截距都相同，即

$$y_{it}=\alpha^{*}+\boldsymbol{\beta}'\mathbf{x}_{it}+u_{it} \tag{2.2.4}$$

因斜率不相等时讨论截距是否相等意义不大，故我们不考虑与模型（2.2.3）对应的约束类型。我们称模型（2.2.1）为**无约束模型**（unrestricted model），称模型（2.2.2）为**个体均值修正回归模型**（individual-mean corrected regression model）或**组均值修正回归模型**（cell-mean corrected regression model），称模型（2.2.4）为**混合（数据）回归**（pooled regression）模型。

令

$$\bar{y}_i = \frac{1}{T}\sum_{t=1}^{T} y_{it} \tag{2.2.5}$$

$$\bar{\mathbf{x}}_i = \frac{1}{T}\sum_{t=1}^{T} \mathbf{x}_{it} \tag{2.2.6}$$

分别是第 i 个个体 y 和 $\mathbf{x}$ 的均值。无约束模型（2.2.1）中 $\boldsymbol{\beta}_i$ 和 α_i^* 的最小二乘估计是[3]

$$\hat{\boldsymbol{\beta}}_i = W_{xx,i}^{-1} W_{xy,i}, \hat{\alpha}_i = \bar{y}_i - \hat{\boldsymbol{\beta}}_i' \bar{\mathbf{x}}_i, \quad i=1,\cdots,N \tag{2.2.7}$$

其中

$$W_{xx,i} = \sum_{t=1}^{T} (\mathbf{x}_{it} - \bar{\mathbf{x}}_i)(\mathbf{x}_{it} - \bar{\mathbf{x}}_i)'$$

$$W_{xy,i} = \sum_{t=1}^{T} (\mathbf{x}_{it} - \bar{\mathbf{x}}_i)(y_{it} - \bar{y}_i)$$

$$W_{yy,i} = \sum_{t=1}^{T} (y_{it} - \bar{y}_i)^2 \tag{2.2.8}$$

在协方差分析中，称方程（2.2.7）为**组内估计**（within-group estimate）。记第 i 组残差平方和为 $RSS_i = W_{yy,i} - W_{xy,i}' W_{xx,i}^{-1} W_{xy,i}$。则无约束残差平方和为

$$S_1 = \sum_{i=1}^{N} RSS_i \tag{2.2.9}$$

个体均值修正模型的最小二乘回归得到参数估计量

$$\hat{\boldsymbol{\beta}}_w = W_{xx}^{-1} W_{xy},$$
$$\hat{\alpha}_i^* = \bar{y}_i - \hat{\boldsymbol{\beta}}_w' \bar{\mathbf{x}}_i, i=1,\cdots,N \tag{2.2.10}$$

其中

$$W_{xx} = \sum_{i=1}^{N} W_{xx,i}$$

$$W_{xy} = \sum_{i=1}^{N} W_{xy,i}$$

令 $W_{yy} = \sum_{i=1}^{N} W_{yy,i}$；则模型（2.2.2）的残差平方和为

$$S_2 = W_{yy} - W_{xy}' W_{xx}^{-1} W_{xy} \tag{2.2.11}$$

混合数据模型（2.2.4）的最小二乘回归得到参数估计量

$$\hat{\boldsymbol{\beta}} = T_{xx}^{-1} T_{xy}, \hat{\alpha}^* = \bar{y} - \hat{\boldsymbol{\beta}}' \bar{\mathbf{x}} \tag{2.2.12}$$

其中

$$T_{xx}=\sum_{i=1}^{N}\sum_{t=1}^{T}(\mathbf{x}_{it}-\overline{\mathbf{x}})(\mathbf{x}_{it}-\overline{\mathbf{x}})'$$

$$T_{xy}=\sum_{i=1}^{N}\sum_{t=1}^{T}(\mathbf{x}_{it}-\overline{\mathbf{x}})(y_{it}-\overline{y})$$

$$T_{yy}=\sum_{i=1}^{N}\sum_{t=1}^{T}(y_{it}-\overline{y})^2$$

$$\overline{y}=\frac{1}{NT}\sum_{i=1}^{N}\sum_{t=1}^{T}y_{it}$$

$$\overline{\mathbf{x}}=\frac{1}{N}\sum_{i=1}^{N}\sum_{t=1}^{T}\mathbf{x}_{it}$$

总的残差平方和为

$$S_3=T_{yy}-T'_{xy}T_{xx}^{-1}T_{xy} \tag{2.2.13}$$

在“u_{it} 对所有的 i 和 t 都独立且服从正态分布 N（0，σ_u^2）”的假设下，可用 F 检验对模型（2.2.2）和模型（2.2.4）设定的约束条件进行检验。事实上，我们可认为模型（2.2.2）和模型（2.2.4）是由模型（2.2.1）在不同类型线性约束下得到的。譬如，截距不同但斜率相同的假设［方程（2.2.2）］可重新表述为模型（2.2.1）受到（$N-1$）K 个线性约束：

$$H_1:\boldsymbol{\beta}_1=\boldsymbol{\beta}_2=\cdots=\boldsymbol{\beta}_N$$

截距和斜率都相同的假设可视为模型（2.2.1）受到 $(N-1)(K+1)$ 个线性约束：

$$H_3:\alpha_1^*=\alpha_2^*=\cdots=\alpha_N^*$$
$$\boldsymbol{\beta}_1=\boldsymbol{\beta}_2=\cdots=\boldsymbol{\beta}_N$$

故协方差分析检验与基于线性回归残差平方和的普通假设检验等价。

无约束残差平方和 S_1 除以 σ_u^2 后服从自由度为 $NT-N(K+1)$ 的 χ^2 分布。用（S_3-S_1）表示因允许参数随个体 i 变化所导致的解释平方和的增量。在假设 H_3 下，约束残差平方和 S_3 除以 σ_u^2 服从自由度为 $NT-(K+1)$ 的 χ^2 分布，而 $(S_3-S_1)/\sigma_u^2$ 服从自由度为 $(N-1)(K+1)$ 的 χ^2 分布。因为 $(S_3-S_1)/\sigma_u^2$ 独立于 S_1/σ_u^2，所以可用 F 统计量

$$F_3=\frac{(S_3-S_1)/[(N-1)(K+1)]}{S_1/[NT-N(K+1)]} \tag{2.2.14}$$

对 H_3 进行检验。如果第一自由度为 $(N-1)(K+1)$、第二自由度为 $N(T-K-1)$ 的统计量 F_3 不显著，则我们将所有个体的数据混合，并估计单个方程（2.2.4）。如果该 F 统计量是显著的，则通常会进一步尝试找出该非同质性是归因于不同的斜率还是不同的截距。

在截距不同但斜率相同的假设（H_1）下，模型（2.2.2）的残差平方和 $S_2=W_{yy}-W'_{xy}W_{xx}^{-1}W_{xy}$ 除以 σ_u^2 服从自由度为 $N(T-1)-K$ 的 χ^2 分布。因此检验 H_1 的 F 检验（统计量）为

$$F_1=\frac{(S_2-S_1)/[(N-1)K]}{S_1/[NT-N(K+1)]} \tag{2.2.15}$$

如果第一自由度为（$N-1)K$、第二自由度为 $NT-N(K+1)$ 的 F_1 是显著的，则检验过程终止，并将模型（2.2.1）当作**保有假设**（maintained hypothesis）。如果 F_1 不显著，则我们可断定在截距中出现了某种程度的非同质性。

如果接受假设 H_1，则我们可对“截距相同”的假设进行条件检验，即在 $\boldsymbol{\beta}_1=\boldsymbol{\beta}_2=\cdots=\boldsymbol{\beta}_N$ 的条件下检验

$$H_4: \alpha_1^*=\alpha_2^*=\cdots=\alpha_N^*$$

此时无约束残差平方和是 S_2，约束残差平方和是 S_3。模型（2.2.4）与模型（2.2.2）相比残差平方和减少了（S_3-S_2）。在假设 H_4 下，S_3/σ_u^2 服从自由度为 $NT-(K+1)$ 的 χ^2 分布，S_2/σ_u^2 服从自由度为 $N(T-1)-K$ 的 χ^2 分布。因为 S_2/σ_u^2 与服从自由度为 $N-1$ 的 χ^2 分布的（$S_3-S_2)/\sigma_u^2$ 相互独立，所以检验假设 H_4 的 F 检验（统计量）为

$$F_4=\frac{(S_3-S_2)/(N-1)}{S_2/[N(T-1)-K]} \tag{2.2.16}$$

我们在协方差分析表中（表 2.1）对这些检验做了归纳。

表 2.1　　　　　　　　　同质性的协方差检验

波动源	残差平方和	自由度	均方值
具有不同截距和斜率的组内变异	$S_1=\sum_{i=1}^{N}(W_{yy,i}-W'_{xy,i}W_{xx,i}^{-1}W_{xy,i})$	$N(T-K-1)$	$S_1/N(T-K-1)$
斜率相同：截距不同	$S_2=W_{yy}-W'_{xy}W_{xx}^{-1}W_{xy}$	$N(T-1)-K$	$S_2/[N(T-1)-K]$
截距和斜率都相同	$S_3=T_{yy}-T'_{xy}T_{xx}^{-1}T_{xy}$	$NT-(K+1)$	$S_3/[NT-(K+1)]$

符号说明：

单元或组（或个体）	$i=1, \cdots, N$
对单元的各期观测	$t=1, \cdots, T$
总的样本容量	NT
各单元（或组）均值	$\bar{y}_i$，$\bar{\mathbf{x}}_i$
总体均值	$\bar{y}$，$\bar{\mathbf{x}}$
组内协方差	$W_{yy,i}$，$W_{yx,i}$，$W_{xx,i}$
总变异	T_{yy}，T_{yx}，T_{xx}

另一方面，我们也可以假定系数在给定的时点对所有的个体保持不变，但随时间变化。因此，可为每期横截面数据设定一个单独的回归：

$$y_{it}=\alpha_t^*+\boldsymbol{\beta}_t'\mathbf{x}_{it}+u_{it}, \quad i=1,\cdots,N, t=1,\cdots,T \tag{2.2.17}$$

这里仍假定 u_{it} 是独立正态分布的随机变量，其均值为零、方差为 σ_u^2。然后用类似的协方差分析检验不同时期横截面参数的同质性。譬如，我们可用第一自由度为（$T-1)(K+1)$、第二自由度为 $NT-T(K+1)$ 的 F 统计量

$$F'_3=\frac{(S_3-S'_1)/[(T-1)(K+1)]}{S'_1/[NT-T(K+1)]} \tag{2.2.18}$$

检验完全同质性假设（H'_3：$\alpha_1^*=\alpha_2^*=\cdots=\alpha_T^*$，$\boldsymbol{\beta}_1=\boldsymbol{\beta}_2=\cdots=\boldsymbol{\beta}_T$），其中

$$S'_1=\sum_{t=1}^{T}(W_{yy,t}-W'_{xy,t}W_{xx,t}^{-1}W_{xy,t})$$

$$W_{yy,t}=\sum_{i=1}^{N}(y_{it}-\bar{y}_t)^2,\bar{y}_t=\frac{1}{N}\sum_{i=1}^{N}y_{it}$$

$$W_{xx,t}=\sum_{i=1}^{N}(\mathbf{x}_{it}-\bar{\mathbf{x}}_t)(\mathbf{x}_{it}-\bar{\mathbf{x}}_t)',\bar{\mathbf{x}}_t=\frac{1}{N}\sum_{i=1}^{N}\mathbf{x}_{it}$$

$$W_{xy,t}=\sum_{i=1}^{N}(\mathbf{x}_{it}-\bar{\mathbf{x}}_t)(y_{it}-\bar{y}_t) \tag{2.2.19}$$

类似地，我们可以用第一自由度为 $(T-1)K$、第二自由度为 $NT-T(K+1)$ 的 F 统计量

$$F'_1=\frac{(S'_2-S'_1)/[(T-1)K]}{S'_1/[NT-T(K+1)]} \tag{2.2.20}$$

对“截距不同但斜率相同”的假设（H'_1：$\alpha_1^*\neq\alpha_2^*\neq\cdots\neq\alpha_T^*$，$\boldsymbol{\beta}_1=\boldsymbol{\beta}_2=\cdots=\boldsymbol{\beta}_T$）进行检验，其中

$$S'_2=\sum_{t=1}^{T}W_{yy,t}-\left(\sum_{t=1}^{T}W'_{xy,t}\right)\left(\sum_{t=1}^{T}W_{xx,t}\right)^{-1}\left(\sum_{t=1}^{T}W_{xy,t}\right) \tag{2.2.21}$$

或者用第一自由度为 $T-1$、第二自由度为 $T(N-1)-K$ 的 F 统计量

$$F'_4=\frac{(S_3-S'_2)/(T-1)}{S'_2/[T(N-1)-K]} \tag{2.2.22}$$

检验在斜率相等 $\boldsymbol{\beta}_1=\boldsymbol{\beta}_2=\cdots=\boldsymbol{\beta}_T$ 条件下截距相同的假设（H'_4）。一般说来，除非横截面和时间序列的协方差分析都接受回归系数同质性假设，否则无条件混合数据回归（例如，利用所有横截面单元在各个时期观测值的单个最小二乘回归）将导致严重的偏误。

最后需要指出的是上述检验并不是相互独立的。检验过程中可能存在一些棘手的问题，例如，根据 $F_3(F'_3)$，我们接受斜率和截距相同的假设，但这一结果可能与由 $F_1(F'_1)$ 和 $F_4(F'_4)$ 导出的相反结果相容，因为这两种情形中的备择假设（或虚拟假设）并不相同。更糟糕的是，我们可能根据 $F_3(F'_3)$ 的值拒绝了完全同质性假设，却又发现根据 $F_1(F'_1)$ 和 $F_4(F'_4)$ 我们不能拒绝该虚拟假设，因此，找不出由 F_3（或 F'_3）检验出来的异质性。虽然可以对该结果做正式的统计分析，但在解释统计推断的结论时却比较麻烦。

2.3 案例[4]

为修正现有投资行为理论并估计最重要的系数，Kuh(1963) 用 60 家中小型

生产资料生产企业从1935年至1955年间除战争年代（1942—1945年）之外的数据来探索投资方程确当的模型设定。他基于固定资产设备加速行为（或内部资金流）研究了多个包含若干滞后项的模型。为便于表述，本节我们仅以代数形式报告基于利润理论、资本效用理论、财政制约以及长期增长理论的函数设定和结果（表2.2，A部分），函数设定的对数转换（B部分），以及几个比率模型（C部分）。表2.2列出了各部分的方程。

表2.2　Kuh（1963）估计的投资方程式

A部分

$$\Delta I_{it}=\alpha_0+\beta_1 C_i+\beta_2\Delta K_{it}+\beta_3\Delta S_{it} \quad (2.3.1)$$

$$\Delta I_{it}=\alpha_0+\beta_1 C_i+\beta_2\Delta K_{it}+\beta_4\Delta P_{it} \quad (2.3.2)$$

$$\Delta I_{it}=\alpha_0+\beta_1 C_i+\beta_2\Delta K_{it}+\beta_3\Delta S_{it}+\beta_4\Delta P_{it} \quad (2.3.3)$$

$$I_{it}=\alpha_0+\beta_1 C_i+\beta_2 K_{it}+\beta_3 S_{it} \quad (2.3.4)$$

$$I_{it}=\alpha_0+\beta_1 C_i+\beta_2 K_{it}+\beta_4 P_{it} \quad (2.3.5)$$

$$I_{it}=\alpha_0+\beta_1 C_i+\beta_2 K_{it}+\beta_3 S_{it}+\beta_4 P_{it} \quad (2.3.6)$$

$$I_{it}=\alpha_0+\beta_1 C_i+\beta_2 K_{it}+\beta_3 S_{i,t-1} \quad (2.3.7)$$

$$I_{it}=\alpha_0+\beta_1 C_i+\beta_2 K_{it}+\beta_4 P_{i,t-1} \quad (2.3.8)$$

$$I_{it}=\alpha_0+\beta_1 C_i+\beta_2 K_{it}+\beta_3 S_{i,t-1}+\beta_4 P_{i,t-1} \quad (2.3.9)$$

$$I_{it}=\alpha_0+\beta_1 C_i+\beta_2 K_{it}+\beta_3[(S_{it}+S_{i,t-1})\div 2] \quad (2.3.10)$$

$$I_{it}=\alpha_0+\beta_1 C_i+\beta_2 K_{it}+\beta_4[(P_{it}+P_{i,t-1})\div 2] \quad (2.3.11)$$

$$I_{it}=\alpha_0+\beta_1 C_i+\beta_2 K_{it}+\beta_3[(S_{it}+S_{i,t-1})\div 2]+\beta_4[(P_{it}+P_{i,t-1})\div 2] \quad (2.3.12)$$

$$[(I_{it}+I_{i,t-1})\div 2]=\alpha_0+\beta_1 C_i+\beta_2 K_{it}+\beta_3[(S_{it}+S_{i,t-1})\div 2] \quad (2.3.13)$$

$$[(I_{it}+I_{i,t-1})\div 2]=\alpha_0+\beta_1 C_i+\beta_2 K_{it}+\beta_4[(P_{it}+P_{i,t-1})\div 2] \quad (2.3.14)$$

$$[(I_{it}+I_{i,t-1})\div 2]=\alpha_0+\beta_1 C_i+\beta_2 K_{it}+\beta_3[(S_{it}+S_{i,t-1})\div 2]+\beta_4[(P_{it}+P_{i,t-1})\div 2] \quad (2.3.15)$$

B部分

$$\Delta\log I_{it}=\alpha_0+\beta_1\log C_i+\beta_2\Delta\log K_{it}+\beta_3\Delta\log S_{it} \quad (2.3.16)$$

$$\log I_{it}=\alpha_0+\beta_1\log C_i+\beta_2\log K_{it}+\beta_3\log S_{it} \quad (2.3.17)$$

$$\log I_{it}=\alpha_0+\beta_1\log C_i+\beta_2\log K_{it}+\beta_3\log S_{i,t-1} \quad (2.3.18)$$

$$\log I_{it}=\alpha_0+\beta_1\log C_i+\beta_2\log[(K_{it}+K_{i,t-1})\div 2]+\beta_3\log[(S_{it}+S_{i,t-1})\div 2] \quad (2.3.19)$$

C部分

$$\frac{I_{it}}{K_{it}}=\alpha_0+\beta_1\frac{P_{it}}{K_{it}}+\beta_2\frac{S_{i,t-1}}{C_i\cdot K_{i,t-1}} \quad (2.3.20)$$

$$\frac{I_{it}}{K_{it}}=\alpha_0+\beta_1\frac{P_{it}}{K_{it}}+\beta_2\frac{S_{i,t-1}}{C_i\cdot K_{i,t-1}}+\beta_3\frac{S_{it}}{C_i\cdot K_{it}} \quad (2.3.21)$$

$$\frac{I_{it}}{K_{it}}=\alpha_0+\beta_1\frac{P_{it}+P_{i,t-1}}{K_{it}\cdot 2}+\beta_2\frac{S_{i,t-1}}{C_i\cdot K_{i,t-1}} \quad (2.3.22)$$

$$\frac{I_{it}}{K_{it}}=\alpha_0+\beta_1\frac{P_{it}+P_{i,t-1}}{K_{it}\cdot 2}+\beta_2\frac{S_{i,t-1}}{C_i\cdot K_{i,t-1}}+\beta_3\frac{S_{it}}{K_i\cdot K_{it}} \quad (2.3.23)$$

注：I=总投资；C=资本密集度指数；K=股本；S=销售；P=总的保留利润。

Kuh采用企业数据而不是经济总量数据的主要原因有两个。其一是对总量数据质量的怀疑，以及解释变量高度相关时伴随总量数据时序模型的估计产生的问题。另一个原因是构建和检验更复杂的行为模型需要更多自由度。但如 1.2 节所述，仅当控制解释变量后个体观测可视为从同一样本空间中随机抽取时，使用各时期所有观测数据的单个回归才有意义。Kuh(1963) 用 2.2 节中讨论的协方差分析技术检验完全同质性（F_3 或 F_3'），斜率同质性（F_1 或 F_1'），以及在接受横截面单元和时间序列单元斜率都相同的条件下截距的同质性（F_4 或 F_4'）。表 2.3 和表 2.4 分别列出了各横截面单元的时序估计同质性检验结果和各时期横截面估计的同质性检验结果。

表中记录的这些统计结果告诉我们一个显著事实，即除方程（2.3.1）和(2.3.3)（它们是一阶差分的形式）的时序结果之外，所有其他模型设定都未能通过完全同质性检验。[5] 此外，除方程（2.3.17）和（2.3.18）（表 2.4）的横截面估计外，在多数情形中，不能将截距的变化与斜率的变化完全分离开来。同样是这些方程，与横截面结果密切对应的时序估计结果也有相类似的结论。虽然协方差分析与其他统计方法一样，不会自动产生统计结果，但这些结果确实表明在时间序列分析和横截面分析中被排除变量的影响可能大不相同。许多差异可能在不同时期引起不同个体之间系统性的相互关系，不对产生这些差异的可能原因进行研究则太过草率。[6]

表 2.3　　各横截面单元之间回归系数同质性的协方差检验[a]

方程	全局检验的 F_3			斜率相同时的 F_1			个体均值显著性的 F_4		
	自由度		实际 F 值	自由度		实际 F 值	自由度		实际 F 值
	分子	分母		分子	分母		分子	分母	
(2.3.1)	177	660	1.25	118	660	1.75[c]	57	660	0.12
(2.3.2)	177	660	1.40[b]	118	660	1.94[c]	57	660	0.11
(2.3.3)	236	600	1.13	177	600	1.42[b]	56	600	0.10
(2.3.4)	177	840	2.28[c]	118	840	1.58[c]	57	840	3.64[c]
(2.3.5)	177	840	2.34[c]	118	840	1.75[c]	57	840	3.23[c]
(2.3.6)	236	780	2.24[c]	177	780	1.76[c]	56	780	3.57[c]
(2.3.7)	177	720	2.46[c]	118	720	1.95[c]	57	720	3.57[c]
(2.3.8)	177	720	2.50[c]	118	720	1.97[c]	57	720	3.31[c]
(2.3.9)	236	660	2.49[c]	177	660	2.11[c]	56	660	3.69[c]
(2.3.10)	177	720	2.46[c]	118	720	1.75[c]	57	720	3.66[c]
(2.3.11)	177	720	2.60[c]	118	720	2.14[c]	57	720	3.57[c]
(2.3.12)	236	660	2.94[c]	177	660	2.49[c]	56	660	4.18[c]
(2.3.16)	177	720	1.92[c]	118	720	2.59[c]	57	720	0.55
(2.3.17)	177	840	4.04[c]	118	840	2.70[c]	57	840	0.39

续前表

方程	全局检验的 F_3			斜率相同时的 F_1			个体均值显著性的 F_4		
	自由度		实际 F 值	自由度		实际 F 值	自由度		实际 F 值
	分子	分母		分子	分母		分子	分母	
(2.3.18)	177	720	5.45^c	118	720	4.20^c	57	720	6.32^c
(2.3.19)	177	720	4.68^c	118	720	3.17^c	57	720	7.36^c
(2.3.20)	177	720	3.64^c	118	720	3.14^c	57	720	3.66^c
(2.3.21)	236	660	3.38^c	177	660	2.71^c	56	660	4.07^c
(2.3.22)	177	600	3.11^c	118	600	2.72^c	57	600	3.22^c
(2.3.23)	236	540	2.90^c	177	540	2.40^c	56	540	3.60^c

[a] F 检验的临界值来自 A. M. Mood，*Introduction to Statistics*，Table V，pp. 426-427。除自由度超过 120 的之外，使用了线性插值方法。虽然实际自由度至少有 480，但也只记录每个分母平方和的自由度为 120 时各种情形 F 检验的临界值。这种情形的渐近误差可以忽略。

[b] 显著水平为 5%。

[c] 显著水平为 1%。

资料来源：Kuh（1963，第 141-142 页）。

表 2.4　　各时期横截面估计同质性的协方差检验[a]

方程	全局检验的 F_3'			斜率相同时的 F_1'			个体均值显著性的 F_4'		
	自由度		实际 F 值	自由度		实际 F 值	自由度		实际 F 值
	分子	分母		分子	分母		分子	分母	
(2.3.1)	52	784	2.45^b	39	784	2.36^b	10	784	2.89^b
(2.3.2)	52	784	3.04^b	39	784	2.64^b	10	784	4.97^b
(2.3.3)	65	770	2.55^b	52	770	2.49^b	9	770	3.23^b
(2.3.4)	64	952	2.01^b	48	952	1.97^b	13	952	2.43^b
(2.3.5)	64	952	2.75^b	48	952	2.45^b	13	952	3.41^b
(2.3.6)	80	935	1.91^b	64	935	1.82^b	12	935	2.66^b
(2.3.7)	56	840	2.30^b	42	840	2.11^b	11	840	3.66^b
(2.3.8)	56	840	2.83^b	42	840	2.75^b	11	840	3.13^b
(2.3.9)	70	825	2.25^b	56	825	2.13^b	10	825	3.53^b
(2.3.10)	56	840	1.80^b	42	840	1.80^b	11	840	1.72^d
(2.3.11)	56	840	2.30^b	42	840	2.30^b	11	840	1.79^d
(2.3.12)	70	825	1.70^b	56	825	1.74^b	10	825	1.42
(2.3.13)	56	840	2.08^b	42	840	2.11^b	11	840	2.21^c
(2.3.14)	56	840	2.66^b	42	840	2.37^b	11	840	2.87^b

续前表

方程	全局检验的 F_3'			斜率相同时的 F_1'			个体均值显著性的 F_4'		
	自由度		实际 F 值	自由度		实际 F 值	自由度		实际 F 值
	分子	分母		分子	分母		分子	分母	
(2.3.15)	70	825	1.81[b]	56	825	1.76[b]	10	825	2.35[c]
(2.3.16)	56	840	3.67[b]	42	840	2.85[b]	11	840	3.10[b]
(2.3.17)	64	952	1.51[c]	48	952	1.14	13	952	0.80
(2.3.18)	56	840	2.34[b]	42	840	1.04	11	840	1.99[c]
(2.3.19)	56	840	2.29[b]	42	840	2.03[b]	11	840	2.05[c]
(2.3.20)	42	855	4.13[b]	28	855	5.01[b]	12	855	2.47[b]
(2.3.21)	56	840	2.88[b]	42	840	3.12[b]	11	840	2.56[b]
(2.3.22)	42	855	3.80[b]	28	855	4.62[b]	12	855	1.61[b]
(2.3.23)	56	840	3.51[b]	42	840	4.00[b]	11	840	1.71[b]

[a] F 检验的临界值来自 A. M. Mood, *Introduction to Statistics*, Table V, pp. 426-427。除自由度超过 120 的之外，使用了线性插值方法。虽然实际自由度至少有 480，但也只记录每个分母平方和的自由度为 120 时各种情形 F 检验的临界值。这种情形的渐近误差可以忽略。

[b] 显著水平为 1%。

[c] 显著水平为 5%。

[d] 显著水平为 10%。

资料来源：Kuh(1963，第 137-138 页)。

Kuh 通过分解误差方差，比较个体系数行为，评估各种滞后结构的统计影响等等来探讨估计差异的原因。他的结论认为销售额可能包含与时间相关的重要因素，而这些因素为大量企业所共有，因此销售额消除系统性周期性因素影响的能力更强。一般说来，用横截面数据得到的结果［参见 Meyer 和 Kuh (1957)］更加支持内部流动性/利润假设，而他的结论则更支持加速销售模型（acceleration sales model）。Kuh 发现在开支期间现金流有时在实际资本支出之前比在实际的支出限制中更重要。这表明将内部流动资金流视为预算编制过程的重要部分更为合适，以后主要依据产出水平和资本效用的波动对该预算进行调整。

Kuh 结论中的政策含义很明显。在其他方面都相同的情况下，销售额一个小的百分比增长对投资的影响比内部资金一个小的百分比增长的影响更大。如果政府试图刺激投资，并且目标是追求规模而不是质量，那么最大的投资影响一定是来自促进需求增长的措施，而不是来自增加内部资金的措施。[7]

第3章　简单变截距回归模型

3.1　引言

如果面板数据拒绝了完全同质性假设，但模型设定却是合理的，则变截距模型（1.3.1）和（1.3.2）可作为我们研究个体或时期异质性的简单方法。这类模型的基本假设是，控制可观测的解释变量后，所有遗漏（或被排除）变量的影响由三类变量实现：**个异时恒变量**（individual time-invariant），**时异个同变量**（period individual-invariant），**个异时异变量**（individual time-varying）。[1]个异时恒变量是影响随横截面单元变化，但对给定横截面单元其影响在各时期保持不变的变量。这类变量有个体企业管理者的特质、能力、性别以及社会经济背景等。时异个同变量是影响随时间变化，但在给定时点对所有横截面单元其影响都相同的变量。这类变量有价格、利率以及广泛散布的乐观情绪或悲观情绪等。个异时异变量是影响不仅在给定时点随横截面单元变化而且还随时间变化的变量。此类变量有企业利润、销售额以及股本等。变截距模型假定诸多遗漏的个异时异变量各自的影响并不重要，但合在一起后的总影响是显著的，且总影响可用一个随机变量表示，该随机变量与模型包含（或排斥）的所有其他变量不相关（或独立）。另一方面，其他遗漏变量要么对给定的横截面单元在各时期具有恒定影响，要么在给定时点对所有横截面单元的影响都相同，或者二者兼而有之，让回归模型的截距项吸收这些影响，就是一种明确考察包含于当前横截面数据中的个体或时期异质性的方式。截距项吸收**个体特异效应**（individual-specific effects）或**时间特异效应**（time-specific effects）后，无须假定这些效应项与**x**无关，尽管有时它们可能相关。

变截距模型是使用面板数据拟合回归模型时广泛应用的模型设定。例如，考虑柯布-道格拉斯（Cobb-Douglas）生产函数

$$y_{it}=\mu+\beta_1 x_{1it}+\cdots+\beta_K x_{Kit}+v_{it}, \quad i=1,\cdots,N,t=1,\cdots,T \tag{3.1.1}$$

的拟合问题，其中 y 是产出的对数，x_1，…，x_K 是投入的对数。经典方法通常假定遗漏变量的效应是独立同分布的随机变量，且与**x**独立。因此控制**x**后，所有观测值都是代表性企业的随机波动。但模型（3.1.1）常受到批评，因为它没有考虑反映企业之间管理和其他技术上差异的变量，或忽略了反映影响所有企业生产率且随时间波动的一般性条件的变量（譬如农业生产中的天气因素）；参见 Hoch（1962）；Mundlak（1961）；Nerlove（1965）。理想情况下，应该在模型（3.1.1）中明确引入**企业效应**（firm-effects）变量 M_i 和**时间效应**（time-effects）变量 P_t。故 v_{it} 可记为

$$v_{it}=\alpha M_i+\lambda P_t+u_{it} \tag{3.1.2}$$

u_{it} 表示所有其他遗漏变量的影响。但是，我们一般都没有 M_i 和 P_t 的观测值，无法直接估计 α 和 λ。一个自然的解决办法是考虑乘积 $\alpha_i=\alpha M_i$ 和 $\lambda_t=\lambda P_t$ 的影响，于是得到变截距模型（1.3.1）或（1.3.2）。

Hoch（1962）基于明尼苏达州 63 家农场从 1946 年至 1951 年的年度数据，使用该方法估计柯布-道格拉斯生产函数的参数。他将产出 y 当作劳动 x_1，不动产 x_2，机器 x_3，以及种子、肥料和相关支出 x_4 的函数。但由于度量不动产和机器的价值存在困难，他还考虑了另一个模型，将 y 看做 x_1，x_4，经常性支出项 x_5，固定资本 x_6 的函数。两个模型的回归结果在 5%的显著性水平都拒绝了完全同质性假设。表 3.1 简要列出了在三个假设（$\alpha_i=\lambda_t=0$；$\alpha_i=0$，$\lambda_t\neq0$；$\alpha_i\neq0$，$\lambda_t\neq0$）下的最小二乘估计结果。由表可以看出，引入 α_i 和 λ_t 后，调整的 R^2 大约从 0.75 上升到了 0.88。

表 3.1　　在各种假设下明尼苏达农业生产函数弹性的最小二乘估计

弹性 β_K 的估计	假设		
	α_i 和 λ_t 对所有的 i 和 t 都等于 0	仅 α_i 对所有的 i 等于 0	α_i 和 λ_t 都不等于 0
变量集 1[a]			
$\hat{\beta}_1$，劳动	0.256	0.166	0.043
$\hat{\beta}_2$，不动产	0.135	0.230	0.199

续前表

弹性 β_K 的估计	假设		
	α_i 和 λ_t 对所有的 i 和 t 都等于 0	仅 α_i 对所有的 i 等于 0	α_i 和 λ_t 都不等于 0
$\hat{\beta}_3$，机器	0.163	0.261	0.194
$\hat{\beta}_4$，种子和化肥	0.349	0.311	0.289
各 $\hat{\beta}$ 的和	0.904	0.967	0.726
调整的 R^2	0.721	0.813	0.884
变量集 2			
$\hat{\beta}_1$，劳动	0.241	0.218	0.057
$\hat{\beta}_5$，经常性支出	0.121	0.185	0.170
$\hat{\beta}_6$，固定资本	0.278	0.304	0.317
$\hat{\beta}_4$，种子和化肥	0.315	0.285	0.288
各 $\hat{\beta}$ 的和	0.954	0.991	0.832
调整的 R^2	0.752	0.823	0.879

[a] 所有的投入和产出变量都以美元为单位进行度量。

资料来源：Hoch（1962）。

我们将"所有 α_i 都相等"的假设替换为"α_i 和 λ_t 都不为零"的假设后，参数估计值也发生了重大变化。弹性之和显著下降，主要是劳动力弹性的下降。如果我们将 α_i 解释为企业规模效应，则该结果表明生产效率随着企业规模增大而上升。如图 1.1 所示，当较大企业的生产超平面在平均生产平面之上，而较小企业的生产超平面在平均生产平面之下时，忽视企业之间差异的混合数据估计，比平均生产平面有更大的斜率。Hoch（1962）给出了该结论的一些证据。

表 3.2 列出了基于**企业特异效应**（firm-specific effects）α_i 分组后的企业特征。该表说明企业规模和企业特异效应之间存在极为显著的联系。

表 3.2　　基于企业常数分组的企业属性

属性	所有企业	根据 exp（α_i）的值对企业分组[a]				
		<0.85	0.85～0.95	0.95～1.05	1.05～1.15	>1.15
组内企业数	63	6	17	19	14	7
平均值：						
企业常数 e^{α_i}	1.00	0.81	0.92	1.00	1.11	1.26
产出（美元）	15 602	10 000	15 570	14 690	16 500	24 140
劳动（美元）	3 468	2 662	3 570	3 346	3 538	4 280

续前表

属性	所有企业	根据 exp（α_i）的值对企业分组[a]				
		<0.85	0.85～0.95	0.95～1.05	1.05～1.15	>1.15
种子和化肥（美元）	3 217	2 457	3 681	3 064	2 621	5 014
经常性支出（美元）	2 425	1 538	2 704	2 359	2 533	2 715
固定资本（美元）	3 398	2 852	3 712	3 067	3 484	3 996
利润（美元）	3 094	491	1 903	2 854	4 324	8 135
利润/产出	0.20	0.05	0.12	0.19	0.26	0.33

[a] 引用的企业效应 α_i 的均值为 0。

资料来源：Hoch(1962)。

该例表明，在面板数据的模型设定中引入个体或时间特异变量后，就有可能降低甚至避免因遗漏变量而导致的偏误。本章我们假定所有解释变量 x_{Kit} 是非随机的（或外生的），重点讨论对模型（1.3.1）和（1.3.2）的估计和假设检验。在 3.2 节中我们讨论将特异效应项当作固定常数时模型的估计。3.3 节讨论将特异效应项当作随机变量时模型的估计。3.4 节讨论将特异效应项当作固定常数或随机变量处理时的优缺点。3.5 节讨论模型误设检验。3.6 至 3.8 节讨论对基本模型的一些推广。在 3.9 节，我们用单方程模型的多方程设定对所涉及的问题进行综合分析，并建立单方程模型和线性联立方程模型（见第 5 章）之间的联系。

3.2 固定效应模型：最小二乘虚拟变量法

考察两类遗漏变量效应（一类是各个体横截面单元所特有且不随时间变化，另一类是各时期所特有且对所有横截面单元都相同）时，对截距和斜率都是常数的面板数据模型最常见的推广是引入**虚拟变量**（dummy variables）。为简单起见，本节我们假定没有时间特异效应，重点考察个体特异效应。因此，第 i 个个体在第 t 期的因变量 y_{it} 的值不仅与 K 个外生变量（x_{1it}，…，x_{Kit}）$=\mathbf{x}_{it}'$（这些变量在给定时点的截面中随个体发生变化，且随着时间变动）有关，而且与第 i 个单元特有的但在时间上（几乎）保持恒定的变量有关。这就是模型（1.3.1），我们将它重新表示为

$$y_{it}=\alpha_i^*+\underset{1\times K}{\boldsymbol{\beta}'}\underset{K\times 1}{\mathbf{x}_{it}}+u_{it},\quad i=1,\cdots,N,t=1,\cdots,T \tag{3.2.1}$$

其中 $\boldsymbol{\beta}'$ 是 $1\times K$ 的常数向量；α_i^* 是 1×1 的纯量常数，用它表示第 i 个个体特有的在各时期影响几乎相同的变量。误差项 u_{it} 表示在不同时期对各个体有不同影响的遗漏变量。我们假定 u_{it} 是和（$\mathbf{x}_{i1}$，…，$\mathbf{x}_{iT}$）无关的，且独立同分布的随机变量，其均值为零、方差为 σ_u^2。

模型（3.2.1）也称为**协方差分析模型**（analysis-of-covariance model）。如果

对回归分析与方差分析以及协方差分析之间进行不太严格的区分，我们可以认为回归模型假定 y 的期望值是外生因素$\mathbf{x}$的函数，而普通的方差分析假定 y_{it} 的期望值仅依赖考察的观测对象所属的第 i 组，且 y 的观测值满足关系 $y_{it}=\alpha_i^*+u_{it}$，其中 u_{it} 是与个体所属的组无关的随机变量。但如果 y 还受到了组内其他变量的影响，且我们无法控制和标准化这些变量，则简单的**组内平方和**（within-class sum of squares）将高估 y 中的随机部分，并且组均值之间的差不仅是**组效应**（class effect）的体现，同时还是假定在各组中不受控制变量值的差异的体现。正是因为存在这样的问题，形如模型（3.2.1）的协方差分析模型才得以优先发展。这种模型具有混合特征，它既像回归模型一样包含真正的外生变量$\mathbf{x}_{it}$，同时又与常见的方差分析模型一样允许每个个体的真实关系与个体所属的组 α_i^* 有关。利用回归模型，我们可以估计定量因素的影响；利用方差分析模型，我们可以估计定性因素的影响；利用协方差分析模型，则可对定量因素和定性因素的影响同时进行分析。

将模型（3.2.1）表示成向量的形式，我们有

$$Y=\begin{bmatrix}\mathbf{y}_1\\ \vdots\\ \mathbf{y}_N\end{bmatrix}=\begin{bmatrix}\mathbf{e}\\ \mathbf{0}\\ \vdots\\ \mathbf{0}\end{bmatrix}\alpha_1^*+\begin{bmatrix}\mathbf{0}\\ \mathbf{e}\\ \vdots\\ \mathbf{0}\end{bmatrix}\alpha_2^*+\cdots+\begin{bmatrix}\mathbf{0}\\ \mathbf{0}\\ \vdots\\ \mathbf{e}\end{bmatrix}\alpha_N^*+\begin{bmatrix}\mathbf{x}_1\\ \mathbf{x}_2\\ \vdots\\ \mathbf{x}_N\end{bmatrix}\boldsymbol{\beta}+\begin{bmatrix}\mathbf{u}_1\\ \vdots\\ \mathbf{u}_N\end{bmatrix} \qquad (3.2.2)$$

其中

$$\underset{T\times 1}{\mathbf{y}_i}=\begin{bmatrix}y_{i1}\\ y_{i2}\\ \vdots\\ y_{iT}\end{bmatrix}$$

$$\underset{T\times K}{\mathbf{X}_i}=\begin{bmatrix}x_{1i1} & x_{2i1} & \cdots & x_{Ki1}\\ x_{1i2} & x_{2i2} & \cdots & x_{Ki2}\\ \vdots & \vdots & & \vdots\\ x_{1iT} & x_{2iT} & \cdots & x_{KiT}\end{bmatrix}$$

$$\underset{1\times T}{\mathbf{e}'}=(1,1,\cdots,1)$$

$$\underset{1\times T}{\mathbf{u}_i'}=(u_{i1},\cdots,u_{iT})$$

$$E\,\mathbf{u}_i=\mathbf{0},E\,\mathbf{u}_i\,\mathbf{u}_i'=\sigma_u^2 I_T,E\,\mathbf{u}_i\,\mathbf{u}_j'=\mathbf{0}\quad \text{如果}i\neq j$$

I_T 表示 $T\times T$ 的单位矩阵。

只要 u_{it} 满足假定的性质，则模型（3.2.2）的**普通最小二乘**（ordinary-least-squares，OLS）估计量是**最优线性无偏估计量**（best linear unbiased estimator，BLUE）。最小化

$$S=\sum_{i=1}^{N}\mathbf{u}'_i\mathbf{u}_i=\sum_{i=1}^{N}(\mathbf{y}_i-\mathbf{e}\alpha_i^*-X_i\,\boldsymbol{\beta})'(\mathbf{y}_i-\mathbf{e}\alpha_i^*-X_i\,\boldsymbol{\beta}) \qquad (3.2.3)$$

可导出 α_i^* 和 $\boldsymbol{\beta}$ 的 OLS 估计。求 S 关于 α_i^* 的偏导并令其等于零，我们有

$$\hat{\alpha}_i^* = \bar{y}_i - \boldsymbol{\beta}'\bar{\mathbf{x}}_i, \quad i=1,\cdots,N \tag{3.2.4}$$

其中

$$\bar{y}_i = \frac{1}{T}\sum_{t=1}^{T} y_{it}$$

$$\bar{\mathbf{x}}_i = \frac{1}{T}\sum_{t=1}^{T} \mathbf{x}_{it}$$

将式（3.2.4）代入式（3.2.3）并求 S 关于 $\boldsymbol{\beta}$ 的偏导数，我们得到[2]

$$\hat{\boldsymbol{\beta}}_{CV} = \left[\sum_{i=1}^{N}\sum_{t=1}^{T}(\mathbf{x}_{it}-\bar{\mathbf{x}}_i)(\mathbf{x}_{it}-\bar{\mathbf{x}}_i)'\right]^{-1}\left[\sum_{i=1}^{N}\sum_{t=1}^{T}(\mathbf{x}_{it}-\bar{\mathbf{x}}_i)(y_{it}-\bar{y}_i)\right] \tag{3.2.5}$$

因系数 α_i^* 对应的变量观测值取虚拟变量的形式，故 OLS 估计量（3.2.5）常称为**最小二乘虚拟变量**（least-squares dummy-variable，LSDV）估计量。但估计该模型斜率的计算方法实际上并不要求将表示个体（和/或时间）效应的虚拟变量包含在解释变量矩阵中。我们只需对观测到的变量数据进行一个简单的转换：求出每个横截面单元时序观测的均值，并从个体观测值中减出相应的时序均值。再对转换后的数据应用最小二乘法。因此，我们只需求解一个 $K\times K$ 阶矩阵的逆。

上述方法等价于对第 i 个个体的方程

$$\mathbf{y}_i = \mathbf{e}\alpha_i^* + X_i\boldsymbol{\beta} + \mathbf{u}_i$$

左乘一个 $T\times T$ 的幂等（协方差）转换矩阵

$$Q = I_T - \frac{1}{T}\mathbf{e}\mathbf{e}' \tag{3.2.6}$$

以“清除”个体效应 α_i^*，然后个体观测值便通过对个体（在时间上的）均值的离差来表示：

$$\begin{aligned} Q\mathbf{y}_i &= Q\mathbf{e}\alpha_i^* + QX_i\boldsymbol{\beta} + Q\mathbf{u}_i \\ &= QX_i\boldsymbol{\beta} + Q\mathbf{u}_i, \quad i=1,\cdots,N \end{aligned} \tag{3.2.7}$$

对式(3.2.7)应用 OLS 方法，我们有[3]

$$\hat{\boldsymbol{\beta}}_{CV} = \left[\sum_{i=1}^{N} X'_iQX_i\right]^{-1}\left[\sum_{i=1}^{N} X'_iQ\,\mathbf{y}_i\right] \tag{3.2.8}$$

该式与式（3.2.5）完全相同。因模型（3.2.2）被称为协方差分析模型，所以 $\boldsymbol{\beta}$ 的 LSDV 估计量有时也称为**协方差估计量**（covariance estimator，CV）。由于该估计量的表达式仅与组内变异有关，故也称它为组内估计量。[4]

协方差估计量 $\hat{\boldsymbol{\beta}}_{CV}$ 是无偏的，当 N 或 T 或二者都趋于无穷时它还是一致的。它的协方差矩阵为

$$\mathrm{Var}(\hat{\boldsymbol{\beta}}_{CV}) = \sigma_u^2\left[\sum_{i=1}^{N} X'_iQX_i\right]^{-1} \tag{3.2.9}$$

虽然截距的估计量（3.2.4）也是无偏的，但只有 $T\to\infty$时是一致的。

应指出的是，在模型（3.2.1）中引入“平均截距”μ后可得到一个与它等价的模型

$$y_{it}=\mu+\boldsymbol{\beta}'\mathbf{x}_{it}+\alpha_i+u_{it} \tag{3.2.10}$$

但μ和α_i都是固定常数，如果没有其他约束条件，则我们无法识别这两个变量并分别对它们进行估计。引入约束条件 $\sum_{i=1}^{N}\alpha_i=0$ 后可识别μ和α_i。此时个体效应α_i表示第i个个体对共同均值μ的偏离。

由模型（3.2.10）和（3.2.1）导出$\boldsymbol{\beta}$的最小二乘估计量相同［式（3.2.5)］。只需注意到μ，α_i和$\boldsymbol{\beta}$的 BLUE 是在约束条件 $\sum_{i=1}^{N}\alpha_i=0$ 下最小化

$$\sum_{i=1}^{N}\mathbf{u}'_i\mathbf{u}_i=\sum_{i=1}^{N}\sum_{t=1}^{T}u_{it}^2$$

得到,就容易理解这一结论。利用约束条件 $\sum_{i=1}^{N}\alpha_i=0$ 求解边际条件,我们得到

$$\hat{\mu}=\bar{y}-\boldsymbol{\beta}'\bar{\mathbf{x}},\text{其中}\quad \bar{y}=\frac{1}{NT}\sum_{i=1}^{N}\sum_{t=1}^{T}y_{it}$$

$$\bar{\mathbf{x}}=\frac{1}{NT}\sum_{i=1}^{N}\sum_{t=1}^{T}\mathbf{x}_{it} \tag{3.2.11}$$

$$\hat{\alpha}_i=\bar{y}_i-\hat{\mu}-\boldsymbol{\beta}'\bar{\mathbf{x}}_i \tag{3.2.12}$$

将式（3.2.11）和（3.2.12）代入模型（3.2.10），并求解关于$\boldsymbol{\beta}$的边际条件，由此导出式（3.2.5）。

3.3 随机效应模型：方差成分模型的估计

在 3.2 节，我们讨论了在各时期将遗漏的个体特异变量（α_i）的效应当作固定常数时线性回归模型的估计。本节我们将个体特异效应像u_{it}一样当作随机变量。

回归分析中的标准做法是，假定大量影响因变量但没有作为自变量明确包含在模型中的因素可适当地用一个随机变量来概括。在各时期对大量个体单元进行观测时，不妨假定其中一些遗漏变量表示对不同个体单元和不同的观测时期都不同的因素，而有些遗漏变量则反映个体差异，通常这类差异在各时期以大致相同的方式影响给定个体的观测值。还有一些其他遗漏变量反映各时期所特有，但对所有个体单元的影响几乎相同的因素。因此，我们常假定残差项v_{it}由三部分组成：[5]

$$v_{it}=\alpha_i+\lambda_t+u_{it} \tag{3.3.1}$$

其中

$$E\alpha_i = E\lambda_t = Eu_{it} = 0$$

$$E\alpha_i\lambda_t = E\alpha_i u_{it} = E\lambda_t u_{it} = 0$$

$$E\alpha_i\alpha_j = \begin{cases} \sigma_\alpha^2 & \text{如果} i=j \\ 0 & \text{如果} i\neq j \end{cases}$$

$$E\lambda_t\lambda_s = \begin{cases} \sigma_\lambda^2 & \text{如果} t=s \\ 0 & \text{如果} t\neq s \end{cases}$$

$$Eu_{it}u_{js} = \begin{cases} \sigma_u^2 & \text{如果} i=j, t=s \\ 0 & \text{其他} \end{cases} \tag{3.3.2}$$

以及

$$E\alpha_i \mathbf{x}_{it}' = E\lambda_t \mathbf{x}_{it}' = Eu_{it}\mathbf{x}_{it}' = \mathbf{0}'$$

据式（3.3.1）和（3.3.2），y_{it} 在 $\mathbf{x}_{it}$ 下的条件方差是 $\sigma_y^2 = \sigma_\alpha^2 + \sigma_\lambda^2 + \sigma_u^2$。因 σ_α^2，σ_λ^2 和 σ_u^2 本来都是方差，同时还是 σ_y^2 的一部分，所以称它们为方差成分（variance components）。故有时也将这类模型称作**方差成分**（variance-components）模型（或**误差成分**［error-components）模型］。

为方便表述，我们在本节和后面的三节中假定对所有的 t 有 $\lambda_t=0$。也就是说，我们主要讨论模型（3.2.10）。

用向量的形式重新表示模型（3.2.10），我们有

$$\underset{T\times 1}{\mathbf{y}_i} = \underset{T\times(K+1)}{\widetilde{X}_i}\ \underset{(K+1)\times 1}{\boldsymbol{\delta}} + \underset{T\times 1}{\mathbf{v}_i}, \quad i=1,2,\cdots,N \tag{3.3.3}$$

其中 $\widetilde{X}_i = (\mathbf{e},\ X_i)$，$\boldsymbol{\delta}' = (\mu,\ \boldsymbol{\beta}')$，$\mathbf{v}_i' = (v_{i1},\ \cdots,\ v_{iT})$，且 $v_{it} = \alpha_i + u_{it}$。$\mathbf{v}_i$ 的方差—协方差矩阵为

$$E\mathbf{v}_i\mathbf{v}_i' = \sigma_u^2 I_T + \sigma_\alpha^2 \mathbf{e}\mathbf{e}' = V \tag{3.3.4}$$

它的逆矩阵是［参见 Graybill（1969）；Nerlove（1971b）；Wallace 和 Hussain（1969）］

$$V^{-1} = \frac{1}{\sigma_u^2}\left[I_T - \frac{\sigma_\alpha^2}{\sigma_u^2 + T\sigma_\alpha^2}\mathbf{e}\mathbf{e}'\right] \tag{3.3.5}$$

3.3.1 协方差估计

虽然不同横截面单元的残留项相互独立，但 α_i 的出现使得同一横截面单元的残留项之间产生了相关性。不过，不管将 α_i 当作固定常数还是随机变量，我们都可用幂等（协方差）转换矩阵 Q 消除给定样本的个体特殊效应［方程（3.2.6）］，因为 $Q\mathbf{e}=\mathbf{0}$，且 $Q\mathbf{v}_i = Q\mathbf{u}_i$。因此式（3.3.3）左乘 Q，我们有

$$Q\mathbf{y}_i = Q\mathbf{e}\mu + QX_i\boldsymbol{\beta} + Q\mathbf{e}\alpha_i + Q\mathbf{u}_i = QX_i\boldsymbol{\beta} + Q\mathbf{u}_i \tag{3.3.6}$$

对式（3.3.6）应用最小二乘法，可以导出 $\boldsymbol{\beta}$ 的协方差估计量（CV）（3.2.8）。我们将 $\hat{\mu} = \bar{y} - \hat{\boldsymbol{\beta}}_{\text{CV}}'\bar{\mathbf{x}}$ 当作 μ 的估计量。

无论将 α_i 当作固定常数还是随机变量，$\boldsymbol{\beta}$ 的 CV 估计量都是无偏的，且当 N 或 T 或二者趋向无穷时是一致的。不过，CV 估计量虽然在 α_i 是固定常数的假设下是 BLUE，但在假定 α_i 是随机变量的有限样本情形却不是 BLUE。后一种假设下的 BLUE 是广义最小二乘（GLS）估计量。[6] 此外，如果解释变量中包含时恒变量 $\mathbf{z}_i$，则这些变量的系数无法用 CV 法来估计，因为协方差转换将 $\mathbf{z}_i$ 从式（3.3.6）中消除掉了。

3.3.2 广义最小二乘估计

由于 v_{it} 和 v_{is} 都包含 α_i，所以模型（3.3.3）中的残留项相关。要得到 $\boldsymbol{\delta}'=(\mu,\boldsymbol{\beta}')$ 的有效估计，我们必须用 GLS 法。求 GLS 估计量的正规方程组为

$$\left[\sum_{i=1}^{N}\widetilde{X}'_iV^{-1}\widetilde{X}_i\right]\boldsymbol{\delta}_{\mathrm{GLS}}=\sum_{i=1}^{N}\widetilde{X}'_iV^{-1}\,\mathbf{y}_i \tag{3.3.7}$$

根据 Maddala（1971a）的方法，我们将 V^{-1}［方程（3.3.5）］记为

$$V^{-1}=\frac{1}{\sigma_u^2}\left[\left(I_T-\frac{1}{T}\mathbf{ee}'\right)+\psi\frac{1}{T}\mathbf{ee}'\right]=\frac{1}{\sigma_u^2}\left[Q+\psi\frac{1}{T}\mathbf{ee}'\right] \tag{3.3.8}$$

其中

$$\psi=\frac{\sigma_u^2}{\sigma_u^2+T\sigma_\alpha^2} \tag{3.3.9}$$

然后可以比较容易地将式（3.3.7）表示为

$$\left[W_{\tilde{x}\tilde{x}}+\psi B_{\tilde{x}\tilde{x}}\right]\begin{bmatrix}\hat{\mu}\\ \boldsymbol{\beta}\end{bmatrix}_{\mathrm{GLS}}=W_{\tilde{x}y}+\psi B_{\tilde{x}y} \tag{3.3.10}$$

其中

$$T_{\tilde{x}\tilde{x}}=\sum_{i=1}^{N}\widetilde{X}'_i\widetilde{X}_i$$

$$T_{\tilde{x}y}=\sum_{i=1}^{N}\widetilde{X}'_i\mathbf{y}_i$$

$$B_{\tilde{x}\tilde{x}}=\frac{1}{T}\sum_{i=1}^{N}(\widetilde{X}'_i\mathbf{ee}'\widetilde{X}_i)$$

$$B_{\tilde{x}y}=\frac{1}{T}\sum_{i=1}^{N}(\widetilde{X}'_i\mathbf{ee}'\mathbf{y}_i)$$

$$W_{\tilde{x}\tilde{x}}=T_{\tilde{x}\tilde{x}}-B_{\tilde{x}\tilde{x}}$$

$$W_{\tilde{x}y}=T_{\tilde{x}y}-B_{\tilde{x}y}$$

矩阵 $B_{\tilde{x}\tilde{x}}$ 和 $B_{\tilde{x}y}$ 包含组间平方和与交叉乘积的和，$W_{\tilde{x}\tilde{x}}$ 和 $W_{\tilde{x}y}$ 是相应的组内变差矩阵，而 $T_{\tilde{x}\tilde{x}}$ 和 $T_{\tilde{x}y}$ 是相应的总变差矩阵。

求解方程（3.3.10），我们有

$$\begin{bmatrix} \psi NT & \psi T\sum_{i=1}^{N}\bar{\mathbf{x}}'_i \\ \psi T\sum_{i=1}^{N}\bar{\mathbf{x}}_i & \sum_{i=1}^{N}X'_iQX_i+\psi T\sum_{i=1}^{N}\bar{\mathbf{x}}_i\bar{\mathbf{x}}'_i \end{bmatrix}\begin{bmatrix}\hat{\mu}\\ \hat{\boldsymbol{\beta}}\end{bmatrix}_{\text{GLS}}=\begin{bmatrix}\psi NT\bar{y}\\ \sum_{i=1}^{N}X'_iQ\mathbf{y}_i+\psi T\sum_{i=1}^{N}\bar{\mathbf{x}}_i\bar{y}_i\end{bmatrix} \tag{3.3.11}$$

利用分块矩阵求逆公式，我们得到

$$\begin{aligned}\hat{\boldsymbol{\beta}}_{\text{GLS}}&=\left[\frac{1}{T}\sum_{i=1}^{N}X'_iQX_i+\psi\sum_{i=1}^{N}(\bar{\mathbf{x}}_i-\bar{\mathbf{x}})(\bar{\mathbf{x}}_i-\bar{\mathbf{x}})'\right]^{-1}\\&\quad\times\left[\frac{1}{T}\sum_{i=1}^{N}X'_iQ\,\mathbf{y}_i+\psi\sum_{i=1}^{N}(\bar{\mathbf{x}}_i-\bar{\mathbf{x}})(\bar{y}_i-\bar{y})\right]\\&=\Delta\hat{\boldsymbol{\beta}}_b+(I_k-\Delta)\hat{\boldsymbol{\beta}}_{\text{CV}}\end{aligned} \tag{3.3.12}$$

$$\hat{\mu}_{\text{GLS}}=\bar{y}-\hat{\boldsymbol{\beta}}'_{\text{GLS}}\bar{\mathbf{x}}$$

其中

$$\Delta=\psi T\left[\sum_{i=1}^{N}X'_iQX_i+\psi T\sum_{i=1}^{N}(\bar{\mathbf{x}}_i-\bar{\mathbf{x}})(\bar{\mathbf{x}}_i-\bar{\mathbf{x}})'\right]^{-1}\times\left[\sum_{i=1}^{N}(\bar{\mathbf{x}}_i-\bar{\mathbf{x}})(\bar{\mathbf{x}}_i-\bar{\mathbf{x}})'\right]$$

$$\hat{\boldsymbol{\beta}}_b=\left[\sum_{i=1}^{N}(\bar{\mathbf{x}}_i-\bar{\mathbf{x}})(\bar{\mathbf{x}}_i-\bar{\mathbf{x}})'\right]^{-1}\left[\sum_{i=1}^{N}(\bar{\mathbf{x}}_i-\bar{\mathbf{x}})(\bar{y}_i-\bar{y})\right]$$

因估计量 $\hat{\boldsymbol{\beta}}_b$ 没有考虑组内波动，故称它为**组间估计量**（between-group estimator）。

GLS 估计量（3.3.12）是组间估计量和组内估计量的加权平均。如果 $\psi\to1$，则$\hat{\boldsymbol{\delta}}_{\text{GLS}}$收敛于 OLS 估计量 $T_{\tilde{x}\tilde{x}}^{-1}T_{\tilde{x}y}$。如果 $\psi\to0$，则 $\boldsymbol{\beta}$ 的 GLS 估计量变成协方差估计量（LSDV）［方程（3.2.5）］。故 ψ 本质上是对赋给组间波动权重的度量。LSDV（或固定效应模型）方法完全忽略了该波动源。OLS 方法对应着 $\psi=1$，组间波动和组内波动正好相加。所以，我们可认为 OLS 和 LSDV 分别是完全利用或完全不用组间波动的结果。正如式（3.3.12）中给出的 GLS 估计量所示，将 α_i 当作随机变量的方法可导出一个介于将它们当作完全不同的和将它们当作都相等之间的解。

如果［$W_{\tilde{x}\tilde{x}}+\psi B_{\tilde{x}\tilde{x}}$］非奇异，则可将 $\boldsymbol{\delta}$ 的 GLS 估计量的协方差矩阵记为

$$\begin{aligned}\text{Var}\begin{bmatrix}\hat{\mu}\\ \hat{\boldsymbol{\beta}}\end{bmatrix}_{\text{GLS}}&=\sigma_u^2[W_{\tilde{x}\tilde{x}}+\psi B_{\tilde{x}\tilde{x}}]^{-1}\\&=\sigma_u^2\left[\begin{pmatrix}0 & \mathbf{0}'\\ \mathbf{0} & \sum_{i=1}^{N}X'_iQX_i\end{pmatrix}+T\psi\begin{pmatrix}N & \sum_{i=1}^{N}\bar{\mathbf{x}}'_i\\ \sum_{i=1}^{N}\bar{\mathbf{x}}_i & \sum_{i=1}^{N}\mathbf{x}_i\,\mathbf{x}'_i\end{pmatrix}\right]^{-1}\end{aligned} \tag{3.3.13}$$

利用分块矩阵求逆公式［参见 Rao（1973，第 2 章）；Theil（1971，第 1 章）］，我们得到

$$\text{Var}(\hat{\boldsymbol{\beta}}_{\text{GLS}}) = \sigma_u^2\Big[\sum_{i=1}^{N} X'_i Q X_i + T\psi\sum_{i=1}^{N}(\bar{\mathbf{x}}_i - \bar{\mathbf{x}})(\bar{\mathbf{x}}_i - \bar{\mathbf{x}})'\Big]^{-1} \tag{3.3.14}$$

因为 $\psi>0$，我们可直接发现 $\hat{\boldsymbol{\beta}}_{\text{CV}}$ 和 $\hat{\boldsymbol{\beta}}_{\text{GLS}}$ 的协方差矩阵之差是正半定矩阵。但当 N 固定，$T\to\infty$ 时，$\psi\to 0$。所以，在 $T\to\infty$ 时 $(1/NT)\sum_{i=1}^{N}X'_iX_i$ 和 $(1/NT)\sum_{i=1}^{N}X'_iQX_i$ 收敛于有限正定矩阵的假设下，我们有 $\hat{\boldsymbol{\beta}}_{\text{GLS}}\to\hat{\boldsymbol{\beta}}_{\text{CV}}$ 和 $\text{Var}(\sqrt{T}\hat{\boldsymbol{\beta}}_{\text{GLS}})\to\text{Var}(\sqrt{T}\hat{\boldsymbol{\beta}}_{\text{CV}})$。因为当 $T\to\infty$，对每个 i 我们都有无穷个观测值。所以，我们可把每个 α_i 看做是一定会被抽到的随机变量，故对每个 i 我们可以认为它们是固定参数。

利用 V^{-1} 的特殊形式（3.3.8）可以简化 GLS 估计量的计算。令 $P=[I_T-(1-\psi^{1/2})(1/T)\ \mathbf{ee}']$，则我们有 $V^{-1}=(1/\sigma_u^2)P'P$。用转换矩阵 P 左乘（3.3.3），然后对转换后的模型应用最小二乘法，我们可得到 GLS 估计量（3.3.10）[Theil（1971，第 6 章）]。该方法等价于先转换数据，从相应的观测值 y_{it} 和 $\mathbf{x}_{it}$ 中减去 $\bar{y}_i$ 和 $\bar{\mathbf{x}}_i$ 的（$1-\psi^{1/2}$）倍，然后做 $[y_{it}-(1-\psi^{1/2})\bar{y}_i]$ 对常数和 $[\mathbf{x}_{it}-(1-\psi^{1/2})\bar{\mathbf{x}}_i]$ 的回归。

如果方差成分 σ_u^2 和 σ_α^2 未知，则我们可用两步 GLS 估计。第一步，我们用某个一致估计量估计方差成分。第二步，我们将其估计值代入方程（3.3.10）或与之等价的表达式。当样本容量很大（在 $N\to\infty$ 或 $T\to\infty$ 的意义上）时，两步 GLS 估计量和方差成分已知时 GLS 估计量具有相同的渐近效率 [Fuller 和 Battese（1974）]。即使对中等容量的样本 [对 $T\geqslant 3$，$N-(K+1)\geqslant 9$；对 $T=2$，$N-(K+1)\geqslant 10$]，在协方差估计量与两步法估计量的协方差矩阵之差非负定的意义上，两步法估计量仍然比协方差（或组内）估计量更有效 [Taylor（1980）]。

因为 $\bar{y}_i=\mu+\boldsymbol{\beta}'\bar{\mathbf{x}}_i+\alpha_i+\bar{u}_i$，$(y_{it}-\bar{y}_i)=\boldsymbol{\beta}'(\mathbf{x}_{it}-\bar{\mathbf{x}}_i)+(u_{it}-\bar{u}_i)$，故我们可利用组内和组间残差，用[7]

$$\hat{\sigma}_u^2 = \frac{\sum_{i=1}^{N}\sum_{t=1}^{T}[(y_{it}-\bar{y}_i)-\hat{\boldsymbol{\beta}}'_{\text{CV}}(\mathbf{x}_{it}-\bar{\mathbf{x}}_i)]^2}{N(T-1)-K} \tag{3.3.15}$$

和

$$\hat{\sigma}_\alpha^2 = \frac{\sum_{i=1}^{N}(\bar{y}_i-\tilde{\mu}-\tilde{\boldsymbol{\beta}}'\bar{\mathbf{x}}_i)^2}{N-(K+1)} - \frac{1}{T}\hat{\sigma}_u^2 \tag{3.3.16}$$

分别作为 σ_u^2 和 σ_α^2 的估计，其中 $(\tilde{\mu},\tilde{\boldsymbol{\beta}}')'=B_{\bar{x}\bar{x}}^{-1}B_{\bar{x}y}$。

Amemiya（1971）讨论了方差成分的有效估计。但在式（3.3.9）中代入更有效的方差成分估计量后导出 μ 和 $\boldsymbol{\beta}$ 的估计量不一定更有效 [Maddala 和 Mount（1973）；Taylor（1980）]。

3.3.3 最大似然估计

当 α_i 和 u_{it} 是正态分布的随机变量时，对数似然函数为

$$\log L = -\frac{NT}{2}\log 2\pi - \frac{N}{2}\log|V| - \frac{1}{2}\sum_{i=1}^{N}(\mathbf{y}_i - \mathbf{e}\mu - X_i\boldsymbol{\beta})'V^{-1}(\mathbf{y}_i - \mathbf{e}\mu - X_i\boldsymbol{\beta})$$

$$= -\frac{NT}{2}\log 2\pi - \frac{N(T-1)}{2}\log\sigma_u^2 - \frac{N}{2}\log(\sigma_u^2 + T\sigma_\alpha^2)$$

$$-\frac{1}{2\sigma_u^2}\sum_{i=1}^{N}(\mathbf{y}_i - \mathbf{e}\mu - X_i\boldsymbol{\beta})'Q(\mathbf{y}_i - \mathbf{e}\mu - X_i\boldsymbol{\beta})$$

$$+\frac{T}{2(\sigma_u^2 + T\sigma_\alpha^2)}\sum_{i=1}^{N}(\bar{y}_i - \mu - \boldsymbol{\beta}'\bar{\mathbf{x}}_i)^2 \tag{3.3.17}$$

上式的第二个等式由式（3.3.8）和

$$|V| = \sigma_u^{2(T-1)}(\sigma_u^2 + T\sigma_\alpha^2) \tag{3.3.18}$$

得到。求解下面的一阶条件联立方程组可得到 $(\mu, \boldsymbol{\beta}', \sigma_u^2, \sigma_\alpha^2) = \tilde{\boldsymbol{\delta}}'$ 的最大似然估计量（MLE）：

$$\frac{\partial \log L}{\partial \mu} = \frac{T}{\sigma_u^2 + T\sigma_\alpha^2}\sum_{i=1}^{N}(\bar{y}_i - \mu - \bar{\mathbf{x}}'_i\boldsymbol{\beta}) = 0 \tag{3.3.19}$$

$$\frac{\partial \log L}{\partial \boldsymbol{\beta}} = \frac{1}{\sigma_u^2}\Big[\sum_{i=1}^{N}(\mathbf{y}_i - \mathbf{e}\mu - X_i\boldsymbol{\beta})'QX_i - \frac{T\sigma_u^2}{\sigma_u^2 + T\sigma_\alpha^2}\sum_{i=1}^{N}(\bar{y}_i - \mu - \bar{\mathbf{x}}'_i\boldsymbol{\beta})\bar{\mathbf{x}}'_i\Big] = \mathbf{0} \tag{3.3.20}$$

$$\frac{\partial \log L}{\partial \sigma_u^2} = -\frac{N(T-1)}{2\sigma_u^2} - \frac{N}{2(\sigma_u^2 + T\sigma_\alpha^2)} + \frac{1}{2\sigma_u^4}\sum_{i=1}^{N}(\mathbf{y}_i - \mathbf{e}\mu - X_i\boldsymbol{\beta})'Q(\mathbf{y}_i - \mathbf{e}\mu - X_i\boldsymbol{\beta}) + \frac{T}{2(\sigma_u^2 + T\sigma_\alpha^2)^2}\sum_{i=1}^{N}(\bar{y}_i - \mu - \bar{\mathbf{x}}'_i\boldsymbol{\beta})^2 = 0 \tag{3.3.21}$$

$$\frac{\partial \log L}{\partial \sigma_\alpha^2} = -\frac{NT}{2(\sigma_u^2 + T\sigma_\alpha^2)} + \frac{T^2}{2(\sigma_u^2 + T\sigma_\alpha^2)^2}\sum_{i=1}^{N}(\bar{y}_i - \mu - \bar{\mathbf{x}}'_i\boldsymbol{\beta})^2 = 0 \tag{3.3.22}$$

方程组（3.3.19）～（3.3.22）联立解的计算非常复杂，可用 Newton-Raphson 迭代法求解 MLE。该方法将 $\tilde{\boldsymbol{\delta}}$ 的一个初始值 $\hat{\tilde{\boldsymbol{\delta}}}^{(1)}$ 代入公式

$$\hat{\tilde{\boldsymbol{\delta}}}^{(j)} = \hat{\tilde{\delta}}^{(j-1)} - \left[\frac{\partial^2 \log L}{\partial\tilde{\boldsymbol{\delta}}\partial\tilde{\boldsymbol{\delta}}'}\right]^{-1}_{\tilde{\boldsymbol{\delta}}=\hat{\tilde{\boldsymbol{\delta}}}^{(j-1)}} \frac{\partial \log L}{\partial\tilde{\boldsymbol{\delta}}}\Bigg|_{\tilde{\boldsymbol{\delta}}=\hat{\tilde{\boldsymbol{\delta}}}^{(j-1)}} \tag{3.3.23}$$

后开始迭代，得到 $\tilde{\boldsymbol{\delta}}$ 的一个修正估计 $\hat{\tilde{\boldsymbol{\delta}}}^{(2)}$。重复该过程直到第 j 次迭代解 $\hat{\tilde{\boldsymbol{\delta}}}^{(j)}$ 接近第（$j-1$）次迭代解 $\hat{\tilde{\boldsymbol{\delta}}}^{(j-1)}$。

当然还可以用序列迭代法得到 MLE。据方程（3.3.19）和（3.3.20），我们有

$$\begin{bmatrix}\hat{\mu}\\ \hat{\boldsymbol{\beta}}\end{bmatrix} = \Big[\sum_{i=1}^{N}\tilde{X}'_iV^{-1}\tilde{X}_i\Big]^{-1}\Big[\sum_{i=1}^{N}\tilde{X}'_iV^{-1}\mathbf{y}_i\Big]$$

$$= \left\{\sum_{i=1}^{N}\begin{bmatrix}\mathbf{e}'\\ X'_i\end{bmatrix}\Big[I_T - \frac{\sigma_\alpha^2}{\sigma_u^2 + T\sigma_\alpha^2}\mathbf{e}\mathbf{e}'\Big](\mathbf{e}, X_i)\right\}^{-1}$$

$$\times\left\{\sum_{i=1}^{N}\begin{bmatrix}\mathbf{e}'\\X'_i\end{bmatrix}\left[I_T-\frac{\sigma_\alpha^2}{\sigma_u^2+T\sigma_\alpha^2}\mathbf{ee}'\right]\mathbf{y}_i\right\} \tag{3.3.24}$$

将方程（3.3.22）代入方程（3.3.21）后可得

$$\hat{\sigma}_u^2=\frac{1}{N(T-1)}\sum_{i=1}^{N}(\mathbf{y}_i-\mathbf{e}\mu-X_i\boldsymbol{\beta})'Q(\mathbf{y}_i-\mathbf{e}\mu-X_i\boldsymbol{\beta}) \tag{3.3.25}$$

由方程（3.3.22）可得

$$\hat{\sigma}_\alpha^2=\frac{1}{N}\sum_{i=1}^{N}(\bar{y}_i-\hat{\mu}-\bar{\mathbf{x}}'_i\hat{\boldsymbol{\beta}})^2-\frac{1}{T}\hat{\sigma}_u^2 \tag{3.3.26}$$

因此，我们可首先在式（3.3.24）中代入 $\sigma_\alpha^2/(\sigma_u^2+T\sigma_\alpha^2)$ 的一个初始值后估计 μ 和 $\boldsymbol{\beta}'$，然后利用式（3.3.24）的解由式（3.3.25）估计 σ_u^2 来得到 MLE。将式（3.3.24）的解代入式（3.3.25）和（3.3.26），我们可得到 σ_α^2 的估计。然后再将 σ_u^2 和 σ_α^2 的新值代入式（3.3.24）以得到 μ 和 $\boldsymbol{\beta}'$ 新的估计，不断重复该步骤直到方程组的解收敛。

当 T 固定而 N 趋于无穷时，MLE 是一致的，且是渐近正态分布的，其协方差矩阵为

$$\begin{aligned}\mathrm{Var}(\sqrt{N}\hat{\boldsymbol{\delta}}_{\mathrm{MLE}})&=NE\left[-\frac{\partial^2\log L}{\partial\boldsymbol{\delta}\partial\boldsymbol{\delta}'}\right]^{-1}\\&=\begin{bmatrix}\frac{T}{\sigma^2} & \frac{T}{\sigma^2}\frac{1}{N}\sum_{i=1}^{N}\bar{\mathbf{x}}'_i & 0 & 0\\ & \frac{1}{\sigma_u^2}\frac{1}{N}\sum_{i=1}^{N}X'_i\left(I_T-\frac{\sigma_\alpha^2}{\sigma^2}\mathbf{ee}'\right)X_i & \mathbf{0} & \mathbf{0}\\ & & \frac{T-1}{2\sigma_u^2}+\frac{1}{2\sigma^4} & \frac{T}{2\sigma^4}\\ & & & \frac{T^2}{2\sigma^4}\end{bmatrix}^{-1}\end{aligned} \tag{3.3.27}$$

其中 $\sigma^2=\sigma_u^2+T\sigma_\alpha^2$。当 N 固定而 T 趋于无穷时，μ，$\boldsymbol{\beta}$ 和 σ_u^2 的 MLE 是一致的，并收敛于协方差估计量，但 σ_α^2 的 MLE 是不一致的。因为当 N 固定时，不管 T 有多大，α_i 中都没有足够的变异，详细论述参见 Anderson 和 Hsiao（1981，1982）。

虽然 MLE 是渐近有效的，但方程（3.3.19）～（3.3.22）的联立解有时会得到 σ_α^2 负的估计值。[8] 如果偏微分方程组（3.3.19）～（3.3.22）有唯一解，且 $\sigma_u^2>0$，$\sigma_\alpha^2>0$，则该解就是 MLE。但如果条件是 $\sigma_u^2\geqslant0$ 和 $\sigma_\alpha^2\geqslant0$，则可能产生边界解。边界解不能满足所有的偏微分方程（3.3.19）～（3.3.22）。Maddala（1971a）已证明不会产生 $\sigma_u^2=0$ 的边界解，但 $T_{yy}-T'_{\tilde{x}y}T_{\tilde{x}\tilde{x}}^{-1}T_{\tilde{x}y}>T\left[B_{yy}-2T'_{\tilde{x}y}T_{\tilde{x}\tilde{x}}^{-1}T_{\tilde{x}y}+T'_{\tilde{x}y}T_{\tilde{x}\tilde{x}}^{-1}B_{\tilde{x}\tilde{x}}T_{\tilde{x}\tilde{x}}^{-1}T_{\tilde{x}y}\right]$ 时可能产生边界解 $\sigma_\alpha^2=0$。不过，当 T 或 N 趋于无穷时边界解发生的概率趋向于零。

3.4 固定效应还是随机效应

3.4.1 案例

在前面的几节，我们讨论了将效应项 α_i 当作固定常数或随机变量时线性回归模型（3.2.1）的估计。当 T 很大时，将这些效应项当作固定常数还是随机变量没有区别，因为 LSDV 估计量（3.2.8）和广义最小二乘估计量（3.3.12）都变成了相同的估计量。当 T 有限而 N 很大时，应将这些效应项当成固定常数还是随机变量却不是一个轻易就能回答的问题。估计参数时（两种方法）可能产生难以置信的巨大差异。事实上，当个体仅有少数几期观测值可利用时，对相同行为关系的有效估计来说，充分利用较少量时间上的信息就非常重要。

譬如，豪斯曼（Hausman，1978）发现，使用 PSID 数据研究跟踪超六年之久的 629 位高中毕业生组成的样本估计收入方程时，固定效应模型与随机效应模型之间存在显著差异。豪斯曼工资方程中的解释变量包括分段表示的年龄，一年前失业或者健康不佳的情况，表示是否自主创业、是否生活在南方、是否住在农村等的虚拟变量。固定效应模型用式（3.2.5）估计[9]，随机效应模型用式（3.3.10）估计，表 3.3 列出了两个模型的估计结果。对比这两个估计结果可发现，两个模型中失业、自主创业和地理位置的影响差别很大（相对于它们的标准误）。

表 3.3　　　　薪酬方程（因变量：log *wage*[a]）

变量	固定效应	随机效应
1. 年龄组 1（20～35 岁）	0.055 7 (0.004 2)	0.039 3 (0.003 3)
2. 年龄组 2（35～45 岁）	0.035 1 (0.005 1)	0.009 2 (0.003 6)
3. 年龄组 3（45～55 岁）	0.020 9 (0.005 5)	−0.000 7 (0.004 2)
4. 年龄组 4（55～65 岁）	0.020 9 (0.007 8)	−0.009 7 (0.006 0)
5. 年龄组 5（65 岁以上）	−0.017 1 (0.015 5)	−0.042 3 (0.012 1)
6. 上一年度失业	−0.004 2 (0.015 3)	−0.027 7 (0.015 1)

续前表

变量	固定效应	随机效应
7. 上一年度健康状况糟糕	−0.020 4 (0.022 1)	−0.025 0 (0.021 5)
8. 自主创业	−0.219 0 (0.029 7)	−0.267 0 (0.026 3)
9. 南方	−0.156 9 (0.065 6)	−0.032 4 (0.033 3)
10. 农村	−0.010 1 (0.031 7)	−0.121 5 (0.023 7)
11. 常数	— —	0.849 9 (0.043 3)
s^2	0.056 7	0.069 4
自由度	3 135	3 763

[a] 3 774 个观测；括号内是标准误。

资料来源：Hausman (1978)。

3.4.2 条件推断还是无条件（边际）推断

如果遗漏变量的影响可用一个随机变量适当地概括，而个体（或时间）效应代表调查人员的疏漏，那么将某种忽略因素（α_i）当作固定常数，而将其他忽略因素（u_{it}）当作随机变量似乎不太合理。很显然，统一固定效应模型和随机效应模型的方法应该是一开始就假设效应项是随机变量。我们可认为固定效应模型是调查者控制了存在于样本中的效应后进行推断的模型，而随机效应模型是调查者对所有效应的总体进行无条件（或边际）推断的模型。实际上“（效应的）本质”没有差别，一切取决于调查者是对总体特征还是对样本的效应进行推断。

一般情况下，是考虑条件似然函数还是边际似然函数取决于数据的内容、收集数据的方式以及数据产生的环境等。我们以技工看管机器为例进行说明。如果这些技工是从同一技工总体中随机抽取，则可认为每位技工的效应项是随机变量。但如果这些技工不是从所有雇员中随机抽取，也不是来去自由，而是只有这几位技工，并且我们还希望评估这些技工之间的差异，则固定效应模型更合适。相似地，如果实验考察的个体成百上千，且认为这些个体是从更大的总体中随机抽取的样本，则随机效应模型更合适。但在分析的个体较少（譬如只有五六个个体），且重点研究这些个体间差异的情形下，将个体效应当作固定常数比当作随机变量更适合。在确定将效应项当作随机变量还是固定常数时，模型应用的背景和基于该模型的推断才是决定因素。当统计推断受到模型中效应项的约束时，将效应项当作固定常数更合适。如果是对效应项的总体进行推断，且认为数据中的效应项是来自该总体的随机样本，则应将效应项当作随机变量。[10]

为什么我们接受了这样的观点后，对假定不随个体变化的共同斜率系数，固定效应方法和随机效应方法有时也会产生差异巨大的估计呢？显然，除了前面讨论过的效率问题外，还有另一个重要问题：模型设定是否正确，也就是说，个体效应项的差异可否归因于该或然机制。

在方程（3.3.1）～（3.3.3）的随机效应框架下有两个基本假设。其一是非观测个体效应 α_i 从相同的总体中随机抽取。另一个假设是解释变量是严格外生的，也就是说，误差项与回归元过去的、当前的以及将来的观测值无关（或正交）：

$$\begin{aligned}E(u_{it}\mid \mathbf{x}_{i1},\cdots,\mathbf{x}_{iT})&=E(\alpha_i\mid \mathbf{x}_{i1},\cdots,\mathbf{x}_{iT})\\&=E(v_{it}\mid \mathbf{x}_{i1},\cdots,\mathbf{x}_{iT})=0\quad t=1,\cdots,T\end{aligned}\tag{3.4.1}$$

在前面的例子中，如果这些技工之间存在一些基本差异（例如能力、年龄、工作经验等），则这种差异不可完全归因于偶然因素。认为技工来自不同的总体，且个体效应 $\alpha_i^*=\alpha_i+\mu$ 代表不同总体之间的根本差异更为确当。因此，将 α_i^* 当作固定常数且不同的个体有不同的值更恰当［Hsiao 和 Sun（2000）］。忽略表示技工差异的 α_i^* 后，模型（3.3.3）的最小二乘估计量为

$$\begin{aligned}\hat{\boldsymbol{\beta}}_{\mathrm{LS}}&=\Big[\sum_{i=1}^{N}\sum_{t=1}^{T}(\mathbf{x}_{it}-\bar{\mathbf{x}})(\mathbf{x}_{it}-\bar{\mathbf{x}})'\Big]^{-1}\Big[\sum_{i=1}^{N}\sum_{t=1}^{T}(\mathbf{x}_{it}-\bar{\mathbf{x}})(y_{it}-\bar{y})\Big]\\&=\boldsymbol{\beta}+\Big[\sum_{i=1}^{N}\sum_{t=1}^{T}(\mathbf{x}_{it}-\bar{\mathbf{x}})(\mathbf{x}_{it}-\bar{\mathbf{x}})'\Big]^{-1}\Big\{T\sum_{i=1}^{N}(\bar{\mathbf{x}}_i-\bar{\mathbf{x}})(\alpha_i^*-\bar{\alpha})\Big\}\end{aligned}\tag{3.4.2}$$

其中 $\bar{\alpha}=\frac{1}{N}\sum_{i=1}^{N}\alpha_i^*$。显然，除非 $N\rightarrow\infty$ 时，$\frac{1}{N}\sum_{i=1}^{N}(\bar{\mathbf{x}}_i-\bar{\mathbf{x}})(\alpha_i^*-\bar{\alpha})$ 收敛于零，否则 $\boldsymbol{\beta}$ 的最小二乘估计不一致。$\hat{\boldsymbol{\beta}}_{\mathrm{LS}}$的偏误取决于 $\mathbf{x}_{it}$ 与 α_i^* 之间的相关性。

3.4.2.a Mundlak 法

Mundlak（1978a）对随机效应假设（3.3.2）进行了批评，因为该假设没有考虑效应项 α_i 和解释变量 $\mathbf{x}_{it}$ 之间可能存在的相关性。有证据表明在很多情形下 α_i 和 $\mathbf{x}_{it}$ 确实相关。例如，在考虑使用企业数据估计生产函数时，每个企业的产出 y_{it} 可能受不可观测的管理能力 α_i 的影响。管理越是有效的企业越有可能使用更多的投入 X_i 并生产更多的产出。越是缺乏效率的企业越有可能使用较少的投入并生产更少的产出。在此情形下，α_i 和 X_i 不可能相互独立。忽略它们之间的相关性将导致有偏估计。

迄今为止，我们已讨论的各种估计量的性质与 X_i 和这些效应项是否相关以及相关的程度有关。所以我们有必要考虑这些变量的联合分布。但 α_i 不可观测，Mundlak（1978a）建议用一个线性函数作为 $E(\alpha_i\mid X_i)$ 的近似，为此他引入辅助回归

$$\alpha_i = \sum_t \mathbf{x}'_{it}\mathbf{a}_t + \omega_i, \omega_i \sim N(0, \sigma_\omega^2) \tag{3.4.3a}$$

对式（3.4.3a）的一个简单逼近是

$$\alpha_i = \bar{\mathbf{x}}_i'\mathbf{a} + \omega_i, \omega_i \sim N(0, \sigma_\omega^2) \tag{3.4.3b}$$

显然，如果（当且仅当）解释变量和效应项无关，则 $\mathbf{a}$ 等于零（且 $\sigma_\omega^2 = \sigma_\alpha^2$）。

将式（3.4.3b）代入模型（3.3.3），并对所有的 t 和 i 堆积方程，我们得到

$$\begin{bmatrix}\mathbf{y}_1\\ \mathbf{y}_2\\ \vdots\\ \mathbf{y}_N\end{bmatrix} = \begin{bmatrix}\widetilde{X}_1\\ \widetilde{X}_2\\ \vdots\\ \widetilde{X}_N\end{bmatrix}\boldsymbol{\delta} + \begin{bmatrix}\mathbf{e}\bar{\mathbf{x}}_1'\\ \mathbf{e}\bar{\mathbf{x}}_2'\\ \vdots\\ \mathbf{e}\bar{\mathbf{x}}_N'\end{bmatrix}\mathbf{a} + \begin{bmatrix}\mathbf{e}\\ \mathbf{0}\\ \vdots\\ \mathbf{0}\end{bmatrix}\omega_1 + \begin{bmatrix}\mathbf{0}\\ \mathbf{e}\\ \vdots\\ \mathbf{0}\end{bmatrix}\omega_2 + \cdots + \begin{bmatrix}\mathbf{0}\\ \mathbf{0}\\ \vdots\\ \mathbf{e}_N\end{bmatrix}\omega_N + \begin{bmatrix}\mathbf{u}_1\\ \mathbf{u}_2\\ \vdots\\ \mathbf{u}_N\end{bmatrix} \tag{3.4.4}$$

控制 $\mathbf{x}_i$ 后该模型满足

$$E(\mathbf{u}_i + \mathbf{e}\omega_i) = \mathbf{0}$$

$$E(\mathbf{u}_i + \mathbf{e}\omega_i)(\mathbf{u}_j + \mathbf{e}\omega_j)' = \begin{cases}\sigma_u^2 I_T + \sigma_\omega^2\mathbf{e}\mathbf{e}' = \widetilde{V} & 如果\ i = j\\ \mathbf{0} & 如果\ i \neq j\end{cases}$$

$$\widetilde{V}^{-1} = \frac{1}{\sigma_u^2}\left[I_T - \frac{\sigma_\omega^2}{\sigma_u^2 + T\sigma_\omega^2}\mathbf{e}\mathbf{e}'\right]$$

利用分块矩阵求逆公式［Theil（1971，第 1 章）］，我们得到（μ，$\boldsymbol{\beta}'$，$\mathbf{a}'$）的 GLS

$$\hat{\mu}_{\text{GLS}}^* = \bar{y} - \bar{\mathbf{x}}'\hat{\boldsymbol{\beta}}_b \tag{3.4.5}$$

$$\hat{\boldsymbol{\beta}}_{\text{GLS}}^* = \hat{\boldsymbol{\beta}}_{\text{CV}} \tag{3.4.6}$$

$$\hat{\mathbf{a}}_{\text{GLS}}^* = \hat{\boldsymbol{\beta}}_b - \hat{\boldsymbol{\beta}}_{\text{CV}} \tag{3.4.7}$$

故在当前框架下，$\boldsymbol{\beta}$ 的 BLUE 是模型（3.2.1）或（3.2.10）的协方差估计量。这与方差成分无关。所以 Mundlak（1978a）坚持认为固定效应法和随机效应法之间的差异是因错误的模型设定引起的。事实上，对模型（3.2.10）应用 GLS 将导出有偏估计量。只需注意模型（3.3.3）中 $\boldsymbol{\beta}$ 的 GLS 估计就可清楚这一点，也就是说，可以将模型（3.3.3）看做模型（3.4.4）在约束 $\mathbf{a} = \mathbf{0}$ 下的 GLS 估计。如式（3.3.12）所示，

$$\hat{\boldsymbol{\beta}}_{\text{GLS}} = \Delta\hat{\boldsymbol{\beta}}_b + (I_K - \Delta)\hat{\boldsymbol{\beta}}_{\text{CV}} \tag{3.4.8}$$

如果模型（3.4.4）设定正确，则 $E\hat{\boldsymbol{\beta}}_b$ 等于 $\boldsymbol{\beta} + \mathbf{a}$，$E\hat{\boldsymbol{\beta}}_{\text{CV}} = \boldsymbol{\beta}$，因此，

$$E\hat{\boldsymbol{\beta}}_{\text{GLS}} = \boldsymbol{\beta} + \Delta\mathbf{a} \tag{3.4.9}$$

如果 $\mathbf{a} \neq \mathbf{0}$，则它是有偏估计。但 T 趋于无穷时，Δ 趋于零，$\hat{\boldsymbol{\beta}}_{\text{GLS}}$ 趋于 $\hat{\boldsymbol{\beta}}_{\text{CV}}$ 且是渐近无偏的。但在 T 固定而 N 趋于无穷这种更为重要的情形下，Mundlak 法中有 $\text{plim}_{N\to\infty}\hat{\boldsymbol{\beta}}_{\text{GLS}} \neq \boldsymbol{\beta}$。

尽管 Mundlak（1978a）认识到效应项和解释变量可能相关非常重要，但他声称只存在一种估计量，且在区分随机效应和固定效应时无须关心估计的效率的

观点太过绝对。事实上，在后面即将讨论的动态模型、随机系数模型以及离散选择模型中，我们可以看到即使考虑了 α_i 和 X_i 之间的相关性，这两种方法也不会导出相同的估计量。此外，在线性静态模型中，如果 $\mathbf{a}=\mathbf{0}$，则有效估计量是(3.3.12)，而不是协方差估计量（3.2.8）。

3.4.2.b 个体效应和属性变量相关或不相关时的条件推断和无条件推断

为在条件推断和无条件推断框架内获取更多关于模型（3.3.3）与（3.4.4）之间差异的感性认识，我们考虑下面两个实验。假定总体是由确定比例的红球和黑球组成。第一个实验有 N 个人，每个人从总体中随机抽取固定数量的球装进他个人专用的罐子。然后每个人从他专用罐子中有放回地抽球 T 次，每次抽取一个。第二个实验假定每个人对自己专用罐子中红球和黑球的比例有不同的偏好，并允许个人偏好影响两种颜色球的比例。具体说来，在每个人从各自专用罐子中做 T 次独立的有放回抽球之前，允许个人从总体中取任意数量的球，直到不同颜色球的比例达到自己想要的比例。

如果我们是推断各人罐子中红球和黑球的比例，则无论样本是来自第一个实验还是第二个实验，都应该用固定效应模型。另一方面，如果我们是推断总体中两种颜色球的比例，那就应该用边际或无条件推断。但两种情形的边际分布不同。在第一个实验中，每个人罐子中的差异是随机抽样的结果。脚标 i 纯粹是个标号而已，没有任何实质内容，此时假定 α_i 和 $\mathbf{x}_{it}$ 独立的随机效应模型更合适。在第二个实验中，个人罐子中的差异反映了各自偏好的差异。合理的边际推断必须考虑到这些非随机效应。就 Mundlak 法而言，边际推断因确当地考虑个体效应（α_i）和影响该过程的个体偏好（$\mathbf{x}_i$）之间的相关性，给出的估计量恰好和个体效应被当作固定常数时的估计量相同。这与推断总体属性时设定固定效应模型不同。

规范说来，令 u_{it} 和 α_i 是相互独立的正态过程。在第一个实验中，α_i 是独立分布的，且独立于个体属性 $\mathbf{x}_i$，所以 α_i 的分布一定可表述为来自某单变量分布的随机抽样［Box 和 Tiao（1968）；Chamberlain（1980）］。因此，$\{(\mathbf{u}_i+\mathbf{e}\alpha_i)', \alpha_i \mid X_i\}$ 的条件分布和 $\{(\mathbf{u}_i+\mathbf{e}\alpha_i)', \alpha_i\}$ 的边际分布相同，

$$\begin{bmatrix} u_{i1}+\alpha_i \\ \vdots \\ u_{iT}+\alpha_i \\ \cdots\cdots \\ \alpha_i \end{bmatrix} = \left[\begin{array}{c|} u_{i1}+\alpha_i \\ \vdots \\ u_{iT}+\alpha_i \\ \cdots\cdots \\ \alpha_i \end{array} \; X_i\right] \sim N\left[\begin{bmatrix} \mathbf{0} \\ \cdots \\ 0 \end{bmatrix}, \left[\begin{array}{c:c} \sigma_u^2 I_T+\sigma_\alpha^2 \mathbf{e}\mathbf{e}' & \sigma_\alpha^2 \mathbf{e} \\ \hdashline \sigma_\alpha^2 \mathbf{e}' & \sigma_\alpha^2 \end{array}\right]\right] \tag{3.4.10a}$$

在第二个实验中，我们可认为 α_i 是从具有均值 α_i^* 和方差 $\sigma_{\omega i}^2$ 的异质性总体中随机抽取的［这里可认为 Mundlak（1978a）法是对所有的 i，$E(\alpha_i \mid X_i)=\alpha_i^*=\mathbf{a}'\bar{\mathbf{x}}_i$ 且 $\sigma_{\omega i}^2=\sigma_\omega^2$ 的特殊情形］。故 $\{(\mathbf{u}_i+\mathbf{e}\alpha_i)' \vdots \alpha_i \mid X_i\}$ 的条件分布为

$$\left[\begin{array}{c|} u_{i1}+\alpha_i \\ \vdots \\ u_{iT}+\alpha_i \\ \cdots\cdots \\ \alpha_i \end{array} \; X_i\right] \sim N\left[\begin{bmatrix} \mathbf{e}\alpha_i^* \\ \cdots \\ \alpha_i^* \end{bmatrix}, \left[\begin{array}{c:c} \sigma_u^2 I_T+\sigma_{\omega i}^2 \mathbf{e}\mathbf{e}' & \sigma_{\omega i}^2 \mathbf{e} \\ \hdashline \sigma_{\omega i}^2 \mathbf{e}' & \sigma_{\omega i}^2 \end{array}\right]\right] \tag{3.4.10b}$$

在两种情形中，（$\mathbf{u}_i+\mathbf{e}\alpha_i$）在 α_i 下的条件密度为[11]

$$(2\pi\sigma_u^2)^{T/2}\exp\left\{-\frac{1}{2\sigma_u^2}\mathbf{u}_i'\mathbf{u}_i\right\} \tag{3.4.11}$$

但给定 X_i 后（$\mathbf{u}_i+\mathbf{e}\alpha_i$）的边际密度不同［分别是式（3.4.10a）和（3.4.10b）］。在独立性假设下，$\{(\mathbf{u}_i+\mathbf{e}\alpha_i)\mid X_i\}$ 均值等于零（$i=1$，…，N）。在"α_i 和 X_i 相关"或"α_i 来自异质性总体"假设下，对不同的 i，$\{\mathbf{u}_i+\mathbf{e}\alpha_i\mid X_i\}$ 的均值 $\mathbf{e}\alpha_i^*$ 不同。

在线性回归模型中，控制 α_i 后将 $\mathbf{u}_i+\mathbf{e}\alpha_i$ 变换为 $\mathbf{y}_i$ 的 Jacobian 行列式的值是 1。将 α_i 当作未知参数，最大化（$\mathbf{y}_1\mid\alpha_1$，X_1），…，（$\mathbf{y}_N\mid\alpha_N$，X_N）的条件似然函数得到两种情形下的协方差（或组内）估计量。对式（3.4.10a）来说，如果 σ_u^2 和 σ_α^2 已知，则最大化（$\mathbf{y}_1$，…，$\mathbf{y}_N\mid X_1$，…，X_N）的边际似然函数得到 GLS 估计量（3.3.12），对式（3.4.10b）来说恰好得到线性情形的协方差估计量。换句话说，对式（3.4.10b）的情形使用条件方法没有信息的损失。但对前一种情形［即式（3.4.10a）］，最大化条件似然函数时有效率的损失，因为在估计额外的未知参数（α_1，…，α_N）时有自由度的损失，而自由度的损失导致我们忽略包含在组间变异中的某些信息。

无条件推断的优点是似然函数仅与有限个参数有关，故一般都可导出有效推断。不足之处在于 $\mathbf{y}_i$ 在 X_i 下的条件密度函数的正确形式

$$f(\mathbf{y}_i\mid X_i)=\int f(\mathbf{y}_i\mid X_i,\alpha_i)f(\alpha_i\mid X_i)d\alpha_i \tag{3.4.12}$$

与正确设定 $f(\alpha_i\mid X_i)$ 有关。误设 $f(\alpha_i\mid X_i)$ 将导致对 $f(\mathbf{y}_i\mid X_i)$ 的误设。最大化误设的 $f(\mathbf{y}_i\mid X_i)$ 导出的估计量是有偏且不一致的。在 $\alpha_i\sim N(\alpha_i^*,\sigma_{\omega i}^2)$ 的情形下，GLS 估计量（3.3.12）的偏误不会因任何无条件推断的谬误产生，而是因为对 $f(\alpha_i\mid X_i)$ 的误设而产生。

条件推断的优点是不用设定 $f(\alpha_i\mid X_i)$。因此，如果效应项的分布不能由简单的参数函数（如双峰函数）表示，或者我们不能确定效应项和 X_i 之间的相关方式，则基于条件的推断有一定的优势。效应项存在基本差异时（例如，前面技工的例子，技工在能力、工作经验等方面存在基本差异），将（技工的）效应项当作固定常数更合适。

条件推断的缺点一方面是估计效应项时自由度的损失带来的效率损失，另一方面是 T 有限时的**关联参数问题**（incidental parameters）［Neyman 和 Scott (1948)］。常见的面板数据包含的时期较少，而每期观测到的个体较多，个体效应参数（α_i^*）的数量随着横截面的维数 N 增长。除了包含在 $\mathbf{y}_i$ 中的信息之外，N 的增长没有提供关于参数 α_i^* 的信息，故用有限的 T 不能一致地估计 α_i^*。一般说来，在缺乏对 α_i^* 的了解时，条件

$$E(u_{it}\mid\mathbf{x}_{it})=0 \tag{3.4.13}$$

没有提供关于共同参数 $\boldsymbol{\beta}$ 的信息。如果关联参数 α_i^* 的估计不是渐近独立于**共同参数**（common parameters）［统计学文献中称之为**结构参数**（structural parameters)] 的估计，则共同参数 $\boldsymbol{\beta}$ 在 α_i^* 的不一致估计下的条件推断通常也不一致。

对于线性静态模型（3.2.1）或（3.2.10），$\mathbf{x}_{it}$ 关于 u_{it} 的严格外生性

$$E(u_{it} \mid \mathbf{x}_i)=0, \quad t=1,\cdots,T \tag{3.4.14}$$

表明

$$E(u_{it}-\bar{u}_i \mid \mathbf{x}_i)=E[(y_{it}-\bar{y}_i)-(\mathbf{x}_{it}-\bar{\mathbf{x}}_i)'\boldsymbol{\beta}]=0, \quad t=1,\cdots,T,i=1,\cdots,N \tag{3.4.15}$$

其中 $\mathbf{x}_i'=(\mathbf{x}_{i1}', \cdots, \mathbf{x}_{iT}')$。因线性静态模型（3.4.15）不包含 α_i^*，且可用来识别 $\boldsymbol{\beta}$，故利用该矩条件可导出 $\boldsymbol{\beta}$ 的一致估计量［如式（3.2.8）］。但是，对于非线性面板数据模型，通常难以找到独立于 α_i^* 的可用来求共同参数一致估计量的矩条件。

固定效应推断的优点是不必假定效应项与 $\mathbf{x}_i$ 独立，缺点是引入了关联参数。随机效应推断的优点是参数数量固定且可导出有效估计，缺点是必须具体设定效应项和模型的解释变量之间的相关（或不相关）方式。

最后需要指出的是随机性假设不必附上正态性假设。虽然对随机效应经常有这样的假设（正态性），但它是在随机性假设之后作出的单独假设。大多数估计方法不要求正态性，但如果要研究所导出的估计量的分布性质，则通常需要正态性假设。

3.5 误设检验

如 3.4 节所讨论的，问题不在于 α_i 是固定常数还是随机变量，而在于可否认为 α_i 是从相同总体中随机抽取的，或者对所有的 i，可否认为 α_i 在 $\mathbf{x}_i$ 下的条件分布都相同。在线性回归框架下，不管 α_i 与 $\mathbf{x}_i$ 相关［如式（3.4.3）］，还是来自异质性总体，将模型（3.2.10）中的 α_i 当作固定常数后导出的 $\boldsymbol{\beta}$ 估计量都相同。故为方便引用，当 α_i 与 $\mathbf{x}_i$ 相关时，我们按惯例称模型（3.2.10）为固定效应模型，当 α_i 与 $\mathbf{x}_i$ 不相关时，我们称它为随机效应模型。

因此，选择使用固定效应模型还是随机效应模型的问题便转化为对“α_i 是与 $\mathbf{x}_i$ 无关的随机变量”的假设（3.3.3）进行误设检验的问题。利用 Mundlak 法（3.4.3a）或者（3.4.3b），该检验可表述为

$$H_0: \mathbf{a}=\mathbf{0}$$

对

$$H_1: \mathbf{a}\neq\mathbf{0}$$

的检验。如果备选假设 H_1 成立，则使用固定效应模型（3.2.1）。如果虚拟假设 H_0 成立，则使用随机效应模型（3.3.3）。在假设 H_0 下，比率

$$F=\frac{\left[\begin{array}{c}\sum_{i=1}^{N}(\mathbf{y}_i-\widetilde{X}_i\hat{\boldsymbol{\delta}}_{\text{GLS}})'V^{*-1}(\mathbf{y}_i-\widetilde{X}_i\hat{\boldsymbol{\delta}}_{\text{GLS}})\\-\sum_{i=1}^{N}(\mathbf{y}_i-\widetilde{X}_i\hat{\boldsymbol{\delta}}_{\text{GLS}}^*-\mathbf{e}\bar{\mathbf{x}}'_i\hat{\mathbf{a}}_{\text{GLS}}^*)'V^{*-1}(\mathbf{y}_i-\widetilde{X}_i\hat{\boldsymbol{\delta}}_{\text{GLS}}^*-\mathbf{e}\bar{\mathbf{x}}'_i\hat{\mathbf{a}}_{\text{GLS}}^*)\end{array}\right]\Big/K}{\left(\dfrac{\sum_{i=1}^{N}(\mathbf{y}_i-\widetilde{X}_i\hat{\boldsymbol{\delta}}_{\text{GLS}}^*-\mathbf{e}\bar{\mathbf{x}}'_i\hat{\mathbf{a}}_{\text{GLS}}^*)'V^{*-1}(\mathbf{y}_i-\widetilde{X}_i\hat{\boldsymbol{\delta}}_{\text{GLS}}^*-\mathbf{e}\bar{\mathbf{x}}'_i\hat{\mathbf{a}}_{\text{GLS}}^*)}{NT-(2K+1)}\right)} \tag{3.5.1}$$

服从中心化的 F 分布，其第一自由度为 K，第二自由度为 $NT-(2K+1)$，其中 $V^{*-1}=(1/\sigma_u^2)[Q+\psi^*(1/T)\mathbf{ee}']$，$\psi^*=\sigma_u^2/(\sigma_u^2+T\sigma_\omega^2)$。因此，式（3.5.1）可用来进行 H_0 对 H_1 的检验。[12]

Hausman（1978）提出另一个检验方法，他指出在假设 H_0 下模型（3.3.3）的 GLS 估计量达到 Cramer-Rao 下界，但在假设 H_1 下，GLS 估计量是有偏估计量。相比之下，$\boldsymbol{\beta}$ 的 CV 估计量在 H_0 和 H_1 之下都是一致的。因此，豪斯曼检验主要是检验 $\boldsymbol{\beta}$ 的 CV 估计量和 GLS 估计量是否显著不同。

推导这两个估计量差的渐近分布时，豪斯曼用到了下面的引理：[13]

引理 3.5.1 设样本容量为 N，$\hat{\boldsymbol{\beta}}_0$ 和 $\hat{\boldsymbol{\beta}}_1$ 是 $\boldsymbol{\beta}$ 的两个一致估计量，其中 $\hat{\boldsymbol{\beta}}_0$ 渐近达到 Cramer-Rao 下界，故 $\sqrt{N}(\hat{\boldsymbol{\beta}}_0-\boldsymbol{\beta})$ 的渐近分布是方差—协方差矩阵为 V_0 的正态分布。假定 $\sqrt{N}(\hat{\boldsymbol{\beta}}_1-\boldsymbol{\beta})$ 的渐近分布是均值为零，方差—协方差矩阵为 V_1 的正态分布。令 $\hat{\mathbf{q}}=\hat{\boldsymbol{\beta}}_1-\hat{\boldsymbol{\beta}}_0$。则 $\sqrt{N}(\hat{\boldsymbol{\beta}}_0-\boldsymbol{\beta})$ 和 $\sqrt{N}\hat{\mathbf{q}}$ 极限分布的协方差矩阵为 $C(\hat{\boldsymbol{\beta}}_0,\hat{\mathbf{q}})=\mathbf{0}$（零矩阵）。

据该引理可知 $\text{Var}(\hat{\mathbf{q}})=\text{Var}(\hat{\boldsymbol{\beta}}_1)-\text{Var}(\hat{\boldsymbol{\beta}}_0)$。故豪斯曼建议用统计量[14]

$$m=\hat{\mathbf{q}}'\text{Var}(\hat{\mathbf{q}})^{-1}\hat{\mathbf{q}} \tag{3.5.2}$$

对虚拟假设 $E(\alpha_i \mid X_i)=0$ 及备选假设 $E(\alpha_i \mid X_i)\neq 0$ 进行检验，其中 $\hat{\mathbf{q}}=\hat{\boldsymbol{\beta}}_{\text{CV}}-\hat{\boldsymbol{\beta}}_{\text{GLS}}$，$\text{Var}(\hat{\mathbf{q}})=\text{Var}(\hat{\boldsymbol{\beta}}_{\text{CV}})-\text{Var}(\hat{\boldsymbol{\beta}}_{\text{GLS}})$。在虚拟假设下，该统计量服从中心化的自由度为 K 的 χ^2 分布。在备选假设下，它具有非中心参数 $\bar{\mathbf{q}}'\text{Var}(\hat{\mathbf{q}})^{-1}\bar{\mathbf{q}}$ 的非中心的 χ^2 分布，其中 $\bar{\mathbf{q}}=\text{plim}(\hat{\boldsymbol{\beta}}_{\text{CV}}-\hat{\boldsymbol{\beta}}_{\text{GLS}})$。

当 N 固定而 T 趋于无穷时，$\hat{\boldsymbol{\beta}}_{\text{CV}}$ 和 $\hat{\boldsymbol{\beta}}_{\text{GLS}}$ 收敛于相同的估计量。但 Ahn 和 Moon（2001）证明式（3.5.2）的分子和分母以相同的速度趋于零。因此，该比率仍服从 χ^2 分布。不过在该情况下，实际上无法对固定效应模型和随机效应模型进行区分。在实际应用中，更常见的情形是 N 相对于 T 来说较大，故两类估计量或两种方法的差异是个重要的问题。

对 3.4 节（表 3.3）开头讨论的工资方程，我们可用式（3.5.1）或（3.5.2）检验是固定效应模型还是随机效应模型更合适。Hausman（1978）算得式（3.5.2）的 χ^2 统计量的值为 129.9。自由度为 10 的 χ^2 分布 1%显著性水平的临界值为 23.2，随机效应模型（3.3.3）误设迹象非常明显。用式（3.5.1）也可得到相似的结论。Hausman（1978）算得的 F 值是 139.7，远远超过 1%显著性水平对应的临界值。这些检验表明在密歇根调查数据中，重要的个体效应与模型右边的变量相关。因随机效应估计量更有可能出现显著偏误，故使用面板数据估计工资方程时，考虑不同个体之间持久的非观测差异显得尤为重要。

3.6 包含特异变量以及个体和时间特异效应项的模型

3.6.1 包含个体特异变量时模型的估计

模型（3.2.10）的推广形式很多，但分析方法变化不大。譬如，在对 y_{it} 的方程设定中，我们可引入一个 $1\times p$ 的个体特征向量（如性别、种族、社会经济背景等随个体单元变化但不随时间变化的变量），并考虑模型

$$\underset{T\times 1}{\mathbf{y}_i}=\underset{T\times 1}{\mathbf{e}}\underset{1\times 1}{\mu}+\underset{T\times p}{Z_i}\underset{p\times 1}{\boldsymbol{\gamma}}+\underset{T\times K}{X_i}\underset{K\times 1}{\boldsymbol{\beta}}+\underset{T\times 1}{\mathbf{e}}\underset{1\times 1}{\alpha_i}+\underset{T\times 1}{\mathbf{u}_i},\quad i=1,\cdots,N \tag{3.6.1}$$

其中

$$Z_i=\underset{T\times 1}{\mathbf{e}}\underset{1\times p}{\mathbf{z}_i'}$$

如果假定 α_i 是固定常数，则模型（3.6.1）将产生完全共线性问题，因为 $Z=(Z_1',\cdots,Z_N')'$ 与 $(I_N\otimes\mathbf{e})$ 线性相关。[15] 故无法分别估计 $\boldsymbol{\gamma}$，μ 和 α_i，但仍可用协方差方法估计 $\boldsymbol{\beta}$（$\sum_{i=1}^N X_i'QX_i$ 满秩即可）。只需模型（3.6.1）左乘（协方差）转换矩阵 Q［式（3.2.6）］，即可清除模型（3.6.1）中的 Z_i，$\mathbf{e}\mu$ 和 $\mathbf{e}\alpha_i$，得到

$$Q\mathbf{y}_i=QX_i\boldsymbol{\beta}+Q\mathbf{u}_i,\quad i=1,\cdots,N \tag{3.6.2}$$

对式（3.6.2）应用 OLS，我们可导出 $\boldsymbol{\beta}$ 的 CV 估计量（3.2.8）。

假定 α_i 是与 X_i 和 Z_i 不相关的随机变量时，CV 用相同的方法估计 $\boldsymbol{\beta}$ 得到估计量（3.2.8）。估计 $\boldsymbol{\gamma}$ 时，因个体关于时间的均值满足

$$\bar{y}_i-\bar{\mathbf{x}}_i'\boldsymbol{\beta}=\mu+\mathbf{z}_i'\boldsymbol{\gamma}+\alpha_i+\bar{u}_i,\quad i=1,\cdots,N \tag{3.6.3}$$

故将（$\alpha_i+\bar{u}_i$）当作误差项，并最小化 $\sum_{i=1}^N(\alpha_i+\bar{u}_i)^2$，可得到

$$\hat{\boldsymbol{\gamma}}=\Big[\sum_{i=1}^N(\mathbf{z}_i-\bar{\mathbf{z}})(\mathbf{z}_i-\bar{\mathbf{z}})'\Big]^{-1}\Big\{\sum_{i=1}^N(\mathbf{z}_i-\bar{\mathbf{z}})\big[(\bar{y}_i-\bar{y})-(\bar{\mathbf{x}}_i-\bar{\mathbf{x}})'\boldsymbol{\beta}\big]\Big\} \tag{3.6.4}$$

$$\hat{\mu}=\bar{y}-\bar{\mathbf{x}}'\boldsymbol{\beta}-\bar{\mathbf{z}}'\hat{\boldsymbol{\gamma}} \tag{3.6.5}$$

其中

$$\bar{\mathbf{z}}=\frac{1}{N}\sum_{i=1}^N\mathbf{z}_i$$

$$\bar{\mathbf{x}}=\frac{1}{N}\sum_{i=1}^N\bar{\mathbf{x}}_i$$

$$\bar{y}=\frac{1}{N}\sum_{i=1}^{N}\bar{y}_i$$

将 $\boldsymbol{\beta}$ 的 CV 估计量代入式（3.6.4）和（3.6.5），即可得到 $\boldsymbol{\gamma}$ 和 μ 的估计量。当 N 趋于无穷时，该两步法是一致的。当 N 固定而 T 趋于无穷时，$\boldsymbol{\beta}$ 仍可由式（3.2.8）一致地估计。但 $\boldsymbol{\gamma}$ 的估计是不一致的，因为 N 固定时，关于 α_i 和 $\mathbf{z}_i$ 信息量太少。为理解这一点，注意到在模型（3.6.3）的 OLS 估计量中代入 $\text{plim}_{T\to\infty}\hat{\boldsymbol{\beta}}_{CV}=\boldsymbol{\beta}$ 后收敛于

$$\begin{aligned}\hat{\boldsymbol{\gamma}}_{OLS}=\boldsymbol{\gamma}&+\left[\sum_{i=1}^{N}(\mathbf{z}_i-\bar{\mathbf{z}})(\mathbf{z}_i-\bar{\mathbf{z}})'\right]^{-1}\left[\sum_{i=1}^{N}(\mathbf{z}_i-\bar{\mathbf{z}})(\alpha_i-\bar{\alpha})\right]\\&+\left[T\sum_{i=1}^{N}(\mathbf{z}_i-\bar{\mathbf{z}})(\mathbf{z}_i-\bar{\mathbf{z}})'\right]^{-1}\left[\sum_{i=1}^{N}\sum_{t=1}^{T}(\mathbf{z}_i-\bar{\mathbf{z}})(u_{it}-\bar{u})\right]\end{aligned}\qquad(3.6.6)$$

其中

$$\bar{u}=\frac{1}{NT}\sum_{i=1}^{N}\sum_{t=1}^{T}u_{it}$$

$$\bar{\alpha}=\frac{1}{N}\sum_{i=1}^{N}\alpha_i$$

显然

$$\underset{T\to\infty}{\text{plim}}\frac{1}{N}\sum_{i=1}^{N}(\mathbf{z}_i-\bar{\mathbf{z}})\frac{1}{T}\sum_{t=1}^{T}(u_{it}-\bar{u})=0$$

但 $(1/N)\sum_{i=1}^{N}(\mathbf{z}_i-\bar{\mathbf{z}})(\alpha_i-\bar{\alpha})$ 是均值为零的随机变量，其协方差在 N 有限时有 $\sigma_\alpha^2[\sum_{i=1}^{N}(\mathbf{z}_i-\bar{\mathbf{z}})(\mathbf{z}_i-\bar{\mathbf{z}})'/N^2]\neq 0$，故式（3.6.6）中第二项的概率极限不为零。

当 α_i 是与 X_i 和 Z_i 不相关的随机变量时，CV 估计量不是 BLUE。模型（3.6.1）的 BLUE 是 GLS 估计量

$$\begin{bmatrix}\hat{\mu}\\\hat{\boldsymbol{\gamma}}\\\hat{\boldsymbol{\beta}}\end{bmatrix}=\begin{bmatrix}NT\psi & NT\psi\bar{\mathbf{z}}' & NT\psi\bar{\mathbf{x}}'\\NT\psi\bar{\mathbf{z}} & T\psi\sum_{i=1}^{N}\mathbf{z}_i\mathbf{z}'_i & T\psi\sum_{i=1}^{N}\mathbf{z}_i\bar{\mathbf{x}}'_i\\NT\psi\bar{\mathbf{x}} & T\psi\sum_{i=1}^{N}\bar{\mathbf{x}}_i\mathbf{z}'_i & \sum_{i=1}^{N}X'_iQX_i+\psi T\sum_{i=1}^{N}\bar{\mathbf{x}}_i\bar{\mathbf{x}}'_i\end{bmatrix}^{-1}\times\begin{bmatrix}NT\psi\bar{y}\\\psi T\sum_{i=1}^{N}\mathbf{z}_i\bar{y}_i\\\sum_{i=1}^{N}X'_iQ\mathbf{y}_i+\psi T\sum_{i=1}^{N}\bar{\mathbf{x}}_i\bar{\mathbf{y}}_i\end{bmatrix}\qquad(3.6.7)$$

式（3.6.7）中的 ψ 未知时，我们可用它的一致估计量代替。当 T 固定时，GLS 估计量比 CV 估计量更有效。当 T 趋于无穷时，$\boldsymbol{\beta}$ 的 GLS 估计量收敛于 CV 估计量；细节详见 Lee（1978b）。

我们可这样理解模型（3.6.1）：模型明确引入时恒解释变量 $\mathbf{z}_i$ 后降低或消除

了 α_i 和 $\mathbf{x}_{it}$ 之间的相关性。但如果 α_i 仍与 $\mathbf{x}_{it}$ 或 $\mathbf{z}_i$ 相关，则 GLS 将是有偏估计。CV 可得到 $\boldsymbol{\beta}$ 的无偏估计，但 α_i 和 $\mathbf{z}_i$ 相关时，模型（3.6.3）中 $\boldsymbol{\gamma}$ 和 μ 的 OLS 估计在 N 趋于无穷时也是不一致的。[16] 因此 Hausman 和 Taylor（1981）建议，将 $\bar{\mathbf{x}}_i$ 中与 α_i 不相关的元素作为 $\mathbf{z}_i$ 的工具变量，用两阶段最小二乘法估计（3.6.3）中的 $\boldsymbol{\gamma}$。使用该方法的必要条件是 $\bar{\mathbf{x}}_i$ 中与 α_i 不相关的元素的数量要大于 $\mathbf{z}_i$ 中与 α_i 相关的元素的数量。

3.6.2 包含个体和时间效应项时模型的估计

我们还可进一步推广模型（3.6.1），使其包含时间特征变量和时间特异效应项。令

$$y_{it}=\mu+\underset{1\times p}{\mathbf{z}_i'}\underset{p\times 1}{\boldsymbol{\gamma}}+\underset{1\times l}{\mathbf{r}_t'}\underset{l\times 1}{\boldsymbol{\rho}}+\underset{1\times K}{\mathbf{x}_{it}'}\underset{K\times 1}{\boldsymbol{\beta}}+\alpha_i+\lambda_t+u_{it},\quad i=1,\cdots,N,t=1,\cdots,T \tag{3.6.8}$$

其中 $\mathbf{r}_t$ 和 λ_t 表示 $l\times 1$ 和 1×1 的时间特征变量和时间特异效应项。关于 i 和 t 堆积模型（3.6.8），得到

$$\underset{NT\times 1}{Y}=\begin{bmatrix}\mathbf{y}_1\\\mathbf{y}_2\\\vdots\\\mathbf{y}_N\end{bmatrix}=\begin{bmatrix}\mathbf{e} & Z_1 & R & X_1\\\mathbf{e} & Z_2 & R & X_2\\\vdots & \vdots & \vdots & \vdots\\\mathbf{e} & Z_N & R & X_N\end{bmatrix}\begin{bmatrix}\mu\\\boldsymbol{\gamma}\\\boldsymbol{\rho}\\\boldsymbol{\beta}\end{bmatrix}+(I_N\otimes\mathbf{e})\boldsymbol{\alpha}+(\mathbf{e}_N\otimes I_T)\boldsymbol{\lambda}+\begin{bmatrix}\mathbf{u}_1\\\mathbf{u}_2\\\vdots\\\mathbf{u}_N\end{bmatrix} \tag{3.6.9}$$

其中 $\boldsymbol{\alpha}'=(\alpha_1,\ \cdots,\ \alpha_N)$，$\boldsymbol{\lambda}'=(\lambda_1,\ \cdots,\ \lambda_T)$，$R'=(\mathbf{r}_1,\ \mathbf{r}_2,\ \cdots,\ \mathbf{r}_T)$，$\mathbf{e}_N$ 表示所有元素为 1 的 $N\times 1$ 的向量，$\otimes$表示 Kronecker 积。

如果将 $\boldsymbol{\alpha}$ 和 $\boldsymbol{\lambda}$ 当作固定常数，则模型存在多重共线性问题，理由如 3.6.1 节所述。此时我们无法分别估计系数 $\boldsymbol{\alpha}$，$\boldsymbol{\lambda}$，$\boldsymbol{\gamma}$，$\boldsymbol{\rho}$ 和 μ，但仍可用协方差方法估计系数 $\boldsymbol{\beta}$。我们用 $NT\times NT$ 的（协方差）转换矩阵

$$\tilde{Q}=I_{NT}-I_N\otimes\frac{1}{T}\mathbf{e}\mathbf{e}'-\frac{1}{N}\mathbf{e}_N\mathbf{e}_N'\otimes I_T+\frac{1}{NT}J \tag{3.6.10}$$

清除 μ，$\mathbf{z}_i$，$\mathbf{r}_t$，α_i 和 λ_t（其中 J 是所有元素为 1 的 $NT\times NT$ 矩阵），并将

$$\hat{\boldsymbol{\beta}}_{\mathrm{CV}}=[(X_1',\cdots,X_N')\tilde{Q}(X_1',\cdots,X_N')']^{-1}[(X_1',\cdots,X_N')\tilde{Q}Y] \tag{3.6.11}$$

作为 $\boldsymbol{\beta}$ 的估计。

α_i 和 λ_t 是随机变量时，我们仍可用协方差方法估计 $\boldsymbol{\beta}$。估计 μ，$\boldsymbol{\gamma}$ 和 $\boldsymbol{\rho}$ 时，我们知道个体均值（同一个体在时间上的）和时间均值（不同个体在同一时间上的）方程为

$$\bar{y}_i-\bar{\mathbf{x}}_i'\boldsymbol{\beta}=\mu_c^*+\mathbf{z}_i'\boldsymbol{\gamma}+\alpha_i+\bar{u}_i,\quad i=1,\cdots,N \tag{3.6.12}$$

$$\bar{y}_t-\bar{\mathbf{x}}_t'\boldsymbol{\beta}=\mu_T^*+\mathbf{r}_t'\boldsymbol{\rho}+\lambda_t+\bar{u}_t,\quad t=1,\cdots,T \tag{3.6.13}$$

其中

$$\mu_c^* = \mu + \bar{\mathbf{r}}'\boldsymbol{\rho} + \bar{\lambda} \tag{3.6.14}$$

$$\mu_T^* = \mu + \bar{\mathbf{z}}'\boldsymbol{\gamma} + \bar{\alpha} \tag{3.6.15}$$

且

$$\bar{\mathbf{r}} = \frac{1}{T}\sum_{t=1}^{T} \mathbf{r}_t, \bar{\mathbf{z}} = \frac{1}{N}\sum_{i=1}^{N} \mathbf{z}_i, \bar{\lambda} = \frac{1}{T}\sum_{t=1}^{T}\lambda_t, \bar{\alpha} = \frac{1}{N}\sum_{i=1}^{N}\alpha_i$$

$$\bar{y}_t = \frac{1}{N}\sum_{i=1}^{N} y_{it}, \bar{\mathbf{x}}_t = \frac{1}{N}\sum_{i=1}^{N} \mathbf{x}_{it}, \bar{u}_t = \frac{1}{N}\sum_{i=1}^{N} u_{it}$$

如果 α_i，λ_t 与 $\mathbf{z}_i$，$\mathbf{r}_t$，$\mathbf{x}_{it}$ 不相关，则用 $\hat{\boldsymbol{\beta}}_{CV}$ 代替 $\boldsymbol{\beta}$ 后，我们可通过对所有的 i 和 t 分别对方程（3.6.12）和（3.6.13）使用 OLS 来估计（μ_c^*，$\boldsymbol{\gamma}'$）和（μ_T^*，$\boldsymbol{\rho}'$）。估计 μ 时，可将 $\boldsymbol{\gamma}$，$\boldsymbol{\rho}$ 和 $\boldsymbol{\beta}$ 的估计值代入下面的任何一个方程

$$\hat{\mu} = \hat{\mu}_c^* - \bar{\mathbf{r}}'\hat{\boldsymbol{\rho}} \tag{3.6.16}$$

$$\hat{\mu} = \hat{\mu}_T^* - \bar{\mathbf{z}}'\hat{\boldsymbol{\gamma}} \tag{3.6.17}$$

$$\hat{\mu} = \bar{y} - \bar{\mathbf{z}}'\hat{\boldsymbol{\gamma}} - \bar{\mathbf{r}}'\hat{\boldsymbol{\rho}} - \bar{\mathbf{x}}'\hat{\boldsymbol{\beta}} \tag{3.6.18}$$

或者对联合方程（3.6.16）～（3.6.18）使用最小二乘法。当 N 和 T 都趋于无穷时，$\hat{\mu}$ 是一致的。

如果 α_i，λ_t 是与 $\mathbf{z}_i$，$\mathbf{r}_t$ 和 $\mathbf{x}_{it}$ 无关的随机变量，则 BLUE 就是 GLS 估计量。假定 α_i 和 λ_t 满足式（3.3.2），则误差项 $\mathbf{u} + (I_N \otimes \mathbf{e})\boldsymbol{\alpha} + (\mathbf{e}_N \otimes I_T)\boldsymbol{\lambda}$ 的 $NT \times NT$ 的协方差矩阵是

$$\tilde{V} = \sigma_u^2 I_{NT} + \sigma_\alpha^2 I_N \otimes \mathbf{e}\mathbf{e}' + \sigma_\lambda^2 \mathbf{e}_N \mathbf{e}_N{}' \otimes I_T \tag{3.6.19}$$

它的逆矩阵［参见 Henderson（1971）；Nerlove（1971b）；Wallace 和 Hussain（1969）］（参见附录 3B）是

$$\tilde{V}^{-1} = \frac{1}{\sigma_u^2}\left[I_{NT} - \eta_1 I_N \otimes \mathbf{e}\mathbf{e}' - \eta_2 \mathbf{e}_N \mathbf{e}_N' \otimes I_T + \eta_3 J\right] \tag{3.6.20}$$

其中

$$\eta_1 = \frac{\sigma_\alpha^2}{\sigma_u^2 + T\sigma_\alpha^2}$$

$$\eta_2 = \frac{\sigma_\lambda^2}{\sigma_u^2 + N\sigma_\lambda^2}$$

$$\eta_3 = \frac{\sigma_\alpha^2 \sigma_\lambda^2}{(\sigma_u^2 + T\sigma_\alpha^2)(\sigma_u^2 + N\sigma_\lambda^2)}\left(\frac{2\sigma_u^2 + T\sigma_\alpha^2 + N\sigma_\lambda^2}{\sigma_u^2 + T\sigma_\alpha^2 + N\sigma_\lambda^2}\right)$$

当 $N \to \infty$，$T \to \infty$，且比率 N/T 趋于某个非零的常数时，Wallace 和 Hussain（1969）证明 GLS 估计量收敛于 CV 估计量。应指出的是，与常见的没有特异效应项的线性回归模型不同，$\hat{\boldsymbol{\beta}}_{GLS}$ 收敛于 $\boldsymbol{\beta}$ 的速度为 $(NT)^{1/2}$，而 $\hat{\mu}_{GLS}$ 收敛于 μ 的速度是 $N^{1/2}$，因为随机成分的影响仅仅由随机成分分摊。细节详见 Kelejian 和 Stephan（1983）。

对两种类型误差成分模型 MLE 的讨论，参见 Baltagi（1995）以及 Baltagi 和 Li（1992）。

3.7 异方差

到目前为止，我们都是在“不同个体误差项的方差都相同”的假设下进行讨论。但很多面板研究包含不同类型的横截面单元。在误差成分模型中，由于 α_i 的方差 $\sigma_{\alpha i}^2$ 随着 i 变化［参见 Mazodier 和 Trognon（1978）；Baltagi 和 Griffin（1983）］，或者 u_{it} 的方差 σ_{ui}^2 随着 i 变化，或者 $\sigma_{\alpha i}^2$ 和 σ_{ui}^2 都随着 i 变化，便产生异方差问题。所以

$$E\,\mathbf{v}_i\,\mathbf{v}_i'=\sigma_{ui}^2 I_T+\sigma_{\alpha i}^2\mathbf{e}\mathbf{e}'=V_i \tag{3.7.1}$$

用 σ_{ui}^2 和 $\sigma_{\alpha i}^2$ 替代 σ_u^2 和 σ_α^2 后，V_i^{-1} 的表达式与式（3.3.5）相同。在式（3.3.7）中用 V_i 替换 V 后可得到 $\boldsymbol{\delta}$ 的 GLS 估计量。

当 σ_{ui}^2 和 $\sigma_{\alpha i}^2$ 未知时，用它们的估计量替换未知参数的真实值，可求出可行（或两步）GLS 估计。遗憾的是，因只有 α_i 的单个实现值，故即使 $T\to\infty$ 时也无法得到 $\sigma_{\alpha i}^2$ 的一致估计。一般情况下

$$\hat{\sigma}_{\alpha i}^2=\hat{\bar{\nu}}_i^{\,2}-\frac{1}{T}\hat{\sigma}_{ui}^2,\quad i=1,\cdots,N \tag{3.7.2}$$

收敛于 α_i^2 而不是 $\sigma_{\alpha i}^2$，其中 $\hat{v}_{it}$ 是 v_{it} 的初始估计［譬如模型（3.3.3）的最小二乘残差或 CV 估计残差］。但 T 趋于无穷时，可用

$$\hat{\sigma}_{ui}^2=\frac{1}{T-1}\sum_{t=1}^{T}(\hat{\nu}_{it}-\hat{\bar{\nu}}_i)^2 \tag{3.7.3}$$

一致地估计 σ_{ui}^2。如果对所有的 i 都有 $\sigma_{\alpha i}^2=\sigma_\alpha^2$，则可用式（3.7.2）关于所有 i 的均值估计 σ_α^2。

应指出的是，当 T 有限时，即使 N 趋于无穷也无法得到 σ_{ui}^2 和 $\sigma_{\alpha i}^2$ 的一致估计，这就是典型的关联参数问题［由 Neyman 和 Scott（1948）发现］。但如果对所有的 i 都有 $\sigma_{\alpha i}^2=\sigma_\alpha^2$，则当 N 和 T 都趋于无穷时可得到 σ_{ui}^2 和 σ_α^2 的一致估计。在 V_i 中用 $\hat{\sigma}_{ui}^2$ 和 $\hat{\sigma}_\alpha^2$ 替换 σ_{ui}^2 和 σ_α^2 后，我们得到估计的 $\hat{V}_i$。或者，在考虑异方差 $\sigma_{\alpha i}^2$ 的一致估计时，我们可以假设 α_i 在 $\mathbf{x}_i$ 下的条件方差对所有的个体有相同的表达式 $\mathrm{Var}(\alpha_i\mid\mathbf{x}_i)=\sigma^2(\mathbf{x}_i)$。当 N 和 T 都趋于无穷时，$\boldsymbol{\delta}$ 的可行 GLS 估计量

$$\hat{\boldsymbol{\delta}}_{\mathrm{FGLS}}=\Big[\sum_{i=1}^{N}\widetilde{X}'_i\hat{V}_i^{-1}\widetilde{X}_i\Big]^{-1}\Big[\sum_{i=1}^{N}\widetilde{X}'_i\hat{V}_i^{-1}\,\mathbf{y}_i\Big] \tag{3.7.4}$$

渐近等价于 GLS 估计量，其渐近方差—协方差矩阵可由 $\left(\sum_{i=1}^{N}\widetilde{X}'_i\hat{V}_i^{-1}\widetilde{X}_i\right)^{-1}$ 近似。

在 $\sigma_{\alpha i}^2$ 和 σ_{ui}^2 都随 i 变化的情形下，估计模型的另一种方法是将 α_i 当作固定常数，通过协方差转换消除 α_i 的影响，然后应用可行加权最小二乘法。也就是说，首先用 σ_{ui} 的倒数加权个体观测值，

$$\mathbf{y}_i^* = \frac{1}{\sigma_{ui}}\mathbf{y}_i, X_i^* = \frac{1}{\sigma_{ui}}X_i$$

然后对转换后的数据应用协方差估计得到

$$\hat{\boldsymbol{\beta}}_{CV} = \left[\sum_{i=1}^{N} X_i^{*\prime} Q X_i^*\right]^{-1}\left[\sum_{i=1}^{N} X_i^{*\prime} Q\, \mathbf{y}_i^*\right] \tag{3.7.5}$$

3.8 误差项序列相关的模型

"控制个体效应项 α_i 后误差项序列无关"是对变截距模型的一个基本假设。但也存在非观测变量的影响随时间规则变化的情形，譬如，遗漏了序列相关的变量或影响持续不止一期的转换变量。如果假定误差项在各时期是固定常数或是独立分布的随机变量则不能确当地描述这类变量的影响。放松 u_{it} 序列无关的约束后，我们可给出更为一般的自回归方法［参见 Lillard 和 Weiss（1979）］。[17] Anderson 和 Hsiao（1982）考虑了 u_{it} 是一阶自回归过程

$$u_{it} = \rho u_{i,t-1} + \epsilon_{it} \tag{3.8.1}$$

时模型（3.3.3）的 MLE，其中 ϵ_{it} 是独立同分布的随机变量，其均值为零，方差为 σ_ϵ^2。MLE 的计算很复杂。如果知道 ρ 的值，我们便可将模型转换成标准的方差成分模型，

$$y_{it} - \rho y_{i,t-1} = \mu(1-\rho) + \boldsymbol{\beta}'(\mathbf{x}_{it} - \rho\mathbf{x}_{i,t-1}) + (1-\rho)\alpha_i + \epsilon_{it} \tag{3.8.2}$$

所以我们可由下面的步骤得到 $\boldsymbol{\beta}$ 的渐近有效估计量：

第 1 步：式（3.3.3）减去个体均值，消除个体效应 α_i，得到

$$y_{it} - \bar{y}_i = \boldsymbol{\beta}'(\mathbf{x}_{it} - \bar{\mathbf{x}}_i) + (u_{it} - \bar{u}_i) \tag{3.8.3}$$

第 2 步：使用模型（3.8.3）的最小二乘残差估计序列相关系数 ρ，或利用 Durbin（1960）法，做（$y_{it} - \bar{y}_i$）关于（$y_{i,t-1} - \bar{y}_{i,-1}$）和（$\mathbf{x}_{i,t-1} - \bar{\mathbf{x}}_{i,-1}$）的回归，将（$y_{i,t-1} - \bar{y}_{i,-1}$）的系数作为 ρ 的估计，其中 $\bar{y}_{i,-1} = (1/T)\sum_{t=1}^{T} y_{i,t-1}$，$\bar{\mathbf{x}}_{i,-1} = (1/T)\sum_{t=1}^{T} \mathbf{x}_{i,t-1}$。（为简单起见，我们假定 y_{i0} 和 x_{i0} 可观测。）

第 3 步：用

$$\hat{\sigma}_\epsilon^2 = \frac{1}{NT}\sum_{i=1}^{N}\sum_{t=1}^{T}\{(y_{it} - \bar{y}_i) - \hat{\rho}(y_{i,t-1} - \bar{y}_{i,-1}) - \hat{\boldsymbol{\beta}}'[(\mathbf{x}_{it} - \bar{\mathbf{x}}_i) - (\mathbf{x}_{i,t-1} - \bar{\mathbf{x}}_{i,-1})\hat{\rho}]\}^2 \tag{3.8.4}$$

和

$$\hat{\sigma}_\alpha^2 = \frac{1}{(1-\hat{\rho})^2}\left\{\frac{1}{N}\sum_{i=1}^{N}[\bar{y}_i - \hat{\mu}(1-\hat{\rho}) - \hat{\rho}\,\bar{y}_{i,-1} - \hat{\boldsymbol{\beta}}'(\bar{\mathbf{x}}_i - \bar{\mathbf{x}}_{i,-1}\hat{\rho})]^2 - \frac{1}{T}\hat{\sigma}_\epsilon^2\right\} \tag{3.8.5}$$

作为σ_ϵ^2和σ_α^2的估计。

第4步：在$\epsilon_{it}+(1-\rho)\alpha_i$的协方差矩阵中用$\hat{\rho}$，式（3.8.4）和（3.8.5）替换$\rho$，$\sigma_\epsilon^2$和$\sigma_\alpha^2$后，用GLS法估计模型（3.8.2）。

上述过程（或可行广义最小二乘法）将初始u_{i1}当作固定常数。而可行GLS将u_{i1}当作均值为零、方差为$\sigma_\epsilon^2/(1-\rho^2)$的随机变量，所得估计量的效率更高，但计算也更烦琐［参见Baltagi和Li（1991）］。模型（3.3.3）左乘$T\times T$的转换矩阵

$$R=\begin{pmatrix}(1-\rho^2)^{1/2} & 0 & 0 & \cdots & 0 & 0\\ -\rho & 1 & 0 & \cdots & 0 & 0\\ 0 & -\rho & 1 & \cdots & 0 & 0\\ 0 & 0 & -\rho & \ddots & \vdots & \vdots\\ \vdots & \vdots & \vdots & \ddots & 1 & 0\\ 0 & 0 & 0 & \cdots & -\rho & 1\end{pmatrix}$$

将$\mathbf{u}_i$转换为序列无关且方差相同的误差项，但同时将$\mathbf{e}_T\alpha_i$转换成$(1-\rho)\ell_T\alpha_i$，其中

$$\ell_T=\left[\left(\frac{1+\rho}{1-\rho}\right)^{1/2},1,\cdots,1\right]'$$

所以转换后误差项的协方差矩阵为

$$V^*=\sigma_\epsilon^2 I_T+(1-\rho)^2\sigma_\alpha^2\ell_T\ell_T' \tag{3.8.6}$$

该矩阵的逆为

$$V^{*-1}=\frac{1}{\sigma_\epsilon^2}\left[I_T-\frac{(1-\rho)^2\sigma_\alpha^2}{[T-(T-1)\rho-\rho^2]\sigma_\alpha^2+\sigma_\epsilon^2}\ell_T\ell_T'\right] \tag{3.8.7}$$

将ρ，σ_α^2和σ_ϵ^2的初始估计代入式（3.8.7）后，再利用式（3.8.7）用GLS法估计$\boldsymbol{\delta}$。

当T趋于无穷时，$\boldsymbol{\beta}$的GLS估计量收敛于转换模型（3.8.2）的协方差估计量。换句话说，找到ρ的一致估计后，对模型进行转换以消除序列相关，然后对转换模型（3.8.2）应用协方差方法便得到$\boldsymbol{\beta}$的渐近有效估计量。

模型（3.3.3）中的u_{it}是更一般的时序过程时，MaCurdy（1982）考虑了类似的估计方法。他的主要步骤包括：先用一阶差分法清除α_i，并将$(y_{it}-y_{i,t-1})$当作因变量。然后用标准的Box-Jenkins（1970）方法求$(u_{it}-u_{i,t-1})$的最小二乘预测，得到$\mathbf{u}_i$的协方差矩阵，并用高效算法估计参数。

Kiefer（1980）考虑了模型（3.2.1）的u_{it}任意跨期相关时固定效应模型的估计。由于T固定时，不能一致地估计个体效应项。他建议先用转换矩阵$Q=I_T-(1/T)\mathbf{ee}'$对模型进行转换，消除个体效应项后变成式（3.8.3）的形式。然后用

$$\hat{\Sigma}^*=\frac{1}{N}\sum_{i=1}^{N}[Q(\mathbf{y}_i-X_i\hat{\boldsymbol{\beta}})][Q(\mathbf{y}_i-X_i\hat{\boldsymbol{\beta}})]' \tag{3.8.8}$$

估计 $Q\mathbf{u}_i$ 的跨期协方差矩阵，其中 $\hat{\boldsymbol{\beta}}$ 是 $\boldsymbol{\beta}$ 的任意一致估计（如 $\boldsymbol{\beta}$ 的 CV 估计量）。已知 $\hat{\Sigma}^*$ 的估计后，就可用 GLS 法估计 $\boldsymbol{\beta}$，得到

$$\hat{\boldsymbol{\beta}}^* = \left[\sum_{i=1}^{N} X'_i Q\hat{\Sigma}^{*-} QX_i\right]^{-1}\left[\sum_{i=1}^{N} X'_i Q\hat{\Sigma}^{*-} Q\mathbf{y}_i\right] \tag{3.8.9}$$

其中 $\hat{\Sigma}^{*-}$ 是 $\hat{\Sigma}^*$ 的广义逆（因为 $\hat{\Sigma}^*$ 的秩仅为 $T-1$）。$\hat{\boldsymbol{\beta}}^*$ 的渐近协方差矩阵是

$$\mathrm{Var}(\hat{\boldsymbol{\beta}}^*) = \left[\sum_{i=1}^{N} X'_i Q\hat{\Sigma}^{*-} QX_i\right]^{-1} \tag{3.8.10}$$

虽然 $\hat{\Sigma}^*$ 的任何广义逆都可使用，但最好选择

$$\hat{\Sigma}^{*-} = \begin{bmatrix} \hat{\Sigma}_{T-1}^{*-1} & \mathbf{0} \\ \mathbf{0}' & 0 \end{bmatrix}$$

其中 $\hat{\Sigma}_{T-1}^*$ 是删除 $\hat{\Sigma}^*$ 的最后一行和最后一列后得到的 $(T-1)\times(T-1)$ 的满秩子矩阵。简单说来，该广义逆等价于从转换后的观测值 $Q\mathbf{y}_i$ 和 QX_i 中删除第 T 个观测，然后对剩下的子样本应用 GLS 方法。但应指出的是，如果 $\mathbf{u}_i$ 的方差—协方差矩阵已知，则不能用 GLS 估计。

3.9　任意误差结构的模型——Chamberlain π 法

本章重点讨论遗漏时间恒定或个体恒定（潜）变量后线性回归模型的设定和估计问题。在 3.1～3.7 节我们都是假定误差项的方差—协方差矩阵的结构已知。事实上，当 N 趋于无穷时，短面板的特点允许我们研究误差过程的未知结构。Chamberlain（1982，1984）建议在每个时期设定一个多元方程构成方程组，将包含两个维度（横截面和时间序列）的单方程模型的估计问题转换成 T 个不同横截面数据回归模型的估计问题。该方法无须对方差—协方差矩阵的先验约束，所以误差过程存在序列相关和某些类型的异方差［包括一些随机系数模型的异方差问题（见第 6 章）］时都可用该方法。这种多元方程组（multivariate setup）还是联系单方程模型与联立方程模型的桥梁（见第 5 章）。此外，还可根据第 4 章中即将讨论的广义矩法（GMM）［Crépon 和 Mairesse（1996）］对推广的 Chamberlain 法重新加以解释。

为简单起见，考虑下面的模型：

$$y_{it} = \alpha_i^* + \boldsymbol{\beta}'\mathbf{x}_{it} + u_{it}, \quad i=1,\cdots,N, t=1,\cdots,T \tag{3.9.1}$$

且

$$E(u_{it} \mid \mathbf{x}_{i1},\cdots,\mathbf{x}_{iT},\alpha_i^*) = 0 \tag{3.9.2}$$

当 T 固定而 N 趋于无穷时，将第 i 个个体属性的 T 观测值堆积成向量（$\mathbf{y}'_i$，$\mathbf{x}'_i$），其中 $\mathbf{y}'_i=(y_{i1}$，…，$y_{iT})$ 和 $\mathbf{x}'_i=(\mathbf{x}'_{i1}$，…，$\mathbf{x}'_{iT})$ 分别是 $1\times T$ 和 $1\times KT$ 的向量。假定（$\mathbf{y}'_i$，$\mathbf{x}'_i$）是从具有某（未知的）多元分布函数的总体中独立抽取的，该分

布函数的四阶矩有限，且 $E\mathbf{x}_i\mathbf{x}_i'=\Sigma_{xx}$ 是正定矩阵。因此每个个体的观测向量对应一个包含 T 个方程的回归方程组

$$\underset{T\times 1}{\mathbf{y}_i}=\mathbf{e}\alpha_i^*+(I_T\otimes\boldsymbol{\beta}')\mathbf{x}_i+\mathbf{u}_i,\quad i=1,\cdots,N \tag{3.9.3}$$

在讨论 α_i^* 和 $\mathbf{x}_i$ 之间可能的相关性时，Chamberlain 根据 Mundlak（1978a）的思路，假定

$$E(\alpha_i^*\mid\mathbf{x}_i)=\mu+\sum_{t=1}^{T}\mathbf{a}'_t\mathbf{x}_{it}=\mu+\mathbf{a}'\mathbf{x}_i \tag{3.9.4}$$

其中 $\mathbf{a}'=(\mathbf{a}_1',\cdots,\mathbf{a}_T')$。对线性模型来说，假定 $E(\mathbf{y}_i\mid\mathbf{x}_i,\alpha_i^*)$ 是线性函数时，可以放松"$E(\alpha_i^*\mid\mathbf{x}_i)$ 是线性函数"的假设。$E(\alpha_i^*\mid\mathbf{x}_i)$ 是非线性函数时，Chamberlain（1984）用

$$E^*(\alpha_i^*\mid\mathbf{x}_i)=\mu+\mathbf{a}'\mathbf{x}_i \tag{3.9.5}$$

替代式（3.9.4），符号 $E^*(\alpha_i^*\mid\mathbf{x}_i)$ 表示 α_i^* 在 $\mathbf{x}_i$ 上的（最小均方误差）线性预测（或投影）。所以[18]

$$\begin{aligned}E^*(\mathbf{y}_i\mid\mathbf{x}_i)&=E^*\{E^*(\mathbf{y}_i\mid\mathbf{x}_i,\alpha_i^*)\mid\mathbf{x}_i\}\\&=E^*\{\mathbf{e}\alpha_i^*+(I_T\otimes\boldsymbol{\beta}')\mathbf{x}_i\mid\mathbf{x}_i\}\\&=\mathbf{e}\mu+\Pi\mathbf{x}_i\end{aligned} \tag{3.9.6}$$

其中

$$\underset{T\times KT}{\Pi}=I_T\otimes\boldsymbol{\beta}'+\mathbf{e}\mathbf{a}' \tag{3.9.7}$$

将方程（3.9.3）和（3.9.6）重写为

$$\mathbf{y}_i=\mathbf{e}\mu+[I_T\otimes\mathbf{x}_i']\boldsymbol{\pi}+\mathbf{v}_i,\quad i=1,\cdots,N \tag{3.9.8}$$

其中 $\mathbf{v}_i=\mathbf{y}_i-E^*(\mathbf{y}_i\mid\mathbf{x}_i)$，而 $\boldsymbol{\pi}'=\text{vec}(\Pi^{*\prime})'=[\boldsymbol{\pi}_1',\cdots,\boldsymbol{\pi}_T']$ 是 $1\times KT^2$ 的向量，$\boldsymbol{\pi}_t'$ 表示 Π 的第 t 行。假定模型（3.9.8）的系数不受其他约束，做 $(\mathbf{y}_i-\bar{\mathbf{y}})$ 关于 $[I_T\otimes(\mathbf{x}_i-\bar{\mathbf{x}}^*)']$ 的回归，得到 $\boldsymbol{\pi}$ 的最小二乘估计[19]

$$\begin{aligned}\hat{\boldsymbol{\pi}}&=\Big\{\sum_{i=1}^{N}[I_T\otimes(\mathbf{x}_i-\bar{\mathbf{x}}^*)][I_T\otimes(\mathbf{x}_i-\bar{\mathbf{x}}^*)']\Big\}^{-1}\\&\quad\times\Big\{\sum_{i=1}^{N}[I_T\otimes(\mathbf{x}_i-\bar{\mathbf{x}}^*)](\mathbf{y}_i-\bar{\mathbf{y}})\Big\}\\&=\boldsymbol{\pi}+\left\{\frac{1}{N}\sum_{i=1}^{N}[I_T\otimes(\mathbf{x}_i-\bar{\mathbf{x}}^*)][I_T\otimes(\mathbf{x}_i-\bar{\mathbf{x}}^*)']\right\}^{-1}\\&\quad\times\left\{\frac{1}{N}\sum_{i=1}^{N}[I_T\otimes(\mathbf{x}_i-\bar{\mathbf{x}}^*)]\mathbf{v}_i\right\}\end{aligned} \tag{3.9.9}$$

其中 $\bar{\mathbf{y}}=(1/N)\sum_{i=1}^{N}\mathbf{y}_i,\bar{\mathbf{x}}^*=(1/N)\sum_{i=1}^{N}\mathbf{x}_i$。

由构造可知，$E(\mathbf{v}_i\mid\mathbf{x}_i)=0$ 且 $E(\mathbf{v}_i\otimes\mathbf{x}_i)=0$。大数定律表明，当 T 固定而 N 趋于无穷时，$\hat{\boldsymbol{\pi}}$ 是 $\boldsymbol{\pi}$ 的一致估计［Rao（1973，第 2 章）］。此外，因

$$\operatorname*{plim}_{N\to\infty}\frac{1}{N}\sum_{i=1}^{N}(\mathbf{x}_i-\bar{\mathbf{x}}^*)(\mathbf{x}_i-\bar{\mathbf{x}}^*)'=E[\mathbf{x}_i-E\mathbf{x}_i][\mathbf{x}_i-E\mathbf{x}_i]'$$
$$=\Sigma_{xx}-(E\mathbf{x}_i)(E\mathbf{x}_i)'=\Phi_{xx}$$

所以$\sqrt{N}(\hat{\boldsymbol{\pi}}-\boldsymbol{\pi})$ 依分布收敛于［Rao（1973，第 2 章）］

$$[I_T\otimes\Phi_{xx}{}^{-1}]\left\{\frac{1}{\sqrt{N}}\sum_{i=1}^{N}[I_T\otimes(\mathbf{x}_i-\bar{\mathbf{x}}^*)]\mathbf{v}_i\right\}$$
$$=[I_T\otimes\Phi_{xx}{}^{-1}]\left\{\frac{1}{\sqrt{N}}\sum_{i=1}^{N}[\mathbf{v}_i\otimes(\mathbf{x}_i-\bar{\mathbf{x}}^*)]\right\} \tag{3.9.10}$$

故由中心极限定理可知，$\sqrt{N}(\hat{\boldsymbol{\pi}}-\boldsymbol{\pi})$ 的渐近分布是均值为零、协方差矩阵为 Ω 的正态分布，其中[20]

$$\Omega=E[(\mathbf{y}_i-\mathbf{e}\mu-\Pi\mathbf{x}_i)(\mathbf{y}_i-\mathbf{e}\mu-\Pi\mathbf{x}_i)'$$
$$\otimes\Phi_{xx}^{-1}(\mathbf{x}_i-E\mathbf{x})(\mathbf{x}_i-E\mathbf{x})'\Phi_{xx}^{-1}] \tag{3.9.11}$$

利用相应的样本矩容易导出 Ω 的一致估计量

$$\hat{\Omega}=\frac{1}{N}\sum_{i=1}^{N}\{[(\mathbf{y}_i-\bar{\mathbf{y}})-\hat{\Pi}(\mathbf{x}_i-\bar{\mathbf{x}}^*)][(\mathbf{y}_i-\bar{\mathbf{y}})$$
$$-\hat{\Pi}(\mathbf{x}_i-\bar{\mathbf{x}}^*)]'\otimes S_{xx}^{-1}(\mathbf{x}_i-\bar{\mathbf{x}}^*)(\mathbf{x}_i-\bar{\mathbf{x}}^*)'S_{xx}^{-1}\} \tag{3.9.12}$$

其中

$$S_{xx}=\frac{1}{N}\sum_{i=1}^{N}(\mathbf{x}_i-\bar{\mathbf{x}}^*)(\mathbf{x}_i-\bar{\mathbf{x}}^*)'$$

方程（3.9.7）隐含着 Π 需要满足的约束条件。令 $\boldsymbol{\theta}=(\boldsymbol{\beta}',\mathbf{a}')$，则对 Π 的约束条件［方程（3.9.7）］可以表示为

$$\boldsymbol{\pi}=\mathbf{f}(\boldsymbol{\theta}) \tag{3.9.13}$$

然后通过最小距离估计添加该约束条件，即选择最小化

$$[\hat{\boldsymbol{\pi}}-\mathbf{f}(\boldsymbol{\theta})]'\hat{\Omega}^{-1}[\hat{\boldsymbol{\pi}}-\mathbf{f}(\boldsymbol{\theta})] \tag{3.9.14}$$

的 $\hat{\boldsymbol{\theta}}$。

假设 **f** 有连续的二阶偏导数，且一阶偏导矩阵

$$F=\frac{\partial\mathbf{f}}{\partial\boldsymbol{\theta}'} \tag{3.9.15}$$

在参数 $\boldsymbol{\theta}$ 真实值的某个开领域内列满秩，则式（3.9.14）的最小距离估计量 $\hat{\boldsymbol{\theta}}$ 是一致的，且$\sqrt{N}(\hat{\boldsymbol{\theta}}-\boldsymbol{\theta})$ 的渐近分布是均值为零、方差—协方差矩阵为

$$(F'\Omega^{-1}F)^{-1} \tag{3.9.16}$$

的正态分布，而二次型

$$N[\hat{\boldsymbol{\pi}}-\mathbf{f}(\boldsymbol{\theta})]'\hat{\Omega}^{-1}[\hat{\boldsymbol{\pi}}-\mathbf{f}(\boldsymbol{\theta})] \tag{3.9.17}$$

收敛于自由度为 $KT^2-K(1+T)$ 的 χ^2 分布。[21]

方程组方法的优点在于我们仅需假定各横截面单元的 T 期观测独立分布，且四阶矩有限，而不必对误差过程作具体的假设，也不需要假定 $E(\alpha_i^* \mid \mathbf{x}_i)$ 是线性函数。[22]在约束条件更强的情形下，譬如 $E(\alpha_i^* \mid \mathbf{x}_i)$ 确实是线性函数，[则回归函数是线性的，即 $E(\mathbf{y}_i \mid \mathbf{x}_i)=\mathbf{e}\mu+\Pi\mathbf{x}_i$] 且 $\mathrm{Var}(\mathbf{y}_i \mid \mathbf{x}_i)$ 与 $\mathbf{x}_i\mathbf{x}_i'$无关，则 (3.9.12) 收敛于

$$E[\mathrm{Var}(\mathbf{y}_i \mid \mathbf{x}_i)]\otimes\Phi_{xx}^{-1} \tag{3.9.18}$$

如果样本还是同方差的，即 $\mathrm{Var}(\mathbf{y}_i \mid \mathbf{x}_i)=\Sigma$ 与 $\mathbf{x}_i$ 无关时，则 (3.9.12) 收敛于

$$\Sigma\otimes\Phi_{xx}^{-1} \tag{3.9.19}$$

将单个个体的 T 个方程组成方程组，得到无约束线性预测子的系数矩阵，然后在这些约束条件下求最小距离估计量的 Chamberlain 法在线性联立方程模型中也有类似的应用。对于线性联立方程模型，我们可用最小距离法估计约简型并导出有效估计量 [Malinvaud (1970，第 19 章)]。利用时序数据的标准联立方程模型[23]

$$\Gamma\mathbf{y}_t+B\mathbf{x}_t=\mathbf{u}_t, \quad t=1,\cdots,T \tag{3.9.20}$$

和它的约简型

$$\mathbf{y}_t=\Pi\mathbf{x}_t+\mathbf{v}_t,\Pi=-\Gamma^{-1}B,\mathbf{v}_t=\Gamma^{-1}\mathbf{u}_t \tag{3.9.21}$$

我们便可证明上面的结论，其中 Γ，B 和 Π 是 $G\times G$，$G\times K$ 和 $G\times K$ 的系数矩阵，$\mathbf{y}_t$ 和 $\mathbf{u}_t$ 分别是 $G\times 1$ 的可观测内生变量向量和不可观测的扰动项向量，$\mathbf{x}_t$ 是 $K\times 1$ 的可观测外生变量向量。假定 $\mathbf{u}_t$ 序列独立，方差和协方差有限。

通常情况下存在对 Γ 和 B 的约束条件，但这里我们假定在零约束条件下就可识别模型 (3.9.20) [参见 Hsiao (1983)]，此时第 g 个结构方程为

$$y_{gt}=\mathbf{w}_{gt}'\boldsymbol{\theta}_g+v_{gt} \tag{3.9.22}$$

其中 $\mathbf{w}_{gt}$ 的分量是 $\mathbf{y}_t$ 和 $\mathbf{x}_t$ 中的元素，它们出现在第 g 个方程中，且系数未知。令 $\Gamma(\boldsymbol{\theta})$ 和 $B(\boldsymbol{\theta})$ 是 Γ 和 B 的满足零约束条件且正则化后的参数表达式，其中 $\boldsymbol{\theta}'=(\boldsymbol{\theta}_1',\cdots,\boldsymbol{\theta}_G')$。则 $\boldsymbol{\pi}=\mathbf{f}(\boldsymbol{\theta})=\mathrm{vec}\{[-\Gamma^{-1}(\boldsymbol{\theta})B(\boldsymbol{\theta})]'\}$。

令 $\hat{\Pi}$ 是 Π 的最小二乘估计，且

$$\tilde{\Omega}=\frac{1}{T}\sum_{t=1}^{T}[(\mathbf{y}_t-\hat{\Pi}\mathbf{x}_t)(\mathbf{y}_t-\hat{\Pi}\mathbf{x}_t)'\otimes S_x^{*-1}(\mathbf{x}_t\mathbf{x}_t')S_x^{*-1}] \tag{3.9.23}$$

其中 $S_x^*=(1/T)\sum_{t=1}^{T}\mathbf{x}_t\mathbf{x}_t'$。推广的 Malinvaud (1970) 最小距离估计法是选择满足

$$\min[\hat{\boldsymbol{\pi}}-\mathbf{f}(\boldsymbol{\theta})]'\tilde{\Omega}^{-1}[\hat{\boldsymbol{\pi}}-\mathbf{f}(\boldsymbol{\theta})] \tag{3.9.24}$$

的 $\hat{\boldsymbol{\theta}}$。然后我们可证明$\sqrt{T}(\hat{\boldsymbol{\theta}}-\boldsymbol{\theta})$ 的渐近分布是均值为零，方差—协方差矩阵为 $(F'\tilde{\Omega}^{-1}F)^{-1}$的正态分布，其中 $F=\partial\mathbf{f}(\boldsymbol{\theta})'\partial\boldsymbol{\theta}'$。

Rothenberg (1973，第 69 页) 给出了 $\partial\boldsymbol{\pi}/\partial\boldsymbol{\theta}'$的表达式：

$$F=\frac{\partial \boldsymbol{\pi}}{\partial \boldsymbol{\theta}'}=-(\Gamma^{-1}\otimes I_K)[\Sigma_{wx}(I_G\otimes\Sigma_{xx}^{-1})]' \tag{3.9.25}$$

其中 Σ_{wx} 是分块对角矩阵：$\Sigma_{wx}=\text{diag}\{E(\mathbf{w}_{1t}\mathbf{x}_t'),\cdots,E(\mathbf{w}_{Gt}\mathbf{x}_t')\}$，$\Sigma_{xx}=E(\mathbf{x}_t\mathbf{x}_t')$。所以

$$(F'\tilde{\Omega}^{-1}F)^{-1}=\{\Sigma_{wx}[E(\mathbf{u}_t\mathbf{u}_t'\otimes\mathbf{x}_t\mathbf{x}_t')]^{-1}\Sigma_{wx}'\}^{-1} \tag{3.9.26}$$

如果 $\mathbf{u}_t\mathbf{u}_t'$ 和 $\mathbf{x}_t\mathbf{x}_t'$ 无关，则（3.9.26）可简化为

$$\left\{\Sigma_{wx}\left[[E(\mathbf{u}_t\mathbf{u}_t')]^{-1}\otimes\Sigma_{xx}^{-1}\right]\Sigma_{wx}'\right\}^{-1} \tag{3.9.27}$$

该矩阵就是通常的三阶段最小二乘估计量（3SLS）的渐近协方差矩阵［Zellner 和 Theil（1962）］。如果 $\mathbf{u}_t\mathbf{u}_t'$ 和 $\mathbf{x}_t\mathbf{x}_t'$ 相关，则 $\hat{\boldsymbol{\theta}}$ 的最小距离估计量渐近等价于 Chamberlain（1982）的广义 3SLS 估计量

$$\hat{\boldsymbol{\theta}}_{\text{G3SLS}}=(S_{wx}\hat{\Psi}^{-1}S_{wx}')^{-1}(S_{wx}\hat{\Psi}^{-1}\mathbf{s}_{xy}) \tag{3.9.28}$$

其中

$$S_{wx}=\text{diag}\left\{\frac{1}{T}\sum_{t=1}^{T}\mathbf{w}_{1t}\mathbf{x}_t',\cdots,\frac{1}{T}\sum_{t=1}^{T}\mathbf{w}_{Gt}\mathbf{x}_t'\right\}$$

$$\hat{\Psi}=\frac{1}{T}\sum_{t=1}^{T}\{\hat{\mathbf{u}}_t\hat{\mathbf{u}}_t'\otimes\mathbf{x}_t\mathbf{x}_t'\}$$

$$\mathbf{s}_{xy}=\frac{1}{T}\sum_{t=1}^{T}\mathbf{y}_t\otimes\mathbf{x}_t$$

而

$$\hat{\mathbf{u}}_t=\hat{\Gamma}\mathbf{y}_t+\hat{B}\mathbf{x}_t$$

其中 $\hat{\Gamma}$ 和 $\hat{B}$ 是 Γ 与 B 的一致估计量。某个方程恰可识别时，则像通常的 3SLS 一样，对方程组使用广义 3SLS 估计法，排除恰可识别方程，得到渐近协方差矩阵，该协方差矩阵和对全部 G 个方程应用广义 3SLS 估计法得到的协方差矩阵估计量相同。[24]

但与任何推广的方法一样，使用该方法也伴随一定的代价。最小距离估计量只是相对于没有对误差过程的方差—协方差矩阵添加先验约束的一类估计量有效。如果像第 2 章那样假设误差过程的误差成分结构已知，则 Π 的最小二乘估计就不是有效的（见 5.2 节），因此，在没有假设误差过程的具体结构时得到的最小距离估计量虽然是一致的，却不是有效的。[25] 此时的有效估计量是 GLS 估计量。此外，最小距离估计量的计算相当繁杂，而两步 GLS 估计法相对容易实现。

附录 3A　最小距离估计量的一致性和渐近正态性[26]

在本附录我们简要概述最小距离估计量的一致性和渐近正态性的证明。为表

述完整，我们以一般的形式陈述它们所包含的一系列条件和性质。

令

$$S_N=[\hat{\boldsymbol{\pi}}_N-\mathbf{f}(\boldsymbol{\theta})]'A_N[\hat{\boldsymbol{\pi}}_N-\mathbf{f}(\boldsymbol{\theta})] \tag{3A.1}$$

假设 3A.1 向量 $\hat{\boldsymbol{\pi}}_N$ 依概率收敛于 $\boldsymbol{\pi}=\mathbf{f}(\boldsymbol{\theta})$。[27] 矩阵 A_N 依概率收敛于正定矩阵 Ψ。

假设 3A.2 向量 $\boldsymbol{\theta}$ 是 p 维空间的某个紧子集中的元素。函数 $\mathbf{f}(\boldsymbol{\theta})$ 有连续的二阶偏导数，且一阶偏导矩阵［方程（3.9.15）］在参数 $\boldsymbol{\theta}$ 真实值的某个开邻域内满列秩，即秩为 p。

假设 3A.3 $\sqrt{N}[\hat{\boldsymbol{\pi}}_N-\mathbf{f}(\boldsymbol{\theta})]$ 的渐近分布是均值为零，方差—协方差矩阵为 Δ 的正态分布。

最小距离估计法是选择使得 S_N 最小的 $\hat{\boldsymbol{\theta}}$。

命题 3A.1 如果假设 3A.1 和假设 3A.2 成立，则 $\hat{\boldsymbol{\theta}}$ 依概率收敛于 $\boldsymbol{\theta}$。

证明：假设 3A.1 表明 S_N 收敛于 $S=[\mathbf{f}(\boldsymbol{\theta})-\mathbf{f}(\hat{\boldsymbol{\theta}})]'\Psi[\mathbf{f}(\boldsymbol{\theta})-\mathbf{f}(\hat{\boldsymbol{\theta}})]=h\geqslant 0$。因为 $\min S=0$，且秩条件［假设 3A.2 或（3.9.15）］表明在 $\boldsymbol{\theta}$ 真实值的某个开邻域内，当且仅当 $\boldsymbol{\theta}=\boldsymbol{\theta}^*$ 时 $\mathbf{f}(\boldsymbol{\theta})=\mathbf{f}(\boldsymbol{\theta}^*)$［Hsiao（1983，第 256 页）］，$\hat{\boldsymbol{\theta}}$ 必定依概率收敛于 $\boldsymbol{\theta}$。（证毕）

命题 3A.2 如果假设 3A.1～3A.3 都成立，则 $\sqrt{N}(\hat{\boldsymbol{\theta}}-\boldsymbol{\theta})$ 的渐近分布是均值为零，方差—协方差矩阵为

$$(F'\Psi F)^{-1}F'\Psi\Delta\Psi F(F'\Psi F)^{-1} \tag{3A.2}$$

的正态分布。

证明：$\hat{\boldsymbol{\theta}}$ 是

$$\mathbf{d}_N(\hat{\boldsymbol{\theta}})=\left.\frac{\partial S_N}{\partial\boldsymbol{\theta}}\right|_{\boldsymbol{\theta}=\hat{\boldsymbol{\theta}}}=-2\left.\left(\frac{\partial\mathbf{f}'}{\partial\boldsymbol{\theta}}\right)\right|_{\boldsymbol{\theta}=\hat{\boldsymbol{\theta}}}A_N[\hat{\boldsymbol{\pi}}_N-\mathbf{f}(\hat{\boldsymbol{\theta}})]=\mathbf{0} \tag{3A.3}$$

的解。

中值定理表明

$$\mathbf{d}_N(\hat{\boldsymbol{\theta}})=\mathbf{d}_N(\boldsymbol{\theta})+\left(\frac{\partial\mathbf{d}_N(\boldsymbol{\theta}^*)}{\partial\boldsymbol{\theta}'}\right)(\hat{\boldsymbol{\theta}}-\boldsymbol{\theta}) \tag{3A.4}$$

其中 $\boldsymbol{\theta}^*$ 是连接 $\hat{\boldsymbol{\theta}}$ 和 $\boldsymbol{\theta}$ 的线段上的点。因 $\hat{\boldsymbol{\theta}}$ 收敛于 $\boldsymbol{\theta}$，直接计算后可知 $\partial\mathbf{d}_N(\boldsymbol{\theta}^*)/\partial\boldsymbol{\theta}'$ 收敛于

$$\frac{\partial\mathbf{d}_N(\boldsymbol{\theta})}{\partial\boldsymbol{\theta}'}=2\left(\frac{\partial\mathbf{f}(\boldsymbol{\theta})}{\partial\boldsymbol{\theta}'}\right)'\Psi\left(\frac{\partial\mathbf{f}(\boldsymbol{\theta})}{\partial\boldsymbol{\theta}'}\right)=2F'\Psi F$$

故 $\sqrt{N}(\hat{\boldsymbol{\theta}}-\boldsymbol{\theta})$ 的极限分布与

$$-\left[\frac{\partial\mathbf{d}_N(\boldsymbol{\theta})}{\partial\boldsymbol{\theta}'}\right]^{-1}\cdot\sqrt{N}\mathbf{d}_N(\boldsymbol{\theta})=(F'\Psi F)^{-1}F'\Psi\cdot\sqrt{N}[\hat{\boldsymbol{\pi}}_N-\mathbf{f}(\boldsymbol{\theta})] \tag{3A.5}$$

的极限分布相同。假设 3A.3 说明 $\sqrt{N}[\hat{\boldsymbol{\pi}}_N-\mathbf{f}(\boldsymbol{\theta})]$ 的渐近分布是均值为零，方差—协方差矩阵为 Δ 的正态分布。因此 $\sqrt{N}(\hat{\boldsymbol{\theta}}-\boldsymbol{\theta})$ 的渐近分布是均值为零，

方差—协方差矩阵是（3A.2）的正态分布。（证毕）

命题 3A.3 如果 Δ 是正定矩阵，则

$$(F'\Psi F)^{-1}F'\Psi\Delta\Psi F(F'\Psi F)^{-1}-(F'\Delta^{-1}F)^{-1} \tag{3A.6}$$

是正半定矩阵；故 Ψ 的最优解是 Δ^{-1}。

证明：因为 Δ 是正定矩阵，则存在非退化矩阵 $\tilde{C}$ 使得 $\Delta=\tilde{C}\tilde{C}'$。令 $\tilde{F}=\tilde{C}^{-1}F$，$\tilde{B}=(F'\Psi F)^{-1}F'\Psi\tilde{C}$，则（3A.6）变为 $\tilde{B}\ [I-\tilde{F}(\tilde{F}'\tilde{F})^{-1}\tilde{F}']\ \tilde{B}'$，它是正半定阵。（证毕）

命题 3A.4 如果假设 3A.1～3A.3 都成立，Δ 是正定矩阵，且 A_N 依概率收敛于 Δ^{-1}，则

$$N[\hat{\boldsymbol{\pi}}_N-\mathbf{f}(\hat{\boldsymbol{\theta}})]'A_N[\hat{\boldsymbol{\pi}}_N-\mathbf{f}(\hat{\boldsymbol{\theta}})] \tag{3A.7}$$

收敛于自由度为 KT^2-p 的 χ^2 分布。

证明：将 $\mathbf{f}(\hat{\boldsymbol{\theta}})$ 在 $\boldsymbol{\theta}$ 处 Taylor 展开，得到

$$\mathbf{f}(\hat{\boldsymbol{\theta}})\simeq\mathbf{f}(\boldsymbol{\theta})+\frac{\partial\mathbf{f}(\boldsymbol{\theta})}{\partial\boldsymbol{\theta}'}(\hat{\boldsymbol{\theta}}-\boldsymbol{\theta}) \tag{3A.8}$$

因此，对充分大的 N，$\sqrt{N}[\mathbf{f}(\hat{\boldsymbol{\theta}})-\mathbf{f}(\boldsymbol{\theta})]$ 和 $F\cdot\sqrt{N}(\hat{\boldsymbol{\theta}}-\boldsymbol{\theta})$ 的极限分布相同。所以

$$\sqrt{N}[\hat{\boldsymbol{\pi}}_N-\mathbf{f}(\hat{\boldsymbol{\theta}})]=\sqrt{N}[\hat{\boldsymbol{\pi}}_N-\mathbf{f}(\boldsymbol{\theta})]-\sqrt{N}[\mathbf{f}(\hat{\boldsymbol{\theta}})-\mathbf{f}(\boldsymbol{\theta})] \tag{3A.9}$$

依分布收敛于 $Q^*\tilde{C}u^*$，其中 $Q^*=I_{KT^2}-F(F'\Delta^{-1}F)^{-1}F'\Delta^{-1}$，$\tilde{C}$ 是使得 $\tilde{C}\tilde{C}'=\Delta$ 的非退化矩阵，$\mathbf{u}^*$ 服从正态分布，其均值为零，方差—协方差矩阵为 I_{KT^2}。则二次型（3A.7）依分布收敛于 $\mathbf{u}^{*'}\tilde{C}'Q^{*'}\Delta^{-1}\tilde{C}\mathbf{u}^*$。令 $\tilde{F}=\tilde{C}^{-1}F$，$M=I_{KT^2}-\tilde{F}(\tilde{F}'\tilde{F})^{-1}\tilde{F}'$，则 M 是秩为 KT^2-p 的对称幂等矩阵，且 $\tilde{C}'Q^{*'}\Delta^{-1}Q^*\tilde{C}=M^2=M$；因此（3A.7）依分布收敛于 $\mathbf{u}^{*'}M\mathbf{u}^*$，$\mathbf{u}^{*'}M\mathbf{u}^*$ 服从自由度为 KT^2-p 的 χ^2 分布。（证毕）

附录 3B 三成分模型的方差—协方差矩阵的特征向量和逆

在本附录我们利用矩阵的特征根和特征向量导出三成分模型（3.6.19）的方差—协方差矩阵的逆。这部分内容来自 Nerlove（1971b）的工作。

矩阵 $\tilde{V}$（3.6.19）有三项，一项包含 I_{NT}，一项包含 $I_N\otimes\mathbf{ee}'$，还有一项包含 $\mathbf{e}_N\mathbf{e}_N'\otimes I_T$。故向量 $(\mathbf{e}_N/\sqrt{N})\otimes(\mathbf{e}/\sqrt{T})$ 是属于特征根 $\sigma_u^2+T\sigma_\alpha^2+N\sigma_\lambda^2$ 的特征向量。在寻找另外的 $NT-1$ 个特征向量时，我们总可找到 $N-1$ 个 $N\times1$ 的向量 $\boldsymbol{\psi}_j$，$j=1,\cdots,N-1$，它们相互正交且与 $\mathbf{e}_N$ 正交：

$$\begin{aligned}&\mathbf{e}_N'\boldsymbol{\psi}_j=0\\&\boldsymbol{\psi}_j'\boldsymbol{\psi}_{j'}=\begin{cases}1 & \text{如果 } j=j'\\0 & \text{如果 } j\neq j',\quad j=1,\cdots,N-1\end{cases}\end{aligned} \tag{3B.1}$$

总可找到 $T-1$ 个 $T\times1$ 的向量 Φ_k，$k=1$，…，$T-1$，它们相互正交且与 $\mathbf{e}$ 正交：

$$\mathbf{e}'\Phi_k=0$$

$$\Phi_k'\Phi_{k'}=\begin{cases}1 & \text{如果 } k=k' \\ 0 & \text{如果 } k\neq k', \quad k=1,\cdots,T-1\end{cases} \tag{3B.2}$$

则 $(N-1)\times(T-1)$ 个向量 $\boldsymbol{\psi}_j\otimes\Phi_k$，$j=1$，…，$N-1$，$k=1$，…，$T-1$，$N-1$ 个向量 $\boldsymbol{\psi}_j\otimes(\mathbf{e}/\sqrt{T})$，$j=1$，…，$N-1$ 和 $T-1$ 个向量 $\mathbf{e}_N/\sqrt{N}\otimes\Phi_k$，$k=1$，…，$T-1$ 是分别属于 $\tilde{V}$ 的特征根 σ_u^2，$\sigma_u^2+T\sigma_\alpha^2$ 和 $\sigma_u^2+N\sigma_\lambda^2$ 的特征向量，这些特征根的重数分别为 $(N-1)\times(T-1)$，$(N-1)$ 和 $(T-1)$。

令

$$C_1=\frac{1}{\sqrt{T}}[\boldsymbol{\psi}_1\otimes\mathbf{e},\cdots,\boldsymbol{\psi}_{N-1}\otimes\mathbf{e}]$$

$$C_2=\frac{1}{\sqrt{N}}[\mathbf{e}_N\otimes\Phi_1,\cdots,\mathbf{e}_N\otimes\Phi_{T-1}]$$

$$C_3=[\boldsymbol{\psi}_1\otimes\Phi_1,\boldsymbol{\psi}_1\otimes\Phi_2,\cdots,\boldsymbol{\psi}_{N-1}\otimes\Phi_{T-1}]$$

$$C_4=(\mathbf{e}_N/\sqrt{\mathrm{N}})\otimes(\mathbf{e}/\sqrt{T})=\frac{1}{\sqrt{NT}}\mathbf{e}_{NT} \tag{3B.3}$$

并令

$$C=[C_1\quad C_2\quad C_3\quad C_4] \tag{3B.4}$$

则

$$CC'=C_1C_1'+C_2C_2'+C_3C_3'+C_4C_4'=I_{NT} \tag{3B.5}$$

$$C\tilde{V}C'=\begin{bmatrix}(\sigma_u^2+T\sigma_\alpha^2)I_{N-1} & \mathbf{0} & \mathbf{0} & \mathbf{0} \\ \mathbf{0} & (\sigma_u^2+N\sigma_\lambda^2)I_{T-1} & \mathbf{0} & \mathbf{0} \\ \mathbf{0} & \mathbf{0} & \sigma_u^2 I_{(N-1)(T-1)} & \mathbf{0} \\ \mathbf{0} & \mathbf{0} & \mathbf{0} & \sigma_u^2+T\sigma_\alpha^2+N\sigma_\lambda^2\end{bmatrix}$$

$$=\Lambda \tag{3B.6}$$

和

$$\tilde{V}=C\Lambda C'$$

令 $A=I_N\otimes\mathbf{ee}'$，$D=\mathbf{e}_N\mathbf{e}_N'\otimes I_T$，及 $J=\mathbf{e}_{NT}\mathbf{e}_{NT}'$。因为

$$C_4C_4'=\frac{1}{NT}J \tag{3B.7}$$

Nerlove (1971b) 证明，式 (3B.5) 左乘 A 后可得

$$C_1C_1'=\frac{1}{T}A-\frac{1}{NT}J \tag{3B.8}$$

式 (3B.5) 左乘 D 得到

$$C_2C_2'=\frac{1}{N}D-\frac{1}{NT}J \tag{3B.9}$$

式（3B. 5）左乘 A 和 D 后再利用关系式（3B. 5）、（3B. 7）、（3B. 8）和（3B. 9），可得

$$C_3 C_3' = I_{NT} - \frac{1}{T}A - \frac{1}{N}D + \frac{1}{NT}J = \tilde{Q} \tag{3B.10}$$

由于 $\tilde{V}^{-1} = C\Lambda^{-1}C'$，所以

$$\begin{aligned}\tilde{V}^{-1} = & \frac{1}{\sigma_u^2 + T\sigma_\alpha^2}\left(\frac{1}{T}A - \frac{1}{NT}J\right) + \frac{1}{\sigma_u^2 + N\sigma_\lambda^2}\left(\frac{1}{N}D - \frac{1}{NT}J\right) \\ & + \frac{1}{\sigma_u^2}\tilde{Q} + \frac{1}{\sigma_u^2 + T\sigma_\alpha^2 + N\sigma_\lambda^2}\left(\frac{1}{NT}J\right)\end{aligned} \tag{3B.11}$$

第 4 章　变截距动态模型

4.1　引言

前一章我们讨论了将线性静态模型

$$y_{it}=\boldsymbol{\beta}'\mathbf{x}_{it}+\alpha_i^*+\lambda_t+u_{it}, \quad i=1,\cdots,N,t=1,\cdots,T \tag{4.1.1}$$

的特异效应项当作固定常数或随机变量时的含义以及相应的估计方法，其中 $\mathbf{x}_{it}$ 是 $K\times1$ 的解释变量向量（包含常数项）；$\boldsymbol{\beta}$ 是 $K\times1$ 的常数向量；α_i^* 和 λ_t 分别是（不可观测的）个体特异效应项和时间特异效应项，假定对给定的个体 i，α_i^* 在各时期保持不变，在给定的时期 t，λ_t 对所有个体影响相同；u_{it} 表示随着 i 和 t 变化但不可观测的影响因素。很多时候我们也希望用面板数据估计具有动态特征的行为关系，即包含滞后因变量的模型，譬如[1]

$$y_{it}=\gamma y_{i,t-1}+\boldsymbol{\beta}'\mathbf{x}_{it}+\alpha_i^*+\lambda_t+u_{it}, \quad i=1,\cdots,N,t=1,\cdots,T \tag{4.1.2}$$

其中 $Eu_{it}=0$，且当 $i=j$，$t=s$ 时 $Eu_{it}u_{js}=\sigma_u^2$，其他情形 $Eu_{it}u_{js}=0$。结果表明，

从模型估计的角度来说，在动态情形下选择固定效应模型还是随机效应模型，与在静态情形下有着本质的不同。

大致说来，文献对线性静态模型的效应项 α_i^* 和 λ_t 是随机变量还是固定常数的讨论引出两个问题：其一是估计的有效性，另一个是效应项与回归元的独立性{比如回归元严格外生性假设的合理性［方程（3.4.1)］；参见 Maddala（1971a），Mundlak（1978a）和第 3 章}。当所有解释变量都是外生变量时，协方差估计量在固定效应假设下是最优线性无偏估计量，在随机效应假设下，虽然 T 固定时不是有效的，但仍是一致的、无偏的。但有与所包含外生变量相关的个体属性遗漏时，协方差估计量也不会因遗漏这些个体属性而产生偏误，因为对数据差分时清除了这些属性的影响；但随机效应模型的广义最小二乘估计量是有偏的，因为它错误地假设效应项和解释变量不相关。此外，如果线性静态模型的效应项和解释变量相关，只要随机效应模型设定正确，导出的协方差估计量（CV）就与固定效应模型的相同［Mundlak（1978a），也可参见 3.4 节］。故一般认为固定效应模型在实证研究中更加重要［参见 Ashenfelter（1978）；Hausman（1978）；Kiefer（1979)］。

但若滞后因变量作为解释变量出现在模型中，则回归元的严格外生性假设不再成立。对包含大量个体但仅有少数几个时期的典型面板数据，最大似然估计或固定效应模型的 CV 不再是一致估计。动态过程的初始值还产生了其他的问题。结果表明，使用随机效应模型时，对模型的解释与关于初始值的假设有关。MLE 和广义最小二乘估计量的一致性也与该假设有关，此外还与时序观测期数 T、横截面单元数 N 趋向无穷的方式有关。

我们将在 4.2 节证明，不管将效应项当作固定常数还是随机变量，动态面板模型的 CV（或最小二乘虚拟变量）估计量都不是一致的。4.3 节讨论随机效应模型。我们讨论各种模型的含义和估计方法，并证明普通最小二乘估计量是不一致的，但 MLE、工具变量估计量（IV）和广义矩法估计量（GMM）是一致的。此外我们还讨论检验初始条件的方法。在 4.4 节，我们借助 Balestra 和 Nerlove（1966）的天然气需求模型阐述待估参数在各种假设下的结果。

4.5 节讨论固定效应动态模型的估计。我们将证明，虽然在 T 固定而 N 趋于无穷时 MLE 和 CV 估计量通常是不一致的，但存在一种不包含关联参数的转换似然法，在初始条件正确设定时是一致的、有效的。我们还讨论了无须设定初始条件的 GMM 估计量和 IV 估计量。此外还给出了检验固定效应模型和随机效应模型的方法。

在 4.6 节我们放宽误差项具有具体序列相关结构的假设，并提出估计动态模型的完整方法。4.7 节讨论固定效应的向量自回归模型的估计。为易于表述，我们假定模型中没有时间特异效应项 λ_t。

4.2 协方差估计量

对于静态模型，无论效应项是固定常数还是随机变量，CV 估计量都是一致的。本节我们证明对包含个体效应项的动态面板数据模型，无论效应项是固定常数还是随机变量，CV（或 LSDV）都是不一致的。

考虑模型[2]

$$y_{it}=\gamma y_{i,t-1}+\alpha_i^*+u_{it},\quad |\gamma|<1, i=1,\cdots,N, t=1,\cdots,T \tag{4.2.1}$$

为简单起见，令 $\alpha_i^*=\alpha_i+\mu$，这样可避免添加约束条件 $\sum_{i=1}^N \alpha_i=0$。我们还假定 y_{i0} 可观测，$Eu_{it}=0$，且当 $i=j$，$t=s$ 时 $Eu_{it}u_{js}=\sigma_u^2$，而其他情形 $Eu_{it}u_{js}=0$。

令 $\bar{y}_i=\sum_{t=1}^T y_{it}/T, \bar{y}_{i,-1}=\sum_{t=1}^T y_{i,t-1}/T, \bar{u}_i=\sum_{t=1}^T u_{it}/T$。则 α_i^* 和 γ 的 LSDV 估计量是

$$\hat{\alpha}_i^*=\bar{y}_i-\hat{\gamma}_{CV}\bar{y}_{i,-1},\quad i=1,\cdots,N \tag{4.2.2}$$

$$\begin{aligned}\hat{\gamma}_{CV}&=\frac{\sum_{i=1}^N\sum_{t=1}^T (y_{it}-\bar{y}_i)(y_{i,t-1}-\bar{y}_{i,-1})}{\sum_{i=1}^N\sum_{t=1}^T (y_{i,t-1}-\bar{y}_{i,-1})^2}\\&=\gamma+\frac{\sum_{i=1}^N\sum_{t=1}^T (y_{i,t-1}-\bar{y}_{i,-1})(u_{it}-\bar{u}_i)/NT}{\sum_{i=1}^N\sum_{t=1}^T (y_{i,t-1}-\bar{y}_{i,-1})^2/NT}\end{aligned} \tag{4.2.3}$$

如果式（4.2.3）中第二项的分母不为零，则 CV 存在。如果式（4.2.3）中第二项的分子收敛于零，则它是一致的。

对式（4.2.1）连续迭代后，可得到

$$y_{it}=u_{it}+\gamma u_{i,t-1}+\cdots+\gamma^{t-1}u_{i1}+\frac{1-\gamma^t}{1-\gamma}\alpha_i^*+\gamma^t y_{i0} \tag{4.2.4}$$

对 $y_{i,t-1}$ 关于 t 求和，我们有

$$\begin{aligned}\sum_{t=1}^T y_{i,t-1}&=\frac{1-\gamma^T}{1-\gamma}y_{i0}+\frac{(T-1)-T\gamma+\gamma^T}{(1-\gamma)^2}\alpha_i^*\\&\quad+\frac{1-\gamma^{T-1}}{1-\gamma}u_{i1}+\frac{1-\gamma^{T-2}}{1-\gamma}u_{i2}+\cdots+u_{i,T-1}\end{aligned} \tag{4.2.5}$$

因为 u_{it} 独立同分布，且与 α_i^* 无关，据大数定律［Rao（1973）］，并利用式（4.2.5），我们可证明当 N 趋于无穷时，

$$\begin{aligned}\operatorname*{plim}_{N\to\infty}\frac{1}{NT}\sum_{i=1}^N\sum_{t=1}^T (y_{i,t-1}-\bar{y}_{i,-1})(u_{it}-\bar{u}_i)&=-\operatorname*{plim}_{N\to\infty}\frac{1}{N}\sum_{i=1}^N \bar{y}_{i,-1}\bar{u}_i\\&=-\frac{\sigma_u^2}{T^2}\cdot\frac{(T-1)-T\gamma+\gamma^T}{(1-\gamma)^2}\end{aligned} \tag{4.2.6}$$

类似地，我们可以证明式（4.2.3）的分母收敛于

$$\frac{\sigma_u^2}{1-\gamma^2}\left\{1-\frac{1}{T}-\frac{2\gamma}{(1-\gamma)^2}\cdot\frac{(T-1)-T\gamma+\gamma^T}{T^2}\right\} \tag{4.2.7}$$

如果 T 也趋于无穷，则式（4.2.6）收敛于零，式（4.2.7）收敛于非零常数 $\sigma_u^2/(1-\gamma^2)$；因此式（4.2.2）和（4.2.3）分别是 α_i^* 和 γ 的一致估计量。如果 T

固定，则式（4.2.6）是非零常数，此时无论 N 有多大，式（4.2.2）和（4.2.3）都不是一致估计量。γ 的 CV 估计量的渐近偏误是

$$\underset{N\to\infty}{\text{plim}}(\hat{\gamma}_{\text{CV}}-\gamma)=-\frac{1+\gamma}{T-1}\left(1-\frac{1}{T}\frac{1-\gamma^T}{1-\gamma}\right)\times\left\{1-\frac{2\gamma}{(1-\gamma)(T-1)}\left[1-\frac{1-\gamma^T}{T(1-\gamma)}\right]\right\}^{-1} \tag{4.2.8}$$

未知个体效应项 α_i^* 在转换后的模型 $(y_{it}-\bar{y}_i)=\gamma(y_{i,t-1}-\bar{y}_{i,-1})+(u_{it}-\bar{u}_i)$ 中引起了解释变量和残差之间（$1/T$）阶的相关性，因而必须从每个观测中消除该项，由此导致 $\hat{\gamma}$ 的偏误。当 T 很大时，等号右边的变量渐近无关。T 较小时，如果 $\gamma>0$，则偏误总为负。γ 趋向于零时该偏误也不会随之趋于零。因为典型的面板数据通常包含的时序观测数比较少，故一般不可忽略该偏误。譬如 $T=2$ 时渐近偏误等于 $-(1+\gamma)/2$，$T=3$ 时等于 $-(2+\gamma)(1+\gamma)/2$。即使 $T=10$ 且 $\gamma=0.5$ 时，渐近偏误也有 -0.167。

T 较小时，在动态固定效应模型中引入外生变量后，它的 CV 估计量仍存在偏误；详细推导，参见 Anderson 和 Hsiao（1982），Nickell（1981）；相关的 Monte Carlo 研究，参见 Nerlove（1971a）。所幸的是，如果我们只是关注共同斜率系数一致估计量（或渐近无偏估计量）的存在性问题，则使用工具变量法或正确设定的似然法可得到 γ 的一致估计量，在后面的小节中将讨论这些方法。

4.3 随机效应模型

将特异效应项当作随机变量时，我们可认为效应项与解释变量相关，也可以认为它们不相关。它们相关时，如果忽略该相关性并简单地使用协方差估计，则不能得到如静态回归模型的良好性质。故当前让我们更感兴趣的方法是令 $\alpha_i=\mathbf{a}'\bar{\mathbf{x}}_i+\omega_i$，再明确考察效应项和外生变量之间的线性关系［Mundlak（1978a）］（见 3.4 节），并使用随机效应模型

$$\mathbf{y}_i=\mathbf{y}_{i,-1}\gamma+X_i\boldsymbol{\beta}+\mathbf{e}\,\bar{\mathbf{x}}_i'\mathbf{a}+\mathbf{e}\omega_i+\mathbf{u}_i \tag{4.3.1}$$

其中 $E(\mathbf{x}_{it}\omega_i)=\mathbf{0}$ 且 $E(\mathbf{x}_{it}u_{it})=\mathbf{0}$。但由于 $\bar{\mathbf{x}}_i$ 是时恒变量，且假设 $E\alpha_i\mathbf{x}_{it}'=\mathbf{0}'$ 成立时，（余下的）个体效应 ω_i 和 α_i 的性质相同，故对模型（4.3.1）的估计形式上等价于对模型

$$\mathbf{y}_i=\mathbf{y}_{i,-1}\gamma+X_i\boldsymbol{\beta}+\mathbf{e}\mathbf{z}_i'\boldsymbol{\rho}+\mathbf{e}\alpha_i+\mathbf{u}_i \tag{4.3.2}$$

的估计，这里 X_i 表示 $T\times K_1$ 的时变解释变量矩阵，$\mathbf{z}_i'$ 是由时恒解释变量（包含截距项）组成的 $1\times K_2$ 向量，还假定 $E\alpha_i=0$，$E\alpha_i\mathbf{z}_i'=\mathbf{0}'$ 和 $E\alpha_i\mathbf{x}_{it}'=\mathbf{0}'$。同样，为便于表述，本节我们假定效应项和外生变量无关。[3]

我们首先证明动态误差成分模型的普通最小二乘（OLS）估计量是有偏的，

然后再讨论关于初始观测的假设如何影响对模型的解释，最后讨论在各种关于初始条件和抽样方式的假设下的估计方法及其渐近性质。

4.3.1 OLS 估计量的偏误

在所有解释变量是外生变量且与效应项无关的静态情形下，我们可不用考虑误差成分结构并直接使用 OLS 法。OLS 估计量虽不是有效的，但仍是无偏的、一致的。该结论对动态误差成分模型却不再成立，因为滞后因变量和个体效应项相关，OLS 估计量将存在严重的偏误。

下面我们借助一个简单模型研究偏误的程度。令

$$y_{it}=\gamma y_{i,t-1}+\alpha_i+u_{it},\quad |\gamma|<1, i=1,\cdots,N, t=1,\cdots,T \tag{4.3.3}$$

其中 u_{it} 对所有的 i 和 t 是独立同分布的。γ 的 OLS 估计量为

$$\hat{\gamma}_{\text{LS}}=\frac{\sum_{i=1}^{N}\sum_{t=1}^{T}y_{it}\cdot y_{i,t-1}}{\sum_{i=1}^{N}\sum_{t=1}^{T}y_{i,t-1}^2}=\gamma+\frac{\sum_{i=1}^{N}\sum_{t=1}^{T}(\alpha_i+u_{it})y_{i,t-1}}{\sum_{i=1}^{N}\sum_{t=1}^{T}y_{i,t-1}^2} \tag{4.3.4}$$

式（4.3.4）等号右边第二项的概率极限就是 OLS 估计量的渐近偏误。用类似于 4.2 节的方法，我们可证明

$$\begin{aligned}&\operatorname*{plim}_{N\to\infty}\frac{1}{NT}\sum_{i=1}^{N}\sum_{t=1}^{T}(\alpha_i+u_{it})y_{i,t-1}\\&\quad=\frac{1}{T}\frac{1-\gamma^T}{1-\gamma}\text{Cov}(y_{i0},\alpha_i)+\frac{1}{T}\frac{\sigma_\alpha^2}{(1-\gamma)^2}[(T-1)-T\gamma+\gamma^T]\end{aligned} \tag{4.3.5}$$

$$\begin{aligned}&\operatorname*{plim}_{N\to\infty}\frac{1}{NT}\sum_{i=1}^{N}\sum_{t=1}^{T}y_{i,t-1}^2\\&\quad=\frac{1-\gamma^{2T}}{T(1-\gamma^2)}\cdot\operatorname*{plim}_{N\to\infty}\frac{\sum_{i=1}^{N}y_{i0}^2}{N}\\&\qquad+\frac{\sigma_\alpha^2}{(1-\gamma)^2}\cdot\frac{1}{T}\left(T-2\,\frac{1-\gamma^T}{1-\gamma}+\frac{1-\gamma^{2T}}{1-\gamma^2}\right)\\&\qquad+\frac{2}{T(1-\gamma)}\left(\frac{1-\gamma^T}{1-\gamma}-\frac{1-\gamma^{2T}}{1-\gamma^2}\right)\text{Cov}(\alpha_i,y_{i0})\\&\qquad+\frac{\sigma_u^2}{T(1-\gamma^2)^2}[(T-1)-T\gamma^2+\gamma^{2T}]\end{aligned} \tag{4.3.6}$$

一般假定 y_{i0} 是任意常数，或由生成其他 y_{it} 的过程生成，故 $\text{Cov}(\alpha_i, y_{i0})$ 或者等于零或者是正数。[4] 在初始值有界（即 $\text{plim}_{N\to\infty}\sum_{i=1}^{N}y_{i0}^2/N$ 有限）的假设下，当 N 或 T 或二者都趋于无穷时，OLS 法高估了真实的自相关系数 γ。个体效应的方差 σ_α^2 越大高估越明显。Nerlove（1967）的 Monte Carlo 研究（$N=25$，$T=10$）表明，该渐近结论在有限样本情形下通常也成立。

在一阶自回归过程中增加外生变量后，滞后因变量系数估计量的偏误程度可

能会减小，但偏误方向不会改变。滞后因变量系数的估计量仍然存在正的偏误，且外生变量系数有趋向于零的偏误。

Trognon (1978) 导出了 p 阶自回归过程和包含外生变量的 p 阶自回归模型的 OLS 估计量的渐近偏误公式。但一般很难事先辨识更高阶自回归过程的渐近偏误方向。

4.3.2 模型分析

当 T 固定时，对模型的解释与关于初始值 y_{i0} 的假设有关。最大似然估计法和广义最小二乘（GLS）估计的统计性质也与关于 y_{i0} 的假设有关，但 IV 或者 GMM 法没有这样的特点。

考虑模型[5]

$$y_{it}=\gamma y_{i,t-1}+\boldsymbol{\rho}'\mathbf{z}_i+\boldsymbol{\beta}'\mathbf{x}_{it}+v_{it},\quad i=1,\cdots,N,t=1,\cdots,T \tag{4.3.7}$$

其中 $|\gamma|<1$，$v_{it}=\alpha_i+u_{it}$，

$$E\alpha_i=Eu_{it}=0$$
$$E\alpha_i\mathbf{z}_i'=\mathbf{0}',E\alpha_i\mathbf{x}_{it}'=\mathbf{0}'$$
$$E\alpha_i u_{jt}=0$$
$$E\alpha_i\alpha_j=\begin{cases}\sigma_\alpha^2 & 如果\ i=j\\ 0 & 其他\end{cases}$$
$$Eu_{it}u_{js}=\begin{cases}\sigma_u^2 & 如果\ i=j,t=s\\ 0 & 其他\end{cases}$$

其中 $\mathbf{z}_i$ 是由诸如常数项、个体性别、种族等时恒外生变量构成的 $K_2\times1$ 向量，$\mathbf{x}_{it}$ 是由时变外生变量构成的 $K_1\times1$ 向量，γ 是 1×1 的参数，$\boldsymbol{\rho}$ 和 $\boldsymbol{\beta}$ 分别是 $K_2\times1$ 和 $K_1\times1$ 的参数向量。方程（4.3.7）也可表示成

$$w_{it}=\gamma w_{i,t-1}+\boldsymbol{\rho}'\mathbf{z}_i+\boldsymbol{\beta}'\mathbf{x}_{it}+u_{it} \tag{4.3.8}$$
$$y_{it}=w_{it}+\eta_i \tag{4.3.9}$$

其中

$$\alpha_i=(1-\gamma)\eta_i$$
$$E\eta_i=0$$
$$\mathrm{Var}(\eta_i)=\sigma_\eta^2=\sigma_\alpha^2/(1-\gamma)^2 \tag{4.3.10}$$

从数学上说来，模型（4.3.7）与模型（4.3.8）、（4.3.9）等价。但对 y_{it} 如何生成的解释却不同。模型（4.3.7）表明，每个个体过程除了受滞后因变量和外生变量相同的影响外，还受到不可观测属性 α_i 的影响（不同个体的这些属性不同）。模型（4.3.8）和（4.3.9）表明，动态过程 $\{w_{it}\}$ 与个体效应项 η_i 独立。控制外生变量后，个体受相同的随机过程驱动，这些随机过程包含相互独立（且不同）的冲击，且这些冲击是从同一总体中随机抽取［式（4.3.8）］。个体时恒

随机变量 η_i 影响的是潜变量 w_{it} 的观测值 y_{it} [式 (4.3.9)]。均值的差异可以解释为个体禀赋的差异或第 i 个过程中的共同测量误差。

如果能观测到 w_{it}，则我们可以区分模型 (4.3.7) 和模型 (4.3.8)、(4.3.9)。遗憾的是 w_{it} 不可观测。但对初始观测值的了解提供了区分这两个过程的信息。“初始值是固定常数”或“初始值是随机变量”是对初始观测值的标准假设。如果将式 (4.3.7) 看做我们的模型，则存在两种基本情形：(Ⅰ) y_{i0} 是固定常数和 (Ⅱ) y_{i0} 是随机变量。如果将式 (4.3.8) 和 (4.3.9) 视为基本模型，则有 (Ⅲ) w_{i0} 是固定常数和 (Ⅳ) w_{i0} 是随机变量。

情形Ⅰ： y_{i0} 是固定常数。横截面单元可从任意位置 y_{i0} 开始，并逐渐接近水平值 $(\alpha_i+\boldsymbol{\rho}'\mathbf{z}_i)/(1-\gamma)+\boldsymbol{\beta}'\sum_{j=0}\mathbf{x}_{i,t-j}\gamma^j$。该水平值由非观测效应项（属性）$\alpha_i$，可观测时恒属性 $\mathbf{z}_i$，以及时变变量 $\mathbf{x}_{it}$ 联合确定。个体效应 α_i 从均值为零、方差为 σ_α^2 的总体中随机抽取。该模型可能合理。但如果是随意决定何时开始抽样，并不考虑 y_{i0} 的值，那么将 y_{i0} 当作固定常数可能存在争议，因为假设 $E\alpha_i y_{i0}=0$ 表明，个体效应项 α_i 在 0 时期没有进入模型，但在时期 1 及以后各期中影响该过程。如果该过程已经进行了一段时间，则没有特殊的理由认为 y_{i0} 与 y_{it} 不同。

情形Ⅱ： y_{i0} 是随机变量。我们假定初始观测是随机变量，它们有共同的均值 μ_{y0} 和方差 σ_{y0}^2。即

$$y_{i0}=\mu_{y0}+\epsilon_i \tag{4.3.11}$$

该假设的合理性在于我们可将 y_{it} 视作一种状态。我们只需知道初始状态的分布（该分布的均值和方差有限），而无须关心它如何实现。换种说法，我们可认为 ϵ_i 代表了初始个体禀赋的效应（对均值修正之后）。根据对 y_{i0} 和 α_i 之间相关性的假设，我们将这种情形分成两种子情形：

情形Ⅱa：y_{i0} 与 α_i 独立，即 $\mathrm{Cov}(\epsilon_i,\ \alpha_i)=0$。在这种情形下，初始禀赋的影响随着时间推移逐渐减弱并最终消失。该模型与初始值和效应项 α_i 相互独立的情形Ⅰ类似，只不过这里的初始观测不是固定常数，而是从均值为 μ_{y0}、方差为 σ_{y0}^2 的总体中随机抽取的。

情形Ⅱb：y_{i0} 和 α_i 相关。用 $\phi\sigma_{y0}^2$ 表示 y_{i0} 和 α_i 的协方差，则随着时间的推移，初始禀赋 ϵ_i 通过它与 α_i 的相关性影响 y_{it} 所有将来的值，并且最终会达到水平值 $[\phi\epsilon_i/(1-\gamma)]=lim_{t\to\infty}\mathrm{E}[y_{it}-\boldsymbol{\rho}'\mathbf{z}_i/(1-\gamma)-\boldsymbol{\beta}'\sum_{j=0}^{t-1}\mathbf{x}_{i,t-j}\gamma^j\mid\epsilon_i]$。在 $\phi\sigma_{y0}^2=\sigma_\alpha^2$（即 $\epsilon_i=\alpha_i$）的特殊情形下，可认为初始禀赋之间的差异完全体现了个体效应。初始禀赋的最终影响等于 $[\alpha_i/(1-\gamma)]=\eta_i$。

情形Ⅲ： w_{i0} 是固定常数。此时不可观测的个体过程 $\{w_{it}\}$ 有任意的初始值。这方面和情形Ⅰ相似。但可观测的横截面单元 y_{it} 与个体效应 η_i 相关。也就是说，每个可观测的横截面单元可从任意位置 y_{i0} 开始，并逐渐靠近水平值 $\eta_i+\boldsymbol{\rho}'\mathbf{z}_i/(1-\gamma)+\boldsymbol{\beta}'\sum_{j=0}^{t-1}\mathbf{x}_{i,t-j}\gamma^j$。然而，如果允许个体效应 η_i 影响所有的样本观测值（包括 y_{i0}），我们也就允许样本观测的起始时期不必和随机过程的起点一致。

情形Ⅳ： w_{i0} 是随机变量。依据 w_{i0} 是否有共同均值讨论四种子情形：

情形Ⅳa：w_{i0} 是随机变量，有共同的均值 μ_w 和方差 $\sigma_u^2/(1-\gamma^2)$。

情形Ⅳb：w_{i0}是随机变量，有共同的均值 μ_w 和任意的方差 σ_{w0}^2。

情形Ⅳc：w_{i0}是随机变量，有均值 θ_{i0}和方差 $\sigma_u^2/(1-\gamma^2)$。

情形Ⅳd：w_{i0}是随机变量，有均值 θ_{i0}和任意的方差 σ_{w0}^2。

四种子情形都允许 y_{i0}和 η_i 相关。换句话说，η_i 在所有的时期都影响 y_{it}（包括 y_{i0}）。情形Ⅳa 和Ⅳb 类似于情形Ⅱa 中讨论的状态空间情形，其中的初始状态是从均值有限的分布中随机抽取的。情形Ⅳa 假定初始状态和后面的状态有相同的方差。情形Ⅳb 允许初始状态是非平稳的（有任意方差）。情形Ⅳc 和Ⅳd 的观点又不同，它们假设个体状态是从均值各异的不同总体中随机抽取的。对式(4.3.8) 进行连续迭代后，我们得到

$$w_{i0}=\frac{1}{1-\gamma}\boldsymbol{\rho}'\mathbf{z}_i+\boldsymbol{\beta}'\sum_{j=0}^{\infty}\mathbf{x}_{i,-j}\gamma^j+u_{i0}+\gamma u_{i,-1}+\gamma^2u_{i,-2}+\cdots \tag{4.3.12}$$

通过上式便可理解这种观点的合理性。因 $\mathbf{x}_{i0}$，$\mathbf{x}_{i,-1}$，…不可观测，故我们可将第 i 个个体非随机变量的综合累积效应当成一个未知参数，并令

$$\theta_{i0}=\frac{1}{1-\gamma}\boldsymbol{\rho}'\mathbf{z}_i+\boldsymbol{\beta}'\sum_{j=0}^{\infty}\mathbf{x}_{i,-j}\gamma^j \tag{4.3.13}$$

情形Ⅳc 假定过程 $\{w_{it}\}$ 是从无穷远的过去生成的，且控制外生变量后是二阶矩平稳的（即 w_{i0}和其他 w_{it}的方差相同）。情形Ⅳd 允许 w_{i0}有任意的方差，从而放宽了该假设。

4.3.3 随机效应模型的估计

估计未知参数的方法很多，这里我们讨论四种：MLE 法、GLS 法、IV 法和 GMM 法。

4.3.3.a 最大似然估计量

对初始条件的假设不同，相应的似然函数也不同。在 α_i 和 u_{it} 正态分布的假设下，情形Ⅰ的似然函数是[6]

$$\begin{aligned}L_1=&(2\pi)^{-\frac{NT}{2}}\mid V\mid^{-\frac{N}{2}}\\&\times\exp\left\{-\frac{1}{2}\sum_{i=1}^{N}(\mathbf{y}_i-\mathbf{y}_{i,-1}\gamma-Z_i\boldsymbol{\rho}-X_i\boldsymbol{\beta})'V^{-1}(\mathbf{y}_i-\mathbf{y}_{i,-1}\gamma-Z_i\boldsymbol{\rho}-X_i\boldsymbol{\beta})\right\}\end{aligned} \tag{4.3.14}$$

其中 $\mathbf{y}_i=(y_{i1},\cdots,y_{iT})'$，$\mathbf{y}_{i,-1}=(y_{i0},\cdots,y_{i,T-1})'$，$Z_i=\mathbf{e}\mathbf{z}_i'$，$\mathbf{e}=(1,\cdots,1)'$，$X_i=(\mathbf{x}_{i1},\cdots,\mathbf{x}_{iT})'$，而 $V=\sigma_u^2I_T+\sigma_\alpha^2\mathbf{e}\mathbf{e}'$。情形Ⅱa 的似然函数为

$$L_{2a}=L_1\cdot(2\pi)^{-\frac{N}{2}}(\sigma_{y0}^2)^{-\frac{N}{2}}\exp\left\{-\frac{1}{2\sigma_{y0}^2}\sum_{i=1}^{N}(y_{i0}-\mu_{y0})^2\right\} \tag{4.3.15}$$

情形Ⅱb 的似然函数为

$$L_{2b}=(2\pi)^{-\frac{NT}{2}}(\sigma_u^2)^{-\frac{N(T-1)}{2}}(\sigma_u^2+Ta)^{-\frac{N}{2}}$$
$$\times\exp\left\{-\frac{1}{2\sigma_u^2}\sum_{i=1}^{N}\sum_{t=1}^{T}[y_{it}-\gamma y_{i,t-1}-\boldsymbol{\rho}'\mathbf{z}_i-\boldsymbol{\beta}'\mathbf{x}_{it}-\phi(y_{i0}-\mu_{y0})]^2\right.$$
$$+\frac{a}{2\sigma_u^2(\sigma_u^2+Ta)}$$
$$\left.\times\sum_{i=1}^{N}\left\{\sum_{t=1}^{T}[y_{it}-\gamma y_{i,t-1}-\boldsymbol{\rho}'\mathbf{z}_i-\boldsymbol{\beta}'\mathbf{x}_{it}-\phi(y_{i0}-\mu_{y0})]\right\}^2\right\}$$
$$\times(2\pi)^{-\frac{N}{2}}(\sigma_{y0}^2)^{-\frac{N}{2}}\exp\left\{-\frac{1}{2\sigma_{y0}^2}\sum_{i=1}^{N}(y_{i0}-\mu_{y0})^2\right\} \quad (4.3.16)$$

其中 $a=\sigma_\alpha^2-\phi^2\sigma_{y0}^2$。情形Ⅲ的似然函数是

$$L_3=(2\pi)^{-\frac{NT}{2}}(\sigma_u^2)^{-\frac{NT}{2}}$$
$$\times\exp\left\{-\frac{1}{2\sigma_u^2}\sum_{i=1}^{N}\sum_{t=1}^{T}[(y_{it}-y_{i0}+w_{i0})-\gamma(y_{i,t-1}-y_{i0}+w_{i0})\right.$$
$$\left.-\boldsymbol{\rho}'\mathbf{z}_i-\boldsymbol{\beta}'\mathbf{x}_{it}]^2\right\}\cdot(2\pi)^{-\frac{N}{2}}(\sigma_\eta^2)^{-\frac{N}{2}}$$
$$\times\exp\left\{-\frac{1}{2\sigma_\eta^2}\sum_{i=1}^{N}(y_{i0}-w_{i0})^2\right\} \quad (4.3.17)$$

对情形Ⅳa，似然函数是

$$L_{4a}=(2\pi)^{-\frac{N(T+1)}{2}}|\Omega|^{-\frac{N}{2}}$$
$$\times\exp\left\{-\frac{1}{2}\sum_{i=1}^{N}(y_{i0}-\mu_w,y_{i1}-\gamma y_{i0}-\boldsymbol{\rho}'\mathbf{z}_i-\boldsymbol{\beta}'\mathbf{x}_{i1},\cdots,\right.$$
$$y_{iT}-\gamma y_{i,T-1}-\boldsymbol{\rho}'\mathbf{z}_i-\boldsymbol{\beta}'\mathbf{x}_{iT})$$
$$\left.\times\Omega^{-1}(y_{i0}-\mu_w,\cdots,y_{iT}-\gamma y_{i,T-1}-\boldsymbol{\rho}'\mathbf{z}_i-\boldsymbol{\beta}'\mathbf{x}_{iT})'\right\} \quad (4.3.18)$$

其中

$$\underset{(T+1)\times(T+1)}{\Omega}=\sigma_u^2\begin{bmatrix}\frac{1}{1-\gamma^2} & \mathbf{0}' \\ \mathbf{0} & I_T\end{bmatrix}+\sigma_\alpha^2\begin{bmatrix}\frac{1}{1-\gamma} \\ \mathbf{e}\end{bmatrix}\left(\frac{1}{1-\gamma},\mathbf{e}'\right)$$
$$|\Omega|=\frac{\sigma_u^{2T}}{1-\gamma^2}\left(\sigma_u^2+T\sigma_\alpha^2+\frac{1+\gamma}{1-\gamma}\sigma_\alpha^2\right)$$
$$\Omega^{-1}=\frac{1}{\sigma_u^2}\left[\begin{bmatrix}1-\gamma^2 & \mathbf{0}' \\ \mathbf{0} & I_T\end{bmatrix}-\left(\frac{\sigma_u^2}{\sigma_\alpha^2}+T+\frac{1+\gamma}{1-\gamma}\right)^{-1}\begin{bmatrix}1+\gamma \\ \mathbf{e}\end{bmatrix}(1+\gamma,\mathbf{e}')\right] \quad (4.3.19)$$

情形Ⅳb 的似然函数 L_{4b} 也是式（4.3.18），不过要用 Λ 替换 Ω，Λ 与 Ω 仅第一项左上角元素不同，用 σ_{u0}^2/σ_u^2 替换了 $1/(1-\gamma^2)$。情形Ⅳc 的似然函数与情形Ⅳa的似然函数类似，但指数项中的均值 y_{i0} 用 θ_{i0} 替换。情形Ⅳd 的似然函数 L_{4d} 是式（4.3.16），但要分别用 θ_{i0}，$(1-\gamma)\sigma_\eta^2/(\sigma_\eta^2+\sigma_{u0}^2)$ 和 $\sigma_\eta^2+\sigma_{u0}^2$ 替换 μ_{y0}，ϕ 和 σ_{y0}^2。

关于未知参数最大化似然函数得到 MLE。MLE 的一致性与初始条件，以及与时序观测期数（T）和横截面单元数（N）趋于无穷的方式有关。情形Ⅲ和情

形Ⅳd 的 MLE 不存在。令 y_{i0} 等于 w_{i0} 或 θ_{i0}，各种情形中似然函数的第二个函数的指数项变成了 1。如果方差 σ_η^2 或 $\sigma_\eta^2+\sigma_{w0}^2$ 趋于零，则似然函数无界。但我们仍然可求这些似然函数的偏导数并求解一阶条件。为表述简单，我们将其内部解作为 MLE，并像 MLE 存在的其他情形一样检验它们的一致性（见表 4.1）。

表 4.1　　动态随机效应模型 MLE 的一致性[a]

情形		N 固定，$T\to\infty$	T 固定，$N\to\infty$
情形Ⅰ：y_{i0} 是固定的	γ，$\boldsymbol{\beta}$，σ_u^2	一致	一致
	$\boldsymbol{\rho}$，σ_α^2	不一致	一致
情形Ⅱ：y_{i0} 是随机的			
Ⅱa：y_{i0} 独立于 α_i	γ，$\boldsymbol{\beta}$，σ_u^2	一致	一致
	μ_{y0}，$\boldsymbol{\rho}$，σ_α^2，σ_{y0}^2	不一致	一致
Ⅱb：y_{i0} 与 α_i 相关	γ，$\boldsymbol{\beta}$，σ_u^2	一致	一致
	μ_{y0}，$\boldsymbol{\rho}$，σ_α^2，σ_{y0}^2，ϕ	不一致	一致
情形Ⅲ：w_{i0} 是固定的	γ，$\boldsymbol{\beta}$，σ_u^2	一致	不一致
	w_{i0}，$\boldsymbol{\rho}$，σ_η^2	不一致	不一致
情形Ⅳ：w_{i0} 是随机的			
Ⅳa：均值为 μ_w 和方差为 $\sigma_u^2/(1-\gamma^2)$	γ，$\boldsymbol{\beta}$，σ_u^2	一致	一致
	μ_w，$\boldsymbol{\rho}$，σ_η^2	不一致	一致
Ⅳb：均值为 μ_w 和方差为 σ_{w0}^2	γ，$\boldsymbol{\beta}$，σ_u^2	一致	一致
	σ_{w0}^2，$\boldsymbol{\rho}$，σ_η^2，μ_w	不一致	一致
Ⅳc：均值为 θ_{i0} 和方差为 $\sigma_u^2/(1-\gamma^2)$	γ，$\boldsymbol{\beta}$，σ_u^2	一致	不一致
	θ_{i0}，$\boldsymbol{\rho}$，σ_η^2	不一致	不一致
Ⅳd：均值为 θ_{i0} 和方差为 σ_{w0}^2	γ，$\boldsymbol{\beta}$，σ_u^2	一致	不一致
	θ_{i0}，σ_η^2，σ_{w0}^2	不一致	不一致

[a] 如果某个 MLE 不存在，则我们用内部解代替它。

资料来源：Anderson 和 Hsiao（1982）。

当 N 固定时，识别 $\boldsymbol{\rho}$ 的必要条件是 $N\geqslant K_2$。否则模型将存在严重的多重共线性。然而，当 T 趋于无穷时，即使 N 比 K_2 大，但由于个体间的变异不充分，$\boldsymbol{\rho}$ 和 σ_α^2 的 MLE 仍是不一致的。另一方面，在所有情形下，γ，$\boldsymbol{\beta}$ 和 σ_u^2 的 MLE 是一致的。当 T 变大时，初始观测的权重逐渐变得无足轻重，各种情形的 MLE 都收敛于相同的协方差估计量。

对 w_{i0} 均值为 θ_{i0} 的情形Ⅳc 和Ⅳd，为避免关联参数问题，Bhargava 和 Sargan（1983）建议用所有可观测的 $\mathbf{x}_{it}$ 和 $\mathbf{z}_i$ 预测 θ_{i0}。[7] 如果 $\mathbf{x}_{it}$ 由相同的随机过程

$$\mathbf{x}_{it} = \mathbf{c} + \sum_{j=1}^{\infty} \mathbf{b}_j \boldsymbol{\xi}_{i,t-j} \tag{4.3.20}$$

生成，其中 $\boldsymbol{\xi}_{it}$ 独立同分布，则控制 $\mathbf{x}_{it}$ 和 $\mathbf{z}_i$ 后，我们有

$$y_{i0} = \sum_{t=1}^{T} \boldsymbol{\pi}'_{0t} \mathbf{x}_{it} + \boldsymbol{\rho}^{*\prime} \mathbf{z}_i + v_{i0} \tag{4.3.21}$$

和

$$v_{i0} = \epsilon_{i0} + u_{i0}^* + \eta_i, \quad i=1,\cdots,N \tag{4.3.22}$$

对不同的 i 系数 $\boldsymbol{\pi}_{0t}$ 相同［Hsiao，Pesaran 和 Tahmiscioglu（2002）］。误差项 v_{i0} 是三个成分之和：θ_{i0} 的预测误差 ϵ_{i0}，零时期前的累积冲击 $u_{i0}^* = u_{i0} + \gamma u_{i,-1} + \gamma^2 u_{i,-2} + \cdots$，以及个体效应 η_i。预测误差 ϵ_{i0} 与 u_{it} 和 η_i 独立，其均值为零，方差为 $\sigma_{\epsilon0}^2$。根据 w_{i0} 在外生变量下的误差过程是否到达稳定状态（例如 w_{i0} 的误差过程是否和任何其他 w_{it} 的相同），我们有[8]情形Ⅳc′

$$\mathrm{Var}(v_{i0}) = \sigma_{\epsilon0}^2 + \frac{\sigma_u^2}{1-\gamma^2} + \frac{\sigma_\alpha^2}{(1-\gamma)^2}$$

$$\mathrm{Cov}(v_{i0}, v_{it}) = \frac{\sigma_\alpha^2}{1-\gamma}, \quad t=1,\cdots,T \tag{4.3.23}$$

或情形Ⅳd′，

$$\mathrm{Var}(v_{i0}) = \sigma_{w0}^2, \mathrm{Cov}(v_{i0}, v_{it}) = \sigma_t^2, \quad t=1,\cdots,T \tag{4.3.24}$$

情形Ⅳc′和Ⅳd′对情形Ⅳc 和情形Ⅳd 进行了转换，原来是参数数量随观测数增加，转换后则是 N 个独立分布的 $T+1$ 维成分向量仅与固定数量的参数有关。故 $N\to\infty$ 时 MLE 是一致的。

求解似然函数关于未知参数的一阶条件得到 MLE。如果偏微分方程组有唯一解且 $\sigma_\alpha^2 > 0$，则该解就是 MLE。但与 3.3 节讨论的静态情形一样，动态误差成分模型也可能产生边界解 $\sigma_\alpha^2 = 0$。Anderson 和 Hsiao（1981）讨论了边界解在各种情形下产生的条件。Trognon（1978）基于时期数趋于无穷时的渐近逼近给出了分析解释。Nerlove（1967，1971a）为研究 MLE 的性质进行了 Monte Carlo 模拟实验。这些研究结果表明外生变量的自相关结构可作为边界解的存在准则。一般情况下，外生变量自相关程度越强或者外生变量的权重越大，产生边界解的可能性越小。

求解 MLE 非常复杂。我们可用 Newton-Raphson 迭代法或由 Anderson 和 Hsiao（1982）提出的序列迭代法求解。或者，因为我们有容量为 N 的连续重复了 T 期的横截面数据，所以我们可认为模型（4.3.7）的估计（或检验）问题类似于一个联立方程组的估计（或检验）问题，该方程组有 T 或 $T+1$ 个结构方程，每个方程中有 N 个可用观测。也就是说，在给定时期的动态关系（4.3.7）可写成联立方程组

$$\Gamma Y' + BX' + PZ' = U' \tag{4.3.25}$$

中的一个方程，这里我们令[9]

$$\underset{N\times(T+1)}{Y}=\begin{bmatrix} y_{10} & y_{11} & \cdots & y_{1T} \\ y_{20} & y_{21} & \cdots & y_{2T} \\ \vdots & \vdots & & \vdots \\ y_{N0} & y_{N1} & \cdots & y_{NT} \end{bmatrix}$$

$$\underset{N\times TK_1}{X}=\begin{bmatrix} \mathbf{x}_{11}' & \mathbf{x}_{12}' & \cdots & \mathbf{x}_{1T}' \\ \mathbf{x}_{21}' & \mathbf{x}_{22}' & \cdots & \mathbf{x}_{2T}' \\ \vdots & \vdots & & \vdots \\ \mathbf{x}_{N1}' & \mathbf{x}_{N2}' & \cdots & \mathbf{x}_{NT}' \end{bmatrix}$$

$$\underset{N\times K_2}{Z}=\begin{bmatrix} \mathbf{z}_1' \\ \mathbf{z}_2' \\ \vdots \\ \mathbf{z}_N' \end{bmatrix},\quad i=1,\cdots,N$$

如果将初始值 y_{i0} 当作常数，则 U 是 $N\times T$ 的误差矩阵，如果将初始值当作随机变量，则 U 是 $N\times(T+1)$ 的误差矩阵。结构型系数矩阵 $A=[\Gamma\quad B\quad P]$ 的维数是 $T\times[(T+1)+TK_1+K_2]$或$(T+1)\times[(T+1)+TK_1+K_2]$（取决于是将初始值当作固定常数还是随机变量）。前面的序列协方差矩阵［如式（3.3.4）、（4.3.19）、（4.3.23）或（4.3.24）］在这里成了 T 或 $T+1$ 个结构方程误差项的方差—协方差矩阵。然后我们利用求解完全信息的最大似然估计量的算法得到 MLE。

对结构型系数矩阵的跨方程线性约束和对方差—协方差矩阵的约束是存在的。譬如，在将 y_{i0} 当作固定常数的情形Ⅰ，我们有

$$A=\begin{bmatrix} -\gamma & 1 & 0 & \cdots & 0 & 0 & \boldsymbol{\beta}' & \mathbf{0}' & \cdots & \mathbf{0}' & \mathbf{0}' & \boldsymbol{\rho}' \\ 0 & -\gamma & 1 & \cdots & 0 & 0 & \mathbf{0}' & \boldsymbol{\beta}' & \cdots & \mathbf{0}' & \mathbf{0}' & \boldsymbol{\rho}' \\ \vdots & \vdots & \ddots & \ddots & \vdots & \vdots & \vdots & \vdots & \ddots & \vdots & \vdots & \vdots \\ 0 & 0 & \cdots & & 1 & 0 & \mathbf{0}' & \mathbf{0}' & \cdots & \boldsymbol{\beta}' & \mathbf{0}' & \boldsymbol{\rho}' \\ 0 & 0 & \cdots & & -\gamma & 1 & \mathbf{0}' & \mathbf{0}' & \cdots & \mathbf{0}' & \boldsymbol{\beta}' & \boldsymbol{\rho}' \end{bmatrix} \tag{4.3.26}$$

U 的方差—协方差矩阵是分块对角矩阵，对角线上的子块等于 V［式（3.3.4）］。在将 y_{i0} 当作随机变量的情形Ⅳd′，结构型系数矩阵 A 是 $(T+1)\times[(T+1)+TK_1+K_2]$ 矩阵

$$A=\begin{bmatrix} 1 & 0 & \cdots & 0 & 0 & \boldsymbol{\pi}_{01}' & \boldsymbol{\pi}_{02}' & \cdots & \boldsymbol{\pi}_{0T}' & \boldsymbol{\rho}^{*\prime} \\ -\gamma & 1 & \cdots & 0 & 0 & \boldsymbol{\beta}' & \mathbf{0}' & \cdots & \mathbf{0}' & \boldsymbol{\rho}' \\ 0 & -\gamma & \cdots & 0 & 0 & \mathbf{0}' & \boldsymbol{\beta}' & \cdots & \mathbf{0}' & \boldsymbol{\rho}' \\ \vdots & \vdots & \ddots & \vdots & \vdots & \vdots & \vdots & \ddots & \vdots & \vdots \\ 0 & 0 & \cdots & -\gamma & 1 & \mathbf{0}' & \cdots & \cdots & \boldsymbol{\beta}' & \boldsymbol{\rho}' \end{bmatrix} \tag{4.3.27}$$

且 U 的方差—协方差矩阵是分块对角矩阵，对角线上的每个子块是 $(T+1)\times(T+1)$ 矩阵

$$\begin{bmatrix} \sigma_{u0}^2 & \sigma_\tau^2 \mathbf{e}' \\ \sigma_\tau^2 \mathbf{e} & V \end{bmatrix} \tag{4.3.28}$$

Bhargava 和 Sargan（1983）建议最大化式（4.3.25）的似然函数时，直接将约束条件代入结构型系数矩阵 A 和 U' 的方差—协方差矩阵。

我们也可以忽略对方差—协方差矩阵 U' 的约束条件而使用三阶段最小二乘法（3SLS）。因为对 A 的约束条件是线性的，故比较容易从无约束 3SLS 估计量中得到 γ，$\boldsymbol{\beta}$，$\boldsymbol{\rho}$ 和 $\boldsymbol{\rho}^*$ 的约束 3SLS 估计量。[10] 我们还可用 Chamberlain（1982，1984）最小距离估计法，首先得到无约束约简型系数矩阵 Π，然后求解结构型参数（见 3.9 节）。Chamberlain 最小距离估计量的极限分布与约束广义 3SLS 估计量的极限分布相同（见第 5 章）。但由于模型中的保有假设隐含着协方差矩阵 U' 是受约束的，且在有些情形与结构型中出现的参数 γ 有关，故与（完全信息）MLE 相比，约束 3SLS 或约束广义 3SLS 缺乏效率。[11] 但如果对方差—协方差矩阵的约束条件不真，则添加错误约束后的（完全信息）MLE 通常是不一致的。而（约束）3SLS 或 Chamberlain 最小距离估计量因没有对 U' 的协方差矩阵添加任何约束条件，所以仍是一致的，且在未对协方差矩阵添加约束条件的一类估计量中是有效的。

4.3.3.b 广义最小二乘估计量

我们知道除情形Ⅲ、Ⅳc 和Ⅳd 外，似然函数仅与固定数量的参数有关。此外，控制 Ω 或控制 σ_u^2，σ_α^2，σ_{y0}^2 和 ϕ 后，MLE 与 GLS 估计量等价。譬如，在情形Ⅰ，（y_{i1}，…，y_{iT}）的协方差矩阵就是常见的误差成分协方差矩阵（3.3.4）。在情形Ⅱa，b，还有情形Ⅳa，b 或情形Ⅳc，d，θ_{i0} 的条件均值可表示成式（4.3.21）时，$\mathbf{v}_i=(v_{i0},\ v_{i1},\ \cdots,\ v_{iT})$ 的协方差矩阵 $\widetilde{V}$ 和式（4.3.28）相似。因此，$\boldsymbol{\delta}'=(\boldsymbol{\pi}',\ \boldsymbol{\rho}^{*\prime},\ \gamma,\ \boldsymbol{\beta}',\ \boldsymbol{\rho}')$ 的一个 GLS 估计量是

$$\hat{\boldsymbol{\delta}}_{\mathrm{GLS}}=\Big(\sum_{i=1}^{N}\widetilde{X}'_i\widetilde{V}^{-1}\widetilde{X}_i\Big)^{-1}\Big(\sum_{i=1}^{N}\widetilde{X}'_i\widetilde{V}^{-1}\tilde{\mathbf{y}}_i\Big) \tag{4.3.29}$$

其中 $\tilde{\mathbf{y}}_i{}'=(y_{i0},\ \cdots,\ y_{iT})$，

$$\widetilde{X}_i=\begin{bmatrix} \mathbf{x}'_{i1} & \mathbf{x}'_{i2} & \cdots & \mathbf{x}'_{iT} & \mathbf{z}_i{}' & 0 & \mathbf{0}' & \mathbf{0}' \\ \mathbf{0}' & \cdots & \cdots & \cdots & \mathbf{0}' & y_{i0} & \mathbf{x}'_{i1} & \mathbf{z}'_i \\ \vdots & & & & \vdots & y_{i1} & \mathbf{x}'_{i2} & \mathbf{z}'_i \\ \vdots & & & & \vdots & \vdots & \vdots & \vdots \\ \mathbf{0}' & \cdots & \cdots & \cdots & \mathbf{0}' & y_{i,T-1} & \mathbf{x}'_{iT} & \mathbf{z}'_i \end{bmatrix}$$

当 $N\to\infty$ 时该估计量是一致的，且渐近分布是正态分布。

Blundell 和 Smith（1991）将 $v_{i0}=y_{i0}-E(y_{i0}\mid\mathbf{x}'_i,\ \mathbf{z}_i)$ 作为（y_{i1}，…，y_{iT}）的条件，提出条件 GLS 法：

$$\mathbf{y}_i=\mathbf{y}_{i,-1}\gamma+Z_i\boldsymbol{\rho}+X_i\boldsymbol{\beta}+\boldsymbol{\tau}v_{i0}+\mathbf{v}_i^* \tag{4.3.30}$$

其中 $\mathbf{v}_i^*=(v_{i1}^*,\ \cdots,\ v_{iT}^*)'$，$\boldsymbol{\tau}$ 是 $T\times1$ 的常数向量，它的值与 y_{i0} 和 α_i 之间的相关

方式有关。在情形Ⅱa，$\boldsymbol{\tau}=\mathbf{0}$，在情形Ⅱb，$\boldsymbol{\tau}=\mathbf{e}_T\cdot\phi$。而当 y_{i0} 与（y_{i1}，…，y_{iT}）的协方差是任意值时，$\boldsymbol{\tau}$ 是 $T\times 1$ 的任意常数向量。当 $N\to\infty$时式（4.3.30）的 GLS 估计量是一致的。

当 $\mathbf{v}_i$ 或 $\mathbf{v}_i^*$ 的协方差矩阵未知时，则可用可行 GLS 估计。第一步，用已估计的 $\mathbf{v}_i$ 或 $\mathbf{v}_i^*$ 导出协方差矩阵的一致估计。譬如，我们可用在 4.3.3.c 节中讨论的Ⅳ估计导出 γ 和 $\boldsymbol{\beta}$ 的一致估计，然后将它们代入 $y_{it}-\gamma y_{i,t-1}-\boldsymbol{\beta}'\mathbf{x}_{it}$，再利用所有的个体做该结果的值对 $\mathbf{z}_i$ 的回归，得到 $\boldsymbol{\rho}$ 的一致估计。将估计的 γ，$\boldsymbol{\beta}$ 和 $\boldsymbol{\rho}$ 代入模型（4.3.2），得到 $v_{it}(t=1,\cdots,T)$ 的估计值。模型（4.3.21）横截面回归的残差可作为 v_{i0}的估计值，然后再用第 3 章讨论的方法估计 $\mathbf{v}_i$ 的协方差矩阵。$\mathbf{y}_i-\mathbf{y}_{i,-1}\gamma-X_i\boldsymbol{\beta}$ 对 Z_i 和 $\mathbf{e}\hat{v}_{i0}$ 的横截面回归的残差可作为 $\mathbf{v}_i^*$ 的估计。第二步，将估计的 $\mathbf{v}_i$ 或 $\mathbf{v}_i^*$ 的协方差矩阵当成已知的，对由式（4.3.2）和（4.3.21）组成的方程组或条件方程组（4.3.30）应用 GLS 法。

应指出的是，如果 $\text{Cov}(y_{i0},\alpha_i)\neq 0$，则模型（4.3.2）的 GLS 在 T 固定而 $N\to\infty$时是不一致的。因为控制 y_{i0} 后，该模型就是模型（4.3.30）。所以用 GLS 估计模型（4.3.2）将产生遗漏变量偏误。但模型（4.3.2）的 GLS 估计量的渐近偏误仍比它的 OLS 估计量或组内估计量的偏误小［Sevestre 和 Trognon (1982)］。当 T 趋于无穷时，模型（4.3.2）的 GLS 也是一致的，因为 GLS 估计量收敛于组内估计量（LSDV），此时组内估计量是一致的。

还要指出的是，与静态情形不同，可行 GLS 与真实协方差矩阵已知时的 GLS 相比是渐近缺乏效率的，因为滞后因变量作为回归元出现在方程中时，斜率系数的估计不再渐近独立于协方差矩阵参数的估计［Amemiya 和 Fuller (1967)；Hsiao，Pesaran 和 Tahmiscioglu（2002）；或附录 4A］。

4.3.3.c 工具变量估计量

在讨论时期较少、各时期观测的个体相对较多的面板时，因在不同初始条件下的似然函数不同，所以错误选择初始条件后产生的估计量不再渐近等价于正确的估计量，因此是不一致的。选择初始条件时，有时很少有可靠的信息保证我们作出正确选择。独立于初始条件的简单一致估计量理所当然地引起我们的重视，而且它还可以用作求 MLE 迭代过程的初值。该估计方法的主要步骤如下：[12]

第 1 步：求模型（4.3.7）的一阶差分，得到

$$y_{it}-y_{i,t-1}=\gamma(y_{i,t-1}-y_{i,t-2})+\boldsymbol{\beta}'(\mathbf{x}_{it}-\mathbf{x}_{i,t-1})+u_{it}-u_{i,t-1},\quad t=2,\cdots,T \tag{4.3.31}$$

因为 $y_{i,t-2}$ 或（$y_{i,t-2}-y_{i,t-3}$）与（$y_{i,t-1}-y_{i,t-2}$）相关，但与（$u_{it}-u_{i,t-1}$）无关，所以它们可用作（$y_{i,t-1}-y_{i,t-2}$）的工具变量，并用工具变量法估计 γ 和 $\boldsymbol{\beta}$。估计量

$$\begin{pmatrix}\hat{\gamma}_{iv}\\ \hat{\boldsymbol{\beta}}_{iv}\end{pmatrix}=\Bigg[\sum_{i=1}^{N}\sum_{t=3}^{T}\begin{pmatrix}(y_{i,t-1}-y_{i,t-2})(y_{i,t-2}-y_{i,t-3}) & (y_{i,t-2}-y_{i,t-3})(\mathbf{x}_{it}-\mathbf{x}_{i,t-1})'\\ (\mathbf{x}_{it}-\mathbf{x}_{i,t-1})(y_{i,t-1}-y_{i,t-2}) & (\mathbf{x}_{it}-\mathbf{x}_{i,t-1})(\mathbf{x}_{it}-\mathbf{x}_{i,t-1})'\end{pmatrix}\Bigg]^{-1}$$

$$\times\left[\sum_{i=1}^{N}\sum_{t=3}^{T}\begin{pmatrix} y_{i,t-2}-y_{i,t-3} \\ \mathbf{x}_{it}-\mathbf{x}_{i,t-1}\end{pmatrix}(y_{it}-y_{i,t-1})\right] \tag{4.3.32}$$

和

$$\begin{pmatrix}\tilde{\gamma}_{iv}\\ \tilde{\boldsymbol{\beta}}_{iv}\end{pmatrix}=\left[\sum_{i=1}^{N}\sum_{t=2}^{T}\begin{pmatrix} y_{i,t-2}(y_{i,t-1}-y_{i,t-2}) & y_{i,t-2}(\mathbf{x}_{it}-\mathbf{x}_{i,t-1})' \\ (\mathbf{x}_{it}-\mathbf{x}_{i,t-1})(y_{i,t-1}-y_{i,t-2}) & (\mathbf{x}_{it}-\mathbf{x}_{i,t-1})(\mathbf{x}_{it}-\mathbf{x}_{i,t-1})',\end{pmatrix}\right]^{-1}$$
$$\times\left[\sum_{i=1}^{N}\sum_{t=2}^{T}\begin{pmatrix} y_{i,t-2} \\ \mathbf{x}_{it}-\mathbf{x}_{i,t-1}\end{pmatrix}(y_{i,t}-y_{i,t-1})\right] \tag{4.3.33}$$

都是一致的。但估计量（4.3.33）要求最小时期数是 2，而估计量（4.3.32）要求 $T\geqslant3$，故估计量（4.3.33）优于（4.3.32）。实际上，$T\geqslant3$ 时，选择估计量（4.3.32）还是（4.3.33）需要考虑（$y_{i,t-1}-y_{i,t-2}$）和 $y_{i,t-2}$ 或（$y_{i,t-2}-y_{i,t-3}$）之间的相关性。对工具变量 $y_{i,t-2}$ 或（$y_{i,t-2}-y_{i,t-3}$）渐近效率的比较，参见 Anderson 和 Hsiao（1981）。

第 2 步：将估计的 $\boldsymbol{\beta}$ 和 γ 代入方程

$$\bar{y}_i-\gamma\bar{y}_{i,-1}-\boldsymbol{\beta}'\bar{\mathbf{x}}_i=\boldsymbol{\rho}'\mathbf{z}_i+\alpha_i+\bar{u}_i,\quad i=1,\cdots,N \tag{4.3.34}$$

其中 $\bar{y}_i=\sum_{t=1}^{T}y_{it}/T$，$\bar{y}_{i,-1}=\sum_{t=1}^{T}y_{i,t-1}/T$，$\bar{\mathbf{x}}_i=\sum_{t=1}^{T}\mathbf{x}_{it}/T$，$\bar{u}_i=\sum_{t=1}^{T}u_{it}/T$。然后用 OLS 法估计 $\boldsymbol{\rho}$。

第 3 步：用

$$\hat{\sigma}_u^2=\frac{\sum_{i=1}^{N}\sum_{t=2}^{T}[(y_{it}-y_{i,t-1})-\hat{\gamma}(y_{i,t-1}-y_{i,t-2})-\hat{\boldsymbol{\beta}}'(\mathbf{x}_{it}-\mathbf{x}_{i,t-1})]^2}{2N(T-1)} \tag{4.3.35}$$

$$\hat{\sigma}_\alpha^2=\frac{\sum_{i=1}^{N}(\bar{y}_i-\hat{\gamma}\bar{y}_{i,-1}-\hat{\boldsymbol{\rho}}'\mathbf{z}_i-\hat{\boldsymbol{\beta}}'\bar{\mathbf{x}}_i)^2}{N}-\frac{1}{T}\hat{\sigma}_u^2 \tag{4.3.36}$$

估计 σ_u^2 和 σ_α^2。

这些估计量的一致性与初始条件无关。当 N 或 T 或二者都趋于无穷时 γ，$\boldsymbol{\beta}$ 和 σ_u^2 的工具变量估计量是一致的。$\boldsymbol{\rho}$ 和 σ_α^2 估计量仅当 N 趋于无穷时是一致的，而 N 固定、T 趋于无穷时是不一致的。工具变量法相对容易实现。但如果我们还希望在随机效应模型中检验关于初始条件的保有假设，则最大似然法更可靠。

4.3.3.d 广义矩法估计量

我们知道，除 $y_{i,t-2}$ 和（$y_{i,t-2}-y_{i,t-3}$）外，（$y_{i,t-1}-y_{i,t-2}$）的工具变量还有很多。Amemiya 和 MaCurdy（1986），Arellano 和 Bond（1991），Breusch，Mizon 和 Schmidt（1989）等发现所有的 $y_{i,t-2-j}$（$j=0$，1，…）都满足条件 $E[y_{i,t-2-j}(y_{i,t-1}-y_{i,t-2})]\neq0$ 和 $E[y_{i,t-2-j}(u_{it}-u_{i,t-1})]=0$。所以它们都是（$y_{i,t-1}-y_{i,t-2}$）的合理工具变量。令 $\Delta=(1-L)$（L 表示滞后算子），$\mathbf{q}_{it}=(y_{i0}, y_{i1}, \cdots, y_{i,t-2}, \mathbf{x}_i')'$，其中 $\mathbf{x}_i'=(\mathbf{x}_{i1}', \cdots, \mathbf{x}_{iT}')$，我们有

$$E\mathbf{q}_{it}\Delta u_{it}=0,\quad t=2,\cdots,T \tag{4.3.37}$$

将（4.3.31）的（$T-1$）个一阶差分方程堆积成矩阵的形式，可得

$$\Delta\mathbf{y}_i=\Delta\mathbf{y}_{i,-1}\gamma+\Delta X_i\boldsymbol{\beta}+\Delta\mathbf{u}_i,\quad i=1,\cdots,N \tag{4.3.38}$$

其中 $\Delta\mathbf{y}_i$，$\Delta\mathbf{y}_{i,-1}$ 和 $\Delta\mathbf{u}_i$ 分别是（$T-1$）$\times 1$ 的向量（$y_{i2}-y_{i1}$，…，$y_{iT}-y_{i,T-1}$）$'$，（$y_{i1}-y_{i0}$，…，$y_{i,T-1}-y_{i,T-2}$）$'$，（$u_{i2}-u_{i1}$，…，$u_{iT}-u_{i,T-1}$）$'$，ΔX_i 是（$T-1$）$\times K_1$ 的矩阵（$\mathbf{x}_{i2}-\mathbf{x}_{i1}$，…，$\mathbf{x}_{iT}-\mathbf{x}_{i,T-1}$）$'$。式（4.3.37）的 $T(T-1)\left[K_1+\frac{1}{2}\right]$ 个正交条件（或矩条件）可表示为

$$EW_i\Delta\mathbf{u}_i=\mathbf{0} \tag{4.3.39}$$

其中

$$W_i=\begin{pmatrix}\mathbf{q}_{i2} & \mathbf{0} & \cdots & \mathbf{0}\\ \mathbf{0} & \mathbf{q}_{i3} & \cdots & \mathbf{0}\\ \vdots & \vdots & \ddots & \vdots\\ \mathbf{0} & \mathbf{0} & \cdots & \mathbf{q}_{iT}\end{pmatrix} \tag{4.3.40}$$

是 $\left[T(T-1)(K_1+\frac{1}{2})\right]\times(T-1)$ 维矩阵。式（4.3.40）的维数一般远远大于（K_1+1）。因此 Arellano 和 Bond（1991）提出广义矩法（GMM）估计量。

标准的矩估计方法是让总体矩和相应的样本矩（或估计）相等，再求解未知参数向量 $\boldsymbol{\theta}$。譬如，假设 $\mathbf{m}(\mathbf{y},\mathbf{x};\boldsymbol{\theta})$ 表示 $\mathbf{y}$ 和/或 $\mathbf{x}$ 的某些总体矩（比如说一阶矩和二阶矩），它们是未知参数向量 $\boldsymbol{\theta}$ 的函数，并假定它们等于某已知常数，比如零。令 $\hat{\mathbf{m}}(\mathbf{y},\mathbf{x};\boldsymbol{\theta})=\frac{1}{N}\sum_{i=1}^{N}\mathbf{m}(\mathbf{y}_i,\mathbf{x}_i;\boldsymbol{\theta})$是它们基于 N 个独立样本（$\mathbf{y}_i$，$\mathbf{x}_i$）的样本估计，那么 $\boldsymbol{\theta}$ 的矩估计量 $\hat{\boldsymbol{\theta}}_{mm}$满足

$$\mathbf{m}(\mathbf{y},\mathbf{x};\boldsymbol{\theta})=\hat{\mathbf{m}}(\mathbf{y},\mathbf{x};\hat{\boldsymbol{\theta}}_{mm})=\mathbf{0} \tag{4.3.41}$$

譬如固定效应的线性静态模型（3.2.2），QX_i 和 $Q\mathbf{u}_i$ 之间的正交条件$E(X_i'Q\mathbf{u}_i)=E\left[X_i'Q(\mathbf{y}_i-\mathbf{e}\alpha_i^*-X_i\boldsymbol{\beta})\right]=\mathbf{0}$ 可导出 LSDV 估计量（3.2.8）。在此意义上，我们可认为矩估计量是由 IV 法派生出来的。

如果式（4.3.41）中方程的个数等于 $\boldsymbol{\theta}$ 的维数，一般可求出唯一解 $\hat{\boldsymbol{\theta}}_{mm}$。如果方程个数大于 $\boldsymbol{\theta}$ 的维数，则式（4.3.41）通常没有解。所以有必要最小化 $\hat{\mathbf{m}}(\mathbf{y},\mathbf{x};\boldsymbol{\theta})-\mathbf{m}(\mathbf{y},\mathbf{x};\boldsymbol{\theta})$ 的某个范数（或最小距离），比方说

$$\left[\hat{\mathbf{m}}(\mathbf{y},\mathbf{x};\boldsymbol{\theta})-\mathbf{m}(\mathbf{y},\mathbf{x};\boldsymbol{\theta})\right]'A\left[\hat{\mathbf{m}}(\mathbf{y},\mathbf{x};\boldsymbol{\theta})-\mathbf{m}(\mathbf{y},\mathbf{x};\boldsymbol{\theta})\right] \tag{4.3.42}$$

其中 A 是某个正定矩阵。

由此导出的估计量的性质与 A 有关。A 的最优选择［Hansen（1982）］是

$$A^*=\{E\left[\hat{\mathbf{m}}(\mathbf{y},\mathbf{x};\boldsymbol{\theta})-\mathbf{m}(\mathbf{y},\mathbf{x};\boldsymbol{\theta})\right]\left[\hat{\mathbf{m}}(\mathbf{y},\mathbf{x};\boldsymbol{\theta})-\mathbf{m}(\mathbf{y},\mathbf{x};\boldsymbol{\theta})\right]'\}^{-1} \tag{4.3.43}$$

$\boldsymbol{\theta}$ 的 GMM 估计就是 $A=A^*$ 时最小化式（4.3.42）的 $\hat{\boldsymbol{\theta}}_{GMM}$。

$\boldsymbol{\theta}=$（γ，$\boldsymbol{\beta}'$）$'$的 Arellano-Bond 型 GMM 估计量可通过最小化

$$\left(\frac{1}{N}\sum_{i=1}^{N}\Delta\mathbf{u}_i'W_i'\right)\Psi^{-1}\left(\frac{1}{N}\sum_{i=1}^{N}W_i\Delta\mathbf{u}_i\right) \tag{4.3.44}$$

得到，其中 $\Psi=E[1/N^2\sum_{i=1}^{N}W_i\Delta\mathbf{u}_i\mathbf{u}_i{}'W'_i]$。在"$u_{it}$ 独立同分布，且均值为零、方差为 σ_u^2"的假设下，可用 $(\sigma_u^2/N^2)\sum_{i=1}^{N}W_i\tilde{A}W'_i$ 来逼近 Ψ，其中

$$\underset{(T-1)\times(T-1)}{\tilde{A}}=\begin{bmatrix}2 & -1 & 0 & \cdots & 0\\ -1 & 2 & -1 & \cdots & 0\\ 0 & \ddots & \ddots & \ddots & \vdots\\ \vdots & \ddots & \ddots & 2 & -1\\ 0 & \cdots & 0 & -1 & 2\end{bmatrix} \tag{4.3.45}$$

因此，Arellano-Bover 型 GMM 估计量为

$$\begin{aligned}\hat{\boldsymbol{\theta}}_{\text{GMM,AB}}=&\left\{\left[\sum_{i=1}^{N}\begin{pmatrix}\Delta\mathbf{y}'_{i,-1}\\ \Delta X'_i\end{pmatrix}W'_i\right]\left[\sum_{i=1}^{N}W_i\tilde{A}W'_i\right]^{-1}\left[\sum_{i=1}^{N}W_i(\Delta\mathbf{y}_{i,-1},\Delta X_i)\right]\right\}^{-1}\\ &\times\left\{\left[\sum_{i=1}^{N}\begin{pmatrix}\Delta\mathbf{y}'_{i,-1}\\ \Delta X'_i\end{pmatrix}W'_i\right]\left[\sum_{i=1}^{N}W_i\tilde{A}W'_i\right]^{-1}\left[\sum_{i=1}^{N}W_i\Delta\mathbf{y}_i\right]\right\}\end{aligned} \tag{4.3.46}$$

它的渐近协方差矩阵为

$$\begin{aligned}&\text{Cov}(\hat{\boldsymbol{\theta}}_{\text{GMM,AB}})\\ &=\sigma_u^2\left\{\left[\sum_{i=1}^{N}\begin{pmatrix}\Delta\mathbf{y}'_{i,-1}\\ \Delta X'_i\end{pmatrix}W'_i\right]\left[\sum_{i=1}^{N}W_i\tilde{A}W'_i\right]^{-1}\left[\sum_{i=1}^{N}W_i(\Delta\mathbf{y}_{i,-1},\Delta X_i)\right]\right\}^{-1}\end{aligned} \tag{4.3.47}$$

除矩条件（4.3.38）外，Arellano 和 Bover（1995）还发现 $E\,\bar{v}_i=0$，其中 $\bar{v}_i=\bar{y}_i-\bar{y}_{i,-1}\gamma-\bar{\mathbf{x}}_i{}'\boldsymbol{\beta}-\boldsymbol{\rho}'\mathbf{z}_i$。[13] 因此，如果工具变量 $\hat{\mathbf{q}}_i$ 存在（譬如常数 1 就是一个合理的工具变量）且满足

$$E\tilde{\mathbf{q}}_i\,\bar{v}_i=\mathbf{0} \tag{4.3.48}$$

则结合这些新增的矩条件可导出更有效的 GMM 估计量。

除线性矩条件（4.3.39）和（4.3.48）外，Ahn 和 Schmidt（1995）还发现关于 $E(v_{it}^2)$ 的同方差条件蕴涵着之后的 $T-2$ 个线性矩条件：

$$E(y_{it}\Delta u_{i,t+1}-y_{i,t+1}\Delta u_{i,t+2})=0,\quad t=1,\cdots,T-2 \tag{4.3.49}$$

综合式（4.3.39）、(4.3.48）和（4.3.49)，关于 $\boldsymbol{\theta}$ 最小化[14]

$$\left(\frac{1}{N}\sum_{i=1}^{N}\mathbf{u}^{+}{}'_iW^{+}{}'_i\right)\Psi^{+-1}\left(\frac{1}{N}\sum_{i=1}^{N}W_i^{+}\mathbf{u}_i^{+}\right) \tag{4.3.50}$$

导出的 GMM 估计量更有效，其中 $\mathbf{u}_i^{+}=(\Delta\mathbf{u}'_i,\bar{v}_i)'$，$\Psi^{+}=E(\frac{1}{N^2}\sum_{i=1}^{N}W_i^{+}\mathbf{u}_i^{+}\times\mathbf{u}^{+}{}'_iW^{+}{}'_i)$，而

$$W^{+}{}'_i=\begin{pmatrix}W'_i & W^{*}{}'_i & \mathbf{0}\\ \mathbf{0}' & \mathbf{0}' & \tilde{\mathbf{q}}'_i\end{pmatrix}$$

其中

$$\underset{(T-2)\times(T-1)}{W_i^*}=\begin{pmatrix} y_{i1} & -y_{i2} & 0 & 0 & \cdots & 0 & 0 \\ 0 & y_{i2} & -y_{i3} & 0 & \cdots & 0 & 0 \\ \vdots & \vdots & \ddots & \ddots & \ddots & \vdots & \vdots \\ 0 & 0 & \cdots & y_{i,T-3} & -y_{i,T-2} & 0 & 0 \\ 0 & 0 & \cdots & 0 & y_{i,T-2} & -y_{i,T-1} & 0 \end{pmatrix}$$

但由于协方差矩阵（4.3.49）与未知参数 $\boldsymbol{\theta}$ 有关，所以不可用 GMM 估计。一个效率较低，但计算可行的 GMM 估计是忽略 Ψ^+ 与 $\boldsymbol{\theta}$ 之间的相关性，并在目标函数（4.3.50）中简单地用 Ψ^+ 的一致估计量

$$\hat{\Psi}^+=\left(\frac{1}{N^2}\sum_{i=1}^{N}W_i^+\hat{\mathbf{u}}_i^+\hat{\mathbf{u}}_i^{+\prime}W_i^{+\prime}\right) \tag{4.3.51}$$

替换 Ψ，然后导出估计量（4.3.46），其中 $\hat{\mathbf{u}}_i^+$ 是简单地将 γ 和 $\boldsymbol{\beta}$ 的某个一致估计量，譬如 4.3.3.c 节讨论的Ⅳ，代入式（4.3.38）和 $\bar{v}_i$ 的方程后得到的。

理论上来说，我们可利用更多的矩条件提高 GMM 估计的渐近效率。譬如，Ahn 和 Schmidt（1995）发现，除线性矩条件（4.3.39）、（4.3.48）和（4.3.49）之外，还存在（$T-1$）个非线性矩条件 $E((\bar{y}_i-\gamma\bar{y}_{i,-1}-\boldsymbol{\beta}'\bar{\mathbf{x}}_i)\Delta u_{it})=0$，$t=2,\cdots,T$，这些非线性矩条件隐含在约束条件“$Ev_{it}^2$ 相等”中。增加“$E(\alpha_i y_{it})$ 对所有的 t 都相等”的假设后，该条件和条件（4.3.49）可转换成（$2T-2$）个线性矩条件

$$E[(y_{iT}-\gamma y_{i,T-1}-\boldsymbol{\beta}'\mathbf{x}_{iT})\Delta y_{it}]=0,\quad t=1,\cdots,T-1 \tag{4.3.52}$$

和

$$E[(y_{it}-\gamma y_{i,t-1}-\boldsymbol{\beta}'\mathbf{x}_{it})y_{it}-(y_{i,t-1}-\gamma y_{i,t-2}-\boldsymbol{\beta}'\mathbf{x}_{i,t-1})y_{i,t-1}]=0,\quad t=2,\cdots,T \tag{4.3.53}$$

虽然增加矩条件提高 GMM 的渐近效率理论上可行，但在有限样本中使用大量的矩条件到底提高了多少效率令人感到怀疑。此外，使用高阶矩条件时，估计量可能对异常观测非常敏感。Ziliak（1997）的模拟研究表明，GMM 的向下偏误随着矩条件数量的增多变得非常严重，甚至超过效率上的提高。事实上，在面板数据的应用中并不提倡使用全部矩条件求估计量的做法。更多讨论，见 Judson 和 Owen（1999），Kiviet（1995）和 Wansbeek 和 Bekker（1996）。

4.3.4 检验关于初始条件的保有假设

正如 4.3.2 节和 4.3.3 节中的讨论，对随机效应模型 MLE 与 GLS 的解释以及一致性讨论都与初始条件有关。遗憾的是，现实中我们很少有关于初始观测特征的信息。因为有些假设是嵌套的，故 Bhargava 和 Sargan（1983）建议利用似然原理对它们进行检验。譬如，y_{i0} 是外生变量时（情形Ⅰ），我们可最大化 L_1 来检验误差成分表达式的合理性（对 L_1 的协方差矩阵 V 有没有约束条件都可以）。

令 L_1^* 表示满足模型（4.3.7）约束条件的 $\log L_1$ 的最大值，并令 L_1^{**} 表示 V 为任意正定矩阵时 $\log L_1$ 的最大值。在虚拟假设下，得到的检验统计量 $2(L_1^{**}-L_1^*)$ 服从自由度为 $[T(T+1)/2-2]$ 的 χ^2 分布。

类似地，我们可在 y_{i0} 是内生变量的假设下检验误差成分表达式的合理性。用 L_{4a}^* 和 $L_{4c'}^*$ 分别表示情形Ⅳa 和Ⅳc′中对数似然函数的最大值。用 L_{4a}^{**} 和 $L_{4c'}^{**}$ 分别表示情形Ⅳa 和Ⅳc′中没有约束条件（4.3.19）或（4.3.23）时［即 $(T+1)\times(T+1)$ 的协方差矩阵是任意的］对数似然函数的最大值。则在虚拟假设下，$2(L_{4a}^{**}-L_{4a}^*)$ 和 $2(L_{4c'}^{**}-L_{4c'}^*)$ 分别服从自由度为 $[(T+1)(T+2)/2-2]$ 和 $[(T+1)(T+2)/2-3]$ 的 χ^2 分布。

检验平稳性假设时，我们用 L_{4b}^* 和 $L_{4d'}^*$ 分别表示情形Ⅳb 和情形Ⅳd′中对数似然函数的最大值。则 $2(L_{4b}^*-L_{4a}^*)$ 和 $2(L_{4d'}^*-L_{4c'}^*)$ 分别服从自由度为 1 的 χ^2 分布。统计量 $2(L_{4a}^{**}-L_{4b}^*)$ 和 $2(L_{4c'}^{**}-L_{4d'}^*)$ 也可用来分别检验情形Ⅳb 和Ⅳd′的合理性。它们的渐近分布分别是自由度为 $[(T+1)(T+2)/2-3]$ 和 $[(T+1)(T+2)/2-4]$ 的 χ^2 分布。

在关于误差过程的各种假设下，我们还可用推广的 Bhargava-Sargan 法检验初始观测"有共同均值 μ_w"或"有不同均值 θ_{i0}"的假设。统计量 $2(L_{4c'}^*-L_{4a}^*)$，$2(L_{4c'}^{**}-L_{4a}^*)$ 和 $2(L_{4d'}^*-L_{4b}^*)$ 的渐近分布分别是自由度为 q，$(q-1)$ 和 $(q-1)$ 的 χ^2 分布，其中 q 是模型（4.3.21）中未知系数的个数。我们还可利用统计量 $2(L_{4c'}^{**}-L_{4a}^*)$ 或 $2(L_{4c'}^{**}-L_{4b}^*)$ 检验共同均值和方差成分式子的联合假设，这两个统计量的渐近分布分别是自由度为 $[q+(T+1)(T+2)/2-3]$ 和 $[q+(T+1)(T+2)/2-4]$ 的 χ^2 分布。

检验 y_{i0} 的外生性时，我们不能直接比较 L_1 和情形Ⅳ中各种形式的似然函数，因为在前一种情形下我们假定 y_{i0} 是外生变量并考察（y_{i1}，…，y_{iT}）的密度，而在后面情形考察的是（y_{i0}，…，y_{iT}）的联合密度。但我们可以在"v_{i0} 与 η_i（或 α_i）独立，且方差为 σ_0^2"的约束条件下导出模型（4.3.7）和（4.3.21）的联合似然函数。即我们在（y_{i0}，…，y_{iT}）的 $(T+1)\times(T+1)$ 的协方差矩阵上添加约束条件 $\mathrm{Cov}(v_{i0},v_{it})=0$，$t=1$，…，$T$。我们用 L_5 表示该似然函数。令 L_5^{**} 表示（v_{i0}，…，v_{iT}）的协方差矩阵不受约束时 $\log L_5$ 的最大值，则我们可以用 $2(L_{4c'}^{**}-L_5^{**})$ 检验 y_{i0} 的外生性，在虚拟假设下，$2(L_{4c'}^{**}-L_5^{**})$ 的渐近分布是自由度为 T 的 χ^2 分布。

我们还可以利用误差项的误差成分结构检验 y_{i0} 的外生性。不妨假定（v_{i1}，…，v_{iT}）的方差—协方差矩阵为 V［式（3.3.4）］。令 L_5^* 表示似然函数 L_5 的对数在该约束条件下的最大值。令 $L_{4d'}^*$ 表示（y_{i0}，…，y_{iT}）的对数似然函数在约束条件"$E\mathbf{v}_i\mathbf{v}_i'=\tilde{V}^*$，但 v_{i0} 的方差和 v_{i0} 与 v_{it}，$t=1$，…，T 的协方差是任意常数 σ_{w0}^2 和 σ_τ^2"下的最大值。如果 y_{i0} 是外生变量，则统计量 $2(L_{4d'}^*-L_5^*)$ 的渐近分布是自由度为 1 的 χ^2 分布。但实际应用中不需要计算 $L_{4d'}^*$，因为 $L_{4d'}^*\geqslant L_{4c'}^*$，如果 $2(L_{4c'}^*-L_5^*)$ 与自由度为 1 的 χ^2 分布的临界值比较后拒绝了虚拟假设，则 $2(L_{4d'}^*-L_5^{**})$ 也一定会拒绝虚拟假设。

4.3.5 模拟证据

为研究最大似然估计量在关于初始条件的各种假设下的功效，Bhargava 和 Sargan (1983) 进行了 Monte Carlo 模拟研究。他们的真实数据由

$$y_{it}=1+0.5y_{i,t-1}-0.16z_i+0.35x_{it}+\alpha_i+u_{it},\quad i=1,\cdots,100,t=1,\cdots,20 \tag{4.3.54}$$

生成，其中 α_i 和 u_{it} 是独立正态分布的，均值都是零，方差分别为 0.09 和 0.422 5，时变外生变量 x_{it} 由

$$x_{it}=0.1t+\phi_i x_{i,t-1}+\omega_{it},\quad i=1,\cdots,100,t=1,\cdots,20 \tag{4.3.55}$$

生成，ϕ_i 和 ω_{it} 是独立正态分布的，均值都为零，方差分别为 0.01 和 1。时恒外生变量 z_i 由

$$z_i=-0.2x_{i4}+\omega_i^*,\quad i=1,\cdots,100 \tag{4.3.56}$$

生成，ω_i^* 是独立正态分布的，均值为零，方差为 1。在重复实验中固定 z 和 x，且丢弃最初 10 个观测。故 y_{i0} 事实上是随机的且与个体效应项 α_i 相关。表 4.2 列出了 50 次重复实验中各种模型估计量的偏误。

表 4.2　　对动态随机效应模型 MLE 偏误的模拟结果

系数	y_{i0} 是外生的，且对协方差矩阵无约束	y_{i0} 是外生的，且误差项具有误差成分	y_{i0} 是内生的，且对协方差矩阵无约束	y_{i0} 是内生的，且误差项具有误差成分
截距	−0.199 3 (0.142)[a]	−0.115 6 (0.115 5)	−0.022 1 (0.158 2)	0.004 5 (0.105)
z_i	0.020 3 (0.036 5)	0.010 8 (0.035 4)	0.000 7 (0.039 8)	−0.003 6 (0.039 2)
x_{it}	0.002 8 (0.021 4)	0.004 4 (0.021 4)	0.004 6 (0.021 0)	0.004 4 (0.021 4)
$y_{i,t-1}$	0.067 4 (0.046 3)	0.037 7 (0.035 5)	0.007 2 (0.050 7)	−0.002 8 (0.031 2)
$\sigma_\alpha^2/\sigma_u^2$		−0.049 9 (0.059 1)		0.001 1 (0.058 8)

[a] 括号内是估计的标准误的均值。

资料来源：Bhargava 和 Sargan (1983)。

将 y_{i0} 当作内生变量时，MLE 表现非常好，参数中的偏误几乎可以忽略不计。但将 y_{i0} 当作外生变量时，MLE 就差多了，偏误大约是一个标准误。在大量重复实验中，对误差成分表达式的检验还产生了 $\sigma_\alpha^2=0$ 的边界解。利用检验统计

量 $2(L_{4c'}^{**}-L_5^{**})$ 和 $2(L_{4c'}^{*}-L_5^{*})$，似然比统计量也分别 46 次和 50 次拒绝了 y_{i0} 的外生性假设。在内生性假设下，似然比统计量 $2(L_{4c'}^{**}-L_{4c'}^{*})$ 拒绝误差成分表达式 4 次（总共 50 次），但在外生性假设下，统计量 $2(L_1^{**}-L_1^{*})$ 拒绝误差成分表达式 7 次。[15]

4.4 案例

我们已讨论包含个体特异效应的动态模型各种估计量的性质。本节我们报告 Balestra 和 Nerlove（1966）的天然气需求研究结果，并分析使用面板数据估计动态模型时的特殊问题。

Balestra 和 Nerlove（1966）假定对天然气的新增需求（包括因天然气设备更换导致的需求和设备存货的净增长导致的需求）G^* 是天然气相对价格 P 和对所有类型燃料总的新需求 F^* 的线性函数。设天然气设备的折旧率为 r，并假定设备存货的利用率是常数，在年度 t 对天然气的新增需求和天然气的消费量 G_t 满足关系

$$G_t^* = G_t - (1-r)G_{t-1} \tag{4.4.1}$$

他们还假设对所有类型燃料总的新增需求和总的燃料消费量 F 之间也有类似关系，F 由一个关于总人数 N 和人均收入 I 的线性函数近似。将这些关系代入式(4.4.1)，他们得到

$$G_t = \beta_0 + \beta_1 P_t + \beta_2 \Delta N_t + \beta_3 N_{t-1} + \beta_4 \Delta I_t + \beta_5 I_{t-1} + \beta_6 G_{t-1} + v_t \tag{4.4.2}$$

其中 $\Delta N_t = N_t - N_{t-1}$，$\Delta I_t = I_t - I_{t-1}$，以及 $\beta_6 = 1-r$。

Balestra 和 Nerlove 用美国 36 个州在 1957—1962 年期间的年度数据估计民用和商用天然气需求模型（4.4.2）。因为在此期间天然气设备存货的平均使用寿命相当短，所以预期滞后的天然气消费量的系数 β_6 将小于 1，但不会小很多。表 4.3 中的第二列是模型（4.4.2）的 OLS 估计结果。G_{t-1} 的系数估计值是 1.01。该结果表明天然气设备的折旧率是一个负数，这显然与前面的理论预期不符。

表 4.3　Balestra 和 Nerlove 由混合样本导出的天然气需求模型（4.4.2）中参数的各种估计（1957—1962 年）

系数	OLS	LSDV	GLS
β_0	−3.650 (3.316)[a]	—	−4.091 (11.544)
β_1	−0.045 1 (0.027 0)	−0.202 6 (0.053 2)	−0.087 9 (0.046 8)
β_2	0.017 4 (0.009 3)	−0.013 5 (0.021 5)	−0.001 22 (0.019 0)

续前表

系数	OLS	LSDV	GLS
β_3	0.001 11 (0.000 41)	0.032 7 (0.004 6)	0.003 60 (0.001 29)
β_4	0.018 3 (0.008 0)	0.013 1 (0.008 4)	0.017 0 (0.008 0)
β_5	0.003 26 (0.001 97)	0.004 4 (0.010 1)	0.003 54 (0.006 22)
β_6	1.010 (0.014)	0.679 9 (0.063 3)	0.954 6 (0.037 2)

[a] 括号里的数据是对应系数的标准误。

资料来源：Balestra 和 Nerlove (1966)。

综合横截面数据和时序数据估计模型 (4.4.2) 时，可能因各州的特有效应也包含在数据中，故产生了之前的估计结果。为研究这些效应，他们在模型中引入与 36 个州对应的虚拟变量。表 4.3 的第三列就是由此导出的虚拟变量估计结果。滞后内生变量系数的估计值急剧减小；事实上，该值降到了一个非常低的水平，它表明天然气设备的折旧率超过 30%——同样极不合理。

重新估计模型 (4.4.2) 时他们不再假定地区效应是固定常数，而是明确地将各州的效应项并入误差项，即 $v_{it}=\alpha_i+u_{it}$，其中 α_i 和 u_{it} 是独立随机变量。表 4.3 的第四列是在“初始观测是固定常数”假设下的两步 GLS 估计结果。滞后消费量系数的估计值是 0.954 6。该值表明折旧率大约是 4.5%，和之前的理论预期吻合。

前面的讨论表明，确当地考虑面板数据中的非观测异质性后，Balestra 和 Nerlove 得到了与之前理论分析一致的合理结果，试图在模型中引入其他变量的常规方法是无法得到这些结果的。此外，滞后天然气消费量系数的最小二乘估计和最小二乘虚拟变量估计分别是 1.01 和 0.679 9。我们在前面的小节中已证明，对于包含个体特异效应的动态模型，当 T 比较小时，滞后因变量系数的最小二乘估计存在正的偏误，最小二乘虚拟变量估计存在向下的偏误。他们的估计结果和前面的理论分析也是吻合的。[16]

4.5 固定效应模型

如果将个体效应项当作互不相同的固定常数，则个体效应项和其他时恒变量之间存在严重的多重共线性，我们无法将个体效应项从其他时恒变量中分离出来。因此我们假定 $\mathbf{z}_i\equiv\mathbf{0}$。当 T 趋于无穷时，虽然滞后的 y 不满足回归元的严格外生性条件，但它确实满足弱外生条件 $E(u_{it}\mid y_{i,t-1},y_{i,t-2},\cdots;\alpha_i)=0$；因此，$y_{it}$

关于滞后的 y_{it} 和 $\mathbf{x}_{it}$ 以及个体特异常数的最小二乘回归可得到未知参数的一致估计。当 T 固定而 N 趋于无穷时，固定效应模型中的参数数量随着横截面观测数增长。这便是典型的关联参数问题［Neyman 和 Scott（1948）］。在严格外生性假设下的静态模型中，个体特异常数的出现不会影响斜率系数的 CV 估计量或 MLE 估计量的一致性（见第 3 章）。但如果滞后因变量也作为解释变量出现在模型中，则该结论不再成立，因为它背离了 MLE 一致性的正则性条件。事实上，如果 u_{it} 是正态分布的，y_{i0} 是已知常数，则模型（4.2.1）的 MLE 就是 CV 估计量（4.2.2）和（4.2.3）。渐近偏误由式（4.2.8）给出。

虽然模型（4.2.1）的 MLE 是不一致的，但当它包含固定的 α_i^* 时，模型（4.3.31）的 IV 估计量或 GMM 估计量（4.3.42）仍是一致且渐近正态分布的。转换方程（4.3.38）不包含关联参数 α_i^*，正交条件（4.3.39）仍然成立。

除 IV 型估计量外，以**转换似然函数**（transformed likelihood function）为基础的**基准似然方法**（likelihood-based approach）也可导出一致且渐近正态分布的估计量。

4.5.1 转换似然法

在能够获取初始观测 y_{i0} 和 $\mathbf{x}_{i0}$ 的假设下，一阶差分方程（4.3.31）不包含个体效应项 α_i^*，且 $t=2$，…，T 时定义良好。但由于没有 Δy_{i0} 和 $\Delta \mathbf{x}_{i0}$ 的值，故（4.3.31）没有定义 $\Delta y_{i1}=(y_{i1}-y_{i0})$。连续迭代该式后，我们可将 Δy_{i1} 记为

$$\Delta y_{i1} = a_{i1} + \sum_{j=0}^{\infty} \gamma^j \Delta u_{i,1-j} \tag{4.5.1}$$

其中 $a_{i1} = \boldsymbol{\beta}' \sum_{j=0}^{\infty} \Delta \mathbf{x}_{i,1-j} \gamma^j$。因为我们无法获得 $\Delta \mathbf{x}_{i,1-j}$，$j=1$，2，…的值，所以 a_{i1} 是未知的。如果将 a_{i1} 当作需要估计的自由参数，则我们将再次面临关联参数问题。为避免该问题，我们要求控制可观测变量后，a_{i1} 的条件期望必须是有限个参数的函数，即

$$E(a_{i1} \mid \Delta \mathbf{x}_i) = c^* + \boldsymbol{\pi}' \Delta \mathbf{x}_i, \quad i=1,\cdots,N \tag{4.5.2}$$

其中 $\boldsymbol{\pi}$ 是 $TK_1 \times 1$ 的常数向量，$\Delta \mathbf{x}_i$ 是 $TK_1 \times 1$ 的向量（$\Delta \mathbf{x}'_{i1}$，…，$\Delta \mathbf{x}'_{iT}$）$'$。Hsiao，Pesaran 和 Tahmiscioglu（2002）已证明，如果 $\mathbf{x}_i$ 由

$$\mathbf{x}_{it} = \boldsymbol{\mu}_i + gt + \sum_{j=0}^{\infty} \mathbf{b}_j \boldsymbol{\xi}_{i,t-j}, \sum_{j=0}^{\infty} \mid \mathbf{b}_j \mid < \infty \tag{4.5.3}$$

生成，其中 $\boldsymbol{\xi}_{it}$ 是 i. i. d. 的，具有零均值和常数协方差矩阵，则式（4.5.2）成立。外生变量 $\mathbf{x}_{it}$ 的数据生成过程（4.5.3）允许截距项 $\boldsymbol{\mu}_i$ 是随 i 变化的固定常数，也允许 $\boldsymbol{\mu}_i$ 是均值相同的随机变量。但如果在 $\mathbf{x}_{it}$ 的数据生成过程中存在趋势项，则对所有的 i，$\boldsymbol{\mu}_i$ 必须相同。

已知式（4.5.2）后，可将 Δy_{i1} 记为

$$\Delta y_{i1} = c^* + \boldsymbol{\pi}' \Delta \mathbf{x}_i + v_{i1}^* \tag{4.5.4}$$

其中 $v_{i1}^{*}=\sum_{j=0}^{\infty}\gamma^{j}\Delta u_{i,1-j}+[a_{i1}-E(a_{i1}\mid\Delta\mathbf{x}_{i})]$。由 v_{i1}^{*} 的构造可知，$E(v_{i1}^{*}\mid\Delta\mathbf{x}_{i})=0, E(v_{i1}^{*2})=\sigma_{v*}^{2}$，$E(v_{i1}^{*}\Delta u_{i2})=-\sigma_{u}^{2}$，以及 $E(v_{i1}^{*}\Delta u_{it})=0$，$t=3$，…，$T$。因此 $\Delta\mathbf{u}_{i}^{*}=(v_{i1}^{*}, \Delta\mathbf{u}_{i}')'$ 的协方差矩阵为

$$\Omega^{*}=\sigma_{u}^{2}\begin{bmatrix} h & -1 & 0 & \cdots & 0 \\ -1 & 2 & -1 & \cdots & 0 \\ 0 & \ddots & \ddots & \ddots & \vdots \\ \vdots & \ddots & \ddots & \ddots & -1 \\ 0 & \cdots & 0 & -1 & 2 \end{bmatrix}=\sigma_{u}^{2}\tilde{\Omega}^{*} \tag{4.5.5}$$

其中 $h=\sigma_{v*}^{2}/\sigma_{u}^{2}$。

如果 $\Delta\mathbf{u}_{i}^{*}$ 是正态分布的，则联合模型（4.3.31）和（4.5.4），我们可将 $\Delta\mathbf{y}_{i}^{*}=(\Delta y_{i1}, \cdots, \Delta y_{iT})'$，$i=1$，…，$N$ 的似然函数表示为

$$(2\pi)^{-\frac{NT}{2}}\mid\Omega^{*}\mid^{-\frac{N}{2}}\exp\left\{-\frac{1}{2}\sum_{i=1}^{N}\Delta\mathbf{u}_{i}^{*\prime}\Omega^{*-1}\Delta\mathbf{u}_{i}^{*}\right\} \tag{4.5.6}$$

其中

$$\begin{aligned}\Delta\mathbf{u}_{i}^{*}=[&\Delta y_{i1}-c^{*}-\boldsymbol{\pi}'\Delta\mathbf{x}_{i}, \Delta y_{i2}-\gamma\Delta y_{i1} \\ &-\boldsymbol{\beta}'\Delta\mathbf{x}_{i2}, \cdots, \Delta y_{iT}-\gamma\Delta y_{i,T-1}-\boldsymbol{\beta}'\Delta\mathbf{x}_{iT}]'\end{aligned}$$

此时似然函数仅与固定数量的参数有关，并满足标准正则化条件，所以 $N\to\infty$ 时 MLE 是一致的且渐近分布是正态分布。

因为 $\mid\tilde{\Omega}^{*}\mid=1+T(h-1)$，且

$$\begin{aligned}\tilde{\Omega}^{*-1}=&[1+T(h-1)]^{-1} \\ &\times\begin{bmatrix} T & T-1 & \cdots & 2 & 1 \\ T-1 & (T-1)h & \cdots & 2h & h \\ \vdots & \vdots & & \vdots & \vdots \\ 2 & 2h & \cdots & 2[(T-2)h-(T-3)] & (T-2)h-(T-3) \\ 1 & h & \cdots & (T-2)h-(T-3) & (T-1)h-(T-2) \end{bmatrix}\end{aligned} \tag{4.5.7}$$

所以似然函数（4.5.6）的对数是

$$\begin{aligned}\log L=&-\frac{NT}{2}\log 2\pi-\frac{NT}{2}\log\sigma_{u}^{2}-\frac{N}{2}\log[1+T(h-1)] \\ &-\frac{1}{2}\sum_{i=1}^{N}[(\Delta\mathbf{y}_{i}^{*}-H_{i}\boldsymbol{\psi})'\Omega^{*-1}(\Delta\mathbf{y}_{i}^{*}-H_{i}\boldsymbol{\psi})]\end{aligned} \tag{4.5.8}$$

其中 $\Delta\mathbf{y}_{i}^{*}=(\Delta y_{i1}, \cdots, \Delta y_{iT})'$，$\boldsymbol{\psi}=(c^{*}, \boldsymbol{\pi}', \gamma, \boldsymbol{\beta}')'$，而

$$H_{i}=\begin{bmatrix} 1 & \Delta\mathbf{x}_{i}' & 0 & \mathbf{0}' \\ 0 & \mathbf{0}' & \Delta y_{i1} & \Delta\mathbf{x}_{i2}' \\ \vdots & \vdots & \vdots & \vdots \\ 0 & \mathbf{0}' & \Delta y_{i,T-1} & \Delta\mathbf{x}_{iT}' \end{bmatrix}$$

求解下面的联立方程

$$\hat{\boldsymbol{\psi}} = \left(\sum_{i=1}^{N} H'_i \hat{\tilde{\Omega}}^{*-1} H_i\right)^{-1} \left(\sum_{i=1}^{N} H'_i \hat{\tilde{\Omega}}^{*-1} \Delta \mathbf{y}_i^{\,*}\right) \tag{4.5.9}$$

$$\hat{\sigma}_u^2 = \frac{1}{NT} \sum_{i=1}^{N} \left[(\Delta \mathbf{y}_i^{\,*} - H_i \hat{\boldsymbol{\psi}})' (\hat{\tilde{\Omega}}^{*})^{-1} (\Delta \mathbf{y}_i^{\,*} - H_i \hat{\boldsymbol{\psi}})\right] \tag{4.5.10}$$

$$\hat{h} = \frac{T-1}{T} + \frac{1}{\hat{\sigma}_u^2 N T^2} \sum_{i=1}^{N} \left[(\Delta \mathbf{y}_i^{\,*} - H_i \hat{\boldsymbol{\psi}})' (\mathbf{J}\mathbf{J}') (\Delta \mathbf{y}_i^{\,*} - H_i \hat{\boldsymbol{\psi}})\right] \tag{4.5.11}$$

可得到 MLE，其中 $\mathbf{J}' = (T,\ T-1,\ \cdots,\ 2,\ 1)$。我们可以以其他参数的前一轮估计为条件，在式（4.5.9）～（4.5.11）之间循环迭代直到解收敛解得 MLE，也可用 Newton-Raphson 迭代法求解［Hsiao，Pesaran 和 Tahmiscioglu（2002）］。

4.5.2 最小距离估计量

控制 Ω^* 后，MLE 是满足

$$\min \sum_{i=1}^{N} \Delta \mathbf{u}_i^{*\prime} \Omega^{*-1} \Delta \mathbf{u}_i^{*} \tag{4.5.12}$$

的**最小距离估计量**（minimum-distance estimator，MDE）。Ω^* 未知时，我们可用两步可行 GLS 法求解 MDE。第一步先求出 σ_u^2 和 $\sigma_{v^*}^2$ 的一致估计量。譬如先用所有个体的数据做模型（4.5.4）的回归，得到最小二乘残差 $\hat{v}_{i1}^{*}$，再估计

$$\hat{\sigma}_{v^*}^2 = \frac{1}{N - TK_1 - 1} \sum_{i=1}^{N} \hat{v}_{i1}^{*\,2} \tag{4.5.13}$$

类似地，我们可对模型（4.3.31）应用 IV 法得到估计的残差 $\Delta \hat{u}_{it}$，以及

$$\hat{\sigma}_u^2 = \frac{1}{N(T-1)} \sum_{i=1}^{N} \Delta \hat{\mathbf{u}}'_i \tilde{A}^{-1} \Delta \hat{\mathbf{u}}_i \tag{4.5.14}$$

其中 $\tilde{A}$ 如式（4.3.45）所定义。

第二步，将估计的 σ_u^2 和 $\sigma_{v^*}^2$ 代入式（4.5.5）中，并将它们当成已知量，利用式（4.5.9）得到 $\boldsymbol{\psi}$ 的 MDE 估计量 $\hat{\boldsymbol{\psi}}_{\text{MDE}}$。

用 Ω^* 的真值作为加权矩阵时，MDE 的渐近协方差矩阵 $\text{Var}(\hat{\boldsymbol{\psi}}_{\text{MDE}})$ 等于 $(\sum_{i=1}^{N} H'_i \Omega^{*-1} H_i)^{-1}$。使用 Ω^* 的一致估计量时，可行 MDE 的渐近协方差矩阵 $\text{Var}(\hat{\boldsymbol{\psi}}_{\text{FMDE}})$ 与在静态情形下不同，它等于［Hsiao，Pesaran 和 Tahmiscioglu（2002）］

$$\begin{aligned}&\left(\sum_{i=1}^{N} H'_i \hat{\Omega}^{*-1} H_i\right)^{-1} \\ &\quad + \left(\sum_{i=1}^{N} H'_i \hat{\Omega}^{*-1} H_i\right)^{-1} \begin{bmatrix} 0 & \mathbf{0}' & 0 & \mathbf{0}' \\ \mathbf{0} & \mathbf{0} & \mathbf{0} & \mathbf{0} \\ 0 & \mathbf{0}' & d & \mathbf{0}' \\ \mathbf{0} & \mathbf{0} & \mathbf{0} & \mathbf{0} \end{bmatrix} \left(\frac{1}{N} \sum_{i=1}^{N} H'_i \hat{\Omega}^{*-1} H_i\right)^{-1}\end{aligned} \tag{4.5.15}$$

其中

$$d=\frac{[\gamma^{T-2}+2\gamma^{T-3}+\cdots+(T-1)]^2}{[1+T(h-1)]^2\hat{\sigma}_u^4}$$
$$\times[\hat{\sigma}_u^4\mathrm{Var}(\hat{\sigma}_{v^*}^2)+\hat{\sigma}_{v^*}^4\mathrm{Var}(\hat{\sigma}_u^2)-2\hat{\sigma}_u^2\hat{\sigma}_{v^*}^2\mathrm{Cov}(\hat{\sigma}_{v^*}^2,\hat{\sigma}_u^2)]$$

因滞后因变量作为回归元时 $\boldsymbol{\psi}$ 和 Ω^* 的估计不是渐近独立的，所以会出现式(4.5.15)的第二项。

4.5.3 基于似然估计与广义矩法估计（GMM）的关系

虽然推导转换 MLE 和 MDE 时有正态性假设，但正态性假设不是必需的。即使误差项不是正态分布时，两类估计量仍是一致的且渐近分布是正态分布。在正态性假设下，转换 MLE 可达到转换模型的 Cramér-Rao 下界，因此是最有效估计。即使没有正态性假设，如果 Ω^* 已知，则转换 MLE 或 MDE 也比仅用二阶矩约束条件的 GMM 更有效。

利用分块矩阵求逆公式［如 Amemiya（1985）］，$(\gamma,\ \boldsymbol{\beta})$ 的 MDE 的协方差矩阵为

$$\mathrm{Cov}\begin{pmatrix}\hat{\gamma}_{\mathrm{MDE}}\\ \hat{\boldsymbol{\beta}}_{\mathrm{MDE}}\end{pmatrix}=\sigma_u^2\left[\sum_{i=1}^N\begin{pmatrix}\Delta\mathbf{y}'_{i,-1}\\ \Delta X'_i\end{pmatrix}\left(\widetilde{A}-\frac{1}{h}\mathbf{g}\mathbf{g}'\right)^{-1}(\Delta\mathbf{y}_{i,-1},\Delta X_i)\right]^{-1} \tag{4.5.16}$$

其中 $\mathbf{g}'=(-1,\ 0,\ \cdots,\ 0)$。在两个矩阵之差是负半定阵的意义上，因 $\widetilde{A}-(\widetilde{A}-\frac{1}{h}\mathbf{g}\mathbf{g}')$ 是正半定阵，所以协方差矩阵（4.5.16）比

$$\sigma_u^2\left[\sum_{i=1}^N\begin{pmatrix}\Delta\mathbf{y}'_{i,-1}\\ \Delta X'_i\end{pmatrix}\widetilde{A}^{-1}(\Delta\mathbf{y}_{i,-1},\Delta X_i)\right]^{-1} \tag{4.5.17}$$

小。此外，

$$\begin{aligned}&\sum_{i=1}^N\begin{pmatrix}\Delta\mathbf{y}'_{i,-1}\\ \Delta X'_i\end{pmatrix}\widetilde{A}^{-1}(\Delta\mathbf{y}_{i,-1},\Delta X_i)\\&\quad-\left[\sum_{i=1}^N\begin{pmatrix}\Delta\mathbf{y}'_{i,-1}\\ \Delta X'_i\end{pmatrix}W'_i\right]\left(\sum_{i=1}^N W_i\widetilde{A}W'_i\right)^{-1}\left[\sum_{i=1}^N W_i(\Delta\mathbf{y}_{i,-1},\Delta X_i)\right]\\&\quad=D'[I-Q(Q'Q)^{-1}Q]D\end{aligned} \tag{4.5.18}$$

是正半定矩阵，其中 $D=(D'_1,\ \cdots,\ D'_N)'$，$Q=(Q'_1,\ \cdots,\ Q'_N)'$，$D_i=\Lambda'(\Delta\mathbf{y}_{i,-1},\ \Delta X_i)$，$Q_i=\Lambda^{-1}W_i$，以及 $\Lambda\Lambda'=\widetilde{A}^{-1}$。因此，在两个协方差矩阵之差是正半定矩阵意义上，GMM 估计量（4.3.46）的渐近协方差矩阵（4.3.47）比矩阵（4.5.17）大，（4.5.17）又比协方差矩阵（4.5.16）大。

$\widetilde{\Omega}^*$ 未知时，估计量（4.3.46）的渐近协方差矩阵仍是（4.3.47）。但可行 MDE 的渐近协方差矩阵是（4.5.15）。虽然矩阵（4.5.15）的第一项比矩阵（4.3.47）小，但加上第二项后是否仍比（4.3.47）小尚不清楚。它可能还是要

小些，原因有几点。首先，因为可利用 Δy_{i1} 方程提供的额外信息，这些信息可能很重要［参见 Hahn（1999）］。第二，对 Δy_{it} 方程（$t=2$，…，T），GMM 法使用了（$t-1$）个工具变量（y_{i0}，…，$y_{i,t-2}$）。基于似然法使用了 t 个工具变量（y_{i0}，y_{i1}，…，$y_{i,t-1}$）。第三，似然方法利用条件 $E(\Delta\mathbf{u}_i^*)=\mathbf{0}$，而 GMM 法利用条件 $E(\frac{1}{N}\sum_{i=1}^{N}W_i\Delta\mathbf{u}_i)=\mathbf{0}$。对观测值进行分组一般会导致信息的损失。[17]

Hsiao，Pesaran 和 Tahmiscioglu（2002）用 Monte Carlo 方法比较了模型（4.3.31）的 IV，（4.3.43）的 GMM，MLE 和 MDE 的功效。他们用

$$y_{it}=\alpha_i+\gamma y_{i,t-1}+\beta x_{it}+u_{it} \tag{4.5.19}$$

生成 y_{it}，而误差项 u_{it} 有两种生成方法。一种是由正态分布 $N(0,\sigma_u^2)$ 生成。另一种是由均值调整后自由度为 2 的 χ^2 分布生成。回归元 x_{it} 由

$$x_{it}=\mu_i+gt+\xi_{it} \tag{4.5.20}$$

生成，其中 ξ_{it} 是自回归移动平均过程

$$\xi_{it}-\phi\xi_{i,t-1}=\epsilon_{it}+\theta\epsilon_{i,t-1} \tag{4.5.21}$$

其中 $\epsilon_{it}\sim N(0,\sigma_\epsilon^2)$。固定效应 μ_i 和 α_i 有多种生成方法，譬如与 x_{it} 相关，或者与 x_{it} 无关但来自不同分布的混合分布。表 4.4 简要列出了多个 Monte Carlo 实验的模拟结果。

表 4.4　　　　Monte Carlo 实验

实验次数	γ	β	ϕ	θ	g	$R_{\Delta y}^2$	σ_ϵ
1	0.4	0.6	0.5	0.5	0.01	0.2	0.800
2	0.4	0.6	0.9	0.5	0.01	0.2	0.731
3	0.4	0.6	1	0.5	0.01	0.2	0.711
4	0.4	0.6	0.5	0.5	0.01	0.4	1.307
5	0.4	0.6	0.9	0.5	0.01	0.4	1.194
6	0.4	0.6	1	0.5	0.01	0.4	1.161
7	0.8	0.2	0.5	0.5	0.01	0.2	1.875
8	0.8	0.2	0.9	0.5	0.01	0.2	1.302
9	0.8	0.2	1	0.5	0.01	0.2	1.104
10	0.8	0.2	0.5	0.5	0.01	0.4	3.062
11	0.8	0.2	0.9	0.5	0.01	0.4	2.127
12	0.8	0.2	1	0.5	0.01	0.4	1.803

资料来源：Hsiao，Pesaran 和 Tahmiscioglu（2002，表 1）。

生成 y_{it} 和 x_{it} 时，假定它们都是从零开始，但丢弃最初的 50 个观测。当 $T=$

5 且 $N=50$ 时进行了 2 500 次重复实验，γ 和 β 的各种估计量的偏误和均方根误（RMSE）分别报告在表 4.5 和表 4.6 中。如果用偏误对真值的百分比表示偏误，则该结果表明 γ 的 MLE 的偏误大多低于 1%。对某些数据生成过程，γ 的 IV 存在显著偏误。γ 的 MDE 和 GMM 在所有实验中都有严重的向下偏误。γ 的 GMM 估计量的偏误在许多情形达到了 15%～20%，比 MDE 的偏误要大。RMSE 也数 MLE 的最小，次之是 MDE，然后是 GMM，而 IV 的 RMSE 最大。

表 4.5　　估计量的偏误（$T=5$，$N=50$）

实验次数	系数	偏误			
		IVE	MDE	MLE	GMM
1	$\gamma=0.4$	0.007 620 1	−0.050 757	−0.000 617	−0.069 804
	$\beta=0.6$	−0.001 426	0.012 081 2	0.002 360 5	0.016 164 5
2	$\gamma=0.4$	0.022 003 8	−0.052 165	−0.004 063	−0.072 216
	$\beta=0.6$	−0.007 492	0.023 261 2	0.002 794 6	0.032 121 2
3	$\gamma=0.4$	1.398 669 1	−0.054 404	−0.003 206	−0.075 655
	$\beta=0.6$	−0.386 998	0.025 739 3	0.000 299 7	0.036 594 2
4	$\gamma=0.4$	0.004 063 7	−0.026 051	−0.001 936	−0.036 16
	$\beta=0.6$	0.000 422 9	0.006 616 5	0.001 921 8	0.008 736 9
5	$\gamma=0.4$	0.125 325 7	−0.023 365	−0.000 211	−0.033 046
	$\beta=0.6$	−0.031 759	0.011 372 4	0.001 638 8	0.015 583 1
6	$\gamma=0.4$	−0.310 397	−0.028 377	−0.003 51	−0.040 491
	$\beta=0.6$	0.064 060 5	0.014 663 8	0.002 227 4	0.020 905 4
7	$\gamma=0.8$	−0.629 171	−0.108 539	0.009 826	−0.130 115
	$\beta=0.2$	−0.018 477	0.000 792 3	0.002 659 3	0.000 796 2
8	$\gamma=0.8$	−1.724 137	−0.101 727	0.002 766 8	−0.128 013
	$\beta=0.2$	0.061 243 1	0.010 986 5	−0.000 011	0.013 986
9	$\gamma=0.8$	−0.755 159	−0.102 658	0.006 24	−0.133 843
	$\beta=0.2$	−0.160 613	0.022 020 8	0.000 262 4	0.028 460 6
10	$\gamma=0.8$	0.155 044 5	−0.045 889	0.001 683	−0.055 37
	$\beta=0.2$	0.009 687 1	0.000 014 8	0.000 788 9	−0.000 041
11	$\gamma=0.8$	−0.141 257	−0.038 216	−0.000 313	−0.050 427
	$\beta=0.2$	0.020 733 8	0.004 882 8	0.000 762 1	0.006 322 9
12	$\gamma=0.8$	0.545 873 4	−0.039 023	0.000 570 2	−0.053 747
	$\beta=0.2$	−0.069 023	0.007 962 7	0.000 326 3	0.010 902

资料来源：Hsiao，Pesaran 和 Tahmiscioglu（2002，表 2）。

表 4.6　　均方根误（$T=5$ 且 $N=50$）

实验次数	系数	均方根误			
		IVE	MDE	MLE	GMM
1	$\gamma=0.4$	0.186 103 5	0.086 524	0.076 862 6	0.112 446 5
	$\beta=0.6$	0.103 275 5	0.078 400 7	0.077 817 9	0.080 011 9
2	$\gamma=0.4$	0.538 609 9	0.087 766 9	0.076 798 1	0.115 12
	$\beta=0.6$	0.151 423 1	0.085 534 6	0.083 869 9	0.091 124
3	$\gamma=0.4$	51.487 282	0.088 948 3	0.078 710 8	0.117 714 1
	$\beta=0.6$	15.089 928	0.086 743 1	0.084 871 5	0.094 689 1
4	$\gamma=0.4$	0.161 190 8	0.060 795 7	0.057 251 5	0.072 642 2
	$\beta=0.6$	0.063 350 5	0.049 031 4	0.048 928 3	0.049 732 3
5	$\gamma=0.4$	2.322 645 6	0.059 707 6	0.057 431 6	0.071 180 3
	$\beta=0.6$	0.609 737 8	0.052 913 1	0.052 343 3	0.055 670 6
6	$\gamma=0.4$	14.473 198	0.062 004 5	0.057 165 6	0.076 776 7
	$\beta=0.6$	2.917 062 7	0.056 202 3	0.055 068 7	0.060 758 8
7	$\gamma=0.8$	27.299 614	0.132 760 2	0.116 387	0.165 440 3
	$\beta=0.2$	1.242 437 2	0.033 100 8	0.034 068 8	0.033 244 9
8	$\gamma=0.8$	65.526 156	0.125 499 4	0.104 146 1	0.163 198 3
	$\beta=0.2$	3.297 459 7	0.043 206	0.043 569 8	0.045 014 3
9	$\gamma=0.8$	89.836 69	0.127 116 9	0.104 646	0.170 603 1
	$\beta=0.2$	5.225 201 4	0.053 536 3	0.052 347 3	0.058 253 8
10	$\gamma=0.8$	12.201 019	0.074 464	0.071 566 5	0.088 438 9
	$\beta=0.2$	0.672 993 4	0.020 319 5	0.020 523	0.020 362 1
11	$\gamma=0.8$	17.408 874	0.066 182 1	0.064 297 1	0.082 245 4
	$\beta=0.2$	1.254 124 7	0.026 898 1	0.026 975	0.027 567 42
12	$\gamma=0.8$	26.439 613	0.067 467 8	0.064 525 3	0.085 281 4
	$\beta=0.2$	2.827 890 1	0.032 335 5	0.032 340 2	0.033 871 6

资料来源：Hsiao，Pesaran 和 Tahmiscioglu（2002，表 5）。

4.5.4　随机效应模型设定与固定效应模型设定的比较

α_i 是随机变量时，转换似然函数（4.5.6）的 MLE 或者 MDE（4.5.12）仍是一致的且渐近分布是正态分布。但比较（4.3.25）的似然函数和（4.5.6）后容易发现，一阶差分后每个横截面单元少了一个时序观测，因此 α_i 确实是随机变量时转换似然函数（4.5.6）的MLE不如（4.3.25）的MLE有效。但 α_i 是固定常数时，(4.3.25）的MLE是不一致的估计量。

在 $\mathbf{x}_{it}$ 的数据生成过程比（4.3.25）的MLE或GLS估计量（4.3.29）更为一般的情形下，转换MLE或MDE是一致的。要使随机效应模型的Bhargava-Sargan（1983）型MLE是一致的，我们必须假定 $\mathbf{x}_{it}$ 是由具有共同均值的相同平稳过程［式（4.3.20)］生成。否则，$E(y_{i0}\mid \mathbf{x}_i)=\mathbf{c}_i+\boldsymbol{\pi}_i'\mathbf{x}_i$（这里 $\mathbf{c}_i$ 和 $\boldsymbol{\pi}_i$ 随着 i 变化)，我们将再次面临关联参数问题。另一方面，转换似然法允许 $\mathbf{x}_i$ 有不同的均值（或截距）［式（4.5.3)］。因此，如果我们不能明确作出关于效应项 α_i 的假设，或关于 $\mathbf{x}_{it}$ 数据生成过程相同的假设，则显然应使用转换似然函数（4.5.6）或MDE（4.5.12)，尽管在理想条件下这样做会损失一些效率。

使用转换似然法之后，我们就可以用Hausman（1978）检验对固定效应模型或随机效应模型进行检验，以及在"α_i 是随机变量"的假设下检验 $\mathbf{x}_{it}$ 生成过程的同质性和平稳性。在随机效应和 $\mathbf{x}_{it}$ 生成过程同质性的虚拟假设下，模型(4.3.25）的MLE渐近有效。似然函数（4.5.6）的转换MLE是一致的，但不是有效的。另一方面，如果 α_i 是固定常数或 $\mathbf{x}_{it}$ 由满足式（4.5.3）的不同过程生成，则似然函数（4.5.6）的转换MLE是一致的，但模型（4.3.25）的MLE是不一致的。因此，我们可用两个估计量的差构造Hausman型检验统计量(3.5.2)。

4.6 残差任意相关时动态模型的估计

前几节我们在 u_{it} 序列无关的假设下讨论了动态模型

$$y_{it}=\gamma y_{i,t-1}+\boldsymbol{\beta}'\mathbf{x}_{it}+\alpha_i^*+u_{it},\quad i=1,\cdots,N,t=1,\cdots,T \tag{4.6.1}$$

的估计问题，这里我们仍然用 $\mathbf{x}_{it}$ 表示 $K\times 1$ 的时变外生变量。当 T 固定而 N 趋于无穷时，我们放宽对 u_{it} 序列相关结构的约束后，仍可得到 γ 和 $\boldsymbol{\beta}$ 的有效估计量。

求式（4.6.1）的一阶差分，消除个体效应项 α_i^*，并堆积每个个体的所有方程，我们得到包含（$T-1$）个方程的方程组，

$$\begin{aligned}
y_{i2}-y_{i1}&=\gamma(y_{i1}-y_{i0})+\boldsymbol{\beta}'(\mathbf{x}_{i2}-\mathbf{x}_{i1})+(u_{i2}-u_{i1})\\
y_{i3}-y_{i2}&=\gamma(y_{i2}-y_{i1})+\boldsymbol{\beta}'(\mathbf{x}_{i3}-\mathbf{x}_{i2})+(u_{i3}-u_{i2})\\
&\vdots\\
y_{iT}-y_{i,T-1}&=\gamma(y_{i,T-1}-y_{i,T-2})+\boldsymbol{\beta}'(\mathbf{x}_{iT}-\mathbf{x}_{i,T-1})+(u_{iT}-u_{i,T-1}),\quad i=1,\cdots,N
\end{aligned} \tag{4.6.2}$$

用等式

$$y_{i0}=E^*(y_{i0}\mid\mathbf{x}_{i1},\cdots,\mathbf{x}_{iT})+[y_{i0}-E^*(y_{i0}\mid\mathbf{x}_{i1},\cdots,\mathbf{x}_{iT})]$$

$$= a_0 + \sum_{t=1}^{T} \boldsymbol{\pi}'_{0t} \mathbf{x}_{it} + \epsilon_{i0} \qquad (4.6.3)$$

和

$$y_{i1} = E^*(y_{i1} \mid \mathbf{x}_{i1}, \cdots, \mathbf{x}_{iT}) + [y_{i1} - E^*(y_{i1} \mid \mathbf{x}_{i1}, \cdots, \mathbf{x}_{iT})]$$
$$= a_1 + \sum_{t=1}^{T} \boldsymbol{\pi}'_{1t} \mathbf{x}_{it} + \epsilon_{i1}, \quad i = 1, \cdots, N \qquad (4.6.4)$$

将方程组（4.6.2）补充完整，其中 E^* 表示投影算子。因为（4.6.3）和（4.6.4）是恒等式，故我们可不用考虑它们，仅对方程组（4.6.2）应用三阶段最小二乘（3SLS）或广义 3SLS（见第 5 章）。至于（4.6.2）中的跨方程约束条件，我们可直接代入这些条件来消除它们，或先忽略跨方程线性约束条件得到每个方程非零的未知系数，然后添加这些约束条件并使用约束估计方法｛Theil［1971，第 281 页，方程（8.5）］｝。

因为方程组（4.6.2）不包含个体效应 α_i^*，估计方法也与对 u_{it} 序列相关结构的具体约束无关，所以无论将 α_i^* 当作固定常数还是随机变量，或者 α_i^* 还与 $\mathbf{x}_{it}$ 相关，该方法都适用。但要在没有对 u_{it} 序列相关结构添加约束条件时使用联立方程方法估计（4.6.2），则必须存在满足

$$E(u_{it} \mid \mathbf{x}_{i1}, \cdots, \mathbf{x}_{iT}) = 0 \qquad (4.6.5)$$

的严格外生变量 $\mathbf{x}_{it}$。否则，我们无法将系数 γ 和 u_{it} 的序列相关性分解开来［参见 Binder，Hsiao 和 Pesaran（2000）］。

4.7 固定效应向量自回归模型

4.7.1 模型分析

在经济学领域，**向量自回归**（vector autoregressive，VAR）模型已经是广泛应用的建模工具［参见 Hsiao（1979a，b，1982）；Sims（1980）］。为使面板数据的 VAR 模型更具灵活性，通常假定**面板向量自回归**（panel vector autoregressive，PVAR）模型中存在固定的个体特异效应 $\boldsymbol{\alpha}_i^*$［Holtz-Eakin，Newey 和 Rosen（1988）］：

$$\Phi(L)\mathbf{y}_{it} = \mathbf{y}_{it} - \Phi_1 \mathbf{y}_{i,t-1} - \cdots - \Phi_p \mathbf{y}_{i,t-p} = \boldsymbol{\alpha}_i^* + \boldsymbol{\epsilon}_{it}, \quad i=1,\cdots,N, t=1,\cdots,T \qquad (4.7.1)$$

其中 $\mathbf{y}_{it}$ 是可观测随机变量的 $m\times 1$ 向量，$\boldsymbol{\alpha}_i^*$ 是随 i 变化的 $m\times 1$ 的个体特异常数向量，$\boldsymbol{\epsilon}_{it}$ 是独立同分布的 $m\times 1$ 随机向量，其均值为零、协方差矩阵为 Ω，$\Phi(L) = I_m - \Phi_1 L - \cdots - \Phi_p L^p$ 是滞后算子 $L(L^s \mathbf{y}_t = \mathbf{y}_{t-s})$ 的 p 阶多项式。

众所周知，关于 VAR 的时序推断与基本过程的（趋势）平稳性、单整还是

协整密切相关，如果基本过程是协整的，则还与协整的阶有关[18]［参见 Sims，Stock 和 Watson（1990）；Phillips（1991）；Johansen（1995）；Pesaran，Shin 和 Smith（2000）］。为简化分析，我们暂不讨论模型（4.7.1），而是讨论模型

$$|\Phi(L)(\mathbf{y}_{it}-\boldsymbol{\eta}_i-\boldsymbol{\delta}t)=\boldsymbol{\epsilon}_{it} \tag{4.7.2}$$

其中行列式方程

$$|\Phi(\rho)|=0 \tag{4.7.3}$$

的根等于 1 或落在单位圆之外。在 $E\boldsymbol{\epsilon}_{it}=\mathbf{0}$ 的假设下，有

$$E(\mathbf{y}_{it}-\boldsymbol{\eta}_i-\boldsymbol{\delta}t)=\mathbf{0} \tag{4.7.4}$$

考虑到可能存在单位根，我们假定

$$E(\mathbf{y}_{it}-\boldsymbol{\eta}_i-\boldsymbol{\delta}t)(\mathbf{y}_{it}-\boldsymbol{\eta}_i-\boldsymbol{\delta}t)'=\Psi_t \tag{4.7.5}$$

许多著名的 PVAR 模型都是模型（4.7.2）～（4.7.5）的特殊形式。譬如：

情形 1：包含固定效应的平稳 PVAR。令 $\boldsymbol{\delta}=\mathbf{0}_{m\times 1}$。若方程（4.7.3）所有的根都落在单位圆外，则模型（4.7.2）就是 $\boldsymbol{\alpha}_i^*=-\Pi\boldsymbol{\eta}_i$ 时的模型（4.7.1），其中

$$\Pi=-\left(I_m-\sum_{j=1}^{p}\Phi_j\right) \tag{4.7.6}$$

情形 2：包含固定效应的趋势平稳 PVAR。如果方程（4.7.3）所有的根都落在单位圆外且 $\boldsymbol{\delta}\neq\mathbf{0}$，则有

$$\Phi(L)\mathbf{y}_{it}=\mathbf{a}_{i0}+\mathbf{a}_1 t+\boldsymbol{\epsilon}_{it} \tag{4.7.7}$$

其中

$$\begin{aligned}\mathbf{a}_{i0}&=-\Pi\boldsymbol{\eta}_i+(\Gamma+\Pi)\boldsymbol{\delta}\\ \Gamma&=-\Pi+\sum_{j=1}^{p}j\Phi_j\end{aligned} \tag{4.7.8}$$

以及 $\mathbf{a}_1=-\Pi\boldsymbol{\delta}$。

情形 3：包含单位根（但非协整）的 PVAR。

$$\Phi^*(L)\Delta\mathbf{y}_{it}=-\Pi^*\boldsymbol{\delta}+\boldsymbol{\epsilon}_{it} \tag{4.7.9}$$

其中

$$\begin{aligned}\Delta&=(1-L)\\ \Phi^*(L)&=I_m-\sum_{j=1}^{p-1}\Phi_j^* L^j\\ \Phi_j^*&=-\left(I_m-\sum\nolimits_{\ell=1}^{j}\Phi_\ell\right),\quad j=1,2,\cdots,p-1\\ \Pi^*&=-\left(I_m-\sum\nolimits_{j=1}^{p-1}\Phi_j{}^*\right)\end{aligned} \tag{4.7.10}$$

情形 4：包含固定效应的协整 PVAR。如果方程（4.7.3）的某些根等于 1 且 $\text{rank}(\Pi)=r$，$0<r<m$，则可将（4.7.2）重新写成面板向量误差修正模型

$$\Delta \mathbf{y}_{it} = \boldsymbol{\alpha}_i^* + (\Gamma + \Pi)\boldsymbol{\delta} + \mathbf{a}_1 t + \Pi \mathbf{y}_{i,t-1} + \sum_{j=1}^{p-1} \Gamma_j \Delta \mathbf{y}_{i,t-j} + \boldsymbol{\epsilon}_{it} \tag{4.7.11}$$

其中 $\Gamma_j = -\sum_{s=j+1}^{p} \Phi_s, j=1,\cdots,p-1$，秩为 r 的 Π 可分解为两个 $m \times r$ 的矩阵 J 和 $\boldsymbol{\beta}$ 的乘积，即 $\Pi = J\boldsymbol{\beta}'$，且 $J'_{\perp}\boldsymbol{\beta}_{\perp}$ 的秩为 $m-r$，这里 $J_{\perp}$ 和 $\boldsymbol{\beta}_{\perp}$ 是 $m \times (m-r)$ 的，且满足 $J'J_{\perp} = \mathbf{0}$ 和 $\boldsymbol{\beta}'\boldsymbol{\beta}_{\perp} = \mathbf{0}$ 的满列秩矩阵［Johansen (1995)］。

式（4.7.2）～（4.7.5）给模型的截距和趋势项添加了约束条件，这些条件使得 $\mathbf{y}_{it}$ 的时序性质在存在单位根和协整时仍保持不变，故我们根据式(4.7.2)～(4.7.5) 而不是式（4.7.1）建立固定效应 VAR 模型。譬如，当 $\boldsymbol{\delta} = \mathbf{0}$ 时，不管方程（4.7.3）的根全落在单位圆外还是存在单位根，$\mathbf{y}_{it}$ 都没有表现出趋势增长。但如果 $\boldsymbol{\alpha}_i^*$ 不受限制，则存在单位根时 $\mathbf{y}_{it}$ 将呈现不同的趋势增长。如果 $\boldsymbol{\delta} \neq \mathbf{0}$，则不管方程（4.7.3）的根全落在单位圆外还是存在单位根，式（4.7.2）可确保 $\mathbf{y}_{it}$ 呈线性增长趋势。但如果趋势项不受限制，则方程（4.7.3）的根全落在单位圆外时 $\mathbf{y}_{it}$ 呈线性增长趋势，而方程（4.7.3）存在单位根时 $\mathbf{y}_{it}$ 呈现二次增长趋势［参见 Pesaran，Shin 和 Smith (2000)］。

面板的时间维度较短时，就会像单方程固定效应动态面板数据模型一样，出现典型的关联系数问题和初始观测模型化的问题。为易于表述，我们以 $p=1$ 的模型

$$(I - \Phi L)(\mathbf{y}_{it} - \boldsymbol{\eta}_i - \boldsymbol{\delta} t) = \boldsymbol{\epsilon}_{it}, \quad i=1,\cdots,N, t=1,\cdots,T \tag{4.7.12}$$

为例讨论这类模型的估计和推断问题。我们还假定可获得 $\mathbf{y}_{i0}$ 的数据。

4.7.2 广义矩法（GMM）估计

与单方程模型一样，我们通过一阶差分消除模型（4.7.12）中的个体效应项 $\boldsymbol{\eta}_i$：

$$\Delta \mathbf{y}_{it} - \boldsymbol{\delta} = \Phi(\Delta \mathbf{y}_{i,t-1} - \boldsymbol{\delta}) + \Delta \boldsymbol{\epsilon}_{it}, \quad t=2,\cdots,T \tag{4.7.13}$$

然后得到正交条件：

$$E\{[(\Delta \mathbf{y}_{it} - \boldsymbol{\delta}) - \Phi(\Delta \mathbf{y}_{i,t-1} - \boldsymbol{\delta})]\mathbf{q}'_{it}\} = \mathbf{0}, \quad t=2,\cdots,T \tag{4.7.14}$$

其中

$$\mathbf{q}_{it} = (1, \mathbf{y}'_{i0}, \cdots, \mathbf{y}'_{i,t-2})' \tag{4.7.15}$$

将模型（4.7.13）中的（$T-1$）个方程堆积在一起得到

$$S_i = R_i \Lambda' + E_i, \quad i=1,\cdots,N \tag{4.7.16}$$

其中

$$S_i = (\Delta \mathbf{y}_{i2}, \Delta \mathbf{y}_{i3}, \cdots, \Delta \mathbf{y}_{iT})'$$
$$E_i = (\Delta \boldsymbol{\epsilon}_{i2}, \cdots, \Delta \boldsymbol{\epsilon}_{iT})'$$
$$R_i = (S_{i,-1}, \mathbf{e}_{T-1})$$

$$S_{i,-1}=(\Delta\mathbf{y}_{i1},\cdots,\Delta\mathbf{y}_{i,T-1})'$$
$$\Lambda=(\Phi,\mathbf{a}_1)$$
$$\mathbf{a}_1=(I_m-\Phi)\boldsymbol{\delta} \tag{4.7.17}$$

而 $\mathbf{e}_{T-1}$ 表示元素全为 1 的 $(T-1)\times 1$ 向量。模型（4.7.16）左乘 $(mT/2+1)(T-1)\times(T-1)$ 的分块对角工具变量矩阵

$$Q_i=\begin{bmatrix}\mathbf{q}_{i2} & \mathbf{0} & \cdots & \mathbf{0}\\ \mathbf{0} & \mathbf{q}_{is} & \cdots & \mathbf{0}\\ \vdots & \vdots & \ddots & \vdots\\ \mathbf{0} & \mathbf{0} & \cdots & \mathbf{q}_{iT}\end{bmatrix} \tag{4.7.18}$$

我们得到

$$Q_iS_i=Q_iR_i\Lambda'+Q_iE_i \tag{4.7.19}$$

将其转化为向量的形式得到[19]

$$(Q_i\otimes I_m)\mathrm{vec}(S_i')=(Q_iR_i\otimes I_m)\boldsymbol{\lambda}+(Q_i\otimes I_m)\mathrm{vec}(E_i') \tag{4.7.20}$$

其中 $\boldsymbol{\lambda}=\mathrm{vec}(\Lambda)$，$\mathrm{vec}(\cdot)$ 是将矩阵的后一列连接在前一列下面，将矩阵转换成一个列向量的算子。所以最小化

$$\begin{aligned}&\left\{\sum_{i=1}^{N}\left[(Q_i\otimes I_m)\,\mathrm{vec}(S'_i)-(Q_iR_i\otimes I_m)\boldsymbol{\lambda}\right]\right\}'\\ &\times\left[\sum_{i=1}^{N}(Q_i\otimes I_m)\Sigma(Q_i\otimes I_m)'\right]^{-1}\\ &\times\left\{\sum_{i=1}^{N}\left[(Q_i\otimes I_m)\,\mathrm{vec}(S'_i)-(Q_iR_i\otimes I_m)\boldsymbol{\lambda}\right]\right\}\end{aligned} \tag{4.7.21}$$

可得到 $\boldsymbol{\lambda}$ 的 GMM 估计量［Binder，Hsiao 和 Pesaran（2000）］，其中

$$\Sigma=\begin{bmatrix}2\Omega & -\Omega & \mathbf{0} & \cdots & \mathbf{0}\\ -\Omega & 2\Omega & -\Omega & \cdots & \mathbf{0}\\ \mathbf{0} & -\Omega & 2\Omega & \cdots & \mathbf{0}\\ \vdots & \vdots & \vdots & \ddots & \vdots\\ \mathbf{0} & \mathbf{0} & \mathbf{0} & \cdots & 2\Omega\end{bmatrix} \tag{4.7.22}$$

估计 Ω 矩条件是

$$\begin{aligned}&E\{[\Delta\mathbf{y}_{it}-\boldsymbol{\delta}-\Phi(\Delta\mathbf{y}_{i,t-1}-\boldsymbol{\delta})][\Delta\mathbf{y}_{it}-\boldsymbol{\delta}-\Phi(\Delta\mathbf{y}_{i,t-1}-\boldsymbol{\delta})]'\\ &\quad-2\Omega\}=\mathbf{0},\quad t=2,\cdots,T\end{aligned} \tag{4.7.23}$$

此外，在趋势平稳情形下，得到 $\mathbf{a}_1$ 的估计后，$\boldsymbol{\delta}$ 的估计为

$$\hat{\boldsymbol{\delta}}=(I_m-\hat{\Phi})^{-1}\hat{\mathbf{a}}_1 \tag{4.7.24}$$

如果方程（4.7.3）所有的根全落在单位圆外，则 $N\to\infty$ 时，GMM 估计量是一致的且渐近分布是正态分布，但如果存在单位根，则该结论不成立。理解这一点不难，只需知道 GMM 估计量（4.7.21）存在的必要条件是当 $N\to\infty$ 时

rank $(N^{-1}\sum_{i=1}^{N} Q_i R_i) = m+1$ 即可。在 $\Phi = I_m$ 的情形下，我们有 $\Delta\mathbf{y}_{it} = \boldsymbol{\delta} + \boldsymbol{\epsilon}_{it}$ 和 $\mathbf{y}_{it} = \mathbf{y}_{i0} + \boldsymbol{\delta}t + \sum_{\ell=1}^{t} \boldsymbol{\epsilon}_{i\ell}$。因此，对 $t=2, \cdots, T$，$j=0, 1, \cdots, t-2$，当 $N \to \infty$ 时，有

$$\frac{1}{N}\sum_{i=1}^{N} \Delta\mathbf{y}_{i,t-1}\mathbf{y}'_{ij} \to \boldsymbol{\delta}(\mathbf{y}_{i0} + \boldsymbol{\delta}j)' \tag{4.7.25}$$

它的秩是 1。换句话说，当 $\Phi = I_m$ 时，$\mathbf{q}_{it}$ 的元素不是有效工具变量。

4.7.3 （转换）最大似然估计量

我们知道，控制 $\Delta\mathbf{y}_{i,t-1}$ 后，模型（4.7.13）在 $t=2, \cdots, T$ 时定义良好。至于 $\Delta\mathbf{y}_{i1}$，由式（4.7.12），我们有

$$\Delta\mathbf{y}_{i1} - \boldsymbol{\delta} = -(I-\Phi)(\mathbf{y}_{i0} - \boldsymbol{\eta}_i) + \boldsymbol{\epsilon}_{i1} \tag{4.7.26}$$

据式（4.7.4）和（4.7.5），可知 $E(\Delta\mathbf{y}_{i1} - \boldsymbol{\delta}) = -(I-\Phi)E(\mathbf{y}_{i0} - \boldsymbol{\eta}_i) + E\boldsymbol{\epsilon}_{i1} = \mathbf{0}$ 以及 $E(\Delta\mathbf{y}_{i1} - \boldsymbol{\delta})(\Delta\mathbf{y}_{i1} - \boldsymbol{\delta})' = (I-\Phi)\Psi_0(I-\Phi)' + \Omega = \Psi_1$。因此，$\Delta\mathbf{y}'_i = (\Delta\mathbf{y}'_{i1}, \cdots, \Delta\mathbf{y}'_{iT})$ 的联合似然函数有定义且不包含关联参数。在 $\boldsymbol{\epsilon}_{it}$ 是正态分布的假设下，似然函数为

$$\sum_{i=1}^{N} (2\pi)^{-\frac{NT}{2}} \mid \Sigma^* \mid^{-\frac{1}{2}} \exp\left[-\frac{1}{2}(\mathbf{r}_i - H_i\boldsymbol{\phi})'\Sigma^{*-1}(\mathbf{r}_i - H_i\boldsymbol{\phi})\right] \tag{4.7.27}$$

其中

$$\begin{aligned}
&\mathbf{r}_i = (\Delta\mathbf{y}_i - \mathbf{e}\boldsymbol{\delta})' \\
&H_i = G'_i \otimes I_m \\
&G_i = (\mathbf{0}, \Delta\mathbf{y}_{i1} - \boldsymbol{\delta}, \cdots, \Delta\mathbf{y}_{i,T-1} - \boldsymbol{\delta}) \\
&\boldsymbol{\phi} = \mathrm{vec}(\Phi)
\end{aligned}$$

且

$$\Sigma^* = \begin{bmatrix} \Psi_1 & -\Omega & \mathbf{0} & \cdots & \cdots & \mathbf{0} & \mathbf{0} \\ -\Omega & 2\Omega & -\Omega & & \cdots & \mathbf{0} & \mathbf{0} \\ \mathbf{0} & -\Omega & 2\Omega & & \cdots & \mathbf{0} & \mathbf{0} \\ \vdots & \vdots & & \ddots & \ddots & \ddots & \vdots \\ \mathbf{0} & \mathbf{0} & & \cdots & -\Omega & 2\Omega & -\Omega \\ \mathbf{0} & \mathbf{0} & & \cdots & \mathbf{0} & -\Omega & 2\Omega \end{bmatrix} \tag{4.7.28}$$

关于 $\boldsymbol{\theta}' = (\boldsymbol{\delta}', \boldsymbol{\phi}', \boldsymbol{\sigma}')'$（这里的 $\boldsymbol{\sigma}$ 表示 Σ^* 中的未知元素）最大化似然函数（4.7.27）的对数函数 $\ell(\boldsymbol{\theta})$，得到（转换）MLE，该估计量是一致的且渐近分布是正态分布，渐近协方差矩阵是 $N \to \infty$ 时 $-E(\partial^2\ell(\boldsymbol{\theta})/\partial\boldsymbol{\theta}\partial\boldsymbol{\theta}')^{-1}$ 的值，与 $\mathbf{y}_{it}$ 是否包含单位根或是否协整无关。

4.7.4 最小距离估计量

我们知道控制 Σ^* 后，Φ 和 $\boldsymbol{\delta}$ 的 MLE 等价于最小化

$$\sum_{i=1}^{N}(\mathbf{r}_i - H_i\boldsymbol{\phi})'\Sigma^{*-1}(\mathbf{r}_i - H_i\boldsymbol{\phi}) \tag{4.7.29}$$

的 MDE。此外，控制 $\boldsymbol{\delta}$ 和 Σ^* 后，$\boldsymbol{\phi}$ 的 MDE 是

$$\hat{\boldsymbol{\phi}} = \Big(\sum_{i=1}^{N} H_i'\Sigma^{*-1}H_i\Big)^{-1}\Big(\sum_{i=1}^{N} H_i'\Sigma^{*-1}\mathbf{r}_i\Big) \tag{4.7.30}$$

控制 $\boldsymbol{\phi}$ 和 Σ^* 后，$\boldsymbol{\delta}$ 的 MDE 为

$$\hat{\boldsymbol{\delta}} = (NP\Sigma^{*-1}P')^{-1}\Big[\sum_{i=1}^{N} P\Sigma^{*-1}(\Delta\mathbf{y}_i - L_i\boldsymbol{\phi})\Big] \tag{4.7.31}$$

其中

$$P=(I_m, I_m-\Phi', I_m-\Phi', \cdots, I_m-\Phi') \tag{4.7.32}$$

而

$$L_i = K_i'\otimes I_m$$
$$K_i = (\mathbf{0}, \Delta\mathbf{y}_{i1}, \cdots, \Delta\mathbf{y}_{i,T-1})$$

控制 $\boldsymbol{\delta}$ 后，有

$$\hat{\Psi}_1 = \frac{1}{N}\sum_{i=1}^{N}(\Delta\mathbf{y}_{i1} - \boldsymbol{\delta})(\Delta\mathbf{y}_{i1} - \boldsymbol{\delta})' \tag{4.7.33}$$

而控制 $\boldsymbol{\delta}$ 和 Φ 后，可得到

$$\hat{\Omega} = \frac{1}{N(T-1)}\sum_{i=1}^{N}\sum_{t=2}^{T}[\Delta\mathbf{y}_{it} - \boldsymbol{\delta} - \Phi(\Delta\mathbf{y}_{i,t-1} - \boldsymbol{\delta})] \times [\Delta\mathbf{y}_{it} - \boldsymbol{\delta} - \Phi(\Delta\mathbf{y}_{i,t-1} - \boldsymbol{\delta})]' \tag{4.7.34}$$

我们可从

$$\hat{\boldsymbol{\delta}}^{(0)} = \frac{1}{NT}\sum_{i=1}^{N}\sum_{t=1}^{T}\Delta\mathbf{y}_{it} \tag{4.7.35}$$

和

$$\hat{\Phi}^{(0)} = \Big[\sum_{i=1}^{N}\sum_{t=3}^{T}(\Delta\mathbf{y}_{it} - \boldsymbol{\delta})(\Delta\mathbf{y}_{i,t-2} - \boldsymbol{\delta})'\Big] \times \Big[\sum_{i=1}^{N}\sum_{t=3}^{T}(\Delta\mathbf{y}_{i,t-1} - \boldsymbol{\delta})(\Delta\mathbf{y}_{i,t-2} - \boldsymbol{\delta})'\Big]^{-1} \tag{4.7.36}$$

开始，在式（4.7.30）～（4.7.34）之间进行迭代导出可行 MDE。

控制 Σ^* 后，$\boldsymbol{\phi}$ 和 $\boldsymbol{\delta}$ 的 MDE 等于 MLE。当 $\boldsymbol{\delta}=\mathbf{0}$（无趋势项）时，如果 Σ^* 已知，则 $\boldsymbol{\phi}$ 的 MLE 或 MDE 的渐近协方差矩阵等于

$$\left[\sum_{i=1}^{N}(K_i \otimes I_m)\Sigma^{*-1}(K'_i \otimes I_m)\right]^{-1} \tag{4.7.37}$$

当Σ^*未知时，$\boldsymbol{\phi}$的 MLE 或 MDE 的渐近方差—协方差矩阵并不收敛于式(4.7.37)，因为滞后因变量作为回归元时，Φ和Σ^*的估计不再渐近独立。可行 MDE 的渐近方差—协方差矩阵等于式（4.7.37）与一个正半定矩阵（该矩阵因Σ^*的估计误差所导致）的和［Hsiao，Pesaran 和 Tahmiscioglu（2002)］。

无论$\mathbf{y}_{it}$是否包含单位根，MLE 和 MDE 总是存在的。MLE 和 MDE 的渐近分布是正态分布，与$N\rightarrow\infty$时$\mathbf{y}_{it}$是否（趋势）平稳、单整或协整无关。因此，在单位根检验或协整的秩检验中，常用的似然比检验统计量或 Wald 检验统计量可用χ^2统计量逼近。此外，Binder，Hsiao 和 Pesaran（2000）的有限 Monte Carlo 研究表明，在有限样本情形下，MLE 和 MDE 功效都很好，并优于常见的 GMM，特别是方程（4.7.3）的根接近 1 时。

附录 4A　可行 MDE 的渐近协方差矩阵的推导

$\hat{\boldsymbol{\psi}}_{\mathrm{MDE}}$的估计误差等于

$$\sqrt{N}(\hat{\boldsymbol{\psi}}_{\mathrm{MDE}}-\boldsymbol{\psi})=\left(\frac{1}{N}\sum_{i=1}^{N}H'_i\hat{\tilde{\Omega}}^{*-1}H_i\right)^{-1}\left(\frac{1}{\sqrt{N}}\sum_{i=1}^{N}H'_i\hat{\tilde{\Omega}}^{*-1}\Delta\mathbf{u}_i^*\right) \tag{4A.1}$$

当$N\rightarrow\infty$时，

$$\frac{1}{N}\sum_{i=1}^{N}H'_i\hat{\tilde{\Omega}}^{*-1}H_i\rightarrow\frac{1}{N}\sum_{i=1}^{N}H'_i\tilde{\Omega}^{*-1}H_i \tag{4A.2}$$

但

$$\begin{aligned}\frac{1}{\sqrt{N}}\sum_{i=1}^{N}H'_i\hat{\tilde{\Omega}}^{*-1}\Delta\mathbf{u}_i^* \simeq{}& \frac{1}{\sqrt{N}}\sum_{i=1}^{N}H'_i\tilde{\Omega}^{*-1}\Delta\mathbf{u}_i^*\\ &+\left[\frac{1}{N}\sum_{i=1}^{N}H'_i\left(\frac{\partial}{\partial h}\tilde{\Omega}^{*-1}\right)\Delta\mathbf{u}_i^*\right]\cdot\sqrt{N}(\hat{h}-h)\end{aligned} \tag{4A.3}$$

上式等号右边通过取$\hat{\tilde{\Omega}}^{*-1}$在$\tilde{\Omega}^{*-1}$处的 Taylor 展开式得来。据（4.5.7）

$$\frac{\partial}{\partial h}\tilde{\Omega}^{*-1}=\frac{-T}{[1+T(h-1)]^2}\tilde{\Omega}^{*-1}+\frac{1}{1+T(h-1)}\times\begin{bmatrix}0 & 0 & \cdots & 0 & 0\\ 0 & T-1 & \cdots & 2 & 1\\ \vdots & \vdots & & \vdots & \vdots\\ 0 & 2 & \cdots & 2T & T-2\\ 0 & 1 & \cdots & T-2 & T-1\end{bmatrix} \tag{4A.4}$$

我们有

$$\frac{1}{N}\sum_{i=1}^{N}H'_i\widetilde{\Omega}^{*-1}\Delta\mathbf{u}_i^*\to\mathbf{0}$$

$$\frac{1}{N}\sum_{i=1}^{N}\begin{bmatrix}1 & \Delta\mathbf{x}'_i & \mathbf{0}'\\ \mathbf{0} & \mathbf{0} & \Delta X_i\end{bmatrix}'\frac{\partial}{\partial h}\widetilde{\Omega}^{*-1}\Delta\mathbf{u}_i^*\to\mathbf{0}$$

$$\frac{1}{N}\sum_{i=1}^{N}\Delta\mathbf{y}'_{i,-1}\begin{bmatrix}T-1 & \cdots & 1\\ \vdots & & \vdots\\ 2 & \cdots & T-2\\ 1 & \cdots & T-1\end{bmatrix}\Delta\mathbf{u}_i^*\to[\gamma^{T-2}+2\gamma^{T-3}+\cdots+(T-1)]\sigma_u^2$$

因为 plim$\hat{\sigma}_u^2=\sigma_u^2$，且

$$\sqrt{N}(\hat{h}-h)=\sqrt{N}\left[\frac{\hat{\sigma}_{v^*}^2}{\hat{\sigma}_u^2}-\frac{\sigma_{v^*}^2}{\sigma_u^2}\right]=\sqrt{N}\frac{\sigma_u^2(\hat{\sigma}_{v^*}^2-\sigma_{v^*}^2)-\sigma_{v^*}^2(\hat{\sigma}_u^2-\sigma_u^2)}{\hat{\sigma}_u^2\sigma_u^2}$$

所以可行 MDE 的极限分布收敛于

$$\begin{aligned}&\sqrt{N}(\hat{\boldsymbol{\psi}}_{\mathrm{MDE}}-\boldsymbol{\psi})\\&\to\left(\frac{1}{N}\sum_{i=1}^{N}H'_i\Omega^{*-1}H_i\right)^{-1}\\&\quad\times\left\{\frac{1}{\sqrt{N}}\sum_{i=1}^{N}H'_i\Omega^{*-1}\Delta\mathbf{u}_i^*-\begin{bmatrix}0\\ \mathbf{0}\\ 1\\ \mathbf{0}\end{bmatrix}\frac{[\gamma^{T-2}+2\gamma^{T-3}+\cdots+(T-1)]}{[1+T(h-1)]\sigma_u^2}\right.\\&\quad\left.\times[\sigma_u^2\cdot\sqrt{N}(\hat{\sigma}_{v^*}^2-\sigma_{v^*}^2)-\sigma_{v^*}^2\sqrt{N}(\hat{\sigma}_u^2-\sigma_u^2)]\right\}\end{aligned}\qquad(4A.5)$$

其渐近协方差矩阵等于式（4.5.15）。

第 5 章　联立方程模型

5.1　引言

第 3 章和第 4 章估计面板数据的单方程模型时，我们讨论了对因变量有影响的因素其影响的分解方法，作为一种研究面板数据异质性的方法，对大量影响因变量却没有作为解释变量明确出现在模型中的因素，我们将其影响分解为个体单元的特异效应、时期的特异效应以及对个体单元和时期都特异的效应。但前几章讨论的各种估计量的一致性或渐近效率与对单方程模型假设的合理性有关。如果这些假设不成立，则相应的估计方法可能顾此失彼，在解决某个问题的同时却使其他问题更严重。

譬如，考虑收入—教育模型

$$y=\beta_0+\beta_1 S+\beta_2 A+u \tag{5.1.1}$$

其中 y 是收入、薪水或者薪酬率的度量，S 表示受教育程度，A 表示不可度量的能力，一般与 S 正相关。假定系数 β_1 和 β_2 是正值。在“S 和 A 与 u 无关”的假

设下，如果模型忽略了 A，则 β_1 的最小二乘估计存在正的偏误。标准遗漏变量公式计算的偏误大小为

$$E(\hat{\beta}_{1,\mathrm{LS}})=\beta_1+\beta_2\frac{\sigma_{AS}}{\sigma_S^2} \tag{5.1.2}$$

其中 σ_S^2 表示 S 的方差，σ_{AS} 表示 A 与 S 的协方差。

如果遗漏变量 A 纯粹是"家庭因素"变量[1]，譬如说，一个家庭中的同辈成员有相同的 A，则用家庭成员数据（比如兄弟间收入的差异和教育的差异）估计 β_1 可消除该偏误。但如果能力除包含家庭因素外，还包含个体因素，且该个体因素与教育变量不独立，则家庭内估计不一定减少了偏误。

假设

$$A_{it}=\alpha_i+\omega_{it} \tag{5.1.3}$$

其中 i 表示家庭，t 表示家庭成员。如果 ω_{it} 与 S_{it} 无关，则式（5.1.1）和（5.1.3）联合起来与模型（3.3.3）基本相同。组内估计量（或 LSDV）的期望值是无偏的。另一方面，如果 A 和 S 之间的家庭内协方差 $\sigma_{S\omega}$ 不等于零，则组内估计量的期望值为

$$E(\hat{\beta}_{1,\omega})=\beta_1+\beta_2\frac{\sigma_{S\omega}}{\sigma_{S|\omega}^2} \tag{5.1.4}$$

其中 $\sigma_{S|\omega}^2$ 表示 S 的家庭内方差，该估计量仍存在偏误。此外，如果 A 与 S 的相关性主要因个体而不是因家庭所导致，则继续使用家庭内数据会在 σ_{AS}（或 $\sigma_{S\omega}$）变化不大时大幅降低 $\sigma_{S|\omega}^2$ 的值，这将使偏误变得更严重。

此外，如果 S 还是一个关于 A 和其他社会经济变量的函数，则（5.1.1）只是联立方程模型中的一个行为方程。那么最小二乘估计量 $\hat{\beta}_{1,\mathrm{LS}}$ 的概率极限不再是（5.1.2），而是

$$\mathrm{plim}\,\hat{\beta}_{1,\mathrm{LS}}=\beta_1+\beta_2\frac{\sigma_{AS}}{\sigma_S^2}+\frac{\sigma_{uS}}{\sigma_S^2} \tag{5.1.5}$$

其中 σ_{uS} 表示 u 和 S 的协方差。如果按照 Griliches（1977）的观点，教育至少在一定程度上是个体与其家庭行为的优化结果，则 σ_{uS} 应该是负的。这使得教育系数的最小二乘估计可能存在负（而不是正）的偏误。此外，如果主要是因个体而不是家庭使得 σ_{uS} 的值为负，且 A 和 S 之间的家庭内协方差导致 σ_{AS} 大致按照 $\sigma_{S|\omega}^2$ 对 σ_S^2 的比例下降，则 $\hat{\beta}_{1,\omega}$ 相对于 $\hat{\beta}_{1,\mathrm{LS}}$ 有显著的下降。下降的程度由能力和"家庭背景"的重要性决定，但事实上这不过是反映了与教育变量本身有关的联立性问题。简言之，联立性问题可能推翻单方程模型的结论。

本章的重点是用各横截面单元的时序数据估计联立方程模型。假定我们的模型为[2]

$$\boldsymbol{\Gamma}\mathbf{y}_{it}+\mathbf{B}\mathbf{x}_{it}+\boldsymbol{\mu}=\mathbf{v}_{it},\quad i=1,\cdots,N,t=1,\cdots,T \tag{5.1.6}$$

其中 $\boldsymbol{\Gamma}$ 和 $\mathbf{B}$ 是 $G\times G$ 和 $G\times K$ 的系数矩阵；$\mathbf{y}_{it}$ 是 $G\times 1$ 的可观测内生变量向量，$\mathbf{x}_{it}$ 是 $K\times 1$ 的可观测外生变量向量；$\boldsymbol{\mu}$ 是 $G\times 1$ 的截距向量，$\mathbf{v}_{it}$ 是 $G\times 1$ 非观测扰

动项向量，且

$$\mathbf{v}_{it}=\boldsymbol{\alpha}_i+\boldsymbol{\lambda}_t+\mathbf{u}_{it} \tag{5.1.7}$$

其中 $\boldsymbol{\alpha}_i$，$\boldsymbol{\lambda}_t$ 和 $\mathbf{u}_{it}$ 是均值为零且相互独立的 $G\times 1$ 随机向量，并满足

$$E\mathbf{x}_{it}\mathbf{v}_{js}'=\mathbf{0}$$

$$E\boldsymbol{\alpha}_i\boldsymbol{\alpha}_j'=\begin{cases}\Omega_\alpha=(\sigma_{\alpha g\ell}^2) & \text{如果 } i=j\\ \mathbf{0} & \text{如果 } i\neq j\end{cases}$$

$$E\boldsymbol{\lambda}_t\boldsymbol{\lambda}_s'=\begin{cases}\Omega_\lambda=(\sigma_{\lambda g\ell}^2) & \text{如果 } t=s\\ \mathbf{0} & \text{如果 } t\neq s\end{cases}$$

$$E\mathbf{u}_{it}\mathbf{u}_{js}'=\begin{cases}\Omega_u=(\sigma_{ug\ell}^2) & \text{如果 } i=j \text{ 且 } t=s\\ \mathbf{0} & \text{其他}\end{cases} \tag{5.1.8}$$

模型（5.1.6）左乘 Γ^{-1}，我们得到**约简型**（reduced form）

$$\mathbf{y}_{it}=\boldsymbol{\mu}^*+\Pi\mathbf{x}_{it}+\boldsymbol{\epsilon}_{it} \tag{5.1.9}$$

其中 $\boldsymbol{\mu}^*=-\Gamma^{-1}\boldsymbol{\mu}$，$\Pi=-\Gamma^{-1}\mathbf{B}$，$\boldsymbol{\epsilon}_{it}=\Gamma^{-1}\mathbf{v}_{it}$。**约简型误差**（reduced-form error）项 $\boldsymbol{\epsilon}_{it}$ 也有误差成分结构[3]

$$\boldsymbol{\epsilon}_{it}=\boldsymbol{\alpha}_i^*+\boldsymbol{\lambda}_t^*+\mathbf{u}_{it}^* \tag{5.1.10}$$

且满足

$$E\boldsymbol{\alpha}_i^*=E\boldsymbol{\lambda}_t^*=E\mathbf{u}_{it}^*=\mathbf{0}$$

$$E\boldsymbol{\alpha}_i^*\boldsymbol{\lambda}_t^{*\prime}=E\boldsymbol{\alpha}_i^*\mathbf{u}_{it}^{*\prime}=E\boldsymbol{\lambda}_t^*\mathbf{u}_{it}^{*\prime}=\mathbf{0}$$

$$E\boldsymbol{\alpha}_i^*\boldsymbol{\alpha}_j^{*\prime}=\begin{cases}\Omega_\alpha^*=(\sigma_{\alpha g\ell}^{*2}) & \text{如果 } i=j\\ \mathbf{0} & \text{如果 } i\neq j\end{cases}$$

$$E\boldsymbol{\lambda}_t^*\boldsymbol{\lambda}_s^{*\prime}=\begin{cases}\Omega_\lambda^*=(\sigma_{\lambda g\ell}^{*2}) & \text{如果 } t=s\\ \mathbf{0} & \text{如果 } t\neq s\end{cases}$$

$$E\mathbf{u}_{it}^*\mathbf{u}_{js}^{*\prime}=\begin{cases}\Omega_u^*=(\sigma_{ug\ell}^{*2}) & \text{如果 } i=j \text{ 且 } t=s\\ \mathbf{0} & \text{其他}\end{cases} \tag{5.1.11}$$

如果 $G\times G$ 协方差矩阵 Ω_α，Ω_λ 和 Ω_u 不受约束，则方差—协方差矩阵也不受约束。通常的阶条件和秩条件就是识别方程组中某一特殊方程的必要条件和充分条件［参见 Hsiao（1983）］。如果存在对 Ω_α，Ω_λ 和 Ω_u 的约束，则我们可综合这些协方差约束条件和对系数矩阵的约束条件识别模型并得到参数的有效估计。我们首先在没有对方差—协方差矩阵的约束条件，但识别方程的秩条件成立的假设下讨论联立方程模型的估计问题。5.2 节讨论约简型或**堆积方程**（stacked equations），5.3 节讨论结构型的估计问题。然后在 5.4 节讨论存在对方差—协方差的约束时模型的识别与估计问题。因纵列微观数据广泛应用三角形结构［参见 Chamberlain（1976，1977a，1977b）；Chamberlain 和 Griliches（1975）］，故我们将以这种特殊结构为例描述如何利用协方差约束条件识别在其他情形下不能识别的方程并提高估计效率。

5.2 联合广义最小二乘估计技术

我们将约简型（5.1.9）中的方程表示为更一般的形式，

$$\mathbf{y}_g=\mathbf{e}_{NT}\boldsymbol{\mu}_g^*+X_g\boldsymbol{\pi}_g+\boldsymbol{\epsilon}_g,\quad g=1,\cdots,G \tag{5.2.1}$$

其中 $\mathbf{y}_g$ 和 $\mathbf{e}_{NT}$ 是 $NT\times1$ 的向量，X_g 是 $NT\times K_g$ 的矩阵，$\boldsymbol{\mu}_g^*$ 是第 g 个方程 1×1 的截距项，$\boldsymbol{\pi}_g$ 是 $K_g\times1$ 的向量，$\boldsymbol{\epsilon}_g=(I_N\otimes\mathbf{e}_T)\boldsymbol{\alpha}_g^*+(\mathbf{e}_N\otimes I_T)\boldsymbol{\lambda}_g^*+\mathbf{u}_g^*$，这里 $\boldsymbol{\alpha}_g^*=(\boldsymbol{\alpha}_{1g}^*,\ \boldsymbol{\alpha}_{2g}^*,\ \cdots,\ \boldsymbol{\alpha}_{Ng}^*)'$，$\boldsymbol{\lambda}_g^*=(\lambda_{1g}^*,\ \lambda_{2g}^*,\ \cdots,\ \lambda_{Tg}^*)'$，以及 $\mathbf{u}_g^*=(u_{11g}^*,\ u_{12g}^*,\ \cdots,\ u_{1Tg}^*,\ u_{21g}^*,\ \cdots,\ u_{NTg}^*)'$分别是 $N\times1$，$T\times1$ 和 $NT\times1$ 的随机向量。在每个这种形式的方程中，解释变量可以不一样。[4] 将这 G 个方程组的集合堆积起来，我们得到

$$\underset{GNT\times1}{\mathbf{y}}=(I_G\otimes\mathbf{e}_{NT})\boldsymbol{\mu}^*+X\boldsymbol{\pi}+\boldsymbol{\epsilon} \tag{5.2.2}$$

其中

$$\underset{GNT\times1}{\mathbf{y}}=\begin{bmatrix}\mathbf{y}_1\\ \vdots\\ \mathbf{y}_G\end{bmatrix}$$

$$\underset{GNT\times(\sum_{g=1}^G K_g)}{X}=\begin{bmatrix}X_1 & \mathbf{0} & \cdots & \mathbf{0}\\ \mathbf{0} & X_2 & & \vdots\\ \vdots & & \ddots & \mathbf{0}\\ \mathbf{0} & \cdots & \mathbf{0} & X_G\end{bmatrix}$$

$$\underset{G\times1}{\boldsymbol{\mu}^*}=\begin{bmatrix}\boldsymbol{\mu}_1^*\\ \boldsymbol{\mu}_2^*\\ \vdots\\ \boldsymbol{\mu}_G^*\end{bmatrix}$$

$$\underset{(\sum_{g=1}^G K_g)\times1}{\boldsymbol{\pi}}=\begin{bmatrix}\boldsymbol{\pi}_1\\ \vdots\\ \boldsymbol{\pi}_G\end{bmatrix}$$

$$\boldsymbol{\epsilon}=\begin{bmatrix}\boldsymbol{\epsilon}_1\\ \vdots\\ \boldsymbol{\epsilon}_G\end{bmatrix}$$

以及

$$V=E(\boldsymbol{\epsilon}\boldsymbol{\epsilon}')=[V_{g\ell}] \tag{5.2.3}$$

这里 $V_{g\ell}$ 表示 V 的第 $g\ell$ 分块子矩阵，该子矩阵的表达式为

$$\underset{NT\times NT}{V_{gl}}=E(\boldsymbol{\epsilon}_g\boldsymbol{\epsilon}_\ell')=\sigma_{\alpha_{gl}}^{*2}A+\sigma_{\lambda_{gl}}^{*2}D+\sigma_{u_{gl}}^{*2}I_{NT} \tag{5.2.4}$$

其中 $A=I_N\otimes\mathbf{e}_T\mathbf{e}_T'$，$D=\mathbf{e}_N\mathbf{e}_N'\otimes I_T$。方程（5.2.4）还可记为

$$V_{g\ell}=\sigma_{1_{g\ell}}^{*2}\left(\frac{1}{T}A-\frac{1}{NT}J\right)+\sigma_{2_{g\ell}}^{*2}\left(\frac{1}{N}D-\frac{1}{NT}J\right)+\sigma_{u_{g\ell}}^{*2}\tilde{Q}+\sigma_{4_{g\ell}}^{*2}\left(\frac{1}{NT}J\right) \quad (5.2.5)$$

其中 $J=\mathbf{e}_{NT}\mathbf{e}_{NT}'$，$\tilde{Q}=I_{NT}-(1/T)A-(1/N)D+(1/NT)J$，$\sigma_{1_{g\ell}}^{*2}=\sigma_{u_{g\ell}}^{*2}+T\sigma_{\alpha_{g\ell}}^{*2}$，$\sigma_{2_{g\ell}}^{*2}=\sigma_{u_{g\ell}}^{*2}+N\sigma_{\lambda_{g\ell}}^{*2}$，以及 $\sigma_{4_{g\ell}}^{*2}=\sigma_{u_{g\ell}}^{*2}+T\sigma_{\alpha_{g\ell}}^{*2}+N\sigma_{\lambda_{g\ell}}^{*2}$。附录 3B 将证明 $\sigma_{1_{g\ell}}^{*2}$，$\sigma_{2_{g\ell}}^{*2}$，$\sigma_{u_{g\ell}}^{*2}$ 和 $\sigma_{4_{g\ell}}^{*2}$ 是 $V_{g\ell}$ 的重数分别为 $N-1$，$T-1$，$(N-1)$ $(T-1)$ 以及 1 的特征根，C_1，C_2，C_3 以及 C_4 是它们相应特征向量的矩阵。

我们还可将 V 重新表示为

$$V=V_1\otimes\left(\frac{1}{T}A-\frac{1}{NT}J\right)+V_2\otimes\left(\frac{1}{N}D-\frac{1}{NT}J\right)+\Omega_u^*\otimes\tilde{Q}+V_4\otimes\left(\frac{1}{NT}J\right) \quad (5.2.6)$$

其中 $V_1=(\sigma_{1_{g\ell}}^{*2})$，$V_2=(\sigma_{2_{g\ell}}^{*2})$ 和 $V_4=(\sigma_{4_{g\ell}}^{*2})$ 都是 $G\times G$ 的矩阵。因为 $[(1/T)A-(1/NT)J]$，$[(1/N)D-(1/NT)J]$，$\tilde{Q}$ 和 $[(1/NT)J]$ 是对称幂等矩阵，相互正交，且它们的和是单位矩阵 I_{NT}，故我们可明确地求出 V 的逆矩阵［Avery (1977)；Baltagi (1980)］[5]

$$V^{-1}=V_1^{-1}\otimes\left(\frac{1}{T}A-\frac{1}{NT}J\right)+V_2^{-1}\otimes\left(\frac{1}{N}D-\frac{1}{NT}J\right)$$
$$+\Omega_u^{*-1}\otimes\tilde{Q}+V_4^{-1}\otimes\left(\frac{1}{NT}J\right) \quad (5.2.7)$$

最小化距离函数

$$[\mathbf{y}-(I_G\otimes\mathbf{e}_{NT})\boldsymbol{\mu}^*-X\boldsymbol{\pi}]'V^{-1}[\mathbf{y}-(I_G\otimes\mathbf{e}_{NT})\boldsymbol{\mu}^*-X\boldsymbol{\pi}] \quad (5.2.8)$$

得到 $\boldsymbol{\mu}^*$ 和 $\boldsymbol{\pi}$ 的 GLS 估计量。求目标函数（5.2.8）关于 $\boldsymbol{\mu}^*$ 和 $\boldsymbol{\pi}$ 的偏导数，可得到一阶条件

$$(I_G\otimes\mathbf{e}_{NT})'V^{-1}[\mathbf{y}-(I_G\otimes\mathbf{e}_{NT})\boldsymbol{\mu}^*-X\boldsymbol{\pi}]=\mathbf{0} \quad (5.2.9)$$
$$-X'V^{-1}[\mathbf{y}-(I_G\otimes\mathbf{e}_{NT})\boldsymbol{\mu}^*-X\boldsymbol{\pi}]=\mathbf{0} \quad (5.2.10)$$

因为 $[(1/T)A-(1/NT)J]\mathbf{e}_{NT}=\mathbf{0}$，$[(1/N)D-(1/NT)J]\,\mathbf{e}_{NT}=\mathbf{0}$，$\tilde{Q}\mathbf{e}_{NT}=\mathbf{0}$ 以及 $(1/NT)J\mathbf{e}_{NT}=\mathbf{e}_{NT}$，求解式（5.2.9），我们有

$$\hat{\boldsymbol{\mu}}^*=\left(I_G\otimes\frac{1}{NT}\mathbf{e}_{NT}'\right)(\mathbf{y}-X\boldsymbol{\pi}) \quad (5.2.11)$$

将估计量（5.2.11）代入式（5.2.10），我们可导出 $\boldsymbol{\pi}$ 的 GLS 估计量[6]

$$\boldsymbol{\pi}_{\text{GLS}}=[X'\tilde{V}^{-1}X]^{-1}(X'\tilde{V}^{-1}\mathbf{y}) \quad (5.2.12)$$

其中

$$\tilde{V}^{-1}=V_1^{-1}\otimes\left(\frac{1}{T}A-\frac{1}{NT}J\right)+V_2^{-1}\otimes\left(\frac{1}{N}D-\frac{1}{NT}J\right)+\Omega_u^{*-1}\otimes\tilde{Q} \quad (5.2.13)$$

如果 $g\neq\ell$ 时 $E(\boldsymbol{\epsilon}_g\boldsymbol{\epsilon}_\ell{}')=\mathbf{0}$，则 V 是分块对角矩阵，此时估计量（5.2.12）可通过

对每个方程分别用 GLS 估计得到。如果 N 和 T 都趋于无穷且 N/T 趋于某个非零常数，则 $\lim V_1{}^{-1}=\mathbf{0}$，$\lim V_2{}^{-1}=\mathbf{0}$ 且 $\lim V_4{}^{-1}=\mathbf{0}$。在似乎无关回归情形下，估计量（5.2.12）就是最小二乘虚拟变量（或固定效应）估计量，

$$\operatorname{plim}\hat{\boldsymbol{\pi}}_{\mathrm{GLS}}=\underset{\substack{T\to\infty\\N\to\infty}}{\operatorname{plim}}\left[\frac{1}{NT}X'(\Omega_u^{*-1}\otimes\widetilde{Q})X\right]^{-1}\times\left[\frac{1}{NT}X'(\Omega_u^{*-1}\otimes\widetilde{Q})\mathbf{y}\right] \tag{5.2.14}$$

在标准约简型情形下，$X_1=X_2=\cdots=X_G=\widetilde{X}$，

$$\begin{aligned}\boldsymbol{\pi}_{\mathrm{GLS}}=&\Big[V_1^{-1}\otimes\overline{X}'\Big(\frac{1}{T}A-\frac{1}{NT}J\Big)\overline{X}\\&+V_2{}^{-1}\otimes\overline{X}'\Big(\frac{1}{N}D-\frac{1}{NT}J\Big)\overline{X}+\Omega_u^{*-1}\otimes\overline{X}'\widetilde{Q}\,\overline{X}\Big]^{-1}\\&\times\Big\{\Big[V_1{}^{-1}\otimes\overline{X}'\Big(\frac{1}{T}A-\frac{1}{NT}J\Big)\Big]\mathbf{y}\\&+\Big[V_2{}^{-1}\otimes\overline{X}'\Big(\frac{1}{N}D-\frac{1}{NT}J\Big)\Big]\mathbf{y}+[\Omega_u^{*-1}\otimes\overline{X}'\widetilde{Q}]\mathbf{y}\Big\}\end{aligned} \tag{5.2.15}$$

我们知道，通常情形下，没有对约简型系数向量 $\boldsymbol{\pi}$ 的约束条件时，用最小二乘法估计每个方程将得到最优线性无偏估计。估计量（5.2.15）表明，在包含误差成分的**似乎无关回归**（seemingly unrelated regression，SUR）模型中，每个方程有相同的解释变量集也不是整个方程组的 GLS 与分别估计每个方程等价的充分条件。

直觉上看来，我们将不同的方程堆积在一起可提高估计的效率，因为方程间的协方差不为零时，知道第 ℓ 个方程的残差有助于预测第 g 个方程。譬如，如果残差项正态分布，则 $E(\boldsymbol{\epsilon}_g\mid\boldsymbol{\epsilon}_\ell)=\mathrm{Cov}(\boldsymbol{\epsilon}_g,\boldsymbol{\epsilon}_\ell)\mathrm{Var}(\boldsymbol{\epsilon}_\ell)^{-1}\boldsymbol{\epsilon}_\ell\neq\mathbf{0}$。不妨做 $\mathbf{y}_g-\mathrm{Cov}(\boldsymbol{\epsilon}_g,\boldsymbol{\epsilon}_\ell)\mathrm{Var}(\boldsymbol{\epsilon}_\ell)^{-1}\boldsymbol{\epsilon}_\ell$ 对（$\mathbf{e}_{NT}$，X_g）的回归对该非零均值进行调整。虽然一般情况下 $\boldsymbol{\epsilon}_\ell$ 未知，但如果我们用最小二乘残差 $\hat{\boldsymbol{\epsilon}}_\ell$ 代替它后，也几乎没有差异。但如果各方程中的解释变量相同，即 $X_g=X_\ell=\overline{X}$，则方程间的协方差不受约束时，将不同的方程堆积在一起不会提高估计的效率；因为 $\mathrm{Cov}(\boldsymbol{\epsilon}_g,\boldsymbol{\epsilon}_\ell)=\sigma_{\epsilon_{gl}}I_{NT}$，$\mathrm{Var}(\boldsymbol{\epsilon}_\ell)=\sigma_{\epsilon_{ll}}I_{NT}$，且由构造可知 $\hat{\boldsymbol{\epsilon}}_\ell$ 与（$\mathbf{e}_{NT}$，X_g）正交，所以从 $\mathbf{y}_g$ 中减掉变量 $\sigma_{\epsilon_{gl}}\sigma_{\epsilon_{ll}}^{-1}\hat{\boldsymbol{\epsilon}}_\ell$ 后对（μ_g，$\boldsymbol{\pi}_g{}'$）的估计没有影响。但在误差成分情形下却不同，因为 $\mathrm{Cov}(\boldsymbol{\epsilon}_g,\boldsymbol{\epsilon}_\ell)\mathrm{Var}(\boldsymbol{\epsilon}_\ell)^{-1}$ 并不与单位矩阵成比例。权变量 $\mathrm{Cov}(\boldsymbol{\epsilon}_g,\boldsymbol{\epsilon}_\ell)\mathrm{Var}(\boldsymbol{\epsilon}_\ell)^{-1}\hat{\boldsymbol{\epsilon}}_\ell$ 不再和（$\mathbf{e}_{NT}$，$\overline{X}$）正交。故在误差成分情形下，利用方程间的协方差来提高估计的精度仍是富有成效的。

V_1，V_2 和 $\Omega_u{}^*$ 未知时，我们可用它们的一致估计代替。在第 3 章我们讨论了估计协方差成分的方法。这些技术也可直接应用于多方程模型［Avery（1977）；Baltagi（1980）］。

前面讨论的模型假定个体效应和时间效应都存在。如果我们认为某些成分间的协方差为零，则同样的方法也可用于稍作修改后更为简单的模型。譬如，如果方程 g 和 ℓ 的残差协方差仅包含两个成分（个体效应和全局效应），则 $\sigma_{\lambda_{gl}}^2=0$。因此 $\sigma_{1_{gl}}^{*2}=\sigma_{4_{gl}}^{*2}$，且 $\sigma_{2_{gl}}^{*2}=\sigma_{u_{gl}}^{*2}$。将调整的根代入式（5.2.6）和（5.2.7）中相应的位置后，我们可直接由式（5.2.12）得到系数估计量。

5.3 结构方程的估计

5.3.1 结构方程中单个方程的估计

如式（5.2.12）所示，对关于全部样本的均值中心化后的数据，斜率系数的广义最小二乘估计量不变；因此，为方便表述，我们假定模型中存在截距项，且所有样本观测值用它们偏离整体均值的离差来度量，考虑第 g 个结构方程

$$\underset{NT\times 1}{\mathbf{y}_g}=Y_g\boldsymbol{\gamma}_g+X_g\boldsymbol{\beta}_g+\mathbf{v}_g=W_g\boldsymbol{\theta}_g+\mathbf{v}_g,\quad g=1,\cdots,G \tag{5.3.1}$$

其中 Y_g 是由联合因变量中 G_g-1 个变量的 NT 个观测值构成的 $NT\times(G_g-1)$ 矩阵，X_g 是由外生变量中 K_g 个变量的 NT 个观测值构成的 $NT\times K_g$ 矩阵，$W_g=(Y_g,\ X_g)$，$\boldsymbol{\theta}_g=(\boldsymbol{\gamma}_g{}',\ \boldsymbol{\beta}_g{}')'$，$\mathbf{v}_g$ 是 $NT\times 1$ 的误差项向量，

$$\mathbf{v}_g=(I_N\otimes\mathbf{e}_T)\boldsymbol{\alpha}_g+(\mathbf{e}_N\otimes I_T)\boldsymbol{\lambda}_g+\mathbf{u}_g \tag{5.3.2}$$

其中 $\boldsymbol{\alpha}_g=(\alpha_{1g},\ \cdots,\ \alpha_{Ng})'$，$\boldsymbol{\lambda}_g=(\lambda_{1g},\ \cdots,\ \lambda_{Tg})'$，$\mathbf{u}_g=(u_{11g},\ \cdots,\ u_{1Tg},\ u_{21g},\ \cdots,\ u_{NTg})'$ 满足假设（5.2.3）。故结构方程 j 和结构方程 ℓ 的协方差矩阵为

$$\begin{aligned}\Sigma_{g\ell}&=E(\mathbf{v}_g\mathbf{v}_\ell{}')=\sigma^2_{\alpha_{gl}}A+\sigma^2_{\lambda_{gl}}D+\sigma^2_{u_{gl}}I_{NT}\\&=\sigma^2_{1_{gl}}\left(\frac{1}{T}A-\frac{1}{NT}J\right)+\sigma^2_{2_{gl}}\left(\frac{1}{N}D-\frac{1}{NT}J\right)+\sigma^2_{3_{gl}}\tilde{Q}+\sigma^2_{4_{gl}}\left(\frac{1}{NT}J\right)\end{aligned} \tag{5.3.3}$$

其中 $\sigma^2_{1_{gl}}=\sigma^2_{u_{gl}}+T\sigma^2_{\alpha_{gl}}$，$\sigma^2_{2_{gl}}=\sigma^2_{u_{gl}}+N\sigma^2_{\lambda_{gl}}$，$\sigma^2_{3_{gl}}=\sigma^2_{u_{gl}}$，$\sigma^2_{4_{gl}}=\sigma^2_{u_{gl}}+T\sigma^2_{\alpha_{gl}}+N\sigma^2_{\lambda_{gl}}$。我们还假定模型（5.3.1）中的每个方程都满足识别的秩条件 $K\geqslant G_g+K_g-1$，$g=1$，…，G。

我们首先考虑结构模型中单个方程的估计问题。估计第 g 个方程时，我们可忽略影响所有其他方程的约束条件而只考虑影响该方程的先验约束条件。因此，不妨假定我们对第一个方程的估计感兴趣。估计该方程的有限信息方法等价于方程组

$$\begin{aligned}y_{1_{it}}&=\mathbf{w}_{1_{it}}'\boldsymbol{\theta}_1+v_{1_{it}}\\y_{2_{it}}&=\mathbf{x}_{it}'\boldsymbol{\pi}_2+\epsilon_{2_{it}}\\&\ \ \vdots\\y_{G_{it}}&=\mathbf{x}_{it}'\boldsymbol{\pi}_G+\epsilon_{G_{it}},\quad i=1,\cdots,N,t=1,\cdots,T\end{aligned} \tag{5.3.4}$$

的完全信息估计，这里没有关于 $\boldsymbol{\pi}_2$，…，$\boldsymbol{\pi}_G$ 的约束条件。

我们可用两阶段最小二乘法（2SLS）估计模型（5.3.4）中的第一个方程，2SLS 估计量是一致的。但如果 $v_{1_{it}}$ 对所有的 i 和 t 不是独立同分布的，则即使在有限信息情形下 2SLS 估计量也不是有效的。考虑误差项的异方差和序列相关时，我们可推广 Chamberlain（1982，1984）最小距离估计或广义 2SLS 估计。

首先考虑最小距离估计。假设 T 固定而 N 趋于无穷。将个体的 T 期行为方

程构成方程组，我们得到一个包含 GT 个方程的模型，

$$\underset{T\times 1}{\mathbf{y}_{1_i}}=W_{1_i}\boldsymbol{\theta}_1+\mathbf{v}_{1_i}$$
$$\underset{T\times 1}{\mathbf{y}_{2_i}}=X_i\boldsymbol{\pi}_2+\boldsymbol{\epsilon}_{2_i}$$
$$\vdots$$
$$\underset{T\times 1}{\mathbf{y}_{G_i}}=X_i\boldsymbol{\pi}_G+\boldsymbol{\epsilon}_{G_i},\quad i=1,\cdots,N \tag{5.3.5}$$

令 $\mathbf{y}_i'=(\mathbf{y}_{1_i}',\ \cdots,\ \mathbf{y}_{G_i}')$。则 $\mathbf{y}_i$ 的约简型为

$$\mathbf{y}_i=\begin{bmatrix}\mathbf{y}_{1_i}\\ \mathbf{y}_{2_i}\\ \vdots\\ \mathbf{y}_{G_i}\end{bmatrix}=(I_G\otimes\widetilde{X}_i)\tilde{\boldsymbol{\pi}}+\boldsymbol{\epsilon}_i,\quad i=1,\cdots,N \tag{5.3.6}$$

其中

$$\underset{T\times TK}{\widetilde{X}_i}=\begin{bmatrix}\mathbf{x}_{i1}' & & & \mathbf{0}\\ & \mathbf{x}_{i2}' & & \\ & & \ddots & \\ \mathbf{0} & & & \mathbf{x}_{iT}'\end{bmatrix}$$

$$\boldsymbol{\pi}=\text{vec}(\widetilde{\Pi}') \tag{5.3.7}$$

$$\underset{GT\times K}{\widetilde{\Pi}}=\Pi\otimes\mathbf{e}_T,\text{而 }\Pi=E(\mathbf{y}_{it}\mid\mathbf{x}_{it}) \tag{5.3.8}$$

$\mathbf{y}_i$ 对 $(I_G\otimes\widetilde{X}_i)$ 的无约束最小二乘回归可导出 $\tilde{\boldsymbol{\pi}}$ 的一致估计量 $\hat{\tilde{\boldsymbol{\pi}}}$。如果 $\boldsymbol{\epsilon}_i$ 对所有的 i 是独立的，则 $\sqrt{N}(\hat{\tilde{\boldsymbol{\pi}}}-\tilde{\boldsymbol{\pi}})$ 的渐近分布是均值为零，方差—协方差矩阵为

$$\underset{GTK\times GTK}{\widetilde{\Omega}}=(I_G\otimes\Phi_{xx}^{-1})\widetilde{V}(I_G\otimes\Phi_{xx}^{-1}) \tag{5.3.9}$$

的正态分布，其中 $\Phi_{xx}=E\widetilde{X}_i'\widetilde{X}_i=\text{diag}\ \{E\ (\mathbf{x}_{i1}\mathbf{x}_{i1}'),\ \cdots,\ E\ (\mathbf{x}_{iT}\mathbf{x}_{iT}')\}$，$\widetilde{V}$ 是 $GTK\times GTK$ 的矩阵，它的第 $g\ell$ 子块是 $TK\times TK$ 矩阵

$$\widetilde{V}_{g\ell}=E\begin{bmatrix}\boldsymbol{\epsilon}_{g_{i1}}\boldsymbol{\epsilon}_{\ell_{i1}}\mathbf{x}_{i1}\mathbf{x}_{i1}' & \boldsymbol{\epsilon}_{g_{i1}}\boldsymbol{\epsilon}_{\ell_{i2}}\mathbf{x}_{i1}\mathbf{x}_{i2}' & \cdots & \boldsymbol{\epsilon}_{g_{i1}}\boldsymbol{\epsilon}_{\ell_{iT}}\mathbf{x}_{i1}\mathbf{x}_{iT}'\\ \boldsymbol{\epsilon}_{g_{i2}}\boldsymbol{\epsilon}_{\ell_{i1}}\mathbf{x}_{i2}\mathbf{x}_{i1}' & \boldsymbol{\epsilon}_{g_{i2}}\boldsymbol{\epsilon}_{\ell_{i2}}\mathbf{x}_{i2}\mathbf{x}_{i2}' & \cdots & \boldsymbol{\epsilon}_{g_{i2}}\boldsymbol{\epsilon}_{\ell_{iT}}\mathbf{x}_{i2}\mathbf{x}_{iT}'\\ \vdots & \vdots & & \vdots\\ \boldsymbol{\epsilon}_{g_{iT}}\boldsymbol{\epsilon}_{\ell_{i1}}\mathbf{x}_{iT}\mathbf{x}_{i1}' & \boldsymbol{\epsilon}_{g_{iT}}\boldsymbol{\epsilon}_{\ell_{i2}}\mathbf{x}_{iT}\mathbf{x}_{i2}' & \cdots & \boldsymbol{\epsilon}_{g_{iT}}\boldsymbol{\epsilon}_{\ell_{iT}}\mathbf{x}_{iT}\mathbf{x}_{iT}'\end{bmatrix} \tag{5.3.10}$$

用样本矩替代 $\widetilde{\Omega}$ 中相应的总体矩（譬如用 $\sum_{i=1}^{N}\mathbf{x}_{i1}\mathbf{x}'_{i1}/N$ 替代 $E\mathbf{x}_{i1}\mathbf{x}_{i1}'$）后可求出 $\widetilde{\Omega}$ 的一致估计量。

令 $\boldsymbol{\theta}'=(\boldsymbol{\theta}_1',\ \boldsymbol{\pi}_2',\ \cdots,\ \boldsymbol{\pi}_G')$，并用 $\tilde{\boldsymbol{\pi}}=\mathbf{f}(\boldsymbol{\theta})$ 表示对 $\tilde{\boldsymbol{\pi}}$ 的约束条件。选择最小化距离函数

$$[\hat{\tilde{\boldsymbol{\pi}}}-\tilde{\mathbf{f}}(\boldsymbol{\theta})]'\hat{\widetilde{\Omega}}^{-1}[\hat{\tilde{\boldsymbol{\pi}}}-\tilde{\mathbf{f}}(\boldsymbol{\theta})] \tag{5.3.11}$$

的估计量 $\hat{\boldsymbol{\theta}}$，则 $\sqrt{N}(\hat{\boldsymbol{\theta}}-\boldsymbol{\theta})$ 的渐近分布是均值为零，方差—协方差矩阵为 $(\widetilde{F}'\widetilde{\Omega}^{-1}\widetilde{F})^{-1}$ 的正态分布，其中 $\widetilde{F}=\partial\tilde{\mathbf{f}}/\partial\boldsymbol{\theta}'$。因为 $\widetilde{\Pi}=\Pi\otimes\mathbf{e}_T$，我们计算分块矩阵

的逆后可得到$\sqrt{N}(\hat{\boldsymbol{\theta}}_1-\boldsymbol{\theta}_1)$的渐近方差—协方差矩阵为

$$\{\tilde{\boldsymbol{\Phi}}_{w_1x}\boldsymbol{\Psi}_{11}^{-1}\tilde{\boldsymbol{\Phi}}'_{w_1x}\}^{-1} \tag{5.3.12}$$

其中$\tilde{\boldsymbol{\Phi}}_{w_1x}=[E(\mathbf{w}_{1_{i1}}\mathbf{x}'_{i1}),\ E(\mathbf{w}_{1_{i2}}\mathbf{x}'_{i2}),\ \cdots,\ E(\mathbf{w}_{1_{iT}}\mathbf{x}'_{iT})]$，

$$\boldsymbol{\Psi}_{11}=E\begin{bmatrix} v_{1_{i1}}^2\mathbf{x}_{i1}\mathbf{x}'_{i1} & v_{1_{i1}}v_{1_{i2}}\mathbf{x}_{i1}\mathbf{x}'_{i2} & \cdots & v_{1_{i1}}v_{1_{iT}}\mathbf{x}_{i1}\mathbf{x}'_{iT} \\ v_{1_{i2}}v_{1_{i1}}\mathbf{x}_{i2}\mathbf{x}_{i1}' & v_{1_{i2}}^2\mathbf{x}_{i2}\mathbf{x}'_{i2} & \cdots & v_{1_{i2}}v_{1_{iT}}\mathbf{x}_{i2}\mathbf{x}'_{iT} \\ \vdots & \vdots & & \vdots \\ v_{1_{iT}}v_{1_{i1}}\mathbf{x}_{iT}\mathbf{x}'_{i1} & v_{1_{iT}}v_{1_{i2}}\mathbf{x}_{iT}\mathbf{x}'_{i2} & \cdots & v_{1_{iT}}^2\mathbf{x}_{iT}\mathbf{x}'_{iT} \end{bmatrix} \tag{5.3.13}$$

由式（5.3.11）导出的有限信息最小距离估计量渐近等价于推广的2SLS估计量

$$\hat{\boldsymbol{\theta}}_{1,\mathrm{G2SLS}}=(\tilde{\mathbf{S}}_{w_1x}\hat{\boldsymbol{\Psi}}_{11}^{-1}\tilde{\mathbf{S}}'_{w_1x})^{-1}(\tilde{\mathbf{S}}_{w_1x}\hat{\boldsymbol{\Psi}}_{11}^{-1}\mathbf{s}_{xy_1}) \tag{5.3.14}$$

其中

$$\tilde{\mathbf{S}}_{w_1x}=\left[\frac{1}{N}\sum_{i=1}^N\mathbf{w}_{1_{i1}}\mathbf{x}'_{i1},\frac{1}{N}\sum_{i=1}^N\mathbf{w}_{1_{i2}}\mathbf{x}'_{i2},\cdots,\frac{1}{N}\sum_{i=1}^N\mathbf{w}_{1_{iT}}\mathbf{x}'_{iT}\right]$$

$$\mathbf{s}_{xy_1}=\begin{bmatrix}\frac{1}{N}\sum_{i=1}^N\mathbf{x}_{i1}y_{1_{i1}} \\ \frac{1}{N}\sum_{i=1}^N\mathbf{x}_{i2}y_{1_{i2}} \\ \vdots \\ \frac{1}{N}\sum_{i=1}^N\mathbf{x}_{iT}y_{1_{iT}}\end{bmatrix}$$

$$\hat{\boldsymbol{\Psi}}_{11}=\frac{1}{N}\begin{bmatrix}\sum_{i=1}^N\hat{v}_{1_{i1}}^2\mathbf{x}_{i1}\mathbf{x}'_{i1} & \sum_{i=1}^N\hat{v}_{1_{i1}}\hat{v}_{1_{i2}}\mathbf{x}_{i1}\mathbf{x}'_{i2} & \cdots & \sum_{i=1}^N\hat{v}_{1_{i1}}\hat{v}_{1_{iT}}\mathbf{x}_{i1}\mathbf{x}'_{iT} \\ \vdots & \vdots & & \vdots \\ \sum_{i=1}^N\hat{v}_{1_{iT}}\hat{v}_{1_{i1}}\mathbf{x}_{iT}\mathbf{x}'_{i1} & \sum_{i=1}^N\hat{v}_{1_{iT}}\hat{v}_{1_{i2}}\mathbf{x}_{iT}\mathbf{x}'_{i2} & \cdots & \sum_{i=1}^N\hat{v}_{1_{iT}}^2\mathbf{x}_{iT}\mathbf{x}'_{iT}\end{bmatrix}$$

$\hat{v}_{1_{it}}=y_{1_{it}}-\mathbf{w}'_{1_{it}}\hat{\boldsymbol{\theta}}_1$，$\hat{\boldsymbol{\theta}}_1$是$\boldsymbol{\theta}_1$的任意一致估计量。如果$v_{1_{it}}$对所有的$i$和$t$独立同分布，且$E\mathbf{x}_{it}\mathbf{x}'_{it}=E\mathbf{x}_{is}\mathbf{x}'_{is}$，则广义2SLS收敛于2SLS。但广义2SLS和式（5.3.11）的最小距离估计量一样，充分考虑了$v_{1_{it}}$的异方差和任意结构的序列相关，而2SLS则不然。

当方差—协方差矩阵Σ_{gg}具有（5.3.3）设定的误差成分结构时，虽然式（5.3.11）的2SLS估计量和最小距离估计量（或广义2SLS估计量）仍是一致的，但即使在有限信息框架下它们也不再是有效估计量，因为，如前一节所述，存在对方差—协方差矩阵的约束时，无约束Π的最小二乘估计量不如广义最小二乘估计量有效。[7]有效的估计方法必须充分利用对误差结构已知的约束条件。Baltagi（1981a）建议用下面的**误差成分两阶段最小二乘**（error-component two-stage least-squares，EC2SLS）方法求第g个方程中未知参数的更有效估计量。

用Σ_{gg}的特征向量C'_1，C'_2和C'_3变换（5.3.1），我们得到[8]

$$\mathbf{y}_g^{(h)}=Y_g^{(h)}\boldsymbol{\gamma}_g+X_g^{(h)}\boldsymbol{\beta}_g+\mathbf{v}_g^{(h)}=W_g^{(h)}\boldsymbol{\theta}_g+\mathbf{v}_g^{(h)} \tag{5.3.15}$$

其中 $\mathbf{y}_g^{(h)}=C_h'\mathbf{y}_g$，$W_g^{(h)}=C_h'W_g$，$\mathbf{v}_g^{(h)}=C_h'\mathbf{v}_g(h=1,2,3)$，$C_1'$，$C_2'$和 C_3'如附录 3B 中所定义。转换后的扰动项 $\mathbf{v}_g^{(h)}$ 相互正交，且协方差矩阵与单位矩阵成比例。故我们可将 $X^{(h)}=C_h{}'X$ 当作工具变量并用 Aitken 法估计方程组

$$\begin{bmatrix}X^{(1)'}\mathbf{y}_g^{(1)}\\X^{(2)'}\mathbf{y}_g^{(2)}\\X^{(3)'}\mathbf{y}_g^{(3)}\end{bmatrix}=\begin{bmatrix}X^{(1)'}W_g^{(1)}\\X^{(2)'}W_g^{(2)}\\X^{(3)'}W_g^{(3)}\end{bmatrix}\begin{bmatrix}\boldsymbol{\gamma}_g\\\boldsymbol{\beta}_g\end{bmatrix}+\begin{bmatrix}X^{(1)'}\mathbf{v}_g^{(1)}\\X^{(2)'}\mathbf{v}_g^{(2)}\\X^{(3)'}\mathbf{v}_g^{(3)}\end{bmatrix} \tag{5.3.16}$$

导出（$\boldsymbol{\gamma}_g'$，$\boldsymbol{\beta}_g'$）的 Aitken 估计量为

$$\begin{aligned}\hat{\boldsymbol{\theta}}_{g,\mathrm{EC2SLS}}&=\left\{\sum_{h=1}^{3}\left[\frac{1}{\sigma_{hgg}^2}W_g^{(h)'}P_X(h)W_g^{(h)}\right]\right\}^{-1}\\&\quad\left\{\sum_{h=1}^{3}\left[\frac{1}{\sigma_{hgg}^2}W_g^{(h)'}P_X(h)\mathbf{y}_g^{(h)}\right]\right\}\end{aligned} \tag{5.3.17}$$

其中 $P_X(h)=X^{(h)}(X^{(h)'}X^{(h)})^{-1}X^{(h)'}$。该估计量是（$\boldsymbol{\gamma}_g'$，$\boldsymbol{\beta}_g'$）的组间估计、时期间估计以及组内 2SLS 估计量的加权和。在通常的方差公式中代入转换后的 2SLS 残差可估计权重 σ_{hgg}^2

$$\hat{\sigma}_{hgg}^2=(\mathbf{y}_g^{(h)}-W_g^{(h)}\hat{\boldsymbol{\theta}}_{g,\mathrm{2SLS}}^{(h)})'(\mathbf{y}_g^{(h)}-W_g^{(h)}\hat{\boldsymbol{\theta}}_{g,\mathrm{2SLS}}^{(h)})/n(h) \tag{5.3.18}$$

其中 $\hat{\boldsymbol{\theta}}_{g,\mathrm{2SLS}}^{(h)}=[W_g^{(h)'}P_X(h)W_g^{(h)}]^{-1}[W_g^{(h)'}P_X(h)\mathbf{y}_g^{(h)}]$，$n(1)=N-1$，$n(2)=T-1$，$n(3)=(N-1)(T-1)$。如果 $N\to\infty$，$T\to\infty$，且 N/T 趋于某个非零常数，则 EC2SLS 的概率极限收敛于基于组内变异的 2SLS 估计量。

在某些回归元与残差之间的相关源仅仅是不可观测的时恒个体效应的特殊情形，它们之间的相关性可通过从相应的变量消除时恒部分而消除。因此，内生回归元的工具变量可从方程内部选择，这与通常从方程外部选择工具变量的方法截然相反。Hausman 和 Taylor（1981）发现，将与 α_{ig} 相关的时变变量转换成对时间均值的离差后提供了合适的工具变量，因为它们不再与 α_{ig} 相关。对于时恒变量，这些与 α_{ig} 无关的变量的时间均值可用作工具变量。因此，在单方程框架内识别所有参数的必要条件是与 α_{ig} 无关的时变变量的数量不少于与 α_{ig} 相关的时恒变量的数量。他们进一步证明，研究扰动项的方差成分结构时，按该方法选择工具变量后，工具变量估计量是单方程估计的有效估计量。

5.3.2 完全结构方程组的估计

前面讨论的单方程估计法只考虑结构方程组中对要估计方程的约束条件，而并不考虑对所有其他方程的约束条件。我们考虑包含在其他方程中的额外信息时，一般希望得到更有效估计量。在本小节中，我们考虑完全信息估计方法。

令 $\mathbf{y}=(\mathbf{y}_1',\cdots,\mathbf{y}_G')'$，$\mathbf{v}=(\mathbf{v}_1',\cdots,\mathbf{v}_G')'$，

$$W=\begin{bmatrix} W_1 & \mathbf{0} & \cdots & \mathbf{0} \\ \mathbf{0} & W_2 & \cdots & \mathbf{0} \\ \vdots & \vdots & & \vdots \\ \mathbf{0} & \mathbf{0} & \cdots & W_G \end{bmatrix},\text{且 } \boldsymbol{\theta}=\begin{bmatrix} \boldsymbol{\theta}_1 \\ \vdots \\ \boldsymbol{\theta}_G \end{bmatrix}$$

将这 G 组结构方程记为

$$\mathbf{y}=W\boldsymbol{\theta}+\mathbf{v} \tag{5.3.19}$$

我们可用三阶段最小二乘（3SLS）法估计方程组（5.3.19）。但与有限信息情形一样，当且仅当（$v_{1_{it}}$，$v_{2_{it}}$，…，$v_{G_{it}}$）对所有的 i 和 t 是独立同分布时，3SLS 估计量才是有效的。如果考虑任意的异方差或序列相关，则我们可用完全信息最小距离估计量或广义 3SLS 估计量。

首先考虑最小距离估计量。当 T 固定而 N 趋于无穷时，我们将个体的 T 期行为方程构成一个方程组，从而构造一个包含 GT 个方程的模型，

$$\begin{aligned} \underset{T\times 1}{\mathbf{y}_{1_i}} &= W_{1_i}\boldsymbol{\theta}_1+\mathbf{v}_{1_i} \\ \mathbf{y}_{2_i} &= W_{2_i}\boldsymbol{\theta}_2+\mathbf{v}_{2_i} \\ &\vdots \\ \mathbf{y}_{G_i} &= W_{G_i}\boldsymbol{\theta}_G+\mathbf{v}_{G_i}, \quad i=1,\cdots,N \end{aligned} \tag{5.3.20}$$

选择最小化 $[\hat{\boldsymbol{\pi}}-\tilde{\mathbf{f}}(\boldsymbol{\theta})]'\hat{\tilde{\Omega}}^{-1}[\hat{\boldsymbol{\pi}}-\tilde{\mathbf{f}}(\boldsymbol{\theta})]$ 的 $\hat{\boldsymbol{\theta}}$，得到 $\boldsymbol{\theta}$ 的最小距离估计量，其中 $\hat{\boldsymbol{\pi}}$ 是 $\mathbf{y}_i$ 对（$I_G\otimes\tilde{X}_i$）回归的无约束最小二乘估计，而 $\hat{\tilde{\boldsymbol{\Omega}}}$ 是 $\tilde{\Omega}$ 的一致估计［式(5.3.9)］。因为对所有未知先验信息的 Γ 和 B，有 $\tilde{\Pi}=\Pi\otimes\mathbf{e}_T$ 且 $\text{vec}(\Pi')=\boldsymbol{\pi}=\text{vec}[\Gamma^{-1}B]'$，再利用公式 $\partial\boldsymbol{\pi}/\partial\boldsymbol{\theta}'$［式（3.9.25)］，我们可证明如果 $\mathbf{v}_i$ 对所有的 i 独立同分布，则$\sqrt{N}(\hat{\boldsymbol{\theta}}-\boldsymbol{\theta})$ 的渐近分布是均值为零，方差—协方差矩阵为

$$\{\Phi_{wx}\Psi^{-1}\Phi'_{wx}\}^{-1} \tag{5.3.21}$$

的正态分布，其中

$$\Phi_{wx}=\begin{bmatrix} \tilde{\Phi}_{w_1x} & \mathbf{0} & \cdots & \mathbf{0} \\ \mathbf{0} & \tilde{\Phi}_{w_2x} & & \mathbf{0} \\ \vdots & & \ddots & \vdots \\ \mathbf{0} & \mathbf{0} & \cdots & \tilde{\Phi}_{w_Gx} \end{bmatrix}$$

$$\tilde{\Phi}_{w_gx}=[E(\mathbf{w}_{g_{i1}}\mathbf{x}'_{i1}),E(\mathbf{w}_{g_{i2}}\mathbf{x}'_{i2}),\cdots,E(\mathbf{w}_{g_{iT}}\mathbf{x}'_{iT})]$$

$$\underset{GTK\times GTK}{\Psi}=\begin{bmatrix} \Psi_{11} & \Psi_{12} & \cdots & \Psi_{1G} \\ \Psi_{21} & \Psi_{22} & \cdots & \Psi_{2G} \\ \vdots & \vdots & & \vdots \\ \Psi_{G1} & \Psi_{G2} & \cdots & \Psi_{GG} \end{bmatrix}$$

$$\underset{TK\times TK}{\Psi_{g\ell}}=E\begin{bmatrix} v_{g_{i1}}v_{\ell_{i1}}\mathbf{x}_{i1}\mathbf{x}'_{i1} & v_{g_{i1}}v_{\ell_{i2}}\mathbf{x}_{i1}\mathbf{x}'_{i2} & \cdots & v_{g_{i1}}v_{\ell_{iT}}\mathbf{x}_{i1}\mathbf{x}'_{iT} \\ \vdots & \vdots & & \vdots \\ v_{g_{iT}}v_{\ell_{i1}}\mathbf{x}_{iT}\mathbf{x}'_{i1} & v_{g_{iT}}v_{\ell_{i2}}\mathbf{x}_{iT}\mathbf{x}'_{i2} & \cdots & v_{g_{iT}}v_{\ell_{iT}}\mathbf{x}_{iT}\mathbf{x}'_{iT} \end{bmatrix} \tag{5.3.22}$$

我们还可用广义 3SLS 估计法估计模型（5.3.20），得到

$$\hat{\boldsymbol{\theta}}_{\mathrm{G3SLS}}=(S_{wx}\hat{\boldsymbol{\Psi}}^{-1}S_{wx}')^{-1}(S_{wx}\hat{\boldsymbol{\Psi}}^{-1}S_{xy}) \tag{5.3.23}$$

其中

$$S_{wx}=\begin{bmatrix}\widetilde{S}_{w_1x} & \mathbf{0} & \cdots & \mathbf{0}\\ \mathbf{0} & \widetilde{S}_{w_2x} & & \mathbf{0}\\ \vdots & \vdots & \ddots & \vdots\\ \mathbf{0} & \mathbf{0} & \cdots & \widetilde{S}_{w_Gx}\end{bmatrix}$$

$$\widetilde{S}_{w_gx}=\left[\frac{1}{N}\sum_{i=1}^{N}\mathbf{w}_{g_{i1}}\mathbf{x}'_{i1},\frac{1}{N}\sum_{i=1}^{N}\mathbf{w}_{g_{i2}}\mathbf{x}'_{i2},\cdots,\frac{1}{N}\sum_{i=1}^{N}\mathbf{w}_{g_{iT}}\mathbf{x}'_{iT}\right]$$

$$S_{xy}=\begin{bmatrix}\mathbf{s}_{xy_1}\\ \mathbf{s}_{xy_2}\\ \vdots\\ \mathbf{s}_{xy_G}\end{bmatrix}$$

$$\underset{TK\times 1}{\mathbf{s}_{xy_g}}=\begin{bmatrix}\frac{1}{N}\sum_{i=1}^{N}\mathbf{x}_{i1}y_{g_{i1}}\\ \vdots\\ \frac{1}{N}\sum_{i=1}^{N}\mathbf{x}_{iT}y_{g_{iT}}\end{bmatrix}$$

$\hat{\boldsymbol{\Psi}}$ 是 $\boldsymbol{\Psi}$［方程（5.3.22）］中的 $\mathbf{v}_{it}$ 用 $\hat{\mathbf{v}}_{it}=\hat{\boldsymbol{\Gamma}}\mathbf{y}_{it}+\hat{B}\mathbf{x}_{it}$ 替换后得到的，$\hat{\Gamma}$ 和 $\hat{B}$ 是 Γ 和 B 的任意一致估计。广义 3SLS 渐近等价于最小距离估计量。

3SLS 和广义 3SLS 都是一致的。但与有限信息情形一样，如果方差—协方差矩阵有误差成分结构，它们就不是充分有效的。为充分利用协方差矩阵的已知结构，Baltagi（1981a）提出下面的**误差成分三阶段最小二乘估计**（error-component three-stage least-squares estimator，EC3SLS）。

协方差矩阵 σ 的第 $g\ell$ 个子块如式（5.3.3）所示。由附录 3B 可知，关键在于（5.3.3）的特征向量组 C_1，C_2，C_3 以及 C_4 在参数 $\sigma^2_{\lambda_{gl}}$，$\sigma^2_{\alpha_{gl}}$ 和 $\sigma^2_{u_{gl}}$ 变化时是不变的。因此模型（5.3.19）左乘 $I_G\otimes C_h'$后，我们得到[9]

$$\mathbf{y}^{(h)}=W^{(h)}\boldsymbol{\theta}+\mathbf{v}^{(h)},\quad h=1,2,3 \tag{5.3.24}$$

其中 $\mathbf{y}^{(h)}=(I_G\otimes C_h')\mathbf{y}$，$W^{(h)}=(I_G\otimes C_h')W$，$\mathbf{v}^{(h)}=(I_G\otimes C_h')\mathbf{v}$，$E\mathbf{v}^{(h)}\mathbf{v}^{(h)'}=\Sigma^{(h)}\otimes I_{n(h)}$，这里 $\Sigma^{(h)}=(\sigma^2_{h_{gl}})(h=1,2,3)$。因为 $W^{(h)}$ 包含与 $\mathbf{v}^{(h)}$ 相关的内生变量，所以我们首先用（$I_G\otimes X^{(h)}$）′左乘式（5.3.24）来清除 $W^{(h)}$ 与 $\mathbf{v}^{(h)}$ 的相关性。然后对导出方程的方程组使用 GLS 估计法得到

$$\begin{aligned}\hat{\boldsymbol{\theta}}_{\mathrm{GLS}}=&\left[\sum_{h=1}^{3}\{W^{(h)'}[(\Sigma^{(h)})^{-1}\otimes P_X(h)]W^{(h)}\}\right]^{-1}\\ &\times\left[\sum_{h=1}^{3}\{W^{(h)'}[(\Sigma^{(h)})^{-1}\otimes P_X(h)]\mathbf{y}^{(h)}\}\right]\end{aligned} \tag{5.3.25}$$

通常我们不知道 $\Sigma^{(h)}$。因此可考虑用下面的三阶段方法：

1. 用 2SLS 估计 $\hat{\boldsymbol{\theta}}_g^{(h)}$。

2. 用来自第 h 个 2SLS 估计的残差估计 $\sigma^2_{h_{gl}}$ ［式（5.3.18）］。

3. 用估计的协方差矩阵替代 $\Sigma^{(h)}$，再用式（5.3.25）估计 $\boldsymbol{\theta}$。

由此导出的估计量称为 EC3SLS 估计量。它是 3 个 3SLS｛结构参数的组内估计、组间估计和时期间估计量［Baltagi（1981a）］｝的加权和。

EC3SLS 估计量渐近等价于完全信息的最大似然估计量。如果 σ 是分块对角矩阵，则 EC3SLS 就是 EC2SLS。但与普通的联立方程模型不同，当误差项有误差成分结构时，即使所有的方程可恰好识别，EC3SLS 也不一定就是 EC2SLS。详细论述，参见 Baltagi（1981a）。

5.4 三角形方程组

前面的讨论假定多方程模型中各方程残留项的方差—协方差结构不受约束。在该假设下，面板数据不过是因包含大量的样本观测而提高了估计精度，而并没有带来其他特别的优势。不过，因少量共同的遗漏变量或不可观测变量引起残差相关也很常见［Chamberlain（1976，1977a，1977b）；Chamberlain 和 Griliches（1975）；Goldberger（1972）；Zellner（1970）］。譬如，在估计收入与教育的关系或个体企业产出与要素需求关系时，有时假定不同方程中的偏误是由于都遗漏了"能力"或"管理差异"等变量引起的。使用面板数据时，还假定共同的遗漏变量具有某个组内和组间结构。因子分析框架与误差成分分析的结合设置了对残差协方差矩阵的约束条件，利用这些限制条件，我们可识别在其他情形无法识别的模型并提高估计的效率。因三角形结构是一种广泛应用的纵列微观数据结构，且该结构与广义联立方程模型（其中的残差具有因子分析结构）一般都存在联系，故本节我们重点用三角形结构描述有多少信息可用来识别和估计模型。

5.4.1 识别

模型化方程间的相关性时，与模型化给定个体在不同时期（或给定组的不同成员）的相关性一样，利用潜变量建立残差间的联系是非常好用的方法。令 $y_{g_{it}}$ 表示第 i 个个体（或第 i 组）在时期 t（或第 t 个成员）变量 y_g 的值。我们假定

$$v_{g_{it}}=d_g h_{it}+u_{g_{it}} \tag{5.4.1}$$

其中 u_g 在方程之间以及对所有的 i 和 t 都是无关的。方程之间的相关性因共同的遗漏变量 h 产生，我们假定它的方差成分结构为

$$h_{it}=\alpha_i+\omega_{it} \tag{5.4.2}$$

其中 α_i 在各时期 t 恒定，但对每个个体（或组）i 是独立同分布的，其均值为零，

方差为 σ_α^2，ω_{it} 对所有的 i 和 t 是独立同分布的，其均值为零，方差为 σ_ω^2，且与 α_i 无关。

在这类模型中，$\mathbf{\Gamma}$ 为下三角矩阵且 $\mathbf{v}$ 形如式（5.4.1）的一个例子是［Chamberlain（1977a，1977b）；Chamberlain 和 Griliches（1975）；Griliches（1979）］模型

$$
\begin{aligned}
y_{1_{it}} &= \boldsymbol{\beta}'_1 \mathbf{x}_{it} + d_1 h_{it} + u_{1_{it}} \\
y_{2_{it}} &= -\gamma_{21} y_{1_{it}} + \boldsymbol{\beta}'_2 \mathbf{x}_{it} + d_2 h_{it} + u_{2_{it}} \\
y_{3_{it}} &= -\gamma_{31} y_{1_{it}} - \gamma_{32} y_{2_{it}} \boldsymbol{\beta}'_3 \mathbf{x}_{it} + d_3 h_{it} + u_{3_{it}}
\end{aligned} \tag{5.4.3}
$$

其中 y_1，y_2，y_3 分别表示受教育的年数，最近的一次测验分数（成人教育）以及收入，$\mathbf{x}_{it}$ 是外生变量（因存在对 $\boldsymbol{\beta}_g$ 的约束，导致在不同方程中它们可能是不同的）。可将不可观测的 h 解释为前面提及的“能力”，u_2 是测试中的测量误差。下标 i 表示组（或家庭），t 表示不同组（或家庭）的成员。

如果没有变量 h，或 $d_g=0$ 时，则模型（5.4.3）不过是一个简单的递归方程组，对其中每个方程分别应用最小二乘法便可估计该方程组。如果允许 $d_g\neq 0$，则模型将产生联立性问题。一般说来，如果只出现在第一个（教育）方程中的外生变量足够多，则可用 2SLS 或 EC3SLS 方法估计该方程组。但在使用家庭同辈成员数据［参见 Griliches（1979）的综述］的收入—教育—能力模型中，通常没有足够多不同的 $\mathbf{x}$ 来识别所有的参数。因此，必须利用添加在残差的方差—协方差矩阵上的约束条件。

因 h 不可观测，所以等式

$$
d_g{}^2(\sigma_\alpha^2+\sigma_\omega^2)=cd_g^2\left(\frac{1}{c}\sigma_\alpha^2+\frac{1}{c}\sigma_\omega^2\right) \tag{5.4.4}
$$

尚不确定。令 $\sigma_\alpha^2=1$ 后将 h 标准化。则有

$$
E\mathbf{v}_{it}\mathbf{v}'_{it} = (1+\sigma_\omega^2)\mathbf{dd}' + \mathrm{diag}(\sigma_1^2,\cdots,\sigma_G^2) = \Omega \tag{5.4.5}
$$

$$
E\mathbf{v}_{it}\mathbf{v}'_{is} = \mathbf{dd}' = \Omega_w \quad \text{如果 } t\neq s \tag{5.4.6}
$$

$$
E\mathbf{v}_{it}\mathbf{v}'_{js} = \mathbf{0} \quad \text{如果 } i\neq j \tag{5.4.7}
$$

其中 $\mathbf{d}=(d_1,\ \cdots,\ d_G)$，$\mathrm{diag}(\sigma_1^2,\ \cdots,\ \sigma_G^2)$ 表示对角线元素为 σ_1^2，…，σ_G^2 的$G\times G$ 的对角矩阵。

在 α_i，ω_{it} 和 $u_{g_{it}}$ 正态分布的假设下，或者我们只限于考虑二阶矩时，则关于 $\mathbf{y}$ 分布的所有信息都包含在

$$
C_{y_{tt}} = \mathbf{\Gamma}^{-1}\mathbf{B}C_{x_{tt}}\mathbf{B}'\mathbf{\Gamma}'^{-1} + \mathbf{\Gamma}^{-1}\Omega_\omega\mathbf{\Gamma}'^{-1} \tag{5.4.8}
$$

$$
C_{y_{ts}} = \mathbf{\Gamma}^{-1}\mathbf{B}C_{x_{ts}}\mathbf{B}'\mathbf{\Gamma}'^{-1} + \mathbf{\Gamma}^{-1}\Omega_\omega\mathbf{\Gamma}'^{-1},\ t\neq s \tag{5.4.9}
$$

$$
C_{yx_{ts}} = -\mathbf{\Gamma}^{-1}\mathbf{B}C_{x_{ts}} \tag{5.4.10}
$$

其中 $C_{y_{ts}}=E\mathbf{y}_{it}\mathbf{y}'_{is}$，$C_{yx_{ts}}=E\mathbf{y}_{it}\mathbf{x}'_{is}$ 以及 $C_{x_{ts}}=E\mathbf{x}_{it}\mathbf{x}'_{is}$。

将系数矩阵 $\mathbf{\Gamma}$ 和 $\mathbf{B}$ 堆积成 $1\times G(G+K)$ 的向量 $\boldsymbol{\theta}'=(\boldsymbol{\gamma}'_1,\ \cdots,\ \boldsymbol{\gamma}'_G,\ \boldsymbol{\beta}'_1,\ \cdots,\ \boldsymbol{\beta}'_G)$。假定 $\boldsymbol{\theta}$ 满足 M 个先验约束条件：

$$
\Phi(\boldsymbol{\theta}) = \boldsymbol{\phi} \tag{5.4.11}
$$

其中 $\boldsymbol{\phi}$ 是 $M\times 1$ 的常数向量。则局部识别 $\boldsymbol{\Gamma}$，$\mathbf{B}$，$\mathbf{d}$，σ_ω^2 以及 σ_1^2，…，σ_G^2 的一个充分必要条件是式（5.4.8）～（5.4.11）对未知参数的偏导数构成的 Jacobian 矩阵的秩等于 $G(G+K)+2G+1$［参见 Hsiao（1983）］。

假设没有对矩阵 $\mathbf{B}$ 的约束条件。只要 $\boldsymbol{\Gamma}$ 可识别，则可利用式（5.4.10）的 GK 个方程识别 $\mathbf{B}$。因此，我们可重点考虑

$$\boldsymbol{\Gamma}(C_{y_{it}}-C_{yx_{it}}C_{x_{it}}^{-1}C'_{yx_{it}})\boldsymbol{\Gamma}'=\Omega \tag{5.4.12}$$

$$\boldsymbol{\Gamma}(C_{y_{ts}}-C_{yx_{ts}}C_{x_{ts}}^{-1}C'_{yx_{ts}})\boldsymbol{\Gamma}'=\Omega_w, t\neq s \tag{5.4.13}$$

我们已经知道 Ω 是对称的，且在式（5.4.12）中有 $G(G+1)/2$ 个独立方程。但 Ω_w 的秩是 1；因此，由式（5.4.13）我们仅能导出 G 个独立方程。假设 $\boldsymbol{\Gamma}$ 是下三角矩阵且 $\boldsymbol{\Gamma}$ 的对角线元素都已标准化为 1；则 $\boldsymbol{\Gamma}$ 中有 $G(G-1)/2$ 个未知参数，以及 $2G+1$ 个未知参数（d_1，…，d_G），（σ_1^2，…，σ_G^2）和 σ_ω^2。方程的个数比未知参数的个数还少一个。如果要由式（5.4.12）和（5.4.13）构成 Jacobian 矩阵，且先验约束非奇异，则我们至少需要增加一个先验约束。因此，对方程组

$$\boldsymbol{\Gamma}\mathbf{y}_{it}+\mathbf{B}\mathbf{x}_{it}=\mathbf{v}_{it} \tag{5.4.14}$$

其中 $\boldsymbol{\Gamma}$ 是下三角矩阵，$\mathbf{B}$ 不受约束，$\mathbf{v}_{it}$ 满足式（5.4.1）和（5.4.2），在排除性约束条件下，识别它的一个必要条件是 $g>\ell$ 时，至少有一个 $\gamma_{g\ell}=0$［详细内容，见 Chamberlain（1976）或 Hsiao（1983）］。

5.4.2 估计

前面讨论了方差—协方差矩阵中的约束条件如何帮助我们识别模型。现在我们转到模型的估计问题。这里介绍两种估计方法：**净化工具变量**（purged-instrumental-variable）法［Chamberlain（1977a）］和最大似然法［Chamberlain 和 Griliches（1975）］。后者是有效估计，但是计算复杂。前者缺乏效率，但比较简单，而且是一致的。该法还有助于阐明前面关于识别的假设。

为简单起见，我们假定不存在对外生变量系数的约束条件。在该假设下，因为没有**排除性外生变量**（excluded exogenous variables）可用作方程中内生变量的合理工具变量，故不失一般性，我们可进一步忽略外生变量的存在。工具变量必须来自模型的组结构。我们用三角形方程组

$$\begin{aligned}
y_{1_{it}} &= && +v_{1_{it}}\\
y_{2_{it}} &=\gamma_{21}y_{1_{it}} && +v_{2_{it}}\\
&\vdots\\
y_{G_{it}} &=\gamma_{G1}y_{1_{it}}+\cdots+\gamma_{G,G-1}y_{G-1_{it}} && +v_{G_{it}}
\end{aligned} \tag{5.4.15}$$

进行说明，其中 $v_{g_{it}}$ 满足式（5.4.1）和（5.4.2）。为能识别模型，我们还假定对某个 ℓ 和 k，$\ell>k$ 时 $\gamma_{\ell k}=0$。

模型（5.4.15）的约简型为

$$y_{g_{it}}=a_g h_{it}+\epsilon_{g_{it}},\quad g=1,\cdots,G \tag{5.4.16}$$

其中

$$\mathbf{a}=\begin{bmatrix}a_1\\a_2\\a_3\\\vdots\\a_G\end{bmatrix}=\begin{bmatrix}d_1\\d_2+\gamma_{21}d_1\\d_3+\gamma_{31}d_1+\gamma_{32}(d_2+\gamma_{21}d_1)\\\vdots\end{bmatrix} \tag{5.4.17}$$

$$\boldsymbol{\epsilon}_{it}=\begin{bmatrix}\epsilon_{1_{it}}\\\epsilon_{2_{it}}\\\epsilon_{3_{it}}\\\vdots\\\epsilon_{g_{it}}\\\vdots\end{bmatrix}=\begin{bmatrix}u_{1_{it}}\\u_{2_{it}}+\gamma_{21}u_{1_{it}}\\u_{3_{it}}+\gamma_{31}u_{1_{it}}+\gamma_{32}(u_{2_{it}}+\gamma_{21}u_{1_{it}})\\\vdots\\u_{g_{it}}+\sum_{k=1}^{g-1}\gamma_{gk}^{*}u_{k_{it}}\\\vdots\end{bmatrix} \tag{5.4.18}$$

这里，如果 $g>1$ 且 $k+1<g$ 则 $\gamma_{gk}^{*}=\gamma_{gk}+\sum_{i=k+1}^{g-1}\gamma_{gi}\gamma_{ik}^{*}$，如果 $k+1=g$，则 $\gamma_{gk}^{*}=\gamma_{gk}$。

5.4.2.a 工具变量法

净化工具变量法的技巧在于将 h 放在残差中并构建与 h 无关的工具变量。在给出一般模型之前，我们借助几个简单的例子说明这类工具变量从何而来。

考虑 $G=3$ 的情形。假设 $\gamma_{21}=\gamma_{31}=0$。在 y_3 的方程中将 y_1 作为 h 的代理变量，则有

$$y_{3_{it}}=\gamma_{32}y_{2_{it}}+\frac{d_3}{d_1}y_{1_{it}}+u_{3_{it}}-\frac{d_3}{d_1}u_{1_{it}} \tag{5.4.19}$$

如果 $T\geqslant 2$，则 $t\neq s$ 时 $y_{1_{is}}$ 是 $y_{1_{it}}$ 的合理工具变量，因为只要 $d_1\sigma_\alpha^2\neq 0$，$y_{1_{is}}$ 便与 $u_{3_{it}}-(d_3/d_1)u_{1_{it}}$ 无关而与 $y_{1_{it}}$ 相关。故我们可用（$y_{2_{it}}$，$y_{1_{is}}$）作为工具变量来估计方程（5.4.19）。

下面，假设只有 $\gamma_{32}=0$。则模型的约简型为

$$\begin{bmatrix}y_1\\y_2\\y_3\end{bmatrix}=\begin{bmatrix}d_1\\d_2+\gamma_{21}d_1\\d_3+\gamma_{31}d_1\end{bmatrix}h_{it}+\begin{bmatrix}u_{1_{it}}\\u_{2_{it}}+\gamma_{21}u_{1_{it}}\\u_{3_{it}}+\gamma_{31}u_{1_{it}}\end{bmatrix}$$

$$=\begin{bmatrix}a_1\\a_2\\a_3\end{bmatrix}h_{it}+\begin{bmatrix}\epsilon_{1_{it}}\\\epsilon_{2_{it}}\\\epsilon_{3_{it}}\end{bmatrix} \tag{5.4.20}$$

此时有效工具变量的构建更加复杂，需要分两个阶段来完成有效工具变量的构造。第一阶段，在 y_2 的约简型方程中用 y_1 作为 h 的代理变量：

$$y_{2_{it}}=\frac{a_2}{a_1}y_{1_{it}}+\epsilon_{2_{it}}-\frac{a_2}{a_1}\epsilon_{1_{it}} \tag{5.4.21}$$

只要 $d_1\sigma_\alpha^2\neq0$，则 $s\neq t$ 时将 $y_{1_{is}}$ 作为 $y_{1_{it}}$ 的工具变量即可估计方程（5.4.21)。然后得到残差，因而清除 y_2 与 h 的相关性：

$$z_{2_{it}}=y_{2_{it}}-\frac{a_2}{a_1}y_{1_{it}}=\epsilon_{2_{it}}-\frac{a_2}{a_1}\epsilon_{1_{it}} \tag{5.4.22}$$

第二阶段，在 y_3 的结构方程中将 z_2 用作 y_1 的工具变量：

$$y_{3_{it}}=\gamma_{31}y_{1_{it}}+d_3h_{it}+u_{3_{it}} \tag{5.4.23}$$

只要 $d_2\sigma_\alpha^2\neq0$（如果 $d_2=0$，则 $z_2=y_2-\gamma_{21}y_1=u_2$。它不再与 y_1 相关），变量 z_2 就是合理的工具变量，因为它与 h 和 u_3 无关，但与 y_1 相关。因此，我们要求 h 直接出现在 y_2 的方程中且 y_1 不与 h 成比例，否则我们将不能分离 y_1 和 h 的影响。

识别 y_2 的方程

$$y_{2_{it}}=\gamma_{21}y_{1_{it}}+d_2h_{it}+u_{2_{it}} \tag{5.4.24}$$

时，我们可交换 y_2 和 y_3 的约简型方程并重复这两个阶段。识别 γ_{21} 和 γ_{31} 后，在第三阶段我们得到残差

$$\begin{aligned}v_{2_{it}}&=y_{2_{it}}-\gamma_{21}y_{1_{it}}=d_2h_{it}+u_{2_{it}}\\ v_{3_{it}}&=y_{3_{it}}-\gamma_{31}y_{1_{it}}=d_3h_{it}+u_{3_{it}}\end{aligned} \tag{5.4.25}$$

然后将 y_1 当作 h 的代理变量：

$$\begin{aligned}v_{2_{it}}&=\frac{d_2}{d_1}y_{1_{it}}+u_{2_{it}}-\frac{d_2}{d_1}u_{1_{it}}\\ v_{3_{it}}&=\frac{d_3}{d_1}y_{1_{it}}+u_{3_{it}}-\frac{d_3}{d_1}u_{1_{it}}\end{aligned} \tag{5.4.26}$$

再次应用工具变量法，当 $s\neq t$ 时将 $y_{1_{is}}$ 当作 $y_{1_{it}}$ 的工具变量即可识别 d_2/d_1 和 d_3/d_1（注意，因潜变量不确定，故只能识别关于 d 的比率）。

现回到对一般方程组（5.4.15）～（5.4.18）的工具变量的构造。假定 $T\geqslant2$。工具变量的构造需要几个不同的阶段。在第一阶段，令 y_1 是 h 的代理变量。则 y_g 的约简型方程变成

$$y_{g_{it}}=\frac{a_g}{a_1}y_{1_{it}}+\epsilon_{g_{it}}-\frac{a_g}{a_1}\epsilon_{1_{it}},\quad g=2,\cdots,\ell-1 \tag{5.4.27}$$

如果 $T\geqslant2$，则 $d_1\sigma_\alpha^2\neq0$ 时，将同组中的其他元素（如 $y_{1_{is}}$ 和 $y_{1_{it}}$，$t\neq s$）作为方程（5.4.27）中 y_g 的工具变量便可一致地估计 a_g/a_1。得到 a_g/a_1 的一致估计后，我们即可计算残差

$$z_{g_{it}}=y_{g_{it}}-\frac{a_g}{a_1}y_{1_{it}}=\epsilon_{g_{it}}-\frac{a_g}{a_1}\epsilon_{1_{it}},\quad g=2,\cdots,\ell-1 \tag{5.4.28}$$

z_g 与 h 无关。只要 $d_g\sigma_1^2\neq0$，它们就是 y_g 的有效工具变量。排除第 ℓ 个结构方程

中的 y_k 后，对仍在方程右边的 $\ell-2$ 个变量存在 $\ell-2$ 个工具变量。

为估计 y_ℓ之后的方程，我们转换变量后得到

$$\begin{aligned} y_{2_{it}}^* &= y_{2_{it}} - \gamma_{21} y_{1_{it}} \\ y_{3_{it}}^* &= y_{3_{it}} - \gamma_{31} y_{1_{it}} - \gamma_{32} y_{2_{it}} \\ &\vdots \\ y_{\ell_{it}}^* &= y_{\ell_{it}} - \gamma_{\ell 1} y_{1_{it}} - \cdots - \gamma_{\ell,\ell-1} y_{\ell-1_{it}} \end{aligned} \tag{5.4.29}$$

再将 $y_{\ell+1}$的方程表示为

$$y_{\ell+1_{it}} = \gamma_{\ell+1,1}^* y_{1_{it}} + \gamma_{\ell+1,2}^* y_{2_{it}}^* + \cdots + \gamma_{\ell+1,\ell-1}^* y_{\ell-1_{it}}^* + \gamma_{\ell+1,\ell} y_{\ell_{it}}^* + d_{\ell+1} h_{it} + u_{\ell+1_{it}} \tag{5.4.30}$$

其中 $j<\ell$ 时有 $\gamma_{\ell+1,j}^* = \gamma_{\ell+1,j} + \sum_{m=j+1}^{\ell} \gamma_{\ell+1,m} \gamma_{mj}^*$。将 y_1 当作 h 的代理变量，便得到

$$y_{\ell+1_{it}} = \gamma_{\ell+1,2}^* y_{2_{it}}^* + \cdots + \gamma_{\ell+1,\ell} y_{\ell_{it}}^* + \left(\gamma_{\ell+1,1}^* + \frac{d_{\ell+1}}{d_1}\right) y_{1_{it}} + u_{\ell+1_{it}} - \frac{d_{\ell+1}}{d_1} u_{1_{it}} \tag{5.4.31}$$

因 $2\leqslant g\leqslant \ell$ 时，u_1 与 $y_g{}^*$ 无关，故 $s\neq t$ 时，我们可将 $y_{g_{it}}^*$ 和 $y_{1_{is}}$ 一起作为工具变量识别 $\gamma_{\ell+1,j}$。识别 $\gamma_{\ell+1,j}$后，我们可得到 $y_{\ell+1}{}^* = y_{\ell+1} - \gamma_{\ell+1,1} y_1 - \cdots - \gamma_{\ell+1,\ell} y_\ell$，再用类似的方法识别 $y_{\ell+2}$，以此类推。

识别所有的 γ 后，我们便可得到估计的残差 $\hat{\mathbf{v}}_{it}$。利用 $\hat{\mathbf{v}}_{it}$，我们可按与式 (5.4.26) 相同的步骤估计 d_g/d_1。我们还可得到残差的方差—协方差矩阵 $\hat{\Omega}$ 以及平均残差 $(1/T)\sum_{t=1}^{T} \hat{\mathbf{v}}_{it}$ 的方差—协方差矩阵 $\hat{\bar{\Omega}}$，然后利用

$$\hat{\Omega} = (1+\sigma_w^2)\mathbf{dd}' + \mathrm{diag}(\sigma_1^2, \cdots, \sigma_G^2) \tag{5.4.32}$$

$$\hat{\bar{\Omega}} = (1+\sigma_w^2)\mathbf{dd}' + \frac{1}{T}\mathrm{diag}(\sigma_1^2, \cdots, \sigma_G^2) \tag{5.4.33}$$

解出 $\mathbf{d}$，$(\sigma_1^2, \cdots, \sigma_G^2)$ 和 σ_w^2。

清除 IV 估计量是一致的。该方法通常还能迅速验明新模型可否被识别。譬如，识别前面的方程组时，为理解条件"$g>\ell$ 时至少有一个 $\gamma_{g\ell}=0$"的必要性，我们可验证用前面的方法得到的工具变量是否满足必需的秩条件。考虑 $G=3$ 且 $g>\ell$ 时 $\gamma_{g\ell}\neq 0$ 的例子。为采用"允许 h 保留在残差中"的方法，在第三个方程中我们要求 y_1 和 y_2 的工具变量与 h 无关。如前所述，我们可用 $z_2 = y_2 - (a_2/a_1) y_1$ 清除 y_2 与 h 的相关性。相似的方法还可用来估计 y_1 的方程。我们将 y_2 作为 h 的代理变量，$y_{2_{is}}$ 作为 $y_{2_{it}}$ 的工具变量，然后得到残差 $z_1 = y_1 - (a_1/a_2) y_2$。$z_1$ 同样与 h 和 u_3 无关。但 $z_1 = -(a_1/a_2) z_2$，因此将 z_1 和 z_2 都作为工具变量时不能满足秩条件。

5.4.2.b 最大似然法

虽然清除 IV 法简单易行，但它可能缺乏效率，因为内生变量和清除 IV 之间的相关性可能非常弱。此外，如果矩阵 (5.4.6) 的秩等于 1，则约束条件不起

作用。要得到未知参数的有效估计，则有必要在估计方程系数时同时估计协方差矩阵。在 α_i，ω_{it} 和 u_{it} 正态分布的假设下，最大化似然函数

$$\log L = -\frac{N}{2}\log|V| - \frac{1}{2}\sum_{i=1}^{N}(\mathbf{y}'_{1i},\mathbf{y}'_{2i},\cdots,\mathbf{y}'_{Gi})V^{-1}(\mathbf{y}'_{1i},\mathbf{y}'_{2i},\cdots,\mathbf{y}'_{Gi})' \tag{5.4.34}$$

可得到模型（5.4.15）的有效估计，其中

$$\underset{T\times1}{\mathbf{y}_{gi}} = (y_{g_{i1}},\cdots,y_{g_{iT}})', \quad g=1,\cdots,G$$
$$\underset{GT\times GT}{V} = \Lambda\otimes I_T + \mathbf{aa}'\otimes\mathbf{e}_T\mathbf{e}'_T$$
$$\underset{G\times G}{\Lambda} = E(\boldsymbol{\epsilon}_{it}\boldsymbol{\epsilon}'_{it}) + \sigma_\omega^2\mathbf{aa}' \tag{5.4.35}$$

利用关系式[10]

$$V^{-1} = \Lambda^{-1}\otimes I_T - \mathbf{cc}'\otimes\mathbf{e}_T\mathbf{e}'_T \tag{5.4.36}$$
$$|V| = |\Lambda|^T|1-T\mathbf{c}'\Lambda\mathbf{c}|^{-1} \tag{5.4.37}$$

我们可将似然函数简化为[11]

$$\log L = -\frac{NT}{2}\log|\Lambda| + \frac{N}{2}\log(1-T\mathbf{c}'\Lambda\mathbf{c}) - \frac{NT}{2}\operatorname{tr}(\Lambda^{-1}R) + \frac{NT^2}{2}\mathbf{c}'\bar{R}\mathbf{c} \tag{5.4.38}$$

其中 $\mathbf{c}$ 是与 $\Lambda^{-1}\mathbf{a}$ 成比例的 $G\times1$ 的向量，R 是由残差的平方项与残差交叉乘积项除以 NT 后构成的矩阵，$\bar{R}$是平均残差（每个 i 关于 t 的平均）的平方项与交叉乘积项除以 N 后构成的矩阵。换句话说，我们利用 $\mathbf{c}$ 和 Λ 重新参数化似然函数（5.4.34）后，可简化该似然函数。

求对数似然函数（5.4.38）关于 Λ^{-1} 和 $\mathbf{c}$ 的偏导，我们得到一阶条件[12]

$$\frac{\partial\log L}{\partial\Lambda^{-1}} = \frac{NT}{2}\Lambda + \frac{NT}{2}\frac{1}{1-T\mathbf{c}'\Lambda\mathbf{c}}\Lambda\mathbf{cc}'\Lambda - \frac{NT}{2}R = \mathbf{0} \tag{5.4.39}$$

$$\frac{\partial\log L}{\partial\mathbf{c}} = -\frac{NT}{1-T\mathbf{c}'\Lambda\mathbf{c}}\Lambda\mathbf{c} + NT^2\bar{R}\mathbf{c} = \mathbf{0} \tag{5.4.40}$$

用 $\mathbf{c}$ 右乘式（5.4.39）后移项，我们有

$$\Lambda\mathbf{c} = \frac{1-T\mathbf{c}'\Lambda\mathbf{c}}{1-(T-1)\mathbf{c}'\Lambda\mathbf{c}}R\mathbf{c} \tag{5.4.41}$$

综合式（5.4.40）和（5.4.41），我们得到

$$\left[\bar{R} - \frac{1}{T[1-(T-1)\mathbf{c}'\Lambda\mathbf{c}]}R\right]\mathbf{c} = \mathbf{0} \tag{5.4.42}$$

因此，$\mathbf{c}$ 的 MLE 是对应于

$$|\bar{R} - \lambda R| = 0 \tag{5.4.43}$$

的某个根的特征向量。行列式方程（5.4.43）有 G 个根。为找到需要的根，将式（5.4.39）和（5.4.40）代入式（5.4.38）后得到

$$\log L = -\frac{NT}{2}\log|\Lambda| + \frac{N}{2}\log(1 - T\mathbf{c}'\Lambda\mathbf{c})$$
$$-\frac{NT}{2}(G + T\,\mathrm{tr}\mathbf{c}'\bar{R}\mathbf{c}) + \frac{NT^2}{2}\mathrm{tr}(\mathbf{c}'\bar{R}\mathbf{c})$$
$$= -\frac{NT}{2}\log|\Lambda| + \frac{N}{2}\log(1 - T\mathbf{c}'\Lambda\mathbf{c}) - \frac{NTG}{2} \tag{5.4.44}$$

将对应于 (5.4.43) G 个根的 G 个特征向量记为 $\mathbf{c}_1(=\mathbf{c})$，$\mathbf{c}_2$，…，$\mathbf{c}_G$。这些特征向量仅由某个数来确定。选择满足 $\mathbf{c}_g^{*\prime}R\mathbf{c}_g^* = 1$ 的标准化向量 $\mathbf{c}_g^* = (\mathbf{c}_g'R\mathbf{c}_g)^{-1/2}\mathbf{c}_g$，$g=1$，…，$G$。再令 $C^* = [\mathbf{c}_1^*, \cdots, \mathbf{c}_G^*]$；则有 $C^{*\prime}RC^* = I_G$。由式 (5.4.39) 和 (5.4.41) 我们得到

$$C^{*\prime}\Lambda C^* = C^{*\prime}RC^* - \frac{1 - T\mathbf{c}'\Lambda\mathbf{c}}{[1-(T-1)\mathbf{c}'\Lambda\mathbf{c}]^2}C^{*\prime}R\mathbf{c}\mathbf{c}'RC^*$$
$$= I_G - \frac{1 - T\mathbf{c}'\Lambda\mathbf{c}}{[1-(T-1)\mathbf{c}'\Lambda\mathbf{c}]^2} \times \begin{bmatrix}(\mathbf{c}'R\mathbf{c})^{1/2} \\ 0 \\ \vdots \\ 0\end{bmatrix}[(\mathbf{c}'R\mathbf{c})^{1/2} \quad 0 \quad \cdots \quad 0] \tag{5.4.45}$$

方程 (5.4.41) 表明 $(\mathbf{c}'R\mathbf{c}) = \{[1-(T-1)\mathbf{c}'\Lambda\mathbf{c}]/[1-T\mathbf{c}'\Lambda\mathbf{c}]\}\mathbf{c}'\Lambda\mathbf{c}$。因此式 (5.4.45) 的行列式为 $\{[1-T\mathbf{c}'\Lambda\mathbf{c}]/[1-(T-1)\mathbf{c}'\Lambda\mathbf{c}]\}$。因为 $C^{*\prime -1}C^{*-1} = R$，故有 $|\Lambda| = \{[1-T\mathbf{c}'\Lambda\mathbf{c}]/[1-(T-1)\mathbf{c}'\Lambda\mathbf{c}]\}|R|$。将其代入式 (5.4.44)，则对数似然函数变成

$$\log L = -\frac{NT}{2}\{\log|R| + \log(1 - T\mathbf{c}'\Lambda\mathbf{c}) - \log[1-(T-1)\mathbf{c}'\Lambda\mathbf{c}]\}$$
$$+\frac{N}{2}\log[1 - T\mathbf{c}'\Lambda\mathbf{c}] - \frac{NTG}{2} \tag{5.4.46}$$

它在容许范围 $(0, 1/T)$ 内与 $\mathbf{c}'\Lambda\mathbf{c}$ 正相关。[13] 所以 $\mathbf{c}$ 的 MLE 是与式 (5.4.43) 最大的根对应的特征向量。一旦得到了 $\mathbf{c}$，根据附录 5A 和式 (5.4.39) 以及 (5.4.40)，我们可用

$$\mathbf{a}' = T(1 + T^2\mathbf{c}'\bar{R}\mathbf{c})^{-1/2}\mathbf{c}'\bar{R} \tag{5.4.47}$$

和

$$\Lambda = R - \mathbf{a}\mathbf{a}' \tag{5.4.48}$$

估计 $\mathbf{a}$ 和 Λ。知道 $\mathbf{a}$ 和 Λ 后，我们便可求解联合因变量 Γ 的系数。

方程中包含外生变量，且没有对外生变量系数的约束条件时，只需用

$$-\frac{1}{2}\sum_{i=1}^{N}(\mathbf{y}'_{1i} - \boldsymbol{\pi}'_1X'_i, \cdots, \mathbf{y}'_{Gi} - \boldsymbol{\pi}'_GX'_i)$$
$$\times V^{-1}(\mathbf{y}'_{1i} - \boldsymbol{\pi}'_1X'_i, \cdots, \mathbf{y}'_{Gi} - \boldsymbol{\pi}'_GX'_i)'$$

替换似然函数 (5.4.34) 的指数项

$$-\frac{1}{2}\sum_{i=1}^{N}(\mathbf{y}'_{1i},\cdots,\mathbf{y}'_{Gi})V^{-1}(\mathbf{y}'_{1i},\cdots,\mathbf{y}'_{Gi})'$$

即可。$\mathbf{c}$，$\mathbf{a}$ 和 Λ 的 MLE 仍然是式（5.4.43），（5.4.47）和（5.4.48）的解。利用 Λ 和 $\mathbf{a}$ 的值我们可解出 Γ 和 σ_ω^2。控制 V 后，Π 的 MLE 是 Π 的 GLS。知道 Π 和 Γ 后，我们可解出 $B=-\Gamma\Pi$。

因此，Chamberlain 和 Griliches（1975）提出下面求 MLE 的迭代算法。从约简型的最小二乘估计开始，我们可得到 R 和 $\bar{R}$ 的一致估计。然后通过最大化[14]

$$\frac{\mathbf{c}'\bar{R}\mathbf{c}}{\mathbf{c}'R\mathbf{c}} \tag{5.4.49}$$

估计 $\mathbf{c}$。一旦得到了 $\mathbf{c}$，我们就可用式（5.4.47）和（5.4.48）求解 Λ 和 $\mathbf{a}$。有了 Λ 和 $\mathbf{a}$ 的值后，约简型参数的 MLE 就是广义最小二乘估计。得到这些约简型参数的估计后，便可以得到新的 R 和 $\bar{R}$ 并继续迭代直到解收敛为止。利用收敛的约简型参数估计量可解出结构型参数的估计。

5.4.3 案例

Chamberlain 和 Griliches（1975）用美国印第安纳州的 156 对兄弟所受最高教育的 Gorseline（1932）数据（y_1），职业声望（Duncan 的 SES）的对数（y_2），1927 年收入的对数（y_3）拟合类似（5.4.1）～（5.4.3）的模型。具体说来，他们令

$$\begin{aligned}
y_{1_{it}} &= \boldsymbol{\beta}'_1\mathbf{x}_{it}+d_1h_{it}+u_{1_{it}}\\
y_{2_{it}} &= \gamma_{21}y_{1_{it}}+\boldsymbol{\beta}'_2\mathbf{x}_{it}+d_2h_{it}+u_{2_{it}}\\
y_{3_{it}} &= \gamma_{31}y_{1_{it}}+\boldsymbol{\beta}'_3\mathbf{x}_{it}+d_3h_{it}+u_{3_{it}}
\end{aligned} \tag{5.4.50}$$

集合 X 包含常数、年龄、年龄的平方（该平方项只出现在收入方程中）。

模型（5.4.50）的约简型为

$$\mathbf{y}_{it}=\boldsymbol{\Pi}\mathbf{x}_{it}+\mathbf{a}h_{it}+\boldsymbol{\epsilon}_{it} \tag{5.4.51}$$

其中

$$\boldsymbol{\Pi}=\begin{bmatrix}\boldsymbol{\beta}'_1\\ \gamma_{21}\boldsymbol{\beta}'_1+\boldsymbol{\beta}'_2\\ \gamma_{31}\boldsymbol{\beta}'_1+\boldsymbol{\beta}'_3\end{bmatrix}$$

$$\mathbf{a}=\begin{bmatrix}d_1\\ d_2+\gamma_{21}d_1\\ d_3+\gamma_{31}d_1\end{bmatrix}$$

$$\boldsymbol{\epsilon}_{it}=\begin{bmatrix}u_{1_{it}}\\ u_{2_{it}}+\gamma_{21}u_{1_{it}}\\ u_{3_{it}}+\gamma_{31}u_{1_{it}}\end{bmatrix} \tag{5.4.52}$$

因此，

$$E\boldsymbol{\epsilon}_{it}\boldsymbol{\epsilon}_{it}'=\begin{bmatrix}\sigma_{u1}^2 & \gamma_{21}\sigma_{u1}^2 & \gamma_{31}\sigma_{u1}^2 \\ & \sigma_{u2}^2+\gamma_{21}^2\sigma_{u1}^2 & \gamma_{21}\gamma_{31}\sigma_{u1}^2 \\ & & \sigma_{u3}^2+\gamma_{31}^2\sigma_{u1}^2\end{bmatrix} \tag{5.4.53}$$

且

$$\Lambda=\begin{bmatrix}\sigma_{11} & \sigma_{12} & \sigma_{13} \\ & \sigma_{22} & \sigma_{23} \\ & & \sigma_{33}\end{bmatrix}=E(\boldsymbol{\epsilon}_{it}\boldsymbol{\epsilon}_{it}')+\sigma_{\omega}^2\mathbf{aa}' \tag{5.4.54}$$

我们可证明，已知 $\mathbf{a}$ 和 Λ 的值后，可按如下步骤识别联合因变量的结构系数：已知 σ_{ω}^2的值，我们可求出

$$\sigma_{u1}^2=\sigma_{11}-\sigma_{\omega}^2a_1^2 \tag{5.4.55}$$

$$\gamma_{21}=\frac{\sigma_{12}-\sigma_{\omega}^2a_1a_2}{\sigma_{u1}^2} \tag{5.4.56}$$

$$\gamma_{31}=\frac{\sigma_{13}-\sigma_{\omega}^2a_1a_3}{\sigma_{u1}^2} \tag{5.4.57}$$

令

$$\gamma_{21}\gamma_{31}=\frac{\sigma_{23}-\sigma_{\omega}^2a_2a_3}{\sigma_{u1}^2} \tag{5.4.58}$$

等于式（5.4.56）和（5.4.57）的乘积，并利用式（5.4.55），我们得到

$$\sigma_{\omega}^2=\frac{\sigma_{12}\sigma_{13}-\sigma_{11}\sigma_{23}}{\sigma_{12}a_1a_3+\sigma_{13}a_1a_2-\sigma_{11}a_2a_3-\sigma_{23}a_1^2} \tag{5.4.59}$$

于是问题转化为 $\mathbf{a}$ 和 Λ 的估计问题。表 5.1 列出了将 σ_{α}^2 标准化为 1 后，Chamberlain 和 Griliches（1975）模型中的在校教育和（不可观测的）能力变量系数的 MLE。他们的最小二乘估计没有考虑家庭信息，协方差估计同时也列在表 5.1 中，在协方差估计中每个兄弟的属性值（收入、职业、教育和年龄）用他相对自己的家庭均值来度量。

表 5.1　　收入—职业—教育模型参数的估计及其标准误

	方法		
结构方程的系数	最小二乘估计	协方差估计	MLE
教育在：			
收入方程	0.082 (0.010)[a]	0.080 (0.011)	0.088 (0.009)
职业方程	0.104 (0.010)	0.135 (0.015)	0.107 (0.010)

续前表

	方法		
结构方程的系数	最小二乘估计	协方差估计	MLE
"能力"在：			
收入方程			0.416 (0.038)
职业方程			0.214 (0.046)
教育方程			−0.092 (0.178)

[a] 括号内是标准误。

资料来源：Chamberlain 和 Griliches（1975，第 429 页）。

收入方程中在校教育变量系数的协方差估计小于最小二乘估计。但教育方程中能力变量系数的联立方程模型估计是负值。如 5.1 节所述，如果在校教育和能力负相关，那么在校教育变量系数的单方程家庭内估计可能小于最小二乘估计（这里是 0.080 比 0.082）。将这种下降归因为"能力"或"家庭背景"是错误的。事实上，对等地看待教育和能力时，在校教育系数变量（0.088）变得比最小二乘估计（0.082）要大。

附录 5A

令

$$V=\Lambda\otimes I_T+\mathbf{aa}'\otimes\mathbf{e}_T\mathbf{e}_T' \tag{5A.1}$$

因为 Λ 是正定矩阵，$\mathbf{aa}'$ 是正半定矩阵，故存在 $G\times G$ 的非奇异矩阵 F 使得［Anderson（1958，第 341 页）］

$$F'\Lambda F=I_G \text{ 和 } F'\mathbf{aa}'F=\begin{bmatrix}\psi_1 & & \mathbf{0}\\ & 0 & \\ & & \ddots & \\ \mathbf{0} & & & 0\end{bmatrix}$$

其中 ψ_1 是多项式

$$|\mathbf{aa}'-\lambda\Lambda|=0 \tag{5A.2}$$

的根。下一步，选择一个 $T\times T$ 的正交矩阵 E，它的第一列是向量 $(1/\sqrt{T})\ \mathbf{e}_T$。则有

$$E'E=I_T \text{ 和 } E'\mathbf{e}_T\mathbf{e}_T'E=\begin{bmatrix} T & \mathbf{0}' \\ \mathbf{0} & \mathbf{0} \end{bmatrix} \tag{5A.3}$$

现在可用 $F\otimes E$ 来对角化 V，

$$(F\otimes E)'V(F\otimes E)=I_{GT}+\underset{G\times G}{\begin{bmatrix} \psi_1 & \mathbf{0}' \\ \mathbf{0} & \mathbf{0} \end{bmatrix}}\otimes\underset{T\times T}{\begin{bmatrix} T & \mathbf{0}' \\ \mathbf{0} & \mathbf{0} \end{bmatrix}} \tag{5A.4}$$

而 V 的逆矩阵 V^{-1} 为

$$\begin{aligned} V^{-1}&=\Lambda^{-1}\otimes I_T-F'\underset{G\times G}{\begin{bmatrix} \frac{\psi_1}{1+T\psi_1} & \mathbf{0}' \\ \mathbf{0} & \mathbf{0} \end{bmatrix}}F\otimes\mathbf{e}_T\mathbf{e}_T' \\ &=\Lambda^{-1}\otimes I_T-\mathbf{c}\mathbf{c}'\otimes\mathbf{e}_T\mathbf{e}_T' \end{aligned} \tag{5A.5}$$

其中 $\mathbf{c}'=[\psi_1/(1+T\psi_1)]^{1/2}\mathbf{f}_1'$，$\mathbf{f}_1$ 是 F 的第一列。

由式（5A.4）我们得到 V 的行列式：

$$|V|=|\Lambda|^T\cdot(1+T\psi_1) \tag{5A.6}$$

该式可用 $\mathbf{c}$ 和 Λ 表示，因为

$$\mathbf{c}'\Lambda\mathbf{c}=\frac{\psi_1}{1+T\psi_1} \tag{5A.7}$$

所以有

$$1-T\mathbf{c}'\Lambda\mathbf{c}=\frac{1}{1+T\psi_1} \tag{5A.8}$$

和

$$|V|=|\Lambda|^T\cdot|1-T\mathbf{c}'\Lambda\mathbf{c}|^{-1} \tag{5A.9}$$

$V\cdot V^{-1}=I_{GT}$ 表明

$$-\Lambda\mathbf{c}\mathbf{c}'+\mathbf{a}\mathbf{a}'\Lambda^{-1}-T\mathbf{a}\mathbf{a}'\mathbf{c}\mathbf{c}'=0 \tag{5A.10}$$

用 $\mathbf{c}'$ 左乘式（5A.10），我们得到

$$\mathbf{a}=\frac{\mathbf{c}'\mathbf{a}}{[\mathbf{c}'\Lambda\mathbf{c}+(\mathbf{c}'\mathbf{a})^2]}\Lambda\mathbf{c} \tag{5A.11}$$

此外，据 $\mathbf{f}_1'\mathbf{a}=\psi^{1/2}$，$\mathbf{a}$ 与 $\mathbf{c}_1$ 成比例［式（5A.11)］，以及 $\mathbf{f}_1$，我们有

$$\mathbf{a}=\frac{\psi^{1/2}}{\mathbf{f}_1'\mathbf{f}_1}\mathbf{f}_1=\frac{1}{(1+T\psi_1)^{1/2}(\mathbf{c}'\mathbf{c})}\mathbf{c} \tag{5A.12}$$

用 $\mathbf{c}'$ 左乘方程（5.4.40），我们得到

$$\mathbf{c}'\overline{R}\mathbf{c}=\frac{\mathbf{c}'\Lambda\mathbf{c}}{T(1-T\mathbf{c}'\Lambda\mathbf{c})}=\frac{1}{T}\psi_1 \tag{5A.13}$$

综合方程（5.4.40）和式（5A.8），（5A.12）和（5A.13），并利用 $\Lambda\mathbf{f}_1=(1/\mathbf{f}_1'\mathbf{f}_1)\mathbf{f}_1$，我们得到

$$\overline{R}\mathbf{c}=\frac{1}{T}(1+T\psi_1)\Lambda\mathbf{c}=\frac{1}{T}(1+T\psi_1)^{1/2}\mathbf{a}=\frac{1}{T}(1+T^2\mathbf{c}'\overline{R}\mathbf{c})^{1/2}\mathbf{a} \tag{5A.14}$$

由方程（5.4.39）和式（5A.12），我们有

$$\Lambda=R-\frac{1}{(1-T\mathbf{c}'\Lambda\mathbf{c})}\Lambda\mathbf{c}\mathbf{c}'\Lambda=R-\mathbf{a}\mathbf{a}' \tag{5A.15}$$

第 6 章　变系数模型

6.1　引言

迄今为止，我们仅讨论遗漏变量的效应或是个体特异，或是时期特异，或二者兼具的模型。但如果经济结构正在发生变化，或者社会经济和人口背景等因素不同，则相应的参数可能随着时间或横截面单元发生变化。譬如，第 2 章我们报告的对 60 家中小型生产资料生产企业在 1935—1955 年间［不包括战争年代(1942—1945 年)］投资支出的研究［Kuh (1963)］。在 Kuh 的研究中，“所有企业的截距和斜率系数相同”的假设，以及“截距不同但斜率相同”的假设在多数场合都被拒绝（表 2.3 和表 2.4）。Swamy (1970) 基于 11 家美国企业从 1935 年至 1954 年的年度数据拟合 Grunfeld (1958) 投资方程时也发现了类似结果。他对企业年初发行股票的价值和该企业年初资本回报之间截距不同但斜率相同的预检验时得到的 F 值是 14.452 1，该值远远大于自由度为 27 和 187 的 F 分布 5% 水平的临界值。[1]

如果数据不支持斜率相同的假设，但变量关系的模型设定似乎合理，或不便引入其他条件变量时，则作为一种考虑个体间或时期间异质性的方式，允许参数随横截面单元或随时间波动是合理的。此时最一般的单方程模型为

$$y_{it}=\sum_{k=1}^{K}\beta_{kit}x_{kit}+u_{it},\quad i=1,\cdots,N,t=1,\cdots,T \tag{6.1.1}$$

与前几章不同，本章我们不再区别对待截距和其他解释变量并令 $x_{1it}=1$。但如果我们认为各时期不同横截面单元的所有系数是互不相同的固定常数，则我们有 NKT 个参数而仅有 NT 个观测。显然我们无法得到 β_{kit} 的任何有意义的估计。这便引导我们寻求一种新的方法，该方法既允许感兴趣的系数不同，又能提供将横截面单元当作组而不是个体进行建模的手段。

类似于最小二乘虚拟变量法，在模型中引入虚拟变量是可行的方法之一，我们可用虚拟变量标示不同个体单元之间或不同时期系数之间的差异。如果仅存在横截面差异，则该方法等价于为每个横截面单元设定一个单独的回归[2]

$$y_{it}=\boldsymbol{\beta}_i'\mathbf{x}_{it}+u_{it},\quad i=1,\cdots,N,t=1,\cdots,T \tag{6.1.2}$$

其中 $\boldsymbol{\beta}_i$ 和 $\mathbf{x}_{it}$ 是 $K\times1$ 参数向量和解释变量向量。

另一方法是将每个回归系数视为服从某概率分布的随机变量［参见 Hurwicz（1950）；Klein（1953）；Theil 和 Mennes（1959）；Zellner（1966）］。随机系数假设大幅减少了待估计参数的数量，同时又允许系数随横截面单元和/或时期变化。依据对参数波动的不同假设，还可以将随机系数设定进一步细分为两种类型：**平稳随机系数模型**（stationary random-coefficient models）和**非平稳随机系数模型**（nonstationary random-coefficient models）。

平稳随机系数模型认为所有系数向量的均值和方差—协方差矩阵相同。也就是说，可将 $K\times1$ 的参数向量 $\boldsymbol{\beta}_{it}$ 表示为

$$\boldsymbol{\beta}_{it}=\bar{\boldsymbol{\beta}}+\boldsymbol{\xi}_{it},\quad i=1,\cdots,N,t=1,\cdots,T \tag{6.1.3}$$

其中 $\bar{\boldsymbol{\beta}}$ 是 $K\times1$ 的常数向量，$\boldsymbol{\xi}_{it}$ 是 $K\times1$ 的平稳随机向量，其均值为零，方差—协方差矩阵为常数矩阵。对此类模型，我们的兴趣在于：（1）估计平均系数向量 $\bar{\boldsymbol{\beta}}$；（2）预测个体成分 $\boldsymbol{\xi}_{it}$；（3）估计个体参数向量的离散程度；（4）检验 $\boldsymbol{\xi}_{it}$ 的方差为零的假设。

非平稳随机系数模型认为系数向量的均值或方差不是常数。从一个观测到另一个观测，系数的变化可能是非平稳随机过程或外生变量函数实现的结果。此时我们的兴趣在于：（1）估计刻画时间演化过程的参数；（2）估计参数实现的初始值和历史；（3）预测未来的演化；（4）检验随机波动假设。

因为计算复杂，在实证研究中变系数模型未能像变截距模型一样获得广泛接受。但这并不表明研究混合数据中的参数异质性没有必要。譬如，以经济增长的实证研究为例，假定人均产出增长率在同一时期与两组变量有关：一组变量由 Solow 模型中的初始人均产出、储蓄以及人口增长率等组成；另一组变量由若干控制变量组成，这些变量可以是研究人员希望考察的任何其他增长决定因素［参见 Durlauf（2001）；Durlauf 和 Quah（1999）］。但增长理论绝不会认为高中生入学率的变化对美国人均产出增长的边际效应应该与对非洲次撒哈拉地区国家的效

应一样。事实上，任何**简洁回归**（parsimonious regression）都不可避免地遗漏许多变量，从经济理论的角度来说，这些变量很可能影响（模型）所包含变量的参数［参见 Canova（1999）；Durlauf 和 Johnson（1995）］。

本章我们主要研究常用的单方程变系数模型。我们首先讨论包含外生解释变量的单方程模型，然后讨论包含滞后因变量的模型［参见 Hsiao 和 Mountain（1994）；Hsiao 和 Tahmiscioglu（1997）；Hsiao，Pesaran 和 Tahmiscioglu（1999）；Liu 和 Tiao（1980）；Nicholls 和 Quinn（1982）；以及 Swamy（1974）］。我们不打算讨论包含随机系数的联立方程模型［参见 Chow（1983）；Kelejian（1977）；以及 Raj 和 Ullah（1981）］。关于本章主题的更多讨论可参考 Amemiya（1983），Chow（1983），Judge 等（1980），以及 Raj 和 Ullah（1981）等人的工作。

在 6.2 节我们讨论系数随个体变化的模型，在 6.3 节讨论系数随个体和时期变化的模型。6.4 节关注具有时间演变系数的模型。6.5 节讨论系数是其他外生变量函数的模型。6.6 节提出一个固定系数和随机系数的混合模型，并将它作为各种控制非观测异质性的方法的统一分析框架。6.7 节讨论动态模型问题。6.8 节给出了一个流动性限制和企业投资支出的分析案例。

6.2 系数随横截面单元变化

如果认为回归系数不随时间但随个体变化，则我们可将模型记为

$$y_{it} = \sum_{k=1}^{K} \beta_{ki} x_{kit} + u_{it} = \sum_{k=1}^{K} (\bar{\beta}_k + \alpha_{ki}) x_{kit} + u_{it}, \quad i = 1, \cdots, N, t = 1, \cdots, T \tag{6.2.1}$$

可将 $\bar{\boldsymbol{\beta}} = (\bar{\beta}_1, \cdots, \bar{\beta}_K)'$ 当作共同均值系数向量，而将 $\boldsymbol{\alpha}_i = (\alpha_{1i}, \cdots, \alpha_{Ki})'$ 当作个体对共同均值 $\bar{\boldsymbol{\beta}}$ 的偏差。如果个体观测具有异质性，或我们对来自数据库的个体单元的行为感兴趣，则应将 $\boldsymbol{\alpha}_i$ 当作固定常数。如果控制 x_{kit} 后，我们可认为个体单元是从相同总体中随机抽取的，或者对总体特征感兴趣，则一般将 α_{Ki} 当作均值为零，方差与协方差是常数的随机变量。

6.2.1 固定系数模型

将 $\boldsymbol{\beta}_i$ 当作互不相同的固定常数时，我们可将这 NT 个观测值堆积成 Zellner（1962）的似乎无关回归（SUR）模型的形式

$$\begin{bmatrix} \mathbf{y}_1 \\ \mathbf{y}_2 \\ \vdots \\ \mathbf{y}_N \end{bmatrix} = \begin{bmatrix} X_1 & & & \mathbf{0} \\ & X_2 & & \\ & & \ddots & \\ \mathbf{0} & & & X_N \end{bmatrix} \begin{bmatrix} \boldsymbol{\beta}_1 \\ \boldsymbol{\beta}_2 \\ \vdots \\ \boldsymbol{\beta}_N \end{bmatrix} + \begin{bmatrix} \mathbf{u}_1 \\ \mathbf{u}_2 \\ \vdots \\ \mathbf{u}_N \end{bmatrix} \tag{6.2.2}$$

其中 $\mathbf{y}_i$ 和 $\mathbf{u}_i$ 是 $T\times1$ 的向量（y_{i1}，…，y_{iT}）$'$和（u_{i1}，…，u_{iT}）$'$，X_i 是第 i 个个体解释变量 $T\times K$ 的时序观测矩阵，它的第 t 行是 $\mathbf{x}_{it}'$。如果不同横截面单元的协方差不等于零（$E\mathbf{u}_i\mathbf{u}_j'\neq\mathbf{0}$），则（$\boldsymbol{\beta}_1'$，…，$\boldsymbol{\beta}_N'$）的 GLS 估计量比每个横截面单元 $\boldsymbol{\beta}_i$ 的单方程估计量更有效。如果 X_i 对所有的 i 都相同，或者 $E\mathbf{u}_i\mathbf{u}_i'=\sigma_i^2I$，$E\mathbf{u}_i\mathbf{u}_j'=\mathbf{0}(i\neq j)$，则（$\boldsymbol{\beta}_1'$，…，$\boldsymbol{\beta}_N'$）的 GLS 估计量与分别对每个横截面单元的时序观测数据使用最小二乘法得到的估计量相同。

6.2.2 随机系数模型

6.2.2.a 模型

将 $\boldsymbol{\beta}_i=\bar{\boldsymbol{\beta}}+\boldsymbol{\alpha}_i$ 当作有共同均值 $\bar{\boldsymbol{\beta}}$ 的随机变量时，Swamy（1970）假定[3]

$$E\boldsymbol{\alpha}_i=\mathbf{0}$$

$$\underset{K\times K}{E\boldsymbol{\alpha}_i\boldsymbol{\alpha}_j'}=\begin{cases}\Delta & \text{如果 } i=j\\ \mathbf{0} & \text{如果 } i\neq j\end{cases}$$

$$E\mathbf{x}_{it}\boldsymbol{\alpha}_j'=\mathbf{0},E\boldsymbol{\alpha}_i\mathbf{u}_j'=\mathbf{0}$$

$$E\mathbf{u}_i\mathbf{u}_j'=\begin{cases}\sigma_i^2I_T & \text{如果 } i=j\\ \mathbf{0} & \text{如果 } i\neq j\end{cases}\tag{6.2.3}$$

堆积全部的 NT 个观测，我们得到

$$\mathbf{y}=X\bar{\boldsymbol{\beta}}+\tilde{X}\boldsymbol{\alpha}+\mathbf{u}\tag{6.2.4}$$

其中

$$\underset{NT\times1}{\mathbf{y}}=(\mathbf{y}_1',\cdots,\mathbf{y}_N')'$$

$$\underset{NT\times K}{X}=\begin{bmatrix}X_1\\X_2\\\vdots\\X_N\end{bmatrix}$$

$$\underset{NT\times NK}{\tilde{X}}=\begin{bmatrix}X_1 & & & \mathbf{0}\\ & X_2 & & \\ & & \ddots & \\ \mathbf{0} & & & X_N\end{bmatrix}=\text{diag}(X_1,X_2,\cdots,X_N)$$

$$\mathbf{u}=(\mathbf{u}_1',\cdots,\mathbf{u}_N')'$$

$$\boldsymbol{\alpha}=(\boldsymbol{\alpha}_1',\cdots,\boldsymbol{\alpha}_N')'$$

复合扰动项 $\tilde{X}\boldsymbol{\alpha}+\mathbf{u}$ 的协方差矩阵是分块对角矩阵，第 i 个对角子块为

$$\Phi_i=X_i\Delta X_i'+\sigma_i{}^2I_T\tag{6.2.5}$$

6.2.2.b 估计

在 Swamy 的假设下，如果 $(1/NT)X'X$ 收敛于非零常数矩阵，则 $\mathbf{y}$ 对 $\mathbf{x}$ 的

简单回归可导出 $\boldsymbol{\beta}$ 的无偏且一致的估计。但该估计量不是有效估计，且常用来计算估计量方差—协方差矩阵的最小二乘公式也不再正确，所以将产生误导性的统计推断。此外，当参数波动方式本身就值得研究时，忽略参数波动的估计量不能提供经济过程在这方面的启示。

$\bar{\boldsymbol{\beta}}$ 的最优线性无偏估计是 GLS 估计量[4]

$$\hat{\bar{\boldsymbol{\beta}}}_{\mathrm{GLS}} = \left(\sum_{i=1}^{N} X'_i \Phi_i^{-1} X_i\right)^{-1}\left(\sum_{i=1}^{N} X'_i \Phi_i^{-1} \mathbf{y}_i\right) = \sum_{i=1}^{N} W_i \hat{\boldsymbol{\beta}}_i \tag{6.2.6}$$

其中

$$\begin{aligned} W_i &= \left\{\sum_{i=1}^{N}\left[\Delta + \sigma_i^2 (X'_i X_i)^{-1}\right]^{-1}\right\}^{-1}\left[\Delta + \sigma_i^2 (X'_i X_i)^{-1}\right]^{-1} \\ \hat{\boldsymbol{\beta}}_i &= (X'_i X_i)^{-1} X'_i \mathbf{y}_i \end{aligned}$$

式（6.2.6）最后一个等式表明该 GLS 估计量是每个横截面单元的最小二乘估计量的矩阵加权平均，权重与它们的协方差矩阵成反比。该式还表明 GLS 估计量仅要求 K 阶矩阵可逆，因此它比计算简单的最小二乘估计不会复杂太多。

GLS 估计量的协方差矩阵是

$$\mathrm{Var}(\hat{\bar{\boldsymbol{\beta}}}_{\mathrm{GLS}}) = \left(\sum_{i=1}^{N} X'_i \Phi_i^{-1} X_i\right)^{-1} = \left\{\sum_{i=1}^{N}\left[\Delta + \sigma_i^2 (X'_i X_i)^{-1}\right]^{-1}\right\}^{-1} \tag{6.2.7}$$

Swamy 建议用最小二乘估计量 $\hat{\boldsymbol{\beta}}_i = (X'_i X_i)^{-1} X'_i \mathbf{y}_i$ 和残差 $\hat{\mathbf{u}}_i = \mathbf{y}_i - X_i \hat{\boldsymbol{\beta}}_i$ 得到 σ_i^2 和 Δ 的无偏估计量[5]，

$$\hat{\sigma}_i^2 = \frac{\hat{\mathbf{u}}'_i \hat{\mathbf{u}}_i}{T-K} = \frac{1}{T-K} \mathbf{y}'_i \left[I - X_i (X'_i X_i)^{-1} X'_i\right] \mathbf{y}_i \tag{6.2.8}$$

$$\hat{\Delta} = \frac{1}{N-1} \sum_{i=1}^{N} \left(\hat{\boldsymbol{\beta}}_i - N^{-1} \sum_{i=1}^{N} \hat{\boldsymbol{\beta}}_i\right)\left(\hat{\boldsymbol{\beta}}_i - N^{-1} \sum_{i=1}^{N} \hat{\boldsymbol{\beta}}_i\right)' - \frac{1}{N} \sum_{i=1}^{N} \hat{\sigma}_i^2 (X'_i X_i)^{-1} \tag{6.2.9}$$

再次和误差成分模型一样，估计量（6.2.9）不一定是非负定的。如果出现负值情形，Swamy［还可见 Judge 等人（1980）］建议用

$$\hat{\Delta} = \frac{1}{N-1} \sum_{i=1}^{N} \left(\hat{\boldsymbol{\beta}}_i - N^{-1} \sum_{i=1}^{N} \hat{\boldsymbol{\beta}}_i\right)\left(\hat{\boldsymbol{\beta}}_i - N^{-1} \sum_{i=1}^{N} \hat{\boldsymbol{\beta}}_i\right)' \tag{6.2.10}$$

代替估计量（6.2.9）。该估计量虽不是无偏的，但它是非负定的，且 T 趋于无穷时是一致的。我们还可假定 Δ^{-1} 服从自由度为 ρ、矩阵为 R 的 Wishart 分布，然后得到 Lindley 和 Smith（1972）与 Smith（1973）提出的 Bayes 估计量

$$\Delta^* = \frac{\{R + (N-1)\hat{\Delta}\}}{(N + \rho - K - 2)} \tag{6.2.11}$$

其中 R 和 ρ 是先验参数。譬如，像 Hsiao，Pesaran 和 Tahmiscioglu（2002）一样，我们可令 $R = \hat{\Delta}$ 及 $\rho = 2$。

Swamy 证明，在（6.2.6）中用 $\hat{\sigma}_i^2$ 和 $\hat{\Delta}$ 代替 σ_i^2 和 Δ 后，导出 $\bar{\boldsymbol{\beta}}$ 的估计量是渐近正态分布的有效估计量。该 GLS 估计量的协方差矩阵的逆是［式（6.2.7）］[6]

$$\text{Var}(\hat{\bar{\boldsymbol{\beta}}}_{\text{GLS}})^{-1} = N\Delta^{-1} - \Delta^{-1}\left[\sum_{i=1}^{N}\left(\Delta^{-1} + \frac{1}{\sigma_i^2}X'_i X_i\right)^{-1}\right]\Delta^{-1}$$
$$= O(N) - O(N/T) \tag{6.2.12}$$

故它的收敛速度是 $N^{1/2}$。

Swamy（1970）基于 11 家美国企业的年度数据，利用模型（6.2.3）和（6.2.4）重新估计了 Grunfeld 投资函数。他得到的企业年初发行股票的价值和股本的共同均值系数的 GLS 估计分别是 0.084 3 和 0.196 1，渐近标准误分别是 0.014 和 0.041 2。这些系数估计得到的协方差矩阵为

$$\hat{\Delta} = \begin{bmatrix} 0.0011 & -0.0002 \\ & 0.0187 \end{bmatrix} \tag{6.2.13}$$

Zellner（1966）证明，当每个 $\boldsymbol{\beta}_i$ 是具有常数均值的随机变量，且 $\boldsymbol{\beta}_i$ 和 $\mathbf{x}_{it}$ 无关（即满足 Swamy 假设）时，模型没有加总偏误。在此意义上，我们还可将 Swamy 估计理解为某种平均关系，该关系表示一般情况下企业已发行股票的价值是解释投资的重要变量。

6.2.2.c 预测个体系数

有时我们希望对个体系数向量 $\boldsymbol{\beta}_i$ 进行预测，因为该系数向量提供了个体行为的信息，同时它还是预测个体因变量未来值的基础。Swamy（1970，1971）证明，控制给定的 $\boldsymbol{\beta}_i$ 后，最优线性无偏预测就是最小二乘估计 $\hat{\boldsymbol{\beta}}_i$。但从不同时期对不同个体重复抽样的角度考查这类预测的抽样性质时，Lee 和 Griffiths（1979）[还可参见 Lindley 和 Smith（1972）或第 6.6 节] 建议用

$$\hat{\boldsymbol{\beta}}_i^* = \hat{\bar{\boldsymbol{\beta}}}_{\text{GLS}} + \Delta X_i'(X_i \Delta X_i' + \sigma_i^2 I_T)^{-1}(\mathbf{y}_i - X_i \hat{\bar{\boldsymbol{\beta}}}_{\text{GLS}}) \tag{6.2.14}$$

预测 $\boldsymbol{\beta}_i$。该预测在 $E(\hat{\boldsymbol{\beta}}_i^* - \boldsymbol{\beta}_i) = \mathbf{0}$（该数学期望是无条件期望）的意义上是最优线性无偏估计量。

6.2.2.d 系数变异的检验

实证研究中有个重要问题：回归系数是否确实随横截面单元变化？由于引入随机系数变异使因变量在每个观测点具有不同的方差，故此类模型可转换成特殊的异方差模型，且可用似然比统计量检验对不变参数假设的背离。但似然比检验统计量的计算比较复杂。求解全模型参数的最大似然估计时，为避免迭代计算，Breusch 和 Pagan（1979）提出异方差的 Lagrange 乘子检验。在标准情形下，他们的检验和似然比检验的渐近性质相同，但该法计算简单，只需重复用最小二乘回归即可计算该检验统计量。

用 σ_i 除个体关于时期的均值方程，我们得到

$$\frac{1}{\sigma_i}\bar{y}_i = \frac{1}{\sigma_i}\bar{\mathbf{x}}_i'\bar{\boldsymbol{\beta}} + \omega_i, \quad i = 1, \cdots, N \tag{6.2.15}$$

其中

$$\omega_i = \frac{1}{\sigma_i}\bar{\mathbf{x}}_i'\boldsymbol{\alpha}_i + \frac{1}{\sigma_i}\bar{u}_i$$

当假设（6.2.3）成立时，模型（6.2.15）是一个异方差模型，其方差为 $\mathrm{Var}(\omega_i)=(1/T)+(1/\sigma_i^2)\bar{\mathbf{x}}_i'\Delta\bar{\mathbf{x}}_i$，$i=1$，…，$N$。在 $\Delta=\mathbf{0}$ 的虚拟假设下，模型（6.2.15）具有相同的方差 $\mathrm{Var}(\omega_i)=1/T$，$i=1$，…，$N$。所以，此处我们可推广 Breusch-Pagan（1979）异方差检验法对随机系数的变异进行检验。

利用 Rao（1973，第 418－419 页）的方法我们可证明检验虚拟假设的转换 Lagrange 乘子统计量[7]是回归

$$(T\omega_i^{\,2}-1)=\frac{1}{\sigma_i^2}\Big[\sum_{k=1}^{K}\sum_{k'=1}^{K}\bar{x}_{ki}\,\bar{x}_{k'i}\sigma_{\alpha_{kk'}}^2\Big]+\epsilon_i,\quad i=1,\cdots,N \tag{6.2.16}$$

预测平方和的二分之一，其中 $\sigma_{\alpha_{kk'}}^2=E(\alpha_{ki}\alpha_{k'i})$。[8]因 ω_i 和 σ_i^2 通常是未知的，故我们可用它们的估计值 $\hat{\omega}_i$ 和 $\hat{\sigma}_i^2$ 代替，其中 $\hat{\omega}_i$ 是回归方程（6.2.15）的最小二乘估计，$\hat{\sigma}_i^2$ 由式（6.2.8）给出。当 N 和 T 都趋于无穷时，在 $\Delta=\mathbf{0}$ 的虚拟假设下，转换 Lagrange 乘子统计量的极限分布是自由度为 $[K(K+1)]/2$ 的 χ^2 分布。

Breusch-Pagan（1979）的 Lagrange 乘子检验可纳入 White（1980）的信息矩阵检验框架中。Chesher（1984）证明，对于所考察的一般形式相同的变参数模型，可用统计量

$$\begin{aligned}D_N(\hat{\boldsymbol{\theta}}_N)=&\frac{1}{N}\sum_{i=1}^{N}\sum_{t=1}^{T}\frac{\partial^2\log f(y_{it}\mid\mathbf{x}_{it},\hat{\boldsymbol{\theta}}_N)}{\partial\boldsymbol{\theta}\partial\boldsymbol{\theta}'}\\&+\frac{1}{N}\sum_{i=1}^{N}\Big[\sum_{t=1}^{T}\frac{\partial\log f(y_{it}\mid\mathbf{x}_{it},\hat{\boldsymbol{\theta}}_N)}{\partial\boldsymbol{\theta}}\Big]\Big[\sum_{t=1}^{T}\frac{\partial\log f(y_{it}\mid\mathbf{x}_{it},\hat{\boldsymbol{\theta}}_N)}{\partial\boldsymbol{\theta}'}\Big]\end{aligned} \tag{6.2.17}$$

检验它的许多变形，其中 $f(y_{it}\mid\mathbf{x}_{it}，\boldsymbol{\theta})$ 表示在没有参数变异的虚拟假设下已知 $\mathbf{x}_{it}$ 和 $\boldsymbol{\theta}$ 后 y_{it} 的条件密度，$\hat{\boldsymbol{\theta}}_N$ 表示 $\boldsymbol{\theta}$ 的最大似然估计量。$\sqrt{N}D_N(\hat{\boldsymbol{\theta}}_N)$ 中元素联合分布的渐近分布是正态分布，该正态分布的均值为零，协方差矩阵由 White（1980）给出，并由 Chesher（1983）和 Lancaster（1984）简化。

因 i 给定时 $\boldsymbol{\alpha}_i$ 是固定常数，故我们也可通过检验固定系数向量 $\boldsymbol{\beta}_i$ 是否都相等而间接地检验随机变异。也就是说，我们有虚拟假设

$$H_0:\boldsymbol{\beta}_1=\boldsymbol{\beta}_2=\cdots=\boldsymbol{\beta}_N=\bar{\boldsymbol{\beta}}$$

如果不同的横截面单元有相同的方差（$\sigma_i^2=\sigma^2$，$i=1$，…，N），则可用常见的同方差协方差检验（F_3，第 2 章中讨论）。如果和 Swamy（1970，1971）一样假定 σ_i^2 不同，则我们可用修正的检验统计量

$$F_3^*=\sum_{i=1}^{N}\frac{(\hat{\boldsymbol{\beta}}_i-\hat{\bar{\boldsymbol{\beta}}}^*)'X'_iX_i(\hat{\boldsymbol{\beta}}_i-\hat{\bar{\boldsymbol{\beta}}}^*)}{\hat{\sigma}_i^{\,2}} \tag{6.2.18}$$

其中

$$\hat{\bar{\boldsymbol{\beta}}}^*=\Big[\sum_{i=1}^{N}\frac{1}{\hat{\sigma}_i^{\,2}}X'_iX_i\Big]^{-1}\Big[\sum_{i=1}^{N}\frac{1}{\hat{\sigma}_i^{\,2}}X'_i\mathbf{y}_i\Big]$$

在假设 H_0 下，当 N 固定而 T 趋于无穷时，统计量（6.2.18）的渐近分布是自由度为 $K(N-1)$ 的 χ^2 分布。

6.2.2.e 固定系数还是随机系数

假定 $\boldsymbol{\beta}_i$ 是互不相同的固定常数还是互不相同的随机变量的问题，与认为 $\boldsymbol{\beta}_i$ 来自异质性总体还是从同一总体中随机抽取有关，还与我们是控制个体特征后进行条件推断还是关于总体特征做无条件推断有关。如果 $\boldsymbol{\beta}_i$ 是异质的，或者我们是在控制个体特征后进行条件推断，则应该使用固定系数模型。如果认为 $\boldsymbol{\beta}_i$ 从同一总体中随机抽取并对总体特征进行推断，则应该使用随机系数模型。但 Mundlak（1978b）推广他对变截距模型的研究后，提出可变的系数是否与解释变量相关的问题。如果相关，则 Swamy 的随机系数模型假设就不合理，系数均值向量的 GLS 估计量也是有偏的。为修正该偏误，Mundlak（1978b）建议将对 $f(\mathbf{y}_i \mid X_i,\boldsymbol{\beta})$ 的推断视为对 $\int f(\mathbf{y}_i \mid X_i,\bar{\boldsymbol{\beta}},\boldsymbol{\alpha}_i)f(\boldsymbol{\alpha}_i \mid X_i)d\boldsymbol{\alpha}_i$ 的推断，其中 $f(\mathbf{y}_i \mid X_i,\bar{\boldsymbol{\beta}},\boldsymbol{\alpha}_i)$ 表示 $\mathbf{y}_i$ 在 X_i，$\bar{\boldsymbol{\beta}}$ 和 $\boldsymbol{\alpha}_i$ 下的条件密度，而 $f(\boldsymbol{\alpha}_i \mid X_i)$ 表示 $\boldsymbol{\alpha}_i$ 在 X_i 下的条件密度，该条件密度以第 i 个个体可观测解释变量函数的形式给出了系数向量 $\boldsymbol{\alpha}_i$ 的辅助方程。因该框架可视为随机系数模型中系数是其他解释变量函数的特殊情形，故我们保留随机系数不与解释变量相关的假设，并将在 6.5 节讨论作为其他解释变量函数的随机系数的估计。

6.2.2.f 案例

当数据不支持“所有横截面单元的系数都相同”的假设时，为论述使用当期横截面观测估计行为方程时的特殊问题，我们报告由 Barth，Kraft 和 Kraft（1979）完成的一项实证研究。他们用 17 家制造企业从 1959 年第一季度到 1971 年第二季度期间的产品价格、工资、原材料价格、投资和销售的季度观测数据估计美国制造业部门的价格方程。假定扰动项是异方差的，但所有的企业有相同的截距和斜率系数，利用两步 Aitken 估计，他们得到

$$\hat{y}=\underset{(0.0003)}{0.0005}+\underset{(0.0304)}{0.2853}x_2+\underset{(0.005)}{0.0068}x_3+\underset{(0.0017)}{0.0024}x_4 \tag{6.2.19}$$

其中 y_t 是产品价格的季度变化，x_2 是劳动力成本，x_3 是原材料投入价格，x_4 是需求的代理变量（用库存销售比构造）。括号内是估计值的标准误。

估计的回归方程（6.2.19）的意义与理论和现实情况不符。原材料投入成本的贡献极小，不足 1 个百分点。代理变量系数的符号也是错误的。正常情况下，库存销售比增长时，我们预期库存积压对价格形成向下的压力。

导致方程（6.2.19）出错的可能原因很多。譬如，不同企业的定价行为可能不同，因为投入组合不同，劳动力市场不同质，某家企业比另一家企业的需求更具弹性（或更缺乏弹性）。事实上，使用统计量（6.2.18）检验“截距和斜率系数相同”的假设

$$H_0:\boldsymbol{\beta}_1=\boldsymbol{\beta}_2=\cdots=\boldsymbol{\beta}_N,N=17$$

时，修正的单因素协方差分析检验得到的值是 449.28。该值远超过自由度为

64[(N−1)K]的 χ^2 分布1%显著性水平的临界值92.841。

拒绝“不同企业价格行为相同”的假设表明如果要考虑各企业的多样化行为，则有必要对该模型进行修正。但前期的研究发现产品价格主要受单位劳动力成本和原材料投入成本的影响，需求因素对它的影响只是次要的。因此，考虑（不同企业的）多样化行为时，我们可假定变量之间的关系是确当的，只是各企业的系数不同。但如果将这些系数当作互不相同的固定常数，这又说明美国制造业部门的定价行为存在复杂的加总问题［参见 Theil（1954）］。另一方面，如果将系数当作有共同的均值随机变量，便不存在加总偏误［Zellner（1966）］。随机系数模型不仅允许加总价格方程更全面地捕获分散的企业行为，还为总量问题提供微观分析基础。

因此，Barth，Kraft 和 Kraft（1979）用 Swamy 随机系数模型（6.2.3）和（6.2.4）重新估计价格方程。他们新的估计结果为（括号内是标准误）

$$\hat{y}=\underset{(0.000\,5)}{-0.000\,6}+\underset{(0.043\,2)}{0.309\,3}x_2+\underset{(0.057\,7)}{0.268\,7}x_3-\underset{(0.010\,1)}{0.008\,2}x_4 \qquad (6.2.20)$$

这些系数估计的离差是

$$\hat{\Delta}=\begin{array}{c}\begin{matrix}\beta_1 & \beta_2 & \beta_3 & \beta_4\end{matrix}\\ \begin{bmatrix}0.000\,0 & -0.000\,2 & 0.000\,0 & -0.000\,1\\ & 0.002\,0 & 0.000\,3 & 0.008\,1\\ & & 0.032\,0 & 0.003\,0\\ & & & 0.001\,4\end{bmatrix}\end{array} \qquad (6.2.21)$$

从几个方面来看，Swamy 随机系数模型的估计结果可能比前面的价格加总模型［方程（6.2.19），它没有考虑不同企业的变化］更合理：（1）劳动力成本和原材料成本现在都成了确定产品价格的主导因素；（2）虽然需求的代理变量在确定制造品价格时影响微乎其微且并不显著，但它的系数有了正确的符号；（3）如截距项所示，生产率表现出增长。

该例表明，以总量数据或没有考虑个体异质性的混合估计为基础作结论时必须谨慎。这类估计容易让人对系数的大小和变量的意义产生误解。

6.3 系数随时期和横截面单元变化

6.3.1 模型

与变截距模型一样，我们可假定解释变量的系数包含个体特异成分和时期特异成分，此时模型为

$$y_{it}=\sum_{k=1}^{K}(\bar{\beta}_k+\alpha_{ki}+\lambda_{kt})x_{kit}+u_{it},\quad i=1,\cdots,N,t=1,\cdots,T \qquad (6.3.1)$$

堆积所有的 NT 个观测后，我们将模型（6.3.1）重新表示为

$$\mathbf{y}=X\bar{\boldsymbol{\beta}}+\tilde{X}\boldsymbol{\alpha}+\underline{\mathbf{X}}\boldsymbol{\lambda}+\mathbf{u} \tag{6.3.2}$$

其中 $\mathbf{y}$，X，$\tilde{X}$，$\mathbf{u}$ 和 $\boldsymbol{\alpha}$ 如 6.2 节所定义，

$$\underset{NT\times TK}{\underline{\mathbf{X}}}=\begin{bmatrix}\underline{\mathbf{X}}_1\\ \underline{\mathbf{X}}_2\\ \vdots\\ \underline{\mathbf{X}}_N\end{bmatrix},\ \underset{T\times TK}{\underline{\mathbf{X}}_i}=\begin{bmatrix}\mathbf{x}_{i1}' & & & \mathbf{0}'\\ & \mathbf{x}_{i2}' & & \\ & & \ddots & \\ \mathbf{0} & & & \mathbf{x}_{iT}'\end{bmatrix}$$

以及

$$\underset{KT\times 1}{\boldsymbol{\lambda}}=(\boldsymbol{\lambda}_1',\cdots,\boldsymbol{\lambda}_T')',\ \underset{K\times 1}{\boldsymbol{\lambda}_t}=(\lambda_{1t},\cdots,\lambda_{Kt})'$$

我们还可将式（6.3.2）重新记为

$$\mathbf{y}=X\bar{\boldsymbol{\beta}}+U_1\boldsymbol{\alpha}_1+U_2\boldsymbol{\alpha}_2+\cdots+U_K\boldsymbol{\alpha}_K+U_{K+1}\boldsymbol{\lambda}_1+\cdots+U_{2K}\boldsymbol{\lambda}_K+U_{2K+1}\mathbf{u} \tag{6.3.3}$$

其中

$$\underset{NT\times N}{U_k}=\begin{bmatrix}x_{k11} & & & \\ \vdots & & & \mathbf{0}\\ x_{k1T} & & & \\ & x_{k21} & & \\ & \vdots & & \\ & x_{k2T} & & \\ & & \ddots & \\ & & & x_{kN1}\\ \mathbf{0} & & & \vdots\\ & & & x_{kNT}\end{bmatrix},\quad k=1,\cdots,K \tag{6.3.4a}$$

$$\underset{NT\times T}{U_{K+k}}=\begin{bmatrix}x_{k11} & & & \mathbf{0}\\ & x_{k12} & & \\ & & \vdots & \\ \mathbf{0} & & & x_{k1T}\\ x_{k21} & & & \mathbf{0}\\ & x_{k22} & & \\ & & \ddots & \\ \mathbf{0} & & & x_{k2T}\\ \vdots & \vdots & \cdots & \vdots\\ x_{kN1} & & & \mathbf{0}\\ & \ddots & & \\ \mathbf{0} & & & x_{kNT}\end{bmatrix},\quad k=1,\cdots,K \tag{6.3.4b}$$

$$U_{2K+1}=I_{NT} \tag{6.3.4c}$$

$$\underset{N\times1}{\boldsymbol{\alpha}_k}=(\alpha_{k1},\cdots,\alpha_{kN})',\underset{T\times1}{\boldsymbol{\lambda}_k}=(\lambda_{k1},\cdots,\lambda_{kT})' \tag{6.3.4d}$$

与 $\bar{\boldsymbol{\beta}}$ 一样，将 $\boldsymbol{\alpha}_k$ 和 $\boldsymbol{\lambda}_k$ 当作固定常数时，式（6.3.3）就是固定效应模型；将 $\boldsymbol{\alpha}_k$ 和 $\boldsymbol{\lambda}_k$ 当作随机变量，而 $\bar{\boldsymbol{\beta}}$ 是固定常数时，式（6.3.3）为**混合方差分析模型**（mixed analysis-of-variance model）［Hartley 和 Rao（1967），Miller（1977）］。故模型（6.3.1）及其特殊形式（6.2.1）仍在广义方差分析框架内。

6.3.2 固定系数模型

如前所述，将 $\boldsymbol{\alpha}_k$ 和 $\boldsymbol{\lambda}_k$ 当作固定常数时，我们可将式（6.3.1）视为固定效应的方差分析模型。但解释变量矩阵是 $NT\times(T+N+1)K$ 的，而它的秩仅为$(T+N-1)K$；所以要估计 $\bar{\boldsymbol{\beta}}$，$\boldsymbol{\alpha}$ 和 $\boldsymbol{\lambda}$，我们必须对系数 $\boldsymbol{\alpha}_k$ 和 $\boldsymbol{\lambda}_k$ 添加 $2K$ 个独立的线性约束条件。此时添加约束条件的自然途径是令[9]

$$\sum_{i=1}^{N}\alpha_{ik}=0 \tag{6.3.5}$$

和

$$\sum_{t=1}^{T}\lambda_{kt}=0,\quad k=1,\cdots,K \tag{6.3.6}$$

则 $\bar{\boldsymbol{\beta}}$，$\boldsymbol{\alpha}$ 和 $\boldsymbol{\lambda}$ 的最优线性无偏估计（BLUE）是满足约束条件（6.3.5）和（6.3.6）的优化问题

$$\min(\mathbf{y}-X\bar{\boldsymbol{\beta}}-\widetilde{X}\boldsymbol{\alpha}-\underline{\mathbf{X}}\boldsymbol{\lambda})'(\mathbf{y}-X\bar{\boldsymbol{\beta}}-\widetilde{\mathrm{X}}\boldsymbol{\alpha}-\underline{\mathbf{X}}\boldsymbol{\lambda}) \tag{6.3.7}$$

的解。

6.3.3 随机系数模型

将 $\boldsymbol{\alpha}_i$ 和 $\boldsymbol{\lambda}_t$ 当作随机变量时，Hsiao（1974a，1975）假定

$$\begin{aligned}
&\underset{K\times K}{E\boldsymbol{\alpha}_i\boldsymbol{\alpha}_j'}=\begin{cases}\Delta & \text{如果 } i=j\\ \mathbf{0} & \text{如果 } i\neq j\end{cases}\\
&\underset{K\times K}{E\boldsymbol{\lambda}_t\boldsymbol{\lambda}_s'}=\begin{cases}\Lambda & \text{如果 } t=s\\ \mathbf{0} & \text{如果 } t\neq s\end{cases}\\
&E\boldsymbol{\alpha}_i\boldsymbol{\lambda}_t'=\mathbf{0},E\boldsymbol{\alpha}_i\mathbf{x}_{it}'=\mathbf{0},E\boldsymbol{\lambda}_t\mathbf{x}_{it}'=\mathbf{0}
\end{aligned} \tag{6.3.8}$$

且

$$E\mathbf{u}_i\mathbf{u}_j'=\begin{cases}\sigma_u^2 I_T & \text{如果 } i=j\\ \mathbf{0} & \text{如果 } i\neq j\end{cases}$$

则复合误差项

$$\mathbf{v}=\widetilde{X}\boldsymbol{\alpha}+\underline{\mathbf{X}}\boldsymbol{\lambda}+\mathbf{u} \tag{6.3.9}$$

的方差—协方差矩阵为

$$\Omega=E\mathbf{v}\mathbf{v}'=\begin{bmatrix} X_1\Delta X_1' & & & \mathbf{0} \\ & X_2\Delta X_2' & & \\ & & \ddots & \\ \mathbf{0} & & & X_N\Delta X_N' \end{bmatrix} + \begin{bmatrix} D(X_1\Lambda X_1') & D(X_1\Lambda X_2') & \cdots & D(X_1\Lambda X_N') \\ D(X_2\Lambda X_1') & D(X_2\Lambda X_2') & \cdots & D(X_2\Lambda X_N') \\ \vdots & \vdots & \ddots & \vdots \\ D(X_N\Lambda X_1') & D(X_N\Lambda X_2') & \cdots & D(X_N\Lambda X_N') \end{bmatrix} + \sigma_u^2 I_{NT} \tag{6.3.10}$$

其中

$$\underset{T\times T}{D(X_i\Lambda X'_j)} = \begin{bmatrix} \mathbf{x}'_{i1}\Lambda\mathbf{x}_{j1} & & & \mathbf{0} \\ & \mathbf{x}'_{i2}\Lambda\mathbf{x}_{j2} & & \\ & & \ddots & \\ \mathbf{0} & & & \mathbf{x}'_{iT}\Lambda\mathbf{x}_{jT} \end{bmatrix}$$

$\bar{\boldsymbol{\beta}}$ 的估计可由最小二乘法导出，但如 6.2.2.b 节中的讨论，它不是有效估计量。相关的抽样理论也具有误导性。

如果 Ω 已知，则 $\bar{\boldsymbol{\beta}}$ 的 BLUE 就是它的 GLS 估计量，

$$\hat{\bar{\boldsymbol{\beta}}}_{\text{GLS}}=(X'\Omega^{-1}X)^{-1}(X'\Omega^{-1}\mathbf{y}) \tag{6.3.11}$$

GLS 估计量的方差—协方差矩阵为

$$\text{Var}(\hat{\bar{\boldsymbol{\beta}}}_{\text{GLS}})=(X'\Omega^{-1}X)^{-1} \tag{6.3.12}$$

Ω 未知时，我们可用最大似然法同时估计 $\bar{\boldsymbol{\beta}}$ 和 Ω。但由于计算复杂，一个自然的替代方法是先估计 Ω，然后将估计的 Ω 代入式（6.3.11）。

当 Δ 和 Λ 是对角矩阵时，由式（6.3.3）容易看出，Ω 是已知矩阵的线性组合（权重未知）。因此估计未知协方差矩阵的问题实际上是估计协方差成分的问题。估计方差（或协方差）成分的统计方法在这里都可应用［参见 Anderson（1969，1970）；Rao（1970，1972）］。本节我们仅阐述 Hildreth 和 Houck（1968）的方法。[10]

考虑第 i 个个体的时序方程

$$\mathbf{y}_i=X_i(\bar{\boldsymbol{\beta}}+\boldsymbol{\alpha}_i)+\underline{\mathbf{X}}_i\boldsymbol{\lambda}+\mathbf{u}_i \tag{6.3.13}$$

我们可将 $\boldsymbol{\alpha}_i$ 当作常数向量。则式（6.3.13）是包含异方差的线性模型，误差项 $r_{it}=\sum_{k=1}^{K}\lambda_{kt}x_{kit}+u_{it}$ 的方差是

$$\theta_{it}=E[r_{it}^2]=\sum_{k=1}^{K}\sigma_{\lambda k}^2 x_{kit}^2+\sigma_u^2 \tag{6.3.14}$$

令 $\boldsymbol{\theta}_i=(\theta_{i1},\cdots,\theta_{iT})'$；则

$$\boldsymbol{\theta}_i=\dot{X}_i\boldsymbol{\sigma}_\lambda^2 \tag{6.3.15}$$

其中 $\dot{X}_i$ 是 X_i 中每个元素的平方构成的矩阵，$\boldsymbol{\sigma}_\lambda^2=(\sigma_{\lambda1}^2+\sigma_u^2,\sigma_{\lambda2}^2,\cdots,\sigma_{\lambda K}^2)'$。

最小二乘残差 $\hat{\mathbf{r}}_i=\mathbf{y}_i-X_i\hat{\boldsymbol{\beta}}_i=M_i\mathbf{y}_i$ 可作为 $\mathbf{r}_i$ 的估计，其中 $\hat{\boldsymbol{\beta}}_i=(X_i'X_i)^{-1}X_i'\mathbf{y}_i$，$M_i=I_T-X_i(X_i'X_i)^{-1}X_i'$。将 $\hat{\mathbf{r}}_i$ 中每个元素的平方构成的向量记为 $\dot{\hat{\mathbf{r}}}_i$，我们有

$$E(\dot{\hat{\mathbf{r}}}_i)=\dot{M}_i\boldsymbol{\theta}_i=F_i\boldsymbol{\sigma}_\lambda^2 \tag{6.3.16}$$

其中 $\dot{M}_i$ 是 M_i 的每个元素的平方构成的矩阵，且 $F_i=\dot{M}_i\dot{X}_i$。

对所有的 i 重复上述过程，可得到

$$E(\dot{\hat{\mathbf{r}}})=F\boldsymbol{\sigma}_\lambda^2 \tag{6.3.17}$$

其中 $\dot{\hat{\mathbf{r}}}=(\dot{\hat{\mathbf{r}}}_1,\cdots,\dot{\hat{\mathbf{r}}}_N)'$，$F=(F_1',\cdots,F_N')'$。对式（6.3.17）应用最小二乘法得到 $\boldsymbol{\sigma}_\lambda^2$ 的一致估计

$$\hat{\boldsymbol{\sigma}}_\lambda^2=(F'F)^{-1}F'\dot{\hat{\mathbf{r}}} \tag{6.3.18}$$

类似地，我们在各时期应用该方法可得到 $\boldsymbol{\sigma}_\alpha^2=(\sigma_{\alpha_1}^2+\sigma_u^2,\sigma_{\alpha_2}^2,\cdots,\sigma_{\alpha_K}^2)'$的一致估计量。下面分别估计 σ_u^2，$\sigma_{\alpha_1}^2$ 和 $\sigma_{\lambda_1}^2$。我们知道 $E(\mathbf{x}_{it}'\boldsymbol{\alpha}_i+u_{it})(\mathbf{x}_{it}'\boldsymbol{\lambda}_t+u_{it})=\sigma_u^2$。因此，用 $\hat{s}_{it}$ 表示分别对每个时期应用最小二乘法得到的残差，则我们可用

$$\hat{\sigma}_u^2=\frac{1}{NT}\sum_{i=1}^{N}\sum_{t=1}^{T}\hat{r}_{it}\hat{s}_{it} \tag{6.3.19}$$

一致地估计 σ_u^2。从（$\sigma_{\alpha_1}^2+\sigma_u^2$）和（$\sigma_{\lambda_1}^2+\sigma_u^2$）的估计中减去式（6.3.19），可分别得到 $\sigma_{\alpha_1}^2$ 和 $\sigma_{\lambda_1}^2$ 的一致估计。

将 $\boldsymbol{\sigma}_\alpha^2$，$\boldsymbol{\sigma}_\lambda^2$ 和 σ_u^2 的一致估计值代入式（6.3.11），我们可证明当 N 和 T 都趋于无穷且 N/T 趋于非零常数时，两步 Aitken 估计量的渐近效率和 Ω 的真值已知时的效率一样。Kelejian 和 Stephan（1983）还指出，与通常的回归模型不同，这里 $\hat{\hat{\boldsymbol{\beta}}}_{\text{GLS}}$的收敛速度不是 $(NT)^{1/2}$，而是 $\max(N^{1/2},T^{1/2})$。

如果我们对预测与个体有关的随机成分有兴趣，Lee 和 Griffiths（1979）已证明预测值

$$\hat{\boldsymbol{\alpha}}=(I_N\otimes\Delta)X'\Omega^{-1}(\mathbf{y}-X\hat{\hat{\boldsymbol{\beta}}}_{\text{GLS}}) \tag{6.3.20}$$

是 BLUE。

检验系数的随机波动时，我们可再次运用异方差的 Breusch-Pagan（1979）Lagrange 乘子检验。因为对给定的 i，当 $\boldsymbol{\alpha}_i$ 是固定常数时，如果系数不随时间变化，则误差项 $\mathbf{x}_{it}'\boldsymbol{\lambda}_t+u_{it}$ 是同方差的。故在虚拟假设下，回归[11]

$$\frac{\hat{u}_{it}^2}{\hat{\sigma}_u^2}=\dot{\mathbf{x}}_{it}'\boldsymbol{\sigma}_\lambda^2+\epsilon_{it},\quad i=1,\cdots,N,t=1,\cdots,T \tag{6.3.21}$$

解释平方和的二分之一的渐近分布是自由度为 $K-1$ 的 χ^2 分布，其中 $\hat{u}_{it}=y_{it}-\hat{\boldsymbol{\beta}}_i'\mathbf{x}_{it}$，$\hat{\sigma}_u^2=\sum_{i=1}^{N}\sum_{t=1}^{T}(y_{it}-\hat{\boldsymbol{\beta}}_i'\mathbf{x}_{it})^2/NT$，而 $\dot{\mathbf{x}}_{it}$ 是 $\mathbf{x}_{it}$ 中每个元素平方后组成的

向量。[12]

类似地，我们可通过对

$$\frac{\hat{u}_{it}^{*2}}{\hat{\sigma}_u^{*2}}=\dot{\mathbf{x}}_{it}'\boldsymbol{\sigma}_\alpha^2+\epsilon_{it}^*,\quad i=1,\cdots,N,t=1,\cdots,T \tag{6.3.22}$$

做回归来检验各横截面单元间的随机波动，其中 $\hat{u}_{it}^*=y_{it}-\hat{\boldsymbol{\beta}}'_t\mathbf{x}_{it}$，$\hat{\sigma}_u^{*2}=\sum_{i=1}^N\sum_{t=1}^T\hat{u}_{it}^{*2}/NT$，$\hat{\boldsymbol{\beta}}_t$ 是 $\boldsymbol{\beta}_t=\bar{\boldsymbol{\beta}}+\boldsymbol{\lambda}_t$ 在给定时期 t 利用不同横截面单元数据得到的最小二乘估计。在“横截面单元之间没有随机波动”的虚拟假设下，模型（6.3.22）解释平方和的二分之一的渐近分布是自由度为 $K-1$ 的 χ^2 分布。

我们还可用经典的协方差分析检验间接检验随机变异。详细内容参见 Hsiao（1974a）。

允许 $E\boldsymbol{\lambda}_t\boldsymbol{\lambda}_t'=\Lambda_t$ 随时期 t 变化时，Swamy 和 Mehta（1977）提出更一般形式的时变成分模型。但在实证研究中，系数在横截面单元之间和在各时期随机变化的模型还没有被广泛接受。部分原因是 Ω 逆矩阵的阶至少为 max（NK，TK）[Hsiao（1974a）]。对任何适度规模的面板数据，计算工作都是棘手的问题。

6.4 随时间演化的系数[13]

6.4.1 模型

系数随时间演化的模型大多假设不存在个体异质性［参见 Zellner，Hong 和 Min（1991）］。在给定时期 t，系数向量 $\boldsymbol{\beta}_t$ 对所有的横截面单元都相同。因此，我们不妨讨论 $N=1$ 时变参数模型的主要问题，然后说明 $N>1$ 时我们如何对该分析进行调整。

Chow（1983，第 10 章）证明，大量时变参数模型可表示为一般模型

$$y_t=\boldsymbol{\beta}_t'\mathbf{x}_t+u_t \tag{6.4.1}$$

而

$$\boldsymbol{\beta}_t=H\boldsymbol{\beta}_{t-1}+\boldsymbol{\eta}_t,\quad t=1,\cdots,T \tag{6.4.2}$$

其中 $\mathbf{x}_t$ 是 $K\times1$ 的外生变量向量，u_t 是独立正态分布的随机变量，其均值为零，方差为 σ_u^2，$\boldsymbol{\eta}_t$ 是分量相互独立的 K 维正态随机向量，其均值为零，协方差矩阵为 Ψ，且 $\boldsymbol{\eta}$ 和 u 相互独立。譬如，当 $H=I_K$ 时，该模型就是 Cooley 和 Prescott（1976）的随机游走模型。当 $H=I_K$ 且 $\Psi=\mathbf{0}$ 时，该模型就是标准回归模型。

Rosenberg（1972，1973）的模型也可表示成这种形式。将式（6.4.2）中的 $\boldsymbol{\beta}_t$ 和 $\boldsymbol{\beta}_{t-1}$ 分别用（$\boldsymbol{\beta}_t-\bar{\boldsymbol{\beta}}$）和（$\boldsymbol{\beta}_{t-1}-\bar{\boldsymbol{\beta}}$）替换，并要求 H 特征根的绝对值小于 1 便得到该模型。虽然这样处理使模型表达式产生了一些变化，但如果令 $\boldsymbol{\beta}_t^*=\boldsymbol{\beta}_t-\bar{\boldsymbol{\beta}}$，$\boldsymbol{\beta}_t=\bar{\boldsymbol{\beta}}$，则该模型可重新表示为

$$y_t=(\mathbf{x}_t',\mathbf{x}_t')\begin{bmatrix}\boldsymbol{\beta}_t\\ \boldsymbol{\beta}_t^*\end{bmatrix}+u_t$$

$$\begin{bmatrix}\boldsymbol{\beta}_t\\ \boldsymbol{\beta}_t^*\end{bmatrix}=\begin{bmatrix}I & \mathbf{0}\\ \mathbf{0} & H\end{bmatrix}\begin{bmatrix}\boldsymbol{\beta}_{t-1}\\ \boldsymbol{\beta}_{t-1}^*\end{bmatrix}+\begin{bmatrix}\mathbf{0}\\ \boldsymbol{\eta}_t\end{bmatrix} \tag{6.4.3}$$

它是模型（6.4.1）和（6.4.2）的一种特殊形式。

类似地，我们可允许 $\boldsymbol{\beta}_t$ 是平稳的，其均值为 $\bar{\boldsymbol{\beta}}$［Pagan（1980）］。假设

$$\begin{aligned}&y_t=\mathbf{x}_t'\bar{\boldsymbol{\beta}}+\mathbf{x}_t'\boldsymbol{\beta}_t^*+u_t\\&\boldsymbol{\beta}_t^*=\boldsymbol{\beta}_t-\bar{\boldsymbol{\beta}}=A^{-1}(\mathcal{L})\boldsymbol{\epsilon}_t\end{aligned} \tag{6.4.4}$$

其中 $A(\mathcal{L})$ 是 p 阶和 q 阶滞后算子 $\mathcal{L}(\mathcal{L}\boldsymbol{\epsilon}_t=\boldsymbol{\epsilon}_{t-1})$ 多项式的比率，$\boldsymbol{\epsilon}_t$ 是分量相互独立的正态随机向量，因此 $\boldsymbol{\beta}_t^*$ 是一个自回归移动平均过程 ARMA(p，q)。因为 p 和 q 阶的 ARMA 可记为一阶自回归过程，所以该模型也可表示成模型（6.4.1）和（6.4.2）的形式。例如，

$$\boldsymbol{\beta}_t^*=B_1\boldsymbol{\beta}_{t-1}^*+B_2\boldsymbol{\beta}_{t-2}^*+\boldsymbol{\epsilon}_t+B_3\boldsymbol{\epsilon}_{t-1} \tag{6.4.5}$$

可记为

$$\tilde{\boldsymbol{\beta}}_t^*=\begin{bmatrix}\boldsymbol{\beta}_t^*\\ \boldsymbol{\beta}_{t-1}^*\\ \boldsymbol{\epsilon}_t\end{bmatrix}=\begin{bmatrix}B_1 & B_2 & B_3\\ I & \mathbf{0} & \mathbf{0}\\ \mathbf{0} & \mathbf{0} & \mathbf{0}\end{bmatrix}\begin{bmatrix}\boldsymbol{\beta}_{t-1}^*\\ \boldsymbol{\beta}_{t-2}^*\\ \boldsymbol{\epsilon}_{t-1}\end{bmatrix}+\begin{bmatrix}\boldsymbol{\epsilon}_t\\ \mathbf{0}\\ \boldsymbol{\epsilon}_t\end{bmatrix}=H\tilde{\boldsymbol{\beta}}_{t-1}^*+\boldsymbol{\eta}_t \tag{6.4.6}$$

因此，我们可将 Pagan 模型表示为

$$y_t=(\mathbf{x}_t',\tilde{\mathbf{x}}_t')\begin{bmatrix}\boldsymbol{\beta}_t\\ \tilde{\boldsymbol{\beta}}_t^*\end{bmatrix}+u_t \tag{6.4.4a}$$

其中 $\tilde{\mathbf{x}}_t'=(\mathbf{x}_t',\ \mathbf{0}',\ \mathbf{0}')$。故模型（6.4.4a）在形式上与模型（6.4.3）等价。

Kalman 滤子［Kalman（1960）］是计算最大似然估计量和预测 $\boldsymbol{\beta}_t$ 的时间路径演化的基础。本节我们假定 σ_u^2，$\boldsymbol{\Psi}$ 和 H 已知，首先考虑用直到时刻 s 的信息 $\mathcal{I}_s$ 估计 $\boldsymbol{\beta}_t$ 的问题。我们将 $\boldsymbol{\beta}_t$ 在 $\mathcal{I}_s$ 下的条件期望记为 $E(\boldsymbol{\beta}_t\mid\mathcal{I}_s)=\boldsymbol{\beta}_{t\mid s}$。当 $t=s$ 时称 $\boldsymbol{\beta}_{t\mid s}$ 的估计值为**滤子**（filtering）；当 $s>t$ 时称之为**滤波**（smoothing）；当 $s<t$ 时称之为**预测**（prediction）。然后我们讨论用最大似然法估计 σ_u^2，$\boldsymbol{\Psi}$ 和 H 的问题。最后讨论参数恒定性的检验问题。

6.4.2 用 Kalman 滤子预测 $\boldsymbol{\beta}_t$

用 Y_t 表示（y_1，…，y_t）。据定义可知，$\boldsymbol{\beta}_t$ 在 Y_t 下的条件均值是

$$\begin{aligned}\boldsymbol{\beta}_{t|t}&=E(\boldsymbol{\beta}_t\mid y_t,Y_{t-1})\\&=E(\boldsymbol{\beta}_t\mid Y_{t-1})+L_t[y_t-E(y_t\mid Y_{t-1})]\\&=\boldsymbol{\beta}_{t|t-1}+L_t[y_t-\mathbf{x}_t'\boldsymbol{\beta}_{t|t-1}]\end{aligned} \tag{6.4.7}$$

其中 $y_t-E(y_t\mid Y_{t-1})$ 表示 y_t 的未包含在 Y_{t-1} 中的其他信息，而 L_t 表示 $\boldsymbol{\beta}_{t\mid t-1}$ 因

该信息导致的调整。如果 L_t 已知，则我们可根据式（6.4.7），用估计的$\boldsymbol{\beta}_{t|t-1}$更新$\boldsymbol{\beta}_{t|t}$。

为导出 L_t，据我们对$\boldsymbol{\eta}_t$ 和 u_t 的假设可知，控制$\mathbf{x}_t$ 后 y_t 和$\boldsymbol{\beta}_t$ 的联合分布是正态分布。正态分布理论［Anderson（1958，第 2 章）］表明，给定 y_t 后，$\boldsymbol{\beta}_t$ 在 Y_{t-1}（和 X_t）下的均值为 $E(\boldsymbol{\beta}_t \mid Y_{t-1})+\mathrm{Cov}(\boldsymbol{\beta}_t, y_t \mid Y_{t-1})\mathrm{Var}(y_t \mid Y_{t-1})^{-1}[y_t - E(y_t \mid Y_{t-1})]$。因此，

$$L_t=[E(\boldsymbol{\beta}_t-\boldsymbol{\beta}_{t|t-1})(y_t-y_{t|t-1})]\mathrm{Var}(y_t|Y_{t-1})^{-1} \tag{6.4.8}$$

其中 $y_{t|t-1}=E(y_t \mid Y_{t-1})=\mathbf{x}_t'\boldsymbol{\beta}_{t|t-1}$。用 $\Sigma_{t|t-1}$ 表示协方差矩阵$\mathrm{Cov}(\boldsymbol{\beta}_t \mid Y_{t-1})=E(\boldsymbol{\beta}_t-\boldsymbol{\beta}_{t|t-1})(\boldsymbol{\beta}_t-\boldsymbol{\beta}_{t|t-1})'$，我们有

$$E(\boldsymbol{\beta}_t-\boldsymbol{\beta}_{t|t-1})(y_t-y_{t|t-1})=E\{(\boldsymbol{\beta}_t-\boldsymbol{\beta}_{t|t-1})[(\boldsymbol{\beta}_t-\boldsymbol{\beta}_{t|t-1})'\mathbf{x}_t+u_t]\}=\Sigma_{t|t-1}\mathbf{x}_t \tag{6.4.9}$$

和

$$\begin{aligned}\mathrm{Var}(y_t \mid Y_{t-1}) &= E[\mathbf{x}_t'(\boldsymbol{\beta}_t-\boldsymbol{\beta}_{t|t-1})+u_t][(\boldsymbol{\beta}_t-\boldsymbol{\beta}_{t|t-1})'\mathbf{x}_t+u_t] \\ &= \mathbf{x}_t'\Sigma_{t|t-1}\mathbf{x}_t+\sigma_u^2\end{aligned} \tag{6.4.10}$$

故式（6.4.8）可表示为

$$L_t=\Sigma_{t|t-1}\mathbf{x}_t(\mathbf{x}_t'\Sigma_{t|t-1}\mathbf{x}_t+\sigma_u^2)^{-1} \tag{6.4.11}$$

据式（6.4.2），我们有

$$\boldsymbol{\beta}_{t|t-1}=H\boldsymbol{\beta}_{t-1|t-1} \tag{6.4.12}$$

所以我们可用递归方程

$$\begin{aligned}\Sigma_{t|t-1} &= E(\boldsymbol{\beta}_t-H\boldsymbol{\beta}_{t-1|t-1})(\boldsymbol{\beta}_t-H\boldsymbol{\beta}_{t-1|t-1})' \\ &= E[H(\boldsymbol{\beta}_{t-1}-\boldsymbol{\beta}_{t-1|t-1})+\boldsymbol{\eta}_t]\times[H(\boldsymbol{\beta}_{t-1}-\boldsymbol{\beta}_{t-1|t-1})+\boldsymbol{\eta}_t]' \\ &= H\Sigma_{t-1|t-1}H'+\Psi\end{aligned} \tag{6.4.13}$$

计算 $\Sigma_{t|t-1}$。

下一步，据式（6.4.1）和（6.4.7）我们可记

$$\boldsymbol{\beta}_t-\boldsymbol{\beta}_{t|t}=\boldsymbol{\beta}_t-\boldsymbol{\beta}_{t|t-1}-L_t[\mathbf{x}_t'(\boldsymbol{\beta}_t-\boldsymbol{\beta}_{t|t-1})+u_t] \tag{6.4.14}$$

求式（6.4.14）与其转置乘积的期望，并利用式（6.4.11），我们得到

$$\begin{aligned}\Sigma_{t|t} &= \Sigma_{t|t-1}-L_t(\mathbf{x}_t'\Sigma_{t|t-1}\mathbf{x}_t+\sigma_u^2)L_t' \\ &= \Sigma_{t|t-1}-\Sigma_{t|t-1}\mathbf{x}_t(\mathbf{x}_t'\Sigma_{t|t-1}\mathbf{x}_t+\sigma_u^2)^{-1}\mathbf{x}_t'\Sigma_{t|t-1}\end{aligned} \tag{6.4.15}$$

给定 $\Sigma_{0|0}$后，我们可重复使用式（6.4.13）和（6.4.15）计算 $\Sigma_{t|t}(t=1,2,\cdots)$。算出 $\Sigma_{t|t-1}$ 的估计值后，我们可用式（6.4.11）计算 L_t。给定 L_t，如果$\boldsymbol{\beta}_{0|0}$已知，则可用式（6.4.7）和（6.4.12）由$\boldsymbol{\beta}_{t-1|t-1}$算出$\boldsymbol{\beta}_{t|t}$。

类似地，我们可用未来观测值 y_{t+1}，y_{t+2}，…，y_{t+n}预测$\boldsymbol{\beta}_t$。我们首先考虑控制Y_t 后$\boldsymbol{\beta}_t$ 对 y_{t+1}的回归。类似于式（6.4.7）和（6.4.11），我们有

$$\boldsymbol{\beta}_{t|t+1}=\boldsymbol{\beta}_{t|t}+F_{t|t+1}(y_{t+1}-y_{t+1|t}) \tag{6.4.16}$$

和

$$F_{t|t+1}=[E(\boldsymbol{\beta}_t-\boldsymbol{\beta}_{t|t})(y_{t+1}-y_{t+1|t})'][\mathrm{Cov}(y_{t+1}|Y_t)]^{-1} \tag{6.4.17}$$

为导出回归系数矩阵 $F_{t|t+1}$，我们用式（6.4.1）和（6.4.2）表示

$$\begin{aligned} y_{t+1}-y_{t+1|t}&=\mathbf{x}'_{t+1}(\boldsymbol{\beta}_{t+1}-\boldsymbol{\beta}_{t+1|t})+u_{t+1} \\ &=\mathbf{x}'_{t+1}H(\boldsymbol{\beta}_t-\boldsymbol{\beta}_{t|t})+\mathbf{x}'_{t+1}\boldsymbol{\eta}_{t+1}+u_{t+1} \end{aligned} \tag{6.4.18}$$

综合式（6.4.17），（6.4.18），（6.4.10）和（6.4.11），我们有

$$\begin{aligned} F_{t|t+1}&=\Sigma_{t|t}H'\mathbf{x}_{t+1}(\mathbf{x}'_{t+1}\Sigma_{t+1|t}\mathbf{x}_{t+1}+\sigma_u^2)^{-1} \\ &=\Sigma_{t|t}H'\Sigma_{t+1|t}^{-1}L_{t+1} \end{aligned} \tag{6.4.19}$$

所以，据式（6.4.19）和（6.4.14），我们可将式（6.4.16）重新表示为

$$\boldsymbol{\beta}_{t|t+1}=\boldsymbol{\beta}_{t|t}+\Sigma_{t|t}H'\Sigma_{t+1|t}^{-1}(\boldsymbol{\beta}_{t+1|t+1}-\boldsymbol{\beta}_{t+1|t}) \tag{6.4.20}$$

对方程（6.4.20）进行推广后，可用未来观测值 y_{t+1}，…，y_{t+n} 预测 $\boldsymbol{\beta}_t$：

$$\boldsymbol{\beta}_{t|t+n}=\boldsymbol{\beta}_{t|t+n-1}+F_t^*(\boldsymbol{\beta}_{t+1|t+n}-\boldsymbol{\beta}_{t+1|t+n-1}) \tag{6.4.21}$$

其中 $F_t^*=\Sigma_{t|t}H'\Sigma_{t+1|t}^{-1}$。Chow（1983，第 10 章）给出了该结论的证明。

当 H，Ψ 和 σ_u^2 已知时，式（6.4.7）和（6.4.21）勾勒出了 $\boldsymbol{\beta}_t$ 的时间路径，并在初始值 $\boldsymbol{\beta}_{0|0}$ 和 $\Sigma_{0|0}$ 已知后给出因变量未来值最小均方误差的预报。为得到 $\boldsymbol{\beta}_{0|0}$ 和 $\Sigma_{0|0}$ 的初始值，Sant（1977）建议对 y_t 和 $\mathbf{x}_t$ 的前 K 个观测值应用广义最小二乘法。因为

$$\begin{aligned} \boldsymbol{\beta}_t&=H\boldsymbol{\beta}_{t-1}+\boldsymbol{\eta}_t \\ &=H^2\boldsymbol{\beta}_{t-2}+\boldsymbol{\eta}_t+H\boldsymbol{\eta}_{t-1} \\ &=H^{t-j}\boldsymbol{\beta}_j+\boldsymbol{\eta}_t+H\boldsymbol{\eta}_{t-1}+\cdots+H^{t-j-1}\boldsymbol{\eta}_j \end{aligned} \tag{6.4.22}$$

并假定 H^{-1} 存在，我们还可将 y_k 写成

$$\begin{aligned} y_k&=\mathbf{x}_k'\boldsymbol{\beta}_k+u_k \\ &=\mathbf{x}_k'[H^{-K+k}\boldsymbol{\beta}_K-H^{-K+k}\boldsymbol{\eta}_K-\cdots-H^{-1}\boldsymbol{\eta}_{k+1}]+u_k \end{aligned}$$

因此，$(y_1，\cdots，y_K)$ 可记为

$$\begin{aligned} \begin{bmatrix} y_1 \\ y_2 \\ \vdots \\ y_K \end{bmatrix} &= \begin{bmatrix} \mathbf{x}_1'H^{-K+1} \\ \mathbf{x}_2'H^{-K+2} \\ \vdots \\ \mathbf{x}_K' \end{bmatrix}\boldsymbol{\beta}_K+\begin{bmatrix} u_1 \\ u_2 \\ \vdots \\ u_K \end{bmatrix} \\ &\quad -\begin{bmatrix} \mathbf{x}_1'H^{-1} & \mathbf{x}_1'H^{-2} & \cdots & \mathbf{x}_1'H^{-K+1} \\ \mathbf{0}' & \mathbf{x}_2'H^{-1} & \cdots & \mathbf{x}_2'H^{-K+2} \\ & & \ddots & \vdots \\ & & & \mathbf{x}'_{K-1}H^{-1} \\ & & & \mathbf{0}' \end{bmatrix}\begin{bmatrix} \boldsymbol{\eta}_2 \\ \boldsymbol{\eta}_3 \\ \vdots \\ \boldsymbol{\eta}_K \end{bmatrix} \end{aligned} \tag{6.4.23}$$

用 GLS 法估计模型（6.4.23）得到

$$\Sigma_{K|K} = \sigma_u^2\{[H'^{-K+1}\mathbf{x}_1, H'^{-K+2}\ \mathbf{x}_2, \cdots, \mathbf{x}_K]$$
$$\times [I_K + A_K(I_{K-1} \otimes P)A'_K]^{-1}[H'^{-K+1}\ \mathbf{x}_1, \cdots, \mathbf{x}_K]'\}^{-1} \tag{6.4.24}$$

和

$$\boldsymbol{\beta}_{K|K} = \frac{1}{\sigma_u^2}\Sigma_{K|K}[H'^{-K+1}\ \mathbf{x}_1, H'^{-K+2}\ \mathbf{x}_2, \cdots, \mathbf{x}_K]$$
$$\times [I_K + A_K(I_{K-1} \otimes P)A'_K]^{-1}\begin{bmatrix} y_1 \\ y_2 \\ \vdots \\ y_K \end{bmatrix} \tag{6.4.25}$$

其中 $P=\sigma_u^{-2}\Psi$，A_K 是模型（6.4.23）中（$\boldsymbol{\eta}_2$，…，$\boldsymbol{\eta}_K$）的系数矩阵。初始估计量$\boldsymbol{\beta}_{K|K}$和$\Sigma_{K|K}$是σ_u^2，Ψ 以及 H 的函数。

6.4.3 最大似然估计

当 σ_u^2，Ψ 以及 H 未知时，式（6.4.7）开辟了无须反复求高维协方差矩阵的逆就可求出最大似然估计的途径。求似然函数时，因

$$y_t - y_{t|t} = \mathbf{x}_t'(\boldsymbol{\beta}_t - \boldsymbol{\beta}_{t|t-1}) + u_t = y_t - \mathbf{x}_t'\boldsymbol{\beta}_{t|t-1} \tag{6.4.26}$$

是正态分布且序列无关的，故我们可将（y_1，…，y_T）的联合分布表示成条件密度函数（y_{K+1}，…，y_T | y_1，…，y_K）和（y_1，…，y_K）的边缘密度函数的乘积。给定（y_1，…，y_K）后，（y_{K+1}，…，y_T）的对数似然函数是

$$\log L = -\frac{T-K}{2}\log 2\pi - \frac{1}{2}\sum_{t=K+1}^{T}\log(\mathbf{x}'_t\Sigma_{t|t-1}\ \mathbf{x}_t + \sigma_u^2)$$
$$-\frac{1}{2}\sum_{t=K+1}^{T}\frac{(y_t - \mathbf{x}'_t\boldsymbol{\beta}_{t|t-1})^2}{\mathbf{x}'_t\Sigma_{t|t-1}\ \mathbf{x}_t + \sigma_u^2} \tag{6.4.27}$$

利用前 K 个观测值计算 $\Sigma_{K|K}$和$\boldsymbol{\beta}_{K|K}$（它们是关于 σ_u^2，Ψ 以及 H 的函数）[式（6.4.24）和（6.4.25）]。因此，如式（6.4.13），（6.4.15），（6.4.12）和（6.4.11）所示，估计 $\log L$ 所需的数据$\boldsymbol{\beta}_{t|t-1}$和 $\Sigma_{t|t-1}$是关于 σ_u^2，Ψ 以及 H 的函数。求对数似然函数（6.4.27）的最大值必须使用数值方法。

用面板数据估计模型（6.4.1）和（6.4.2）时，我们用 $N\times 1$ 的向量$\mathbf{y}_t=(y_{1t}, \cdots, y_{Nt})'$和$N\times K$ 的矩阵$X_t=(\mathbf{x}_{1t}, \cdots, \mathbf{x}_{NT})'$，$N\times 1$ 的向量$\mathbf{u}_t=(u_{1t}, \cdots, u_{Nt})'$以及$\sigma_u^2 I_N$ 在适当的位置替换 y_t，$\mathbf{x}_t$，$\mathbf{u}_t$ 和σ_u^2 后，6.4.2 节中的所有推导仍然成立。MLE 可按本节论述的方法导出，但要用

$$\log L = \text{const} - \frac{1}{2}\sum_t \log |X'_t\Sigma_{t|t-1}X_t + \sigma_u^2 I_N| - \frac{1}{2}\sum_t(\mathbf{y}_t - X_t\ \boldsymbol{\beta}_{t|t-1})'$$
$$\times(X_t\Sigma_{t|t-1}X'_t + \sigma_u^2 I_N)^{-1}(\mathbf{y}_t - X_t\ \boldsymbol{\beta}_{t|t-1}) \tag{6.4.27'}$$

替换似然函数（6.4.27）。不过我们不用从前 K 期观测值开始迭代。如果 $N>K$，我们只需用第一期横截面数据即可得到 $\boldsymbol{\beta}_{1|1}$ 和 $\Sigma_{1|1}$。关于计算的其他细节可在 Harvey（1978），Harvey 和 Phillips（1982）找到。

6.4.4 参数恒定性检验

对虚拟假设“回归系数在各时期恒定”的一个简单替换是令

$$\boldsymbol{\beta}_t=\boldsymbol{\beta}_{t-1}+\boldsymbol{\eta}_t \tag{6.4.28}$$

并假定 $\boldsymbol{\eta}_t$ 是独立正态分布的随机变量，其均值为零，协方差矩阵为对角阵 Ψ。将 $\boldsymbol{\beta}_0$ 当作固定常数时，我们有

$$\boldsymbol{\beta}_t=\boldsymbol{\beta}_0+\sum_{s=1}^{t}\boldsymbol{\eta}_s \tag{6.4.29}$$

因此回归模型为

$$y_t=\mathbf{x}'_t\boldsymbol{\beta}_t+u_t=\mathbf{x}'_t\boldsymbol{\beta}_0+u_t+\mathbf{x}'_t\left(\sum_{s=1}^{t}\boldsymbol{\eta}_s\right)=\mathbf{x}'_t\boldsymbol{\beta}_0+u_t^* \tag{6.4.30}$$

其中 $u_t^*=u_t+\mathbf{x}'_t\left(\sum_{s=1}^{t}\boldsymbol{\eta}_s\right)$ 的协方差为

$$Eu_t^{*2}=\sigma_u^2+t\,\mathbf{x}'_t\Psi\,\mathbf{x}_t \tag{6.4.31}$$

因 $\Psi=\text{diag}\{\psi_{kk}\}$，式（6.4.31）变成

$$Eu_t^{*2}=\sigma_u^2+t\sum_{k=1}^{K}x_{kt}^2\psi_{kk},\quad t=1,\cdots,T \tag{6.4.32}$$

虚拟假设是说 $\Psi=\mathbf{0}$。故此处的 Breusch-Pagan（1979）Lagrange 乘子检验是做 $\hat{u}_t^2/\hat{\sigma}_u^2$ 关于 $t(1,\ x_{2t}^2,\ \cdots,\ x_{Kt}^2)$，$t=1,\ \cdots,\ T$ 的回归，其中 $\hat{u}_t$ 是最小二乘残差 $\hat{u}_t=y_t-\hat{\boldsymbol{\beta}}'\mathbf{x}_t$，$\hat{\boldsymbol{\beta}}=\left(\sum_{t=1}^{T}\mathbf{x}_t\mathbf{x}'_t\right)^{-1}\left(\sum_{t=1}^{T}\mathbf{x}_ty_t\right)$，$\hat{\sigma}_u^2=\sum_{t=1}^{T}\hat{u}_t^2/T$。在虚拟假设下，该回归解释平方和的一半是自由度为 K 的渐近 χ^2 分布。[14]

如果使用面板数据，则也可用经典的协方差分析检验间接检验参数的恒定性。根据“参数向量 $\boldsymbol{\beta}_t$ 在抽样周期内对不同的横截面单元是常数”的假设，间接检验方法是假定虚拟假设为

$$H_0:\boldsymbol{\beta}_1=\boldsymbol{\beta}_2=\cdots=\boldsymbol{\beta}_T=\boldsymbol{\beta}$$

如果回归模型 $y_{it}=\boldsymbol{\beta}'_t\mathbf{x}_{it}+u_{it}$ 的扰动项对所有的 i 和 t 都是独立正态分布的，则在虚拟假设下，第 2 章中的统计量 F'_3 是自由度为 $(T-1)K$ 和 $N(T-K)$ 的 F 分布。

如果拒绝了虚拟假设，则我们可用在宽松的正则性条件 $\text{plim}_{N\to\infty}\hat{\boldsymbol{\beta}}_t=\boldsymbol{\beta}_t$，$t=1,\ \cdots,\ T$ 下的信息来研究参数在不同时期波动的性质。我们可对 $\hat{\boldsymbol{\beta}}_t$ 应用 Box-Jenkins（1970）法来识别一个适当的随机过程，利用该过程可对参数波动进行建模。

6.5 系数是其他外生变量的函数

有时我们并不假定参数从同一分布中随机抽取，而是研究$\boldsymbol{\beta}_{it}$与个体或时期属性可能相关这一有趣的问题［参见 Amemiya（1978b）；Hendricks，Koenker 和 Poirier（1979）；Singh 等（1976）；Swamy 和 Tinsley（1977）；Wachter（1970）］。在线性模型范围内，包含系统误差的随机参数模型有个一般形式。假定

$$\mathbf{y}_i = X_{i1}\boldsymbol{\beta}_1 + X_{i2}\boldsymbol{\beta}_{2i} + \mathbf{u}_i, \quad i=1,\cdots,N \tag{6.5.1}$$

和

$$\boldsymbol{\beta}_{2i} = Z_i\,\boldsymbol{\gamma} + \boldsymbol{\eta}_{2i} \tag{6.5.2}$$

其中X_{i1}表示第i个个体前K_1个外生变量时序观测的$T\times K_1$矩阵，X_{i2}表示后K_2（$=K-K_1$）个外生变量时序观测的$T\times K_2$矩阵。$\boldsymbol{\beta}_1$是$K_1\times 1$的常数向量，$\boldsymbol{\beta}_{2i}$是按照式（6.5.2）变化的$K_2\times 1$向量，Z_i和$\boldsymbol{\gamma}$分别是$K_2\times M$的已知常数矩阵和$M\times 1$的未知常数向量，$\mathbf{u}_i$和$\boldsymbol{\eta}_{2i}$是$T\times 1$和$K_2\times 1$的不可观测随机向量。譬如，Wachter（1970）用$\mathbf{y}_i$表示产业i相对工资率对数的时序观测值向量。X_{i1}由产业i的相对附加值和消费者价格变化等变量的对数组成，X_{i2}由失业人数对数的单个时序观测向量组成，而Z_i包含产业i的集中度和工会化程度两个变量。

为简单起见，我们假定$\mathbf{u}_i$和$\boldsymbol{\eta}_{2i}$相互无关，且均值为零。$\mathbf{u}_i$和$\boldsymbol{\eta}_{2i}$的方差—协方差矩阵是

$$E\,\mathbf{u}_i\,\mathbf{u}_j' = \sigma_{ij} I_T \tag{6.5.3}$$

和

$$E\,\boldsymbol{\eta}_{2i}\boldsymbol{\eta}_{2j}' = \begin{cases}\Lambda & \text{如果 } i=j\\ \mathbf{0} & \text{如果 } i\neq j\end{cases} \tag{6.5.4}$$

令$\Sigma=(\sigma_{ij})$。我们可将$\mathbf{u}=(\mathbf{u}_1',\cdots,\mathbf{u}_N')'$和$\boldsymbol{\eta}_2=(\boldsymbol{\eta}_{21}',\cdots,\boldsymbol{\eta}_{2N}')'$的方差—协方差矩阵记为

$$E\,\mathbf{u}\mathbf{u}' = \Sigma\otimes I_T \tag{6.5.5}$$

和

$$E\,\boldsymbol{\eta}_2\,\boldsymbol{\eta}_2' = \begin{bmatrix}\Lambda & & \mathbf{0}\\ & \ddots & \\ \mathbf{0} & & \Lambda\end{bmatrix} = \tilde{\Lambda} \tag{6.5.6}$$

综合式（6.5.1）和（6.5.2），我们有

$$\mathbf{y} = X_1\,\boldsymbol{\beta}_1 + \mathbf{W}\boldsymbol{\gamma} + \tilde{X}_2\,\boldsymbol{\eta}_2 + \mathbf{u} \tag{6.5.7}$$

其中

$$\underset{NT\times 1}{\mathbf{y}}=(\mathbf{y}_1',\cdots,\mathbf{y}_N')'$$
$$\underset{NT\times K_1}{X_1}=(X_{11}',\cdots,X_{N1}')'$$
$$\underset{NT\times M}{\mathbf{W}}=(Z_1'X_{12}',Z_2'X_{22}',\cdots,Z_N'X_{N2}')'$$
$$\underset{NT\times NK_2}{\widetilde{X}_2}=\begin{bmatrix} X_{12} & & & \mathbf{0} \\ & X_{22} & & \\ & & \ddots & \\ \mathbf{0} & & & X_{N2}\end{bmatrix}$$

以及

$$\underset{NK_2\times 1}{\boldsymbol{\eta}_2}=(\boldsymbol{\eta}_{21}',\cdots,\boldsymbol{\eta}_{2N}')'$$

模型（6.5.7）中$\boldsymbol{\beta}_1$ 和$\boldsymbol{\gamma}$的 BLUE 是 GLS 估计量

$$\begin{bmatrix}\hat{\boldsymbol{\beta}}_1 \\ \hat{\boldsymbol{\gamma}}\end{bmatrix}_{\mathrm{GLS}}=\left\{\begin{bmatrix}X_1' \\ W'\end{bmatrix}[\Sigma\otimes I_T+\widetilde{X}_2\widetilde{\Lambda}\widetilde{X}_2']^{-1}(X_1,W)\right\}^{-1}$$
$$\times\left\{\begin{bmatrix}X_1' \\ W'\end{bmatrix}[\Sigma\otimes I_T+\widetilde{X}_2\widetilde{\Lambda}\widetilde{X}_2']^{-1}\mathbf{y}\right\}\tag{6.5.8}$$

如果Σ是对角矩阵，则模型（6.5.7）中随机项的方差—协方差矩阵是分块对角矩阵，它的第i块为

$$\Omega_i=X_{i2}\Lambda X_{i2}'+\sigma_{ii}I_T\tag{6.5.9}$$

GLS估计量（6.5.8）可简化为

$$\begin{bmatrix}\hat{\boldsymbol{\beta}}_1 \\ \hat{\boldsymbol{\gamma}}\end{bmatrix}_{\mathrm{GLS}}=\left[\sum_{i=1}^{N}\begin{bmatrix}X'_{i1} \\ Z'_iX'_{i2}\end{bmatrix}\Omega_i^{-1}(X_{i1},X_{i2}Z_i)\right]^{-1}\times\left[\sum_{i=1}^{N}\begin{bmatrix}X'_{i1} \\ Z'_iX'_{i2}\end{bmatrix}\Omega_i^{-1}\mathbf{y}_i\right]\tag{6.5.10}$$

Amemiya（1978b）建议用如下方法估计Λ和σ_{ij}。令

$$\begin{bmatrix}\mathbf{y}_1 \\ \vdots \\ \mathbf{y}_N\end{bmatrix}=\begin{bmatrix}X_{11} \\ \vdots \\ X_{N1}\end{bmatrix}\boldsymbol{\beta}_1+\begin{bmatrix}X_{12} \\ \mathbf{0} \\ \vdots \\ \mathbf{0}\end{bmatrix}\boldsymbol{\beta}_{21}+\begin{bmatrix}\mathbf{0} \\ X_{22} \\ \vdots \\ \mathbf{0}\end{bmatrix}\boldsymbol{\beta}_{22}+\cdots+\begin{bmatrix}\mathbf{0} \\ \vdots \\ X_{N2}\end{bmatrix}\boldsymbol{\beta}_{2N}+\begin{bmatrix}\mathbf{u}_1 \\ \vdots \\ \mathbf{u}_N\end{bmatrix}\tag{6.5.11}$$

用最小二乘法估计模型（6.5.11），并将导出的估计量用$\hat{\boldsymbol{\beta}}_1$ 和$\hat{\boldsymbol{\beta}}_{2i}$（$i=1$，…，$N$）表示。则我们可用

$$\hat{\sigma}_{ij}=\frac{1}{T}(\mathbf{y}_i-X_{i1}\hat{\boldsymbol{\beta}}_1-X_{i2}\hat{\boldsymbol{\beta}}_{2i})'(\mathbf{y}_j-X_{j1}\hat{\boldsymbol{\beta}}_1-X_{j2}\hat{\boldsymbol{\beta}}_{2j})\tag{6.5.12}$$

估计σ_{ij}，而用

$$\hat{\boldsymbol{\gamma}}=\left(\sum_{i=1}^{N}Z'_iZ_i\right)^{-1}\left(\sum_{i=1}^{N}Z'_i\hat{\boldsymbol{\beta}}_{2i}\right)\tag{6.5.13}$$

估计$\boldsymbol{\gamma}$。最后用

$$\hat{\Lambda} = \frac{1}{N}\sum_{i=1}^{N}(\hat{\boldsymbol{\beta}}_{2i} - Z_i\hat{\boldsymbol{\gamma}})(\hat{\boldsymbol{\beta}}_{2i} - Z_i\hat{\boldsymbol{\gamma}})' \tag{6.5.14}$$

估计 Λ。

得到 σ_{ij} 和 Λ 的一致估计（当 N 和 T 都趋于无穷时）后，将它们代入估计量(6.5.8)，由此导出的（$\boldsymbol{\beta}_1'$，$\boldsymbol{\gamma}'$）的两步 Aitken 估计量是一致的，且一般条件下渐近分布是正态分布。对假设$\boldsymbol{\gamma}=\mathbf{0}$，可在通常的回归框架下用

$$\mathrm{Var}(\hat{\boldsymbol{\gamma}}_{\mathrm{GLS}}) = [W'\tilde{\Omega}^{-1}W - W'\tilde{\Omega}^{-1}X_1(X_1'\tilde{\Omega}^{-1}X_1)^{-1}X_1'\tilde{\Omega}^{-1}W]^{-1} \tag{6.5.15}$$

进行检验，其中

$$\tilde{\Omega} = \tilde{X}_2\tilde{\Lambda}\tilde{X}_2' + \Sigma \otimes I_T$$

6.6 固定系数和随机系数的混合模型

6.6.1 模型分析

前面讨论的许多模型可认为是一般的固定系数和随机系数混合模型的特殊形式。为方便表述，我们假定只存在时恒的截面异质性。

假设横截面单元之间存在差异，因此

$$y_{it} = \sum_{k=1}^{K}\beta_{ki}x_{kit} + \sum_{\ell=1}^{m}\gamma_{\ell i}w_{\ell it} + u_{it}, \quad i=1,\cdots,N, t=1,\cdots,T \tag{6.6.1}$$

其中$\mathbf{x}_{it}$和$\mathbf{w}_{it}$分别是 $K\times 1$ 和 $m\times 1$ 的解释变量向量，这些解释变量都与方程的误差项 u_{it} 独立。将这 NT 个观测堆积在一起，我们有

$$\mathbf{y} = X\boldsymbol{\beta} + W\boldsymbol{\gamma} + \mathbf{u} \tag{6.6.2}$$

其中

$$\underset{NT\times NK}{X} = \begin{pmatrix} X_1 & \mathbf{0} & \cdots & \mathbf{0} \\ \mathbf{0} & X_2 & \cdots & \mathbf{0} \\ \vdots & & \ddots & \vdots \\ \mathbf{0} & & & X_N \end{pmatrix}$$

$$\underset{NT\times Nm}{W} = \begin{pmatrix} W_1 & \mathbf{0} & \cdots & \mathbf{0} \\ \mathbf{0} & W_2 & \cdots & \mathbf{0} \\ \vdots & & \ddots & \vdots \\ \mathbf{0} & & & W_N \end{pmatrix}$$

$$\underset{NT\times 1}{\mathbf{u}} = (\mathbf{u}_1', \cdots, \mathbf{u}_N')$$

$$\underset{NK\times 1}{\boldsymbol{\beta}}=(\boldsymbol{\beta}_1',\cdots,\boldsymbol{\beta}_N')'$$
$$\underset{Nm\times 1}{\boldsymbol{\gamma}}=(\boldsymbol{\gamma}_1',\cdots,\boldsymbol{\gamma}_N')'$$

与模型（6.2.2）一样，模型（6.6.1）假定每个横截面单元有不同的行为方程。在此情形下，混合的唯一优点是将模型（6.6.2）纳入 Zellner（1962）的似乎无关回归体系，从而提高了个体行为方程估计的效率。

建立固定系数和随机系数混合模型的动机是当横截面单元之间可能存在基本差异时，控制这些个体特异效应，通过对$\mathbf{x}_{it}$和$\mathbf{w}_{it}$的系数添加先验约束条件，我们仍有可能对总体的某些属性作出推断。假定存在随机约束和固定约束两种条件［参见 Hsiao（1991a）；Hsiao，Appelbe 和 Dineen（1993）］，它们有如下形式：

A. 6. 6. 1. 假定$\mathbf{x}_{it}$的系数满足随机约束条件

$$\boldsymbol{\beta}=A_1\bar{\boldsymbol{\beta}}+\boldsymbol{\alpha} \tag{6.6.3}$$

其中A_1是元素已知的$NK\times L$矩阵，$\bar{\boldsymbol{\beta}}$是$L\times 1$的常数向量，并假定$\boldsymbol{\alpha}$是均值为$\mathbf{0}$，协方差矩阵为非奇异阵C，且与$\mathbf{x}_{it}$独立的随机向量（正态分布的）。

A. 6. 6. 2. 假定$\mathbf{w}_{it}$的系数满足

$$\boldsymbol{\gamma}=A_2\bar{\boldsymbol{\gamma}} \tag{6.6.4}$$

其中A_2是元素已知的$Nm\times n$矩阵，$\bar{\boldsymbol{\gamma}}$是$n\times 1$的常数向量。

因A_2是已知的，故可将式（6.6.4）代入模型（6.6.2），并将模型记为

$$\mathbf{y}=X\boldsymbol{\beta}+\widetilde{W}\bar{\boldsymbol{\gamma}}+\mathbf{u} \tag{6.6.5}$$

其中$\widetilde{W}=WA_2$，它满足式（6.6.3）。

假设 A. 6. 6. 2 包含了各种可能的固定参数结构。譬如，如果$\boldsymbol{\gamma}$对所有的横截面单元都不同，则我们可令$A_2=I_N\otimes I_m$。另一方面，如果我们希望限制$\boldsymbol{\gamma}_i=\boldsymbol{\gamma}_j$，则可令$A_2=\mathbf{e}_N\otimes I_m$。

许多包含不可观测时恒个体异质性的线性面板数据模型可认为是模型（6.6.2）～（6.6.4）的特殊情形。这类模型有：

i. 所有横截面单元有共同的模型。如果行为模式之间不存在个体差异，则可令$X=\mathbf{0}$，$A_2=\mathbf{e}_N\otimes I_m$，故模型（6.6.2）变成

$$y_{it}=\mathbf{w}_{it}'\bar{\boldsymbol{\gamma}}+u_{it} \tag{6.6.6}$$

ii. 不同的横截面单元有不同的模型。如果认为所有的个体互不相同时，则$X=\mathbf{0}$，$A_2=I_N\otimes I_m$，模型（6.6.2）变成

$$y_{it}=\mathbf{w}_{it}'\boldsymbol{\gamma}_i+u_{it} \tag{6.6.7}$$

iii. 变截距模型［参见 Kuh（1963，3.2 节）］。如果控制可观测外生变量后，个体间的差异在各时期保持恒定，则令$X=\mathbf{0}$，且

$$A_2=(I_N\otimes\mathbf{i}_m,\ \vdots\ \mathbf{e}_N\otimes I_{m-1}^*)$$
$$\bar{\boldsymbol{\gamma}}=(\gamma_{11},\cdots,\gamma_{N1},\bar{\gamma}_2,\cdots,\bar{\gamma}_m)'$$

此时 $W_i=(\mathbf{e}_T, \mathbf{w}_{i2}, \cdots, \mathbf{w}_{im})$，$i=1, \cdots, N$，$\mathbf{i}_m=(1, 0, \cdots, 0)'$，且

$$\underset{m\times(m-1)}{I^*_{m-1}}=(\mathbf{0} \vdots I_{m-1})'$$

则模型（6.6.2）变成

$$y_{it}=\gamma_{i1}+\bar{\gamma}_2 w_{it2}+\cdots+\bar{\gamma}_m w_{itm}+u_{it} \tag{6.6.8}$$

iv. 误差成分模型［参见 Balestra 和 Nerlove（1966）；Wallace 和 Hussain（1969）；或 3.3 节］。将个体特异的时恒遗漏变量的效应，与假设中的其他遗漏变量的效应一样，当作随机变量时，我们可令 $X_i=\mathbf{e}_T$，$\boldsymbol{\alpha}'=(\boldsymbol{\alpha}_1, \cdots, \boldsymbol{\alpha}_N)$，$A_1=\mathbf{e}_N$，$C=\sigma^2_\alpha I_N$，$\bar{\beta}$是未知常数，而$\mathbf{w}_{it}$不包含截距项。则模型（6.4.2）变成

$$y_{it}=\bar{\beta}+\bar{\boldsymbol{\gamma}}'\mathbf{w}_{it}+\alpha_i+u_{it} \tag{6.6.9}$$

v. 随机系数模型［Swamy（1970），或 6.2.2 节］。令 $Z=\mathbf{0}$，$A_1=\mathbf{e}_N\otimes I_K$，和$C=I_N\otimes\Delta$。则我们得到模型（6.2.4）。

6.6.2 Bayes 解

从 Bayes 的视角来看，我们可认为满足式（6.6.3）的模型（6.6.5）包含关于 $\boldsymbol{\beta}$ 的先验信息（6.6.3），但没有关于$\bar{\boldsymbol{\gamma}}$的信息。在经典抽样方法中，通常是在“生成观测值$\mathbf{y}$的概率律 $f(\mathbf{y}, \boldsymbol{\theta})$ 已知，而参数向量$\boldsymbol{\theta}$未知”的假设下进行推断。参数$\boldsymbol{\theta}$的估计量$\hat{\boldsymbol{\theta}}(\mathbf{y})$ 是关于$\mathbf{y}$的函数，因此，在重复实验中它们的抽样分布在某种意义上尽可能地向$\boldsymbol{\theta}$的真值集中。Bayes 方法采用了不同的做法。首先，将所有的量，包括参数，都当作随机变量。其次，所有的概率命题是有条件的，因此在给出概率命题时不仅考察概率已经讨论过的事件，还有必要考察作为条件的事件。所以，作为模型的一部分，我们需要引入参数$\boldsymbol{\theta}$的先验分布 $p(\boldsymbol{\theta})$。先验分布表示在获取数据之前对$\boldsymbol{\theta}$的认知（或忽略）的状况。已知概率模型 $f(\mathbf{y}; \boldsymbol{\theta})$，先验分布以及$\mathbf{y}$的数据，则 $\boldsymbol{\theta}$ 的概率分布可表示为 $p(\boldsymbol{\theta} \mid \mathbf{y})$，在 Bayes 理论中，称它为 $\boldsymbol{\theta}$ 的后验分布［参见 Kaufman（1977）；Intriligator，Bodkin 和 Hsiao（1996）］[15]：

$$P(\boldsymbol{\theta}|\mathbf{y})\propto p(\boldsymbol{\theta})f(\mathbf{y}|\boldsymbol{\theta}) \tag{6.6.10}$$

这里符号$\propto$表示“与……成比例”，其比例系数是规范化的常数。

在假设

A. 6. 6. 3. $\mathbf{u}\sim N(\mathbf{0}, \Omega)$，

下，我们可将模型（6.6.5）写成如下形式：

A. 1. 控制 X，$\widetilde{W}$，$\boldsymbol{\beta}$和$\bar{\boldsymbol{\gamma}}$后，

$$\mathbf{y}\sim N(X\boldsymbol{\beta}+\widetilde{W}\bar{\boldsymbol{\gamma}}, \Omega) \tag{6.6.11}$$

A. 2. $\boldsymbol{\beta}$和$\bar{\boldsymbol{\gamma}}$的先验分布是独立的：

$$P(\boldsymbol{\beta}, \bar{\boldsymbol{\gamma}})=P(\boldsymbol{\beta})\cdot P(\bar{\boldsymbol{\gamma}}) \tag{6.6.12}$$

A. 3. $P(\boldsymbol{\beta}) \sim N(A_1\bar{\boldsymbol{\beta}}, C)$

A. 4. 没有关于$\bar{\boldsymbol{\beta}}$和$\boldsymbol{\gamma}$的信息；故 $P(\bar{\boldsymbol{\beta}})$ 和 $P(\bar{\boldsymbol{\gamma}})$ 相互独立，且

$$P(\bar{\boldsymbol{\beta}}) \propto \text{常数}, P(\bar{\boldsymbol{\gamma}}) \propto \text{常数}$$

控制 Ω 和 C 后，再多次应用附录 6A 中的公式得到［Hsiao，Appelbe 和 Dineen (1993)］：

i. 给定$\mathbf{y}$后，$\bar{\boldsymbol{\beta}}$和$\bar{\boldsymbol{\gamma}}$后验分布是

$$N\left(\begin{pmatrix}\bar{\boldsymbol{\beta}}^*\\ \bar{\boldsymbol{\gamma}}^*\end{pmatrix}, D_1\right) \tag{6.6.13}$$

其中

$$D_1 = \left[\begin{pmatrix}A_1'X'\\ \widetilde{W}'\end{pmatrix}(\Omega + XCX')^{-1}(XA_1, \widetilde{W})\right]^{-1} \tag{6.6.14}$$

以及

$$\begin{pmatrix}\bar{\boldsymbol{\beta}}^*\\ \bar{\boldsymbol{\gamma}}^*\end{pmatrix} = D_1\begin{bmatrix}A_1'X'\\ \widetilde{W}'\end{bmatrix}(\Omega + XCX')^{-1}\mathbf{y} \tag{6.6.15}$$

ii. 给定$\bar{\boldsymbol{\beta}}$和$\mathbf{y}$后，$\boldsymbol{\beta}$的后验分布是 $N(\boldsymbol{\beta}^*, D_2)$，其中

$$D_2 = \{X'[\Omega^{-1} - \Omega^{-1}\widetilde{W}(\widetilde{W}'\Omega^{-1}\widetilde{W})^{-1}\widetilde{W}'\Omega^{-1}]X + C^{-1}\}^{-1} \tag{6.6.16}$$

$$\boldsymbol{\beta}^* = D_2\{X'[\Omega^{-1} - \Omega^{-1}\widetilde{W}(\widetilde{W}'\Omega^{-1}\widetilde{W})^{-1}\widetilde{W}'\Omega^{-1}]\mathbf{y} + C^{-1}A_1\bar{\boldsymbol{\beta}}\} \tag{6.6.17}$$

iii. $\boldsymbol{\beta}$ 的（无条件）后验分布是 $N(\boldsymbol{\beta}^{**}, D_3)$，其中

$$D_3 = \{X'[\Omega^{-1} - \Omega^{-1}\widetilde{W}(\widetilde{W}'\Omega^{-1}\widetilde{W})^{-1}\widetilde{W}'\Omega^{-1}]X + C^{-1} - C^{-1}A_1(A_1'C^{-1}A_1)^{-1}A_1'C^{-1}\}^{-1} \tag{6.6.18}$$

$$\begin{aligned}\boldsymbol{\beta}^{**} &= D_3\{X'[\Omega^{-1} - \Omega^{-1}\widetilde{W}(\widetilde{W}'\Omega^{-1}\widetilde{W})^{-1}\widetilde{W}'\Omega^{-1}]\mathbf{y}\}\\ &= D_2\{X'[\Omega^{-1} - \Omega^{-1}\widetilde{W}(\widetilde{W}'\Omega^{-1}\widetilde{W})^{-1}\widetilde{W}'\Omega^{-1}]X\hat{\boldsymbol{\beta}} + C^{-1}A_1\bar{\boldsymbol{\beta}}^*\}\end{aligned} \tag{6.6.19}$$

其中$\hat{\boldsymbol{\beta}}$是（6.6.5）的 GLS 估计

$$\hat{\boldsymbol{\beta}} = \{X'[\Omega^{-1} - \Omega^{-1}\widetilde{W}(\widetilde{W}'\Omega^{-1}\widetilde{W})^{-1}\widetilde{W}'\Omega^{-1}]X\}^{-1} \times \{X'[\Omega^{-1} - \Omega^{-1}\widetilde{W}(\widetilde{W}'\Omega^{-1}\widetilde{W})^{-1}\widetilde{W}'\Omega^{-1}]\mathbf{y}\} \tag{6.6.20}$$

给定误差估计的二次损失函数，Bayes 点估计就是后验均值。$\bar{\boldsymbol{\beta}}$和$\bar{\boldsymbol{\gamma}}$的后验均值（6.6.15）是模型（6.6.5）代入限制条件（6.6.3）后，模型

$$\mathbf{y} = XA_1\bar{\boldsymbol{\beta}} + \widetilde{W}\bar{\boldsymbol{\gamma}} + \mathbf{v} \tag{6.6.21}$$

的 GLS 估计量，其中$\mathbf{v} = X\boldsymbol{\alpha} + \mathbf{u}$。但$\boldsymbol{\beta}$的后验均值不是模型（6.6.5）的 GLS 估计量。它是$\boldsymbol{\beta}$的 GLS 估计量和全局均值$\bar{\boldsymbol{\beta}}$（6.6.17）或$\bar{\boldsymbol{\beta}}^*$（6.6.19）的加权平均，权重和各自估计精度的逆成比例。因为虽然模型（6.2.2）和（6.6.5）都允许系数随横截面单元不同，但式（6.6.3）增加了 $\boldsymbol{\beta}$ 是随机变量且均值为 $A_1\bar{\boldsymbol{\beta}}$的先验信息。对模型（6.2.2）来说，个体结果的最优线性预测是将个体系数的最优线

性无偏估计量代入个体方程。对模型（6.6.5）和（6.6.3）来说，因为预期$\boldsymbol{\beta}_i$对所有的i都相同，而实际差异是或然性结果，故关于$\boldsymbol{\beta}_i$的其他信息可通过检查其他个体的行为得到，譬如式（6.6.17）或（6.6.19）。

在误差成分模型（6.6.9）的特殊情形中，$X=I_N\otimes\mathbf{e}_T$。在$\mathbf{w}_{it}$包含截距项（如$\bar{\beta}=0$）和u_{it}是 i.i.d. 的假设下，$\bar{\boldsymbol{\gamma}}$的 Bayes 估计量（6.6.15）就是模型（6.6.21）的 GLS 估计量$\bar{\boldsymbol{\gamma}}^*$。式（6.6.17）中$\alpha_i$的 Bayes 估计量是

$$\alpha_i^{**}=\left(\frac{T\sigma_\alpha^2}{T\sigma_\alpha^2+\sigma_u^2}\right)\hat{\bar{v}}_i \tag{6.6.22}$$

其中$\hat{\bar{v}}_i=\frac{1}{T}\sum_{t=1}^{T}\hat{v}_{it}$，而$\hat{v}_{it}=y_{it}-\bar{\boldsymbol{\gamma}}^*\mathbf{w}_{it}$。用$\bar{\boldsymbol{\gamma}}^*$和$\alpha_i^{**}$代替模型（6.6.9）中未知的$\bar{\boldsymbol{\gamma}}$和$\alpha_i$，Wansbeek 和 Kapteyn（1978）以及 Taub（1979）证明

$$\hat{y}_{i,t+s}=\bar{\boldsymbol{\gamma}}^{*\prime}\mathbf{w}_{i,t+s}+\alpha_i^{**} \tag{6.6.23}$$

是对i个个体提前s期的最优线性无偏预测（BLUP）。[16]

6.6.3 案例

在经典分析框架内，预测独立抽取的随机变量$\boldsymbol{\beta}_i$（或$\boldsymbol{\alpha}_i$）毫无意义。但在面板数据中，我们事实上有两个可控制的维度——横截面维度和时序维度。即便对每个i，$\boldsymbol{\beta}_i$是独立分布的随机变量，但抽取了某个特殊的$\boldsymbol{\beta}_i$后，它在各时期保持恒定。因此，预测$\boldsymbol{\beta}_i$是有意义的。对$\boldsymbol{\beta}_i$的经典预测是模型（6.6.5）的广义最小二乘估计量。Bayes 预测（6.6.19）是模型（6.6.5）中$\boldsymbol{\beta}$的广义最小二乘估计量和全局均值$A_1\bar{\boldsymbol{\beta}}$（如果$\bar{\boldsymbol{\beta}}$已知）或$A_1\bar{\boldsymbol{\beta}}^*$（如果$\bar{\boldsymbol{\beta}}$未知）的加权平均，权重和各自估计精度的逆成比例。个体系数$\boldsymbol{\beta}_i$的 Bayes 估计量使得$\boldsymbol{\beta}_i$的 GLS 估计量向全局均值$\bar{\boldsymbol{\beta}}$或$\bar{\boldsymbol{\beta}}^*$“收缩”。这种观点的合理性源自 DeFinetti（1964）的可交换性假设。推导单个$\boldsymbol{\beta}_i$的精确估计时如果没有足够多的时序观测（即T很小时），则考察其他个体的行为可得到关于$\boldsymbol{\beta}_i$的某些信息，因为假定该个体的预期反应与其他个体相同，而个体反应的实际差异是或然机制发生作用的结果。

利用 1980（I）至 1989（IV）的季度数据，我们估计加拿大顾客对远程长途（>920 英里）拨号服务需求的线路特异性，表 6.1 列出了估计的结果［Hsiao, Appelbe 和 Dineen（1993）］。价格和收入系数的某些点对点单线路估计（无约束模型）的符号可能因多重共线性而与预期不符。但是，如果我们援用代表性顾客的假定，那么顾客对价格和收入变化的反应将基本相同（因此认为各条线路的这些系数是从一个具有常数均值和方差—协方差矩阵的总体中随机抽取的），同时也假设截距和季度虚拟变量的系数对不同路线是互不相同的固定常数而允许线路特异效应存在，则所有估计的线路特异价格和收入系数有正确的正负号（表 6.1，第 3 列）。

表 6.1　　长途运输模型回归系数[a]

	价格系数	
线路	无约束时	混合系数
1	−0.071 2 (−0.15)	−0.287 5 (N/A)
2	0.169 4 (0.44)	−0.022 0 (N/A)
3	−1.014 2 (−5.22)	−0.774 3 (N/A)
4	−0.487 4 (−2.29)	−0.168 6 (N/A)
5	−0.319 0 (−2.71)	−0.292 5 (N/A)
6	0.036 5 (0.20)	−0.056 8 (N/A)
7	−0.399 6 (−3.92)	−0.388 1 (N/A)
8	−0.103 3 (−0.95)	−0.250 4 (N/A)
9	−0.396 5 (−4.22)	−0.282 1 (N/A)
10	−0.618 7 (−4.82)	−0.593 4 (N/A)
平均	N/A	−0.311 6
线路	收入系数	
1	1.430 1 (3.07)	0.474 0 (N/A)
2	−0.348 (−0.09)	0.267 9 (N/A)
3	0.369 8 (1.95)	0.339 4 (N/A)
4	0.249 7 (0.70)	0.314 5 (N/A)
5	0.555 6 (2.71)	0.350 1 (N/A)
6	0.111 9 (0.95)	0.134 4 (N/A)
7	0.919 7 (8.10)	0.534 2 (N/A)
8	0.388 6 (3.88)	0.525 5 (N/A)
9	0.668 8 (6.16)	0.564 8 (N/A)
10	0.192 8 (2.39)	0.257 4 (N/A)
平均	N/A	0.376 2

[a] 括号内是 t 统计量的值。

资料来源：Hsiao，Appelbe 和 Dineen（1993，表 3）。

6.6.4 随机系数还是固定系数

6.6.4.a 案例

利用面板数据建模时，如果数据拒绝了同质性（假设），则将不可观测的异质性当作固定常数还是随机变量至关重要。譬如，在一份对加拿大安大略地区电

力需求的研究中，Hsiao 等人（1989）估计了模型

$$y_{it}=\gamma_i y_{i,t-1}+\boldsymbol{\delta}_i'\mathbf{d}_{it}+\boldsymbol{\beta}_i'\mathbf{x}_{it}+u_{it} \tag{6.6.24}$$

其中 y_{it} 表示地区 i 在时期 t 月度电力需求（千瓦/小时或千瓦）的对数，$\mathbf{d}_{it}$ 表示 12 个月份虚拟变量，$\mathbf{x}_{it}$ 表示气候因素和收入的对数，电力价格，相近替代品的价格（都是按实际价格度量）。考虑四个不同的设定：

1. 不同地区的系数 $\boldsymbol{\theta}_i'=(\gamma_i,\ \boldsymbol{\delta}_i',\ \boldsymbol{\beta}_i')$ 是互不相同的固定常数。

2. 对所有的 i，系数 $\boldsymbol{\theta}_i=\boldsymbol{\theta}'=(\gamma,\ \boldsymbol{\delta}',\ \boldsymbol{\beta}')$。

3. 系数向量 $\boldsymbol{\theta}_i$ 是随机向量，其均值为 $\boldsymbol{\theta}$，协方差矩阵为 Δ。

4. 系数 $\boldsymbol{\beta}_i$ 是随机变量，且共同均值为 $\bar{\boldsymbol{\beta}}$，协方差矩阵为 Δ_{11}，系数 γ_i 和 $\boldsymbol{\delta}_i$ 对所有 i 是互不相同的固定常数。

用哈米尔顿、基奇纳-滑铁卢、伦敦、渥太华、圣凯瑟琳、萨德伯里、桑德贝、多伦多和温莎等地区从 1967 年 1 月至 1982 年 12 月的月度数据来估计这四种不同的设定。从 1983 年 1 月至 1986 年 12 月的提前一期均方根预测误

$$\sqrt{\sum_{t=T+1}^{T+f}(y_{it}-\hat{y}_{it})^2/f}$$

的比较列在表 6.2 和表 6.3 中。从这些表可以看出，简单混合（数据）（模型 2）和随机系数（模型 3）模型对地域性需求在平均意义上的预测精度较差。固定系数和随机系数的混合模型（模型 4）表现最好。有意思的是，我们发现，将各地区的信息综合在一起，并适当考虑地区特异因素后，得到的区域性需求预测比简单使用地区特异数据（模型 1）的方法更好。

表 6.2　　千瓦/小时对数的均方根预测误（提前一期预报）

城市	均方根误			
	地区特异效应	混合数据	随机系数	混合模型
哈米尔顿	0.086 5	0.053 5	0.082 5	0.083 0
基奇纳-滑铁卢	0.040 6	0.038 2	0.040 9	0.039 5
伦敦	0.046 6	0.049 4	0.046 7	0.046 4
渥太华	0.069 7	0.052 3	0.066 9	0.068 0
圣凯瑟琳	0.079 6	0.072 4	0.068 0	0.080 2
萨德伯里	0.045 4	0.085 7	0.045 4	0.046 0
桑德贝	0.046 8	0.061 5	0.047 7	0.047 3
多伦多	0.036 2	0.049 7	0.063 1	0.035 9
温莎	0.050 6	0.065 0	0.050 1	0.043 8
无加权平均	0.055 8	0.058 6	0.056 8	0.054 5
加权平均[a]	0.049 9	0.052 5	0.062 8	0.048 7

[a] 权重是所在城市 1985 年 6 月需求的千瓦/小时。

资料来源：Hsiao 等人（1989，第 584 页）。

表 6.3 千瓦对数的均方根预测误（提前一期预报）

城市	均方根误			
	地区特异效应	混合数据	随机系数	混合模型
哈米尔顿	0.078 3	0.047 4	0.089 3	0.076 8
基奇纳-滑铁卢	0.087 3	0.044 0	0.084 3	0.080 3
伦敦	0.058 8	0.074 7	0.063 9	0.058 6
渥太华	0.082 4	0.064 8	0.084 6	0.076 8
圣凯瑟琳	0.053 1	0.054 7	0.051 1	0.053 4
萨德伯里	0.060 7	0.094 3	0.060 8	0.061 4
桑德贝	0.052 4	0.059 7	0.052 1	0.053 0
多伦多	0.042 9	0.062 8	0.060 9	0.042 1
温莎	0.055 0	0.086 8	0.059 5	0.054 3
无加权平均	0.063 4	0.065 5	0.067 4	0.061 9
加权平均[a]	0.055 8	0.062 3	0.067 3	0.054 0

[a] 权重是所在城市 1985 年 6 月需求的千瓦/小时。

资料来源：Hsiao 等人（1989，第 584 页）。

6.6.4.b 模型选择

上面的例子表明，对个体异质性的处理方法对推断的精确性带来了差异。迄今为止，我们讨论的大量估计方法都是假定我们事先知道应将哪些系数当作（互不相同的）固定常数，将哪些系数当作随机变量。然而在实际应用中，我们鲜有选择适当设定的先验信息。为选择适当的模型表达式，经济学家们提出了大量的统计检验方法［参见 Breusch-Pagan（1979）；Hausman（1978）；或 6.2.2.d 节］。但所有这些检验本质上都利用了具体模型在特定框架内的含义。检验统计量的分布是在特定的虚拟假设下导出来的，但备择假设却是复合型的。拒绝虚拟假设并不表明自动接受特定的备择假设。将固定系数模型、随机系数模型或固定系数和随机系数的混合模型当作不同的模型并用模型选择准则来选择确当的设定似乎更合适［Hsiao 和 Sun（2000）］。譬如，如果在 $j=1, \cdots, J$ 个不同的设定中，模型 H_j 能得到

$$-2\log f(\mathbf{y}|H_j)+2m_j, \quad j=1,\cdots,J \tag{6.6.25}$$

或

$$-2\log f(\mathbf{y}|H_j)+m_j\log NT, \quad j=1,\cdots,J \tag{6.6.26}$$

的最小值，则我们可以依据 Akaike（1973）信息准则或 Schwarz（1978）Bayes 信息准则等著名的模型选择准则选择模型 H_j，这里 $\log f(\mathbf{y} \mid H_j)$ 和 m_j 分别表

示模型 H_j 中$\mathbf{y}$的对数似然值和未知参数个数。或者，Hsiao（1995）以及 Min 和 Zellner（1993）建议选择得到最高预测密度的模型。在该框架内，将时序观测分成两期：1 到 T_1，用$\mathbf{y}^1$ 表示，T_1+1 到 T，用$\mathbf{y}^2$ 表示。前 T_1 期观测用来得到与 H_j 相关的参数$\boldsymbol{\theta}^j$ 的概率分布 $P(\boldsymbol{\theta}^j \mid \mathbf{y}^1)$。然后用

$$\int f(\mathbf{y}^2 \mid \boldsymbol{\theta}^j) p(\boldsymbol{\theta}^j \mid \mathbf{y}^1) d\,\boldsymbol{\theta}^j \tag{6.6.27}$$

估算预测密度，其中 $f(\mathbf{y}^2 \mid \boldsymbol{\theta}^j)$ 是$\mathbf{y}^2$ 在$\boldsymbol{\theta}^j$ 下的条件密度。Bayes 方法的推论会受到先验信息选择的影响，使用式（6.6.27）的优点是模型的选择与先验信息无关。我们可用无讯息（或零散）的先验信息导出 $P(\boldsymbol{\theta}^j \mid \mathbf{y}^1)$。该方法与“对经济理论的严格检验是它的预测能力，该检验是唯一的且是最后的检验”［Klein（1988，第 21 页）；还可见 Friedman（1953）］的思想也是一致的。

当$\mathbf{y}^2$ 仅包含有限个观测值时，根据预测密度选择模型可能产生严重的样本依赖性。如果在$\mathbf{y}^2$ 中分配过多的观测，则大量的样本信息不能用来估计未知参数。修正式（6.6.27）的一个折中办法是利用递归方法更新估计

$$\int f(\mathbf{y}_T \mid \boldsymbol{\theta}^j, \mathbf{y}^{T-1}) P(\boldsymbol{\theta}^j, \mathbf{y}^{T-1}) d\,\boldsymbol{\theta}^j \times \int f(\mathbf{y}_{T-1} \mid \boldsymbol{\theta}^j, \mathbf{y}^{T-2}) P(\boldsymbol{\theta}^j, \mathbf{y}^{T-2}) d\,\boldsymbol{\theta}^j \cdots$$
$$\times \int f(\mathbf{y}_{T_1+1} \mid \boldsymbol{\theta}^j, \mathbf{y}^1) P(\boldsymbol{\theta}^j, \mathbf{y}^1) d\,\boldsymbol{\theta}^j \tag{6.6.28}$$

其中 $P(\boldsymbol{\theta}^j \mid \mathbf{y}^T)$ 表示从 1 到 T 的观测已知后$\boldsymbol{\theta}$的后验分布。虽然该式看起来比较复杂，但事实表明 Bayes 更新公式计算相当直接。譬如模型（6.6.5）。令$\boldsymbol{\theta}=(\bar{\boldsymbol{\beta}}, \bar{\boldsymbol{\gamma}})$，$\boldsymbol{\theta}_t$ 和 V_t 表示$\boldsymbol{\theta}$基于前 t 期观测的后验均值和方差。则

$$\boldsymbol{\theta}_t = V_{t-1}(Q'_t \Omega^{-1} \mathbf{y}_t + V_{t-1}^{-1} \boldsymbol{\theta}_{t-1}) \tag{6.6.29}$$

$$V_t = (Q'_t \Omega^{-1} Q_t + V_{t-1}^{-1})^{-1}, \quad t = T_1+1, \cdots, T \tag{6.6.30}$$

和

$$P(\mathbf{y}_{t+1} \mid \mathbf{y}^t) = \int P(\mathbf{y}_{t+1} \mid \boldsymbol{\theta}, \mathbf{y}^t) P(\boldsymbol{\theta} \mid \mathbf{y}^t) d\,\boldsymbol{\theta} \sim N(Q_{t+1}\,\boldsymbol{\theta}_t, \Omega + Q_{t+1} V'_t Q_{t+1}) \tag{6.6.31}$$

其中$\mathbf{y}'_t=(y_{1t},\ y_{2t},\ \cdots,\ y_{Nt})$，$Q_t=(\mathbf{x}'_t,\ \mathbf{w}'_t)$，$\mathbf{x}_t=(\mathbf{x}_{1t},\ \cdots,\ \mathbf{x}_{Nt})$，$\mathbf{w}_t=(\mathbf{w}_{1t},\ \cdots,\ \mathbf{w}_{Nt})$，$\Omega=E\,\mathbf{u}_t\,\mathbf{u}'_t$，而$\mathbf{u}'_t=(u_{1t},\ \cdots,\ u_{Nt})$［Hsiao，Appelbe 和 Dineen（1993）］。

Hsiao 和 Sun（2000）用有限 Monte Carlo 方法评估这些模型选择准则在选择随机系数、固定系数、随机系数与固定系数混合设定时的功效。它们在选择正确设定时都有很好的功效。

6.7 动态随机系数模型

为易于表述又不失一般性，本节我们不考虑将模型（6.6.5）推广为动态模型的问题，而是考虑将随机系数模型（6.2.1）推广为形如[17]

$$y_{it}=\gamma_i y_{i,t-1}+\boldsymbol{\beta}_i'\mathbf{x}_{it}+u_{it},|\gamma_i|<1,\quad i=1,\cdots,N,t=1,\cdots,T \tag{6.7.1}$$

的动态模型，其中$\mathbf{x}_{it}$是$k\times1$的外生变量向量，同时假定误差项u_{it}对所有的t是独立同分布的，其均值为零，方差为$\sigma_{u_i}^2$，对不同的i是相互独立的。假定系数$\boldsymbol{\theta}_i=(\gamma_i，\boldsymbol{\beta}_i')'$对所有的$i$是独立分布的，具有均值$\bar{\boldsymbol{\theta}}=(\bar{\gamma}，\bar{\boldsymbol{\beta}}')'$和协方差矩阵$\Delta$。令

$$\boldsymbol{\theta}_i=\bar{\boldsymbol{\theta}}+\boldsymbol{\alpha}_i \tag{6.7.2}$$

其中$\boldsymbol{\alpha}_i=(\alpha_{i1}，\boldsymbol{\alpha}_{i2}')$。我们有

$$E\,\boldsymbol{\alpha}_i=\mathbf{0},E\,\boldsymbol{\alpha}_i\,\boldsymbol{\alpha}_j'=\begin{cases}\Delta & \text{如果 } i=j\\ \mathbf{0} & \text{其他}\end{cases} \tag{6.7.3}$$

和[18]

$$E\,\boldsymbol{\alpha}_i\,\mathbf{x}'_{jt}=\mathbf{0} \tag{6.7.4}$$

将第i个个体的T期时序观测值堆积成矩阵的形式，得到

$$\underset{T\times1}{\mathbf{y}_i}=Q_i\,\boldsymbol{\theta}_i+\mathbf{u}_i,\quad i=1,\cdots,N \tag{6.7.5}$$

其中$\mathbf{y}_i=(y_{i1}，\cdots，y_{it})'$，$Q_i=(\mathbf{y}_{i,-1}，X_i)$，$\mathbf{y}_{i,-1}=(y_{i0}，\cdots，y_{i,T-1})'$，$X_i=(\mathbf{x}_{i1}，\cdots，\mathbf{x}_{it})'$，$\mathbf{u}_i=(u_{i1}，\cdots，u_{it})'$，为易于表述，我们假定$y_{i0}$可观测。[19]

我们知道，因$y_{i,t-1}$与γ_i相关，所以$EQ_i\,\boldsymbol{\alpha}_i'\neq\mathbf{0}$，即不满足解释变量和$\boldsymbol{\alpha}_i$之间的独立性［式（6.2.3）］假设。将$\boldsymbol{\theta}_i=\bar{\boldsymbol{\theta}}+\boldsymbol{\alpha}_i$代入式（6.7.5）得到

$$\mathbf{y}_i=Q_i\,\bar{\boldsymbol{\theta}}+\mathbf{v}_i,\quad i=1,\cdots,N \tag{6.7.6}$$

其中

$$\mathbf{v}_i=Q_i\,\boldsymbol{\alpha}_i+\mathbf{u}_i \tag{6.7.7}$$

由于

$$y_{i,t-1}=\sum_{j=0}^{\infty}(\bar{\gamma}+\alpha_{i1})^j\,\mathbf{x}'_{i,t-j-1}(\bar{\boldsymbol{\beta}}+\boldsymbol{\alpha}_{i2})+\sum_{j=0}^{\infty}(\bar{\gamma}+\alpha_{i1})^j u_{i,t-j-1} \tag{6.7.8}$$

所以$E(\mathbf{v}_i\mid Q_i)\neq\mathbf{0}$。因此，与静态情形不同，共同均值$\bar{\boldsymbol{\theta}}$的最小二乘估计量是不一致的。

式（6.7.7）和（6.7.8）还表明$\mathbf{v}_i$的协方差矩阵V很难导出。因此，用$V^{-1/2}$左乘式（6.7.6）将模型转化为误差项序列无关的方法无法实施。工具变量方法也不可行，因为与$\mathbf{v}_i$无关的工具变量极可能与Q_i也无关。

Pesaran和Smith（1995）注意到当$T\to\infty$时，$\mathbf{y}_i$对Q_i的最小二乘回归可得到$\boldsymbol{\theta}_i$的一致估计量$\hat{\boldsymbol{\theta}}_i$。他们建议对所有的$i$取$\hat{\boldsymbol{\theta}}_i$的平均值作为$\bar{\boldsymbol{\theta}}$的平均组估计量

$$\hat{\bar{\boldsymbol{\theta}}}=\frac{1}{N}\sum_{i=1}^{N}\hat{\boldsymbol{\theta}}_i \tag{6.7.9}$$

只要N和$T\to\infty$时$\sqrt{N}/T\to0$，平均组估计量（6.7.9）就是一致的且渐近分布是正态分布［Hsiao，Pesaran和Tahmiscioglu（1999）］。

经济学研究中T较大的面板数据很少。但在“y_{i0}是已知的固定常数，$\boldsymbol{\alpha}_i$与

u_{it}独立正态分布”的假设下，与 6.6 节讨论的混合模型一样，我们可利用公式（6.6.19）推导$\bar{\boldsymbol{\theta}}$在 σ_i^2 和 Δ 下的 Bayes 估计量。控制 Δ 和 σ_i^2 后，Bayes 估计量等于

$$\hat{\bar{\boldsymbol{\theta}}}_B = \left\{ \sum_{i=1}^{N} [\sigma_i^2 (Q_i' Q_i)^{-1} + \Delta]^{-1} \right\}^{-1} \sum_{i=1}^{N} [\sigma_i^2 (Q_i' Q_i)^{-1} + \Delta]^{-1} \hat{\boldsymbol{\theta}}_i \qquad (6.7.10)$$

它是各单元最小二乘估计量的加权平均，相应的权重与个体方差成反比。当 $T \to \infty$，$N \to \infty$且$\sqrt{N}/T^{3/2} \to 0$ 时，Bayes 估计量渐近等价于平均组估计量（6.7.9）[Hsiao，Pesaran 和 Tahmiscioglu（1999）]。

在实践中方差成分 σ_i^2 和 Δ 已知的情况不多，因此 Bayes 估计量（6.7.10）很少能计算出来。一种计算方法是将 σ_i^2 和 Δ 的一致估计量，譬如（6.2.8）和（6.2.9），代入公式（6.7.10），然后将它们当作已知的量。为便于标识，σ_i^2 和 Δ 已知时，我们称式（6.7.10）为**不可行 Bayes 估计量**（infeasible Bayes estimator）。在式（6.7.10）中用 σ_i^2 和 Δ 的一致估计量，譬如（6.2.8）和（6.2.9），替换 σ_i^2 和 Δ之后得到的估计量为**经验 Bayes 估计量**（empirical Bayes estimator）。

另一方法是仿效 Lindley 和 Smith（1972）的做法，假定 σ_i^2 和 Δ 的先验分布是独立的，且分布函数为

$$P(\Delta^{-1}, \sigma_1^2, \cdots, \sigma_N^2) = W(\Delta^{-1} \mid (\rho R)^{-1}, \rho) \prod_{i=1}^{N} \sigma_i^{-1} \qquad (6.7.11)$$

其中 W 表示具有纯量矩阵（ρR）和自由度 ρ 的 Wishart 分布［参见 Anderson（1958）］。将该先验分布与模型（6.7.1）～（6.7.2）结合起来，我们可对联合后验密度函数求积分，去掉 σ_i^2 和 Δ 后得到重要参数的边际后验密度函数。但我们没有该积分的显式解。Hsiao，Pesaran 和 Tahmiscioglu（1999）建议用 Gibbs 抽样法计算边际密度。

Gibbs 抽样是一种只需知道参数向量完全条件密度的迭代 MCMC（Markov-chain Monte Carlo）方法［参见 Gelfand 和 Smith（1990）］。对参数向量$\boldsymbol{\theta} = (\boldsymbol{\theta}_1, \cdots, \boldsymbol{\theta}_k)$，从某个任意的初始值，譬如（$\boldsymbol{\theta}_1^{(0)}$，$\boldsymbol{\theta}_2^{(0)}$，…，$\boldsymbol{\theta}_k^{(0)}$）开始，以其他元素在最新迭代中的抽样值为条件，交替地从参数向量各元素的条件密度中抽取样本，即：

1. 从 $P(\boldsymbol{\theta}_1 \mid \boldsymbol{\theta}_2^{(j)}, \boldsymbol{\theta}_3^{(j)}, \cdots, \boldsymbol{\theta}_k^{(j)}, \mathbf{y})$ 抽取$\boldsymbol{\theta}_1^{(j+1)}$ 的样本，
2. 从 $P(\boldsymbol{\theta}_2 \mid \boldsymbol{\theta}_1^{(j+1)}, \boldsymbol{\theta}_3^{(j)}, \cdots, \boldsymbol{\theta}_k^{(j)}, \mathbf{y})$ 抽取$\boldsymbol{\theta}_2^{(j+1)}$ 的样本，

⋮

k. 从 $P(\boldsymbol{\theta}_k \mid \boldsymbol{\theta}_1^{(j+1)}, \cdots, \boldsymbol{\theta}_{k-1}^{(j+1)}, \mathbf{y})$ 抽取$\boldsymbol{\theta}_k^{(j+1)}$ 的样本。

向量$\boldsymbol{\theta}^{(0)}$，$\boldsymbol{\theta}^{(1)}$，…，$\boldsymbol{\theta}^{(k)}$ 构成一个马尔科夫链，从状态$\boldsymbol{\theta}^{(j)}$ 到下一状态$\boldsymbol{\theta}^{(j+1)}$ 的转换概率由

$$K(\boldsymbol{\theta}^{(j)}, \boldsymbol{\theta}^{(j+1)}) = P(\boldsymbol{\theta}_1 \mid \boldsymbol{\theta}_2^{(j)}, \cdots, \boldsymbol{\theta}_k^{(j)}, \mathbf{y}) P(\boldsymbol{\theta}_2 \mid \boldsymbol{\theta}_1^{(j+1)}, \boldsymbol{\theta}_3^{(j)}, \cdots, \boldsymbol{\theta}_k^{(j)}, \mathbf{y}) \times \cdots \times P(\boldsymbol{\theta}_k \mid \boldsymbol{\theta}_1^{(j+1)}, \cdots, \boldsymbol{\theta}_{k-1}^{(j+1)}, \mathbf{y})$$

给定。

迭代次数 j 趋于无穷时，我们可认为抽样值是从真实联合和边际后验分布中抽取的。此外，样本函数的遍历平均是它们期望值的一致估计。

假设$\bar{\boldsymbol{\theta}}$的先验分布是$N(\bar{\boldsymbol{\theta}}^*, \Psi)$，对模型（6.7.1）～（6.7.2）进行 Gibbs 抽样所需的条件分布易由

$$P(\boldsymbol{\theta}_i \mid \mathbf{y}, \bar{\boldsymbol{\theta}}, \Delta^{-1}, \sigma_1^2, \cdots, \sigma_N^2) \sim N\{A_i(\sigma_i^{-2}Q'_i\mathbf{y}_i + \Delta^{-1}\bar{\boldsymbol{\theta}}), A_i\}, \quad i = 1, \cdots, N$$

$$P(\bar{\boldsymbol{\theta}} \mid \mathbf{y}, \boldsymbol{\theta}_1, \cdots, \boldsymbol{\theta}_N, \Delta^{-1}, \sigma_1^2, \cdots, \sigma_N^2) \sim N\{D(N\Delta^{-1}\hat{\bar{\boldsymbol{\theta}}} + \Psi^{-1}\boldsymbol{\theta}^*), B\}$$

$$P(\Delta^{-1} \mid \mathbf{y}, \boldsymbol{\theta}_1, \cdots, \boldsymbol{\theta}_N, \bar{\boldsymbol{\theta}}, \sigma_1^2, \cdots, \sigma_N^2) \sim W\Big[\Big(\sum_{i=1}^{N}(\boldsymbol{\theta}_i - \bar{\boldsymbol{\theta}}) \times (\boldsymbol{\theta}_i - \bar{\boldsymbol{\theta}})' + \rho R\Big)^{-1}, \rho + N\Big]$$

$$P(\sigma_i^2 \mid \mathbf{y}_i, \boldsymbol{\theta}_1, \cdots, \boldsymbol{\theta}_N, \bar{\boldsymbol{\theta}}, \Delta^{-1}) \sim \mathrm{IG}[T/2, (\mathbf{y}_i - Q_i\boldsymbol{\theta}_i)'(\mathbf{y}_i - Q_i\boldsymbol{\theta}_i)/2], \quad i = 1, \cdots, N$$

得到，其中$A_i = (\sigma_i^{-2}Q_i'Q_i + \Delta^{-1})^{-1}$，$D = (N\Delta^{-1} + \Psi^{-1})^{-1}$，$\hat{\bar{\boldsymbol{\theta}}} = \frac{1}{N}\sum_{i=1}^{N}\boldsymbol{\theta}_i$，而 IG 表示逆$\Gamma$分布。

Hsiao，Pesaran 和 Tahmiscioglu（1999）用 Monte Carlo 方法研究了不可行 Bayes 估计量（6.7.10)、分层 Bayes 估计量［以式（6.7.11）作为Δ和σ_i^2的先验分布，通过 Gibbs 抽样获取的 Bayes 估计量］、组均值估计量（6.7.8)、误差修正的组均值估计量［利用 Kiviet（1995）以及 Kiviet 和 Phillips（1993）的公式直接修正最小二乘估计量$\hat{\boldsymbol{\theta}}_i$的有限$T$偏误，然后取平均值］、混合（数据）最小二乘估计量的有限样本性质。表 6.4 列出了$N=50$以及$T=5$或$T=20$时γ不同估计量的偏误。不可行 Bayes 估计量功效很好，即使$T=5$时它的偏差也比较小。$T=5$时，它的偏误在 3%～17%的范围内。$T=20$时，它的偏误最多 2%。分层 Bayes 估计量的功效也不错[20]，T较小时经验 Bayes 估计量的功效紧随其后，但它的偏误随着T的增加快速上升。经验 Bayes 估计量在$T=5$的一些情形给出了非常好的结果，但在某些其他情形下偏误显得相当大。当T越来越大时，它的偏误明显下降。当T较小时，平均组估计量和偏误修正的平均组估计量都有较大偏误，相比之下偏误修正估计量表现稍好一点。但二者的功效都随T的增加得以改善，且仍都比最小二乘估计量好得多。最小二乘估计量具有显著的偏误，且其偏误在T增加时一直存在。

表 6.4　　短期系数γ的偏误

T		$\bar{\gamma}$	偏误					
			混合数据的 OLS	组均值	偏误修正的组均值	不可行 Bayes	经验 Bayes	分层 Bayes
5	1	0.3	0.368 59	−0.236 13	−0.140 68	0.051 20	−0.120 54	−0.025 00
	2	0.3	0.411 16	−0.235 64	−0.140 07	0.047 40	−0.111 51	−0.015 00
	3	0.6	1.280 29	−0.179 24	−0.109 69	0.057 51	−0.028 74	0.028 84
	4	0.6	1.294 90	−0.183 39	−0.108 30	0.068 79	−0.007 04	0.064 65
	5	0.3	0.063 47	−0.260 87	−0.155 50	0.010 16	−0.187 24	−0.100 68
	6	0.3	0.083 52	−0.260 39	−0.154 86	0.011 41	−0.180 73	−0.095 44
	7	0.6	0.547 56	−0.287 81	−0.172 83	0.054 41	−0.127 31	−0.029 97
	8	0.6	0.576 06	−0.281 98	−0.169 35	0.062 58	−0.103 66	−0.010 12

续前表

T	$\bar{\gamma}$		偏误					
			混合数据的OLS	组均值	偏误修正的组均值	不可行Bayes	经验Bayes	分层Bayes
20	9	0.3	0.442 68	−0.071 74	−0.013 65	0.003 40	−0.002 38	0.006 21
	10	0.3	0.490 06	−0.069 10	−0.012 30	0.004 98	−0.001 06	0.006 94
	11	0.35	0.257 55	−0.068 47	−0.012 09	−0.001 72	−0.010 04	−0.000 11
	12	0.35	0.258 69	−0.066 44	−0.011 89	−0.002 29	−0.008 42	0.001 16
	13	0.3	0.071 99	−0.079 66	−0.015 08	−0.000 54	−0.016 37	−0.004 94
	14	0.3	0.093 42	−0.076 59	−0.012 82	0.002 44	−0.012 62	−0.001 07
	15	0.55	0.269 97	−0.097 00	−0.022 24	−0.000 62	−0.016 30	0.000 11
	16	0.55	0.298 63	−0.094 48	−0.021 74	−0.000 53	−0.013 52	0.001 98

资料来源：Hsiao，Pesaran 和 Tahmiscioglu（1999）。

Bayes 估计量是在“初始观测值 y_{i0} 是固定常数”的假设下推导出来的。如第 4 章或 Anderson 和 Hsiao（1981，1982）的讨论，对 T 有限的面板，该假设显然不合理。但是，与对初始观测的正确建模非常重要的抽样方法不同，即使将初始观测当作固定常数，Bayes 方法在动态随机模型平均系数的估计中表现相当好。Monte Carlo 方法还提醒我们，不要在估计量渐近性质的基础上评判它们的作用。在 T 很小的面板中，平均组估计量和修正的平均组估计量表现都很糟糕。如果面板的时间维度不是充分大，分层 Bayes 估计量比其他一致估计量要更好些。

6.8 案例——流动性限制和企业投资支出

经济学家们深入细致地讨论了财政限制对公司投资的影响。在一种极端情形，Jorgenson（1971）宣称“证据明显支持 Modigliani-Miller 定理［Modigliani 和 Miller（1958），Miller 和 Modigliani（1961）］。给定产出水平和外部资金后，内部流动性不是投资的重要决定因素”。而在另一种极端情形，Stiglitz 和 Weiss（1981）辩称因为资本市场的不完美，内部资金和外部资金的成本通常会分离，但内部和外部资金一般不能完全相互替代。Fazzari，Hubbard 和 Petersen（1988），Bond 和 Meghir（1994）等通过研究各种不同类型公司（譬如，根据公司保留业务区分）现金流的影响来验证内部资金的重要性。如果完美资本市场的虚拟假设正确，则各组现金流变量的系数不会存在差异。但研究发现股息支付率低的公司现金流系数较大。

但是，假定只有股息支付低的公司受到财政限制没有合理的理论基础。“规模越大的公司现金流系数越大”这一发现与交易成本和流动性限制的不对称信息解释都不一致。按照某个指标对企业进行分组能否刻画企业异质性仍是个问题。

Hsiao 和 Tahmiscioglu（1997）利用制造业部门 561 家企业在 1971—1992 年期间的 COMPUSTAT 年度工业数据分别用流动性模型或不用流动性模型估计下面五个不同的投资支出模型：

$$\left(\frac{I}{K}\right)_{it}=\alpha_i^*+\gamma_i\left(\frac{I}{K}\right)_{i,t-1}+\beta_{i1}\left(\frac{\mathrm{LIQ}}{K}\right)_{i,t-1}+\epsilon_{it} \qquad (6.8.1)$$

$$\left(\frac{I}{K}\right)_{it}=\alpha_i^*+\gamma_i\left(\frac{I}{K}\right)_{i,t-1}+\beta_{i1}\left(\frac{\mathrm{LIQ}}{K}\right)_{i,t-1}+\beta_{i2}q_{it}+\epsilon_{it} \qquad (6.8.2)$$

$$\left(\frac{I}{K}\right)_{it}=\alpha_i^*+\gamma_i\left(\frac{I}{K}\right)_{i,t-1}+\beta_{i1}\left(\frac{\mathrm{LIQ}}{K}\right)_{i,t-1}+\beta_{i2}\left(\frac{S}{K}\right)_{i,t-1}+\epsilon_{it} \qquad (6.8.3)$$

$$\left(\frac{I}{K}\right)_{it}=\alpha_i^*+\gamma_i\left(\frac{I}{K}\right)_{i,t-1}+\beta_{i2}q_{it}+\epsilon_{it} \qquad (6.8.4)$$

$$\left(\frac{I}{K}\right)_{it}=\alpha_i^*+\gamma_i\left(\frac{I}{K}\right)_{i,t-1}+\beta_{i2}\left(\frac{S}{K}\right)_{i,t-1}+\epsilon_{it} \qquad (6.8.5)$$

其中 I_{it} 是第 i 家企业在时期 t 的资本投资；LIQ_{it} 是流动性变量（定义为现金流减去股息）；S_{it} 是销售额；q_{it} 是 Tobin q 值［Brainard 和 Tobin（1968），Tobin（1969）］，它是企业市值对资本替代值的比率；而 K_{it} 是资本存量的初期值。三个模型中的系数 β_{i1} 度量了流动性变量对企业 i 投资的短期影响。模型 4 和 5［(6.8.4) 和 (6.8.5)］是投资方程两个常见的变形——Tobin q 模型［参见 Hayashi（1982），Summers（1981）］和销售能力模型（sales capacity model）［参见 Kuh（1963）］。这两个模型没有把流动性变量当作解释变量，而是将销售变量当作未来对企业产品需求的代理变量。q 理论将 q 定义为新投资品的市值对其替代物成本的比率，它把投资和边际 q 联系起来。如果某企业有尚未充分利用的盈利机会，则其资金存量 1 美元的增长对其市值的提升将超过 1 美元。因此，预期企业管理人员将增加投资直到边际 q 等于 1。所以投资是边际 q 的增函数。因边际 q 不可观测，在实证工作中普遍用平均值或 Tobin q 代替。

表 6.5 和表 6.6 列出了各家企业利用这五个模型进行回归的一些摘要信息。表 6.5 给出了单侧检验在 5%的显著性水平下显著系数的百分比。表 6.6 给出了被估系数 1/4 和 3/4 分位数。估计的系数随企业变化时大幅变化。允许企业截距不同而斜率相同的 F 检验也被拒绝（见表 6.5）。

表 6.5　单个企业的回归（具有显著系数企业的百分比）

	企业百分比				
	模型 1	模型 2	模型 3	模型 4	模型 5
系数：					
$(\mathrm{LIQ}/K)_{t-1}$	46	36	31		
q		31		38	
$(S/K)_{t-1}$			27		44
具有显著自回归企业的百分比	14	12	13	20	15
实际 F 值	2.47	2.98	2.01	2.66	2.11
F 分布的临界值	1.08	1.08	1.08	1.06	1.06

注：企业数量是 561。单侧检验的显著性水平是 5%。实际 F 是检验不同企业斜率系数是否相等的 F 统计量的值。进行 F 检验时选择的显著性水平是 5%。检验序列相关时，Durbin t 检验用的是 5%的显著性水平。

资料来源：Hsiao 和 Tahmiscioglu（1997，表 1）。

表 6.6　系数相异：对 561 家企业构成的样本在 1/4 和 3/4 分位数的斜率估计

模型	斜率估计			
	$(I/K)_{i,t-1}$	$(\mathrm{LIQ}/K)_{i,t-1}$	q_{it}	$(S/K)_{i,t-1}$
1	0.026，0.405	0.127，0.529		
2	−0.028，0.359	0.062，0.464	0，0.039	
3	0.100，0.295	0.020，0.488		−0.005，0.057
4	0.110，0.459		0.007，0.048	
5	−0.935，0.367			0.012，0.077

资料来源：Hsiao 和 Tahmiscioglu（1997，表 2）。

将 β_{i1} 的变异和诸如派息率、公司规模、销售增长、资本密集度、保留利润的标准差、负债与自有资本比率、资产负债表中流动性股票的度量、股东人数、行业虚拟变量等企业属性相结合的方法没有获得成功。这些变量总体上没能很好地解释 β_{i1} 估计量的变异。最大的 $\bar{R}^2$ 仅有 0.113。许多估计的系数在多个设定下不显著。因为完全共线性问题，我们既不能将式（6.5.2）代入模型（6.8.1）～（6.8.5），也不能直接估计系数。所以 Hsiao 和 Tahmiscioglu（1997）用资本密集度比率 0.55 作为截止点，将企业归类为适度同质组。资本密集度定义为样本期间股本对销售额比率的最小值。它在不同设定中都是统计上最显著且最稳定的变量。

表 6.7 列出了资本密集度较弱企业组和资本密集度较强企业组的变截距模型估计。在流动性模型的三个变形中流动性变量都高度显著。两个组的流动性变量的系数之间也有显著的差异。但表 6.7 还显示两个组的所有模型设定都明确拒绝

了“控制企业特有效应后斜率系数相等”的虚拟假设。换句话说，用资本密集度比率0.55作为截止点，组内仍存在重大异质性。

表 6.7　　资本密集度较弱企业和较强企业模型的可变截距估计

变量	可变截距估计					
	资本密集度较弱的企业			资本密集度较强的企业		
$(I/K)_{i,t-1}$	0.265 (0.011)	0.198 (0.012)	0.248 (0.011)	0.392 (0.022)	0.363 (0.023)	0.364 (0.022)
$(\text{LIQ}/K)_{i,t-1}$	0.161 (0.007)	0.110 (0.007)	0.119 (0.007)	0.308 (0.024)	0.253 (0.027)	0.278 (0.025)
$(S/K)_{i,t-1}$		0.023 (0.001)			0.025 (0.006)	
q_{it}			0.011 (0.000 6)			0.009 (0.002)
实际 F 值	2.04	1.84	2.22	2.50	2.19	2.10
临界 F 值	1.09	1.07	1.07	1.20	1.17	1.17
分子的自由度	834	1 251	1 251	170	255	255
分母的自由度	6 592	6 174	6 174	1 368	1 282	1 282
企业总数	418	418	418	86	86	86

注：因变量是 $(I/K)_{it}$。资本密集度较弱的企业是在抽样周期内 (K/S) 的最小值在0.15和0.55之间的企业，对资本密集度较高的企业而言 (K/S) 的最小值是大于0.55的。回归模型包含公司特有的截距。实际 F 值是用来检验斜率系数同质性的 F 统计量的值。F 检验选用的是5%的显著性水平。估计时期是1974—1992年间。括号内是标准误。

资料来源：Hsiao 和 Tahmiscioglu（1997，表5）。

既然解释变量集不能充分解释 β_{i1} 的变异，也不能通过将企业分组得到同质性，我们只能将 $\boldsymbol{\beta}_i$ 当作互不相同的固定常数，或者认为 $\boldsymbol{\beta}_i$ 是从共同分布中随机抽取的。在随机效应框架内，个体差异被看做从一个具有常数均值和方差的总体中随机抽取的。因此，将数据混合并试图得到关于总体的某些一般结论是确当的。另一方面，如果个体差异反映了基本的异质性，或者如果个体的响应系数与所包含的解释变量的值有关，则通常基于随机效应模型参数的估计可能让人产生误解。要避免这一偏误，我们必须将个体间的异质性当作固定常数。换句话说，我们必须研究每家企业投资行为，且混合（数据）后没有优势。如果不混合（数据），自由度的缺乏和多重共线性可能使导出的估计量毫无意义，且很难得到一般性结论。

假定控制公司特异效应后，余下的斜率系数在资本密集度较弱组和资本密集度较强组内是围绕某确定均值的随机分布，表6.8列出了固定系数和随机系数混合模型（6.6.24）的估计。为评估这些模型的适用性，我们将样本分为1989年之前和1989年之后两个时期，并假定每个公司对这三种流动性模型有不同的系数，表6.9列出了固定系数和随机系数的混合模型与固定系数模型递归预测密度的对比。表中报告的数据是式（6.6.28）的对数。结果表明，对两个组来说，固定系数和随机系数的混合模型都优于固定系数模型。对流动性模型，Tobin q 和销售加速模型类似的比较也支持将流动性当作重要的解释变量。

表6.8　资本密集度较弱企业和较强企业固定系数与随机系数的混合模型的估计

变量	估计					
	资本密集度较弱的企业			资本密集度较强的企业		
$(I/K)_{i,t-1}$	0.230 (0.018)	0.183 (0.017)	0.121 (0.019)	0.321 (0.036)	0.302 (0.037)	0.236 (0.041)
$(LIQ/K)_{i,t-1}$	0.306 (0.021)	0.252 (0.023)	0.239 (0.027)	0.488 (0.065)	0.449 (0.067)	0.416 (0.079)
$(S/K)_{i,t-1}$		0.024 (0.003)			0.038 (0.015)	
q_{it}		0.019 (0.003)			0.022 (0.008)	
企业总数	418	418	418	86	86	86

注：因变量是 $(I/K)_{it}$。回归模型包含固定企业特有效应。估计时期是1974—1992年间。括号内是标准误。

资料来源：Hsiao和Tahmiscioglu（1997，表7）。

表6.8表明估计的流动性系数是高度显著的，且不同类型的公司差异显著。结果表明，资本密集度较强企业组与资本密集度较弱企业组相比，流动性变量的平均系数要高出60%～80%。流动性变量和固定投资变量之间隐含的长期关系在统计上也是显著的。譬如，对于模型（6.8.1），流动资本率10%的增长导致资本密集度较弱企业组长期固定投资资本比率4%的增长，相比之下资本密集度较强组有7%的增长。混合（系数）模型估计的流动性变量的系数也比变截距模型得到的系数估计量明显大很多。如果这些系数确实是随机分布且解释变量是正自相关的，则向下的偏误就是我们进行组内估计时所预期的［Pesaran和Smith（1995）］。

简而言之，不同企业的投资行为差异很大。忽略这些企业间的差异而要求它们有相同的参数时，流动性变量对企业投资的影响将被严重低估。固定系数和随机系数的混合模型对这些数据拟合良好。混合（系数）模型可以综合利用数据，并允许对一组企业得到一般性结论。估计的结果和预测检验表明财政限制是影响实际投资支出的最重要因素，至少对部分美国制造业公司来说如此。

表6.9　资本密集度较弱企业和较强企业固定系数模型和固定系数与随机系数的混合模型的预测对比（递归预测密度）

样本	模型	流动性	具有 q 的流动性	带有销售的流动性
资本密集度较弱的企业	固定斜率系数	2 244	2 178	2 172
	随机斜率系数	2 299	2 272	2 266

续前表

样本	模型	流动性	具有 q 的流动性	带有销售的流动性
资本密集度较强的企业	固定斜率系数	587	544	557
	随机斜率系数	589	556	576

注：递归预测密度是式（6.6.28）的对数。第 3、4、5 列对应着模型 1、2、3。固定系数模型假设每个企业有不同的系数。随机系数模型假定斜率系数在控制固定的企业特异效应后是随机分布的，并具有常数均值。估计时期是 1990—1992 年间。

资料来源：Hsiao 和 Tahmiscioglu（1997，表 6）。

附录 6A　两个正态分布的联合分布

假定控制 X，$\boldsymbol{\beta}$后，我们有$\mathbf{y}\sim N(X\boldsymbol{\beta},\ \Omega)$ 和$\boldsymbol{\beta}\sim N(A\bar{\boldsymbol{\beta}},\ C)$。则对给定的$\mathbf{y}$，$\boldsymbol{\beta}$和$\bar{\boldsymbol{\beta}}$的后验分布是

$$
\begin{aligned}
&P(\boldsymbol{\beta},\bar{\boldsymbol{\beta}}\mid\mathbf{y})\\
&\quad\propto \exp\frac{1}{2}\{(\mathbf{y}-X\boldsymbol{\beta})'\Omega^{-1}(\mathbf{y}-X\boldsymbol{\beta})+(\boldsymbol{\beta}-A\bar{\boldsymbol{\beta}})'C^{-1}(\boldsymbol{\beta}-A\bar{\boldsymbol{\beta}})\}
\end{aligned}
\tag{6A.1}
$$

其中$\propto$表示成比例。利用恒等式［参见 Rao（1973，第 33 页）］

$$(D+BFB')^{-1}=D^{-1}-D^{-1}B(B'D^{-1}B+F^{-1})^{-1}B'D^{-1}\tag{6A.2}$$

和

$$(D+F)^{-1}=D^{-1}-D^{-1}(D^{-1}+F^{-1})^{-1}D^{-1}\tag{6A.3}$$

我们可计算二次型

$$
\begin{aligned}
&(\boldsymbol{\beta}-A\bar{\boldsymbol{\beta}})'C^{-1}(\boldsymbol{\beta}-A\bar{\boldsymbol{\beta}})+(\mathbf{y}-X\boldsymbol{\beta})'\Omega^{-1}(\mathbf{y}-X\boldsymbol{\beta})\\
&\quad=\boldsymbol{\beta}'C^{-1}\boldsymbol{\beta}+\bar{\boldsymbol{\beta}}'A'C^{-1}A\bar{\boldsymbol{\beta}}-2\boldsymbol{\beta}'C^{-1}A\bar{\boldsymbol{\beta}}\\
&\quad\quad+\mathbf{y}'\Omega^{-1}\mathbf{y}+\boldsymbol{\beta}'X'\Omega^{-1}X\boldsymbol{\beta}-2\boldsymbol{\beta}'X'\Omega^{-1}\mathbf{y}
\end{aligned}
\tag{6A.4}
$$

令

$$
\begin{aligned}
Q_1=&[\boldsymbol{\beta}-(X'\Omega^{-1}X+C^{-1})^{-1}(X\Omega^{-1}\mathbf{y}+C^{-1}A\bar{\boldsymbol{\beta}})]'\\
&\times(C^{-1}+X'\Omega^{-1}X)[\boldsymbol{\beta}-(X'\Omega^{-1}X+C^{-1})^{-1}\\
&\times(X'\Omega^{-1}\mathbf{y}+C^{-1}A\bar{\boldsymbol{\beta}})]
\end{aligned}
\tag{6A.5}
$$

则

$$
\begin{aligned}
&\boldsymbol{\beta}'C^{-1}\boldsymbol{\beta}+\boldsymbol{\beta}'X'\Omega^{-1}X\boldsymbol{\beta}-2\boldsymbol{\beta}'C^{-1}A\bar{\boldsymbol{\beta}}-2\boldsymbol{\beta}'X'\Omega^{-1}\mathbf{y}\\
&\quad=Q_1-(X'\Omega^{-1}\mathbf{y}+C^{-1}A\bar{\boldsymbol{\beta}})'(X'\Omega^{-1}X+C^{-1})^{-1}\\
&\quad\quad\times(X'\Omega^{-1}\mathbf{y}+C^{-1}A\bar{\boldsymbol{\beta}})
\end{aligned}
\tag{6A.6}
$$

将式（6A.6）代入式（6A.4）得到

$$\begin{aligned}&Q_1+\mathbf{y}'[\Omega^{-1}-\Omega^{-1}X(X'\Omega^{-1}X+C^{-1})^{-1}X'\Omega^{-1}]\mathbf{y}\\&+\bar{\boldsymbol{\beta}}'A'[C^{-1}-C^{-1}(X'\Omega^{-1}X+C^{-1})^{-1}C^{-1}]A\bar{\boldsymbol{\beta}}\\&-2\bar{\boldsymbol{\beta}}'A'C^{-1}(X'\Omega^{-1}X+C^{-1})^{-1}X'\Omega^{-1}\mathbf{y}\\&=Q_1+\mathbf{y}'(XCX'+\Omega)^{-1}\mathbf{y}+\bar{\boldsymbol{\beta}}'A'X'(XCX'+\Omega)^{-1}XA\bar{\boldsymbol{\beta}}\\&-2\bar{\boldsymbol{\beta}}'A'X'(XCX'+\Omega)^{-1}\mathbf{y}\\&=Q_1+Q_2+Q_3\end{aligned}\tag{6A.7}$$

其中

$$\begin{aligned}Q_2=&\{\bar{\boldsymbol{\beta}}-[A'X'(XCX'+\Omega)^{-1}XA]^{-1}[A'X'(XCX'+\Omega)^{-1}\mathbf{y}]\}'\\&\times[A'X'(XCX'+\Omega)^{-1}XA]\{\bar{\boldsymbol{\beta}}-[A'X'(XCX'+\Omega)^{-1}XA]^{-1}\\&\times[A'X'(XCX'+\Omega)^{-1}\mathbf{y}]\}\end{aligned}\tag{6A.8}$$

$$\begin{aligned}Q_3=&\mathbf{y}'\{(XCX'+\Omega)^{-1}-(XCX'+\Omega)^{-1}XA[A'X'(XCX'+\Omega)^{-1}XA]^{-1}\\&\times A'X'(XCX'+\Omega)^{-1}\}\mathbf{y}\end{aligned}\tag{6A.9}$$

因 Q_3 是独立于$\boldsymbol{\beta}$和$\bar{\boldsymbol{\beta}}$的常数，故可将 $P(\boldsymbol{\beta},\bar{\boldsymbol{\beta}}\mid\mathbf{y})$ 记为 $P(\boldsymbol{\beta}\mid\bar{\boldsymbol{\beta}},\mathbf{y})P(\bar{\boldsymbol{\beta}}\mid\mathbf{y})$，所以

$$P(\boldsymbol{\beta},\bar{\boldsymbol{\beta}}\mid\mathbf{y})\propto\exp\{-\frac{1}{2}Q_1\}\exp\{-\frac{1}{2}Q_2\}\tag{6A.10}$$

其中 $\exp\{-\frac{1}{2}Q_1\}$ 与 $P(\boldsymbol{\beta}\mid\bar{\boldsymbol{\beta}},\mathbf{y})$ 成比例，而 $\exp\{-\frac{1}{2}Q_2\}$ 与 $P(\bar{\boldsymbol{\beta}}\mid\mathbf{y})$ 成比例。即 $P(\boldsymbol{\beta}\mid\bar{\boldsymbol{\beta}},\mathbf{y})$ 是 $N\{(X'\Omega^{-1}X+C^{-1})^{-1}(X\Omega^{-1}\mathbf{y}+C^{-1}A\bar{\boldsymbol{\beta}}),(C^{-1}+X'\Omega^{-1}X)^{-1}\}$，$P(\bar{\boldsymbol{\beta}}\mid\mathbf{y})$ 是 $N\{[A'X'(XCX'+\Omega)^{-1}XA]^{-1}[A'X'(XCX'+\Omega)^{-1}\mathbf{y}],[A'X'(XCX'+\Omega)^{-1}XA]^{-1}\}$。

为将 $P(\bar{\boldsymbol{\beta}},\boldsymbol{\beta}\mid\mathbf{y})$ 表示成 $P(\boldsymbol{\beta}\mid\bar{\boldsymbol{\beta}},\mathbf{y})P(\boldsymbol{\beta}\mid\mathbf{y})$，我们还可计算式（6A.4）左边的二次型

$$\begin{aligned}&Q_4+\boldsymbol{\beta}'[X'\Omega^{-1}X+C^{-1}-C^{-1}A(A'CA)^{-1}A'C^{-1}]\boldsymbol{\beta}-2\boldsymbol{\beta}'X'\Omega^{-1}\mathbf{y}+\mathbf{y}'\Omega^{-1}\mathbf{y}\\&=Q_4+Q_5+Q_3\end{aligned}\tag{6A.11}$$

其中

$$Q_4=[\bar{\boldsymbol{\beta}}-(A'C^{-1}A)^{-1}A'C^{-1}\boldsymbol{\beta}]'(A'C^{-1}A)\times[\bar{\boldsymbol{\beta}}-(A'C^{-1}A)^{-1}A'C^{-1}\boldsymbol{\beta}]\tag{6A.12}$$

$$Q_5=[\boldsymbol{\beta}-D^{-1}X'\Omega^{-1}\mathbf{y}]'D[\boldsymbol{\beta}-D^{-1}X'\Omega^{-1}\mathbf{y}]\tag{6A.13}$$

和

$$D=X'\Omega^{-1}X+C^{-1}-C^{-1}A(A'C^{-1}A)^{-1}A'C^{-1}\tag{6A.14}$$

因此，$P(\bar{\boldsymbol{\beta}}\mid\boldsymbol{\beta},\mathbf{y})\sim N\{(A'C^{-1}A)^{-1}C^{-1}\boldsymbol{\beta},(A'C^{-1}A)^{-1}\}$，而 $P(\boldsymbol{\beta}\mid\mathbf{y})\sim N\{D^{-1}X'\Omega^{-1}\mathbf{y},D^{-1}\}$。

第 7 章　离散数据

7.1　引言

本章我们假定分析人员有可任意支配的随机样本，该样本由 N 个个体组成，记录了某事件在 T 个等距的离散时点发生或未发生的历史数据。内生随机变量取离散值的著名统计模型有**离散模型**（discrete model）、**分类模型**（categorical model）、**定性选择模型**（qualitative-choice model）或**量子响应模型**（quantal-response model）。与离散数据相关的文献，无论应用方面的还是理论方面的，数量都已非常庞大。Amemiya（1981），Maddala（1983）和 McFadden（1976，1984）对该问题给出了极好的综述。因此，本章仅重点讨论如何控制个体单元的非观测属性以避免设定偏误。许多重要的且更高深的主题，譬如**连续时间模型**（continuous-time model）和**持续时期相依模型**（duration-dependence model）[Chamberlain（1978b）；Flinn 和 Heckman（1982）；Heckman 和 Borjas（1980）；Heckman 和 Singer（1982）；Lancaster（1990）；Nickell（1979）；Singer 和 Spilerman（1976）] 都没有涉及。

7.2 常见的离散响应模型

本节我们简要回顾一些广泛应用的离散响应模型。首先考虑因变量 y 只取两个值的情形，为表述方便又不失一般性，如果事件发生则 y 取 1，如果未发生则 y 取 0。此类例子包括在某给定年份是否购买耐用品，是否参与劳动力市场，是否升入大学，是否结婚等等。

可将 y 的离散结果视为某个潜在的连续随机变量通过阈值时的观测值。假定连续的潜随机变量 y^* 是解释变量向量$\mathbf{x}$的线性函数，

$$\mathrm{y}^* = \boldsymbol{\beta}'\mathbf{x} + v \tag{7.2.1}$$

其中误差项 v 与$\mathbf{x}$独立且均值为零。假定观测到的是 y 而不是 y^*，其中

$$y = \begin{cases} 1 & \text{如果 } y^* > 0 \\ 0 & \text{如果 } y^* \leqslant 0 \end{cases} \tag{7.2.2}$$

则 y_i 的条件期望就是事件发生的概率，

$$\begin{aligned} E(y|\mathbf{x}) &= 1 \cdot \Pr(v > -\boldsymbol{\beta}'\mathbf{x}) + 0 \cdot \Pr(v \leqslant -\boldsymbol{\beta}'\mathbf{x}) \\ &= \Pr(v > -\boldsymbol{\beta}'\mathbf{x}) \\ &= \Pr(y = 1|\mathbf{x}) \end{aligned} \tag{7.2.3}$$

生成 v 的概率律是以概率$\boldsymbol{\beta}'\mathbf{x}$和（$1-\boldsymbol{\beta}'\mathbf{x}$）取值（$1-\boldsymbol{\beta}'\mathbf{x}$）和（$-\boldsymbol{\beta}'\mathbf{x}$）的两点分布时，我们有线性概率模型

$$y = \boldsymbol{\beta}'\mathbf{x} + v \tag{7.2.4}$$

其期望 $Ev = \boldsymbol{\beta}'\mathbf{x}(1-\boldsymbol{\beta}'\mathbf{x}) + (1-\boldsymbol{\beta}'\mathbf{x})(-\boldsymbol{\beta}'\mathbf{x}) = 0$。$v$ 的概率密度函数是标准正态密度函数 $(1/\sqrt{2\pi})\exp(-v^2/2) = \phi(v)$ 时，我们有 probit 模型

$$\Pr(y = 1 \mid \mathbf{x}) = \int_{-\boldsymbol{\beta}'\mathbf{x}}^{\infty} \phi(v)dv = \int_{-\infty}^{\boldsymbol{\beta}'\mathbf{x}} \phi(v)dv = \Phi(\boldsymbol{\beta}'\mathbf{x}) \tag{7.2.5}$$

如果概率密度函数是标准 logistic 函数

$$\frac{\exp(v)}{(1+\exp(v))^2} = [(1+\exp(v))(1+\exp(-v))]^{-1}$$

我们有 logit 模型

$$\Pr(y = 1 \mid \mathbf{x}) = \int_{-\boldsymbol{\beta}'\mathbf{x}}^{\infty} \frac{\exp(v)}{(1+\exp(v))^2}dv = \frac{\exp(\boldsymbol{\beta}'\mathbf{x})}{1+\exp(\boldsymbol{\beta}'\mathbf{x})} \tag{7.2.6}$$

令 $F(\boldsymbol{\beta}'\mathbf{x}) = E(y \mid \mathbf{x})$。则二值选择的三个常用参数模型可用单个指标 w 概括如下：

线性概率模型（linear-probability model），

$$F(w)=w \tag{7.2.7}$$

probit 模型（probit model），

$$F(w)=\int_{-\infty}^{w}\frac{1}{\sqrt{2\pi}}e^{-\frac{u^2}{2}}du=\Phi(w) \tag{7.2.8}$$

logit 模型（logit model），

$$F(w)=\frac{e^w}{1+e^w} \tag{7.2.9}$$

线性概率模型是异方差为$\boldsymbol{\beta}'\mathbf{x}(1-\boldsymbol{\beta}'\mathbf{x})$的特殊线性回归模型。可用最小二乘法或加权最小二乘法估计该模型［Goldberger（1964）］。但这些方法存在明显的缺点：没有将$\boldsymbol{\beta}'\mathbf{x}$的取值限制在 0 与 1 之间，使其满足概率的基本性质。而在 probit 模型或 logit 模型中，事件发生的概率都在［0，1］内。

probit 模型和 logit 模型的概率函数分别是标准正态分布和 logistic 分布。因为在二值情形下无法识别正态密度的方差，故我们用累积标准正态分布。logit 模型的概率密度函数关于 0 对称，且方差为 $\pi^2/3$。因为它们是分布函数，所以 probit 模型和 logit 模型的因变量只能在 0 与 1 之间取值。

累积正态分布和 logistic 分布非常接近；logistic 分布的尾稍重一点［Cox（1970）］。此外，累积正态分布 Φ 在 0.3 和 0.7 之间时可用线性函数很好地逼近。Amemiya（1981）给出了这些模型系数的近似换算规则。令$\hat{\boldsymbol{\beta}}_{LP}$，$\hat{\boldsymbol{\beta}}_{\Phi}$，$\hat{\boldsymbol{\beta}}_{L}$分别表示线性概率模型、probit 模型和 logit 模型的系数。则除常数项外

$$\begin{aligned}\hat{\boldsymbol{\beta}}_L&\simeq 1.6\,\hat{\boldsymbol{\beta}}_\Phi\\ \hat{\boldsymbol{\beta}}_{LP}&\simeq 0.4\,\hat{\boldsymbol{\beta}}_\Phi\end{aligned} \tag{7.2.10}$$

对常数项

$$\hat{\boldsymbol{\beta}}_{LP}\simeq 0.4\hat{\boldsymbol{\beta}}_\Phi+0.5$$

对由 N 个个体（y_i，$\mathbf{x}_i$）（$i=1$，…，N）组成的随机样本，这三个模型似然函数的一般形式为

$$L=\prod_{i=1}^{N}F(\boldsymbol{\beta}'\mathbf{x}_i)^{y_i}[1-F(\boldsymbol{\beta}'\mathbf{x}_i)]^{1-y_i} \tag{7.2.11}$$

对似然函数的对数求导得到一阶偏导向量

$$\frac{\partial\log L}{\partial\boldsymbol{\beta}}=\sum_{i=1}^{N}\frac{y_i-F(\boldsymbol{\beta}'\mathbf{x}_i)}{F(\boldsymbol{\beta}'\mathbf{x}_i)[1-F(\boldsymbol{\beta}'\mathbf{x}_i)]}{}'F'(\boldsymbol{\beta}'\mathbf{x}_i)\mathbf{x}_i \tag{7.2.12}$$

和二阶偏导矩阵

$$\begin{aligned}\frac{\partial^2\log L}{\partial\boldsymbol{\beta}\partial\boldsymbol{\beta}'}=&\left\{-\sum_{i=1}^{N}\left[\frac{y_i}{F^2(\boldsymbol{\beta}'\mathbf{x}_i)}+\frac{1-y_i}{[1-F(\boldsymbol{\beta}'\mathbf{x}_i)]^2}\right][F'(\boldsymbol{\beta}'\mathbf{x}_i)]^2\right.\\&\left.+\sum_{i=1}^{N}\left[\frac{y_i-F(\boldsymbol{\beta}'\mathbf{x}_i)}{F(\boldsymbol{\beta}'\mathbf{x}_i)[1-F(\boldsymbol{\beta}'\mathbf{x}_i)]}\right]F''(\boldsymbol{\beta}'\mathbf{x}_i)\right\}\mathbf{x}_i\mathbf{x}'_i\end{aligned} \tag{7.2.13}$$

其中 $F'(\boldsymbol{\beta}'\mathbf{x}_i)$ 和 $F''(\boldsymbol{\beta}'\mathbf{x}_i)$ 表示 $F(\boldsymbol{\beta}'\mathbf{x}_i)$ 关于$\boldsymbol{\beta}'\mathbf{x}_i$ 的一阶和二阶导数。如果似然

函数（7.2.11）是满足模型要求的凹函数［参见 Amemiya（1985，第 273 页）］，则可用 Newton-Raphson 法

$$\hat{\boldsymbol{\beta}}^{(j)}=\hat{\boldsymbol{\beta}}^{(j-1)}-\left(\frac{\partial^2\log L}{\partial\boldsymbol{\beta}\partial\boldsymbol{\beta}'}\right)^{-1}\Bigg|_{\boldsymbol{\beta}=\hat{\boldsymbol{\beta}}^{(j-1)}}\left(\frac{\partial\log L}{\partial\boldsymbol{\beta}}\right)\Bigg|_{\boldsymbol{\beta}=\hat{\boldsymbol{\beta}}^{(j-1)}} \tag{7.2.14}$$

或得分法

$$\hat{\boldsymbol{\beta}}^{(j)}=\hat{\boldsymbol{\beta}}^{(j-1)}-\left[E\frac{\partial^2\log L}{\partial\boldsymbol{\beta}\partial\boldsymbol{\beta}'}\right]^{-1}\Bigg|_{\boldsymbol{\beta}=\hat{\boldsymbol{\beta}}^{(j-1)}}\left(\frac{\partial\log L}{\partial\boldsymbol{\beta}}\right)\Bigg|_{\boldsymbol{\beta}=\hat{\boldsymbol{\beta}}^{(j-1)}} \tag{7.2.15}$$

从任意初值$\hat{\boldsymbol{\beta}}^{(0)}$开始，通过迭代求出$\boldsymbol{\beta}$的最大似然估计量（MLE），其中$\hat{\boldsymbol{\beta}}^{(j)}$表示第 j 次迭代解。

在$\mathbf{x}$的某个值处 y 有重复观测时，对属性$\mathbf{x}$相同的个体，$y=1$ 的比例是 $\hat{p}=F(\boldsymbol{\beta}'\mathbf{x})$ 的一致估计量。求该函数的反函数得到 $F^{-1}(p)=\boldsymbol{\beta}'\mathbf{x}$。用$\hat{p}$代替 p，我们有 $F^{-1}(\hat{p})=\boldsymbol{\beta}'\mathbf{x}+\zeta$，其中 ζ 表示用 $F^{-1}(\hat{p})$ 代替 $F^{-1}(p)$ 的渐近误。因 ζ 的协方差矩阵不是纯量矩阵，故我们可用加权最小二乘法估计$\boldsymbol{\beta}$。由此导出的估计量（一般称之为最小 χ^2 估计）和 MLE 的渐近效率相同，且比计算 MLE 更简单。此外，在有限样本情形下，最小 χ^2 估计量甚至比 MLE 的均方误差更小［参见 Amemiya（1974，1976，1980b）；Berkson（1944，1955，1957，1980）；Ferguson（1958）；Neyman（1949）］。尽管最小 χ^2 估计法有统计学上的优势，但分析实际调查数据与分析实验室环境产生的数据不同，该法可能不及最大似然估计法管用。最小 χ^2 估计法要求解释变量向量的每个值有重复观测。在调查数据中，多数解释变量是连续的。调查数据要满足对解释变量的要求，则它的样本容量必定很大。此外，如果对给定的$\mathbf{x}$，$y=1$ 的比例是 0 或 1，则最小 χ^2 估计法没有定义，但最大似然法仍可应用。因此，我们重点关注最大似然法。[1]

假定因变量 y_i 可取两个以上的值时，问题变得更复杂。我们将这些情形归类为序数变量和非序数变量。一个序数变量的例子是

$$y_i=\begin{cases}0 & \text{如果房屋购买价格}<49\,999\text{ 美元}\\ 1 & \text{如果房屋购买价格是 }50\,000\sim99\,999\text{ 美元}\\ 2 & \text{如果房屋购买价格}>100\,000\text{ 美元}\end{cases}$$

一个非序数变量的例子是

$$y_i=\begin{cases}0 & \text{如果交通工具是小汽车}\\ 1 & \text{如果交通工具是巴士}\\ 2 & \text{如果交通工具是火车}\end{cases}$$

一般说来，如果离散随机变量 y_i 的取值任何时候都对应着某连续的潜随机变量 y_i^* 落入的区间，则使用序数模型；如果需要多个连续的潜随机变量刻画 y_i 的响应值，则使用非序数模型。

假定第 i 个单元的因变量 y_i 取 m_i+1 个值 0，1，2，…，m_i。为简化论述，不用区分非序数模型和序数模型，我们定义 $\sum_{i=1}^{N}(m_i+1)$ 个二值变量

$$y_{ij}=\begin{cases}1 & \text{如果 } y_i=j, i=1,\cdots,N \\ 0 & \text{如果 } y_i\neq j, j=0,1,\cdots,m_i\end{cases} \tag{7.2.16}$$

令$\text{Prob}(y_{ij}=1 \mid \mathbf{x}_i)=F_{ij}$。我们可将似然函数记为

$$L=\prod_{i=1}^{N}\prod_{j=0}^{m_i}F_{ij}^{y_{ij}} \tag{7.2.17}$$

多元情形的复杂性在于 F_{ij} 的设定。一旦设定 F_{ij} 后，二分情形中的估计方法以及渐近分布的一般结论在这里都可应用。但与单变量情形不同，probit 模型设定与 logit 模型设定的相似性不再成立。它们一般导致不同的推断。

如果假定潜在响应函数在各选项上的误差服从多元正态分布，则宜建立多元 probit 模型。该模型的优点是它允许在各选项之间的选择任意相关，缺点是对 $\text{Prob}(y_i=j)$ 的估计包含多重积分，计算上极为困难。

如果假定潜在响应函数在各选项上的误差独立同分布，且具有 I 型极值分布，则宜建立条件 logit 模型［McFadden（1974）］。该模型的优点是估计 $\text{Prob}(y_i=j)$时不用计算多重积分，缺点是两种选择间的相对优势与另一个选项是否出现无关（即所谓的无关选项的独立性）。如果各选项间的误差不是独立分布的，则该模型可能导致对结果的严重错误预测。关于模型设定检验的讨论，参见 Hausman 和 McFadden（1984），Hsiao（1992b），Lee（1982，1987），以及 Small 和 Hsiao（1985）。

因多元响应模型多数可转换为由 $\sum_{i=1}^{N}(m_i+1)$ 个二值变量刻画的二分模型［譬如式（7.2.16）］[2]，故为表述的方便，我们重点讨论二分模型。[3]

缺乏生成 v_i 的概率律的信息时，可用半参数方法估计满足某标准化准则的$\boldsymbol{\beta}$［参见 Klein 和 Spady（1993）；Manski（1985）；Powell，Stock 和 Stoker（1989）］。但是，不管研究人员采用参数方法还是半参数方法，横截面模型都假定“潜在的响应函数（7.2.1）中的误差项 v_i 独立同分布，且与$\mathbf{x}_i$ 独立”。换句话说，控制$\mathbf{x}_i$ 后，事件发生的概率对每个人都相同。该模型没有考虑给定$\mathbf{x}$后的平均行为（average behavior）可能与个体概率不同的问题，也就是说，它没有考虑$\text{Prob}(y_i=1 \mid \mathbf{x})\neq\text{Prob}(y_j=1 \mid \mathbf{x})$ 的情况。利用面板数据，将误差项 v_{it} 分解为

$$v_{it}=\alpha_i+\lambda_t+u_{it} \tag{7.2.18}$$

就能区分个体行为和平均行为，其中 α_i 和 λ_t 分别表示遗漏的个体特异效应和时期特异效应。本章我们阐述面板数据中因没有控制个体的非观测属性而可能产生的误设问题，并讨论相应的弥补措施。

7.3 估计包含异质项的静态模型的参数方法

分析横截面数据时建立的统计模型基本上没有考虑个体差异，它们将个体效

应与遗漏变量效应之和当成纯粹的或然事件。如第 1 章所述，研究一组年度平均劳动参与率为 50%的已婚女士的就业情况时，这种模型可能导致完全相反的推断。其中一种极端观点是，所有已婚女士来自相同的总体，在任何给定年份，每位女士有 50%的概率正在工作；而另一极端观点是，这些女士来自不同的总体，样本中有 50%的女士一直在工作而另外 50%却从未工作。每种解释与给定的横截面数据都不矛盾。要区分各种解释，我们需要个体生命周期中不同时期的劳动力历史信息。而面板数据包含每个个体多期动态信息，所以我们可利用这类数据将个体行为模型从一组个体的平均行为模型中分离出来。

为简单起见，我们假定各横截面单元的异质项是时恒的[4]，且个体特有效应是将式（7.2.1）中的误差项 v_{it} 分解为 α_i+u_{it} 后得到。将 α_i 当作固定常数时，$\text{Var}(v_{it}\mid\alpha_i)=\text{Var}(u_{it})=\sigma_u^2$。将它当作随机变量时，我们假定 $E\alpha_i=Eu_{it}=E\alpha_iu_{it}=0$ 以及 $\text{Var}(v_{it})=\sigma_u^2+\sigma_\alpha^2$。但与前面的讨论一样，当因变量是二值变量时，纯量因子不可识别。因此，为易于表述，我们在本章后面讨论的模型中将 u 的方差 σ_u^2 标准化为 1。

因为个体存在这种非观测固定成分，故可观测属性都相同的个体可以有不同的响应概率 $F(\boldsymbol{\beta}'\mathbf{x}_{it}+\alpha_i)$。譬如，异质性表明，虽然一组已婚女士的就业情况看起来相同，但其中某女士各期劳动参与行为 $F(\boldsymbol{\beta}'\mathbf{x}_{it}+\alpha_i)$ 规律性地与 $F(\boldsymbol{\beta}'\mathbf{x})$ 不同，或与该组女士的平均行为 $\int F(\boldsymbol{\beta}'\mathbf{x}+\alpha)dH(\alpha\mid\mathbf{x})$ 不同，其中 $H(\alpha\mid\mathbf{x})$ 是 α 在 $\mathbf{x}$ 下的总体条件概率（或经验分布）。[5]本节我们基于参数化设定的 $F(\cdot)$ 讨论共同参数 $\boldsymbol{\beta}$ 的统计推断。

7.3.1 固定效应模型

7.3.1.a 最大似然估计量

如果假定个体特异效应 α_i 是固定常数[6]，则在模型 $\text{Prob}(y_{it}=1\mid\mathbf{x}_{it},\alpha_i)=F(\boldsymbol{\beta}'\mathbf{x}_{it}+\alpha_i)$ 中，α_i 和 $\boldsymbol{\beta}$ 都是需要估计的未知参数。当 T 趋于无穷时，MLE 是一致的。但面板数据的 T 一般都比较小，只有有限的观测可用来估计 α_i。因此，我们又面临熟知的关联参数问题［Neyman 和 Scott（1948）］。如果我们用估计量的大样本性质评价它们，则 α_i 的任何估计都毫无意义。所以，我们集中讨论共同参数 $\boldsymbol{\beta}$ 的估计。

但与通过诸如一阶差分的线性转换消除个体效应 α_i 的线性回归不同，我们通常没有从非线性模型中消除关联参数的简单变换方法。在离散选择模型中，α_i 和 $\boldsymbol{\beta}$ 的 MLE 并不是相互独立的。当 T 固定时，$\hat{\alpha}_i$ 的不一致性会传递给 $\boldsymbol{\beta}$ 的 MLE。因此，即使 N 趋于无穷，$\boldsymbol{\beta}$ 的 MLE 仍是不一致的。

我们以 logit 模型为例说明 $\boldsymbol{\beta}$ 的 MLE 的不一致性。该模型的对数似然函数为

$$\log L=-\sum_{i=1}^{N}\sum_{t=1}^{T}\log[1+\exp(\boldsymbol{\beta}'\mathbf{x}_{it}+\alpha_i)]+\sum_{i=1}^{N}\sum_{t=1}^{T}y_{it}+(\boldsymbol{\beta}'\mathbf{x}_{it}+\alpha_i) \tag{7.3.1}$$

为易于表述，我们考虑 $T=2$ 且只有一个解释变量的简单模型，其中 $x_{i1}=0$ 和 $x_{i2}=1$。则一阶偏导方程是

$$\frac{\partial \log L}{\partial \beta}=\sum_{i=1}^{N}\sum_{t=1}^{2}\left[-\frac{e^{\beta x_{it}+\alpha_i}}{1+e^{\beta x_{it}+\alpha_i}}+y_{it}\right]x_{it}$$

$$=\sum_{i=1}^{N}\left[-\frac{e^{\beta+\alpha_i}}{1+e^{\beta+\alpha_i}}+y_{i2}\right]=0 \tag{7.3.2}$$

$$\frac{\partial \log L}{\partial \alpha_i}=\sum_{t=1}^{2}\left[-\frac{e^{\beta x_{it}+\alpha_i}}{1+e^{\beta x_{it}+\alpha_i}}+y_{it}\right]=0 \tag{7.3.3}$$

求解方程（7.3.3），我们有

$$\hat{\alpha}_i=\begin{cases}\infty & \text{如果 } y_{i1}+y_{i2}=2\\ -\infty & \text{如果 } y_{i1}+y_{i2}=0\\ -\dfrac{\beta}{2} & \text{如果 } y_{i1}+y_{i2}=1\end{cases} \tag{7.3.4}$$

将解（7.3.4）代入方程（7.3.2），并令 n_1 表示满足 $y_{i1}+y_{i2}=1$ 的个体数，n_2 表示满足 $y_{i1}+y_{i2}=2$ 的个体数，我们有[7]

$$\sum_{i=1}^{N}\frac{e^{\beta+\alpha_i}}{1+e^{\beta+\alpha_i}}=n_1\frac{e^{\beta/2}}{1+e^{\beta/2}}+n_2=\sum_{i=1}^{N}y_{i2} \tag{7.3.5}$$

因此，

$$\hat{\beta}=2\left\{\log\left(\sum_{i=1}^{N}y_{i2}-n_2\right)-\log\left(n_1+n_2-\sum_{i=1}^{N}y_{i2}\right)\right\} \tag{7.3.6}$$

据大数定律［Rao（1973，第 2 章）］可知，

$$\operatorname*{plim}_{N\to\infty}\frac{1}{N}\left(\sum_{i=1}^{N}y_{i2}-n_2\right)=\frac{1}{N}\sum_{i=1}^{N}\text{Prob}(y_{i1}=0,y_{i2}=1\mid\beta,\alpha_i)$$

$$=\frac{1}{N}\sum_{i=1}^{N}\frac{e^{\beta+\alpha_i}}{(1+e^{\alpha_i})(1+e^{\beta+\alpha_i})} \tag{7.3.7}$$

$$\operatorname*{plim}_{N\to\infty}\frac{1}{N}\left(n_1+n_2-\sum_{i=1}^{N}y_{i2}\right)=\frac{1}{N}\sum_{i=1}^{N}\text{Prob}(y_{i1}=1,y_{i2}=0\mid\beta,\alpha_i)$$

$$=\frac{1}{N}\sum_{i=1}^{N}\frac{e^{\alpha_i}}{(1+e^{\alpha_i})(1+e^{\beta+\alpha_i})} \tag{7.3.8}$$

将$\hat{\alpha}_i=-\dfrac{\beta}{2}$代入式（7.3.7）和（7.3.8），我们得到

$$\operatorname*{plim}_{N\to\infty}\hat{\beta}=2\beta \tag{7.3.9}$$

所以该估计量是不一致的。

7.3.1.b　一致估计量存在的条件

存在关联参数 α_i 时，Neyman 和 Scott（1948）给出求（结构）参数 $\boldsymbol{\beta}$ 一致估计量的一般方法。[8]他们的思想是找到 K 个与关联参数 α_i 独立的函数

$$\Psi_{Nj}(\mathbf{y}_1,\cdots,\mathbf{y}_N \mid \boldsymbol{\beta}),\quad j=1,\cdots,K \tag{7.3.10}$$

若$\boldsymbol{\beta}$是真值，则 N 趋于无穷时 $\Psi_{Nj}(\mathbf{y}_1, \cdots, \mathbf{y}_N \mid \boldsymbol{\beta})$ 依概率收敛于零。然后求解 $\Psi_{Nj}(\mathbf{y}_1,\cdots,\mathbf{y}_N \mid \hat{\boldsymbol{\beta}})=0$，导出的估计量$\hat{\boldsymbol{\beta}}$在确当的正则性条件下是一致的。譬如在前面的固定效应 logit 模型（7.3.1）～（7.3.3）中，$\hat{\beta}^*=(\frac{1}{2})\hat{\beta}$ 就是这样的估计量。

在线性概率模型情形下，我们通过求关于时期的一阶差分或者求关于个体均值的差分可以消除个体特异效应。对差分方程的最小二乘回归得到 $\boldsymbol{\beta}$ 的估计量当 N 趋于无穷时是一致的。

但对一般的非线性模型，找到简单的函数 Ψ 并不容易。譬如，通常情况下我们并不知道固定效应 logit 模型 MLE 的概率极限。但如果关联参数 α_i 的最小充分统计量 τ_i 存在，且与结构参数 $\boldsymbol{\beta}$ 无关，则当 $g(\tau_i \mid \boldsymbol{\beta},\alpha_i)>0$ 时，条件密度函数

$$f^*(\mathbf{y}_i \mid \boldsymbol{\beta},\tau_i)=\frac{f(\mathbf{y}_i \mid \boldsymbol{\beta},\alpha_i)}{g(\tau_i \mid \boldsymbol{\beta},\alpha_i)} \tag{7.3.11}$$

与 α_i 无关。[9] Andersen（1970，1973）证明，给定 τ_1，…，τ_N 后最大化$\mathbf{y}_1$，…，$\mathbf{y}_N$ 的条件密度函数

$$\prod_{i=1}^{N} f^*(\mathbf{y}_i \mid \boldsymbol{\beta},\tau_i) \tag{7.3.12}$$

可得到一阶条件 $\Psi_{Nj}(\mathbf{y}_1,\cdots,\mathbf{y}_N \mid \hat{\boldsymbol{\beta}},\tau_1,\tau_2,\cdots,\tau_N)=0$，$j=1$，…，$K$。求解这些方程将得到宽松正则性条件下共同（结构）参数$\boldsymbol{\beta}$的一致估计量。[10]

我们以 logit 模型为例来阐述条件最大似然法。$\mathbf{y}_i$ 的联合概率为

$$\text{Prob}(\mathbf{y}_i)=\frac{\exp\left\{\alpha_i\sum_{t=1}^{T} y_{it}+\boldsymbol{\beta}'\sum_{t=1}^{T}\mathbf{x}_{it}y_{it}\right\}}{\prod_{t=1}^{T}\left[1+\exp(\boldsymbol{\beta}'\mathbf{x}_{it}+\alpha_i)\right]} \tag{7.3.13}$$

显然，$\sum_{t=1}^{T} y_{it}$ 是 α_i 的最小充分统计量。$\mathbf{y}_i$ 在 $\sum_{t=1}^{T} y_{it}$ 下的条件概率是

$$\text{Prob}\left(\mathbf{y}_i \,\middle|\, \sum_{t=1}^{T} y_{it}\right)=\frac{\exp\left[\boldsymbol{\beta}'\sum_{t=1}^{T}\mathbf{x}_{it}y_{it}\right]}{\sum_{D_{ij}\in\tilde{B}_i}\exp\left\{\boldsymbol{\beta}'\sum_{t=1}^{T}\mathbf{x}_{it}d_{ijt}\right\}} \tag{7.3.14}$$

其中$\tilde{B}_i=\{D_{ij}=(d_{ij1},\cdots,d_{ijT}) \mid d_{ijt}=0$ 或 1，且 $\sum_{t=1}^{T} d_{ijt}=\sum_{t=1}^{T} y_{it}=s$，$j=1$，2，…，$\frac{T!}{s!\,(T-s)!}\}$ 是所有满足 $\sum_{t=1}^{T} d_{ijt}=\sum_{t=1}^{T} y_{it}=s$ 的序列（d_{ij1}，d_{ij2}，…，d_{ijT}）的集合。与 $\sum_{t=1}^{T} y_{it}=0, 1$，…，$T$ 对应的是 $T+1$ 个不同的互斥集。满足 $\sum_{t=1}^{T} y_{it}=0$ 或 T 的组对似然函数的贡献为零，因为此时的条件概率等于 1（这时 $\alpha_i=-\infty$或∞）。故仅有 $T-1$ 个互斥集有意义。满足 $\sum_{t=1}^{T} y_{it}=s$ 的组互斥集有 $\binom{T}{s}$ 个元素，对应着 T 次实验中有 s 次成功的不同序列。

方程（7.3.14）是条件 logit 方程［McFadden（1974）］，其互斥集（$\tilde{B}_i$）随观测对象 i 变化，与关联参数 α_i 无关。因此，使用标准最大似然 logit 方法可得

到 $\boldsymbol{\beta}$ 的条件最大似然估计量，且该估计量在宽泛的条件下是一致的。譬如，$T=2$ 时我们只对 $y_{i1}+y_{i2}=1$ 感兴趣。这时存在两种可能：如果 $(y_{i1},y_{i2})=(0,1)$，则 $\omega_i=1$，如果 $(y_{i1},y_{i2})=(1,0)$，则 $\omega_i=0$。

已知 $y_{i1}+y_{i2}=1$ 时，$\omega_i=1$ 的条件概率是

$$\begin{aligned}\text{Prob}(\omega_i=1\mid y_{i1}+y_{i2}=1)&=\frac{\text{Prob}(\omega_i=1)}{\text{Prob}(\omega_i=1)+\text{Prob}(\omega_i=0)}\\&=\frac{\exp[\boldsymbol{\beta}'(\mathbf{x}_{i2}-\mathbf{x}_{i1})]}{1+\exp[\boldsymbol{\beta}'(\mathbf{x}_{i2}-\mathbf{x}_{i1})]}\\&=F[\boldsymbol{\beta}'(\mathbf{x}_{i2}-\mathbf{x}_{i1})]\end{aligned}\tag{7.3.15}$$

方程（7.3.15）是二值 logit 函数，它的两个结果是（0，1）和（1，0），解释变量是（$\mathbf{x}_{i2}-\mathbf{x}_{i1}$）。条件对数似然函数是

$$\log L^*=\sum_{i\in\tilde{B}_1}\{\omega_i\log F[\boldsymbol{\beta}'(\mathbf{x}_{i2}-\mathbf{x}_{i1})]+(1-\omega_i)\log(1-F[\boldsymbol{\beta}'(\mathbf{x}_{i2}-\mathbf{x}_{i1})])\}\tag{7.3.16}$$

其中 $\tilde{B}_1=\{i\mid y_{i1}+y_{i2}=1\}$。

虽然 $\tilde{B}_1$ 是指标的随机集合，但 Chamberlain（1980）证明信息矩阵（基于条件似然函数得到）的逆是 N 趋于无穷时 $\boldsymbol{\beta}$ 的条件 MLE 的渐近协方差矩阵。在前面 $T=2$ 的情形中，如果 $y_{i1}+y_{i2}=1$，则令 $d_i=1$，否则令 $d_i=0$，这一点便可看得更清楚。于是我们有

$$\begin{aligned}J_{\tilde{B}_1}&=\frac{\partial^2\log L^*}{\partial\boldsymbol{\beta}\partial\boldsymbol{\beta}'}\\&=-\sum_{i=1}^N d_iF[\boldsymbol{\beta}'(\mathbf{x}_{i2}-\mathbf{x}_{i1})]\times\{1-F[\boldsymbol{\beta}'(\mathbf{x}_{i2}-\mathbf{x}_{i1})]\}(\mathbf{x}_{i2}-\mathbf{x}_{i1})\cdot(\mathbf{x}_{i2}-\mathbf{x}_{i1})'\end{aligned}\tag{7.3.17}$$

信息矩阵是

$$\begin{aligned}J&=E(J_{\tilde{B}_1})\\&=-\sum_{i=1}^N P_iF[\boldsymbol{\beta}'(\mathbf{x}_{i2}-\mathbf{x}_{i1})]\times\{1-F[\boldsymbol{\beta}'(\mathbf{x}_{i2}-\mathbf{x}_{i1})]\}(\mathbf{x}_{i2}-\mathbf{x}_{i1})\cdot(\mathbf{x}_{i2}-\mathbf{x}_{i1})'\end{aligned}\tag{7.3.18}$$

其中 $P_i=E(d_i\mid\alpha_i)=F(\boldsymbol{\beta}'\mathbf{x}_{i1}+\alpha_i)[1-F(\boldsymbol{\beta}'\mathbf{x}_{i2}+\alpha_i)]+[1-F(\boldsymbol{\beta}'\mathbf{x}_{i1}+\alpha_i)]F(\boldsymbol{\beta}'\mathbf{x}_{i2}+\alpha_i)$。因为 d_i 是独立的，且 $Ed_i=P_i$，F 和 d_i 的方差都一致有界，则据强大数定律，当 $N\to\infty$ 时，如果 $\sum_{i=1}^N\frac{1}{i^2}\mathbf{m}_i\mathbf{m}'_i<\infty$，则有

$$\frac{1}{N}J_{\tilde{B}_1}-\frac{1}{N}J\to 0\quad\text{a. s.}\tag{7.3.19}$$

其中 $\mathbf{m}_i$ 是用（$\mathbf{x}_{i2}-\mathbf{x}_{i1}$）的每个元素的平方替换（$\mathbf{x}_{i2}-\mathbf{x}_{i1}$）的每个元素得到的向量。如果 $\mathbf{x}_{it}$ 一致有界，则收敛条件显然成立。

在 $T>2$ 的情形下，选择序列 $D_{i1}=(d_{i11},\cdots,d_{i1T})$，$\sum_{t=1}^T d_{i1t}=\sum_{t=1}^T y_{it}=$

s, $1\leqslant s\leqslant T-1$ 时与正则化因子一样没有什么特殊性可言。因此我们可将条件概率（7.3.14）重记为

$$\text{Prob}(\mathbf{y}_i \mid \sum_{t=1}^{T} y_{it}) = \frac{\exp\{\boldsymbol{\beta}' \sum_{t=1}^{T} \mathbf{x}_{it}(y_{it} - d_{i1t})\}}{1 + \sum_{D_{ij}\in(\tilde{B}_i - D_{i1})} \exp\{\boldsymbol{\beta}' \sum_{t=1}^{T} \mathbf{x}_{it}(d_{ijt} - d_{i1t})\}} \tag{7.3.20}$$

故条件对数似然函数为

$$\begin{aligned}\log L^* = \sum_{i\in C}\Big\{\boldsymbol{\beta}' \sum_{t=1}^{T} \mathbf{x}_{it}(y_{it} - d_{i1t}) \\ - \log\Big[1 + \sum_{D_{ij}\in(\tilde{B}_i - D_{i1})} \exp\Big\{\boldsymbol{\beta}' \sum_{t=1}^{T} \mathbf{x}_{it}(d_{ijt} - d_{i1t})\Big\}\Big]\Big\}\end{aligned} \tag{7.3.21}$$

其中 $C=\{i \mid \sum_{t=1}^{T} y_{it} \neq T, \sum_{t=1}^{T} y_{it} \neq 0\}$。

虽然我们能够给线性概率模型和 logit 模型找到满足 Neyman-Scott 准则的简单变换，但对 probit 模型，我们无法找到与冗余参数 α_i 独立的简单函数（是重要参数的函数）。也就是说，固定效应 probit 模型可能不存在 $\boldsymbol{\beta}$ 的一致估计量。

7.3.1.c Monte Carlo 证据

我们知道固定效应 logit 模型$\boldsymbol{\beta}$的一致估计量存在，但固定效应 probit 模型的却不存在，且 probit 模型和 logit 模型预测的结果相似，故支持 logit 设定的理由似乎更充分一些（因其结构参数 $\boldsymbol{\beta}$ 的一致估计量存在）。但在多元情形下，logit 模型和 probit 模型得到的结果差别很大。此时如果实际数据要求固定效应的 probit 设定，则知道偏误的程度很有用。

Heckman（1981b）用一组有限 Monte Carlo 实验研究了固定效应 probit 模型的 MLE 偏误的阶。他的数据由模型

$$y_{it}^* = \beta x_{it} + \alpha_i + u_{it}, \quad i=1,\cdots,N, t=1,\cdots,T \tag{7.3.22}$$

和

$$y_{it} = \begin{cases} 1 & \text{如果 } y_{it}^* \geqslant 0 \\ 0 & \text{其他} \end{cases}$$

生成。外生变量 x_{it} 由 Nerlove（1971a）过程

$$x_{it} = 0.1t + 0.5x_{i,t-1} + \epsilon_{it} \tag{7.3.23}$$

生成，其中 ϵ_{it} 是在区间 $-1/2$ 到 $1/2$ 内均匀分布、均值为零的随机变量。方差 σ_u^2 设定为 1。固定效应波动的值 σ_α^2 在各次实验中不同。每次实验从 100 个个体（$N=100$）中选择 25 个样本并观察 8 期（$T=8$）。

表 7.1 列出了 Heckman 关于固定效应 probit 模型 MLE 的实验结果。$\beta=-0.1$时，固定效应估计量表现良好，估计值非常接近真实值。$\beta=-1$ 或 $\beta=1$ 时，估计量就不是很好，但偏误都没有超过 10%且总是趋于零。而且随着固定效应波动值的下降，偏误也在下降。[11]

表 7.1　　固定效应的 probit 模型 $\hat{\beta}$ 的平均值

σ_α^2	$\hat{\beta}$		
	β=1	β=−0.1	β=−1
3	0.90	−0.10	−0.94
1	0.91	−0.09	−0.95
0.5	0.93	−0.10	−0.96

资料来源：Heckman（1981b，表 4.1）。

7.3.2　随机效应模型

将个体特异效应 α_i 当作随机变量时，我们仍可用固定效应法估计结构参数 $\boldsymbol{\beta}$。且$\boldsymbol{\beta}$的固定效应估计量的渐近性质仍保持不变。但如果 α_i 是随机变量，却被当作固定常数时，最好的结果是估计$\boldsymbol{\beta}$时只有效率的损失，但也可能得到更糟的结果，即导出的固定效应估计量可能是不一致的，如 7.3.1 节的讨论。

如果 α_i 与$\mathbf{x}_i$ 独立，且是来自单变量分布 G（用维数有限的参数向量 $\boldsymbol{\delta}$ 标示）的随机样本，则对数似然函数为

$$\log L = \sum_{i=1}^{N}\log\int\prod_{t=1}^{T}F(\boldsymbol{\beta}'\mathbf{x}_{it}+\alpha)^{y_{it}}[1-F(\boldsymbol{\beta}'\mathbf{x}_{it}+\alpha)]^{1-y_{it}}dG(\alpha\mid\boldsymbol{\delta}) \tag{7.3.24}$$

其中 $F(\cdot)$ 是误差项在$\mathbf{x}_i$ 和α_i 下的条件分布。对数似然函数（7.3.24）用关于 α 的边际概率函数代替$\mathbf{y}$在 α 下的条件概率函数。它是参数（$\boldsymbol{\beta}'$，$\boldsymbol{\delta}'$）（参数个数有限）的函数。因此，在弱正则条件下最大化对数似然函数（7.3.24），导出的$\boldsymbol{\beta}$和$\boldsymbol{\delta}$的估计量在 N 趋于无穷时是一致的。

当 α_i 与$\mathbf{x}_{it}$相关时，最大化对数似然函数（7.3.24）不能消除遗漏变量偏误。如果要研究 α 和$\mathbf{x}$的相关性，则必须设定 α 在$\mathbf{x}$下的条件分布 $G(\alpha\mid\mathbf{x})$，并考虑边际对数似然函数

$$\log L = \sum_{i=1}^{N}\log\int\prod_{t=1}^{T}F(\boldsymbol{\beta}'\mathbf{x}_{it}+\alpha)^{y_{it}}\times[1-F(\boldsymbol{\beta}'\mathbf{x}_{it}+\alpha)]^{1-y_{it}}dG(\alpha\mid\mathbf{x}) \tag{7.3.24$'$}$$

Chamberlain（1980，1984）提出一个使用方便的设定：假定 $\alpha_i=\sum_{t=1}^{T}\mathbf{a}'_t\mathbf{x}_{it}+\eta_i=\mathbf{a}'\mathbf{x}_i+\eta_i$，其中$\mathbf{a}'=(\mathbf{a}'_1，\cdots，\mathbf{a}'_T)$，$\mathbf{x}'_i=(\mathbf{x}'_{i1}，\cdots，\mathbf{x}'_{iT})$，$\eta_i$ 是残差。但与线性情形相比，这里存在一个重大差异。在线性情形下，将 α_i 分解为在$\mathbf{x}_i$ 上的投影和正交的残差时没有限制。现在我们假定回归函数 $E(\alpha_i\mid\mathbf{x}_i)$ 实际上就是线性的，η_i 与$\mathbf{x}_i$ 独立，且 η_i 有具体的概率分布。

在这些假设下，随机效应设定的对数似然函数为

$$\log L = \sum_{i=1}^{N}\log\int\prod_{t=1}^{T}F(\boldsymbol{\beta}'\mathbf{x}_{it}+\mathbf{a}'\mathbf{x}_i+\eta)^{y_{it}}$$

$$\times[1-F(\boldsymbol{\beta}'\mathbf{x}_{it}+\mathbf{a}'\mathbf{x}_i+\eta)]^{1-y_{it}}dG^*(\eta) \quad (7.3.25)$$

其中G^*是关于η的单变量分布函数。譬如，如果F是标准正态分布函数，且我们选择的G^*是均值为零、方差为σ_η^2的正态随机变量的分布函数，则我们的设定给出了一个多元 probit 模型：

$$y_{it}=1 \quad 如果 \quad \boldsymbol{\beta}'\mathbf{x}_{it}+\mathbf{a}'\mathbf{x}_i+\eta_i+u_{it}>0 \quad (7.3.26)$$

其中$\mathbf{u}_i+\mathbf{e}\eta_i$是独立正态分布的，其均值为$\mathbf{0}$，方差—协方差矩阵为$I_T+\sigma_\eta^2\mathbf{ee}'$。

对数似然函数（7.3.25）与（7.3.24）的差别仅在于是否包含于刻画关联参数α_i和$\mathbf{x}_i$相依性的$\mathbf{a}'\mathbf{x}_i$。因此，由对数似然函数（7.3.24）和（7.3.25）得到的估计量本质上是一样的。故我们仅讨论更一般模型（7.3.25）的估计方法。

最大化对数似然函数（7.3.25）需要计算复杂的T维积分。我们可以将MLE的计算简化为单变量积分问题。因为控制α_i后，误差项$v_{it}=\alpha_i+u_{it}$是独立正态分布的，其均值为α_i，方差为1，用$\phi(v_{it}\mid\alpha_i)$表示它的概率密度函数[Heckman（1981a）]，则有

$$\begin{aligned}\text{Prob}(y_{i1},\cdots,y_{iT})&=\int_{c_{i1}}^{b_{i1}}\cdots\int_{c_{iT}}^{b_{iT}}\prod_{t=1}^{T}\phi(v_{it}\mid\alpha_i)G(\alpha_i\mid\mathbf{x}_i)d\alpha_i dv_{i1}\cdots dv_{iT}\\&=\int_{-\infty}^{\infty}G(\alpha_i\mid\mathbf{x}_i)\prod_{t=1}^{T}[\Phi(b_{it}\mid\alpha_i)-\Phi(c_{it}\mid\alpha_i)]d\alpha_i\end{aligned} \quad (7.3.27)$$

其中$\Phi(\cdot\mid\alpha_i)$是$\phi(\cdot\mid\alpha_i)$的累积分布函数，如果$y_{it}=1$，则$c_{it}=-\boldsymbol{\beta}'\mathbf{x}_{it}$，$b_{it}=\infty$，如果$y_{it}=0$，则$c_{it}=-\infty$，$b_{it}=-\boldsymbol{\beta}'\mathbf{x}_{it}$，$G(\alpha_i\mid\mathbf{x}_i)$是$\alpha_i$在$\mathbf{x}_i$下的条件概率密度函数。如果假定$G(\alpha_i\mid\mathbf{x}_i)$是正态分布函数，且方差为$\sigma_\alpha^2$，则（7.3.27）将$T$维积分压缩成一个单变量积分，该积分的被积函数是一个正态密度函数和T个正态累积分布函数差分（可得到它们的高精度逼近值）的乘积。譬如，Butler和Moffit（1982）建议用Gauss求积法提高计算效率。对于必须计算的积分，其估值的Gauss求积公式是Hermite积分公式$\int_{-\infty}^{\infty}e^{-z^2}g(z)dz\simeq\sum_{j=1}^{l}w_jg(z_j)$，其中$l$是估值点的数量，$w_j$是赋予第$j$个点的权重，而$g(z_j)$是$g(z)$在$z$的第$j$个点的估值。这些点和权重的获取可见Abramowitz和Stegun（1965）以及Stroud和Secrest（1966）。

求精确近似值时，我们必须在一些估值点估算被积函数的值，而Hermite公式计算可行性的一个关键问题是如何确定估值点的数量。Butler和Moffit（1982）用数据集中的任意四期数据和等号右边的变量系数计算的几个积分估计值表明，即使是两个点的积分，也有很高的精度。当然，由计算最大值的算法可知，在似然函数逼近最优值的过程中增加估值点的数量可提升精度。

虽然最大化对数似然函数（7.3.25）或（7.3.24）可导出$\boldsymbol{\beta}$的一致且有效的估计量，但计算相当复杂。但如果u_{it}和η_i（或α_i）都是正态分布的，则我们有一个不用求数值积分的简单方法，只需充分利用y_{it}以$\mathbf{x}_i$为条件的但以α_i为边际的分布也是probit形式

$$\text{Prob}(y_{it}=1)=\Phi[(1+\sigma_\eta^2)^{-1/2}(\boldsymbol{\beta}'\mathbf{x}_{it}+\mathbf{a}'\mathbf{x}_i)] \tag{7.3.28}$$

的事实，用最大似然法估计所有 t 个横截面的单变量 probit 模型得到 $\hat{\boldsymbol{\pi}}_t$（$t=1, 2, \cdots, T$），当 N 趋于无穷时它们收敛于[12]

$$\Pi=(1+\sigma_\eta^2)^{-1/2}(I_T\otimes\boldsymbol{\beta}'+\mathbf{e}\mathbf{a}') \tag{7.3.29}$$

因此，我们很容易由式（7.3.29）导出 $(1+\sigma_\eta^2)^{-1/2}\boldsymbol{\beta}$ 和 $(1+\sigma_\eta^2)^{-1/2}\mathbf{a}$ 的一致估计量，然后根据 Heckman（1981a）的方法，将这些估计值代入对数似然函数（7.3.25），并控制 $(1+\sigma_\eta^2)^{-1/2}\boldsymbol{\beta}$ 和 $(1+\sigma_\eta^2)^{-1/2}\mathbf{a}$ 后求函数关于 σ_η^2 的最大值。

另一个也不用求数值积分但更有效的估计方法是对式（7.3.29）添加约束条件 $\boldsymbol{\pi}=\text{vec}(\boldsymbol{\Pi}')=\mathbf{f}(\boldsymbol{\theta})$，其中 $\boldsymbol{\theta}'=(\boldsymbol{\beta}', \mathbf{a}', \sigma_\eta^2)$，并像线性情形一样用最小距离估计法进行估计（见 3.9 节）。Chamberlain（1984）建议选择最小化[13]

$$[\hat{\boldsymbol{\pi}}-\mathbf{f}(\boldsymbol{\theta})]'\hat{\Omega}^{-1}[\hat{\boldsymbol{\pi}}-\mathbf{f}(\boldsymbol{\theta})] \tag{7.3.30}$$

的 $\hat{\boldsymbol{\theta}}$，其中 $\hat{\Omega}$ 是

$$\Omega=J^{-1}\Delta J^{-1} \tag{7.3.31}$$

的一致估计量，而

$$J=\begin{bmatrix} J_1 & \mathbf{0} & \cdots & \mathbf{0} \\ \mathbf{0} & J_2 & & \\ \vdots & & \ddots & \\ \mathbf{0} & & & J_T \end{bmatrix}$$

$$J_t=E\left\{\frac{\phi_{it}^2}{\Phi_{it}(1-\Phi_{it})}\mathbf{x}_i\mathbf{x}_i'\right\}$$

$$\Delta=E[\Psi_i\otimes\mathbf{x}_i\mathbf{x}_i']$$

这里 $T\times T$ 的矩阵 Ψ_i 第 t 行第 s 列的元素是 $\psi_{it}=c_{it}c_{is}$，而

$$c_{it}=\frac{y_{it}-\Phi_{it}}{\Phi_{it}(1-\Phi_{it})}\phi_{it}, \quad t=1,\cdots,T$$

在 $\boldsymbol{\pi}'\mathbf{x}_i$ 处估算标准正态分布函数 Φ_{it} 和标准正态密度函数 ϕ_{it}。用样本均值代替数学期望并用 $\hat{\boldsymbol{\pi}}$ 代替 $\boldsymbol{\pi}$，我们可得到 Ω 的一致估计量。

7.4 估计静态模型的半参数方法

离散选择模型的参数估计方法有两大缺点：（1）控制 $\mathbf{x}$ 后，生成（u_{it}，α_i）的概率律是已知的先验分布，或控制 $\mathbf{x}$ 和 α_i 后 u_{it} 的概率律是已知的先验分布。（2）α_i 固定时，除 logit 模型和线性概率模型外，不存在可消除其他模型关联参数的简单变换。而半参数方法不用假定 u_{it} 服从某具体分布，且不管将 α_i 当作固定常数还是随机变量，都允许 $\boldsymbol{\beta}$ 的一致估计取决于某个数值。

7.4.1 最大得分估计量

Manski（1975，1985，1987）将满足标准化条件$\mathbf{b}'\mathbf{b}=1$ 的样本平均函数

$$H_N(\mathbf{b})=\frac{1}{N}\sum_{i=1}^{N}\sum_{t=2}^{T}\operatorname{sgn}(\Delta\mathbf{x}'_{it}\mathbf{b})\Delta y_{it} \tag{7.4.1}$$

最大化，从而提出**最大得分估计量**（maximum score estimator），其中$\Delta\mathbf{x}_{it}=\mathbf{x}_{it}-\mathbf{x}_{i,t-1}$，$\Delta y_{it}=y_{it}-y_{i,t-1}$，如果 $w>0$ 则$\operatorname{sgn}(w)=1$，如果 $w=0$ 则$\operatorname{sgn}(w)=0$，如果 $w<0$ 则$\operatorname{sgn}(w)=-1$。因为式（7.4.1）在很一般的条件下一致收敛于

$$H(\mathbf{b})=E[\operatorname{sgn}(\Delta\mathbf{x}'_{it}\mathbf{b})\Delta y_{it}] \tag{7.4.2}$$

$H(\mathbf{b})$ 在$\mathbf{b}=\boldsymbol{\beta}^*$ 处取最大值，这里$\boldsymbol{\beta}^*=\frac{\boldsymbol{\beta}}{\|\boldsymbol{\beta}\|}$，$\|\boldsymbol{\beta}\|$是欧氏范数$(\sum_{k=1}^{K}\beta_k^2)^{1/2}$。

为阐明这一点，我们将二值选择模型记为

$$y_{it}=\begin{cases}1 & 如果\ y_{it}^*>0\\ 0 & 如果\ y_{it}^*\leqslant 0\end{cases} \tag{7.4.3}$$

这里 y_{it}^* 由式（7.2.1）给出，其中 $v_{it}=\alpha_i+u_{it}$。在“对给定的 i，u_{it} 独立同分布且与$\mathbf{x}_i$ 和 α_i 独立”的（即$\mathbf{x}_{it}$是严格外生的）假设下，我们有

$$\begin{aligned}\mathbf{x}'_{it}\boldsymbol{\beta}>\mathbf{x}'_{i,t-1}\boldsymbol{\beta}&\Leftrightarrow E(y_{it}\mid\mathbf{x}_{it})>E(y_{i,t-1}\mid\mathbf{x}_{i,t-1})\\ \mathbf{x}'_{it}\boldsymbol{\beta}=\mathbf{x}'_{i,t-1}\boldsymbol{\beta}&\Leftrightarrow E(y_{it}\mid\mathbf{x}_{it})=E(y_{i,t-1}\mid\mathbf{x}_{i,t-1})\\ \mathbf{x}'_{it}\boldsymbol{\beta}<\mathbf{x}'_{i,t-1}\boldsymbol{\beta}&\Leftrightarrow E(y_{it}\mid\mathbf{x}_{it})<E(y_{i,t-1}\mid\mathbf{x}_{i,t-1})\end{aligned} \tag{7.4.4}$$

用一阶差分重新表示关系式（7.4.4），我们得到等价关系

$$\begin{aligned}\Delta\mathbf{x}'_{it}\boldsymbol{\beta}>0&\Leftrightarrow E(y_{it}-y_{i,t-1}\mid\Delta\mathbf{x}_{it})>0\\ \Delta\mathbf{x}'_{it}\boldsymbol{\beta}=0&\Leftrightarrow E(y_{it}-y_{i,t-1}\mid\Delta\mathbf{x}_{it})=0\\ \Delta\mathbf{x}'_{it}\boldsymbol{\beta}<0&\Leftrightarrow E(y_{it}-y_{i,t-1}\mid\Delta\mathbf{x}_{it})<0\end{aligned} \tag{7.4.5}$$

显然，对任何$\tilde{\boldsymbol{\beta}}=\boldsymbol{\beta}c$（$c>0$），关系式（7.4.5）都成立。因此，我们仅考虑标准化向量$\boldsymbol{\beta}^*=\frac{\boldsymbol{\beta}}{\|\boldsymbol{\beta}\|}$。

因此，对于向量$\mathbf{b}$（满足$\mathbf{b}'\mathbf{b}=1$，且$\mathbf{b}\neq\boldsymbol{\beta}^*$），有

$$\begin{aligned}H(\boldsymbol{\beta}^*)-H(\mathbf{b})&=E\{[\operatorname{sgn}(\Delta\mathbf{x}'_{it}\boldsymbol{\beta}^*)-\operatorname{sgn}(\Delta\mathbf{x}'_{it}\mathbf{b})](y_{it}-y_{i,t-1})\}\\ &=2\int_{W_b}\operatorname{sgn}(\Delta\mathbf{x}'_{it}\boldsymbol{\beta}^*)E[y_t-y_{t-1}\mid\Delta\mathbf{x}]dF_{\Delta\mathbf{x}}\end{aligned} \tag{7.4.6}$$

其中 $W_b=[\Delta\mathbf{x}:\operatorname{sgn}(\Delta\mathbf{x}'\boldsymbol{\beta}^*)\neq\operatorname{sgn}(\Delta\mathbf{x}'\mathbf{b})]$，$F_{\Delta\mathbf{x}}$ 表示 $\Delta\mathbf{x}$的分布。结合式（7.4.5），关系式（7.4.6）表明，对所有的$\Delta\mathbf{x}$有

$$\operatorname{sgn}(\Delta\mathbf{x}'\boldsymbol{\beta}^*)E[y_t-y_{t-1}\mid\Delta\mathbf{x}]=|E[y_t-y_{t-1}\mid\Delta\mathbf{x}]|$$

因此，在关于$\mathbf{x}$的假设下，

$$H(\boldsymbol{\beta}^*)-H(\mathbf{b})=2\int_{W_b}|E[y_t-y_{t-1}\mid\Delta\mathbf{x}]|\,dF_{\Delta\mathbf{x}}>0 \tag{7.4.7}$$

Manski（1985，1987）证明，在很一般的条件下，最大化准则函数（7.4.1）可得到$\boldsymbol{\beta}^*$的强一致估计量。

正如第3章和本章前几节的讨论，如果T较小，则N趋于无穷时，线性模型（结构）参数$\boldsymbol{\beta}$的MLE是一致的，但存在关联参数α_i的非线性模型（结构）参数$\boldsymbol{\beta}$的MLE是不一致的，因为我们可通过差分消除线性模型的α_i，却无法消除非线性模型的α_i。因此，非线性情形下α_i的估计误差就被传递给$\boldsymbol{\beta}$的估计量。半参数方法允许我们充分利用潜变量表达式（7.2.1）或（7.4.4）的线性结构。于是个体特异效应α_i也可以通过差分消除，因此不了解α_i也不会影响对$\boldsymbol{\beta}$的估计。

如果u_{it}在α_i，$\mathbf{x}_{it}$，$\mathbf{x}_{i,t-1}$下的条件分布与$u_{i,t-1}$在α_i，$\mathbf{x}_{it}$，$\mathbf{x}_{i,t-1}$下的条件分布相同，则$N\to\infty$时Manski最大得分估计量是一致的。但它的收敛速度是$N^{1/3}$，比参数法通常的收敛速度$N^{1/2}$慢。此外，Kim和Pollard（1990）证明，$N^{1/3}$乘以中心化的最大得分估计量后依分布收敛于最大化某个Gauss过程的随机变量。该结果还无法应用，因为最大得分估计量极限分布的性质还不得而知。

目标方程（7.4.1）等价于优化问题

$$\max_{\mathbf{b}} H_N^*(\mathbf{b})=N^{-1}\sum_{i=1}^{N}\sum_{t=2}^{T}[2\cdot\mathbf{1}(\Delta y_{it}=1)-1]\,\mathbf{1}(\Delta\mathbf{x}_{it}'\mathbf{b}\geqslant\mathbf{0})$$
$$\text{s.t. }\mathbf{b}'\mathbf{b}=1 \tag{7.4.8}$$

其中$\mathbf{1}(A)$是事件A的示性函数，如果A发生则$\mathbf{1}(A)=1$，否则等于0。最大得分估计法的复杂性和它较慢的收敛速度是因函数$H_N(\mathbf{b})$或$H_N^*(\mathbf{b})$不连续引起的。Horowitz（1992）建议用一个充分光滑的函数$\widetilde{H}_N(\mathbf{b})$代替$H_N^*(\mathbf{b})$（当$N\to\infty$时，$\widetilde{H}_N(\mathbf{b})$与$H_N^*(\mathbf{b})$的几乎处处收敛极限相同）以避免这些问题。令$K(\cdot)$是从实直线到自身的连续函数（$K$：$R\to R$），且满足

i. 对（$-\infty$，∞）中的任意元素v，存在某个有限值M，使得$|K(v)|<M$。

ii. $\lim_{v\to-\infty}K(v)=0$，$\lim_{v\to\infty}K(v)=1$。

这里的$K(\cdot)$类似于累积分布函数。令$\{\sigma_N$：$N=1,2,\cdots\}$是满足$\lim_{N\to\infty}\sigma_N=0$的严格正的实数序列。定义

$$\widetilde{H}_N(\mathbf{b})=N^{-1}\sum_{i=1}^{N}\sum_{t=2}^{T}[2\cdot\mathbf{1}(\Delta y_{it}=1)-1]K(\mathbf{b}'\Delta\mathbf{x}_{it}/\sigma_N) \tag{7.4.9}$$

Horowitz（1992）将最大化式（7.4.9）的解定义为**光滑最大得分估计量**（smoothed maximum score estimator）。与Manski估计量一样，$\boldsymbol{\beta}$的识别仅取决于一个数量。Horowitz（1992）发现将$\Delta\mathbf{x}$中某个分量的系数标准化比标准化$\|\boldsymbol{\beta}^*\|=1$更方便，譬如，如果$\beta_1\neq0$，且$\Delta x_1$在其他分量下的条件概率分布绝对连续（关于Lebesgue测度），则将β_1的绝对值标准化为1。

在假设"$\Delta u_{it}=u_{it}-u_{i,t-1}$在$\Delta\mathbf{x}_{it}$下的条件分布是均值等于零的对称分布"下，光滑最大得分估计量是强一致的。我们可以求一阶条件的Taylor展开式，利用渐近理论的Taylor级数法，并用相应的中心极限定理和大数定律，对估计量的渐近行为进行分析。$\boldsymbol{\beta}$的光滑估计量是一致的，且在中心化和确当的标准化

后渐近分布是正态分布。它的收敛速度至少达到 $N^{-2/5}$，根据 u 和$\boldsymbol{\beta}'\Delta\mathbf{x}$分布的光滑程度，该速度可任意接近 $N^{-1/2}$。

7.4.2 $\sqrt{N}$一致收敛的半参数估计量

光滑最大得分估计量的收敛速度与 $\sigma_N\to 0$ 的收敛速度有关。Lee（1999）关于$\mathbf{b}$最大化双重和

$$\{N(N-1)\}^{-1}\sum_{i\neq j}\sum_{t=2}^{T}\operatorname{sgn}(\Delta\mathbf{x}'_{it}\mathbf{b}-\Delta\mathbf{x}'_{jt}\mathbf{b})(\Delta y_{it}-\Delta y_{jt})\Delta y_{it}^2\Delta y_{jt}^2$$
$$=\binom{N}{2}^{-1}\sum_{\substack{i\\ i<j}}\sum_{\substack{j\\ \Delta y_{it}\neq\Delta y_{jt}}}\sum_{\substack{t=2\\ \Delta y_{it}\neq 0,\,\Delta y_{jt}\neq 0}}^{T}\operatorname{sgn}(\Delta\mathbf{x}'_{it}\mathbf{b}-\Delta\mathbf{x}'_{jt}\mathbf{b})(\Delta y_{it}-\Delta y_{jt}) \tag{7.4.10}$$

导出一个与光滑参数无关的$\sqrt{N}$一致收敛的半参数估计量。Lee 估计量$\hat{\mathbf{b}}$的一致性源自这样一个事实：虽然 $\Delta y_{it}-\Delta y_{jt}$ 可以取 5 个值（0，±1，±2），但事件（$\Delta y_{it}-\Delta y_{jt}$）$\Delta y_{it}^2\Delta y_{jt}^2\neq 0$ 排除了（0，±1），所以 $\Delta y_{it}-\Delta y_{jt}$ 事实上是二值的（2 或−2）。对于给定的 j，关于所有 i 和 t 的第一个平均值收敛于

$$E\{\operatorname{sgn}(\Delta\mathbf{x}'\mathbf{b}-\Delta\mathbf{x}'_j\mathbf{b})(\Delta y-\Delta y_j)\Delta y^2\Delta y_j^2\mid\Delta\mathbf{x}_j,\Delta y_j\} \tag{7.4.11}$$

$\sqrt{N}$的收敛速度因光滑函数（7.4.10）的第二个平均值得到。

标准化 $\beta_1=1$ 后，$\sqrt{N}$（$\tilde{\mathbf{b}}-\tilde{\boldsymbol{\beta}}$）的渐近协方差矩阵等于

$$4\cdot(E\nabla_2\boldsymbol{\tau})^{-1}(E\nabla_1\boldsymbol{\tau}\nabla_1\boldsymbol{\tau}')(E\nabla_2\boldsymbol{\tau})^{-1} \tag{7.4.12}$$

其中$\tilde{\boldsymbol{\beta}}=$（$\beta_2$，…，$\beta_K$）′，$\tilde{\mathbf{b}}$是它的估计量，

$$\tau(\Delta y_j,\Delta\mathbf{x}_j,\tilde{\mathbf{b}})\equiv E_{i|j}\{\operatorname{sgn}(\Delta\mathbf{x}'_i\mathbf{b}-\Delta\mathbf{x}'_j\mathbf{b})(\Delta y_i-\Delta y_j)\Delta y_i^2\Delta y_j^2\},i\neq j$$

$E_{i|j}$表示（Δy_i，$\Delta\mathbf{x}'_i$）在（Δy_j，$\Delta\mathbf{x}'_j$）下的条件期望，而$\nabla_1\boldsymbol{\tau}$和$\nabla_2\boldsymbol{\tau}$分别表示 τ（Δy_j，$\Delta\mathbf{x}_j$，$\tilde{\mathbf{b}}$）对$\tilde{\mathbf{b}}$的一阶和二阶偏导数矩阵。

参数法要求设定 u 的分布。如果误设 u 的分布，则$\boldsymbol{\beta}$的 MLE 是不一致的。半参数方法不要求设定 u 的分布，并允许它的分布以某种未知的方式与$\mathbf{x}$相关（未知形式的异方差）。无论非观测个体效应被当作固定常数还是与$\mathbf{x}$相关，半参数估计量除了一个比例常数外是一致的。但估计过程中对$\mathbf{x}_{it}$的差分消除了时恒变量。Lee（1999）的$\sqrt{N}$一致收敛估计量对个体取其他差分 $\Delta\mathbf{x}_i-\Delta\mathbf{x}_j$，并通过从设定中消除“周期性”个恒变量（例如时期虚拟变量和对所有个体共有的宏观经济冲击）进一步降低了待估计参数的维度。此外，“u_{it} 和 $u_{i,t-1}$ 在（$\mathbf{x}_{it}$，$\mathbf{x}_{i,t-1}$，α_i）下的条件分布相同”的条件不允许$\mathbf{x}_{it}$中存在滞后因变量。半参数方法与参数法一样，也不能用来得到在$\mathbf{x}$下的条件预测概率。该方法只能估计解释变量的相对影响。

7.5 动态模型

7.5.1 一般模型

前几节讨论的静态模型假定个体进入（或停留）或离开某状态的概率与该事件以前是否发生无关。但大量问题，譬如交通事故发生率研究［Bates 和 Neyman (1951)］，品牌忠诚度研究［Chintagunta，Kyriazidou 和 Perktold（2001)］，劳动力参与率研究［Heckman 和 Willis（1977）；Hyslop（1999)］，以及失业率研究［Layton（1978)］等，却经常提到以前经历过某事件的个体与没有经历该类事件的个体相比，在将来更有可能经历该类事件。换句话说，个体在将来经历此类事件的条件概率是以前经历的函数。

为研究离散变量间的跨期关系，Heckman（1978a，1981b）利用通过门槛的**连续型随机潜变量**（latent-continuous-random-variable）提出一个一般分析框架。他令连续型随机变量 y_{it}^* 是$\mathbf{x}_{it}$和事件过去发生情况的函数：

$$y_{it}^* = \boldsymbol{\beta}' \mathbf{x}_{it} + \sum_{l=1}^{t-1} \gamma_l y_{i,t-l} + \phi \sum_{s=1}^{t-1} \prod_{l=1}^{s} y_{i,t-l} + v_{it}, \quad i=1,\cdots,N, t=1,\cdots,T \tag{7.5.1}$$

以及

$$y_{it} = \begin{cases} 1 & \text{如果 } y_{it}^* > 0 \\ 0 & \text{如果 } y_{it}^* \leqslant 0 \end{cases} \tag{7.5.2}$$

假定误差项 v_{it} 与$\mathbf{x}_{it}$独立，且对所有的 i 同分布，一般的跨期方差—协方差矩阵为 $E\,\mathbf{v}_i\,\mathbf{v}_i'=\Omega$。系数 γ_l 度量了 l 期前该事件的发生对 y_{it}^* 当前值的影响。如果从某时期 $s(s<t)$ 开始，随机变量 y_{is}^* 处于 $y_{is}^*>0$ 的状态，且该状态持续至 $t-1$ 期，则参数 ϕ 表示近期该状况持续发生对 y_{it}^* 值的累积影响。

模型设定（7.5.1）和（7.5.2）概括了文献中出现的大量随机模型。譬如，令$\mathbf{x}_{it}=1$，且假定 v_{it}独立同分布。如果 $\gamma_l=0$，$l=2$，…，$T-1$，且 $\phi=0$，则式（7.5.1）和（7.5.2）生成**一阶时齐 Markov 过程**（time-homogenous first-order Markov process)。如果 $\gamma_l=0$，$l=1$，…，$T-1$，且 $\phi\neq0$，则生成**更新过程**（renewal process)。如果 $\gamma_l=0$，$l=1$，…，$T-1$，且 $\phi=0$，则导出简单的 Bernoulli 模型。如果假定 v_{it}是自回归移动平均过程，并仍假设 $\gamma_l=0$，$l=1$，…，$T-1$ 和 $\phi\neq0$，则得到 Coleman（1964）的**潜 Markov 模型**（latent Markov model)。

如前所述，我们在不同时期对一组给定的个体进行重复观测后，可构建个体对经历某事件有不同偏好的模型。将误差项 v_{it} 分解为

$$v_{it}=\alpha_i+u_{it}, \quad i=1,\cdots,N, t=1,\cdots,T \tag{7.5.3}$$

后便容许这样的异质性存在，其中 u_{it} 可任意序列相关，但对不同的 i 是独立分布的，α_i 是个体特异项，我们可将它当作固定常数或随机变量。举例来说，如果前面关于 Markov 过程的假设

$$\gamma_l=0, l=2,\cdots,T-1,\text{且 } \phi=0$$

成立，但 v_{it} 的方差成分是（7.5.3），则得到与前面关于**移动者—滞留者模型**（mover-stayer model）[Goodman（1961）；Singer 和 Spilerman（1976）] 紧密相关的**一阶复合 Markov 过程**（compound first-order Markov process）。

模型设定（7.5.1）～（7.5.3）考虑了持续性存在的三种原因（控制可观测解释变量**x**之后）。持续性可能是误差项 u_{it} 序列相关的结果，或是非观测异质项 α_i 存在的结果，也可能是由 $\gamma_l y_{i,t-l}$ 或 $\phi\sum_{s=1}^{t-l}\prod_{l=1}^{s} y_{i,t-l}$ 体现的真实状态的结果。区分产生持续性的原因非常重要，因为暂时性提高 $y=1$ 的概率的政策对将来经历该事件的概率有不同的意义。

个体停留在某状态的条件概率是以前经历的函数时，有两个新问题产生。一是如何处理初始观测。二是怎样区分真实状态相依和伪状态相依，如果是伪状态相依，则过去的值仅作为非观测个体效应的代理变量出现在模型设定中。第一个问题在推导给定模型的一致估计量时很关键。第二个问题之所以很重要，是因为某事件的实际经历修正了个体的行为，或者非观测成分跨期相关，或者二者兼而有之导致观测到的事件之间产生时期相依性。

7.5.2 初始条件

考虑事件（按发生时间排序）的相依性时，与动态线性回归模型一样，在估计生成随机过程的参数之前必须解决初始条件问题。为集中讨论初始条件及其解的本质问题，我们假定没有外生变量，且观测的数据由一阶 Markov 过程生成。即

$$y_{it}^*=\beta_0+\gamma y_{i,t-1}+v_{it}$$
$$y_{it}=\begin{cases}1 & \text{如果 } y_{it}^*>0\\ 0 & \text{如果 } y_{it}^*\leqslant 0\end{cases} \tag{7.5.4}$$

为方便表述，我们假定 u_{it} 独立正态分布，且均值为零，方差 σ_u^2 等于1。需要指出的是，下面讨论得到的一般结论对其他类型的分布也成立。

在社会科学的若干应用工作中，有两个对初始条件的典型假设：(1) 假定初始条件或相关过程的观测前历史信息（presample history）确实是外生的；(2) 假定随机过程处于均衡状态。在“个体 i 的 y_{i0} 是固定常数而非随机变量”的假设下，给定 α_i 后 $\mathbf{y}_i'=(y_{i1},\cdots,y_{iT})$ 的联合概率是

$$\prod_{t=1}^{T}F(y_{it}\mid y_{i,t-1},\alpha_i)=\prod_{t=1}^{T}\Phi\{(\beta_0+\gamma y_{i,t-1}+\alpha_i)(2y_{it}-1)\} \tag{7.5.5}$$

其中 Φ 是标准正态累积分布函数。在“随机过程处于均衡状态”的假设下，对

所有的 t，给定 α_i 后 $y_{i0}=1$ 的极限边际概率是［Karlin 和 Taylor（1975）］[14]

$$P_i=\frac{\Phi(\beta_0+\alpha_i)}{1-\Phi(\beta_0+\gamma+\alpha_i)+\Phi(\beta_0+\alpha_i)} \tag{7.5.6}$$

而 $y_{i0}=0$ 的极限概率是 $1-P_i$。故给定 α_i 后，$(y_{i0}, \cdots, y_{iT})$ 的联合概率是

$$\prod_{t=1}^{T}\Phi\{(\beta_0+\gamma y_{i,t-1}+\alpha_i)(2y_{it}-1)\}P_i^{y_{i0}}(1-P_i)^{1-y_{i0}} \tag{7.5.7}$$

如果 α_i 是分布为 $G(\alpha)$ 的随机变量，则在第一个假设下随机效应模型的似然函数是

$$L=\prod_{i=1}^{N}\int\prod_{t=1}^{T}\Phi\{(\beta_0+\gamma y_{i,t-1}+\alpha)(2y_{it}-1)\}dG(\alpha) \tag{7.5.8}$$

在第二个假设下的似然函数是

$$L=\prod_{i=1}^{N}\int\prod_{t=1}^{T}\Phi\{(\beta_0+\gamma y_{i,t-1}+\alpha)(2y_{it}-1)\}\times P_i^{y_{i0}}(1-P_i)^{1-y_{i0}}dG(\alpha) \tag{7.5.9}$$

在关于初始条件的两个假设集下似然函数（7.5.8）和（7.5.9）都是显式的。将 α_i 当作随机变量时，β_0，γ 和 σ_α^2 的 MLE 在 N 趋于无穷或 N 与 T 都趋于无穷时是一致的。将 α_i 当作固定常数（7.5.5）时，β_0，γ 和 σ_α^2 的 MLE 仅在 T 趋于无穷时是一致的。如果 T 有限，则 MLE 存在偏误。此外，Monte Carlo 模拟结果表明，与静态情形不同，这里的偏误是显著的［Heckman（1981b）］。

但只有生成该过程的扰动项序列无关，且在抽样开始时偶然观测到一个全新的过程时，初始条件是固定常数的假设才有可能合适。如果在抽样之前该过程已经在进行，或者模型的扰动项因包含个体特异的随机效应项而存在序列相依，则初始条件不是外生的。在许多应用中，过程处于均衡状态的假设也会产生很多问题，特别是由时变外生变量驱动的随机过程。

如果假定分析人员不能从一开始就可以观测该过程，则不能假设个体 i 的初始状态 y_{i0} 是固定常数。初始状态由生成样本面板数据的过程决定。固定效应模型的样本似然函数是

$$L=\prod_{i=1}^{N}\prod_{t=1}^{T}\Phi\{(\beta_0+\gamma y_{i,t-1}+\alpha_i)(2y_{it}-1)\}f(y_{i0}\mid\alpha_i) \tag{7.5.10}$$

随机效应模型的样本似然函数是

$$L=\prod_{i=1}^{N}\int_{-\infty}^{\infty}\prod_{t=1}^{T}\Phi\{(\beta_0+\gamma y_{i,t-1}+\alpha)(2y_{it}-1)\}f(y_{i0}\mid\alpha)dG(\alpha) \tag{7.5.11}$$

其中 $f(y_{i0}\mid\alpha_i)$ 是 y_{i0} 在 α_i 下的边际概率密度函数。因此，除非 T 很大，否则最大化式（7.5.5）或（7.5.8）将导出不一致的估计量。[15]

因为 y_{i0} 是不可观测的过去值的函数，所以不仅推导边际分布 $f(y_{i0}\mid\alpha_i)$ 很困难，而且最大化式（7.5.10）或（7.5.11）也非常复杂。因此 Heckman（1981b）建议用下面的步骤逼近动态离散选择模型初始条件：

1. 用包含示性函数的 probit 模型

$$y_{i0}^* = Q(\mathbf{x}_i) + \epsilon_{i0} \tag{7.5.12}$$

以及

$$y_{i0} = \begin{cases} 1 & 如果\ y_{i0}^* > 0 \\ 0 & 如果\ y_{i0}^* \leqslant 0 \end{cases} \tag{7.5.13}$$

逼近样本初始状态 y_{i0} 的概率，其中 $Q(\mathbf{x}_i)$ 是关于 $\mathbf{x}_{it}$ ($t=0$，…，T) 的普通函数，一般假定它是关于 $\mathbf{x}_{it}$ 的线性函数，并假定 ϵ_{i0} 是正态分布的，其均值为零，方差为 1。

2. 允许 ϵ_{i0} 与 v_{it} ($t=1$，…，T) 任意相关。

3. 无须在结构参数和样本初始状态的近似约简型概率的参数之间添加任何约束条件，直接用最大似然法估计模型。

Heckman (1981b) 用 Monte Carlo 方法比较了两种情形（一种是对 y_{i0} 和 α_i 的假设与真实的数据生成过程一致，且 y_{i0} 有一个近似约简型概率，另一种是对一阶 Markov 过程设定错误的固定常数 y_{i0} 和 α_i）下 MLE 的功效。他的实验数据由随机效应模型

$$\begin{gathered} y_{it}^* = \beta x_{it} + \gamma y_{i,t-1} + \alpha_i + u_{it} \\ y_{it} = \begin{cases} 1 & 如果\ y_{it}^* > 0 \\ 0 & 如果\ y_{it}^* \leqslant 0 \end{cases} \end{gathered} \tag{7.5.14}$$

生成，外生变量 x_{it} 由 (7.3.23) 生成。对每个参数集，他进行了 25 次实验，每次实验选取 100($=N$) 个个体的 8($=T$) 期数据（在抽样前让数据生成过程先运行 25 个周期）。表 7.2 列出了 Heckman 的 Monte Carlo 模拟结果。

表 7.2　　一阶 Markov 过程的 Monte Carlo 结果

γ		$\sigma_\alpha^2=3$			$\sigma_\alpha^2=1$		
		$\beta=-0.1$	$\beta=1$	$\beta=0$	$\beta=-0.1$	$\beta=1$	$\beta=0$
具有已知初始条件时随机效应估计量 $\hat{\gamma}$ 和 $\hat{\beta}$ 的值[a]							
0.5	$\hat{\gamma}$	n. a.[c]	0.57	n. a.[c]			
	$\hat{\beta}$	n. a.[c]	0.94	—[d]			
0.1	$\hat{\gamma}$	0.13	0.12	0.14			
	$\hat{\beta}$	−0.11	1.10	—			
随机效应近似估计量 $\hat{\gamma}$ 和 $\hat{\beta}$ 的值[a]							
0.5	$\hat{\gamma}$	0.63	0.60	0.70	n. a.[c]	0.54	0.62
	$\hat{\beta}$	−0.131	0.91	—	n. a.[c]	0.93	—
0.1	$\hat{\gamma}$	0.14	0.13	0.17	0.11	0.11	0.13
	$\hat{\beta}$	−0.12	0.92	—	−0.12	0.95	—

续前表

γ		$\sigma_\alpha^2=3$			$\sigma_\alpha^2=1$		
		$\beta=-0.1$	$\beta=1$	$\beta=0$	$\beta=-0.1$	$\beta=1$	$\beta=0$
固定效应近似估计量$\hat{\gamma}$和$\hat{\beta}$的值[b]							
0.5	$\hat{\gamma}$	0.14	0.19	0.03	n. a.[c]	0.27	0.17
	$\hat{\beta}$	−0.07	1.21	—	n. a.[c]	1.17	—
0.1	$\hat{\gamma}$	−0.34	−0.21	−0.04	−0.28	−0.15	−0.01
	$\hat{\beta}$	−0.06	1.14	—	−0.08	1.12	—

[a] $N=100$；$T=3$。

[b] $N=100$；$T=8$。

[c] 因模型无法估计而不能获取数据。

[d] 不可估计。

资料来源：Heckman（1981b，表 4.2）。

该结果表明，与静态模型不同，固定效应的 probit 估计量功效很差。个体效应方差（σ_α^2）越大，偏误也越大。基于估计的信息矩阵的 t 统计量也因在多数实验中没有拒绝错误的虚拟假设 $\gamma=\beta=0$ 而导致错误的推断。

比较发现，Heckman 近似解的功效更强一些。虽然估计仍偏离真实值，但偏误并不显著，特别是它们与理想估计比较时。基于近似解的 t 统计量也比固定效应 probit 的模型中的 t 统计量更可靠，因为样本容量更大时，它们将导出正确的推断。

Heckman 的 Monte Carlo 结果还指出一个令人担忧的问题，即在正确设定似然函数的理想条件下，MLE 导出的估计量也是有偏的。由 100 个观测的三期数据组成的面板并不少见，所以该问题需要慎重考虑。

7.5.3 条件方法

如果个体效应项是固定常数，则它的似然估计量在 T 固定而 N 趋于无穷是不一致的。如果个体效应项是与$\mathbf{x}$独立的随机变量，则其 MLE 的一致性与正确设定效应项的概率分布和初始观测有关。半参数方法不能用来估计动态模型，因为滞后因变量作为解释变量时背离了解释变量的严格外生性条件。该条件不满足时，$E(\Delta u_{it} \mid \mathbf{x}_{it}, \mathbf{x}_{i,t-1}, y_{i,t-1}, y_{i,t-2}) \neq 0$。换句话说，背离了（7.4.4）中的一一对应关系。故 Manski（1985）最大得分估计法也不能用。任何（无约束）条件方法都不可用。我们以 $T=2$ 为例进行说明。条件方法的基本思想是，控制两期中的解释变量和 $y_{i1}\neq y_{i2}$后，讨论 y_{i2}等于 1 或 0 的概率。如果$\text{Prob}(y_{i2}=1)$ 的解释变量包含 y_{i1}，则条件概率依据 y_{i1}等于 0 还是 1 而变动。

但对于 $T\geqslant 3$ 且$\mathbf{x}_{it}$满足一定特殊条件的情形，Honoré 和 Kyriazidou（2000a）证明，可用推广的条件概率法一致地估计 logit 模型中的未知参数，或用推广的最大得分法（无须知道 α_i 的分布或初始观测的概率分布）一致地估计某些类型的离散选择模型。但估计量收敛到真实值的速度比通常$\sqrt{N}$的速度慢了很多。

假定模型（7.5.4）中的 u_{it} 服从 logistic 分布。则（y_{i0}，…，y_{iT}）的分布函数满足

$$P(y_{i0}=1 \mid \alpha_i)=P_0(\alpha_i) \tag{7.5.15}$$

$$P(y_{it}=1 \mid \alpha_i, y_{i0}, \cdots, y_{i,t-1})=\frac{\exp(\gamma y_{i,t-1}+\alpha_i)}{1+\exp(\gamma y_{i,t-1}+\alpha_i)}, \quad t=1,2,\cdots,T \tag{7.5.16}$$

当 $T\geqslant 3$ 时，Chamberlain（1993）证明可用独立于 α_i 的条件方法估计 γ。

为易于表述，我们假定 $T=3$。考虑事件

$$A=\{y_{i0}, y_{i1}=0, y_{i2}=1, y_{i3}\}$$
$$B=\{y_{i0}, y_{i1}=1, y_{i2}=0, y_{i3}\}$$

其中 y_{i0} 和 y_{i3} 可以是 1 或 0。则有

$$P(A)=P_0(\alpha_i)^{y_{i0}}[1-P_0(\alpha_i)]^{1-y_{i0}} \cdot \frac{1}{1+\exp(\gamma y_{i0}+\alpha_i)} \times \frac{\exp(\alpha_i)}{1+\exp(\alpha_i)} \cdot \frac{\exp[(\gamma+\alpha_i)y_{i3}]}{1+\exp(\gamma+\alpha_i)} \tag{7.5.17}$$

和

$$P(B)=P_0(\alpha_i)^{y_{i0}}[1-P_0(\alpha_i)]^{1-y_{i0}} \cdot \frac{\exp(\gamma y_{i0}+\alpha_i)}{1+\exp(\gamma y_{i0}+\alpha_i)} \times \frac{1}{1+\exp(\gamma+\alpha_i)} \cdot \frac{\exp(\alpha_i y_{i3})}{1+\exp(\alpha_i)} \tag{7.5.18}$$

因此，

$$\begin{aligned} P(A \mid A \cup B) &= P(A \mid y_{i0}, y_{i1}+y_{i2}=1, y_{i3}) \\ &= \frac{\exp(\gamma y_{i3})}{\exp(\gamma y_{i3})+\exp(\gamma y_{i0})} \\ &= \frac{1}{1+\exp[\gamma(y_{i0}-y_{i3})]} \end{aligned} \tag{7.5.19}$$

和

$$\begin{aligned} P(B \mid A \cup B) &= P(B \mid y_{i0}, y_{i1}+y_{i2}=1, y_{i3}) \\ &= 1-P(A \mid A \cup B) \\ &= \frac{\exp[\gamma(y_{i0}-y_{i3})]}{1+\exp[\gamma(y_{i0}-y_{i3})]} \end{aligned} \tag{7.5.20}$$

式（7.5.19）和（7.5.20）是二值 logit 方程，且与 α_i 无关。如果 A 发生，则令 $d_i=1$，如果 B 发生，则 $d_i=0$。条件对数似然函数

$$\log \tilde{L}=\sum_{i=1}^{N} \mathbf{1}(y_{i1}+y_{i2}=1)$$

$$\times \{ y_{i1}[\gamma(y_{i0} - y_{i3})] - \log[1 + \exp\gamma(y_{i0} - y_{i3})]\} \tag{7.5.21}$$

是条件 logit 函数。最大化条件对数似然函数（7.5.21）得到 γ 的 $\sqrt{N}$一致收敛估计量，其中如果 A 发生则 $\mathbf{1}(A)=1$，否则 $\mathbf{1}(A)=0$。

外生变量 $\mathbf{x}_{it}$ 也作为解释变量出现在潜响应函数

$$y_{it}^{*} = \boldsymbol{\beta}' \mathbf{x}_{it} + \gamma y_{i,t-1} + \alpha_i + u_{it} \tag{7.5.22}$$

中时，我们可将模型记为

$$P(y_{i0} = 1 \mid \mathbf{x}_i, \alpha_i) = P_0(\mathbf{x}_i, \alpha_i) \tag{7.5.23}$$

$$P(y_{it} = 1 \mid \mathbf{x}_i, \alpha_i, y_{i0}, \cdots, y_{i,t-1}) = \frac{\exp(\mathbf{x}'_{it}\boldsymbol{\beta} + \gamma y_{i,t-1} + \alpha_i)}{1 + \exp(\mathbf{x}'_{it}\boldsymbol{\beta} + \gamma y_{i,t-1} + \alpha_i)},\quad t = 1, 2, \cdots, T \tag{7.5.24}$$

通常情况下，$P(A \mid \mathbf{x}_i, \alpha_i, A \cup B)$ 与 α_i 有关。但如果 $\mathbf{x}_{i2} = \mathbf{x}_{i3}$，Honoré 和 Kyriazidou（2000a）用相同的条件法证明

$$P(A \mid \mathbf{x}_i, \alpha_i, A \cup B, \mathbf{x}_{i2} = \mathbf{x}_{i3}) = \frac{1}{1 + \exp[(\mathbf{x}_{i1} - \mathbf{x}_{i2})' \boldsymbol{\beta} + \gamma(y_{i0} - y_{i3})]} \tag{7.5.25}$$

上式与 α_i 无关。如果 $\mathbf{x}_i$ 连续，则 $\mathbf{x}_{i2} = \mathbf{x}_{i3}$ 比较少见。Honoré 和 Kyriazidou（2000a）提出，若 $P(\mathbf{x}_{i2} = \mathbf{x}_{i3}) > 0$，则关于 $\mathbf{b}$ 和 γ（在某个紧集上）最大化

$$\sum_{i=1}^{N} \mathbf{1}(y_{i1} + y_{i2} = 1) K\left(\frac{\mathbf{x}_{i2} - \mathbf{x}_{i3}}{\sigma_N}\right) \log\left\{\frac{\exp[(\mathbf{x}_{i1} - \mathbf{x}_{i2})' \mathbf{b} + \gamma(y_{i0} - y_{i3})]^{y_{i1}}}{1 + \exp[(\mathbf{x}_{i1} - \mathbf{x}_{i2})' \mathbf{b} + \gamma(y_{i0} - y_{i3})]}\right\} \tag{7.5.26}$$

来估计 β 和 γ。这里的 $K(\cdot)$ 是赋予观测 i 适当权重的核密度函数，σ_N 是带宽，当 N 趋向无穷时它收缩为零的速度是一个关于 $\mathbf{x}$ 维度的函数。渐近理论要求选择的 $K(\cdot)$ 满足一些正则性条件，比如对某个常数 M，$|K(\cdot)| < M$，当 $|v| \to \infty$ 时 $K(v) \to 0$，以及 $\int K(v)dv = 1$。譬如，只有一个回归元时，常设 $K(v)$ 是标准正态分布函数，$\sigma_N = cN^{-1/5}$（c 是某个正的常数）。因子 $K[(\mathbf{x}_{i2} - \mathbf{x}_{i3})/\sigma_N]$ 的作用是对 $\mathbf{x}_{i2}$ 与 $\mathbf{x}_{i3}$ 接近的观测赋予更多的权重。尽管 Honoré 和 Kyriazidou（2000a）估计量的收敛速度仅为 $\sqrt{N\sigma_N^k}$（其中 k 是 $\mathbf{x}_{it}$ 的维数），比 $\sqrt{N}$ 慢得多，但这些估计量是一致的且渐近分布是正态分布。

条件方法也可用来估计 logit 模型，但它并不适用于一般的非线性模型。如果非线性函数能够表示成单指标函数 $F(a)$（其中转换函数 F 是严格增的分布函数），则只需

$$\begin{aligned}
&P(A \mid \mathbf{x}_i, \alpha_i, \mathbf{x}_{i2} = \mathbf{x}_{i3}) \\
&= P_0(\mathbf{x}_i, \alpha_i)^{y_{i0}} [1 - P_0(\mathbf{x}_i, \alpha_i)]^{1-y_{i0}} \\
&\times [1 - F(\mathbf{x}'_{i1}\boldsymbol{\beta} + \gamma y_{i0} + \alpha_i)] \times F(\mathbf{x}'_{i2}\boldsymbol{\beta} + \alpha_i) \\
&\times [1 - F(\mathbf{x}'_{i2}\boldsymbol{\beta} + \gamma + \alpha_i)]^{1-y_{i3}} \times F(\mathbf{x}'_{i2}\boldsymbol{\beta} + \gamma + \alpha_i)^{y_{i3}}
\end{aligned} \tag{7.5.27}$$

和

$$
\begin{aligned}
&P(B \mid \mathbf{x}_i, \alpha_i, \mathbf{x}_{i2} = \mathbf{x}_{i3}) \\
&\quad = P_0(\mathbf{x}_i, \alpha_i)^{y_{i0}}[1 - P_0(\mathbf{x}_i, \alpha_i)]^{1-y_{i0}} \\
&\quad \times F(\mathbf{x}'_{i1}\boldsymbol{\beta} + \gamma y_{i0} + \alpha_i) \times [1 - F(\mathbf{x}'_{i2}\boldsymbol{\beta} + \gamma + \alpha_i)] \\
&\quad \times [1 - F(\mathbf{x}'_{i2}\boldsymbol{\beta} + \alpha_i)]^{1-y_{i3}} \times F(\mathbf{x}'_{i2}\boldsymbol{\beta} + \alpha_i)^{y_{i3}} \qquad (7.5.28)
\end{aligned}
$$

便可将静态情形的 Manski（1987）最大得分估计法推广到解释变量中包含滞后因变量的情形。如果 $y_{i3}=0$，则

$$
\begin{aligned}
&\frac{P(A \mid \mathbf{x}_i, \alpha_i, \mathbf{x}_{i2} = \mathbf{x}_{i3})}{P(B \mid \mathbf{x}_i, \alpha_i, \mathbf{x}_{i2} = \mathbf{x}_{i3})} \\
&\quad = \frac{1 - F(\mathbf{x}'_{i1}\boldsymbol{\beta} + \gamma y_{i0} + \alpha_i)}{1 - F(\mathbf{x}'_{i2}\boldsymbol{\beta} + \alpha_i)} \times \frac{F(\mathbf{x}'_{i2}\boldsymbol{\beta} + \alpha_i)}{F(\mathbf{x}'_{i1}\boldsymbol{\beta} + \gamma y_{i0} + \alpha_i)} \\
&\quad = \frac{1 - F(\mathbf{x}'_{i1}\boldsymbol{\beta} + \gamma y_{i0} + \alpha_i)}{1 - F(\mathbf{x}'_{i2}\boldsymbol{\beta} + \gamma y_{i3} + \alpha_i)} \times \frac{F(\mathbf{x}'_{i2}\boldsymbol{\beta} + \gamma y_{i3} + \alpha_i)}{F(\mathbf{x}'_{i1}\boldsymbol{\beta} + \gamma y_{i0} + \alpha_i)} \qquad (7.5.29)
\end{aligned}
$$

其中第二个等式因 $y_{i3}=0$ 而成立。如果 $y_{i3}=1$，则

$$
\begin{aligned}
&\frac{P(A \mid \mathbf{x}_i, \alpha_i, \mathbf{x}_{i2} = \mathbf{x}_{i3})}{P(B \mid \mathbf{x}_i, \alpha_i, \mathbf{x}_{i2} = \mathbf{x}_{i3})} \\
&\quad = \frac{1 - F(\mathbf{x}'_{i1}\boldsymbol{\beta} + \gamma y_{i0} + \alpha_i)}{1 - F(\mathbf{x}'_{i2}\boldsymbol{\beta} + \gamma + \alpha_i)} \times \frac{F(\mathbf{x}'_{i2}\boldsymbol{\beta} + \gamma + \alpha_i)}{F(\mathbf{x}'_{i1}\boldsymbol{\beta} + \gamma y_{i0} + \alpha_i)} \\
&\quad = \frac{1 - F(\mathbf{x}'_{i1}\boldsymbol{\beta} + \gamma y_{i0} + \alpha_i)}{1 - F(\mathbf{x}'_{i2}\boldsymbol{\beta} + \gamma y_{i3} + \alpha_i)} \times \frac{F(\mathbf{x}'_{i2}\boldsymbol{\beta} + \gamma y_{i3} + \alpha_i)}{F(\mathbf{x}'_{i1}\boldsymbol{\beta} + \gamma y_{i0} + \alpha_i)} \qquad (7.5.30)
\end{aligned}
$$

其中第二个等式因 $y_{i3}=1$，故 $\gamma y_{i3}=\gamma$ 而成立。不论在何种情况下，F 的单调性表明

$$
\frac{P(A)}{P(B)} \begin{cases} >1 & \text{如果}\ \mathbf{x}'_{i2}\boldsymbol{\beta} + \gamma y_{i3} > \mathbf{x}'_{i1}\boldsymbol{\beta} + \gamma y_{i0} \\ <1 & \text{如果}\ \mathbf{x}'_{i2}\boldsymbol{\beta} + \gamma y_{i3} < \mathbf{x}'_{i1}\boldsymbol{\beta} + \gamma y_{i0} \end{cases}
$$

所以，

$$
\begin{aligned}
&\operatorname{sgn}[P(A \mid \mathbf{x}_i, \alpha_i, \mathbf{x}_{i2} = \mathbf{x}_{i3}) - P(B \mid \mathbf{x}_i, \alpha_i, \mathbf{x}_{i2} = \mathbf{x}_{i3})] \\
&\quad = \operatorname{sgn}[(\mathbf{x}_{i2} - \mathbf{x}_{i1})'\boldsymbol{\beta} + \gamma(y_{i3} - y_{i0})] \qquad (7.5.31)
\end{aligned}
$$

Honoré 和 Kyriazidou（2000）由此导出关于$\boldsymbol{\beta}$和 γ 的最大化得分函数

$$
\sum_{i=1}^{N} K\left(\frac{\mathbf{x}_{i2} - \mathbf{x}_{i3}}{\sigma_N}\right)(y_{i2} - y_{i1}) \operatorname{sgn}[(\mathbf{x}_{i2} - \mathbf{x}_{i1})'\boldsymbol{\beta} + \gamma(y_{i3} - y_{i0})] \qquad (7.5.32)
$$

的最大得分估计量。如果（$\mathbf{x}_{i2}-\mathbf{x}_{i3}$）的密度函数 $f(\mathbf{x}_{i2}-\mathbf{x}_{i3})$ 在零点是严格正的［$f(0)>0$］（该假设对一致性来说是必要的），则 Honoré 和 Kyriazidou 的估计量是一致的（除一个比例常数外）。

我们已经讨论过 $T=3$ 时面板数据动态离散模型的估计问题。当 $T>3$ 时，只需交换个体中间 $T-1$ 期中的任意两期观测构造若干序列，最大化基于这些序列的目标函数，很容易对该方法进行推广。譬如，logit 模型（7.5.24）的目标函数变为

$$\sum_{i=1}^{N}\sum_{1\leqslant s\leqslant t\leqslant T-1}\mathbf{1}\{y_{is}+y_{it}=1\}K\left(\frac{\mathbf{x}_{i,t+1}-\mathbf{x}_{i,s+1}}{\sigma_N}\right)$$
$$\times\log\left(\frac{\exp[(\mathbf{x}_{is}-\mathbf{x}_{it})'\boldsymbol{\beta}+\boldsymbol{\gamma}(y_{i,s-1}-y_{i,t+1})+\boldsymbol{\gamma}(y_{i,s+1}-y_{i,t-1})\mathbf{1}(t-s\geqslant 3)]^{y_{is}}}{1+\exp[(\mathbf{x}_{is}-\mathbf{x}_{it})'\boldsymbol{\beta}+\boldsymbol{\gamma}(y_{i,s-1}-y_{i,t+1})+\boldsymbol{\gamma}(y_{i,s+1}-y_{i,t-1})\mathbf{1}(t-s\geqslant 3)]}\right) \tag{7.5.33}$$

条件方法不要求模型化样本的初始观测，也没有对个体效应与可观测解释变量或与初始条件的统计关系作出任何假设。但该方法也存在局限性，它要求 $t\neq s$ 时，$\mathbf{x}_{is}-\mathbf{x}_{it}$ 在 0 的某领域内有支撑集，这就排除了时间虚拟变量作为解释变量的可能。[16]个体效应不可估计的事实也表明无法在解释变量的具体值处对个体进行预测或计算弹性。

7.5.4 状态相依与异质性的比较

"以前经历过某事件的个体在未来更有可能经历该事件"的经验规律在现实中常有体现，但对该经验规律却有两种截然相反的解释。一种解释认为，作为经历某事件的结果，偏好、价格或者有关未来选择的约束条件都发生了变化。第二种解释认为，个体的某些不可测量变量不同，这些不可测量变量影响个体经历某事件的概率，但不受该事件经历的影响。如果这些变量在各时期相关且不被适当控制，则以前的经历可能就是未来经历独一无二的决定因素，因为它是当前持续不可观测变量的代理变量。Heckman（1978a，1981a，1981c）将前一种情形定义为**真实状态相依**（true state dependence），将后一种情形定义为**伪状态相依**（spurious state dependence），因为在前一种情形下，对比其他情况都相同的两个个体，没有经历该事件的个体与经历该事件的个体将来的行为不同，在此意义上，以前的经历确实影响了将来的行为。在后一种情形下，以前的经历是将来经历的唯一决定因素，因为它是决定个体选择的当前持续不可观测变量的代理变量。

区分真伪状态相依非常重要。我们以失业理论中的一些研究为例进行说明。Phelps（1972）认为当前失业对将来失业的概率有实际的持续的影响。因此，缓解失业的短期经济政策通过防止工作经验的丧失最终将降低总的失业率。另一方面，Cripps 和 Tarling（1974）在分析失业影响和失业持续期时持相反观点。他们假定个体对经历失业的态度和失业持续期不同，且这些差异不能被可测量变量充分考虑。他们进一步假定，现在的失业经历或过去失业的持续时间不会影响将来失业的发生或持续时间。因此，在他们的模型中，短期经济政策对长期失业没有影响。

因非观测个体效应 α_i 在各期持续存在，故忽略不可测量变量（异质性）的影响将产生相关性很强的残差。这表明，如果我们知道过去的失业发生率不等于边际概率 $[\text{Prob}(y_{it}\mid y_{i,t-s},\mathbf{x}_{it})\neq\text{Prob}(y_{it}\mid\mathbf{x}_{it})]$，则不能用条件概率检验是真实状态相依还是伪状态相依，因为该不等式可能是 y 的历史信息中包含非观测特异效应信息的结果。对相依性的确当检验应该控制非观测个体特异效应。

如果控制个体效应 α_i 后误差项 u_{it} 序列无关，则通过控制个体效应和并检验条件概率等于边际概率[17]，即

$$\text{Prob}(y_{it} \mid y_{i,t-s}, \mathbf{x}_{it}, \alpha_i) = \text{Prob}(y_{it} \mid \mathbf{x}_{it}, \alpha_i) \tag{7.5.34}$$

我们很容易对状态相依进行检验。

如果 α_i 在 $\mathbf{x}_i$ 下的条件分布 $G(\alpha \mid \mathbf{x})$ 已知，则我们可用无条件方法进行更优势检验。因此，我们可通过检验对数似然函数

$$\sum_{i=1}^{N} \log \int \prod_{t=1}^{T} \{F(\mathbf{x}'_{it}\boldsymbol{\beta} + \gamma y_{i,t-1} + \alpha_i)^{y_{it}} [1 - F(\mathbf{x}'_{it}\boldsymbol{\beta} + \gamma y_{i,t-1} + \alpha_i)]^{1-y_{it}} \times P(\mathbf{x}_i, \alpha)^{y_{i0}} [1 - P(\mathbf{x}_i, \alpha)]^{1-y_{i0}}\} G(\alpha \mid \mathbf{x}_i) d\alpha \tag{7.5.35}$$

中 γ 的 MLE 的显著性来检验是真实状态相依还是伪状态相依。

如果控制个体效应 α_i 后误差项 u_{it} 序列相关，则问题将更复杂。因 y_{it} 中包含有关 u_{it} 的信息，故条件概率 $\text{Prob}(y_{it} \mid y_{i,t-l}, \alpha_i)$ 不等于边际概率 $\text{Prob}(y_{it} \mid \alpha_i)$。对状态相依的检验不是只取决于序列（$y_{i1}$，…，$y_{iT}$）的多元正态分布。Heckman（1978a，1981a，1981b）提出的一般框架（7.5.1）和（7.5.2）对异方差和结构相依进行了大致的分类。它允许分析人员综合不同的模型，并在统一的框架内检验竞争性模型设定。但计算广义模型的最大似然估计量非常复杂。对具体的模型，在使用计算复杂的最大似然法之前不妨用简单方法对数据进行挖掘。

Chamberlain（1978b）曾提出一个区分真伪状态相依的简单方法。他发现和连续模型一样，状态相依和序列相关的关键区别在于对干预是否存在动态响应。审查模型（7.5.1）可找出二者的明显区别。如果 $\gamma=0$，则 $\mathbf{x}$ 变化时，它的全部影响在当期体现出来；反之，若 $\gamma \neq 0$，则我们得到一个对应 $\mathbf{x}$ 变化的滞后分布。将 y 与 $\mathbf{x}$ 联系起来的滞后结构与 u 的序列相关性无关。如果 $\mathbf{x}$ 在第 t 期增大，然后又回到之前的水平，则 $\gamma=0$ 时 $y_{i,t+1}=1$ 的概率不受影响，因为依据假设 u_{it} 的分布不受影响。如果 $\gamma \neq 0$，则 $\mathbf{x}$ 的一次变化将有持续影响。在 t 期对 $y=1$ 的概率有影响的干预，虽然只出现在 t 期，但仍将继续影响 $t+1$ 期 $y=1$ 的概率。相比较之下，对序列相关的解释是冲击（u）通常持续多个时期，且 y_{it} 仅提供有助于推断并预测 u_{it} 的信息。因此，对函数形式不敏感的检验仅包含一些滞后的 x 而没有滞后的 y。控制个体特异效应 α_i 后可能存在两种结果。如果不存在状态相依，则

$$\text{Prob}(y_{it}=1 \mid \mathbf{x}_{it}, \mathbf{x}_{i,t-1}, \cdots, \alpha_i) = \text{Prob}(y_{it}=1 \mid \mathbf{x}_{it}, \alpha_i) \tag{7.5.36}$$

如果存在状态相依，则

$$\text{Prob}(y_{it}=1 \mid \mathbf{x}_{it}, \mathbf{x}_{i,t-1}, \cdots, \alpha_i) \neq \text{Prob}(y_{it}=1 \mid \mathbf{x}_{it}, \alpha_i) \tag{7.5.37}$$

虽然式（7.5.34）、式（7.5.36）和式（7.5.37）联合起来提供了区分纯粹异质性、状态相依以及序列相关的简单形式，但对不同形式的状态相依性、异质性以及序列相关无法进行更明确的区分。我们必须用模型（7.5.1）和（7.5.2）进一步减少可能的模型设定。

7.5.5 两个案例

区分真伪态相依性时，对异质性的控制起着关键作用。忽略异质性和初始观测可能使系数估计值产生严重偏误。估计动态模型时，正确处理样本中的异质性非常重要。我们以 Heckman（1981c）估计的女性就业模型和 Chintagunta，Kyriazidou 和 Perktold（2001）估计的日用品品牌选择模型为例进行说明。

7.5.5.a 女性就业

Heckman（1981c）用密歇根大学的 PSID 中 1968 年年龄在 45～59 岁之间的女性前三年数据作为样本研究已婚女性的就业情况。他将抽样期间任何为收入工作的女性定义为市场参与者，解释变量包括：女性所受教育；家庭收入（不包括妻子的收入）；小于 6 岁的孩子数量；家庭中孩子的数量；女性所居住县的失业率；该县非熟练工人的工资（衡量女性将待在家中的时间用来工作所能获取的收入）；全国盛年期男子的失业率（总的劳动力市场紧张程度的度量）；两种类型的工作经验（样本期内的和抽样前的）。由于抽样前的工作经验与近期工作经验相比，它在女性决定当前是否参与劳动力市场时的影响可能更弱一些，所以将以前工作经验的影响分成两部分。此外，因抽样前工作经验的数据是通过追溯得到的，可能包含测量误差，故 Heckman 用基于一组回归元的预测值替换这些数据。

Heckman 用了几个形如式（7.5.1）和（7.5.2）的多元 probit 模型拟合数据，研究工作经验是否提高了女性将来工作的概率（通过提高她们的工资率），并研究使用面板数据时控制异质性的重要性。在跨期协方差矩阵

$$\Omega = \begin{bmatrix} 1 & \rho_{12} & \rho_{13} \\ & 1 & \rho_{23} \\ & & 1 \end{bmatrix}$$

平稳，一阶 Markov 过程（$v_{it}=\rho v_{i,t-1}+u_{it}$），以及无异质性（$v_{it}=u_{it}$）的假设下，状态相依模型系数的最大似然估计分别列在表 7.3 的第 1、2、3 列。[18] 无状态相依模型在一般的平稳跨期相关，一阶 Markov 过程，具有常见的误差成分［$v_{it}=\alpha_i+u_{it}$，等价于添加约束条件 $\rho_{12}=\rho_{13}=\rho_{23}=\sigma_\alpha^2/(\sigma_u^2+\sigma_\alpha^2)$］，以及没有异质性时的系数估计值分别列在第 4、5、6、7 列。Heckman 还估计了包含时恒外生变量和常见误差成分的 Heckman-Willis（1977）模型，估计结果如第 8 列所示。

表 7.3　　1968 年年龄在 45～59 岁之间的女性就业模型的估计[a]

变量	(1)	(2)	(3)	(4)	(5)	(6)	(7)	(8)
截距	−2.576(4.6)	1.653(2.5)	0.227(0.4)	−2.367(6.4)	−2.011(3.4)	−2.37(5.5)	−3.53(4.6)	−1.5(0)
年龄小于 6 岁的孩子数量	−0.816(2.7)	−0.840(2.3)	−0.814(2.1)	−0.742(2.6)	−0.793(2.1)	−0.70(2.0)	−1.42(2.3)	−0.69(1.2)
县失业率(%)	−0.035(1.5)	−0.027(1.0)	−0.018(0.57)	−0.030(1.5)	−0.027(1.2)	−0.03(1.6)	−0.059(1.3)	0.046(11)
县工资率(美元/小时)	0.104(0.91)	0.104(0.91)	0.004(0.02)	0.090(0.93)	0.139(1.5)	0.13(1.4)	0.27(1.1)	0.105(0.68)
孩子总数	−0.146(4.3)	−0.117(2.2)	−0.090(2.4)	−0.124(4.9)	−0.116(2.2)	−0.161(4.9)	−0.203(3.9)	−0.160(6.1)
妻子所受教育(以年计)	0.162(6.5)	0.105(2.8)	0.104(3.7)	0.152(7.3)	0.095(2.5)	0.077(3)	0.196(4.8)	0.105(3.3)
不含妻子收入的家庭收入	-0.363×10^{-4}(4.8)	-0.267×10^{-4}(2.7)	-0.32×10^{-4}(3.6)	-0.312×10^{-4}(5.2)	0.207×10^{-4}(2.3)	-0.2×10^{-4}(2.6)	-0.65×10^{-4}(5.1)	-0.385×10^{-4}(20)
国家失业率	−0.106(0.51)	−0.254(1.4)	−1.30(6)	−0.003(0.38)	−0.021(0.26)	0.02(3)	1.03(0.14)	−0.71(0)
近期工作经验	0.143(0.95)	0.273(1.5)	1.46(12.2)	—[b]	—	—	—	—
预测的抽样前工作经验	0.072(5.8)	0.059(3.4)	0.045(3.4)	0.062(0.38)	0.062(3.5)	0.091(7.0)	0.101(5.4)	0.095(11.0)
序列相关系数								
ρ_{12}	0.913	—	—	0.917	—	—	—	—
ρ_{13}	0.845			0.873	—	—	—	—
ρ_{23}	0.910			0.946	—	—	—	—
ρ	—	0.873(14.0)	—	—	−0.942(50)	—	—	—
$\sigma_\alpha^2/(\sigma_u^2+\sigma_\alpha^2)$	—	—	—	—	—	0.92(4.5)	—	0.941(4.1)
对数似然值	−237.74	−240.32	−263.65	−239.81	−243.11	−244.7	−367.3	−242.37

[a] 括号内是渐近正态检验统计量的值；这些统计量从估计的信息矩阵中得来。

[b] 不可估计。

资料来源：Heckman (1981c，表 3.2)。

将“决定就业选择的不可观测变量服从一阶 Markov 过程”（表 7.3 第 2 列）作为保有假设，最一般模型（表 7.3 的第 1 列）的似然比检验统计量（对数似然值差的两倍）的值表明接受“近期劳动力市场经验是当前就业情况的重要决定因素”的结论，而且这些统计量明确拒绝了所有其他设定。换句话说，研究发现，即使考虑了非常一般的序列相关后，工作经验作为一般而又具体的人力资本投资，提升了女性将来工作的概率。该结果还认为存在影响劳动参与率的不可观测变量。不过，非观测变量中的初始差异一般随着时间的流逝而消逝。但这一同质化的效应被先前工作经验的效应部分抵消，先前工作经验的效应通常强调工作倾向中的初始差异。

比较保有假设的估计和其他模型的估计发现，在忽略异质性的模型中，近期工作经验对就业的影响被过分夸大。表 7.3 第 3 列所示的近期工作经验对当前就业状态影响的估计值将该影响放大了 10 倍（1.46 对 0.143）！如果没有考虑非观测变量的跨期相关，则以前工作经验作为一种就业决定因素显得过于重要。另一方面，忽略异质性的模型低估了孩子对就业的影响。

对各模型预测样本状态变化（当前就业状态）能力的比较列示在表 7.4 中。结果表明，忽略异质性的动态模型少报了一直在工作的个体数量，同时多报了从未工作的个体数量。该模型还高估了劳动力市场人员流动的频率。事实上，比较没有异质性的动态和静态模型预测运行模式的功效（表 7.3 的第 3 列、第 7 列，以及表 7.4 的第 3 列和第 4 列）发现，在模型中引入滞后就业状态虽然是一种对异质性更为谨慎的处理方法，但在这里却欠妥当。此时该方法比不用代理变量的方法更糟糕。具有方差成分的简单静态模型（表 7.3 第 8 列，表 7.4 第 5 列）也没见得更好。忽略异质性的动态模型（表 7.4 第 3 列）高估了劳动力市场的人员流动性，而具有一般方差成分的静态模型（表 7.4 第 5 列）高估了异质程度和跨期相关程度。它多报了三年中从未工作的人数并少报了一直在工作的人数。

表 7.4　使用运行数据的就业模型的比较：1968 年年龄在 45～59 岁之间的女性[a]

	(1)	(2)	(3)	(4)	(5)
工作情况[b]	实际人数	由具有异质性状态相依模型预测的人数（表 7.3 第 2 列）	忽略异质性的 probit 模型（表 7.3 的第 3 列）	忽略异质性和近期样本状态相依的 probit 模型（表 7.3 的第 7 列）	Heckman-Willis 模型预测的人数（表 7.3 第 8 列）
0，0，0	96	94.2	145.3	36.1	139.5
0，0，1	5	17.6	38.5	20.5	4.1
0，1，0	4	1.8	1.9	20.2	4.1
1，0，0	8	2.6	0.35	20.6	4.1
1，1，0	5	1.4	0.02	21.2	3.6
1，0，1	2	2.4	1.38	21.1	3.6

续前表

工作情况[b]	(1) 实际人数	(2) 由具有异质性状态相依模型预测的人数（表 7.3 第 2 列）	(3) 忽略异质性的 probit 模型（表 7.3 的第 3 列）	(4) 忽略异质性和近期样本状态相依的 probit 模型（表 7.3 的第 7 列）	(5) Heckman-Willis 模型预测的人数（表 7.3 第 8 列）
0，1，1	2	16.4	8.51	21.7	3.6
1，1，1	76	61.5	2.05	36.6	34.9
χ^2[c]	—	48.5	4 419	221.8	66.3

[a] 使用 1971 年、1972 年、1973 年连续三年的样本数据估计模型。

[b] 0 表示相应年没有工作，1 表示相应年在工作，比如，1，1，0 表示样本中的某女性前两年在工作，最后一年没有工作。

[c] 这是表示拟合优度的标准的 χ^2 统计量。该值越高，拟合效果越差。

资料来源：Heckman（1981c）。

该例表明利用面板数据区分模型时要非常谨慎。不恰当地控制异质性可能导致错误的参数估计，并过分夸大过去经验对当前工作选择的影响。

7.5.5.b 日用品品牌选择

Chintagunta，Kyriazidou 和 Perktold（2001）利用南达科他州苏福尔斯地区 1986 年 9 月 17 日至 1988 年 8 月 1 日期间酸奶消费情况的 A. C. Nielson 数据研究酸奶品牌忠诚度。他们重点分析两个主要酸奶品牌 Yoplait 和 Nordica 6 盎司包装的消费数据。这两个品牌按重量计占到了该地区酸奶购买量 18.4%和 19.5%的份额。他们只考虑对任一品牌至少有两次连续购买的家庭，最终得到 737 户家庭以及 5 618 户次的消费数据，其中 2 718 户次购买 Yoplait，另外 2 900 户次购买 Nordica。该数据是非平衡面板数据。[19] 数据集中家庭购买次数的最小值是 2，最大值是 305。平均购买次数是 9.5，中位数是 5。

他们估计的模型是

$$\text{Prob}(y_{it}=1\mid \mathbf{x}_{it},y_{i0},\cdots,y_{i,t-1},\alpha_i)=\frac{\exp(\mathbf{x}'_{it}\boldsymbol{\beta}+\gamma y_{i,t-1}+\alpha_i)}{1+\exp(\mathbf{x}'_{it}\boldsymbol{\beta}+\gamma y_{i,t-1}+\alpha_i)} \tag{7.5.38}$$

其中如果家庭 i 在时期 t 选择了 Yoplait，则 $y_{it}=1$，如果家庭 i 在时期 t 选择了 Nordica，则 $y_{it}=0$。$\mathbf{x}_{it}$ 中的外生变量是价格自然对数的差分（系数是 β_P）和用虚拟变量表示的两个品牌是否有专柜展示以及本周是否有特色推广活动（系数分别是 β_D 和 β_F）。在他们估计的若干模型中，表 7.5 列出了如下一些模型的估计结果：

1. 假定没有个体特有效应，将滞后选择当作外生变量的混合（数据）logit 模型（PLL）。

2. 将滞后选择当作外生变量的 Chamberlain (1982) 条件 logit 法 (CLL)。

3. 随机效应正态分布 (均值为 μ, 方差为 σ_{α}^2) 并将初始选择当作外生变量的混合 (数据) logit 模型 (PLLHET)。

4. 已知随机效应项正态分布和在稳定状态给定 ($\mathbf{x}_i$, α_i) 后选择 1 的初始概率的混合 (数据) logit 方法。这里的初始概率由

$$\frac{F(\bar{\mathbf{x}}'_i\boldsymbol{\beta}+\alpha_i)}{1-F(\bar{\mathbf{x}}'_i\boldsymbol{\beta}+\gamma+\alpha_i)+F(\bar{\mathbf{x}}'_i\boldsymbol{\beta}+\alpha_i)} \tag{7.5.39}$$

近似, 其中 $F(a)=\exp(a)/[1+\exp(a)]$, 而 $\bar{\mathbf{x}}_i$ 表示 $\mathbf{x}_{it}$ 的个体时间均值 (PLLHETE)。

5. Honoré-Kyriazidou (2000) 法, 其中 $\sigma_N=c\cdot N^{-1/5}$, $c=0.5$(HK05), 1.0 (HK10), 3.0(HK30)。

表 7.5 表明几乎所有方法都得到了统计上显著且正负号符合预期的系数估计量。某品牌酸奶价格提高后消费者选择该品牌的可能性降低, 如果有专柜展示或品牌的特色推广活动, 则消费者购买该品牌酸奶的可能性增大。而且, 除了 CLL 之外的所有方法都得到了 γ 为正的且统计上显著的估计, 换言之, 以前购买某品牌酸奶的经历提高了后期购买同一品牌酸奶的可能性。在假定没有异质性的混合方法中发现滞后选择项在品牌选择时有较大的正面影响: PLL 估计的 γ 是 3.5。但引入异质性后该值大幅下降到 2.1 (PLLHET)。将初始观测当作内生变量时, γ 的估计值更是下降到 1.598 (PLLHETE), 使用 Honoré-Kyriazidou (2000) 法时下降到 1.2 左右。但这些结果都表明, 控制 α_i 的影响后, 以前购买过某品牌酸奶的经历确实提高了后期购买同一品牌酸奶的可能性, 虽然它的影响从假定没有异质性的情形开始有很大的下降。估计结果还表明样本中存在较强的异质性。所有随机效应估计法对家庭效应的标准差 σ_α 给出了大约 1.7 的较高估计值 (记住 $\sigma_u=1$)。

表 7.5　　用各种方法对品牌选择的估计 (括号内是标准误)

模型	β_P	β_D	β_F	γ	μ_α	σ_α
CLL	−3.347 (0.399)	0.828 (0.278)	0.924 (0.141)	−0.068 (0.140)		
PLL	−3.049 (0.249)	0.853 (0.174)	1.392 (0.091)	3.458 (0.084)	−0.333 (0.102)	
PLLHET	−3.821 (0.313)	1.031 (0.217)	1.456 (0.113)	2.126 (0.114)	0.198 (0.150)	1.677 (0.086)
PLLHETE	−4.053 (0.274)	0.803 (0.178)	1.401 (0.115)	1.598 (0.115)	0.046 (0.133)	1.770 (0.102)
HK05	−3.477 (0.679)	0.261 (0.470)	0.782 (0.267)	1.223 (0.352)		

续前表

模型	β_P	β_D	β_F	γ	μ_α	σ_α
HK10	−3.128 (0.658)	0.248 (0.365)	0.759 (0.228)	1.198 (0.317)		
HK30	−2.644 (0.782)	0.289 (0.315)	0.724 (0.195)	1.192 (0.291)		
PLLHET‑S[a]	−3.419 (0.326)	1.095 (0.239)	1.291 (0.119)	1.550 (0.117)	0.681 (0.156)	1.161 (0.081)

[a]PLLHET 模型的估计是排除那些完全忠于一个品牌的家庭之外得到的。

资料来源：Chintagunta，Kyriazidou 和 Perktold（2001，表 3）。

一般说来，使用不同的估计方法时，待估计参数的个数有较大变化。所有系数的 HK 点估计对带宽的选择比较敏感。为进一步研究该问题并辨识各种方法在什么状况下得到的点估计更可靠，Chintagunta，Kyriazidou 和 Perktold（2001）用 Monte Carlo 方法进行了模拟。他们的模拟结果表明，条件似然法在估计外生变量的系数时最稳健，但明显低估了滞后因变量的系数。混合（数据）方法对模型误设非常敏感，常常对关键的经济参数产生偏误较大的估计。Honoré 和 Kyriazidou（2000a）提出的估计量尽管有精度的损失，但表现令人满意，因为他们的方法使用了权重 $K[(\mathbf{x}_{it}-\mathbf{x}_{is})/\sigma_N]$，与其他方法相比实际上仅用了很少的观测。

第 8 章　断尾和截取数据

8.1　引言

在经济学研究中，因变量的取值范围常受到某种约束。譬如，在 Tobin (1958) 早期关于家庭耐用品支出的研究中，他使用的回归模型就明确考虑了支出（模型中的因变量）不能为负这一事实。Tobin 称这一类模型为受限因变量模型。这类模型及其各种推广形式因与 probit 模型相似而被统称为托宾模型。[1]统计学中称它们为**断尾回归模型**（truncated regression model）或**截取回归模型**（censored regression model）。如果在某指定范围外的观测全都不考虑，则称模型是断尾的；如果至少可观测到某些解释变量，则称模型为截取的。

考虑潜变量响应函数

$$y^* = \boldsymbol{\beta}'\mathbf{x} + u \tag{8.1.1}$$

其中$\mathbf{x}$是 $K\times 1$ 的外生变量向量，u 是独立同分布（i. i. d.）的误差项，其均值为 0，方差为 σ_u^2。不失一般性，假定观测到的 y 与 y^* 的关系为

$$y=\begin{cases} y^* & \text{如果 } y^*>0 \\ 0 & \text{如果 } y^*\leqslant 0 \end{cases} \tag{8.1.2}$$

我们称模型（8.1.1）和（8.1.2）为截取回归模型，因为其数据由 $y_i^*>0$ 时的点（y_i^*，$\mathbf{x}_i$）和 $y_i^*\leqslant 0$ 时的点（0，$\mathbf{x}_i$）（$i=1$，…，N）组成。断尾数据仅由满足 $y_i^*>0$ 的点（y_i^*，$\mathbf{x}_i$）组成。

对于断尾数据，y 在 $\mathbf{x}$ 下的条件期望为

$$E(y \mid y>0)=E(y^* \mid y^*>0)=\mathbf{x}'\boldsymbol{\beta}+E(u \mid u>-\mathbf{x}'\boldsymbol{\beta}) \tag{8.1.3}$$

对于截取数据，y 在 $\mathbf{x}$ 下的条件期望为

$$\begin{aligned} E(y \mid \mathbf{x}) &= \text{Prob}(y=0)\cdot 0+\text{Prob}(y>0 \mid \mathbf{x})\cdot E(y \mid y>0,\mathbf{x}) \\ &= \text{Prob}(u\leqslant -\mathbf{x}'\boldsymbol{\beta})\cdot 0+\text{Prob}(u>-\mathbf{x}'\boldsymbol{\beta})E(y^* \mid \mathbf{x};u>-\mathbf{x}'\boldsymbol{\beta}) \\ &= \text{Prob}(u>-\mathbf{x}'\boldsymbol{\beta})[\mathbf{x}'\boldsymbol{\beta}+E(u \mid u>-\mathbf{x}'\boldsymbol{\beta})] \end{aligned} \tag{8.1.4}$$

如果 u 是独立正态分布的，且均值为 0，方差为 σ_u^2，则

$$\text{Prob}(u>-\mathbf{x}'\boldsymbol{\beta})=1-\Phi\left(\frac{-\mathbf{x}'\boldsymbol{\beta}}{\sigma_u}\right)=\Phi\left(\frac{\mathbf{x}'\boldsymbol{\beta}}{\sigma_u}\right) \tag{8.1.5}$$

以及

$$E(u \mid u>-\mathbf{x}'\boldsymbol{\beta})=\sigma_u\cdot\frac{\phi\left(\frac{\mathbf{x}'\boldsymbol{\beta}}{\sigma_u}\right)}{\Phi\left(\frac{\mathbf{x}'\boldsymbol{\beta}}{\sigma_u}\right)} \tag{8.1.6}$$

其中 $\phi(\cdot)$ 和 $\Phi(\cdot)$ 分别是标准正态密度函数和累积（或积分）正态分布函数。方程（8.1.3）和（8.1.4）表明，对因变量的断尾或截取导致模型

$$y=\mathbf{x}'\boldsymbol{\beta}+\epsilon \tag{8.1.7}$$

中误差项和回归元的相关性，它的误差项为

$$\epsilon=v+E(y|\mathbf{x})-\mathbf{x}'\boldsymbol{\beta} \tag{8.1.8}$$

虽然对 $v=y-E(y \mid \mathbf{x})$ 有 $E(v \mid \mathbf{x})=0$，但 $E(\epsilon \mid \mathbf{x})\neq 0$。因此模型（8.1.7）的最小二乘估计量是有偏且不一致的。

对于由 N 个独立个体组成的样本，断尾数据的似然函数是

$$L_1=\prod_1[\text{Prob}(y_i>0 \mid \mathbf{x}_i)]^{-1}f(y_i) \tag{8.1.9}$$

其中 $f(\cdot)$ 表示 y_i^*（或 u_i）的密度函数，$\prod_1$ 表示所有满足 $y_i>0$ 的个体 i 的乘积。截取数据的似然函数是

$$\begin{aligned} L_2 &= \left\{\prod_0 \text{Prob}(y_i=0 \mid \mathbf{x}_i)\cdot\prod_1 \text{Prob}(y_i>0 \mid \mathbf{x}_i)\right\} \\ &\quad\times\left\{\prod_1[\text{Prob}(y_i>0 \mid \mathbf{x}_i)]^{-1}f(y_i)\right\} \\ &= \prod_0 \text{Prob}(y_i=0 \mid \mathbf{x}_i)\prod_1 f(y_i) \end{aligned} \tag{8.1.10}$$

其中Π_0表示所有满足 $y_i^* \leqslant 0$ 的个体 i 的乘积。如果 u_i 是独立正态分布，均值为 0，方差为 σ_u^2 的随机变量，则有 $f(y_i)=(2\pi)^{-\frac{1}{2}}\sigma_u^{-1}\exp\{-(1/2\sigma_u^2)(y_i-\mathbf{x}_i'\boldsymbol{\beta})^2\}$ 和 $\text{Prob}(y_i=0 \mid \mathbf{x}_i)=\Phi(-\mathbf{x}_i'\boldsymbol{\beta}/\sigma_u)=1-\Phi(\mathbf{x}_i'\boldsymbol{\beta}/\sigma_u)$。

关于$\boldsymbol{\theta}'=(\boldsymbol{\beta}', \sigma_u^2)$ 最大化似然函数（8.1.9）或（8.1.10）可导出未知参数的最大似然估计量$\hat{\boldsymbol{\theta}}$。该估计量是一致且渐近正态分布的，它的渐近协方差矩阵 asy $\text{cov}[\sqrt{N}(\hat{\boldsymbol{\theta}}-\boldsymbol{\theta})]$ 等于信息矩阵的逆 $[-E(1/N)\partial^2\log L_j/\partial\boldsymbol{\theta}\partial\boldsymbol{\theta}']^{-1}$，该逆矩阵可用 $[-(1/N)\partial^2\log L_j/\partial\boldsymbol{\theta}\partial\boldsymbol{\theta}' \mid_{\boldsymbol{\theta}=\hat{\boldsymbol{\theta}}}]^{-1}(j=1,2)$ 近似。很显然 MLE 是非线性的，求解 MLE 必须使用 Newton-Raphson 迭代法。当 u 是正态分布时，我们还可导出 Heckman（1976a）的两步估计量（two-step estimator）：

1. 用 probit 模型的 MLE 关于$\boldsymbol{\delta}=(1/\sigma_u)\boldsymbol{\beta}$最大化似然函数（8.1.10）括号中的第一个因子，得到$\hat{\boldsymbol{\delta}}$。

2. 对满足 $y_i>0$ 的个体 i，用$\hat{\boldsymbol{\delta}}$替代断尾模型

$$y_i=E(y_i \mid \mathbf{x}_i; y_i>0)+\eta_i=\mathbf{x}_i'\boldsymbol{\beta}+\sigma_u\cdot\frac{\phi(\mathbf{x}_i'\boldsymbol{\delta})}{\Phi(\mathbf{x}_i'\boldsymbol{\delta})}+\eta_i \tag{8.1.11}$$

中的$\boldsymbol{\delta}$，其中 $E(\eta_i \mid \mathbf{x}_i)=0$，$\text{Var}(\eta_i \mid \mathbf{x}_i)=\sigma_u^2[1-(\mathbf{x}_i'\boldsymbol{\delta})\lambda_i-\lambda_i^2]$，这里 $\lambda_i=\phi(\mathbf{x}_i'\boldsymbol{\delta})/\Phi(\mathbf{x}_i'\boldsymbol{\delta})$。仅用 y_i 是正值的观测做 y_i 关于$\mathbf{x}_i$ 和 $\phi(\mathbf{x}_i'\hat{\boldsymbol{\delta}})/\Phi(\mathbf{x}_i'\hat{\boldsymbol{\delta}})$ 的最小二乘回归。

Heckman 两步估计量是一致的。Amemiya（1978b）导出了 Heckman 估计量渐近方差—协方差矩阵的计算公式。但 Heckman 两步估计量不如 MLE 有效。

仅当 u 独立正态分布且方差恒定时，似然函数（8.1.10）的 MLE 和 Heckman 两步估计量（8.1.11）都是一致的。当然，如果（同分布的）u 的密度函数设定正确，则 MLE 和 Heckman 两步法的思想在适当修正之后仍可实施。但多数时候研究人员不知道 u 的密度函数，或 u 不同分布。Powell（1986）在“u 关于 0 对称分布”的假设下证明，基于对称截取或断尾的数据应用最小二乘法可得到一致估计量，该一致估计量对关于 u 的概率密度函数的假设和未知形式的异方差是稳健的。

截取或断尾面临的问题是，即使 u 关于 0 对称分布，但 y 在$\mathbf{x}$下的条件分布却不是关于$\mathbf{x}'\boldsymbol{\beta}$的对称分布。满足 $u_i \leqslant -\mathbf{x}_i'\boldsymbol{\beta}$的数据点或被截取或被删除。但我们截取或丢弃满足 $u_i \geqslant \mathbf{x}_i'\boldsymbol{\beta}$或 $y_i \geqslant 2\,\mathbf{x}_i'\boldsymbol{\beta}$的观测［因此余下的观测都落在（0，$2\,\mathbf{x}'\boldsymbol{\beta}$）内］后，可重构数据的对称性，如图 8.1 所示。由于 u 的对称性，对应的因变量再次关于$\mathbf{x}'\boldsymbol{\beta}$对称分布［Hsiao（1976）］。

为更清楚地说明该方法，我们首先考虑因变量在零处被断尾的情形。在此断尾样本中，满足 $u_i \leqslant -\mathbf{x}_i'\boldsymbol{\beta}$的样本点被删除。但如果我们将满足 $u_i \geqslant \mathbf{x}_i'\boldsymbol{\beta}$的数据点也从样本中删除，则任何余下观测的误差项都落在区间（$-\mathbf{x}_i'\boldsymbol{\beta}$，$\mathbf{x}_i'\boldsymbol{\beta}$）内（所有满足$\mathbf{x}_i'\boldsymbol{\beta} \leqslant 0$ 的观测自动被删除）。由于 u 分布的对称性，对称断尾样本的残差也关于零对称分布。相应的因变量在 0 与 $2\,\mathbf{x}_i'\boldsymbol{\beta}$之间取值，如图 8.2 所示的区域 AOB。换句话说，图 8.2 中的点 b 和 c 被丢弃了（点 a 无法观测）。

出于相同的目的，我们定义截取样本的**对称修整估计量**（symmetrically trimmed estimator）。截取回归模型的误差项为 $u_i^*=\max\{u_i, -\mathbf{x}_i'\boldsymbol{\beta}\}$（例如，图 8.2 中的点 a 被移到了对应的圆点 a'）。只要$\mathbf{x}_i'\boldsymbol{\beta}>0$，**对称截取**（symmetric censoring）都会用 $\min\{u_i^*,\ \mathbf{x}_i'\boldsymbol{\beta}\}$ 代替 u_i^*，并删除其他观测。也就是说，将图 8.2 中的点（a，b，c）移到对应的圆点（a'，b'，c'）时，因变量 $y_i=\max\{0,\ y_i^*\}$ 被 $\min\{y_i,\ 2\,\mathbf{x}_i'\boldsymbol{\beta}\}$ 所取代。

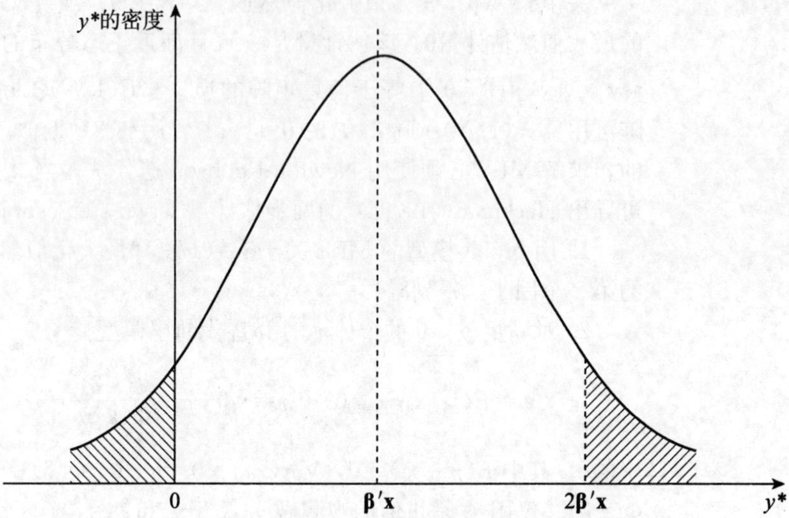

图 8.1 在 0 处截取或断尾的 y^* 的密度

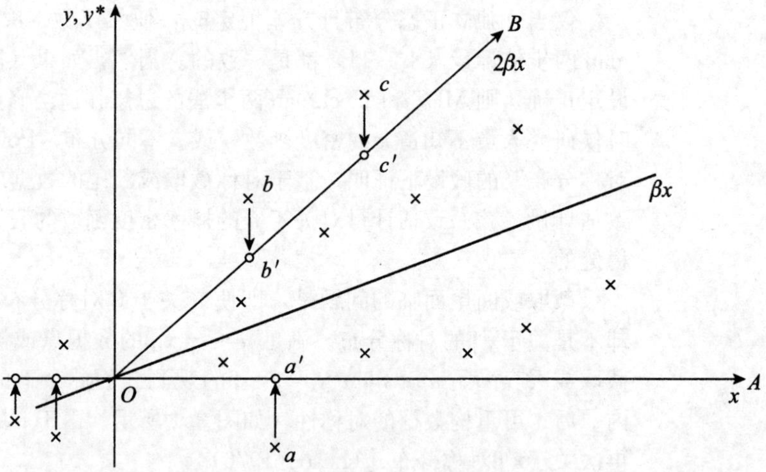

图 8.2 对称修整后 y 与 y^* 的分布

基于对称修整的断尾数据应用最小二乘法等价于要求落在区域 AOB 中的观测在极限情况下满足一阶条件：

$$\frac{1}{N}\sum_{i=1}^{N}1(y_i<2\,\boldsymbol{\beta}'\,\mathbf{x}_i)(\mathbf{y}_i-\boldsymbol{\beta}'\,\mathbf{x}_i)\,\mathbf{x}_i=\mathbf{0} \tag{8.1.12}$$

$1(A)$ 是事件 A 的示性函数，如果 A 发生则取值 1，否则取值 0。基于对称截取的数据应用最小二乘法等价于要求区域 AOB 中的以及边界 OA 和 OB 上的观测（图 8.2 中的圆点）在极限情况下满足一阶条件

$$\frac{1}{N}\sum_{i=1}^{N}1(\boldsymbol{\beta}'\mathbf{x}_i>0)(\min\{y_i,2\boldsymbol{\beta}'\mathbf{x}_i\}-\boldsymbol{\beta}'\mathbf{x}_i)\mathbf{x}_i=\mathbf{0} \tag{8.1.13}$$

因为在断尾数据情形下，$\hat{\boldsymbol{\beta}}$最小化

$$R_N(\boldsymbol{\beta})=\sum_{i=1}^{N}\{y_i-\max(\frac{1}{2}y_i,\mathbf{x}'_i\boldsymbol{\beta})\}^2 \tag{8.1.14}$$

在截取数据情形下，$\hat{\boldsymbol{\beta}}$最小化

$$\begin{aligned}S_N(\boldsymbol{\beta})=&\sum_{i=1}^{N}\{y_i-\max(\frac{1}{2}y_i,\boldsymbol{\beta}'\mathbf{x}_i)\}^2\\&+\sum_{i=1}^{N}1(y_i>2\mathbf{x}'\boldsymbol{\beta})\left\{(\frac{1}{2}y_i)^2-[\max(0,\mathbf{x}'_i\boldsymbol{\beta})]^2\right\}\end{aligned} \tag{8.1.15}$$

故 Powell（1986）将$\hat{\boldsymbol{\beta}}$称为**对称修整最小二乘估计量**（symmetrically trimmed least-squares estimator）。$R_N(\boldsymbol{\beta})$ 的含义是，在断尾样本中，如果 $y>2\boldsymbol{\beta}'\mathbf{x}$，则该样本点在一阶条件（8.1.12）中的权重为零。$S_N(\boldsymbol{\beta})$ 的含义是，在截取样本中，$\boldsymbol{\beta}'\mathbf{x}>0$ 时观测值大于 $2\boldsymbol{\beta}'\mathbf{x}_i$ 的样本点，以及所有观测值满足$\boldsymbol{\beta}'\mathbf{x}<0$ 的样本点在一阶条件（8.1.13）中的权重为零。Powell（1986）证明，$N\to\infty$时对称修整最小二乘估计量是一致的且渐近分布是正态分布。

对外生确定的受限因变量模型进行推广后，我们可讨论多种内生确定的样本选择问题。譬如，在 Gronau（1976）和 Heckman（1976a）的女性劳动力供应模型中，只有那些决定参与劳动力市场的女性的工作小时数可以观测。换句话说，断尾或截取值并不是外生确定的，而是由选择方程［如 Duncan（1980）］

$$d_i^*=\mathbf{w}_i'\mathbf{a}+v_i,\quad i=1,\cdots,N \tag{8.1.16}$$

内生地随机确定，其中$\mathbf{w}_i$ 是外生变量向量，$\mathbf{a}$是参数向量，v_i 是随机误差项，假定它是 i. i. d. 的，其均值为 0，方差为 1（标准化方差）。样本（y_i，d_i），$i=1$，$\cdots,N$ 和 y_i^* 与 d_i^* 有如下关系

$$d=\begin{cases}1 & \text{如果 } d^*>0\\0 & \text{如果 } d^*\leqslant 0\end{cases} \tag{8.1.17}$$

$$y=\begin{cases}y^* & \text{如果 } d=1\\0 & \text{如果 } d=0\end{cases} \tag{8.1.18}$$

Amemiya（1985）称模型（8.1.1）、（8.1.16）～（8.1.18）为第二型 Tobit 模型。故

$$E(y_i|d_i=1)=\mathbf{x}_i'\boldsymbol{\beta}+E(u_i|v_i>-\mathbf{w}_i'\mathbf{a}) \tag{8.1.19}$$

（y_i，d_i）的似然函数为

$$\begin{aligned}L&=\prod_{c}\text{Prob}(d_i=0)\prod_{\bar{c}}f(y_i^*\mid d_i=1)\text{Prob}(d_i=1)\\&=\prod_{c}\text{Prob}(d_i=0)\prod_{\bar{c}}\text{Prob}(d_i^*>0\mid y_i)f(y_i)\end{aligned} \tag{8.1.20}$$

其中 $c=\{i\mid d_i=0\}$，$\bar{c}$表示 c 的补集。如果（u，v）的联合分布已确定，则可用

MLE 估计该模型。譬如，如果（u，v）是联合正态分布的，其均值为（0，0），协方差矩阵为

$$\begin{pmatrix} \sigma_u^2 & \sigma_{uw} \\ \sigma_{wu} & 1 \end{pmatrix}$$

则

$$E(u \mid v > -\mathbf{w}'\mathbf{a}) = \sigma_{uw} \frac{\phi(\mathbf{w}'\mathbf{a})}{\Phi(\mathbf{w}\,\mathbf{a})}, \tag{8.1.21}$$

$$Prob(\mathrm{d}=0) = [1-\Phi(\mathbf{w}'\mathbf{a})] = \Phi(-\mathbf{w}'\mathbf{a}) \tag{8.1.22}$$

$$\mathrm{Prob}(d_i = 1 \mid y_i) = \Phi\left\{\mathbf{w}'\mathbf{a} + \frac{\sigma_{uw}}{\sigma_u}(y - \mathbf{x}'\boldsymbol{\beta})\right\} \tag{8.1.23}$$

我们还可用 Heckman（1979）的两阶段法：首先，用 $d_i(i=1,\cdots,N)$ 的 probit 型 MLE 估计$\mathbf{a}$，用估计的$\mathbf{a}$估算 $\phi(\mathbf{a}'\mathbf{w}_i)/\Phi(\mathbf{a}'\mathbf{w}_i)$。然后，仅用 $d_i=1$ 对应的数据做 y_i 关于$\mathbf{x}_i$ 和 $\phi(\hat{\mathbf{a}}'\mathbf{w}_i)/\Phi(\hat{\mathbf{a}}'\mathbf{w}_i)$ 的回归。

与标准 Tobit 模型一样，对于内生确定的选择模型，MLE 和 Heckman 两阶段估计量的一致性和渐近正态性与正确设定（u，v）的联合概率分布密切相关。（u，v）分布未知时，我们可用半参数方法估计$\mathbf{x}$中不属于$\mathbf{w}$的那些分量的系数。

为易于表述，我们假定没有变量同时是$\mathbf{x}$和$\mathbf{w}$的分量。则如 Robinson（1988b）所述，在 $d_i=1$ 的条件下，模型（8.1.1）、（8.1.17）、（8.1.18）变成了部分线性模型

$$y_i = \boldsymbol{\beta}'\mathbf{x}_i + \lambda(\mathbf{w}_i) + \epsilon_i \tag{8.1.24}$$

其中 $\lambda(\mathbf{w}_i)$ 表示未知的选择因子。y_i 在$\mathbf{w}_i$ 和 $d_i=1$ 下的条件期望等于

$$E(y_i \mid \mathbf{w}_i, d_i = 1) = \boldsymbol{\beta}'E(\mathbf{x}_i \mid \mathbf{w}_i, d_i = 1) + \lambda(\mathbf{w}_i) \tag{8.1.25}$$

从式（8.1.24）减去式（8.1.25），我们得到

$$y_i - E(y_i \mid \mathbf{w}_i, d_i = 1) = \boldsymbol{\beta}'(\mathbf{x}_i - E(\mathbf{x}_i \mid \mathbf{w}_i, d_i = 1)) + \epsilon_i \tag{8.1.26}$$

其中 $E(\epsilon_i \mid \mathbf{w}_i, \mathbf{x}_i, d_i=1)=0$。因此，Robinson（1988b）建议使用断尾样本用

$$\begin{aligned}\hat{\boldsymbol{\beta}} &= \{E[\mathbf{x} - E(\mathbf{x} \mid \mathbf{w})][\mathbf{x} - E(\mathbf{x} \mid \mathbf{w})]'\}^{-1} \\ &\quad \times E\{[\mathbf{x} - E(\mathbf{x} \mid \mathbf{w})]\}[y - E(y \mid \mathbf{w})]\end{aligned} \tag{8.1.27}$$

作为$\boldsymbol{\beta}$的估计。

估计量（8.1.27）第一阶段的条件期望可用非参数方法估计。譬如，我们可用核估计方法估计 y 在 y_a 处的密度［参见 Härdle（1990）；Robinson（1989）］：

$$\hat{f}(y_a) = \frac{1}{Nh_N}\sum_{i=1}^{N} k\left(\frac{y_i - y_a}{h_N}\right) \tag{8.1.28}$$

其中 h_N 是称为**带宽**（bandwidth）或**平滑参数**（smoothing parameter）的正数，$N\to\infty$时它趋于零，$k(u)$ 是核函数，它是有界对称且积分等于 1 的概率密度函数。类似地，我们可用

$$\hat{f}(\mathbf{w}_a)=\frac{1}{N\mid H_m\mid}\sum_{i=1}^{N}k_m(H_m^{-1}(\mathbf{w}_i-\mathbf{w}_a)) \tag{8.1.29}$$

构造多元概率密度函数 $f(\mathbf{w}_a)$ 在 $\mathbf{w}_a$ 处的核估计量，其中 $\mathbf{w}$ 是 $m\times 1$ 的随机向量，k_m 是 m 维空间中的核函数，H_m 是正定矩阵。譬如，$k_m(\mathbf{u})$ 可以是多元正态密度函数，或者我们可令 $k_m(\mathbf{u})=\prod_{j=1}^{m}k(u_j)$，$\mathbf{u}'=(u_1, \cdots, u_m)$，$H_m=\text{diag}(h_{1N}, \cdots, h_{mN})$。

条件概率密度函数 $f(y_a\mid\mathbf{w}_a)$ 或条件期望 $Eg(y_a\mid\mathbf{w}_a)$ 的核估计可用联合概率密度函数和边际概率密度函数的核估计导出。因此，可用

$$\hat{f}(y_a\mid\mathbf{w}_a)=\frac{\hat{f}(y_a,\mathbf{w}_a)}{\hat{f}(\mathbf{w}_a)} \tag{8.1.30}$$

估计条件概率密度函数，而用

$$Eg(y\mid\mathbf{w}_a)=\frac{1}{N\mid H_m\mid}\sum_{i=1}^{N}g(y_i)k_m(H_m^{-1}(\mathbf{w}_i-\mathbf{w}_a))/\hat{f}(\mathbf{w}_a) \tag{8.1.31}$$

估计条件期望。

对于同时出现在回归方程（$\mathbf{x}$）和选择方程（$\mathbf{w}$）中的变量，Robinson (1988b) 没有考虑它们的参数识别问题。存在变量同时出现在（$\mathbf{x}$）和（$\mathbf{w}$）中时，如果（8.1.25）中的选择修正项 $\lambda(\mathbf{w}_i, d_i=1)$ 是单指标 $\mathbf{w}_i'\mathbf{a}$ 的函数：

$$\lambda(\mathbf{w},d=1)=E[u\mid v(\mathbf{w}'\mathbf{a}),d=1] \tag{8.1.32}$$

Newey（1999）建议用**两步级数法**（two-step series method）估计 $\boldsymbol{\beta}$。Newey 法的第一步用第 7 章［或 Klein 和 Spady（1993）］讨论的与分布无关的方法估计 $\mathbf{a}$。第二步包括 d_iy_i 对 $d_i\,\mathbf{x}_i$ 的线性回归和对 $\lambda(\mathbf{w}_i)$ 的近似。Newey 建议用关于 $(\mathbf{w}_i'\hat{\mathbf{a}})$ 的多项式函数或样条函数 $\mathbf{P}_N^K(\mathbf{w}'\mathbf{a})=(P_{1K}(\mathbf{w}'\mathbf{a}), P_{2K}(\mathbf{w}'\mathbf{a}), \cdots, P_{KK}(\mathbf{w}'\mathbf{a}))'$ 逼近 $\lambda(\mathbf{w}_i)$，这里要求 K 较大时样条函数 $\mathbf{P}_N^K(\mathbf{w}'\mathbf{a})$ 的某个线性组合能够很好地逼近关于 $\lambda(\mathbf{w}'\mathbf{a})$ 的某未知函数。Newey（1999）证明，当 $N\to\infty, K\to\infty$，且 $\sqrt{N}K^{-s-t+1}\to 0$［如果 $\mathbf{P}_N^K(\mathbf{w}'\mathbf{a})$ 是幂级数，则 $s\geqslant 5$，$K^7/N\to 0$；如果 $\mathbf{P}_N^K(\mathbf{w}'\mathbf{a})$ 是关于 $(\mathbf{w}'\mathbf{a})$ 的 m 次样条函数，则 $m\geqslant t-1$，$s\geqslant 3$，且 $K^4/N\to 0$］时，$\boldsymbol{\beta}$ 的两步级数估计是一致的且渐近分布是正态分布。[2]

如果选择因子 $\lambda(\mathbf{w}_i)$ 是关于**单指标**（single index）$\mathbf{w}_i'\mathbf{a}$ 的函数，且 $\mathbf{w}_i$ 的组成元素不构成 $\mathbf{x}_i$ 的子集，则无须用（8.1.24）减去（8.1.25）以消除未知选择因子 $\lambda(\mathbf{w}_i)$，Ahn 和 Powell（1993）发现，对满足 $\mathbf{w}_i'\mathbf{a}=\mathbf{w}_j'\mathbf{a}$ 的个体，有 $\lambda(\mathbf{w}_i'\mathbf{a})=\lambda(\mathbf{w}_j'\mathbf{a})$ 成立。因此，在 $\mathbf{w}_i'\mathbf{a}=\mathbf{w}_j'\mathbf{a}$，$d_i=1$，$d_j=1$ 的条件下，有

$$(y_i-y_j)=(\mathbf{x}_i-\mathbf{x}_j)'\boldsymbol{\beta}+(\epsilon_i-\epsilon_j) \tag{8.1.33}$$

其中误差项 $(\epsilon_i-\epsilon_j)$ 关于 0 对称分布。他们证明，如果 λ 是充分“光滑”的函数且 $\hat{\mathbf{a}}$ 是 $\mathbf{a}$ 的一致估计，则差值 $(\mathbf{w}_i-\mathbf{w}_j)'\hat{\mathbf{a}}$ 接近零的观测满足 $\lambda(\mathbf{w}_i'\hat{\mathbf{a}})-\lambda(\mathbf{w}_j'\hat{\mathbf{a}})\simeq 0$。由此 Powell（2001）提出一个两步法。第一步，先导出选择方程系数的一致半参数估计，再利用该结果导出感兴趣的方程中描述选择性偏误的单指标变量 $\mathbf{x}_i'\mathbf{a}$ 的估计；第二步，做样本中因变量的配对差分对相应解释变量差分的加权最小二乘

（或工具变量）回归估计重要参数：

$$\hat{\boldsymbol{\beta}}_{AP}=\left[\sum_{i=1}^{N-1}\sum_{j=i+1}^{N}K\left(\frac{(\mathbf{w}_i-\mathbf{w}_j)'\hat{\mathbf{a}}}{h_N}\right)\cdot(\mathbf{x}_i-\mathbf{x}_j)(\mathbf{x}_i-\mathbf{x}_j)'d_id_j\right]^{-1}$$
$$\times\left[\sum_{i=1}^{N-1}\sum_{j=i+1}^{N}K\left(\frac{(\mathbf{w}_i-\mathbf{w}_j)'\hat{\mathbf{a}}}{h_N}\right)\cdot(\mathbf{x}_i-\mathbf{x}_j)(y_i-y_j)d_id_j\right] \quad (8.1.34)$$

其中 $K(\cdot)$ 是有界对称的核密度加权函数，且参数绝对值递增时趋于零，h_N 是正的常数（或带宽），它在 $N\rightarrow\infty$ 时递减至零并使得 $N(h_N)^6\rightarrow 0$ 且 $N(h_N)^8\rightarrow 0$。一般选择标准正态密度函数作为核函数。$K(\cdot)$ 的作用是给满足 $(1/h_N)(\mathbf{w}_i-\mathbf{w}_j)'\hat{\mathbf{a}}\simeq 0$ 的观测赋予更多的权重，而给$\mathbf{w}_i'\hat{\mathbf{a}}$和$\mathbf{w}_j'\hat{\mathbf{a}}$不同的观测赋予更少的权重，因此，对断尾数据，估计量（8.1.34）在极限情况下仅使用满足约束条件$\mathbf{w}_i'\mathbf{a}=\mathbf{w}_j'\mathbf{a}$的观测，且估计量（8.1.34）收敛于加权最小二乘估计量，

$$\hat{\boldsymbol{\beta}}_{AP}\rightarrow\{E\{f(\mathbf{w}'\mathbf{a})[\mathbf{x}-E(\mathbf{x}\mid\mathbf{w}'\mathbf{a})][\mathbf{x}-E(\mathbf{x}\mid\mathbf{w}'\mathbf{a})]'\}\}^{-1}$$
$$\times\{E\{f(\mathbf{w}'\mathbf{a})[\mathbf{x}-E(\mathbf{x}\mid\mathbf{w}'\mathbf{a})][y-E(y\mid\mathbf{w}'\mathbf{a})]\}\} \quad (8.1.35)$$

其中 f（$\mathbf{w}'\mathbf{a}$）表示$\mathbf{w}'\mathbf{a}$的密度函数，并假定它是连续函数且有上界。

Robinson（1988b）的半参数估计量和 Powell 型配对差分估计量都以速度 $N^{-1/2}$收敛于真值。但控制$\mathbf{w}$或$\mathbf{w}'\mathbf{a}$后对观测值差分，虽然消除了选择因子 $\lambda(\mathbf{w})$，但同时也消除了常数项，故两种方法都没给出截距项的估计，即使$\mathbf{x}$和$\mathbf{w}$相同时也不能估计。Chen（1999）发现，如果（u，v）的联合分布是对称的且$\mathbf{w}$包含常数项，则

$$E(u\mid v>-\mathbf{w}'\mathbf{a})\,\text{Prob}(v>-\mathbf{w}'\mathbf{a})-E(u\mid v>\mathbf{w}'\mathbf{a})\,\text{Prob}(v>\mathbf{w}'\mathbf{a})$$
$$=\int_{-\infty}^{\infty}\int_{-\mathbf{w}'\mathbf{a}}^{\infty}uf(u,v)dudv-\int_{-\infty}^{\infty}\int_{\mathbf{w}'\mathbf{a}}^{\infty}uf(u,v)dudv$$
$$=\int_{-\infty}^{\infty}\int_{-\mathbf{w}'\mathbf{a}}^{\mathbf{w}'\mathbf{a}}uf(u,v)dudv=0 \quad (8.1.36)$$

不失一般性，我们可令$\mathbf{w}'\mathbf{a}>0$。因此有

$$E[d_iy_i-d_jy_j-(d_i\mathbf{x}_i-d_j\mathbf{x}_j)'\boldsymbol{\beta}\mid\mathbf{w}'_i\mathbf{a}=-\mathbf{w}'_j\mathbf{a},\mathbf{w}_i,\mathbf{w}_j]$$
$$=E[d_iu_i-d_ju_j\mid\mathbf{w}'_i\mathbf{a}=-\mathbf{w}'_j\mathbf{a},\mathbf{w}_i,\mathbf{w}_j]=0 \quad (8.1.37)$$

因为 $E[d_i-d_j\mid\mathbf{w}_i'\mathbf{a}=-\mathbf{w}_j'\mathbf{a},\ \mathbf{w}_i,\ \mathbf{w}_j]=2\,\text{Prob}(d_i=1\mid\mathbf{w}_i'\mathbf{a})-1\neq 0$，并且是控制$\mathbf{w}_i'\mathbf{a}=-\mathbf{w}_j'\mathbf{a}$而不是控制$\mathbf{w}_i'\mathbf{a}=\mathbf{w}_j'\mathbf{a}$，所以无须添加“$\mathbf{x}$中至少有一个元素排除在$\mathbf{w}$之外”的排除性约束，利用矩条件（8.1.37）便可识别截距和斜率参数。由此Chen（1999）导出截距和斜率参数的$\sqrt{N}$一致收敛的工具变量估计量

$$\hat{\boldsymbol{\beta}}_c=\left[\sum_{i=1}^{N-1}\sum_{j=i+1}^{N}K\left(\frac{(\mathbf{w}_i+\mathbf{w}_j)'\hat{\mathbf{a}}}{h_N}\right)(d_i\mathbf{x}_i-d_j\mathbf{x}_j)(\mathbf{z}_i-\mathbf{z}_j)'\right]^{-1}$$
$$\times\left[\sum_{i=1}^{N-1}\sum_{j=i+1}^{N}K\left(\frac{(\mathbf{w}_i+\mathbf{w}_j)'\hat{\mathbf{a}}}{h_N}\right)(\mathbf{z}_i-\mathbf{z}_j)'(d_iy_i-d_jy_j)\right] \quad (8.1.38)$$

其中$\mathbf{z}_i$是$d_i\mathbf{x}_i$的工具变量。当y不可观测，但相应的$\mathbf{x}$可观测时，$E(d\mid\mathbf{w}'\mathbf{a})\ \mathbf{x}$就是自然的工具变量。我们可用 Chen（2000）提出的估计包含截距项的二值选择模型的有效方法得到$\mathbf{a}$在第一阶段的估计。

8.2 案例——非随机缺失数据

8.2.1 引言

任何面板数据调查都可能面临**损耗**（attrition）问题。譬如，到 1981 年为止，始于 20 世纪 60 年代的四个全国性纵列调查都至少失去了 1/4 的初始调查对象。在 Gary 的收入支持项目中，585 例黑人男性主导的家庭中有 206 例（或者 35.2%）没有完成实验。我们将在 9.2 节讨论处理随机缺失数据的方法。但计量经济学中的主要问题不是简单的数据缺失，而是可能导致数据缺失的各种自选择原因。譬如，在诸如新泽西州或 Gary 的负所得税等社会实验中，许多个体认为不值得为实验报酬而按实验要求做详细的记录，还有些人可能搬往他处或应召入伍。在某些实验中，有些高收入人群因实验激励（experimental-treatment benefit）无效而完全退出实验。损耗可能导致初始实验方案中的随机性失效。如果损耗发生的概率与实验结果有关，则传统统计技术导出的实验结果是有偏且不一致的。本节我们阐述受限因变量模型［参见 Amemiya（1984）；Heckman（1976a）；Maddala（1983）的调查数据］如何为非随机缺失数据的分析提供理论支持和计算技术［Griliches，Hall 和 Hausman（1978）；Hausman 和 Wise（1979）］。[3]

8.2.2 损耗和选择偏误的概率模型

假设结构模型为

$$y_{it}=\boldsymbol{\beta}'\mathbf{x}_{it}+v_{it},\quad i=1,\cdots,N,t=1,\cdots,T \tag{8.2.1}$$

其中误差项 v_{it} 具有一般的误差成分 $v_{it}=\alpha_i+u_{it}$。为易于表述，我们假定 $T=2$。

如果损耗发生在第 2 期，则通常的做法是丢弃那些 y_{i2} 遗失的观测对象。但如果假设观测到 y_{i2} 的概率除了随其他变量变化外还随着 y_{i2} 的值变化，则观测到 y_{i2} 的概率与 v_{i2} 有关。基于可观测的 y 对模型（8.2.1）应用最小二乘法将导出基本结构参数和实验结果的有偏估计。

为方便分析，如果 y_{i2} 在第 2 期可观测，则令示性变量 $d_i=1$；如果 y_{i2} 不可观测（即损耗发生了），则令 $d_i=0$。如果潜变量 d_i^* 满足

$$d_i^*=\gamma y_{i2}+\boldsymbol{\theta}'\mathbf{x}_{i2}+\boldsymbol{\delta}'\mathbf{w}_i+\epsilon_i^*\geqslant 0 \tag{8.2.2}$$

则假定 y_{i2} 可观测（$d_i=1$），其中 $\mathbf{w}_i$ 是由没有进入 y 的条件期望但影响观测到 y 的概率的变量构成的向量；$\boldsymbol{\theta}$ 和 $\boldsymbol{\delta}$ 是参数向量；（v_i，ϵ_i^*）的联合分布是正态分布。替换 y_{i2} 得到约简型模型

$$
\begin{aligned}
d_i^* &= (\gamma \boldsymbol{\beta}' + \boldsymbol{\theta}')\mathbf{x}_{i2} + \boldsymbol{\delta}'\mathbf{w}_i + \gamma v_{i2} + \epsilon_i^* \\
&= \boldsymbol{\pi}'\mathbf{x}_{i2} + \boldsymbol{\delta}'\mathbf{w}_i + \epsilon_i \\
&= \mathbf{a}'R_i + \epsilon_i
\end{aligned} \tag{8.2.3}
$$

其中 $\epsilon_i = \gamma v_{i2} + \epsilon_i^*$，$R_i = (\mathbf{x}_{i2}', \mathbf{w}_i')'$，以及$\mathbf{a}' = (\boldsymbol{\pi}', \boldsymbol{\delta}')$。我们进一步假定 v_{it} 是正态分布的，且将 ϵ_i 的方差 σ_ϵ^2 标准化为 1。则个体保留和损耗的概率分别是 probit 函数

$$
\begin{aligned}
&\text{Prob}(d_i = 1) = \Phi(\mathbf{a}'R_i) \\
&\text{Prob}(d_i = 0) = 1 - \Phi(\mathbf{a}'R_i)
\end{aligned} \tag{8.2.4}
$$

其中 $\Phi(\cdot)$ 是标准正态分布函数。

假设我们仅用完全观测估计模型（8.2.1）。已知 y_{i2} 是可观测的，则其条件期望为

$$
E(y_{i2} \mid \mathbf{x}_{i2}, \mathbf{w}_i, d_i = 1) = \boldsymbol{\beta}'\mathbf{x}_{i2} + E(v_{i2} \mid \mathbf{x}_{i2}, \mathbf{w}_i, d_i = 1) \tag{8.2.5}
$$

因为 $v_{i2} = \sigma_{2\epsilon}\epsilon_i + \eta_i$（其中 $\sigma_{2\epsilon}$ 是 v_{i2} 和 ϵ_i 的协方差），且 η_i 与 ϵ_i 独立［Anderson (1958，第 2 章)］，故我们有

$$
\begin{aligned}
E(v_{i2} \mid \mathbf{w}_i, d_i = 1) &= \sigma_{2\epsilon} E(\epsilon_i \mid \mathbf{w}_i, d_i = 1) \\
&= \frac{\sigma_{2\epsilon}}{\Phi(\mathbf{a}'R_i)} \int_{-\mathbf{a}'R_i}^{\infty} \epsilon \cdot \frac{1}{\sqrt{2\pi}} e^{-\epsilon^2/2} d\epsilon \\
&= \sigma_{2\epsilon} \frac{\phi(\mathbf{a}'R_i)}{\Phi(\mathbf{a}'R_i)}
\end{aligned} \tag{8.2.6}
$$

其中 $\phi(\cdot)$ 表示标准正态密度函数。由于标准正态密度函数 $\phi(\epsilon)$ 关于 ϵ 的导数是 $-\epsilon\phi(\epsilon)$，故式（8.2.6）的最后一个等式成立。所以，

$$
E(y_{i2} \mid \mathbf{x}_{i2}, \mathbf{w}_i, d_i = 1) = \boldsymbol{\beta}'\mathbf{x}_{i2} + \sigma_{2\epsilon} \frac{\phi(\mathbf{a}'R_i)}{\Phi(\mathbf{a}'R_i)} \tag{8.2.7}
$$

因此，除非 $\sigma_{2\epsilon} = 0$，否则用完全观测估计模型（8.2.1）将导致估计的$\boldsymbol{\beta}$有偏且不一致。我们可用 Heckman 两阶段法（1979）（见 8.1 节）或最大似然法修正选择偏误。

当 $d_i = 1$ 时，$d_i = 1$，y_{i1}，y_{i2} 的联合密度为

$$
\begin{aligned}
f(d_i = 1, y_{i1}, y_{i2}) &= \text{Prob}(d_i = 1 \mid y_{i1}, y_{i2}) f(y_{i1}, y_{i2}) \\
&= \text{Prob}(d_i = 1 \mid y_{i2}) f(y_{i1}, y_{i2}) \\
&= \Phi\left\{ \frac{\mathbf{a}'R_i + \left(\dfrac{\sigma_{2\epsilon}}{\sigma_u^2 + \sigma_\alpha^2}\right)(y_{i2} - \boldsymbol{\beta}'\mathbf{x}_{i2})}{\left[1 - \dfrac{\sigma_{2\epsilon}^2}{\sigma_u^2 + \sigma_\alpha^2}\right]^{1/2}} \right\} \\
&\quad \times \left[2\pi\sigma_u^2(\sigma_u^2 + 2\sigma_\alpha^2)\right]^{-1/2} \\
&\quad \times \exp\left\{ -\frac{1}{2\sigma_u^2} \left[\sum_{t=1}^{2} (y_{it} - \boldsymbol{\beta}'\mathbf{x}_{it})^2 - \frac{\sigma_\alpha^2}{\sigma_u^2 + 2\sigma_\alpha^2} \right. \right. \\
&\quad \left. \left. \times \left(\sum_{t=1}^{2} (y_{it} - \boldsymbol{\beta}'\mathbf{x}_{it}) \right)^2 \right] \right\}
\end{aligned} \tag{8.2.8}
$$

因条件密度函数 $f(\epsilon_i \mid v_{i2})$ 是正态密度函数，其均值为 $[\sigma_{2\epsilon}/(\sigma_u^2+\sigma_\alpha^2)]v_{i2}$，方差为 $1-\sigma_{2\epsilon}^2/(\sigma_u^2+\sigma_\alpha^2)$，故有上式中的第一个因子。$d_i=0$ 时，y_{i2} 不可观测，须通过求联合密度函数关于 y_{i2} 的积分将其排除。此时 $d_i=0$ 和 y_{i1} 的联合密度函数为

$$
\begin{aligned}
f(d_i=0,y_{i1}) &= \text{Prob}(d_i=0 \mid y_{i1})f(y_{i1}) \\
&= \left\{1-\Phi\left[\frac{\mathbf{a}'R_i+\dfrac{\sigma_{1\epsilon}}{\sigma_u^2+\sigma_\alpha^2}(y_{i1}-\boldsymbol{\beta}'\mathbf{x}_{i1})}{\left[1-\dfrac{\sigma_{1\epsilon}^2}{\sigma_u^2+\sigma_\alpha^2}\right]^{1/2}}\right]\right\} \\
&\quad \times[2\pi(\sigma_u^2+\sigma_\alpha^2)]^{-1/2} \\
&\quad \times\exp\left\{-\frac{1}{2(\sigma_u^2+\sigma_\alpha^2)}(y_{i1}-\boldsymbol{\beta}'\mathbf{x}_{i1})^2\right\}
\end{aligned} \tag{8.2.9}
$$

式（8.2.9）中第二个等式得自这样一个事实：$f(\epsilon_i \mid v_{i1})$ 是均值为 $[\sigma_{1\epsilon}/(\sigma_u^2+\sigma_\alpha^2)]v_{i1}$，方差为 $1-\sigma_{1\epsilon}^2/(\sigma_u^2+\sigma_\alpha^2)$ 的正态密度函数，其中 $\sigma_{1\epsilon}$ 是 v_{i1} 和 ϵ_i 的协方差，它等于 $\sigma_{2\epsilon}=\sigma_\alpha^2/(\sigma_u^2+\sigma_\alpha^2)$。

根据联合密度函数（8.2.8）和（8.2.9）可导出损耗样本的似然函数。对观测进行排序使得最前面的 N_1 个观测对应 $d_i=1$，而余下的 $N-N_1$ 个对应 $d_i=0$；则对数似然函数为

$$
\begin{aligned}
\log L &= -N\log 2\pi-\frac{N_1}{2}\log\sigma_u^2-\frac{N_1}{2}\log(\sigma_u^2+2\sigma_\alpha^2) \\
&\quad -\frac{N-N_1}{2}\log(\sigma_u^2+\sigma_\alpha^2) \\
&\quad -\frac{1}{2\sigma_u^2}\sum_{i=1}^{N_1}\left\{\sum_{t=1}^{2}(y_{it}-\boldsymbol{\beta}'\mathbf{x}_{it})^2-\frac{\sigma_\alpha^2}{\sigma_u^2+2\sigma_\alpha^2}\left[\sum_{t=1}^{2}(y_{it}-\boldsymbol{\beta}'\mathbf{x}_{it})\right]^2\right\} \\
&\quad +\sum_{i=1}^{N_1}\log\Phi\left\{\frac{\mathbf{a}'R_i+\dfrac{\sigma_{2\epsilon}}{\sigma_u^2+\sigma_\alpha^2}(y_{i2}-\boldsymbol{\beta}'\mathbf{x}_{i2})}{\left[1-\dfrac{\sigma_{2\epsilon}^2}{\sigma_u^2+\sigma_\alpha^2}\right]^{1/2}}\right\} \\
&\quad -\frac{1}{2(\sigma_u^2+\sigma_\alpha^2)}\sum_{i=N_1+1}^{N}(y_{i1}-\boldsymbol{\beta}'\mathbf{x}_{i1})^2 \\
&\quad +\sum_{i=N_1+1}^{N}\log\left\{1-\Phi\left[\frac{\mathbf{a}'R_i+\dfrac{\sigma_{1\epsilon}}{\sigma_u^2+\sigma_\alpha^2}(y_{i1}-\boldsymbol{\beta}'\mathbf{x}_{i1})}{\left[1-\dfrac{\sigma_{1\epsilon}^2}{\sigma_u^2+\sigma_\alpha^2}\right]^{1/2}}\right]\right\}
\end{aligned} \tag{8.2.10}
$$

损耗偏误中的关键参数是 $\sigma_{2\epsilon}$。如果 $\sigma_{2\epsilon}=0$，则 $\sigma_{1\epsilon}$ 也等于零。似然函数（8.2.10）分成两部分。一部分对应 y 的方差成分设定。另一部分对应损耗的 probit 设定。因此，如果没有损耗偏误，则这里的缺失数据就是随机缺失数据。我们用广义最小二乘法估计模型（8.2.1）可导出模型结构参数的一致且渐近有效估计。

如 8.2 节所讨论，我们可将 Hausman-Wise 的两时期损耗模型直接推广到有选择偏误的多期情形以及联立方程模型。当 $T>2$ 时，我们对每个时期设定一个损耗方程。如果损耗发生，且个体没有再回到样本中，则导出一系列类似于式

(8.2.8）和（8.2.9）的条件密度。个体在样本中出现的最后时期提供了损耗方程的随机项所受约束的信息。对个体仍在样本中的时期，我们可设定类似式(8.2.8）的函数作为无损耗和可观测因变量值的联合概率分布。

在联立方程模型中，损耗模型的作用是增加一个样本中的个体可被观测到的概率方程。然后，给定联合因变量**y**以及**y**的边际密度，样本中连续观测个体的联合密度函数是前期样本中的个体下期可被观测的条件概率的乘积。给定**y**离开样本前的值以及以前若干期**y**在样本中的边际密度，非完全观测个体的联合密度函数变成了个体离开样本的条件密度的乘积。似然函数是这两个联合密度的乘积；至于三方程模型，参见 Griliches，Hall 和 Hausman（1978）。

分析不同时期样本成分变化的一般问题时，利用概率方程设定个体状态非常有用，特别是在变化是关于个体特征的函数时。譬如，在青年男子的全国性纵列调查样本中除了损耗问题外，还存在样本增加的问题，譬如，以前是在校学生的部分个体进入了劳动力市场。分析个体在不同时期状态的变化时，有关切换回归模型的内容可作为构建行为模型的基础。[4]

8.2.3 Gary 收入支持实验中的损耗

Gary 收入支持实验项目重点关注收入支持结构的互斥集对工作—休闲决定的影响。基本实验方案是：随机地将个体分成**控制组**（controls）和**实验组**(experimentals)。控制组成员不参与实验处理，但会因完成周期性询问而获得象征性的报酬。实验组成员被随机地分配一个收入支持计划。实验根据收入保证金和税率制定四个基本计划。对四口之家设定 4 300 美元和 3 300 美元两个保证金水平，并对规模较大的家庭调高这两个水平值，对规模较小的家庭调低这两个水平值。两个边际税率分别是 0.6 和 0.4。为得到估计的实验处理计划效应，还需调查实验组成员在实验开始前的追溯信息（正常情况下就在实验期开始前），以便比较他们在实验中和实验前的行为，以及与控制组成员实验前的行为进行比较。

Gary 实验主要研究两类庞大的家庭组：黑人女性主导的家庭组和黑人男性主导的家庭组。第一组几乎没有损耗，但男性主导的家庭组损耗严重。在 Hausman 和 Wise（1979）的实验中，334 个家庭组成的实验组损耗率达 31.1%，251 个家庭组成的控制组中有 40.6%未能完成该实验。

如果损耗的发生是随机的（9.2 节将讨论该问题），则它不是什么大问题。问题在于导致数据缺失的若干自选择原因。这些原因容易让人认为损耗与内生变量相关。如果超出收支平衡点，则实验组家庭不能从实验处理中获取任何收益。保证金减去为收入（工资率乘以工作时间）支付的税额等于零时就产生收支平衡点。高收入家庭得不到实验处理报酬，故他们留在实验中的动机可能与控制组成员很像。但高收入部分是由结构方程（8.2.1）中不可观测随机项引起的，所以损耗很可能与之相关。

Hausman 和 Wise（1979）估计了有损耗修正和无损耗修正的收入结构模型。

做收入的对数关于时间趋势、教育、经验、工会成员资格、健康状态以及非劳动所得家庭收入对数的回归。为控制实验处理的影响，他们还使用了虚拟变量，如果家庭在某期被分配了一个基本收入支持计划，则虚拟变量等于 1，否则等于 0。因为实验组和控制组的单位工资基本相同，所以该虚拟变量的系数是度量实验处理对工作时间的影响的合理指标。

因每个观测有一个月的观测周期，在实验期间仅能获得三个观测，故他们重点关注两时期模型：一个时期获取实验前平均月收入，另一个时期获取实验期内三个月份的平均收入。表 8.1 列出了他们的估计结果：结构参数未经过损耗修正时模型（8.2.1）的广义最小二乘估计和包含损耗影响的模型（8.2.3）的极大似然估计。

表 8.1　　带损耗修正和不带损耗修正的收入方程结构模型的参数估计

变量	损耗修正模型：极大似然估计(标准误)		无损耗修正模型：广义最小二乘估计(标准误)：收入方程参数
	收入方程参数	损耗参数	
常数项	5.853 9 (0.090 3)	−0.634 7 (0.335 1)	5.891 1 (0.082 9)
工作经验影响	−0.082 2 (0.040 2)	0.241 4 (0.121 1)	−0.079 3 (0.039 0)
时间趋势	0.094 0 (0.052 0)	—[a] —	0.084 1 (0.035 8)
教育	0.020 9 (0.005 2)	−0.020 4 (0.024 4)	0.013 6 (0.005 0)
经验	0.003 7 (0.001 3)	−0.003 8 (0.006 1)	0.002 0 (0.001 3)
非劳动收入	−0.013 1 (0.005 0)	0.175 2 (0.047 0)	−0.011 5 (0.004 4)
工会	0.215 9 (0.036 2)	1.429 0 (0.125 2)	0.285 3 (0.033 0)
糟糕的健康状况	−0.060 1 (0.033 0)	0.248 0 (0.123 7)	−0.057 8 (0.032 6)
	$\hat{\sigma}_u^2 = 0.1832$ (0.005 7)		$\hat{\sigma}_u^2 = 0.1236$
	$\frac{\hat{\sigma}_\alpha^2}{\hat{\sigma}_u^2+\hat{\sigma}_\alpha^2} = 0.2596$ (0.039 1)	$\frac{\hat{\sigma}_{2\iota}}{\hat{\sigma}_u^2+\hat{\sigma}_\alpha^2} = -0.1089$ (0.042 9)	$\frac{\hat{\sigma}_\alpha^2}{\hat{\sigma}_u^2+\hat{\sigma}_\alpha^2} = 0.2003$

[a] 不可估计。

资料来源：Hausman 和 Wise（1979，表Ⅳ）。

估计的损耗偏误参数 $\sigma_{2\epsilon}/(\sigma_u^2+\sigma_\alpha^2)$ 是$-0.108\,9$。这表明收入和损耗概率之间存在较弱但显著的相关性。不管损耗偏误有没有被修正，实验效应的估计都非常接近。但估计的实验效应系数确实从-0.079 变到了-0.082，在数量上有 3.6%的增长。有些其他系数变化更为显著。非劳动所得收入对（工资）收入的影响（由此影响工作时间）与广义最小二乘估计相比下降了 23%，而再多受一年教育的影响有 43%的上升。这些结果表明在 Gary 实验中，损耗偏误是一个潜在的重要问题。其他案例，参见 Ridder (1990)，Nijman 和 Verbeek (1992)，以及 Verbeek 和 Nijman (1996)。

Hausman-Wise (HW) 模型假定变量的当前值影响将来响应概率的大小。或者说，决定是否对实验作出回应可能与个体以往经验有关——如果个体第一期响应热情较高，则第二期可能倾向于更少回应。当损耗概率依赖于滞后变量而不是同期变量时，个体是**随机缺失**（missing at random，MAR）[Rubin (1976)；Little 和 Rubin (1987)] 的，且缺失数据可忽略 [有时将这种情形称为基于观测的选择，参见 Moffitt，Fitzgerald 和 Gottschalk (1997)]。

这两类模型都常用来处理面板数据中的损耗问题。但它们特别依赖损耗过程与变量时间路径相依性的不同约束条件，并可能导致截然不同的推断。如果对两时期模型没有特别可靠的分布函数假设，则我们不能为 MAR 模型引入与 y_{i2} 的相依性，也不能为 HW 模型引入与 y_{i1} 相依性。但是，用从初始总体中随机抽取的新单元代替已经退出的单元 [Ridder (1992) 称其为更新样本] 加重数据缺失时，除了估计更一般的模型之外，在这两种类型的模型之间进行非参数性的检验也是可行的 [参见 Hirano 等 (2001)]。

8.3 包含随机个体效应项的 Tobit 模型

在使用面板数据的实证工作中，最受关注的问题是出现了非观测异质项。[5] 因此，我们将线性潜变量响应函数常表示为

$$y_{it}^* = \alpha_i + \boldsymbol{\beta}'\mathbf{x}_{it} + u_{it}, \quad i=1,\cdots,N, t=1,\cdots,T \tag{8.3.1}$$

这里假定误差项与 $\mathbf{x}_{it}$ 独立，且在任何时期和对所有的个体是 i. i. d. 的。如果 $y_{it}^*>0$，则观测到的 y_{it} 等于 y_{it}^*，对于断尾数据，当 $y_{it}^*\leqslant 0$ 时 y_{it} 不可观测；对于截取数据，当 $y_{it}^*\leqslant 0$ 时 y_{it} 等于零。在"α_i 是密度函数为 $g(\alpha)$（或 $g(\alpha\mid\mathbf{x})$）的随机变量"的假设下，对于断尾数据，标准 Tobit 模型的似然函数是

$$\prod_{i=1}^{N}\int\Big[\prod_{t=1}^{T}[1-F(-\boldsymbol{\beta}'\mathbf{x}_{it}-\alpha_i)]^{-1}f(y_{it}-\boldsymbol{\beta}'\mathbf{x}_{it}-\alpha_i)\Big]g(\alpha_i)d\alpha_i \tag{8.3.2}$$

其中 $f(\cdot)$ 表示 u_{it} 的密度函数，且 $F(a)=\int_{-\infty}^{a}f(u)du$。对于截取数据，似然函数为

$$\prod_{i=1}^{N}\int\Big[\prod_{t\in c_i}F(-\boldsymbol{\beta}'\mathbf{x}_{it}-\alpha_i)\prod_{t\in\bar{c}_i}f(y_{it}-\alpha_i-\boldsymbol{\beta}'\mathbf{x}_{it})\Big]g(\alpha_i)d\alpha_i \tag{8.3.3}$$

其中 $c_i=\{t \mid y_{it}=0\}$，$\bar{c}_i$ 表示 c_i 的补集。关于未知参数最大化似然函数（8.3.2）或（8.3.3）可导出一致且渐近正态分布的估计量。

类似地，对第Ⅱ型 Tobit 模型，我们可设定一个样本选择方程

$$d_{it}^* = \mathbf{w}_{it}'\mathbf{a} + \eta_i + v_{it} \tag{8.3.4}$$

观测到的（y_{it}，d_{it}）满足这样的规则：如果 $d_{it}^*>0$，则 $d_{it}=1$，否则 $d_{it}=0$，这与式（8.1.17）中一样；此外，如果 $d_{it}=1$，则 $y_{it}^*=y_{it}$，否则 y_{it}^* 未知，这与式（8.1.18）中一样。假设（α_i，η_i）的联合密度是 $g(\alpha,\eta)$。则第Ⅱ型 Tobit 模型的似然函数为

$$\begin{aligned}
&\prod_{i=1}^{N}\int\Big[\prod_{t\in c_i}\text{Prob}(d_{it}=0\mid \mathbf{w}_{it},\alpha_i)\prod_{t\in\bar{c}_i}\text{Prob}(d_{it}=1\mid \mathbf{w}_{it},\alpha_i)\\
&\qquad\qquad \times f(y_{it}\mid \mathbf{x}_{it}\ \mathbf{w}_{it},\alpha_i,\eta_i,d_{it}=1)\Big]g(\alpha_i,\eta_i)d\alpha_i d\eta_i\\
&=\prod_{i=1}^{N}\int\Big[\prod_{t\in c_i}\text{Prob}(d_{it}=0\mid \mathbf{w}_{it},\alpha_i)\prod_{t\in\bar{c}_i}\text{Prob}(d_{it}=1\mid \mathbf{w}_{it},\eta_i,\alpha_i,y_{it},\mathbf{x}_{it})\\
&\qquad\qquad \times f(y_{it}\mid \mathbf{x}_{it},\alpha_i)\Big]g(\alpha_i,\eta_i)d\alpha_i d\eta_i
\end{aligned}\tag{8.3.5}$$

关于未知参数最大化似然函数（8.3.2）、（8.3.3）或（8.3.5）可导出$\boldsymbol{\beta}$的估计量，当 N 或 T 或二者都趋于无穷时，该估计量是一致且渐近正态分布的。但因需要计算多重积分，故即使对个体效应 α_i 和 η_i 的简单参数设定，计算工作都相当烦琐。[6]推广 Heckman（1976a）两阶段估计也存在困难［参见 Nijman 和 Verbeek（1992）；Ridder（1990）；Vella 和 Verbeek（1999）；Wooldridge（1999）］。而且 MLE 和 Heckman 两步估计都对误差分布的正确设定非常敏感。但如果随机效应 α_i 和 η_i 都独立于$\mathbf{x}_i$，则用 Robinson（1988b）估计和 Newey（1999）估计［式（8.1.27）和（8.1.32）］可得到$\boldsymbol{\beta}$的一致且渐近正态分布的估计量。我们还可忽略面板数据的截取或断尾回归模型中 α_i 和 η_i 的随机性，并用 Honoré（1992）固定效应的修整最小二乘法或最小绝对离差法，或 Kyriazidou（1997）的两步半参数法导出面板数据样本选择模型中$\boldsymbol{\beta}$的估计（见 8.4 节）。

8.4　固定效应估计量

8.4.1　断尾和截取回归的配对修整最小二乘估计与最小绝对离差估计

效应项是固定常数且 $T\to\infty$时，我们可直接求$\boldsymbol{\beta}'$和 α_i 的 MLE，且这些 MLE 是一致的。但常见的面板数据只包含少数几个时期，而每个时期有大量的观测，因此，如第 7 章所述，一般情况下 MLE 是不一致的。本节我们考虑面板数据截取或断尾回归模型的**配对修整最小二乘**（pairwise trimmed least-squares，LS）估计量和 Honoré（1992）的**最小绝对离差**（least-absolute-deviation，LAD）估计

量，无须假定扰动项 u_{it} 分布的参数形式，也不管不同个体是否同方差性，这些估计量都是一致的。

8.4.1.a 断尾回归

假定我们讨论的模型是（8.3.1）和（8.1.2），但这里假定个体效应是固定常数。再假定对所有的 i，扰动项 u_{it} 在 $\mathbf{x}_i$ 和 α_i 下的条件分布相同，对所有的 t 是 i.i.d. 的。

我们知道，当数据是断尾数据或截取数据时，一阶差分不能从模型设定中清除个体特有效应。为说明这一点，我们假定数据是断尾的。令

$$y_{it}=E(y_{it}\mid \mathbf{x}_{it},\alpha_i,y_{it}>0)+\epsilon_{it} \tag{8.4.1}$$

其中

$$E(y_{it}\mid \mathbf{x}_{it},\alpha_i,y_{it}>0)=\alpha_i+\mathbf{x}'_{it}\boldsymbol{\beta}+E(u_{it}\mid u_{it}>-\alpha_i-\mathbf{x}'_{it}\boldsymbol{\beta}) \tag{8.4.2}$$

由于 $\mathbf{x}_{it}\neq\mathbf{x}_{is}$，故一般有

$$\begin{aligned}&E(y_{it}\mid \mathbf{x}_{it},\alpha_i,y_{it}>0)-E(y_{is}\mid \mathbf{x}_{is},\alpha_i,y_{is}>0)\\&\quad=(\mathbf{x}_{it}-\mathbf{x}_{is})'\boldsymbol{\beta}+E(u_{it}\mid u_{it}>-\alpha_i-\mathbf{x}'_{it}\boldsymbol{\beta})\\&\qquad-E(u_{is}\mid u_{is}>-\alpha_i-\mathbf{x}_{is}'\boldsymbol{\beta})\end{aligned} \tag{8.4.3}$$

换句话说，

$$\begin{aligned}(y_{it}-y_{is})=&(\mathbf{x}_{it}-\mathbf{x}_{is})'\boldsymbol{\beta}+E(u_{it}\mid u_{it}>-\alpha_i-\mathbf{x}'_{it}\boldsymbol{\beta})\\&-E(u_{is}\mid u_{is}>-\alpha_i-\mathbf{x}'_{is}\boldsymbol{\beta})+(\epsilon_{it}-\epsilon_{is})\end{aligned} \tag{8.4.4}$$

断尾修正项 $E(u_{it}\mid u_{it}>-\alpha_i-\mathbf{x}'_{it}\boldsymbol{\beta})$ 是关于个体特异效应 α_i 的函数，一阶差分后仍保留在模型中。但如果我们只分析满足 $y_{it}>(\mathbf{x}_{it}-\mathbf{x}_{is})'\boldsymbol{\beta}$ 和 $y_{is}>-(\mathbf{x}_{it}-\mathbf{x}_{is})'\boldsymbol{\beta}$ 的观测，则可用一阶差分清除断尾修正项。为说明这一点，我们假设 $(\mathbf{x}_{it}-\mathbf{x}_{is})'\boldsymbol{\beta}<0$。则

$$\begin{aligned}&E(y_{is}\mid \alpha_i,\mathbf{x}_{it},\mathbf{x}_{is},y_{is}>-(\mathbf{x}_{it}-\mathbf{x}_{is})'\boldsymbol{\beta})\\&\quad=\alpha_i+\mathbf{x}'_{is}\boldsymbol{\beta}+E(u_{is}\mid u_{is}>-\alpha_i-\mathbf{x}'_{is}\boldsymbol{\beta}-(\mathbf{x}_{it}-\mathbf{x}_{is})'\boldsymbol{\beta})\end{aligned} \tag{8.4.5}$$

因假定 u_{it} 在 $\mathbf{x}_i$ 和 α_i 下是 i.i.d. 的，故

$$E(u_{it}\mid u_{it}>-\alpha_i-\mathbf{x}'_{it}\boldsymbol{\beta})=E(u_{is}\mid u_{is}>-\alpha_i-\mathbf{x}'_{is}\boldsymbol{\beta}) \tag{8.4.6}$$

同理，如果 $(\mathbf{x}_{it}-\mathbf{x}_{is})'\boldsymbol{\beta}>0$，则

$$\begin{aligned}&E(u_{it}\mid u_{it}>-\alpha_i-\mathbf{x}'_{it}\boldsymbol{\beta}+(\mathbf{x}_{it}-\mathbf{x}_{is})'\boldsymbol{\beta})\\&\quad=E(u_{it}\mid u_{it}>-\alpha_i-\mathbf{x}'_{is}\boldsymbol{\beta})\\&\quad=E(u_{is}\mid u_{is}>-\alpha_i-\mathbf{x}'_{is}\boldsymbol{\beta})\end{aligned} \tag{8.4.7}$$

因此，仅分析满足 $y_{it}>(\mathbf{x}_{it}-\mathbf{x}_{is})'\boldsymbol{\beta}$，$y_{is}>-(\mathbf{x}_{it}-\mathbf{x}_{is})'\boldsymbol{\beta}$，$y_{it}>0$，$y_{is}>0$ 的断尾观测时，我们有

$$(y_{it}-y_{is})=(\mathbf{x}_{it}-\mathbf{x}_{is})'\boldsymbol{\beta}+(\epsilon_{it}-\epsilon_{is}) \tag{8.4.8}$$

上式不包含关联参数 α_i。因为 $E[(\epsilon_{it}-\epsilon_{is})\mid \mathbf{x}_{it},\mathbf{x}_{is}]=0$，故用最小二乘法估计模型

(8.4.8) 可导出$\boldsymbol{\beta}$的一致估计量。

为理解通过丢弃满足 $y_{it}<(\mathbf{x}_{it}-\mathbf{x}_{is})'\boldsymbol{\beta}$和 $y_{is}<-(\mathbf{x}_{it}-\mathbf{x}_{is})'\boldsymbol{\beta}$的观测重构配对差分方程（$y_{it}-y_{is}$）误差项的对称性的思想，我们不妨假定 $T=2$，并结合后面的图形进行说明。假设 u_{it} 的概率密度函数如图 8.3 中曲线所示。由于 u_{i1} 和 u_{i2} 在（$\mathbf{x}_{i1}$，$\mathbf{x}_{i2}$，α_i）下是 i. i. d. 的，y_{i1}^* 和 y_{i2}^* 在（$\mathbf{x}_{i1}$，$\mathbf{x}_{i2}$，α_i）下的条件概率密度函数除位置不同外应该有相同的形状。假定图 8.4 的上图和下图分别是 y_{i1}^* 和 y_{i2}^* 在（$\mathbf{x}_{i1}$，$\mathbf{x}_{i2}$，α_i）下的条件概率密度函数，这里假设 $\Delta\mathbf{x}_i'\boldsymbol{\beta}<0$，其中 $\Delta\mathbf{x}_i=\Delta\mathbf{x}_{i2}=\mathbf{x}_{i2}-\mathbf{x}_{i1}$。断尾数据对应那些 y_{it}^* 或 $y_{it}>0$ 的样本点。因为$\mathbf{x}_{i1}'\boldsymbol{\beta}\neq\mathbf{x}_{i2}'\boldsymbol{\beta}$，所以 y_{i1} 的概率密度函数与 y_{i2}的概率密度函数不同。但如图 8.4 所示，已知 $y_{i1}^*>-\Delta\mathbf{x}_i'\boldsymbol{\beta}$后 y_{i1}^* 的概率密度函数（或已知 $y_{i1}>-\Delta\mathbf{x}_i'\boldsymbol{\beta}$后 y_{i1} 的概率密度函数）与已知 $y_{i2}^*>0$ 后 y_{i2}^* 的概率密度函数（或已知 $y_{i2}>0$ 后 y_{i2} 的概率密度函数）相同。类似地，如果 $\Delta\mathbf{x}_i'\boldsymbol{\beta}>0$，则如图 8.5 所示，已知 $y_{i1}^*>0$ 后 y_{i1}^* 的概率密度函数（或已知 $y_{i1}>0$ 后 y_{i1} 的概率密度函数）与已知 $y_{i2}^*>\Delta\mathbf{x}_i'\boldsymbol{\beta}$后 y_{i2}^* 的概率密度函数相同。[7] 换句话说，如图 8.6 或图 8.7 中（y_{i1}^*，y_{i2}^*）的二维图形，（y_{i1}^*，y_{i2}^*）在（$\mathbf{x}_{i1}$，$\mathbf{x}_{i2}$，α_i）下的条件分布关于过（$\mathbf{x}_{i1}'\boldsymbol{\beta}+\alpha_i$，$\mathbf{x}_{i2}'\boldsymbol{\beta}+\alpha_i$）的 45 度直线对称，或者说，关于过（$\mathbf{x}_{i1}'\boldsymbol{\beta}$，$\mathbf{x}_{i2}'\boldsymbol{\beta}$）或（$-\Delta\mathbf{x}_i'\boldsymbol{\beta}$，0）的 45 度直线对称，即直线 $L'L$。由于对 α_i 的任意值都是如此，所以对（y_{i1}^*，y_{i2}^*）在（$\mathbf{x}_{i1}$，$\mathbf{x}_{i2}$）下的条件分布，类似的结论也成立。当 $\Delta\mathbf{x}_i'\boldsymbol{\beta}<0$ 时，（y_{i1}^*，y_{i2}^*）的分布关于 $L'L$ 的对称性表明（y_{i1}^*，y_{i2}^*）落在区域 $A_1=\{(y_{i1}^*,y_{i2}^*):y_{i1}^*>-\Delta\mathbf{x}_i'\boldsymbol{\beta},y_{i2}^*>y_{i1}^*+\Delta\mathbf{x}_i'\boldsymbol{\beta}\}$ 内的概率等于它落在区域 $B_1=\{(y_{i1}^*,y_{i2}^*):y_{i1}^*>-\Delta\mathbf{x}_i'\boldsymbol{\beta},0<y_{i2}^*<y_{i1}^*+\Delta\mathbf{x}_i'\boldsymbol{\beta}\}$ 内的概率（图 8.6）。当$\mathbf{x}_i'\boldsymbol{\beta}>0$ 时，（y_{i1}^*，y_{i2}^*）落在区域 $A_1=\{(y_{i1}^*,y_{i2}^*):y_{i1}^*>0,y_{i2}^*>y_{i1}^*+\Delta\mathbf{x}_i'\boldsymbol{\beta}\}$ 内的概率等于它落在区域 $B_1=\{(y_{i1}^*,y_{i2}^*):y_{i1}^*>0,\Delta\mathbf{x}_i'\boldsymbol{\beta}<y_{i2}^*<y_{i1}^*+\Delta\mathbf{x}_i'\boldsymbol{\beta}\}$ 内的概率（图 8.7）。也就是说，区域 A_1 和 B_1 中的点不受断尾影响。另一方面，为重构对称性，我们必须丢弃图 8.6 中落在区域（$0<y_{i1}^*<-\Delta\mathbf{x}_i'\boldsymbol{\beta}$，$y_{i2}^*>0$）内的点［对应着点（$y_{i1}<-\Delta\mathbf{x}_i'\boldsymbol{\beta}$，$y_{i2}$)］和图 8.7 中区域（$y_{i1}^*>0$，$0<y_{i2}^*<\Delta\mathbf{x}_i'\boldsymbol{\beta}$）中的点［对应着点（$y_{i1}$，$y_{i2}<\Delta\mathbf{x}_i'\boldsymbol{\beta}$)］。

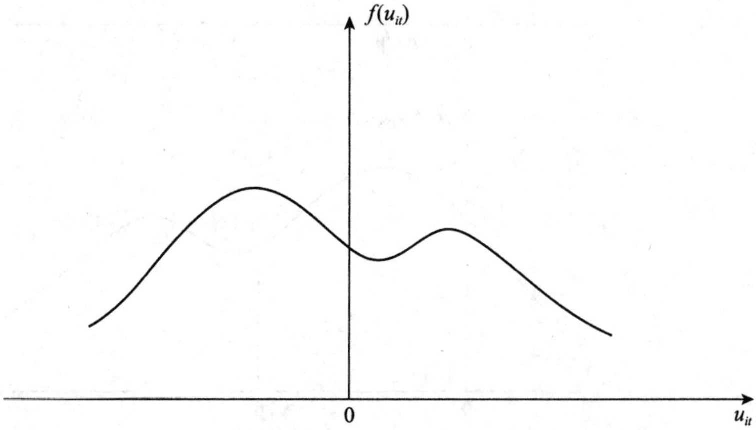

图 8.3　u_{it} 的概率密度

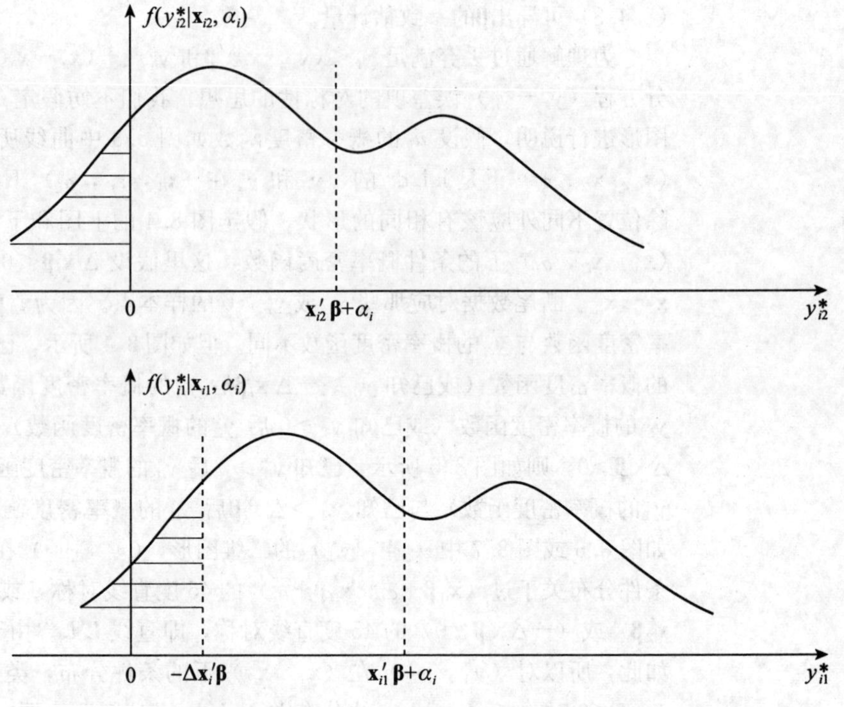

图 8.4　y_{i1}^* 和 y_{i2}^* 在给定（x_{i1}，x_{i2}，α_i）后的条件密度（假定 $\Delta\mathbf{x}_i'\boldsymbol{\beta}<0$）

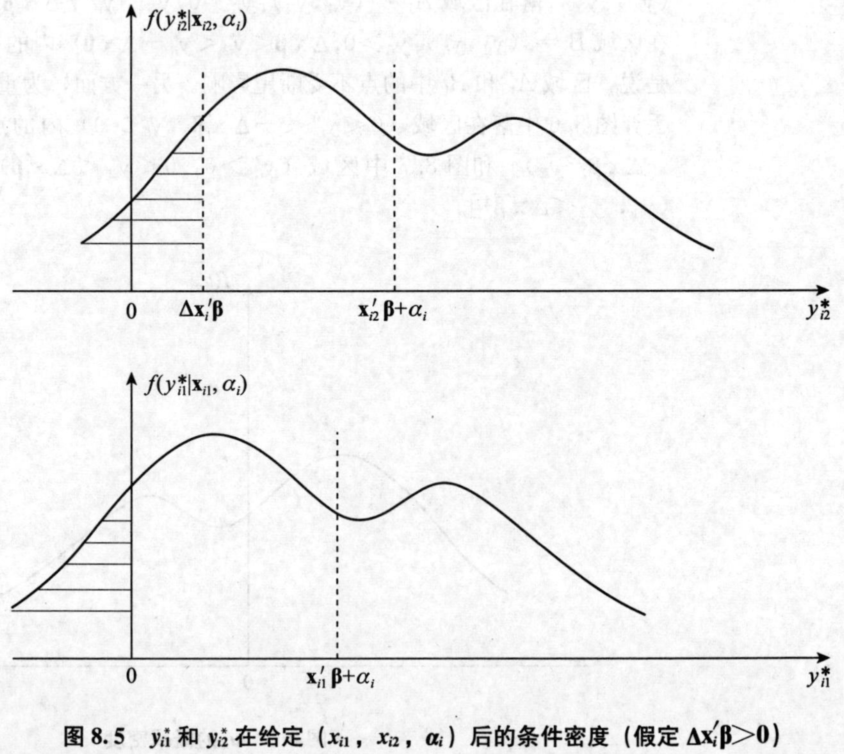

图 8.5　y_{i1}^* 和 y_{i2}^* 在给定（x_{i1}，x_{i2}，α_i）后的条件密度（假定 $\Delta\mathbf{x}_i'\boldsymbol{\beta}>0$）

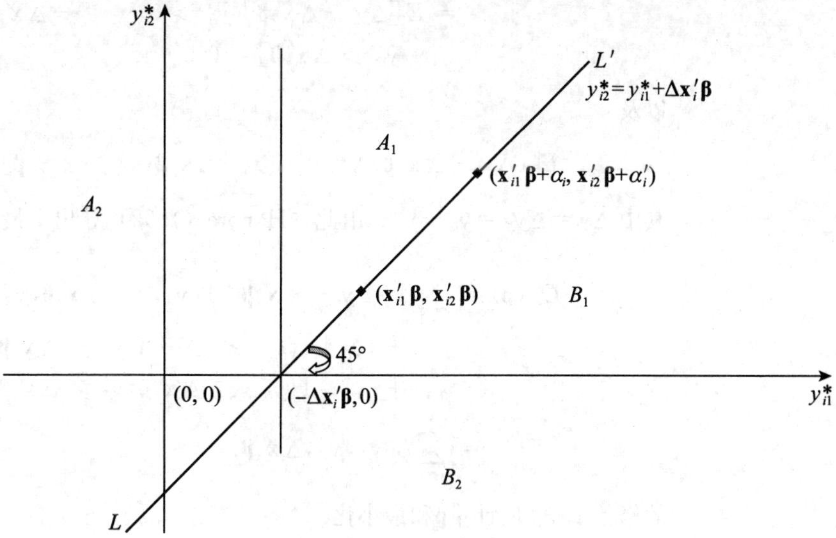

图 8.6 （y_{i1}^*，y_{i2}^*）的分布，假定 $\Delta\mathbf{x}_i'\boldsymbol{\beta}<0$

$A_1=\{(y_{i1}^*,y_{i2}^*):y_{i1}^*>-\Delta\mathbf{x}_i'\boldsymbol{\beta},y_{i2}^*>y_{i1}^*+\Delta\mathbf{x}_i'\boldsymbol{\beta}\}$，$A_2=\{(y_{i1}^*,y_{i2}^*):y_{i1}^*\leqslant-\Delta\mathbf{x}_i'\boldsymbol{\beta},y_{i2}^*>0\}$，
$B_1=\{(y_{i1}^*,y_{i2}^*):y_{i1}^*>-\Delta\mathbf{x}_i'\boldsymbol{\beta},0<y_{i2}^*<y_{i1}^*+\Delta\mathbf{x}_i'\boldsymbol{\beta}\}$，$B_2=\{(y_{i1}^*,y_{i2}^*):y_{i1}^*>-\Delta\mathbf{x}_i'\boldsymbol{\beta},y_{i2}^*\leqslant0\}$。

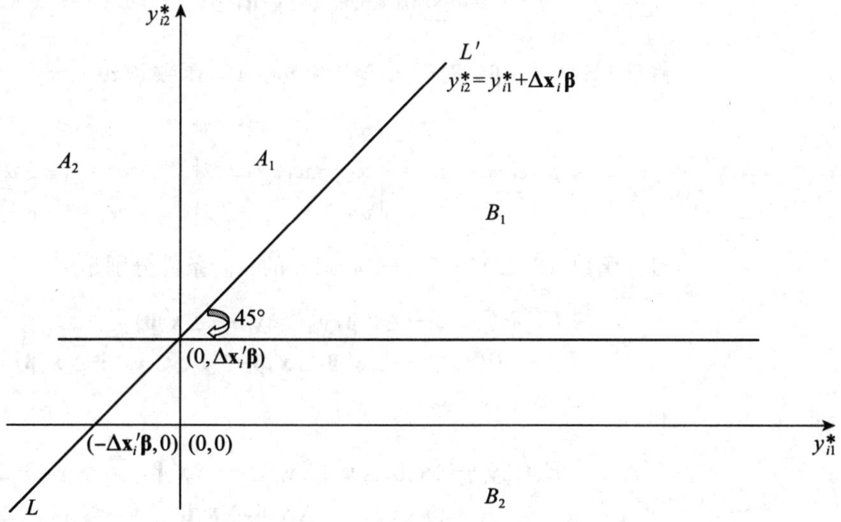

图 8.7 （y_{i1}^*，y_{i2}^*）的分布，假定 $\Delta\mathbf{x}_i'\boldsymbol{\beta}>0$

$A_1=\{(y_{i1}^*,y_{i2}^*):y_{i1}^*>0,y_{i2}^*>y_{i1}^*+\Delta\mathbf{x}_i'\boldsymbol{\beta}\}$，$A_2=\{(y_{i1}^*,y_{i2}^*):y_{i1}^*\leqslant0,y_{i2}^*>\Delta\mathbf{x}_i'\boldsymbol{\beta}\}$，
$B_1=\{(y_{i1}^*,y_{i2}^*):y_{i1}^*>0,\Delta\mathbf{x}_i'\boldsymbol{\beta}<y_{i2}^*<y_{i1}^*+\Delta\mathbf{x}_i'\boldsymbol{\beta}\}$，$B_2=\{(y_{i1}^*,y_{i2}^*):y_{i1}^*>0,y_{i2}^*\leqslant\Delta\mathbf{x}_i'\boldsymbol{\beta}\}$。

令 $C=\{i\mid y_{i1}>-\Delta\mathbf{x}_i'\boldsymbol{\beta},y_{i2}>\Delta\mathbf{x}_i'\boldsymbol{\beta}\}$；则当 $i\in C$ 时，（$y_{i1}-\mathbf{x}_{i1}'\boldsymbol{\beta}-\alpha_i$）和（$y_{i2}-\mathbf{x}_{i2}'\boldsymbol{\beta}-\alpha_i$）关于零对称分布。因此 $E[(y_{i2}-y_{i1})-(\mathbf{x}_{i2}-\mathbf{x}_{i1})'\boldsymbol{\beta}\mid\mathbf{x}_{i1},\mathbf{x}_{i2},i\in C]=0$。换句话说，

$$E[\Delta y_i-\Delta\mathbf{x}'_i\boldsymbol{\beta}\mid y_{i1}>-\Delta\mathbf{x}'_i\boldsymbol{\beta},y_{i2}>\Delta\mathbf{x}'_i\boldsymbol{\beta}]$$

$$= E[\Delta y_i - \Delta \mathbf{x}'_i \boldsymbol{\beta} \mid y_{i1}^* > 0, y_{i1}^* > -\Delta \mathbf{x}'_i \boldsymbol{\beta}, y_{i2}^* > 0$$
$$y_{i2}^* > \Delta \mathbf{x}'_i \boldsymbol{\beta}] = 0 \tag{8.4.9a}$$

以及

$$E[(\Delta y_i - \Delta \mathbf{x}'_i \boldsymbol{\beta}) \Delta \mathbf{x}_i \mid y_{i1} > -\Delta \mathbf{x}'_i \boldsymbol{\beta}, y_{i2} > \Delta \mathbf{x}'_i \boldsymbol{\beta}] = \mathbf{0} \tag{8.4.9b}$$

其中 $\Delta y_i = \Delta y_{i2} = y_{i2} - y_{i1}$。由此，Honoré（1992）导出了最小化

$$\begin{aligned} Q_N(\boldsymbol{\beta}) = \sum_{i=1}^{N} [&| \Delta y_i - \Delta \mathbf{x}'_i \boldsymbol{\beta} | 1\{y_{i1} > -\Delta \mathbf{x}'_i \boldsymbol{\beta}, y_{i2} > \Delta \mathbf{x}'_i \boldsymbol{\beta}\} \\ &+ | y_{i1} | 1\{y_{i1} \geqslant -\Delta \mathbf{x}'_i \boldsymbol{\beta}, y_{i2} < \Delta \mathbf{x}'_i \boldsymbol{\beta}\} \\ &+ | y_{i2} | 1\{y_{i1} < -\Delta \mathbf{x}'_i \boldsymbol{\beta}, y_{i2} \geqslant \Delta \mathbf{x}'_i \boldsymbol{\beta}\}] \\ = \sum_{i=1}^{N} &\psi(y_{i1}, y_{i2}, \Delta \mathbf{x}'_i \boldsymbol{\beta}) \end{aligned} \tag{8.4.10}$$

的修整 LAD 估计量$\hat{\boldsymbol{\beta}}$和最小化

$$\begin{aligned} R_N(\boldsymbol{\beta}) = \sum_{i=1}^{N} [&(\Delta y_i - \Delta \mathbf{x}'_i \boldsymbol{\beta})^2 1\{y_{i1} \geqslant -\Delta \mathbf{x}'_i \boldsymbol{\beta}, y_{i2} > \Delta \mathbf{x}'_i \boldsymbol{\beta}\} \\ &+ y_{i1}^2 1\{y_{i1} > -\Delta \mathbf{x}'_i \boldsymbol{\beta}, y_{i2} < \Delta \mathbf{x}'_i \boldsymbol{\beta}\} \\ &+ y_{i2}^2 1\{y_{i1} < -\Delta \mathbf{x}'_i \boldsymbol{\beta}, y_{i2} > \Delta \mathbf{x}'_i \boldsymbol{\beta}\}] \\ = \sum_{i=1}^{N} &\psi(y_{i1}, y_{i2}, \Delta \mathbf{x}'_i \boldsymbol{\beta})^2 \end{aligned} \tag{8.4.11}$$

修整 LS 估计量$\tilde{\boldsymbol{\beta}}$。对于 $w_1 > 0$ 和 $w_2 > 0$，函数 $\psi(w_1, w_2, c)$ 定义为：

$$\psi(w_1, w_2, c) = \begin{cases} w_1 & \text{对} \quad w_2 < c \\ w_2 - w_1 - c & \text{对} \quad -w_1 < c < w_2 \\ w_2 & \text{对} \quad w_1 < -c \end{cases}$$

目标函数（8.4.10）和（8.4.11）的一阶条件分别是

$$\begin{aligned} E\{[&P(y_{i1} > -\Delta \mathbf{x}'_i \boldsymbol{\beta}, y_{i2} > y_{i1} + \Delta \mathbf{x}'_i \boldsymbol{\beta}) \\ &- P(y_{i1} > -\Delta \mathbf{x}'_i \boldsymbol{\beta}, \Delta \mathbf{x}'_i \boldsymbol{\beta} < y_{i2} < y_{i1} + \Delta \mathbf{x}'_i \boldsymbol{\beta})] \Delta \mathbf{x}'_i\} = \mathbf{0}' \end{aligned} \tag{8.4.12}$$

和

$$\begin{aligned} E\{(\Delta y_i - \Delta \mathbf{x}'_i \boldsymbol{\beta}) \Delta \mathbf{x}'_i \mid &(y_{i1} > -\Delta \mathbf{x}'_i \boldsymbol{\beta}, y_{i2} > y_{i1} + \Delta \mathbf{x}'_i \boldsymbol{\beta}) \\ &\cup (y_{i1} > -\Delta \mathbf{x}'_i \boldsymbol{\beta}, \Delta \mathbf{x}'_i \boldsymbol{\beta} < y_{i2} < y_{i1} + \Delta \mathbf{x}'_i \boldsymbol{\beta})\} = \mathbf{0} \end{aligned} \tag{8.4.13}$$

的样本矩。Honoré（1992）证明，如果 u 的密度函数取对数后是严格凹的，则$\hat{\boldsymbol{\beta}}$和$\tilde{\boldsymbol{\beta}}$是一致的且渐近分布是正态分布。$\sqrt{N}(\hat{\boldsymbol{\beta}} - \boldsymbol{\beta})$ 和$\sqrt{N}(\tilde{\boldsymbol{\beta}} - \boldsymbol{\beta})$ 的渐近协方差矩阵可由

$$\text{Asy Cov}(\sqrt{N}(\hat{\boldsymbol{\beta}} - \boldsymbol{\beta})) = \Gamma_1^{-1} V_1 \Gamma_1^{-1} \tag{8.4.14}$$

和

$$\text{Asy Cov}(\sqrt{N}(\tilde{\boldsymbol{\beta}} - \boldsymbol{\beta})) = \Gamma_2^{-1} V_2 \Gamma_2^{-1} \tag{8.4.15}$$

近似，其中 V_1，V_2，Γ_1 以及 Γ_2 可由

$$\hat{V}_1=\frac{1}{N}\sum_{i=1}^{N}1\{-y_{i1}<\Delta\mathbf{x}'_i\hat{\boldsymbol{\beta}}<y_{i2}\}\Delta\mathbf{x}_i\Delta\mathbf{x}'_i \tag{8.4.16}$$

$$\hat{V}_2=\frac{1}{N}\sum_{i=1}^{N}1\{-y_{i1}<\Delta\mathbf{x}'_i\tilde{\boldsymbol{\beta}}<y_{i2}\}(\Delta y_i-\Delta\mathbf{x}'_i\tilde{\boldsymbol{\beta}})^2\Delta\mathbf{x}_i\Delta\mathbf{x}'_i \tag{8.4.17}$$

$$\begin{aligned}\hat{\Gamma}_1{}^{(j,k)}=\frac{1}{h_N}\Big[&\frac{1}{N}\sum_{i=1}^{N}(1\{\Delta y_i<\Delta\mathbf{x}'_i(\hat{\boldsymbol{\beta}}+h_N\,\mathbf{i}_k)<y_{i2}\}\\&\qquad-1\{-y_{i1}<\Delta\mathbf{x}'_i(\hat{\boldsymbol{\beta}}+h_N\,\mathbf{i}_k)<\Delta y_i\})\Delta\mathbf{x}_i^{(j)}\\&+\frac{1}{N}\sum_{i=1}^{N}(-1\{\Delta y_i<\Delta\mathbf{x}'_i\hat{\boldsymbol{\beta}}<y_{i2}\}\\&\qquad+1\{-y_{i1}<\Delta\mathbf{x}'_i\hat{\boldsymbol{\beta}}<\Delta y_i\})\Delta\mathbf{x}_i^{(j)}\Big]\end{aligned} \tag{8.4.18}$$

$$\begin{aligned}\hat{\Gamma}_2{}^{(j,k)}=\frac{1}{h_N}\Big[&\frac{1}{N}\sum_{i=1}^{N}1\{-y_{i1}<\Delta\mathbf{x}'_i(\tilde{\boldsymbol{\beta}}+h_N\,\mathbf{i}_k)<y_{i2}\}\\&\qquad\times(\Delta y_i-\Delta\mathbf{x}'_i(\tilde{\boldsymbol{\beta}}+h_N\,\mathbf{i}_k))\Delta\mathbf{x}_i^{(j)}\\&-\frac{1}{N}\sum_{i=1}^{N}1\{-y_{i1}<\Delta\mathbf{x}'_i\tilde{\boldsymbol{\beta}}<y_{i2}\}(\Delta y_i-\Delta\mathbf{x}'_i\tilde{\boldsymbol{\beta}})\Delta\mathbf{x}_i^{(j)}\Big]\end{aligned} \tag{8.4.19}$$

近似，其中 $\Gamma_\ell{}^{(j,k)}$ 表示 Γ_ℓ 处于（j，k）位置的元素（$\ell=1$，2），$\Delta\mathbf{x}_i^{(j)}$ 表示 $\Delta\mathbf{x}_i$ 的第 j 个坐标值，$\mathbf{i}_k$ 是第 k 个分量为 1 的单位向量，而 h_N 以 $N^{-\frac{1}{5}}$ 的速度趋于零。因 Γ_ℓ 是关于 y 的密度和条件期望的函数，所以带宽因子 h_N 出现在式（8.4.18）和（8.4.19）中［Honoré (1992)］。

8.4.1.b 截取回归

数据是截取数据时，我们可获得数据 $\{y_{it}, \mathbf{x}_{it}\}$，其中 $y_{it}=\max(0, y_{it}^*)$，($i=1$，…，N，$t=1$，…，T)。换句话说，y_{it} 的值是 0 或某正数，这一点与 y_{it} 只是正数的断尾数据不同。当然，我们可丢弃对应 $y_{it}=0$ 的观测（y_{it}，$\mathbf{x}_{it}$），并将该截取回归模型当作断尾回归模型，然后使用 8.4.1.a 节中的方法。但这样的处理将导致信息的损失。

对于截取数据情形，当 $\boldsymbol{\beta}'\Delta\mathbf{x}_i<0$ 时，除关系（8.4.9a,b）外，$y_{i1}\leqslant-\boldsymbol{\beta}'\Delta\mathbf{x}_i$ 和 $y_{i2}>0$ 的联合概率等于 $y_{i1}>-\boldsymbol{\beta}'\Delta\mathbf{x}_i$ 和 $y_{i2}=0$ 的联合概率，两个概率分别如图 8.6 所示的区域 A_2 和 B_2 所示。$\boldsymbol{\beta}'\Delta\mathbf{x}_i>0$ 时，$y_{i1}=0$ 和 $y_{i2}>\boldsymbol{\beta}'\Delta\mathbf{x}_i$ 的联合概率等于 $y_{i1}>0$ 和 $y_{i2}\leqslant\boldsymbol{\beta}'\Delta\mathbf{x}_i$ 的联合概率，如图 8.7 所示。换句话说，控制（$\mathbf{x}_{i1}$，$\mathbf{x}_{i2}$，α_i）后，（y_{i1}^*，y_{i2}^*）的分布关于过（$\mathbf{x}'_{i1}\boldsymbol{\beta}+\alpha_i$，$\mathbf{x}'_{i2}\boldsymbol{\beta}+\alpha_i$）的 45 度直线对称，或者说，关于过（$-\Delta\mathbf{x}'_i\boldsymbol{\beta}$，0）的 45 度直线 $L'L$ 对称，如图 8.6 或图 8.7 所示。由于该结论对 α_i 的任何值都成立，所以对（y_{i1}^*，y_{i2}^*）在（$\mathbf{x}_{i1}$，$\mathbf{x}_{i2}$）下的条件分布，类似的结论仍成立。$\Delta\mathbf{x}'_i\boldsymbol{\beta}<0$ 时，（y_{i1}^*，y_{i2}^*）的分布关于 $L'L$ 对称表明（y_{i1}^*，y_{i2}^*）落在区域 $A_1=\{(y_{i1}^*,y_{i2}^*):y_{i1}^*>-\Delta\mathbf{x}'_i\boldsymbol{\beta},y_{i2}^*>y_{i1}^*+\Delta\mathbf{x}'_i\boldsymbol{\beta}\}$ 中的概率等于它落在区域 $B_1=\{(y_{i1}^*,y_{i2}^*):y_{i1}^*>-\Delta\mathbf{x}'_i\boldsymbol{\beta},0<y_{i2}^*<y_{i1}^*+\Delta\mathbf{x}'_i\boldsymbol{\beta}\}$ 中的概率。类似地，（y_{i1}^*，y_{i2}^*）落在区域 $A_2=\{(y_{i1}^*,y_{i2}^*):y_{i1}^*<-\Delta\mathbf{x}'_i\boldsymbol{\beta},y_{i2}^*>0\}$ 中的概率等于它落在

区域 $B_2=\{(y_{i1}^*,y_{i2}^*):y_{i1}^*>-\Delta\mathbf{x}_i'\boldsymbol{\beta},y_{i2}^*\leqslant 0\}$ 中的概率，如图 8.6 所示。$\Delta\mathbf{x}_i'\boldsymbol{\beta}>0$ 时，（y_{i1}^*，y_{i2}^*）落在区域 $A_1=\{(y_{i1}^*,y_{i2}^*):y_{i1}^*>0,y_{i2}^*>y_{i1}^*+\Delta\mathbf{x}_i'\boldsymbol{\beta}\}$ 中的概率等于它落在区域 $B_1=\{(y_{i1}^*,y_{i2}^*):y_{i1}^*>0,\Delta\mathbf{x}_i'\boldsymbol{\beta}<y_{i2}^*<y_{i1}^*+\Delta\mathbf{x}_i'\boldsymbol{\beta}\}$ 中的概率，且它落在区域 $A_2=\{(y_{i1}^*,y_{i2}^*):y_{i1}^*\leqslant 0,y_{i2}^*>\Delta\mathbf{x}_i'\boldsymbol{\beta}\}$ 中的概率等于它落在区域 $B_2=\{(y_{i1}^*,y_{i2}^*):y_{i1}^*>0,y_{i2}^*\leqslant\Delta\mathbf{x}_i'\boldsymbol{\beta}\}$ 中的概率，如图 8.7 所示。因此，控制（$\mathbf{x}_{i1}$，$\mathbf{x}_{i2}$）后（y_{i1}^*，y_{i2}^*）落在 $A=(A_1\cup A_2)$ 中的概率等于它落在 $B=(B_1\cup B_2)$ 中的概率。由于这些概率都没有受到截取的影响，所以在截取样本中相同的结论仍成立。这表明

$$E[(1\{(y_{i1},y_{i2})\in A\}-1\{(y_{i1},y_{i2})\in B\})\Delta\mathbf{x}_i]=\mathbf{0} \tag{8.4.20}$$

换句话说，要重构截取观测关于其期望值的对称性，我们必须丢弃满足（$y_{i1}=0$，$y_{i2}<\Delta\mathbf{x}_i'\boldsymbol{\beta}$）或（$y_{i1}<-\Delta\mathbf{x}_i'\boldsymbol{\beta}$，$y_{i2}=0$）的观测。

同理，控制（$\mathbf{x}_{i1}$，$\mathbf{x}_{i2}$）后，从 A 中的点（y_{i1}，y_{i2}）到 A 边界垂直距离的期望值等于 B 中的点（y_{i1}，y_{i2}）到 B 边界水平距离的期望值。A_1 中的点（y_{i1}，y_{i2}）到 $L'L$ 的垂直距离是（$\Delta y_i-\Delta\mathbf{x}_i'\boldsymbol{\beta}$）。$B_1$ 中的点（y_{i1}，y_{i2}）到 $L'L$ 的水平距离是 $y_{i1}-(y_{i2}-\Delta\mathbf{x}_i'\boldsymbol{\beta})=-(\Delta y_i-\Delta\mathbf{x}_i'\boldsymbol{\beta})$。$A_2$ 中的点（y_{i1}，y_{i2}）到 A_2 边界的垂直距离是 $y_{i2}-\max(0,\Delta\mathbf{x}_i'\boldsymbol{\beta})$。$B_2$ 中的点（y_{i1}，y_{i2}）到 A_2 边界的水平距离是 $y_{i1}-\max(0,-\Delta\mathbf{x}_i'\boldsymbol{\beta})$。因此

$$\begin{aligned}&E[(1\{(y_{i1},y_{i2})\in A_1\}(\Delta y_i-\Delta\mathbf{x}_i'\boldsymbol{\beta})+1\{(y_{i1},y_{i2})\in A_2\}\\&\quad\times(y_{i2}-\max(0,\Delta\mathbf{x}_i'\boldsymbol{\beta}))-1\{(y_{i1},y_{i2})\in B_1\}(\Delta y_i-\Delta\mathbf{x}_i'\boldsymbol{\beta})\\&\quad-1\{(y_{i1},y_{i2})\in B_2\}(y_{i1}-\max(0,-\Delta\mathbf{x}_i'\boldsymbol{\beta})))\Delta\mathbf{x}_i]=\mathbf{0}\end{aligned} \tag{8.4.21}$$

最小化目标函数

$$\begin{aligned}Q_N^*(\boldsymbol{\beta})&=\sum_{i=1}^N[1-1\{y_{i1}\leqslant-\Delta\mathbf{x}_i'\boldsymbol{\beta},y_{i2}\leqslant 0\}]\\&\qquad\times[1-1\{y_{i2}\leqslant\Delta\mathbf{x}_i'\boldsymbol{\beta},y_{i1}\leqslant 0\}]\,|\,\Delta y_i-\Delta\mathbf{x}_i'\boldsymbol{\beta}\,|\\&=\sum_{i=1}^N\psi^*(y_{i1},y_{i2},\Delta\mathbf{x}_i'\boldsymbol{\beta})\end{aligned} \tag{8.4.22}$$

$$\begin{aligned}R_N^*(\boldsymbol{\beta})&=\sum_{i=1}^N\{[\max\{y_{i2},\Delta\mathbf{x}_i'\boldsymbol{\beta}\}-\max\{y_{i1},-\Delta\mathbf{x}_i'\boldsymbol{\beta}\}-\Delta\mathbf{x}_i'\boldsymbol{\beta}]^2\\&\qquad-2\times 1\{y_{i1}<-\Delta\mathbf{x}_i'\boldsymbol{\beta}\}(y_{i1}+\Delta\mathbf{x}_i'\boldsymbol{\beta})y_{i2}\\&\qquad-2\times 1\{y_{i2}<\Delta\mathbf{x}_i'\boldsymbol{\beta}\}(y_{i2}-\Delta\mathbf{x}_i'\boldsymbol{\beta})y_{i1}\}\\&=\sum_{i=1}^N\chi(y_{i1},y_{i2},\Delta\mathbf{x}_i'\boldsymbol{\beta})\end{aligned} \tag{8.4.23}$$

可导出 Honoré（1992）估计截取回归模型时提出的配对修整 LAD 估计量 $\hat{\boldsymbol{\beta}}^*$ 和配对修整 LS 估计量 $\tilde{\boldsymbol{\beta}}^*$，其中

$$\psi^*(w_1,w_2,c)=\begin{cases}0 & \text{如果 } w_1\leqslant\max\{0,-c\}\text{ 且 } w_2\leqslant\max(0,c)\\ |\,w_2-w_1-c\,| & \text{其他}\end{cases}$$

而

$$\chi(w_1,w_2,c)=\begin{cases} w_1^2-2w_1(w_2-c) & \text{如果 } w_2\leqslant c \\ (w_2-w_1-c)^2 & \text{如果} -w_1<c<w_2 \\ w_2^2-2w_2(c+w_1) & \text{如果 } w_1\leqslant -c \end{cases}$$

目标函数（8.4.22）和（8.4.23）的一阶条件分别是矩条件（8.4.20）和（8.4.21）的样本矩。譬如，$(y_{i1},\ y_{i2})\in(A_1\cup B_1)$ 时，R_N^* 中相应的项是 $(\Delta y_i-\Delta\mathbf{x}_i'\boldsymbol{\beta})^2$。$(y_{i1},y_{i2})\in A_2$ 时，相应的项是 $y_{i2}^2-2\times1\{y_{i1}\leqslant-\Delta\mathbf{x}_i'\boldsymbol{\beta}\}(y_{i1}+\Delta\mathbf{x}_i'\boldsymbol{\beta})y_{i2}$。$(y_{i1},y_{i2})\in B_2$ 时，相应的项是 $y_{i1}^2-2\times1\{y_{i2}\leqslant\Delta\mathbf{x}_i'\boldsymbol{\beta}\}(y_{i2}-\Delta\mathbf{x}_i'\boldsymbol{\beta})y_{i1}$。第一项关于 $\boldsymbol{\beta}$ 的偏导收敛于 $E\{[1\{(y_{i1},y_{i2})\in A_1\}(\Delta y_i-\Delta\mathbf{x}_i'\boldsymbol{\beta})-1\{(y_{i1},y_{i2})\in B_1\}(\Delta y_i-\Delta\mathbf{x}_i'\boldsymbol{\beta})]\Delta\mathbf{x}_i\}$。第二项和第三项关于 $\boldsymbol{\beta}$ 的偏导是 $-2E[1\{(y_{i1},y_{i2})\in A_2\}y_{i2}\Delta\mathbf{x}_i-1\{(y_{i1},y_{i2})\in B_2\}y_{i1}\Delta\mathbf{x}_i]$。因为 $Q_N^*(\boldsymbol{\beta})$ 是分段线性的凸函数，$R_N^*(\boldsymbol{\beta})$ 是连续可微的凸函数，且除有限数量的点外二次可微，所以计算配对修整 LAD 估计量 $\hat{\boldsymbol{\beta}}^*$ 和配对修整 LS 估计量 $\tilde{\boldsymbol{\beta}}^*$ 比计算断尾估计量 $\hat{\boldsymbol{\beta}}$ 和 $\tilde{\boldsymbol{\beta}}$ 还要简单一些。

Honoré（1992）证明 $\hat{\boldsymbol{\beta}}^*$ 和 $\tilde{\boldsymbol{\beta}}^*$ 是一致的且渐近分布是正态分布。$\sqrt{N}(\hat{\boldsymbol{\beta}}^*-\boldsymbol{\beta})$ 的渐近协方差矩阵等于

$$\text{Asy Cov}(\sqrt{N}(\hat{\boldsymbol{\beta}}^*-\boldsymbol{\beta}))=\Gamma_3^{-1}V_3\Gamma_3^{-1} \tag{8.4.24}$$

而 $\sqrt{N}(\tilde{\boldsymbol{\beta}}^*-\boldsymbol{\beta})$ 的渐近协方差等于

$$\text{Asy Cov}(\sqrt{N}(\tilde{\boldsymbol{\beta}}^*-\boldsymbol{\beta}))=\Gamma_4^{-1}V_4\Gamma_4^{-1} \tag{8.4.25}$$

其中 V_3，V_4，Γ_3 以及 Γ_4 可由

$$\begin{aligned}\hat{V}_3=\frac{1}{N}\sum_{i=1}^N 1\{&[\Delta\mathbf{x}'_i\hat{\boldsymbol{\beta}}^*<\Delta y_i,y_{i2}>\max(0,\Delta\mathbf{x}'_i\hat{\boldsymbol{\beta}}^*)]\\ &\cup[\Delta y_i<\Delta\mathbf{x}'_i\hat{\boldsymbol{\beta}}^*,y_{i1}>\max(0,-\Delta\mathbf{x}'_i\hat{\boldsymbol{\beta}}^*)]\}\Delta\mathbf{x}_i\Delta\mathbf{x}'_i\end{aligned} \tag{8.4.26}$$

$$\begin{aligned}\hat{V}_4=\frac{1}{N}\sum_{i=1}^N&[y_{i2}^2 1\{\Delta\mathbf{x}'_i\tilde{\boldsymbol{\beta}}^*-y_{i1}\}+y_{i2}^2 1\{y_{i2}\leqslant\Delta\mathbf{x}'_i\tilde{\boldsymbol{\beta}}^*\}]\\ &+(\Delta y_i-\Delta\mathbf{x}'_i\tilde{\boldsymbol{\beta}}^*)^2 1\{-y_{i1}<\Delta\mathbf{x}'_i\tilde{\boldsymbol{\beta}}^*<y_{i2}\}\Delta\mathbf{x}_i\Delta\mathbf{x}'_i\end{aligned} \tag{8.4.27}$$

$$\begin{aligned}\hat{\Gamma}_3^{(j,k)}=\frac{-1}{h_N}\Big\{&\frac{1}{N}\sum_{i=1}^N[1\{y_{i2}>0,y_{i2}>y_{i1}+\Delta\mathbf{x}'_i(\hat{\boldsymbol{\beta}}^*+h_N\,\mathbf{i}_k)\}\\ &\qquad-1\{y_{i1}>0,y_{i1}>y_{i2}-\Delta\mathbf{x}'_i(\hat{\boldsymbol{\beta}}^*+w_n\,\mathbf{i}_k)\}]\Delta\mathbf{x}_i^{(j)}\\ &-\frac{1}{N}\sum_{i=1}^N[1\{y_{i2}>0,y_{i2}>y_{i1}+\Delta\mathbf{x}'_i\hat{\boldsymbol{\beta}}^*\}\\ &\qquad-1\{y_{i1}>0,y_{i1}>y_{i2}-\Delta\mathbf{x}'_i\hat{\boldsymbol{\beta}}^*\}]\Delta\mathbf{x}_i^{(j)}\Big\}\end{aligned} \tag{8.4.28}$$

和

$$\hat{\Gamma}_4=\frac{1}{N}\sum_{i=1}^N 1\{-y_{i1}<\Delta\mathbf{x}'_i\tilde{\boldsymbol{\beta}}^*<y_{i2}\}\Delta\mathbf{x}_i\Delta\mathbf{x}'_i \tag{8.4.29}$$

近似。

我们已给出 $T=2$ 时的断尾和截取估计量，对它们稍作修改就可得到 $T>2$

时的估计量。譬如，当 $T>2$ 时，对目标函数（8.4.23）适当修改后可导出估计量

$$\tilde{\boldsymbol{\beta}}^{*} = \arg\min \sum_{i=1}^{N} \sum_{t=2}^{T} \chi(y_{i,t-1}, y_{it}, (\mathbf{x}_{it} - \mathbf{x}_{i,t-1})' \boldsymbol{\beta}) \tag{8.4.30}$$

8.4.2 内生确定的样本选择模型的半参数两步估计量

本小节我们考虑内生确定的样本选择模型的估计，在线性回归模型（8.3.1）中，样本选择规则由二值响应模型（8.3.4）和（8.1.17）确定，与模型（8.1.18）类似，如果 $d_{it}=1$ 则 $y_{it}^{*}=y_{it}$，如果 $d_{it}=0$ 则 y_{it}^{*} 是未知的。我们假定模型（8.3.1）和（8.3.4）都包含非观测固定的个体特异效应 α_i 和 η_i，它们可与解释变量任意相关。Kyriazidou（1997）为估计感兴趣的主要回归模型（8.3.1），利用 Heckman（1976a）估计参数模型的两步估计法思想提出一个两步半参数法。第一步，用某个半参数方法一致地估计选择方程（8.3.4）的未知系数 $\mathbf{a}$。第二步，以 $d_{it}=1$ 为条件，将这些估计量代入感兴趣的模型（8.3.1），并用加权最小二乘法对它进行估计。对观测到的 y_{it} 求时间维度上的差分消除主方程中的固定效应。对满足 $\mathbf{w}_{it}'\hat{\mathbf{a}} \simeq \mathbf{w}_{is}'\hat{\mathbf{a}}$ 的观测，在时间维度上对 y_{it} 和 y_{is} 差分可清除选择效应，因为如果确定选择的可观测变量的影响在各时期保持不变，则选择效应的大小在各时期相同。

如果不存在样本选择（即对所有的 i 和 t 都有 $d_{it}=1$），或者控制 α_i 与 $\mathbf{x}_{it}$ 后 u_{it} 和 v_{it} 不相关，则模型（8.3.1）和（8.1.18）对应第 3 章讨论的平衡面板数据或随机缺失数据的变截距模型。[8] 如果 u_{it} 和 v_{it} 相关，则因为 $E(u_{it} \mid \mathbf{x}_{it}, \mathbf{w}_{it}, \alpha_i, d_{it}=1) \neq 0$ 而产生样本选择问题。令 $\lambda(\cdot)$ 表示 u 在 $d=1$，$\mathbf{x}$，$\mathbf{w}$，α 和 η 下的条件期望；则以 $d_{it}=1$ 为条件，我们可将模型（8.3.1）和（8.1.19）记为

$$y_{it} = \alpha_i + \boldsymbol{\beta}' \mathbf{x}_{it} + \lambda(\eta_i + \mathbf{w}'_{it}\mathbf{a}) + \epsilon_{it} \tag{8.4.31}$$

其中 $E(\epsilon_{it} \mid \mathbf{x}_{it}, \mathbf{w}_{it}, d_{it}=1)=0$。

选择函数 $\lambda(\cdot)$ 由 u 和 v 的联合分布确定。譬如，如果 u 和 v 是二元正态分布的，则我们有 Heckman 样本选择纠正函数

$$\lambda(\eta_i + \mathbf{w}'_{it}\mathbf{a}) = \frac{\sigma_{uv}}{\sigma_v} \frac{\phi\left(\dfrac{\eta_i + \mathbf{w}'_{it}\mathbf{a}}{\sigma_v}\right)}{\Phi\left(\dfrac{\eta_i + \mathbf{w}'_{it}\mathbf{a}}{\sigma_v}\right)}$$

因此，如果短面板中存在样本选择或损耗问题，则由于模型中存在引起关联参数问题的非观测效应 α_i，以及因

$$E(u_{it} \mid \mathbf{x}_{it}, \mathbf{w}_{it}, d_{it}=1) = \lambda(\eta_i + \mathbf{w}'_{it}\mathbf{a})$$

导致的选择性偏误，我们不可只基于可观测信息做 y_{it} 关于 $\mathbf{x}_{it}$ 的回归。

我们对 t 和 s 两个时期观测的个体（它们满足 $d_{it}=d_{is}=1$）做关于时间维度的差分，就很容易地清除了式（8.4.23）中出现的个体特异效应。但关于时间维度的差分不能清除样本选择因子。如果控制给定的 i 后，$(u_{it},\ v_{it})$ 是平稳的，且 $\mathbf{w}_{it}'\mathbf{a}=\mathbf{w}_{is}'\mathbf{a}$，则 $\lambda(\eta_i+\mathbf{w}_{it}'\mathbf{a})=\lambda(\eta_i+\mathbf{w}_{is}'\mathbf{a})$。所以，只要 y_{it} 和 y_{is} 都可观测，则模型（8.4.31）中第 t 期和第 s 期方程的差分

$$\Delta y_{its}=y_{it}-y_{is}=(\mathbf{x}_{it}-\mathbf{x}_{is})'\boldsymbol{\beta}+(\epsilon_{it}-\epsilon_{is})=\Delta\mathbf{x}_{its}'\boldsymbol{\beta}+\Delta\epsilon_{its} \qquad (8.4.32)$$

将不再包含个体特有效应 α_i 或选择因子 $\lambda(\eta_i+\mathbf{w}_{it}'\mathbf{a})$。

Ahn 和 Powell（1993）证明，如果 λ 是充分光滑的函数，且 $\hat{\mathbf{a}}$ 是 $\mathbf{a}$ 的一致估计，则差分 $(\mathbf{w}_{it}-\mathbf{w}_{is})'\hat{\mathbf{a}}$ 接近零的观测满足 $\lambda_{it}-\lambda_{is}\simeq 0$。因此，Kyriazidou（1997）推广了 Ahn 和 Powell（1993）的配对差分概念并建议分两步估计固定效应样本选择模型：第一步，用 Andersen（1970）和 Chamberlain（1980）的条件最大似然方法或者用 Horowitz（1992）和 Lee（1999）的光滑 Manski（1975）最大得分法（在第 7 章中讨论过）估计 $\mathbf{a}$。第二步，用估计的 $\hat{\mathbf{a}}$，基于满足 $d_{it}=d_{is}=1$ 的配对观测和 $(\mathbf{w}_{it}-\mathbf{w}_{is})'\hat{\mathbf{a}}$ 接近零的配对观测估计 $\boldsymbol{\beta}$。最后一个条件通过给各配对观测赋予一个权重而实现，该权重与 $(\mathbf{w}_{it}-\mathbf{w}_{is})'\hat{\mathbf{a}}$ 的大小反向相关，因此选择效应差异越大的配对观测在估计时获得的权重越小。Kyriazidou（1997）估计量为

$$\hat{\boldsymbol{\beta}}_K=\left\{\sum_{i=1}^{N}\frac{1}{T_i-1}\sum_{1\leqslant s<t\leqslant T_i}(\mathbf{x}_{it}-\mathbf{x}_{is})(\mathbf{x}_{it}-\mathbf{x}_{is})'K\left[\frac{(\mathbf{w}_{it}-\mathbf{w}_{is})'\hat{\mathbf{a}}}{h_N}\right]d_{it}d_{is}\right\}^{-1}$$
$$\times\left\{\sum_{i=1}^{N}\frac{1}{T_i-1}\sum_{1\leqslant s<t\leqslant T_i}(\mathbf{x}_{it}-\mathbf{x}_{is})(y_{it}-y_{is})K\left[\frac{(\mathbf{w}_{it}-\mathbf{w}_{is})'\hat{\mathbf{a}}}{h_N}\right]d_{it}d_{is}\right\} \qquad (8.4.33)$$

其中 T_i 表示观测到第 i 个个体的 y_i 为正数的次数，K 是随其参数的值递增时趋于零的核密度函数，h_N 是正值常数或带宽，当 $N\rightarrow\infty$ 时趋于零。乘以核密度函数 $K(\cdot)$ 的作用赋予满足 $(1/h_N)(\mathbf{w}_{it}-\mathbf{w}_{is})'\hat{\mathbf{a}}\simeq 0$ 的观测更多权重，而赋予 $\mathbf{w}_{it}'\hat{\mathbf{a}}$ 和 $\mathbf{w}_{is}'\hat{\mathbf{a}}$ 不等的观测更少权重，估计量（8.4.33）仅使用极限形式满足 $\mathbf{w}_{it}'\mathbf{a}=\mathbf{w}_{is}'\mathbf{a}$ 的观测。在确当的正则性条件下，估计量（8.4.33）是一致的，但收敛的速度与 $\sqrt{Nh_N}$ 成正比，比标准的样本容量平方根慢了很多。

$T=2$ 时，可用 Eicker（1963）和 White（1980）的公式（他们用该公式逼近异方差线性回归的最小二乘估计量的渐近协方差矩阵）逼近 Kyriazidou（1997）估计量（8.4.33）的渐近协方差矩阵

$$\left(\sum_{i=1}^{N}\hat{\mathbf{x}}_i\hat{\mathbf{x}}_i'\right)^{-1}\sum_{i=1}^{N}\hat{\mathbf{x}}_i\hat{\mathbf{x}}_i'\Delta\hat{e}_i^{\,2}\left(\sum_{i=1}^{N}\hat{\mathbf{x}}_i\hat{\mathbf{x}}_i'\right)^{-1} \qquad (8.4.34)$$

其中，$\hat{\mathbf{x}}_i=K(\Delta\mathbf{w}_i'\hat{\mathbf{a}}/h_N)^{1/2}\Delta\mathbf{x}_i(d_{i2}d_{i1})$ 和 $\Delta\hat{e}_i$ 是模型（8.4.32）估计的残差。

如果只有一个可观测的断尾样本，则 $\hat{\mathbf{a}}$ 的第一阶段估计无法实施。不过，在估计量（8.4.33）中用多元核密度函数 $K((\mathbf{w}_{it}-\mathbf{w}_{is})/h_N)$ 代替 $K[\Delta\mathbf{w}_{its}\hat{\mathbf{a}}/h_N]$ 后可确保仅使用满足 $\Delta\mathbf{w}_{its}'\mathbf{a}=0$ 的观测。但估计量（8.4.33）收敛于真值 $\boldsymbol{\beta}$ 的速度是

$\sqrt{Nh_N^k}$（这里 k 表示 $\mathbf{w}_{it}$ 的维数）。由于当 $N\to\infty$ 时 h_N 收敛于零，所以这个速度比 $\sqrt{Nh_N}$ 慢了很多。

8.5 案例：住房支出

Charlier，Melenberg 和 van Soest（2001）利用荷兰社会经济面板（SEP）1987—1989 年间的波动数据估计住房支出占总支出份额的内生切换回归模型：

$$d_{it}=1(\mathbf{w}'_{it}\mathbf{a}+\eta_i+v_{it}>0) \tag{8.5.1}$$

$$y_{1it}=\boldsymbol{\beta}'_1\mathbf{x}_{it}+\alpha_{1i}+u_{1it}\qquad \text{如果 } d_{it}=1 \tag{8.5.2}$$

$$y_{2it}=\boldsymbol{\beta}'_2\mathbf{x}_{it}+\alpha_{2i}+u_{2it}\qquad \text{如果 } d_{it}=0 \tag{8.5.3}$$

其中 d_{it} 表示拥有房产还是租房，对房产所有者取值为 1，对租房者取值为 0；y_{1it} 和 y_{2it} 分别是房产所有者和租房者用于住房的预算份额；$\mathbf{w}_{it}$ 和 $\mathbf{x}_{it}$ 是解释变量向量；η_i，α_{1i}，α_{2i} 是非观测家庭特异效应；v_{it}，u_{1it}，u_{2it} 是误差项。用于住房的预算份额定义为住房支出占总支出的比例。租房者的住房支出是由家庭支付的租金。房产所有者的住房支出由质押的净利息成本、净支付租金（没有土地所有权时）、房产税、房屋保险成本、持有房屋的机会成本（这占到了房屋价值减去质押额的 4%）、维护成本，再减去房屋价值升值部分组成。他们的解释变量有户主的教育水平（DOP）、户主的年龄（AGE）、年龄的平方（AGE2）、婚姻状态（DMAR）、月家庭收入的对数（LINC）、月家庭收入对数的平方（L2INC）、月家庭总支出（EXP）、月家庭总支出的对数（LEXP）、月家庭总支出对数的平方（L2EXP）、子女个数（NCH）、长期租房价格的对数（LRP）、自有房屋税后长期价格的对数（LOP），以及 LRP－LOP。排除在持有方式选择方程（8.5.1）之外的变量有 DOP、LEXP、L2EXP、LRP 和 LOP。排除在预算份额方程［（8.5.2）和（8.5.3）］外的变量有 DOP、LINC、L2INC、EXP、NCH 和 LRP－LOP。

他们估计了有样本选择和无样本选择的随机效应和固定效应模型。但由于 $\mathbf{x}$ 包括 LEXP 和 L2EXP，且这两个变量可能是内生的，故 Charlier，Melenberg 和 van Soest（2001）还用工具变量（IV）法估计了该模型。譬如，考虑到 LEXP 和 L2EXP 可能的内生性，他们将 Kyriazidou（1997）加权最小二乘估计量修正为

$$\hat{\boldsymbol{\beta}}_{KN}=\left\{\sum_{i=1}^{N}\sum_{1\leqslant s<t\leqslant T_i}(\mathbf{x}_{it}-\mathbf{x}_{is})(\mathbf{z}_{it}-\mathbf{z}_{is})'K\left[\frac{(\mathbf{w}_{it}-\mathbf{w}_{is})'\hat{\mathbf{a}}}{h_N}\right]d_{it}d_{is}\right\}^{-1}$$
$$\times\left\{\sum_{i=1}^{N}\sum_{1\leqslant s<t\leqslant T_i}(\mathbf{z}_{it}-\mathbf{z}_{is})(y_{it}-y_{is})K\left[\frac{(\mathbf{w}_{it}-\mathbf{w}_{is})'\hat{\mathbf{a}}}{h_N}\right]d_{it}d_{is}\right\} \tag{8.5.4}$$

其中 $\mathbf{z}_{it}$ 是工具变量向量。

表 8.2 和表 8.3 分别列出了无选择修正和有选择修正的预算份额方程的固定效应和随机效应估计结果。Kyriazidou（1997）估计量基于持有选择方程

(8.5.1) 的第一阶段 logit 估计得到。随机效应估计基于 Newey (1989) 级数展开方法 [Charlier，Melenberg 和 van Soest (2000)] 得到。这些结果之间的差异非常大。譬如，AGE、AGE2、LEXP、L2EXP 对应的参数和价格就明显不同于基于 IV 的随机效应模型中相应变量的参数和价格。它们还会导致关于利率弹性截然不同的结论。租房者和房产所有者的平均价格弹性在随机效应模型中大约是 −0.5，但在固定效应模型中房产所有者的弹性接近 −1，而租房者的弹性接近 −0.8。

表 8.2　　不带选择修正的预算份额方程的估计结果（括号内是标准误）[a]

变量	混合数据的随机效应	混合数据的 IV 随机效应	固定效应的线性模型	IV[b] 固定效应的线性模型
房产所有者				
常数项	4.102**(0.238)	4.939**(0.712)		
AGE	0.045**(0.009)	0.029**(0.010)	−0.073(0.041)	−0.063(0.044)
AGE2	−0.005**(0.001)	−0.003**(0.001)	0.009**(0.004)	0.009*(0.004)
LEXP	−0.977**(0.059)	−1.271**(0.178)	−0.769**(0.049)	−1.345**(0.269)
L2EXP	0.052**(0.003)	0.073**(0.011)	0.036**(0.003)	0.070**(0.016)
DMAR	0.036**(0.004)	0.027**(0.005)		
Dummy87			−0.001(0.003)	−0.000(0.004)
Dummy88			−0.002(0.001)	−0.001(0.002)
LOP	0.068**(0.010)	0.108**(0.010)	0.065**(0.016)	0.050**(0.018)
租房者				
常数项	2.914**(0.236)	3.056**(0.421)		
AGE	0.038**(0.007)	0.027**(0.007)	0.114**(0.034)	0.108**(0.035)
AGE2	−0.004**(0.000)	−0.003**(0.001)	−0.009*(0.004)	−0.009*(0.004)
LEXP	−0.772**(0.055)	−0.820**(0.106)	−0.800**(0.062)	−0.653**(0.219)
L2EXP	−0.040**(0.003)	0.045**(0.006)	0.039**(0.004)	0.031*(0.014)
DMAR	0.011**(0.002)	0.001**(0.003)		
Dummy87			−0.004(0.003)	−0.003(0.003)
Dummy88			−0.002(0.002)	−0.002(0.002)
LRP	0.119*(0.017)	0.112**(0.017)	0.057**(0.020)	0.060**(0.020)

[a] * 在 5%的水平上是显著的；**在 1%的水平上是显著的。

[b] 在 IV 估计中，AGE、AGE2、LINC、L2INC、Dummy87、Dummy88 和 LOP（对房产所有者）或 LRP（对租房者）用作工具变量。

资料来源：Charlier，Melenberg 和 van Soest (2001，表 3)。

表 8.3　有选择修正的预算份额方程的估计结果（括号内是标准误）[a]

变量	混合数据的随机效应[b]	混合数据的 IV 随机效应[c]	Kyriazidou OLS 估计	Kyriazidou IV[d] 估计
房产所有者				
常数项	2.595[e]	3.370[e]		
AGE	−0.040**(0.013)	−0.020(0.015)	0.083(0.083)	0.359**(0.084)
AGE2	0.004**(0.001)	0.002(0.001)	−0.008(0.008)	−0.033**(0.009)
LEXP	−0.594**(0.142)	−0.821(0.814)	−0.766**(0.102)	−0.801**(0.144)
L2EXP	0.026**(0.008)	0.042(0.050)	0.036**(0.006)	0.036**(0.008)
DMAR	0.006 (0.007)	0.012(0.007)		
LOP	0.126**(0.012)	0.121**(0.011)	0.006(0.030)	0.001(0.029)
Dummy87			−0.006(0.007)	−0.013(0.007)
Dummy88			−0.004(0.004)	−0.008(0.004)
租房者				
常数项	2.679[d]	1.856[d]		
AGE	−0.037**(0.012)	−0.027* (0.012)	0.127* (0.051)	0.082(0.080)
AGE2	0.004**(0.001)	0.003* (0.001)	−0.018**(0.006)	−0.014(0.007)
LEXP	−0.601**(0.091)	−0.417(0.233)	−0.882**(0.087)	−0.898**(0.144)
L2EXP	0.027**(0.005)	0.016(0.015)	0.044**(0.005)	0.044**(0.009)
DMAR	−0.021**(0.005)	−0.019**(0.005)		
LRP	0.105**(0.016)	0.106**(0.016)	0.051(0.028)	0.024(0.030)
Dummy87			−0.024**(0.007)	−0.023(0.013)
Dummy88			−0.009* (0.004)	−0.012(0.007)

[a] * 在 5%的水平上是显著的；**在 1%的水平上是显著的。

[b]估计选择方程时使用单指标 ML probit 序列近似。

[c]在 IV 估计中，AGE、AGE2、LINC、L2INC、DMAR 和 LOP（对房产所有者）或 LRP（对租房者）用作工具变量。

[d]在 IV 估计中，AGE、AGE2、LINC、L2INC、Dummy87 和 Dummy88 用作工具变量。

[e]在序列逼近中，估计包含对常数项的估计。

资料来源：Charlier，Melenberg 和 van Soest（2001，表 4）。

对 LEXP 和 L2EXP 内生性的 Hausman 设定检验也缺乏说服力。但在基于 Kyriazidou IV 估计和线性面板数据估计之差的选择性偏误的检验中，房产所有者检验统计量的值达 88.2，租房者的达 23.7，它们对自由度为 7 的 χ^2 分布在 5%的水平上是显著的。这表明该模型没有考虑份额方程［(8.5.2) 和 (8.5.3)］中误差项与选择方程（8.5.1）中误差项或固定效应的相关性，可能是一个误设的模型。

基于 Newey 工具变量估计和 Kyriazidou 工具变量估计差的家庭特异效应和各$\mathbf{x}$不相关的 Hausman（1978）设定检验中，检验统计量的值对房产所有者达232.1，对租房者达37.8。它们对自由度为5的χ^2分布在5%的水平上是显著的，因此拒绝了没有考虑家庭特异效应和解释变量相关性的随机效应模型。这些结果表明仅考虑非常特殊的选择机制（二者都可用横截面数据来估计）的线性面板数据模型或随机效应线性模型有可能受到了过多限制。

8.6 动态 Tobit 模型

8.6.1 动态截取模型

本节我们考虑**动态面板截取数据模型**（censored dynamic panel data model）[9]

$$y_{it}^* = \gamma y_{i,t-1}^* + \boldsymbol{\beta}' \mathbf{x}_{it} + \alpha_i + u_{it} \tag{8.6.1}$$

$$y_{it} = \begin{cases} y_{it}^* & \text{如果 } y_{it}^* > 0 \\ 0 & \text{如果 } y_{it}^* \leqslant 0 \end{cases} \tag{8.6.2}$$

假定u_{it}对所有的i和t是 i.i.d. 的。如果没有个体特异效应α_i（或对所有的i都有$\alpha_i=0$），则面板数据实际上在集中研究满足$y_{i,t-1}>0$的子样，从而允许忽略滞后因变量中的截取效应。因为$y_{i,t-1}>0$时$y_{i,t-1}=y_{i,t-1}^*$，所以当$\alpha_i=0$时，模型（8.6.1）和（8.6.2）变成了

$$y_{it}^* = \gamma y_{i,t-1}^* + \boldsymbol{\beta}' \mathbf{x}_{it} + u_{it} = \gamma y_{i,t-1} + \boldsymbol{\beta}' \mathbf{x}_{it} + u_{it} \tag{8.6.3}$$

因此，将$y_{i,t-1}$和$\mathbf{x}_{it}$当作与u_{it}独立的前定变量，对满足模型（8.6.3）的子样可应用在8.1节讨论的横截面静态模型的截取估计方法。

模型（8.6.1）中存在随机个体特异效应α_i时，即使假定α_i和$\mathbf{x}_i$无关，y_{is}^*和α_i对所有的s也是相关的。如果要应用 MLE 方法，则我们不仅要对个体特异效应和初始观测分布作出假设，而且计算也非常烦琐。为降低计算的复杂度，Arellano，Bover 和 Labeaga（1999）提出一个两步法。第一步将y_{it}^*在所有前期的y_{i0}^*，y_{i1}^*，…，$y_{i,t-1}^*$和$\mathbf{x}_{i1}$，…，$\mathbf{x}_{it}$上进行投影，估计y_{it}^*的约简型。第二步由y_{it}^*方程的约简型参数$\boldsymbol{\pi}_t$利用类似（3.8.14）的最小距离估计法估计（γ，$\boldsymbol{\beta}'$）。为避免第一步中的截取问题，他们建议，对第i个个体仅使用满足$y_{i0}>0$，…，$y_{i,s-1}>0$的数据（y_{is}，$y_{i,s-1}$，…，y_{i0}）。但为导出$\boldsymbol{\pi}_t$的估计，必须设定y_{it}^*在y_{i0}^*，y_{i1}^*，…，$y_{i,t-1}^*$下的条件分布。此外，约简型参数$\boldsymbol{\pi}_t$以一种高度非线性的方式与（γ，$\boldsymbol{\beta}'$）相关。因此，第二阶段的估计量不容易导出。所以，本节我们避开α_i是固定常数还是随机变量的问题，仅讨论由 Honoré（1993）和 Hu（1999）提出的修整估计量。

考虑$T=2$和可获取y_{i0}的情形。在图8.8和图8.9中，纵轴表示$y_{i2}^*-\gamma y_{i1}^*=$

$\tilde{y}_i^*(\gamma)$ 的值，横轴表示 y_{i1}^* 的值。如果 u_{i1} 和 u_{i2} 在（y_{i0}^*，$\mathbf{x}_{i1}$，$\mathbf{x}_{i2}$，α_i）下是 i. i. d. 的，则 y_{i1}^* 和 $y_{i2}^*-\gamma y_{i1}^*=\tilde{y}_{i2}^*(\gamma)$ 的分布关于直线（1）对称，直线（1）对应的函数为$\tilde{y}_{i2}^*(\gamma)=y_{i1}^*-\gamma y_{i0}^*+\boldsymbol{\beta}'\Delta\mathbf{x}_{i2}$［它是过（$\gamma y_{i0}^*+\boldsymbol{\beta}'\mathbf{x}_{i1}+\alpha_i$，$\boldsymbol{\beta}'\mathbf{x}_{i2}+\alpha_i$）和（$\gamma y_{i0}^*-\boldsymbol{\beta}'\Delta\mathbf{x}_{i2}$，0)的 45 度直线］。但截取破坏了这种对称性。我们仅观测到

$$y_{i1}=\max(0,y_{i1}^*)=\max(0,\gamma y_{i0}^*+\boldsymbol{\beta}'\mathbf{x}_{i1}+\alpha_i+u_{i1})$$

和 $y_{i2}=\max(0,\ \gamma y_{i1}^*+\boldsymbol{\beta}'\mathbf{x}_{i2}+\alpha_i+u_{i2})$ 或$\tilde{y}_{i2}(\gamma)=\max(-\gamma y_{i1}^*,y_{i2}^*-\gamma y_{i1}^*)$。也就是说，纵轴左边的观测被截取，且对任何 $y_{i1}=y_{i1}^*>0$，$y_{i2}=y_{i2}^*>0$ 表明 $y_{i2}^*-\gamma y_{i1}^*>-\gamma y_{i1}^*$。换句话说，直线$\tilde{y}_{i2}(\gamma)=-\gamma y_{i1}$［图 8.8 和图 8.9 中在直线（2）］下的观测被截取。如图 8.8 所示，控制（$\mathbf{x}_{i1}$，$\mathbf{x}_{i2}$，y_{i0}^*）后，y_{i1}^* 和 $y_{i2}^*-\gamma y_{i1}^*$ 的可观测范围不是关于直线（1）对称的，直线（1）是我们在 $\gamma\geqslant 0$，$\gamma y_{i0}^*-\boldsymbol{\beta}'\Delta\mathbf{x}_{i2}>0$ 时画出来的。为重构对称性，我们必须找到边界［纵轴和直线（2）］关于直线（1）的镜像，然后对落在两条新的直线外的观测对称断尾。

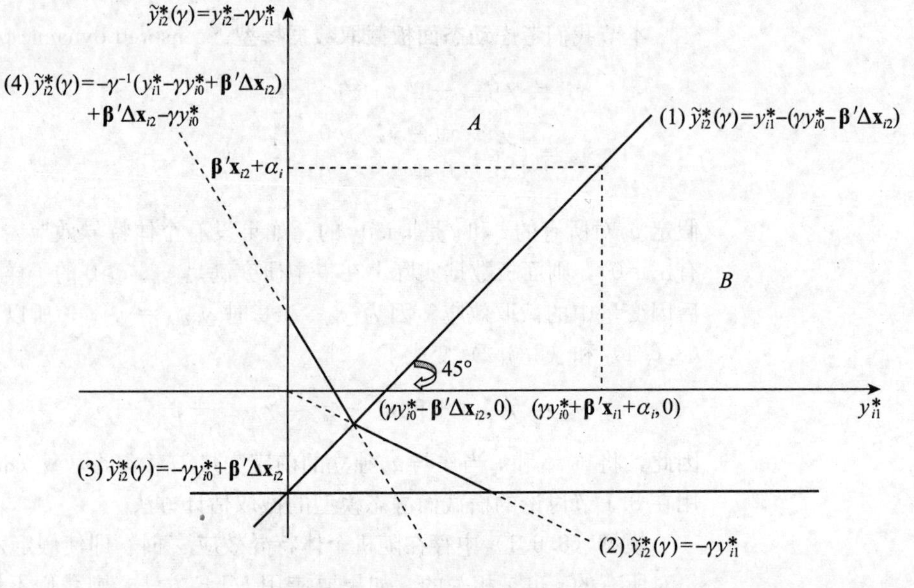

图 8.8　$\gamma>0$，$\gamma y_{i0}^*-\boldsymbol{\beta}'\Delta\mathbf{x}_{i2}>0$

纵轴关于直线（1）的镜像是水平线$\tilde{y}_{i2}^*(\gamma)=-\gamma y_{i0}^*+\boldsymbol{\beta}'\Delta\mathbf{x}_{i2}$［图 8.8 中的直线（3）］。直线（2）关于直线（1）的镜像的斜率等于直线（2）斜率的倒数$-\dfrac{1}{\gamma}$。故直线（2）的镜像是过直线（1）和直线（2）交点的直线$\tilde{y}_{i2}^*(\gamma)=-\dfrac{1}{\gamma}y_{i1}^*+c$。直线（1）和直线（2）的交点由$\overline{\tilde{y}}_{i2}^*(\gamma)=\overline{y}_{i1}^*-(\gamma y_{i0}^*-\boldsymbol{\beta}'\Delta\mathbf{x}_{i2})=-\gamma\overline{y}_{i1}^*$确定。求解［$\overline{y}_{i1}^*,\overline{\tilde{y}}_{i2}^*(\gamma)$］，可得$\overline{y}_{i1}^*=\dfrac{1}{1+\gamma}(\gamma y_{i0}^*-\boldsymbol{\beta}'\Delta\mathbf{x}_{i2})$，$\overline{\tilde{y}}_{i2}^*(\gamma)=-\dfrac{\gamma}{1+\gamma}(\gamma y_{i0}^*-\boldsymbol{\beta}'\Delta\mathbf{x}_{i2})$。将$\tilde{y}_{i2}^*(\gamma)=\overline{\tilde{y}}_{i2}^*(\gamma)$ 和 $y_{i1}^*=\overline{y}_{i1}^*$代入方程$\tilde{y}_{i2}^*(\gamma)=-\dfrac{1}{\gamma}y_{i1}^*+c$，得到 $c=\dfrac{1-\gamma}{\gamma}(\gamma y_{i0}^*-\boldsymbol{\beta}'\Delta\mathbf{x}_{i2})$。故直线（2）的镜像是$\tilde{y}_{i2}^*(\gamma)=-\dfrac{1}{\gamma}(y_{i1}^*-\gamma y_{i0}^*+\boldsymbol{\beta}'\Delta\mathbf{x}_{i2})-$

$(\gamma y_{i0}^* - \boldsymbol{\beta}'\Delta \mathbf{x}_{i2})$ [图 8.8 中的直线 (4)]。

图 8.9 描述了 $\gamma y_{i0}^* - \boldsymbol{\beta}'\Delta \mathbf{x}_{i2} < 0$ 时对称断尾回归的构建。由于在纵轴左边和直线 (2) 下边的观测被断尾去掉，所以纵轴关于直线 (1) 的镜像是直线 (3)。因此，如果我们对直线 (3) 之下的观测进行断尾，则余下的观测仍是关于直线 (1) 对称分布的。

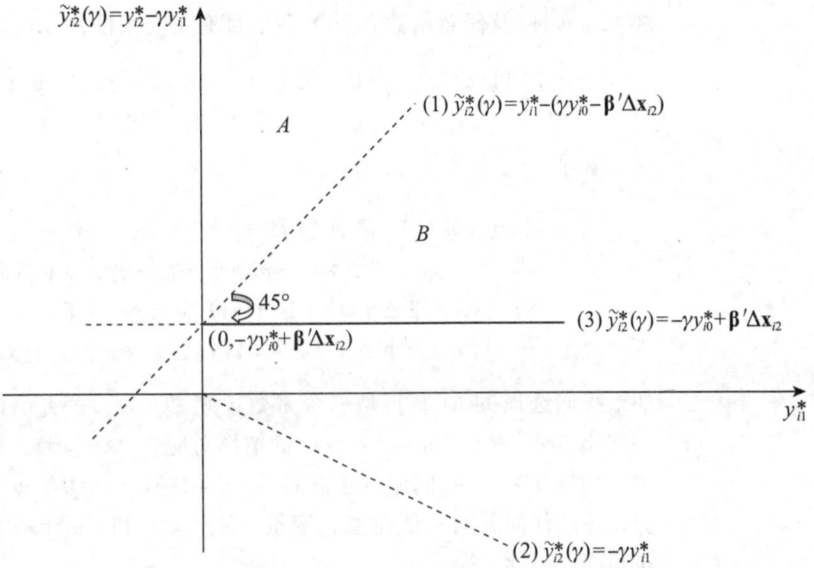

图 8.9　$\gamma > 0$，$\gamma y_{i0}^* - \boldsymbol{\beta}'\Delta \mathbf{x}_{i2} < 0$

在图 8.8 中，落在由直线 (2)、(3)、(4) 界定区域的东北角或在图 8.9 中由纵轴和直线 (3) 界定区域的东北角的观测 $[y_{i1}, \tilde{y}_{i2}(\gamma)]$ 是关于直线 (1) 对称分布的 [过 $(\gamma y_{i0}^* - \boldsymbol{\beta}'\Delta \mathbf{x}_{i2}, 0)$ 的 45 度直线]。45 度直线以上部分用 A 表示，45 度直线以下部分用 B 表示。则

$$\begin{aligned} A \cup B \equiv \{(y_{i1}, \tilde{y}_{i2}(\gamma)): & y_{i1} > 0, \tilde{y}_{i2}(\gamma) > -\gamma y_{i1} \\ & y_{i1} > \gamma y_{i0}^* - \boldsymbol{\beta}'\Delta \mathbf{x}_{i2} - \gamma(\tilde{y}_{i2}(\gamma) + \gamma y_{i0}^* - \boldsymbol{\beta}'\Delta \mathbf{x}_{i2}) \\ & \tilde{y}_{i2}(\gamma) > -\gamma y_{i0}^* + \boldsymbol{\beta}'\Delta \mathbf{x}_{i2}\} \\ = \{(y_{i1}, \tilde{y}_{i2}(\gamma)): & y_{i1} > 0, y_{i2} > 0 \\ & y_{i1} > \gamma y_{i0}^* - \boldsymbol{\beta}'\Delta \mathbf{x}_{i2} - \gamma(\tilde{y}_{i2}(\gamma) + \gamma y_{i0}^* - \boldsymbol{\beta}'\Delta \mathbf{x}_{i2}) \\ & \tilde{y}_{i2}(\gamma) > -\gamma y_{i0}^* + \boldsymbol{\beta}'\Delta \mathbf{x}_{i2}\} \end{aligned} \tag{8.6.4}$$

对称性表明，以 $y_{i0} > 0$，$y_{i1} > 0$，$y_{i2} > 0$ 为条件并控制 $\mathbf{x}_{i1}$，$\mathbf{x}_{i2}$ 后，观测落在区域 A 中的概率等于它落在区域 B 中的概率，即

$$\begin{aligned} & E\{(y_{i1}, \tilde{y}_{i2}(\gamma)) \in A \cup B\} \cdot [1\{y_{i1} - \tilde{y}_{i2}(\gamma) - \gamma y_{i0} + \boldsymbol{\beta}'\Delta \mathbf{x}_{i2} > 0\} \\ & \quad - 1\{y_{i1} - \tilde{y}_{i2}(\gamma) - \gamma y_{i0} + \boldsymbol{\beta}'\Delta \mathbf{x}_{i2} < 0\}] = 0 \end{aligned} \tag{8.6.5}$$

对称性的另一个含义是以 $y_{i0} > 0$，$y_{i1} > 0$，$y_{i2} > 0$ 为条件并控制 $\mathbf{x}_{i1}$，$\mathbf{x}_{i2}$ 后，A 中的点到直线 (1) 的垂直距离的期望值 $\tilde{y}_{i2}(\gamma) - y_{i1} + \gamma y_{i0} - \boldsymbol{\beta}'\Delta \mathbf{x}_{i2}$ 等于 B 中的点

到直线 $y_{i1}-\tilde{y}_{i2}(\gamma)-\gamma y_{i0}+\boldsymbol{\beta}'\Delta\mathbf{x}_{i2}=-(\tilde{y}_{i2}(\gamma)-y_{i1}+\gamma y_{i0}-\boldsymbol{\beta}'\Delta\mathbf{x}_{i2})$ 的水平距离的期望值。因此

$$E[1\{(y_{i1},\tilde{y}_{i2}(\gamma))\in A\cup B\}(y_{i1}-\tilde{y}_{i2}(\gamma)-\gamma y_{i0}+\boldsymbol{\beta}'\Delta\mathbf{x}_{i2})]=0 \tag{8.6.6}$$

更一般地，对所有的 (e_1, e_2) 都满足 $\xi(e_1,e_2)=-\xi(e_2,e_1)$ 的任意函数 $\xi(\cdot,\cdot)$，以及任意函数 $h(\cdot)$ 我们都有正交条件

$$\begin{aligned}E[1\{(y_{i1},\tilde{y}_{i2}(\gamma))\in A\cup B\}\cdot\xi(y_{i1}-\gamma y_{i0}+\boldsymbol{\beta}'\Delta\mathbf{x}_{i2},\tilde{y}_{i2}(\gamma))\\ \times h(y_{i0},\mathbf{x}_{i1},\mathbf{x}_{i2})]=0\end{aligned} \tag{8.6.7}$$

其中

$$\begin{aligned}1\{(y_{i1},\tilde{y}_{i2}(\gamma))\in A\cup B\}&\equiv 1\{y_{i0}>0,y_{i1}>0,y_{i2}>0\}\\ &\times[1\{\gamma y_{i0}-\boldsymbol{\beta}'\Delta\mathbf{x}_{i2}>0\}\cdot 1\{y_{i1}>\gamma y_{i0}-\boldsymbol{\beta}'\Delta\mathbf{x}_{i2}-\gamma(\tilde{y}_{i2}(\gamma)\\ &+\gamma y_{i0}-\boldsymbol{\beta}'\Delta\mathbf{x}_{i2})\}\cdot 1\{\tilde{y}_{i2}(\gamma)>-\gamma y_{i0}+\boldsymbol{\beta}'\Delta\mathbf{x}_{i2}\}\\ &+1\{\gamma y_{i0}-\boldsymbol{\beta}'\Delta\mathbf{x}_{i2}<0\}.1\{\tilde{y}_{i2}(\gamma)>-\gamma y_{i0}+\boldsymbol{\beta}'\Delta\mathbf{x}_{i2}\}]\end{aligned} \tag{8.6.8}$$

如果我们选择的 $h(\cdot)$ 是一个常数，则 $\xi(e_1,e_2)=\text{sgn}(e_1-e_2)$ 的情形对应式 (8.6.5)，而 $\xi(e_1, e_2)=e_1-e_2$ 的情形对应式 (8.6.6)。

如果 $T\geqslant 4$，我们还可考虑满足 $y_{i,t-1}>0$，$y_{it}>0$，$y_{i,s-1}>0$ 和 $y_{is}>0$ 的观测 y_{it}，y_{is} 的任何配对。请注意，变量 (α_i+u_{it}) 和 (α_i+u_{is}) 在 $\mathbf{x}_{it}$，$\mathbf{x}_{is}$ 下的条件分布相同。因此，令

$$\begin{aligned}W_{its}(\boldsymbol{\beta}',\gamma)&=\max\{0,(\mathbf{x}_{it}-\mathbf{x}_{is})'\boldsymbol{\beta},y_{it}-\gamma y_{i,t-1}\}-\mathbf{x}'_{it}\boldsymbol{\beta}\\ &=\max\{-\mathbf{x}'_{it}\boldsymbol{\beta},-\mathbf{x}'_{is}\boldsymbol{\beta},\alpha_i+u_{it}\}\end{aligned} \tag{8.6.9}$$

以及

$$\begin{aligned}W_{ist}(\boldsymbol{\beta}',\gamma)&=\max\{0,(\mathbf{x}_{is}-\mathbf{x}_{it})'\boldsymbol{\beta},y_{is}-\gamma y_{i,s-1}\}-\mathbf{x}'_{is}\boldsymbol{\beta}\\ &=\max\{-\mathbf{x}'_{is}\boldsymbol{\beta},-\mathbf{x}'_{it}\boldsymbol{\beta},\alpha_i+u_{is}\}\end{aligned} \tag{8.6.10}$$

那么控制 $(\mathbf{x}_{it}, \mathbf{x}_{is})$ 后，$W_{its}(\boldsymbol{\beta}', \gamma)$ 和 $W_{ist}(\boldsymbol{\beta}', \gamma)$ 的分布关于 45 度直线对称。这表明对任意函数 $h(\cdot)$ 都满足正交条件

$$\begin{aligned}E[1\{y_{i,t-1}>0,y_{it}>0,y_{i,s-1}>0,y_{is}>0\}\\ \times\xi(W_{its}(\boldsymbol{\beta}',\gamma),W_{ist}(\boldsymbol{\beta}',\gamma))\cdot h(\mathbf{x}_{it},\mathbf{x}_{is})]=0\end{aligned} \tag{8.6.11}$$

当 $T\geqslant 3$ 时，与基于三个连续的非截取观测的修正方法相比，对称修整法 (8.6.11) 要求的假设更弱，因为作为条件的变量不包含 y_{i0}。但该法将导致更为严格的修整。

在正交条件 (8.6.7) 或 (8.6.11) 的基础上，Hu (1999) 建议通过最小化 $\mathbf{m}_N(\boldsymbol{\theta})'A_N\mathbf{m}_N(\boldsymbol{\theta})$ [这里 $\mathbf{m}_N(\boldsymbol{\theta})$ 是矩条件 (8.6.7) 或 (8.6.11) 的样本矩，A_N 是 $N\to\infty$ 时收敛于某常数矩阵 A 的正定矩阵] 导出 $\boldsymbol{\theta}=(\boldsymbol{\beta}', \gamma)'$ 的 GMM 估计量。该 GMM 估计量的极限分布为

$$\sqrt{N}(\hat{\boldsymbol{\theta}}_{\text{GMM}}-\boldsymbol{\theta})\to N(\boldsymbol{\theta},(\Gamma'A\Gamma)^{-1}[\Gamma'AVA\Gamma](\Gamma'A\Gamma)^{-1}) \tag{8.6.12}$$

其中 $\Gamma=\frac{\partial}{\partial \boldsymbol{\theta}}E[\mathbf{m}(\boldsymbol{\theta})]$，$V=E[\mathbf{m}(\boldsymbol{\theta})\mathbf{m}(\boldsymbol{\theta})']$。使用最优加权矩阵 $A=V^{-1}$ 时，$\sqrt{N}$ $(\hat{\boldsymbol{\theta}}_{\text{GMM}}-\boldsymbol{\theta})$ 的渐近协方差矩阵是 $(\Gamma' V^{-1}\Gamma)^{-1}$。

但参数值任意大时，正交条件（8.6.5）～（8.6.7）或（8.6.11）通常都容易满足。对给定的 γ 的值，当值 $\delta_{it}=\mathbf{x}'_{it}\boldsymbol{\beta}$ 趋于无穷时，图 8.7 或图 8.8 中落在（非断尾的）区域 $A\cup B$ 中观测的数量趋于零，故这一点容易理解。所以，该矩条件也容易满足。基于最小化准则函数的 GMM 估计可能缺少识别条件，为克服该问题，Hu（1999）建议对给定的 γ，用确能识别 $\boldsymbol{\beta}$ 的矩条件子集导出 $\boldsymbol{\beta}$ 的估计，然后在 0 到 0.9 的范围内以 0.01 为步长得到一系列 γ 值，对每个 γ 值，检验这些估计量是否满足其他矩条件。在检验统计量不被拒绝的 γ 值中，选择得到检验统计量最小值的 γ 值作为 γ 的估计。Hu（1999）以现代人口调查和社会保障管理（CPS-SSA）收入档案中的匹配数据（男性，在 1930—1939 年间出生，且在 1957—1973 年间居住在南方）为样本，使用该估计方法研究收入动态。SSA 收入在最高社会保障税收水平处进行顶端编码（top-coded），即 $y_{it}=\min(y_{it}^*, c_t)$，其中 c_t 是在时期 t 的最高社会保障税收水平。只需令 $\bar{y}_{it}=c_t-y_{it}$，我们就可将该顶端截取转化成在 0 处的截取 $\bar{y}_{it}=\min(0, c_t-y_{it}^*)$。

Hu 用 226 例黑人男性和 1 883 例白人男性的数据，估计了有截取修正和无截取修正的 AR（1）模型，表 8.4 列出了估计的滞后实际年收入对数的系数。忽略截取时，用线性 GMM 方法估计该模型。考虑截取时，Hu 使用了在三个连续时间周期中具有正 SSA 收入观测的非平衡面板数据。忽略截取时，对黑人男性和白人男性估计的 γ 非常接近。但考虑截取时，对白人男性估计的自回归系数 γ 比对黑人男性的高得多。白人男性收入过程的更高持续性与有工作的白人男性有更好的社会保障，且在 1957—1973 年期间比黑人男性受到的经济波动冲击更弱的观点一致。

表 8.4　　实际年收入对数的 AR（1）系数的估计（以千为单位）[a]

线性 GMM（假设没有截取）		对截取进行校正的非线性 GMM	
黑人	白人	黑人	白人
0.379	0.399	0.210	0.380
(0.030)	(0.018)	(0.129)	(0.051)

[a] 括号内是标准误。

资料来源：Hu（1999）。

8.6.2　动态样本选择模型

当样本选择规则如式（8.2.4）内生地确定，且 y_{it}^* 由模型（8.6.1）给出时[要求由严格外生解释变量组成的向量 $\mathbf{w}_{it}$ 和 $\mathbf{x}_{it}$ 是不完全重叠的（可以有相同的元素）]，我们考虑如下模型[10]

$$y_{it}=d_{it}y_{it}^* \tag{8.6.13}$$

$$d_{it} = 1\{\mathbf{w}'_{it}\mathbf{a} + \eta_i + v_{it}\}, \quad i = 1,\cdots,N, t = 1,\cdots,T \tag{8.6.14}$$

其中（d_{it}，$\mathbf{w}_{it}$）总可观测，而（y^*_{it}，$\mathbf{x}_{it}$）仅当 $d_{it}=1$ 时可观测。为符号表示的简洁，我们假定 d_{i0} 和 y_{i0} 也可观测。

对于 $\gamma=0$ 的静态情形，已知外生变量（$\mathbf{x}_i$，$\mathbf{w}_i$）的完整路径和个体效应（α_i，η_i）时，Kyriazidou（1997）利用误差向量（u_{it}，v_{it}）的条件配对可交换性得到 $\boldsymbol{\beta}$ 的识别。但模型（8.6.1）中存在滞后因变量时 Kyriazidou 估计量（8.4.33）是不一致性的。理由和线性动态面板数据模型中一样，一阶差分导致 $y^*_{i,t-1}$ 和转换误差项的相关性（见第 4 章）。但和线性情形一样，我们利用基于非观测变量和可观测变量相关结构的线性和非线性矩条件的估计法可导出 γ 和 $\boldsymbol{\beta}$ 的一致估计。

在"控制 $\boldsymbol{\xi}_i \equiv (\mathbf{w}'_i, \alpha_i, \eta_i, y^*_{i0}, d_{i0})$ ［其中 $\mathbf{w}_i = (\mathbf{w}'_{i1}, \cdots, \mathbf{w}'_{iT})'$］后 $\{u_{it}, v_{it}\}$ 在各时期对所有的 i 独立同分布"的假设下，Kyriazidou（2001）发现以事件 $\Delta \mathbf{w}'_{it}\mathbf{a}=0$ 为条件，有矩条件

$$E(d_{it}d_{i,t-1}d_{i,t-2}d_{i,t-j}\Delta u_{it} \mid \Delta \mathbf{w}'_{it}\mathbf{a} = 0) = \mathbf{0}, \quad j = 2,\cdots,t \tag{8.6.15}$$

和

$$E(d_{is}d_{it}d_{i,t-1}d_{i,t-2}\,\mathbf{x}_{is}\Delta u_{it} \mid \Delta \mathbf{w}'_{it}\mathbf{a} = 0) = \mathbf{0}, \quad t = 2,\cdots,T, s = 1,\cdots,T \tag{8.6.16}$$

成立[11]，因为满足选择规则 $\mathbf{w}'_{it}\mathbf{a} = \mathbf{w}'_{i,t-1}\mathbf{a}$ 的个体 i 在两个时期样本选择效应的大小 $\lambda(\eta_i + \mathbf{w}'_{it}\mathbf{a})$ 和 $\lambda(\eta_i + \mathbf{w}'_{i,t-1}\mathbf{a})$ 相同。因此，以 $\Delta \mathbf{w}'_{it}\mathbf{a}=0$ 为条件，一阶差分清除了样本选择效应和个体特有效应。

令 $\boldsymbol{\theta} = (\gamma, \boldsymbol{\beta}')'$，$\mathbf{z}'_{it} = (y_{i,t-1}, \mathbf{x}'_{it})$，且

$$m_{1it}(\boldsymbol{\theta}) = d_{it}d_{i,t-1}d_{i,t-2}d_{i,t-j}y_{i,t-j}(\Delta y_{it} - \Delta \mathbf{z}'_{it}\boldsymbol{\theta}), \quad t = 2,\cdots,T, j = 2,\cdots,t \tag{8.6.17}$$

$$m_{2it,k}(\boldsymbol{\theta}) = d_{is}d_{it}d_{i,t-1}d_{i,t-2}x_{is,k}(\Delta y_{it} - \Delta \mathbf{z}'_{it}\boldsymbol{\theta}), \quad t = 2,\cdots,T, s = 1,\cdots,T, k = 1,\cdots,K \tag{8.6.18}$$

Kyriazidou（2001）提出最小化二次型

$$\hat{G}_N(\boldsymbol{\theta})' A_N \hat{G}_N(\boldsymbol{\theta}) \tag{8.6.19}$$

的**核加权广义矩法**（kernel-weighted generalized method-of-moments，KGMM）估计量，其中 A_N 是依概率收敛于常数极限矩阵 A 的随机矩阵，$\hat{G}_N(\boldsymbol{\theta})$ 是样本矩堆积而成的向量，它的行是

$$\frac{1}{N}\sum_{i=1}^{N}\frac{1}{h_N}K\left(\frac{\Delta \mathbf{w}'_{it}\hat{\mathbf{a}}}{h_N}\right)m_{\ell it}(\boldsymbol{\theta}) \tag{8.6.20}$$

其中 $K(\cdot)$ 是核密度函数，$\hat{\mathbf{a}}$ 是 $\mathbf{a}$ 的一致估计，h_N 是当 $N\to\infty$ 时收缩为零的带宽。在确当条件下，Kyriazidou（2001）证明 KGMM 估计量是一致且渐近正态的。收敛的速度与在单变量非参数密度和回归函数的估计中一样，即以速度 $\sqrt{Nh_N}$ 收敛。

第 9 章 不完全面板数据

迄今为止，我们都在集中讨论样本由 N 个横截面单元经历 T 个时期后的观测组成，并足以用来识别行为模型的情形。本章我们转向不完全面板数据问题。我们首先考察方程中滞后变量的最大阶数比时序长度大时动态模型的估计问题，然后讨论从实验或调查中剔除某些个体后产生的问题。我们知道在各时期追踪这些个体时，此类事情发生的概率很高。因第 8 章已讨论个体因各种行为原因而被丢弃的情形，故本章我们仅对三种情形进行区分：(1) 个体随机缺失或正被轮换；(2) 在各期可观测到一些独立的横截面；(3) 连同所有的时序观测都仅有单个横截面数据集可获得。我们简要描述如何推广那些用来分析完全面板数据的统计方法，以及如何用这些推广方法分析不完全面板数据。

9.1 短面板分布滞后模型的估计[1]

9.1.1 引言

由于技术上、制度上以及心理上僵化的原因，个体行为通常不能立即适应作为条件的变量的变化。在多数情形下这种适应都是逐渐进行的。行为适应的渐进性可用多种方式表达。依据问题背后的逻辑关系，我们可构建一个当前值 y 是滞后因变量和外生变量函数的自回归模型，或者构建一个当前值 y 是当前或以前的外生变量函数的分布滞后模型。虽然线性分布滞后模型一般可表示成自回归的形式，而任何平稳线性自回归模型通常也可转换成分布滞后模型[2]，但时期滞后阶数的经验判断在应用经济学中还是非常重要的。许多经济措施的作用，只有在我们知道它们什么时候将产生影响以及什么时候影响将发挥到极致时才能被正确理解。因此，如果能够准确设定模型（或推理），则我们将区分这两种类型的动态模型。第 4 章我们讨论了用面板数据估计自回归模型的问题。本节我们讨论分布滞后模型的估计问题［Pakes 和 Griliches（1984）］。

一般我们将单个时序观测的分布滞后模型记为

$$y_t = \mu + \sum_{\tau=0}^{\infty} \beta_\tau x_{t-\tau} + u_t, \quad t = 1, \cdots, T \tag{9.1.1}$$

为简单起见，假定模型中只有一个外生变量 x，且控制 $\{x_t\}$ 后，我们可认为 u_t 是从共同分布中独立抽取的。对滞后项系数没有添加约束条件时，即使 $T \to \infty$，我们也无法得到 β_τ 的一致估计，因为未知参数的个数随着观测数增大。此外，可获取的样本常常由各期高度相关的变量的非常短的时序数据组成。没有设定滞后项系数都只是极少量参数的函数时，我们没有充足的先验信息可用来推导任何滞后项系数精确估计（Koyck 滞后、Almon 滞后等）［Dhrymes（1971）；Malinvaud（1970）］。

另一方面，当有 N 个时序观测时，我们无须设定滞后系数序列以某具体方式演化的先验信息，利用横截面信息就可识别和估计滞后项系数（至少可识别和估计其中一部分）。譬如，考虑用面板数据估计模型（9.1.1）时，对给定的 t，我们将模型重新表示为

$$y_{it} = \mu + \sum_{\tau=0}^{t-1} \beta_\tau x_{i,t-\tau} + b_{it} + u_{it}, \quad i = 1, \cdots, N \tag{9.1.2}$$

其中

$$b_{it} = \sum_{\tau=0}^{\infty} \beta_{t+\tau} x_{i,-\tau} \tag{9.1.3}$$

是非观测前置样本 x 的值对当前 y 值的贡献，我们将其称为**断尾残留项**（truncation remainder）。在关于不可观测的 b_{it} 和可观测的 x_{it} 之间关系的某些假设下，用横截面方法做模型（9.1.2）的回归有可能导出 β_τ（$\tau=0$，…，$t-1$）的一致估计。此外，利用个体变量的横截面差分可降低或避免单个时序中 x_t，x_{t-1}，…，间的共线性问题。

9.1.2　一般假设

在什么条件下数据横截面维度的增加可让我们获取一些不可能包含在单个时序数据中的信息呢？为回答这个问题，我们首先考察滞后系数随个体变化的情形

$(\{\beta_{i\tau}\}_{\tau=0}^{\infty}$，$i=1$，…，$N)$。如果对由总体中一些元素组成的序列的分布没有约束，则每个时序仅包含关于单个系数序列的信息。信息不足的问题对面板数据依然存在。其次，即使滞后项系数不随个体变化（$\beta_{i\tau}=\beta_{\tau}$，$i=1$，…，$N$，$\tau=0$，1，2，…），伴随面板数据而来的样本容量的增长（通常非常显著）纯粹只是横截面维度的增长。事实上，面板数据集通常只在较短的时间范围内对观测进行追踪。因此，如果我们不希望对滞后项系数添加与用单个时序数据估计分布滞后模型时同类型的约束条件，那么非观测前置样本 x 的值对当前 y 值的贡献（断尾残留项 b_{it}）可能特别重要。如果忽略非观测断尾残留项，则回归分析通常会面临遗漏变量偏误问题。

因此，为综合 N 个时序观测估计分布滞后模型，我们必须对所有横截面单元添加关于滞后系数分布的约束条件，和/或添加关于非观测前置项影响当前行为方式的约束条件。Pakes 和 Griliches（1984）研究了分布滞后模型

$$y_{it}=\alpha_i^*+\sum_{\tau=0}^{\infty}\beta_{i\tau}x_{i,t-\tau}+u_{it},\quad i=1,\cdots,N,t=1,\cdots,T \tag{9.1.4}$$

其中 u_{it} 独立于 x_{is}，且独立同分布，其均值为零，方差为 σ_u^2。假设 α_i^* 和 $\beta_{i\tau}$ 的系数满足如下假设。

假设 9.1.1 $E(\beta_{i\tau})=\beta_{\tau}$。

假设 9.1.2 令 $\tilde{\beta}_{i\tau}=\beta_{i\tau}-\beta_{\tau}$，$\xi_{it}=\sum_{\tau=0}^{\infty}\tilde{\beta}_{i\tau}x_{i,t-\tau}$，$\boldsymbol{\xi}_i'=(\xi_{i1}$，…，$\xi_{iT})$，则 $E^*[\boldsymbol{\xi}_i\mid\mathbf{x}_i]=\mathbf{0}$。

假设 9.1.3 $E^*(\alpha_i^*\mid\mathbf{x}_i)=\mu+\mathbf{a}'\mathbf{x}_i$。

符号 $E^*(Z_1\mid Z_2)$ 表示 Z_1 在 Z_2 上的最小均方误差线性预测（或投影）；$\mathbf{x}_i$ 表示由所有可观测变量 x_{it} 组成的向量。假定在得到 y 的第一个观测之前已有 $\ell+1$ 个$\mathbf{x}$的观测，而 $1\times(\ell+1+T)$ 的向量$\mathbf{x}_i'=[x_{i,-\ell}$，…，$x_{iT}]$ 是从满足$E(\mathbf{x}_i\mathbf{x}_i')=\Sigma_{xx}$（$\Sigma_{xx}$ 是正定矩阵）的共同分布中独立抽取的。[3]

假设 9.1.2 成立的一个充分条件是所有个体滞后系数的差分与$\mathbf{x}_i$ 无关［比如 $\beta_{i\tau}$ 是如 Swamy（1970）定义的随机变量，或参见第 6 章］。但假设 9.1.3 确实允许个体特异常数项（α_i^*）与$\mathbf{x}_i$ 相关。如果 N 和 T 都趋于无穷，则假设 9.1.1～9.1.3 综合起来足以让我们识别滞后系数序列 $\{\beta_{\tau}\}$ 的期望值。

如果 T 固定，将假设 9.1.1 和 9.1.2 代入模型（9.1.4）后，我们可将分布滞后模型重新表示为

$$y_{it}=\alpha_i^*+\sum_{\tau=0}^{t+\ell}\beta_{\tau}x_{i,t-\tau}+b_{it}+\tilde{u}_{it},\quad i=1,\cdots,N,t=1,\cdots,T \tag{9.1.5}$$

其中 $b_{it}=\sum_{\tau=\ell+1}^{\infty}\beta_{t+\tau}x_{i,t-\tau}$ 是个体 i 在 t 时期的断尾残留项，$\tilde{u}_{it}=\xi_{it}+u_{it}$ 是满足 $E^*[\tilde{\mathbf{u}}_i\mid\mathbf{x}_i]=\mathbf{0}$ 的混合误差项。非观测断尾残留项通常与所包含的解释变量相关。因此，如果没有其他约束条件，即使 $N\rightarrow\infty$时，我们仍不能通过做 y_{it} 关于 $x_{i,t-\tau}$ 的回归得到任何滞后项系数 β_{τ}的一致估计。

因为断尾残留项（b_{it}）的值由滞后项系数和前置样本 x 的值确定，所以识别它需要知道对滞后项系数或对生成 x 值的随机过程的约束条件。因为面板数据通

常包含大量的自由度，故与常用的通过约束滞后项系数识别断尾残留项的方法相比，它允许我们使用多种先验约束条件［参见 Dhrymes（1971）］。在随后的两个小节中我们将描述如何利用各种约束条件识别滞后项系数。

9.1.3 利用外生变量过程的先验结构进行识别

本小节我们不用约束滞后项系数的常规方法，而用一种不同的约束条件讨论分布滞后模型的识别问题。我们的兴趣在于不用要求 β_τ 是少量参数的函数，就可估计总体参数 $\beta_\tau=E(\beta_{i\tau})$，$\tau=0$，1，…（至少可估计部分总体参数）。如果滞后项系数可由 $\mathbf{y}_i$ 在 $\mathbf{x}_i$ 上投影得到的系数矩阵［该系数矩阵是被称为 Π 的 $T\times(T+\ell+1)$ 矩阵，其中 $E^*(\mathbf{y}_i\mid\mathbf{x}_i)=\boldsymbol{\mu}^*+\Pi\,\mathbf{x}_i$，$\boldsymbol{\mu}^*=(\mu_1^*,\cdots,\mu_T^*)'$，$\mathbf{y}_i'=(y_{i1},\cdots,y_{iT})$ 是 $1\times T$ 的向量］计算出来，则我们认为该滞后项系数可识别。

模型（9.1.5）清楚地表明 Π 的每一行都包含重要的滞后项系数和两个非观测成分 α_i^* 和 b_{it} 在 $\mathbf{x}_i$ 上的投影系数的组合。因此问题就变成了从确定这两个投影的系数中分离出滞后项系数。

由模型（9.1.5）可知，$\mathbf{y}_i$ 在 $\mathbf{x}_i$ 和 α_i^* 上的投影为[4]

$$E^*(\mathbf{y}_i\mid\mathbf{x}_i,\alpha_i^*)=[B+W]\,\mathbf{x}_i+[\mathbf{e}+\mathbf{c}]\alpha_i^* \tag{9.1.6}$$

其中 B 是 $T\times(T+\ell+1)$ 滞后项系数矩阵，

$$B=\begin{bmatrix}\beta_{\ell+1} & \beta_\ell & \cdots & \beta_1 & \beta_0 & 0 & 0 & \cdots & 0 & 0\\ \beta_{\ell+2} & \beta_{\ell+1} & \cdots & \beta_2 & \beta_1 & \beta_0 & 0 & \cdots & 0 & 0\\ \vdots & \vdots & & \vdots & \vdots & \vdots & \vdots & & \vdots & \vdots\\ \beta_{T+\ell-1} & \beta_{T+\ell-2} & \cdots & \beta_{T+1} & \beta_T & \beta_{T-1} & \beta_{T-2} & \cdots & \beta_0 & 0\\ \beta_{T+\ell} & \beta_{T+\ell-1} & \cdots & \beta_T & \beta_{T-1} & \beta_{T-2} & \beta_{T-3} & \cdots & \beta_1 & \beta_0\end{bmatrix}$$

W 和 $\mathbf{c}$ 由 $\mathbf{b}_i=(b_{i1},\cdots,b_{iT})'$ 在 $\mathbf{x}_i$ 和 α_i^* 上的无约束投影

$$E^*[\mathbf{b}_i\mid\mathbf{x}_i,\alpha_i^*]=W\,\mathbf{x}_i+\mathbf{c}\alpha_i^* \tag{9.1.7}$$

确定。由式（9.1.6）和 $E^*\{E^*(\mathbf{y}_i\mid\mathbf{x}_i,\alpha_i^*)\mid\mathbf{x}_i\}=E^*[\mathbf{y}_i\mid\mathbf{x}_i]=(\mathbf{e}+\mathbf{c})\mu+\Pi\,\mathbf{x}_i$ 可知

$$\Pi=B+[W+(\mathbf{e}+\mathbf{c})\mathbf{a}'] \tag{9.1.8}$$

其中 $\mathbf{a}$ 由 α_i^* 在 $\mathbf{x}_i$ 上的无约束投影［$E^*(\alpha_i^*\mid\mathbf{x}_i)=\mu+\mathbf{a}'\mathbf{x}_i$］确定。

显然，如果 $T\times(T+\ell+1)$ 的矩阵 W 不受约束，则我们无法从矩阵 Π 中分离出滞后项系数 B 和断尾残留项的影响。但已知 $\mathbf{c}\mathbf{a}'$ 是秩是 1 的矩阵后，如果有关于 W 的约束条件，则我们可以识别 B 中的部分元素。因此，为了从 Π 中识别部分滞后项系数，我们必须对 W 进行约束。如果假定前置样本 $x_{i,-j}$ 在样本内的 $\mathbf{x}_i$ 和 α_i^* 上的投影中，生成 $\{x_{it}\}_{t=-\infty}^T$ 的随机过程对 $\mathbf{x}_i$ 的系数有约束合理，则 W 是受限制的。Pakes 和 Griliches（1984）分析的特殊情形由下面的假设给出。[5]

假设 9.1.4 当 $q\geqslant1$ 时，$E^*(x_{i,-\ell-q}\mid\mathbf{x}_i,\alpha_i^*)=c_q\alpha_i^*+\sum_{j=1}^p\rho_j^{(q)}x_{i,-\ell+j-1}$。即非观

测前置样本 x 在 $\mathbf{x}_i$ 和 α_i^* 上的投影中，仅 $[x_{i,-\ell}, x_{i,-\ell+1}, \cdots, x_{i,-\ell+q-1}]$ 有非零系数。

如果 $c_q=0$，则"x 由 p 阶自回归过程生成"是假设 9.1.4 成立的充分条件。[6]

由于 $\mathbf{b}_i$ 的每个元素正好是相同前置样本 x 的各种线性组合，所以对假设 9.1.4 的补充表明

$$E^*[b_{it} \mid \mathbf{x}_i, \alpha_i^*] = c_t\alpha_i^* + \sum_{j=1}^{p} w_{t,j-\ell-1} x_{i,j-\ell-1}, \quad i=1,\cdots,N, t=1,\cdots,T \tag{9.1.9}$$

其中 $w_{t,j-\ell-1} = \sum_{q=1}^{\infty} \beta_{t+\ell+q}\rho_j^{(q)}(j=1, \cdots, p)$，$c_t = \sum_{q=1}^{\infty} \beta_{t+\ell+q} c_q$。这就确定了式（9.1.7）中的向量 $\mathbf{c}$ 和矩阵 W。特别地，该式还表明可将 W 分割为一个 $T\times(T+\ell-p+1)$ 的零矩阵和一个 $T\times p$ 的自由系数矩阵，

$$W = \begin{bmatrix} \underset{T\times p}{\widetilde{W}} & \vdots & \underset{T\times(T+\ell-p+1)}{\mathbf{0}} \end{bmatrix} \tag{9.1.10}$$

将式（9.1.10）代入式（9.1.8），并求 Π 关于前（$T+\ell-p+1$）个滞后项系数的偏导，我们可证明导出的 Jacob 矩阵满足识别这些系数的秩条件［参见 Hsiao（1983，定理 5.1.2)］。检验这前（$T+\ell-p+1$）个滞后项系数确实可识别的一个简单方法是证明它们的一致估计量存在。由数据的构造可知，$\mathbf{y}_i$ 对 $\mathbf{x}_i$ 的横截面回归可导出 Π 的一致估计。在 $\alpha_i^*=0$ 的特殊情形下，y 每一期的值在所有的样本内 $\mathbf{x}$ 值上的投影是[7]

$$\begin{aligned}
E^*(y_{i1} \mid \mathbf{x}_i) &= \mu + \sum_{j=1}^{p} \phi_{1,j-\ell-1} x_{i,j-\ell-1} \\
E^*(y_{i2} \mid \mathbf{x}_i) &= \mu + \beta_0 x_2 + \sum_{j=1}^{p} \phi_{2,j-\ell-1} x_{i,j-\ell-1} \\
E^*(y_{i3} \mid \mathbf{x}_i) &= \mu + \beta_0 x_3 + \beta_1 x_2 + \sum_{j=1}^{p} \phi_{3,j-\ell-1} x_{i,j-\ell-1} \\
&\vdots \\
E^*(y_{iT} \mid \mathbf{x}_i) &= \mu + \beta_0 x_T + \cdots + \beta_{T+\ell-p} x_{p-\ell} + \sum_{j=1}^{p} \phi_{T,j-\ell-1} x_{i,j-\ell-1}
\end{aligned} \tag{9.1.11}$$

其中 $\phi_{t,j-\ell-1} = \beta_{t+\ell+1-j} + w_{t,j-\ell-1}(t=1, \cdots, T;\ j=1, \cdots, p)$，为简单起见，令 $p=\ell+2$。在每个投影中，$\mathbf{x}_i$ 的前 p 个值与断尾残留项（b_{it}）有非零的偏相关系数。因此，它们的系数不能识别滞后分布的参数。实际上仅当 $(t+\ell-p+1)>0$ 时每个方程中靠前的系数是靠前滞后系数的估计。当 t 增大时，我们将逐渐揭示滞后分布的结构。

当 $c_q\neq 0$ 时，找到前 $T+\ell-p+1$ 个滞后项系数的一致估计量（因此可识别）相对复杂一些。将式（9.1.9）代入式（9.1.7），我们有

$$E^*(y_{it} \mid \mathbf{x}_i, \alpha_i^*) = (1+c_t)\alpha_i^* + \sum_{\tau=0}^{t+\ell-p} \beta_\tau x_{i,t-\tau}$$

$$+\sum_{j=1}^{p}\phi_{t,j-\ell-1}x_{i,j-\ell-1},\quad t=1,\cdots,T \tag{9.1.12}$$

这里我们（为简单起见）再一次假定 $p=\ell+2$。控制$\mathbf{x}_i$ 后，再对方程进行投影运算，可得到

$$\begin{aligned}
E^*(y_{i1}\mid\mathbf{x}_i)&=\mu(1+c_1)+(1+c_1)\sum_{t=p-\ell}^{T}a_t x_{it}\\
&\quad+\sum_{j=1}^{p}[(1+c_1)a_{j-\ell-1}+\phi_{1,j-\ell-1}]x_{i,j-\ell-1}\\
E^*(y_{i2}\mid\mathbf{x}_i)&=\mu(1+c_2)+\beta_0 x_2+(1+c_2)\sum_{t=p-\ell}^{T}a_t x_{it}\\
&\quad+\sum_{j=1}^{p}[(1+c_2)a_{j-\ell-1}+\phi_{2,j-\ell-1}]x_{i,j-\ell-1}\\
&\ \ \vdots\\
E^*(y_{iT}\mid\mathbf{x}_i)&=\mu(1+c_T)+\sum_{\tau=0}^{T+\ell-p}\beta_\tau x_{i,t-\tau}+(1+c_T)\sum_{t=p-\ell}^{T}a_t x_{it}\\
&\quad+\sum_{j=1}^{p}[(1+c_T)a_{j-\ell-1}+\phi_{T,j-\ell-1}]x_{i,j-\ell-1}
\end{aligned} \tag{9.1.13}$$

用$\tilde{c}_t$ 乘以 y_{i1} 并从 y_{it} 中减去这个乘积，在 $t=2$，…，T 时，得到方程组

$$y_{it}=\tilde{c}_t y_{i1}+\sum_{\tau=0}^{t+\ell-p}\beta_\tau x_{i,t-\tau}+\sum_{j=1}^{p}\tilde{\phi}_{t,j-\ell-1}x_{i,j-\ell-1}+v_{it} \tag{9.1.14}$$

其中

$$\tilde{c}_t=\frac{1+c_t}{1+c_1},\tilde{\phi}_{t,j-\ell-1}=\phi_{t,j-\ell-1}-\tilde{c}_t\phi_{1,j-\ell-1}$$

以及

$$v_{it}=y_{it}-\tilde{c}_t y_{i1}-E^*(y_{it}-\tilde{c}_t y_{i1}\mid\mathbf{x}_i)$$

由我们对数据的构造可知 $E^*(v_{it}\mid\mathbf{x}_i)=0$。

对给定的 t，式（9.1.14）右边唯一与 v_{it} 相关的变量是 y_{i1}。如果我们知道 $\{\tilde{c}_t\}_{t=2}^{T}$的值，则我们可由方程组（9.1.14）先求出$\tilde{y}_{it}=y_{it}-\tilde{c}_t y_{i1}$（$t=2$，…，$T$），然后做该序列对样本内 x_{it} 值的横截面回归而一致地估计前（$T+\ell-p+1$）个滞后项系数。如果所有 c_t 的值都相同，则序列 $\{\tilde{c}_t\}_{t=2}^{T}$的所有元素都是 1。如果 α_i^* 在样本各期都有自由系数，则（$1+c_t$）未知。但只要有一个 x_{is} 不是 $y_{it}-\tilde{c}_t y_{i1}$ 的影响因素且与 y_{i1} 相关，我们就可用工具变量法一致地估计$\tilde{c}_t$，β_τ 以及$\tilde{\phi}_{t,j}$。如果 $T\geqslant 3$，则确定（$y_{i2}-\tilde{c}_2 y_{i1}$）的方程不包含 x_{i3}，…，x_{iT}，只要 a_3 到 a_T 的元素不都为零，则它们中至少有一个必定与 y_{i1} 相关。

我们已证明在假设 9.1.1～9.1.4 下，使用面板数据允许我们在没有对序列 $\{\beta_\tau\}_{\tau=0}^{\infty}$添加任何约束时识别模型的前 $T+\ell-p+1$ 个滞后项系数。当然，如果 $T+\ell$ 相对于 p 比较小，则我们不能获取大量关于滞后项分布尾的信息。这反映了一个事实：短面板正是因其自然属性而没有包含关于尾的无约束信息。但早期系数通常因其自身原因而具有显著的重要性。此外，在更深入的工作中，它们是

约束滞后结构（是少量参数的函数）的基础。

9.1.4 利用滞后系数的先验结构进行识别

在很多场合我们可能知道所有的β_τ都是正的。我们可能还知道最前面的几个系数β_0，β_1 和β_2 是最大的且β_τ随着τ 的增大而递减，至少在τ的某个值之后是这样的。本节我们说明如何使用要求滞后项系数是有限个参数的函数的常见方法以及如何将其推广到面板数据分布滞后模型的识别。因此，我们去掉假设 9.1.4，取而代之的是假定有关于滞后项系数结构的先验知识。这里我们结合 Pakes 和 Griliches（1984）的一个具体例子进行说明，在该例中，滞后项系数序列在最初几个自由滞后项之后具有自回归结构。该约束可描述为：

假设 9.1.5

$$\beta_\tau=\begin{cases}\beta_\tau & \tau\leqslant k_1\\ \sum_{j=1}^{J}\delta_j\beta_{\tau-j} & \text{其他}\end{cases}$$

其特征方程$1-\sum_{j=1}^{J}\delta_jL^j=0$的根$\lambda_1^{-1}$，…，$\lambda_J^{-1}$ 在单位圆之外。[8]为简单起见，我们假定$k_1=\ell+1$，且λ_1，…，λ_J 是互不相同的实数。

假设 9.1.5 表明β_τ在最初k_1 个滞后项之后呈几何级数下降。求解J 阶差分方程

$$\beta_\tau-\delta_1\beta_{\tau-1}-\cdots-\delta_J\beta_{\tau-J}=0 \tag{9.1.15}$$

我们得到通解［参见 Box 和 Jenkins（1970，第 3 章）］

$$\beta_\tau=\sum_{j=1}^{J}A_j\lambda_j^\tau \tag{9.1.16}$$

其中A_j 是由差分方程的初始条件确定的常数。

将式（9.1.16）代入方程（9.1.5），我们将断尾残留项b_{it}记为

$$\begin{aligned}b_{it}&=\sum_{\tau=\ell+1}^{\infty}\Big(\sum_{j=1}^{J}A_j\lambda_j^{t+\tau}\Big)x_{i,-\tau}\\&=\sum_{j=1}^{J}\lambda_j^t\Big(A_j\sum_{\tau=\ell+1}^{\infty}\lambda_j^\tau x_{i,-\tau}\Big)\\&=\sum_{j=1}^{J}\lambda_j^t b_{ij}\end{aligned} \tag{9.1.17}$$

其中$b_{ij}=A_j\sum_{\tau=\ell+1}^{\infty}\lambda_j^\tau x_{i,-\tau}$。也就是说，我们可用$J$ 个不可观测的初始条件（b_{i1}，…，b_{iJ}）表示断尾残留项b_{it}。故在假设 9.1.1～9.1.3 以及假设 9.1.5 下，分布滞后模型变成了T个包含$J+1$ 个任意相关非观测因素（α_i^*，b_{i1}，…，b_{iJ}）的回归的方程组，后J 个非观测因素的影响随时间呈几何级数衰减。

因包含$J+1$ 个非观测因素模型的识别条件是含有两个非观测因素模型的

直接推广，故我们首先讨论 $J=1$ 的情形，然后指出 $J>1$ 时所需要的扩展条件。

$J=1$ 时模型与修正的 Koyck（或几何）滞后模型类似。断尾残留项变成了服从严格一阶自回归（譬如 $b_{it}=\delta b_{i,t-1}$）的非观测因素。将该结果代入模型 (9.1.5)，我们得到

$$y_{it}=\alpha_i^*+\sum_{\tau=0}^{\ell+1}\beta_\tau x_{i,t-\tau}+\beta_{\ell+1}\sum_{\tau=\ell+2}^{t+\ell}\delta^{\tau-(\ell+1)}x_{i,t-\tau}+\delta^{t-1}b_i+\tilde{u}_{it} \tag{9.1.18}$$

其中 $b_i=\beta_{\ell+1}\sum_{\tau=1}^{\infty}\delta^\tau x_{i,-\tau-\ell}$。

在 9.1.3 节识别滞后项系数的讨论中，我们需要若干对投影矩阵 $E^*(\mathbf{b}_i \mid \mathbf{x}_i)=[W+\mathbf{ca}']\mathbf{x}_i$ [方程 (9.1.7)] 的约束条件。Koyck 滞后模型隐含着 $b_{it}=\delta b_{i,t-1}$，该式表明 $E^*(b_{it}\mid \mathbf{x}_i)=\delta E^*(b_{i,t-1}\mid \mathbf{x}_i)$；即对 $r=1,\cdots,T+\ell+1$ 和 $t=2,\cdots,T$ 有 $w_{tr}=\delta w_{t-1,r}$。由此可知矩阵 Π 为

$$\Pi=B^*+\boldsymbol{\delta}^*\mathbf{w}^{*\prime}+\mathbf{ea}' \tag{9.1.19}$$

其中 $\boldsymbol{\delta}^{*\prime}=[1,\delta,\cdots,\delta^{T-1}]$，$\mathbf{w}^*$ 是 b_i 在 $\mathbf{x}_i$ 上投影 [如 $E^*(b_i\mid \mathbf{x}_i)=\sum_{t=-\ell}^{T}w_t^*x_{it}$] 的系数向量，且

$$B^*=\begin{bmatrix}\beta_{\ell+1} & \cdots & \beta_1 & \beta_0 & 0 & \cdots & 0 & 0 & \cdots & 0 & 0\\ \delta\beta_{\ell+1} & \cdots & \beta_2 & \beta_1 & \beta_0 & \cdots & 0 & 0 & \cdots & 0 & 0\\ \vdots & & \vdots & \vdots & \vdots & & \vdots & \vdots & & \vdots & \vdots\\ \delta^{T-1}\beta_{\ell+1} & \cdots & \delta^{T-\ell}\beta_{\ell+1} & \delta^{T-\ell-1}\beta_{\ell+1} & \delta^{T-\ell-2}\beta_{\ell+1} & \cdots & \delta\beta_{\ell+1} & \beta_{\ell+1} & \cdots & \beta_1 & \beta_0\end{bmatrix}$$

求式 (9.1.19) 关于未知参数的偏导，我们可证明只要 $T\geqslant 3$，导出的 Jacob 矩阵就满足识别滞后项系数的秩条件 [参见 Hsiao (1983，定理 5.1.2)]。事实上，我们可通过一个简单方法理解滞后项系数可被识别，注意到由式 (9.1.18) 可知

$$\begin{aligned}&(y_{it}-y_{i,t-1})-\delta(y_{i,t-1}-y_{i,t-2})\\&\quad=\beta_0x_{it}+[\beta_1-\beta_0(1+\delta)]x_{i,t-1}\\&\qquad+\sum_{\tau=2}^{\ell}[\beta_\tau-(1+\delta)\beta_{\tau-1}+\delta\beta_{\tau-2}]x_{i,t-\tau}+v_{it},\quad i=1,\cdots,N,t=1,\cdots,T\end{aligned} \tag{9.1.20}$$

其中 $v_{it}=\tilde{u}_{it}-(1+\delta)\tilde{u}_{i,t-1}+\delta\tilde{u}_{i,t-2}$，以及 $E^*(\mathbf{v}_i\mid \mathbf{x}_i)=\mathbf{0}$。只要 $T\geqslant 3$，就可在确定 $y_{i2}-y_{i1}$ 的横截面回归方程中将 $x_{i3},\cdots,x_{iT}$ 用作工具变量。

在更一般的 $J>1$ 的情形下，(9.1.19) 中的 $\boldsymbol{\delta}^*\mathbf{w}^{*\prime}$ 由 $\sum_{j=1}^{J}\boldsymbol{\lambda}_j^*\mathbf{w}_j^{*\prime}$ 代替，这里 $\boldsymbol{\lambda}_j^{*\prime}=[1,\lambda_j,\cdots,\lambda_j^{T-1}]$，而 $\mathbf{w}_j^*$ 是 b_{ij} 在 $\mathbf{x}_i$ 上投影的系数向量。利用类似的方法，我们可证明如果 $T\geqslant J+2$，则矩阵 Π 可以识别滞后项系数。

当然，除假设 9.1.5 外，如果我们还有关于过程 x 的结构信息，则还有比本小节模型中更多的对 Π 矩阵的约束条件。因此识别条件可适当放宽。

9.1.5 估计和检验

使用短面板时，我们可先将 T 期方程堆积成约简型方程组

$$\underset{T\times 1}{\mathbf{y}_i} = \boldsymbol{\mu}^* + [I_T \otimes \mathbf{x}'_i]\boldsymbol{\pi} + \mathbf{v}_i, \quad i = 1,\cdots,N \tag{9.1.21}$$

其中$\mathbf{v}_i=\mathbf{y}_i-E^*[\mathbf{y}_i \mid \mathbf{x}_i]$，$\boldsymbol{\pi}'=[\boldsymbol{\pi}'_1，\cdots，\boldsymbol{\pi}'_T]$，$\boldsymbol{\pi}'_j$是矩阵 Π 的第 j 行，再估计分布滞后模型的未知参数。据数据的构造可知$E(\mathbf{v}_i \otimes \mathbf{x}_i)=\mathbf{0}$。假设 N 个向量（$\mathbf{y}'_i$，$\mathbf{x}'_i$）是从四阶矩有限且 $E\,\mathbf{x}_i\,\mathbf{x}'_i=\Sigma_{xx}$ 是正定矩阵的共同分布中独立抽取的，则$\boldsymbol{\pi}$的最小二乘估计量$\hat{\boldsymbol{\pi}}$是一致的，且$\sqrt{N}(\hat{\boldsymbol{\pi}}-\boldsymbol{\pi})$ 的渐近分布是均值为零，方差—协方差矩阵为 Ω［如式（3.9.11）］的正态分布。

9.1.3 节和 9.1.4 节中的模型表明$\boldsymbol{\pi}=\mathbf{f}(\boldsymbol{\theta})$，其中$\boldsymbol{\theta}$是模型的 m 维参数向量 $(m\leqslant T+\ell+1)$。我们可通过选择最小化

$$[\hat{\boldsymbol{\pi}} - \mathbf{f}(\boldsymbol{\theta})]'\,\hat{\Omega}^{-1}[\hat{\boldsymbol{\pi}} - \mathbf{f}(\boldsymbol{\theta})] \tag{9.1.22}$$

的$\hat{\boldsymbol{\theta}}$的最小距离估计添加这些约束条件，其中$\hat{\Omega}$是式（3.9.11）的一致估计量。在相当一般的条件下，估计量$\hat{\boldsymbol{\theta}}$是一致的，且$\sqrt{N}(\hat{\boldsymbol{\theta}}-\boldsymbol{\theta})$ 的渐近分布是正态分布，其渐近方差—协方差矩阵为

$$(F'\Omega^{-1}F)^{-1} \tag{9.1.23}$$

这里 $F=\partial\,\mathbf{f}(\boldsymbol{\theta})/\partial\,\boldsymbol{\theta}'$。识别条件确保 F 的秩为 m。二次型

$$N[\hat{\boldsymbol{\pi}} - \mathbf{f}(\hat{\boldsymbol{\theta}})]'\,\hat{\Omega}^{-1}[\hat{\boldsymbol{\pi}} - \mathbf{f}(\hat{\boldsymbol{\theta}})] \tag{9.1.24}$$

的渐近分布是自由度为 $T(T+\ell+1)-m$ 的 χ^2 分布。

方程（9.1.24）为我们提供了一个对 $T(T+\ell+1)-m$ 个置于$\boldsymbol{\pi}$上的约束条件$\mathbf{f}$的检验。检验嵌套约束条件时，考虑虚拟假设$\boldsymbol{\theta}=\mathbf{g}(\boldsymbol{\omega})$，其中$\boldsymbol{\omega}$是受约束模型参数的 k 维向量（$k\leqslant m$）。令$\mathbf{h}(\boldsymbol{\omega})=\mathbf{f}[\mathbf{g}(\boldsymbol{\omega})]$；即$\mathbf{h}$表示受约束模型的约束条件。则在虚拟假设下，

$$N[\hat{\boldsymbol{\pi}} - \mathbf{h}(\hat{\boldsymbol{\omega}})]'\,\hat{\Omega}^{-1}[\hat{\boldsymbol{\pi}} - \mathbf{h}(\hat{\boldsymbol{\omega}})] \tag{9.1.25}$$

的渐近分布是自由度为 $T(T+\ell+1)-k$ 的 χ^2 分布，其中$\hat{\boldsymbol{\omega}}$是最小化式（9.1.25）的解。因此，我们可用统计量[9]

$$N[\hat{\boldsymbol{\pi}} - \mathbf{h}(\hat{\boldsymbol{\omega}})]'\,\hat{\Omega}^{-1}[\hat{\boldsymbol{\pi}} - \mathbf{h}(\hat{\boldsymbol{\omega}})] - N[\hat{\boldsymbol{\pi}} - \mathbf{f}(\hat{\boldsymbol{\theta}})]'\Omega^{-1}[\hat{\boldsymbol{\pi}} - \mathbf{f}(\hat{\boldsymbol{\theta}})] \tag{9.1.26}$$

检验虚拟假设，它的渐近分布是自由度为（$m-k$）的 χ^2 分布。

为阐明用面板数据估计无约束分布滞后模型的方法，Pakes 和 Griliches (1984) 研究了如何构造"资本存量（G）"分析回报率的实证问题。他们模型的基本假设是收益（总利润或净利润）（y）和过去的投资（x）存在稳定关系，且企业或行业以前的投资仅在产出水平上有所不同，不同企业产出的时间特点是一样的，并按同样的公式计算折旧。即

$$E^*[y_{it} \mid G_{it}, \alpha_i^*] = \alpha_i^* + \gamma G_{it} \tag{9.1.27}$$

和

$$G_{it} = \sum_{\tau=1}^{\infty} \beta_{i\tau} x_{i,t-\tau} \tag{9.1.28}$$

将式（9.1.28）代入（9.1.27）后，得到的模型由企业运营利润对它们过去投资支出的分布滞后的回归组成。

利用 258 家制造业企业 1964—1972 年间的年利润数据和 1961—1971 年间的投资数据构成的样本，并假定假设 9.1.4 中的 p 等于 3[10]，他们发现估计的滞后项系数在头三个月是上升的，并在接下来的 4 或 5 个月非常稳定。该模型表明过去投资对股本的贡献在早些年先是“增加的”，然后随着投资的完成向下波动，或调整。这明显有别于常用来构建“资本存量”的直线型或衰减均衡折旧公式代表的模式。两个公式都表明滞后项系数随着 τ 单调下降，而第二种情形早些时期的下降最大。

9.2 轮换或随机缺失数据

在许多情形下我们没有横截面单元的完整时序观测。很多时候个体是按某个**轮换**（rotating）方案选出来的，该方案可简单地描述为：对总体中的所有个体连续编号。假设样本在第一期由个体 1，2，…，N 组成。在第 2 期，个体 1，…，$m_1(0 \leqslant m_1 \leqslant N)$ 被个体 $N+1$，…，$N+m_1$ 取代。在第 3 期，个体 m_1+1，…，$m_1+m_2(0 \leqslant m_2 \leqslant N)$ 被个体 $N+m_1+1$，…，$N+m_1+m_2$ 取代，依此类推。在每个时期都从前期的样本中去掉前 m_{t-1} 个个体，然后从总体中抽取 m_{t-1} 个个体补充进样本使样本容量保持不变。因此，T 个周期后，虽然观测总数还是 NT，但我们却观测了 $N+\sum_{t=1}^{T-1} m_t$ 个个体。

在不同时期对样本中的微观单元进行轮换相当普遍。这可能是收集数据的部门（如人口统计局）担心受访者被调查的次数增多后数据受到影响，甚至行为变化受到诱导而采取的谨慎措施，也可能是因为希望在给定预算下尽可能获取更多的信息而进行的最优样本设计所导致［参见 Aigner 和 Balestra（1988）；Nijman，Verbeek 和 van Soest（1991）］，还有可能是因收集数据的部门既不硬性要求也不劝说随机选择的个体多做几次报告（特别是要求详细且费时的报告）引起的。譬如，实地调查始于 1983 年 10 月的**收入和项目参与调查**（Survey of Income and Program Participation，SIPP）已被设计成全国性面板数据调查的持续活动，每次调查大约由 20 000 个受访家庭持续 2.5 年组成。人口调查局每 4 个月访问一次面板中每个 15 岁或以上的个体。该调查主要收集关于现金和非现金收入（按月份计）的最主要来源、参与各政府部门的转移支付项目、劳动力状态，以及家庭组成的信息。

如果设计了轮换规则（譬如，随机地剔除和添加个体），模型是静态的，且误差项对所有的横截面单元是独立分布的，则可直接推广分析完全面板数据的统计方法分析轮换样本。在此情形下，可观测样本的似然函数就是 $N+\sum_{t=1}^{T-1}m_t$ 个（y_{it_i}，y_{i,t_i+1}，…，y_{iT_i}）的联合密度的乘积，

$$L=\prod_{i=1}^{N+\sum_{t=1}^{T-1}m_t}f(y_{it_i},\cdots,y_{iT_i}) \tag{9.2.1}$$

其中 t_i 和 T_i 表示第 i 个个体被观测期的开始时期和结束时期。除了将 1 改为 t_i 和将 T 改为 T_i 的微小变化外，(9.2.1) 基本上和完全面板数据的似然函数形式相同。

我们以单方程误差成分模型［Biørn (1981)］为例进行说明。令

$$y_{it}=\boldsymbol{\beta}'\mathbf{x}_{it}+v_{it} \tag{9.2.2}$$

其中$\boldsymbol{\beta}$和$\mathbf{x}_{it}$分别是 $k\times1$ 的参数向量和解释变量向量，且

$$v_{it}=\alpha_i+u_{it} \tag{9.2.3}$$

误差项 α_i 和 u_{it} 是相互独立且独立分布的，均值都为零，方差分别为常数 σ_α^2 和 σ_u^2。为表述方便，我们假定 α_i 和 u_{it} 与$\mathbf{x}_{it}$ 无关。[11]同时还假定每期有固定数量的个体从样本中剔除，又有相同数量来自总体的个体补充进样本（即对所有的 t，$m_t=m$)。所以，所观测的个体总数是

$$H=(T-1)m+N \tag{9.2.4}$$

用 q_i 表示第 i 个个体被观测的次数；则 $q_i=T_i-t_i+1$。将第 i 个个体的时序观测堆积成向量的形式，我们有

$$\mathbf{y}_i=X_i\boldsymbol{\beta}+\mathbf{v}_i \tag{9.2.5}$$

这里

$$\underset{q_i\times1}{\mathbf{y}_i}=(y_{it_i},\cdots,y_{iT_i})'$$
$$\underset{q_i\times k}{X_i}=(\mathbf{x}'_{it})$$
$$\mathbf{v}_i=(\alpha_i+u_{it_i},\cdots,\alpha_i+u_{iT_i})'$$

v_i 的方差—协方差矩阵在 $q_i=1$ 时为

$$V_i=\sigma_u^2+\sigma_\alpha^2 \tag{9.2.6a}$$

在 $q_i>1$ 时为

$$V_i=E\,\mathbf{v}_i\mathbf{v}'_i=\sigma_u^2I_{q_i}+\sigma_\alpha^2J_i \tag{9.2.6b}$$

其中 J_i 是所有元素等于 1 的 $q_i\times q_i$ 矩阵。所以，当 $q_i=1$ 时，

$$V_i^{-1}=(\sigma_u^2+\sigma_\alpha^2)^{-1} \tag{9.2.7a}$$

当 $q_i>1$ 时，

$$V_i^{-1}=\frac{1}{\sigma_u^2}\left[I_{q_i}-\frac{\sigma_\alpha^2}{\sigma_u^2+q_i\sigma_\alpha^2}J_i\right] \tag{9.2.7b}$$

因为$\mathbf{y}_i$ 和$\mathbf{y}_j$ 不相关，故堆积方程（$\mathbf{y}'_1$，…，$\mathbf{y}'_{N+(T-1)m}$）$'$的方差—协方差矩阵是分块对角矩阵。因此，$\boldsymbol{\beta}$的 GLS 估计量是

$$\hat{\boldsymbol{\beta}}_{\mathrm{GLS}}=\left[\sum_{i=1}^{N+(T-1)m}X'_iV_i^{-1}X_i\right]^{-1}\left[\sum_{i=1}^{N+(T-1)m}X'_iV_i^{-1}\mathbf{y}_i\right] \tag{9.2.8}$$

$\boldsymbol{\beta}$的 GLS 估计量等价于先用 P_i（P_i 满足 $P'_iP_i=V_i^{-1}$）左乘观测矩阵［$\mathbf{y}_i$，X_i］，然后作 $P_i\,\mathbf{y}_i$ 关于 P_iX_i 的回归［Theil（1971，第 6 章）］。换句话说，对按后面的步骤进行转换后的数据应用最小二乘法：对仅观测一次的个体，用 $(\sigma_u^2+\sigma_\alpha^2)^{-1/2}$ 乘以相应的 y 和$\mathbf{x}$。对观测了 q_i 次的个体，从相应的 y 和$\mathbf{x}$中减去其组均值$\bar{y}_i$ 和$\bar{\mathbf{x}}_i$ 的$1-[\sigma_u/(\sigma_u^2+q_i\sigma_\alpha^2)^{1/2}]$ 倍（这里 $\bar{y}_i=(1/q_i)\sum_t y_{it}$，$\bar{\mathbf{x}}_i=(1/q_i)\sum_t\mathbf{x}_{it}$），然后都除以 σ_u。

为分别导出 σ_u^2 和 σ_α^2的估计，我们要求至少有一个 $q_i>1$。令 Θ 表示满足 $q_i>1$ 的集合，$\Theta=\{i\mid q_i>1\}$，并令 $H^*=\sum_{i\in\Theta}q_i$。则 σ_u^2 和σ_α^2可用

$$\hat{\sigma}_u^2=\frac{1}{H^*}\sum_{i\in\Theta}^{2}\sum_{t=t_i}^{T_i}[(y_{it}-\bar{y}_i)-\hat{\boldsymbol{\beta}}'(\mathbf{x}_{it}-\bar{\mathbf{x}}_i)]^2 \tag{9.2.9}$$

和

$$\hat{\sigma}_\alpha^2=\frac{1}{N+(T-1)m}\sum_{i=1}^{N+(T-1)m}\left[(\bar{y}_i-\hat{\boldsymbol{\beta}}'\,\bar{\mathbf{x}}_i)^2-\frac{1}{q_i}\hat{\sigma}_u^2\right] \tag{9.2.10}$$

一致地估计。类似地，我们可最大化似然函数（9.2.1）的对数

$$\begin{aligned}\log L=&-\frac{NT}{2}\log 2\pi-\frac{1}{2}\sum_{i=1}^{N+(T-1)m}\log|V_i|\\&-\frac{1}{2}\sum_{i=1}^{N+(T-1)m}(\mathbf{y}_i-X_i\,\boldsymbol{\beta})'V_i^{-1}(\mathbf{y}_i-X_i\,\boldsymbol{\beta})\\=&-\frac{NT}{2}\log 2\pi-\frac{1}{2}\left[\sum_{i=1}^{N+(T-1)m}(q_i-1)\right]\log\sigma_u^2\\&-\frac{1}{2}\sum_{i=1}^{N+(T-1)m}\log(\sigma_u^2+q_i\sigma_\alpha^2)\\&-\frac{1}{2}\sum_{i=1}^{N+(T-1)m}(\mathbf{y}_i-X_i\,\boldsymbol{\beta})'V_i^{-1}(\mathbf{y}_i-X_i\,\boldsymbol{\beta})\end{aligned} \tag{9.2.11}$$

导出 MLE。控制 σ_u^2 和σ_α^2后，MLE 就是 GLS 估计量（9.2.8）。控制 $\boldsymbol{\beta}$ 后，σ_u^2 和σ_α^2的 MLE 是方程

$$\begin{aligned}\frac{\partial\log L}{\partial\sigma_u^2}=&-\frac{1}{2\sigma_u^2}\left[\sum_{i=1}^{N+(T-1)m}(q_i-1)\right]\\&-\frac{1}{2}\left[\sum_{i=1}^{N+(T-1)m}\frac{1}{\sigma_u^2+q_i\sigma_\alpha^2}\right]\\&+\frac{1}{2\sigma_u{}^4}\sum_{i=1}^{N+(T-1)m}(\mathbf{y}_i-X_i\,\boldsymbol{\beta})'Q_i(\mathbf{y}_i-X_i\,\boldsymbol{\beta})\\&+\frac{1}{2}\sum_{i=1}^{N+(T-1)m}\frac{q_i}{(\sigma_u^2+q_i\sigma_\alpha^2)^2}(\bar{y}_i-\bar{\mathbf{x}}'_i\boldsymbol{\beta})=0\end{aligned} \tag{9.2.12}$$

和

$$\frac{\partial \log L}{\partial \sigma_\alpha^2} = -\frac{1}{2}\sum_{i=1}^{N+(T-1)m}\left[\frac{q_i}{\sigma_u^2+q_i\sigma_\alpha^2}-\frac{q_i^2}{(\sigma_u^2+q_i\sigma_\alpha^2)^2}(\bar{y}_i-\bar{\mathbf{x}}'_i\boldsymbol{\beta})^2\right] = 0 \tag{9.2.13}$$

的联立解，其中 $Q_i=I_{q_i}-(1/q_i)\mathbf{e}_{q_i}\mathbf{e}'_{q_i}$，$\mathbf{e}_{q_i}$ 是所有元素为 1 的 $q_i\times 1$ 向量。麻烦的是，由于对不同的 i，q_i 是不相同的，故方程（9.2.12）和（9.2.13）的解不能简单地表示成估计量（3.3.25）和（3.3.26）的形式。求解 MLE 必须使用数值方法。不过在式（9.2.8）与（9.2.12）～（9.2.13）之间进行迭代切换可简化求解$\boldsymbol{\beta}$，σ_u^2 和 σ_α^2 的 MLE 的计算。

在不完全面板数据情形下调整完全面板数据估计方法的原则可直接扩展至动态模型和多方程模型。但在动态模型中还存在初始条件问题。[12] 关于初始条件的各种假设要求用不同的方法处理新观测和样本已有观测。在此情形下，基于假设“初始观测与个体效应相关且有平稳方差”的调整方法可能是合理的近似（第 4 章，情形Ⅳc 或情形Ⅳc′）。分析重复横截面数据动态模型的工具变量法经过确当的调整后也可用在这里［参见 Collado（1997）；Moffit（1993）］。但添加在模型上的假设必须更具约束性。

如果数据缺失是随机的，则通常的做法是只研究由具有完全时序观测的个体组成的子集。但不完全观测个体的子集也包含关于未知参数的信息。此时将随机缺失样本当作轮换样本是更有效但计算也更复杂的方法。譬如，对所有的 i 令 $t_i=1$ 后，似然函数（9.2.1）也可当作是这样的似然函数：在时期 1 有 $N+\sum_{t=1}^{T-1}m_t$ 个个体；在时期 2，其中的 m_1 个被随机地剔除，依此类推，所以在 T 期结束时仍只有 N 个个体保留在样本中。因此，所有观测可利用时推导未知参数的 GLS 或 MLE 的步骤类似于轮换样本情形。

9.3 伪面板（或重复横截面数据）

不能获取相同个体的重复观测时，如果线性模型

$$y_{it} = \boldsymbol{\beta}'\mathbf{x}_{it} + \alpha_i + u_{it} \tag{9.3.1}$$

中的 α_i 和$\mathbf{x}_{it}$相关，则据第 3 章讨论的固定效应估计可知，控制非观测个体属性的影响是不可能的。但也有作者坚持认为，在某些其他假设下可用单个横截面数据或一系列独立的横截面数据将$\boldsymbol{\beta}$识别出来［参见 Blundell，Browning 和 Meghir（1994）；Deaton（1985）；Heckman 和 Robb（1985）；Moffit（1993）］。

如果能获取重复横截面数据，Deaton（1985）建议用**分类统计法**（cohort approach）得到模型（9.3.1）中$\boldsymbol{\beta}$的一致估计量。我们通常将可观测属性（如年龄、性别、教育或社会经济背景等）相同的个体归为一个组（cohort）。假设我们可将样本分成 C 个组，每个组内的所有个体有相同的 α_c（$c=1$，…，C）。然

后，所有观测在组层次进行聚合得到

$$\bar{y}_{ct} = \bar{\mathbf{x}}'_{ct}\boldsymbol{\beta} + \alpha_c + \bar{u}_{ct}, \quad c = 1,\cdots,C, t = 1,\cdots,T \tag{9.3.2}$$

其中$\bar{y}_{ct}$和$\bar{\mathbf{x}}_{ct}$是组 c 在时期 t 所有观测 y'_{it} 和$\mathbf{x}'_{it}$的均值。由此得到的数据集是对 C 个组进行 T 期重复观测的**伪面板**（pseudopanel）。如果$\bar{\mathbf{x}}_{ct}$与$\bar{u}_{ct}$无关，则可导出伪面板的组内估计量（3.2.8）

$$\hat{\boldsymbol{\beta}}_w = \Big(\sum_{c=1}^{C}\sum_{t=1}^{T}(\bar{\mathbf{x}}_{ct} - \bar{\mathbf{x}}_c)(\bar{\mathbf{x}}_{ct} - \bar{\mathbf{x}}_c)'\Big)^{-1}\Big(\sum_{c=1}^{C}\sum_{t=1}^{T}(\bar{\mathbf{x}}_{ct} - \bar{\mathbf{x}}_c)(\bar{y}_{ct} - \bar{y}_c)\Big) \tag{9.3.3}$$

其中 $\bar{\mathbf{x}}_c = \frac{1}{T}\sum_{t=1}^{T}\bar{\mathbf{x}}_{ct}$，$\bar{y}_c = \frac{1}{T}\sum_{t=1}^{T}\bar{y}_{ct}$。

$\mathbf{x}_{it}$包含滞后因变量时，由于假设 y_{it} 依赖自身过去值 $y_{i,t-1}$ 而不是某个平均值，所以$\bar{\mathbf{x}}_{ct}$将导致著名的**测量误差**（measurement error）问题。可观测组的均值$\bar{y}_{ct}$和$\bar{\mathbf{x}}_{ct}$误差较严重时，Deaton（1985）建议用[13]

$$\begin{aligned}\boldsymbol{\beta}_D = & \Big(\frac{1}{CT}\sum_{c=1}^{C}\sum_{t=1}^{T}(\bar{\mathbf{x}}_{ct} - \bar{\mathbf{x}}_c)(\bar{\mathbf{x}}_{ct} - \bar{\mathbf{x}}_c)' - \Omega_x\Big)^{-1} \\ & \times\Big(\frac{1}{CT}\sum_{c=1}^{C}\sum_{t=1}^{T}(\bar{\mathbf{x}}_{ct} - \bar{\mathbf{x}}_c)(\bar{y}_{ct} - \bar{y}_c) - \boldsymbol{\omega}\Big)\end{aligned} \tag{9.3.4}$$

估计$\boldsymbol{\beta}$，其中 Ω_x 表示$\bar{\mathbf{x}}_{ct}$中测量误差的方差—协方差矩阵，$\boldsymbol{\omega}$表示$\bar{y}_{ct}$和$\bar{\mathbf{x}}_{ct}$测量误差的协方差矩阵。

虽然分类统计法提供了利用独立横截面单元信息的有用框架，但还是存在一些与其特点有关的问题。首先，组内同质性的断言太强，特别是对个体的分组通常具有任意性。其次，分组或聚集个体可能导致信息的损失或组方程（9.3.2）误差项的异方差。再次，通过假设组的数量 C 趋于无穷而建立计量经济估计量和检验统计量的大样本性质不能得到满足。通常都存在一个实际的极限，超过该极限后我们将不能再增加组的数量。常引用的生日相同组就是一个恰当的例子。

9.4 单个横截面数据集和单个时序数据集的混合

9.4.1 引言

本节我们讨论单个横截面数据集和单个时序数据集的混合问题。仅基于时序数据的实证研究常常因解释变量间的严重共线性而不能得到准确的参数估计。譬如，收入和价格的时间序列就可能高度相关。另外，横截面数据集可能包含关于家庭收入的有用信息，但是没有关于价格的信息，因为所有的家庭都要面对同样的价格。因此，每个数据集都包含某些变量的有用信息，但没有包含推导所有重要参数的准确估计所要求的全部变量的信息。Stone（1954）对总需求方程组的研究就是这样的一个经典案例，在他的数据中商品价格没有横截面上的波动，同时实际收入也没有在时序上的充分波动。

为克服重要参数信息仅来自于时序数据或仅来自于横截面数据时的信息匮乏问题，我们可重复估计某些来自横截面数据的参数，然后将这些估计量引入时序回归估计模型中的其他参数。譬如，Tobin（1950）就利用横截面数据计算收入弹性，然后用时序收入变量乘以该弹性，再从年度需求量的时序变量中减去这个乘积得到一个新的因变量。最后做这个新的因变量序列对价格变量的序列的回归得到需求价格弹性的估计。

与前面分析的情形一样，混合的目的是为了更有效地估计重要参数。时序数据中的观测数通常有限，且变量高度相关。此外，总量数据集或单个个体的时序数据集没有包含影响经济行为的微观社会统计变量。横截面数据更是结构不完整。在某个时点上对个体的观测有可能受到以前观测的影响。这就产生两个基本问题：第一个问题是横截面估计中的估计偏误源与时序估计偏误源不同。事实上，已有很多人质疑由不同类型数据得到的估计的适用性和相容性（微观或总量数据，横截面数据或时序数据）［参见 Kuh（1959）及 Kuh 和 Meyer（1957）］。第二个问题是如果混合是可行的，那么怎么混合是最优的？事实表明这两个问题可用似然函数分析法［Maddala（1971b）］[14]或 Bayesian 法［Hsiao，Mountain 和 Ho-Illman（1995）］同时得到解决。

只要模型正确设定，似然函数就是从样本中提取信息的有效方法。但模型只是真实世界中复杂现象的简化，要想模型尽可能有用，就必须在现实和可行性之间取得合理的平衡。在模型中引入表征现象的主要元素，同时又易于消除其他因素影响是可行的。故设定回归方程时，一般假定大量对因变量有影响但单个不重要或不可观测的因素可用一个适当的随机扰动项描述。但在横截面回归模型中，这些遗漏变量与模型中解释变量的协方差可能有别于在时序回归中的情形。例如，如果高收入不仅和高消费相关，还和年龄相关，则消费关于收入的横截面回归所得到的收入系数度量的是年龄和收入对消费的综合影响，除非年龄作为另外的解释变量向量引入模型。但在时序数据中总体的年龄组成可能是恒定的，或者逐渐地、缓慢地变化。故忽略年龄变量后，收入弹性的时序估计可能因年龄与收入的微弱相关而比横截面估计小。

在需求分析中，横截面估计和时序估计可能不同的另一个理由是横截面估计倾向于度量长期行为而时序估计倾向于度量短期调整［Kuh（1959）；Kuh 和 Meyer（1957）］。这里的假设是，受访的大多数家庭适应他们目前的状况已有一段时间，而且因市场压力和经济周期导致的家庭间失衡倾向于同时发生。因此，很多失衡的影响被掩盖了（或出现在回归截距项中），故较高的横截面斜率估计量可能被解释为长期系数。但对时序观测却不真实。具体说来，随时间发生的变化常常表示短暂的转变，变化中的受益者或受害者不会立即适应他们的新情况。尚未完全适应时反应的系数通常比完全适应后反应的系数要低。

对横截面上和时序上不同行为的观测表明遗漏变量在时序和横截面中的影响

可能显著不同。除非随机项（表示遗漏变量的影响）与模型中的解释变量无关的假设成立，否则相同系数的时序估计和横截面估计可能会产生分歧。实际上，如果时序估计和横截面估计不同，这表明至少有一个模型设定有误。在第 3 章，我们讨论了无需其他信息的设定检验，现在我们讨论当时序模型可获取横截面数据形式的外部信息或横截面模型可获取时序数据形式的外部信息时的似然法。

9.4.2 横截面和时序混合数据的似然方法

假设我们有一个由 N 个个体组成的横截面数据集和一个持续了 T 期的时序数据集。假定横截面模型是

$$\mathbf{y}_c = Z_1 \boldsymbol{\delta}_1 + Z_2 \boldsymbol{\delta}_2 + \mathbf{u}_c \tag{9.4.1}$$

其中$\mathbf{y}_c$ 是 $N\times1$ 的因变量向量，Z_1 和 Z_2 分别是 $N\times K$ 和 $N\times L$ 的自变量观测值矩阵，而$\boldsymbol{\delta}_1$ 和$\boldsymbol{\delta}_2$ 分别是 $K\times1$ 和 $L\times1$ 的参数向量。$N\times1$ 的误差项$\mathbf{u}_c$ 是独立分布的，其方差—协方差矩阵为 $\sigma_u^2 I_N$。

时序模型为

$$\mathbf{y}_T = X_1 \boldsymbol{\beta}_1 + X_2 \boldsymbol{\beta}_2 + \mathbf{v}_T \tag{9.4.2}$$

其中$\mathbf{y}_T$ 是 $T\times1$ 的因变量向量，X_1 和 X_2 分别是 $T\times K$ 和 $T\times M$ 的自变量观测值矩阵，$\boldsymbol{\beta}_1$ 和$\boldsymbol{\beta}_2$ 分别是 $K\times1$ 和 $M\times1$ 的参数向量，而$\mathbf{v}_T$ 是 $T\times1$ 的扰动项向量。[15] 为简单起见，我们假定$\mathbf{v}_T$ 与$\mathbf{u}_c$ 无关且无序列相关，其方差—协方差矩阵为$E\,\mathbf{v}_T\,\mathbf{v}_T'=\sigma_v{}^2 I_T$。

这里的虚拟假设是$\boldsymbol{\delta}_1=\boldsymbol{\beta}_1$。因此我们可用似然比检验能否混合的问题。令 L_1^* 和 L_2^* 分别表示模型（9.4.1）和（9.4.2）的联合似然函数的对数在有约束条件$\boldsymbol{\delta}_1=\boldsymbol{\beta}_1$ 和无约束条件$\boldsymbol{\delta}_1=\boldsymbol{\beta}_1$ 时的极大值。则在虚拟假设之下，2（$L_2^*-L_1^*$）的渐近分布是自由度为 K 的 χ^2 分布。唯一的问题是：合适的显著性水平是多少？如果错误地接受了可混合的假设和错误地拒绝了不能混合的假设的代价差不多，Maddala（1971b）建议使用 25%～30%之间的某个显著性水平，而不是前面显著性检验中常用的 5%。

极大似然估计表达式与其方差—协方差的表达式仅仅用似然函数最大值的位置和最大值附近的曲线简要描述似然函数。这些表达式有可能没有完全表达似然函数所包含的信息。更深层次地利用似然函数有助于对横截面估计和时序估计相容性的研究。因此，Maddala（1971b）建议我们还应该绘制每个数据集的相对极大似然值

$$R_M(\boldsymbol{\delta}_1) = \frac{\max\limits_{\boldsymbol{\theta}} L(\boldsymbol{\delta}_1, \boldsymbol{\theta})}{\max\limits_{\boldsymbol{\delta}_1, \boldsymbol{\theta}} L(\boldsymbol{\delta}_1, \boldsymbol{\theta})} \tag{9.4.3}$$

的表格并画出其图形，这里 $\boldsymbol{\theta}$ 表示冗余参数集合，$\max_{\boldsymbol{\theta}} L$（$\boldsymbol{\delta}_1$，$\boldsymbol{\theta}$）表示给定$\boldsymbol{\delta}_1$ 后 L 关于 $\boldsymbol{\theta}$ 的最大值，而 $\max_{\boldsymbol{\delta}_1,\boldsymbol{\theta}} L$（$\boldsymbol{\delta}_1$，$\boldsymbol{\theta}$）表示 L 关于$\boldsymbol{\delta}_1$ 和 $\boldsymbol{\theta}$ 的最大值。式

(9.4.3) 的函数图几乎描述了包含在数据中所有关于$\boldsymbol{\delta}_1$的信息。因此，相对似然函数的形状和位置将比单个检验统计量揭示更多关于不同数据类型之间相容性的信息。

如果接受假设$\boldsymbol{\delta}_1=\boldsymbol{\beta}_1$，则据 Chetty (1968)，Durbin (1953) 和 Maddala (1971b) 的建议，我们可将模型 (9.4.1) 和 (9.4.2) 堆积成

$$\begin{bmatrix}\mathbf{y}_c\\ \mathbf{y}_t\end{bmatrix}=\begin{bmatrix}Z_1\\ X_1\end{bmatrix}\boldsymbol{\delta}_1+\begin{bmatrix}Z_2\\ \mathbf{0}\end{bmatrix}\boldsymbol{\delta}_2+\begin{bmatrix}\mathbf{0}\\ X_2\end{bmatrix}\boldsymbol{\beta}_2+\begin{bmatrix}\mathbf{u}_c\\ \mathbf{v}_t\end{bmatrix} \tag{9.4.4}$$

很显然，极大似然法是估计模型 (9.4.4) 中参数$\boldsymbol{\delta}_1$，$\boldsymbol{\delta}_2$和$\boldsymbol{\beta}_2$的有效方法。一个渐近等价方法是先用最小二乘法分别估计模型 (9.4.1) 和 (9.4.2) 得到σ_u^2和σ_v^2的一致估计，然后将σ_u^2和σ_v^2的一致估计代入方程

$$\begin{bmatrix}\frac{1}{\sigma_u}\mathbf{y}_c\\ \frac{1}{\sigma_v}\mathbf{y}_t\end{bmatrix}=\begin{bmatrix}\frac{1}{\sigma_u}Z_1\\ \frac{1}{\sigma_v}X_1\end{bmatrix}\boldsymbol{\delta}_1+\begin{bmatrix}\frac{1}{\sigma_u}Z_2\\ \mathbf{0}\end{bmatrix}\boldsymbol{\delta}_2+\begin{bmatrix}\mathbf{0}\\ \frac{1}{\sigma_v}X_2\end{bmatrix}\boldsymbol{\beta}_2+\begin{bmatrix}\frac{1}{\sigma_u}\mathbf{u}_c\\ \frac{1}{\sigma_v}\mathbf{v}_t\end{bmatrix} \tag{9.4.5}$$

再用最小二乘法估计模型 (9.4.5)。

将$\boldsymbol{\beta}_1$的横截面估计$\hat{\boldsymbol{\delta}}_{1c}$代入时序模型

$$\mathbf{y}_T-X_1\hat{\boldsymbol{\delta}}_{1c}=X_2\boldsymbol{\beta}_2+\mathbf{v}_T+X_1(\boldsymbol{\beta}_1-\hat{\boldsymbol{\delta}}_{1c}) \tag{9.4.6}$$

然后做 ($\mathbf{y}_T-X_1\hat{\boldsymbol{\delta}}_{1c}$) 关于$X_2$的回归，得到参数$\boldsymbol{\beta}_2$在横截面估计下的条件估计。[16]但时序样本还包含很多关于$\boldsymbol{\beta}_1$的信息，这些信息应该被利用起来。此外，我们在使用两步法时应当谨慎。对$\boldsymbol{\beta}_2$的渐近方差—协方差矩阵的恰当估值应该考虑用$\hat{\boldsymbol{\delta}}_{1c}$代替$\boldsymbol{\beta}_1$时的不确定性。[细节问题，参见 Chetty (1968)；Hsiao，Mountain 和 Ho-Illman (1995)；Jeong (1978)；和 Maddala (1971b)。]

9.4.3 案例

为阐明混合时的似然方法，Maddala (1971b) 分析了关于美国食品需求的一个简单计量模型。模型和数据可从 Tobin (1950) 处获取。

横截面需求方程是

$$y_{1i}=\delta_0+\delta_1 z_{1i}+\delta_2 z_{2i}+u_i,\quad i=1,\cdots,N \tag{9.4.7}$$

其中y_{1i}是在某个时点一组家庭平均食品消费量的对数，而z_{1i}和z_{2i}分别是第i组家庭的平均收入和平均家庭人口数的对数。时序需求方程是

$$y_{2t}=\beta_0+\beta_1(x_{1t}-\beta_2 x_{2t})+\beta_3(x_{2t}-x_{2,t-1})+v_t,\quad t=1,\cdots,T \tag{9.4.8}$$

其中y_{2t}，x_{1t}，x_{2t}分别是食品价格指数的对数、国内消费的人均食品供应量的对数和人均可支配收入的对数。假定两个回归中的需求收入弹性δ_1相同，即$\delta_1=\beta_2$。误差项u_i和v_t相互独立，并假定它们服从正态分布，其均值为零，方差分别为σ_u^2和$\sigma_v{}^2$。

横截面回归估计的结果是

$$\hat{y}_{1i} = 0.569 + \underset{(0.0297)}{0.5611} z_{1i} + \underset{(0.0367)}{0.2540} z_{2i} \tag{9.4.9}$$

括号内是标准误。时序回归估计的结果是

$$\hat{y}_{2t} = 7.231 + \underset{(0.0612)}{1.144} x_{2t} - \underset{(0.0906)}{0.1519}(x_{2t} - x_{2,t-1}) - \underset{(0.4010)}{3.644} x_{1t} \tag{9.4.10}$$

这表明估计的收入弹性 δ_1 是 0.314。

将 δ_1 的横截面估计值 0.56 引入时序回归后，估计的 β_1 下降到 −1.863，其标准误为 0.135 8。用极大似然法同时估计 δ_1 和 β_1 时，估计的 δ_1 和 β_1 分别是 0.535 5 和 −1.64，协方差矩阵为

$$\begin{bmatrix} 0.00206 & 0.00827 \\ & 0.04245 \end{bmatrix}$$

尽管用混合数据估计系数时精度有很大提高，但似然比统计量的值是 17.2，这对自由度为 1 的 χ^2 分布在 0.001 水平上都是显著的。这明显说明在这种情形下我们不应该将时序数据和横截面数据混合起来。

图 9.1 是 Maddala 关于参数 δ_1（需求的收入弹性）在横截面数据的 Tobin 模型、时序数据的 Tobin 模型以及混合样本的 Tobin 模型中得到的相对极大似然值 $R_M(\delta_1)$ 的图形。该图表明时序数据提供的关于 δ_1 的信息与横截面数据提供的关于 δ_1 的信息几乎同样精确（不然，似然函数图形将会相对平坦）。此外，时序模型的似然函数图形和横截面模型似然函数图形重叠部分极少。这又一次毫不含糊地表明不应该混合这些数据。[17]

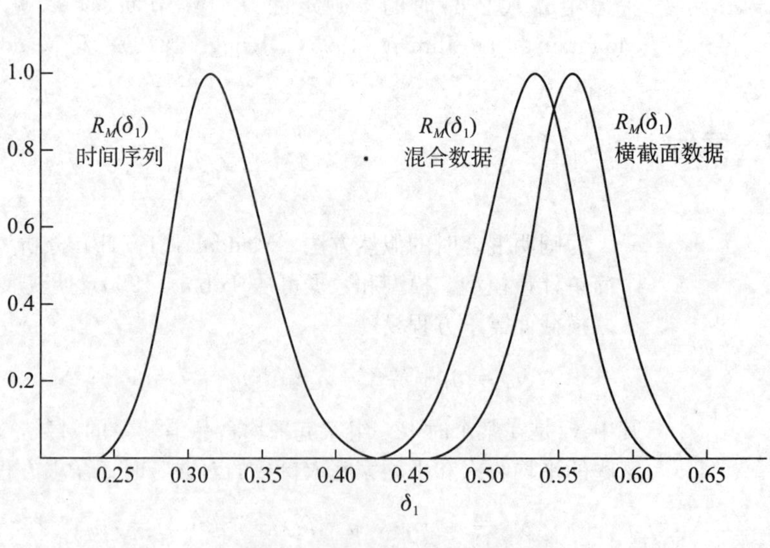

图 9.1 参数 δ_1 的相对似然值

资料来源：Maddala（1971b，图 1）。

假定时序数据是由一些微观经济变量过程汇总而成，如果控制解释变量后，个体差异只是偶然出现，则时序数据的推断和横截面数据的推断不可能出现矛

盾。因此，无论什么时候实证结果像前面的例子一样出现了系统性的差异，则表明两个模型中至少有一个存在误设。对以横截面数据形式或时序数据形式出现的外部信息的支持提供了关于模型设定合理性的另一个检验方法，该检验方法不可能由单独的横截面数据集或时序数据集给出，因为在这两种情形下没有遗漏变量偏误的内在征兆。但在大量关于横截面估计和时序估计关系的研究之前，似乎因为信息的完备性而不存在替代。关于大量个体的序列观测或面板数据本质上是为了充分理解在不同时点的系统性相关关系。

第 10 章 前沿问题

本章我们简要讨论一些与面板数据相关的前沿问题。我们首先讨论用模拟方法进行统计推断（10.1 节）。然后讨论具有大 N 和大 T 的面板（10.2 节），并讨论由它导致的单位根检验这一特殊问题（10.3 节）。10.4 节讨论多维（非观测特异效应项个数大于 2）面板数据。10.5 节考虑测量误差问题，并说明我们如何利用面板数据结构识别和估计其他类型数据无法识别的模型。最后讨论除个恒时异因素设定外我们对放宽横截面独立性假设的建议。

10.1 模拟方法

面板数据包含两个维度：一个横截面维度和一个时间维度。面板数据模型通常还包含不可观测的异质性因素。将包含缺失数据、随机系数、异质性等问题的潜变量模型转换成可观测模型时一般需要对潜变量计算多元积分［参见 Hsiao (1989，1991b，1992c)］。面板数据模型估计量的计算可能相当困难。为避开计算多重积分等复杂问题，许多学者建议使用计算机模拟方法［参见 Gourieroux 和 Monfort (1996)；Hsiao 和 Wang (2000)；Keane (1994)；McFadden (1989)；

Pakes和 Pollard (1989)]。

模拟方法的基本思想是：以大数定律为依据，从已知的概率分布中随机抽取样本，通过求样本的均值得到多重积分的近似值。譬如，考虑给定$\mathbf{x}_i$后$\mathbf{y}_i$的条件密度函数$f(\mathbf{y}_i \mid \mathbf{x}_i;\ \boldsymbol{\theta})$，或某个条件矩$\mathbf{m}(\mathbf{y}_i,\ \mathbf{x}_i;\ \boldsymbol{\theta})$，如$E(\mathbf{y}_i \mid \mathbf{x}_i;\ \boldsymbol{\theta})$或$E(\mathbf{y}_i\mathbf{y}_i' \mid \mathbf{x}_i;\ \boldsymbol{\theta})$（$\boldsymbol{\theta}$是描述这些函数的参数向量）的计算问题。在许多情形下，我们并不知道这些函数的明确表达式，故计算这些函数非常困难。但如果在$\mathbf{x}$和另一个向量$\boldsymbol{\eta}$下的条件密度或条件矩，即$f^*(\mathbf{y}_i \mid \mathbf{x}_i,\ \boldsymbol{\eta};\ \boldsymbol{\theta})$或$\mathbf{m}(\mathbf{y},\ \mathbf{x} \mid \boldsymbol{\eta};\ \boldsymbol{\theta})$是显函数，且$\boldsymbol{\eta}$的概率分布$P(\boldsymbol{\eta})$已知，则根据

$$f(\mathbf{y}_i \mid \mathbf{x}_i;\boldsymbol{\theta}) = \int f^*(\mathbf{y}_i \mid \mathbf{x}_i,\boldsymbol{\eta};\boldsymbol{\theta})dP(\boldsymbol{\eta}) \tag{10.1.1}$$

和

$$\mathbf{m}(\mathbf{y}_i,\mathbf{x}_i;\boldsymbol{\theta}) = \int \mathbf{m}^*(\mathbf{y}_i,\mathbf{x}_i \mid \boldsymbol{\eta};\boldsymbol{\theta})dP(\boldsymbol{\eta}) \tag{10.1.2}$$

我们可用

$$\tilde{f}_H(\mathbf{y}_i \mid \mathbf{x}_i;\boldsymbol{\theta}) = \frac{1}{H}\sum_{h=1}^{H} f^*(\mathbf{y}_i \mid \mathbf{x}_i,\boldsymbol{\eta}_{ih};\boldsymbol{\theta}) \tag{10.1.3}$$

和

$$\tilde{\mathbf{m}}_H(\mathbf{y}_i \mid \mathbf{x}_i;\boldsymbol{\theta}) = \frac{1}{H}\sum_{h=1}^{H} \mathbf{m}^*(\mathbf{y}_i,\mathbf{x}_i \mid \boldsymbol{\eta}_{ih};\boldsymbol{\theta}) \tag{10.1.4}$$

逼近密度函数（10.1.1）和（10.1.2），其中（$\boldsymbol{\eta}_{i1}$，…，$\boldsymbol{\eta}_{iH}$）是来自$P(\boldsymbol{\eta})$的H个随机样本。

例如，考虑由潜变量响应函数

$$y_{it}^* = \boldsymbol{\beta}'\mathbf{x}_{it} + \alpha_i + u_{it} \tag{10.1.5}$$

定义的随机效应 probit 面板模型和 Tobit 面板模型，这里假设α_i和u_{it}是独立正态分布的，均值都为 0，方差分别为σ_α^2和 1，它们是相互独立的。Probit 模型假设观测到的y_{it}满足

$$y_{it} = \begin{cases} 1 & \text{如果 } y_{it}^* > 0 \\ 0 & \text{如果 } y_{it}^* \leqslant 0 \end{cases} \tag{10.1.6}$$

Tobit 模型假定观测到的y_{it}满足

$$y_{it} = \begin{cases} y_{it}^* & \text{如果 } y_{it}^* > 0 \\ 0 & \text{如果 } y_{it}^* \leqslant 0 \end{cases} \tag{10.1.7}$$

我们知道可将α_i和u_{it}的密度函数表示成某些标准分布（这里指标准正态分布）的转换形式，故$\mathbf{y}_i'=(y_{i1},\ \cdots,\ y_{iT})$的密度函数可表示为条件密度函数在这些标准分布积分限上的积分：

$$f(\mathbf{y}_i \mid \mathbf{x}_i;\boldsymbol{\theta}) = \int f^*(\mathbf{y}_i \mid \mathbf{x}_i,\eta;\boldsymbol{\theta})dP(\eta) \tag{10.1.8}$$

这里 $P(\eta)\sim N(0,1)$。譬如，在 probit 模型中，

$$f^*(\mathbf{y}_i\mid\mathbf{x}_i,\eta;\boldsymbol{\theta})=\sum_{t=1}^{T}\Phi(\mathbf{x}'_{it}\boldsymbol{\beta}+\sigma_\alpha\eta_i)^{y_{it}}[1-\Phi(\mathbf{x}'_{it}\boldsymbol{\beta}+\sigma_\alpha\eta_i)]^{1-y_{it}} \tag{10.1.9}$$

而在 Tobit 模型中，

$$f^*(\mathbf{y}_i\mid\mathbf{x}_i,\eta;\boldsymbol{\theta})=\prod_{t\in\Psi_1}\phi(y_{it}-\mathbf{x}'_{it}\boldsymbol{\beta}-\sigma_\alpha\eta_i)\times\prod_{t\in\Psi_0}\Phi(-\mathbf{x}'_{it}\boldsymbol{\beta}-\sigma_\alpha\eta_i) \tag{10.1.10}$$

其中 $\phi(\cdot)$ 和 $\Phi(\cdot)$ 分别表示标准正态密度函数和对标准正态密度函数的积分，而 $\Psi_1=\{t\mid y_{it}>0\}$，$\Psi_0=\{t\mid y_{it}=0\}$。因为控制了 $\mathbf{x}_{it}$ 和 η 的 H 个从标准正态分布中随机抽取的值 η_{ih}（$h=1,\cdots,H$），所以就 $\boldsymbol{\beta}$ 和 σ_α^{2} 而言，条件密度函数（10.1.9）或（10.1.10）定义良好，$f(\mathbf{y}_i\mid\mathbf{x}_i;\boldsymbol{\beta},\sigma_\alpha^{2})$ 的近似值可与式（10.1.3）一样通过求平均值得到。

更复杂的 $f(\mathbf{y}_i\mid\mathbf{x}_i;\boldsymbol{\theta})$ 也可用相对简单的模拟近似。譬如，如果 $\mathbf{u}_i=(u_{i1},\cdots,u_{iT})'$ 有均值为 $\mathbf{0}$，协方差矩阵为 σ 的多元正态分布，则我们可令 $\mathbf{u}_i=\Lambda\boldsymbol{\eta}_i^*$，$\boldsymbol{\eta}_i^*$ 是均值为 $\mathbf{0}$，协方差矩阵为 I_T 的标准正态分布向量，而 Λ 是满足 $\Sigma=\Lambda\Lambda'$ 的下三角矩阵。因此，如果前面例子中的 u_{it} 服从一阶自回归过程，即

$$u_{it}=\rho u_{i,t-1}+\epsilon_{it},|\rho|<1 \tag{10.1.11}$$

则我们可将模型（10.1.5）重写为

$$y_{it}^*=\boldsymbol{\beta}'\mathbf{x}_{it}+\sigma_\alpha\eta_i+\sum_{\tau=1}^{t}a_{t\tau}\eta_{i\tau}^* \tag{10.1.12}$$

其中 $\eta_{i\tau}^*$（$\tau=1,\cdots,T$）是从 $N(0,1)$ 中随机抽取的独立观测，而 $a_{t\tau}$ 是下三角矩阵 Λ 的非零元素。结果表明，如果 $t\geqslant\tau$，则 $a_{t\tau}=(1-\rho^2)^{-1/2}\rho^{t-\tau}$；如果 $t<\tau$，则 $a_{t\tau}=0$。

在 probit 模型中，利用上面描述的方法，通过考虑下面的抽样方式，我们可得到 $f(\mathbf{y}_i\mid\mathbf{x}_i;\boldsymbol{\theta})$，$\boldsymbol{\theta}=(\boldsymbol{\beta}',\sigma_\alpha,\rho)'$ 的无偏、可微且大于零的估计量：

η_{ih} 从标准正态分布 $N(0,1)$ 中抽取；

如果 $y_{i1}=1$，则 η_{i1h}^* 从标准正态分布 $N(0,1)$ 的区间

$$[-(\boldsymbol{\beta}'\mathbf{x}_{i1}+\sigma_\alpha\eta_{ih})/a_{11},\infty]$$

中抽取。或者当 $y_{i1}=0$ 时 η_{i1h}^* 从标准正态分布 $N(0,1)$ 的区间

$$[-\infty,-(\boldsymbol{\beta}'\mathbf{x}_{i1}+\sigma_\alpha\eta_{ih})/a_{11}]$$

中抽取。

如果 $y_{i2}=1$，则 η_{i2h}^* 从标准正态分布 $N(0,1)$ 的区间

$$[-(\boldsymbol{\beta}'\mathbf{x}_{i2}+\sigma_\alpha\eta_{ih}+a_{21}\eta_{i1h}^*)/a_{22},\infty]$$

中抽取。或者当 $y_{i2}=0$ 时 η_{i2h}^* 从标准正态分布 $N(0,1)$ 的区间

$$[-\infty, -(\boldsymbol{\beta}'\mathbf{x}_{i2}+\sigma_{\alpha}\eta_{ih}+a_{21}\eta_{i1h}^{*})/a_{22}]$$

中抽取；如此等等。$f(\mathbf{y}_i \mid \mathbf{x}_i;\boldsymbol{\theta})$ 的模拟函数为

$$\widetilde{f}_H(\mathbf{y}_i \mid \mathbf{x}_i;\boldsymbol{\theta}) = \frac{1}{H}\sum_{h=1}^{H}\prod_{t=1}^{T}\Phi\Big[(-1)^{1-y_{it}}\Big(\boldsymbol{\beta}'\mathbf{x}_{it}+\sigma_{\alpha}\eta_{ih}+\sum_{\tau=1}^{t-1}a_{t\tau}\eta_{i\tau h}^{*}\Big)\Big/a_{tt}\Big] \tag{10.1.13}$$

当 $t=1$ 时，上式在 τ 上的求和消失。

在 Tobit 模型中，也可用类似的方法。唯一的不同是 $f(\mathbf{y}_i \mid \mathbf{x}_i;\boldsymbol{\theta})$ 的模拟函数变成了

$$\begin{aligned}\widetilde{f}_H(\mathbf{y}_i \mid \mathbf{x}_i;\boldsymbol{\theta}) = \frac{1}{H}\sum_{h=1}^{H}\Big[\prod_{t\in\Psi_1}\frac{1}{a_{tt}}\phi\Big(\Big[y_{it}-\Big(\boldsymbol{\beta}'\mathbf{x}_{it}+\sigma_{\alpha}\eta_{ih}+\sum_{\tau=1}^{t-1}a_{t\tau}\eta_{i\tau h}^{*}\Big)\Big]\Big/a_{tt}\Big)\\ \times\prod_{t\in\Psi_0}\Phi\Big[-\Big(\boldsymbol{\beta}'\mathbf{x}_{it}+\sigma_{\alpha}\eta_{ih}+\sum_{\tau=1}^{t-1}a_{t\tau}\eta_{i\tau h}{}^{*}\Big)\Big/a_{tt}\Big]\Big]\end{aligned} \tag{10.1.14}$$

求模拟对数似然函数的最大值得到**模拟极大似然估计量**（simulated maximum likelihood estimator，SMLE）。对式（4.3.37）的模拟得到**模拟广义矩**（simulated generalized method-of-moments，SGMM）估计量。如果令 $\mathbf{m}(\mathbf{y}_i,\mathbf{x}_i;\boldsymbol{\theta}) = E(\mathbf{y}_i \mid \mathbf{x}_i;\boldsymbol{\theta})$ 并最小化 $\sum_{i=1}^{N}[\mathbf{y}_i - E(\mathbf{y}_i \mid \mathbf{x}_i;\boldsymbol{\theta})]^2$ 得到**模拟最小二乘**（simulated least-squares，SLS）估计量。

虽然 $H\to\infty$ 时才能得到 $f(\mathbf{y}_i \mid \mathbf{x}_i;\boldsymbol{\theta})$ 和 $\mathbf{m}(\mathbf{y}_i,\mathbf{x}_i;\boldsymbol{\theta})$ 的一致模拟估计，但 McFadden（1989）证明，如果有限的 H 个向量（$\boldsymbol{\eta}_{i1}$，…，$\boldsymbol{\eta}_{iH}$）是通过对边缘密度 $P(\boldsymbol{\eta})$ 进行简单随机抽样而获取，且不同 i 的（$\boldsymbol{\eta}_{i1}$，…，$\boldsymbol{\eta}_{iH}$）相互独立，则所有观测的模拟误差相互独立；因此，作用于所有观测的大数定律将控制由模拟引入的方差，既然如此，就不必为保证 $N\to\infty$ 时 SGMM 估计 $\hat{\boldsymbol{\theta}}_{SGMM}$ 的一致性而一致地估计每个理论矩 $\mathbf{m}(\mathbf{y}_i,\mathbf{x}_i;\boldsymbol{\theta})$。

$\sqrt{N}(\hat{\boldsymbol{\theta}}_{SGMM}-\boldsymbol{\theta})$［模拟式（4.3.37）中的矩而得到］的渐近协方差矩阵可用

$$(R'AR)^{-1}R'AG_{NH}AR(R'AR)^{-1} \tag{10.1.15}$$

近似，其中

$$\begin{aligned}R &= \frac{1}{N}\sum_{i=1}^{N}W'_i\frac{\partial\,\widetilde{\mathbf{m}}_H(\mathbf{y}_i,\mathbf{x}_i;\boldsymbol{\theta})}{\partial\boldsymbol{\theta}'}\\ G_{NH} &= \frac{1}{N}\sum_{i=1}^{N}W_i\Big(\Omega+\frac{1}{H}\Delta_H\Big)W'_i\\ \Omega &= \mathrm{Cov}(\mathbf{m}_i(\mathbf{y}_i,\mathbf{x}_i;\boldsymbol{\theta}))\\ \Delta_H &= \mathrm{Cov}[\widetilde{\mathbf{m}}_H(\mathbf{y}_i,\mathbf{x}_i;\boldsymbol{\theta})-\mathbf{m}(\mathbf{y}_i,\mathbf{x}_i;\boldsymbol{\theta})]\end{aligned} \tag{10.1.16}$$

显然，当 $H\to\infty$ 时，SGMM 与 GMM 的渐近效率相同。但即使 H 有限时，SGMM 的相对效率也非常高。譬如，对简单的频率模拟，$\Delta_H=\Omega$，每个观测值抽样一次，所得估计量的渐近效率可以达到 GMM 估计量的 50%，而对每个观测值抽样九次，所得估计量的相对效率可以提高到 90%。

但讨论 SMLE 或 SLS 的一致性时，除了要求 $N\to\infty$ 外，我们还要求 $H\to\infty$。H 有限时，条件密度或条件矩的近似误差包含 H^{-1} 的阶。这将导致 $O(1/H)$ 的渐近偏误［参见 Gourieoux 和 Monfort（1996）；Hsiao，Wang 和 Wang（1997）］。不过，当 H 有限而 $N\to\infty$ 时，仍有可能得到一致的、渐近正态分布的 SLS 估计量，因为我们知道对每个 i 的 $2H$ 个随机抽取结果组成的序列（$\boldsymbol{\eta}_{i1}$，…，$\boldsymbol{\eta}_{iH}$，$\boldsymbol{\eta}_{i,H+1}$，…，$\boldsymbol{\eta}_{i,2H}$），由于（$\boldsymbol{\eta}_{i1}$，…，$\boldsymbol{\eta}_{iH}$）和（$\boldsymbol{\eta}_{i,H+1}$，…，$\boldsymbol{\eta}_{i,2H}$）之间的独立性，有

$$E\left[\frac{1}{H}\sum_{h=1}^{H}\mathbf{m}^*(\mathbf{y}_i,\mathbf{x}_i\mid\boldsymbol{\eta}_{ih};\boldsymbol{\theta})\right]=E\left[\frac{1}{H}\sum_{h=1}^{H}\mathbf{m}^*(\mathbf{y}_i,\mathbf{x}_i\mid\boldsymbol{\eta}_{i,H+h};\boldsymbol{\theta})\right]=\mathbf{m}(\mathbf{y}_i,\mathbf{x}_i;\boldsymbol{\theta})\qquad(10.1.17)$$

和

$$E\left[\mathbf{y}_i-\frac{1}{H}\sum_{h=1}^{H}\mathbf{m}^*(\mathbf{y}_i,\mathbf{x}_i\mid\boldsymbol{\eta}_{ih};\boldsymbol{\theta})\right]'\left[\mathbf{y}_i-\frac{1}{H}\sum_{h=1}^{H}\mathbf{m}^*(\mathbf{y}_i,\mathbf{x}_i\mid\boldsymbol{\eta}_{i,H+h};\boldsymbol{\theta})\right]=E[\mathbf{y}_i-\mathbf{m}(\mathbf{y}_i,\mathbf{x}_i;\boldsymbol{\theta})]'[\mathbf{y}_i-\mathbf{m}(\mathbf{y}_i,\mathbf{x}_i;\boldsymbol{\theta})]\qquad(10.1.18)$$

成立，所以即使 H 固定时，最小化

$$\sum_{i=1}^{N}\left[\mathbf{y}_i-\frac{1}{H}\sum_{h=1}^{H}\mathbf{m}^*(\mathbf{y}_i,\mathbf{x}_i\mid\boldsymbol{\eta}_{ih};\boldsymbol{\theta})\right]'\left[\mathbf{y}_i-\frac{1}{H}\sum_{h=1}^{H}\mathbf{m}^*(\mathbf{y}_i,\mathbf{x}_i\mid\boldsymbol{\eta}_{i,H+h};\boldsymbol{\theta})\right]\qquad(10.1.19)$$

的 SLS 估计量在 $N\to\infty$ 时仍是一致的［参见 Gourieoux 和 Monfort（1996）；Hsiao 和 Wang（2000）］。

10.2 具有大 N 和大 T 的面板

本专著关注的大多数面板都具有较大的 N 和较小的 T。但有些面板数据集，比如 Penn-World 表格，在很长时间周期内涉及不同的个体、企业和国家。在许多情形下，横截面维度和时序维度的长度相当。对于这类具有大 N 和大 T 的面板，就需要讨论大 N 和大 T 时的渐近理论而不是仅有大 N 时的渐近理论。此外，T 较大时，需要考虑包括短期记忆和持久成分在内的更一般的序列相关问题。在许多类似 Penn-World 表格的面板数据集中，时序成分还表现出非常明显的非平稳性。研究表明，在此情形下，与单纯的时序数据集或横截面数据集相比，面板数据对数据生成过程的洞察有时更全面。

在具有大 N 和大 T 的面板数据回归中，多数重要的检验统计量和估计量不可避免地与如何对待两个都趋于无穷的维度 N 和 T 有关。这里有几种可行的方法：

a. **序列极限**（sequential limits）。序列方法是先固定一个指标，比如 N，并允许另一个指标，比如 T，趋于无穷。然后再让 N 趋于无穷，便得到序列极限理论。

b. **对角线路径极限**（diagonal-path limits）。该方法允许两个指标 N 和 T 沿着二维矩阵中的某条特殊的对角线路径趋于无穷，比如指标 $N\to\infty$时，$T=T(N)$。

c. **联合极限**（joint limits）。联合极限理论允许两个指标 N 和 T 趋于无穷，但没有对这两个指标设置特殊对角线路径来限制它们的发散性，虽然为得到可靠结果仍有必要对两个指标的扩张率进行某种控制。

在很多应用中，序列极限容易推导且方便讨论渐近性。但序列极限可能给出错误的渐近结果。[1]联合极限比序列极限或对角线路径极限给出的结果更稳健，但推导也更复杂，且应用该方法一般需要更强的条件，譬如高阶矩存在，这就需要考虑参数的一致收敛性。Phillips 和 Moon（1999）给出了一组确保序列极限与联合极限等价的充分条件。

一般说来，如果估计量在 T 固定和 N 较大时是一致的，则它在 N 和 T 都趋于无穷时仍是一致的（不管 T 和 N 以什么样的方式趋于无穷）。此外，有的估计量虽然在 T 固定和 N 较大时不一致（譬如，第 6 章讨论的动态随机系数模型的最小二乘估计量），但如果 T 也趋于无穷，它有可能是一致的。不管我们取哪种类型的极限，估计量的概率极限通常都相等。但确当地描述极限分布可能与两个维度 T 和 N 以什么样的方式趋于无穷有关［参见 Levin 和 Lin（1993）；Hahn 和 Kuersteiner（2000）］。

譬如，考虑线性回归模型

$$y=E(y|x)+v=\beta x+v \tag{10.2.1}$$

不管 y 和 x 是平稳过程还是一阶可积过程（即一阶差分平稳过程），β 的最小二乘估计量$\hat{\beta}$ 都会给出相同的解释。如果 y 和 x 服从二元正态分布 $N(\mathbf{0},\ \Sigma)$，其中

$$\Sigma=\begin{pmatrix}\Sigma_{yy} & \Sigma_{yx}\\ \Sigma_{xy} & \Sigma_{xx}\end{pmatrix} \tag{10.2.2}$$

则 $\hat{\beta}=\Sigma_{yx}\Sigma_{xx}^{-1}$。在单位根模型

$$\begin{pmatrix}y_t\\ x_t\end{pmatrix}=\begin{pmatrix}y_{t-1}\\ x_{t-1}\end{pmatrix}+\begin{pmatrix}u_{yt}\\ u_{xt}\end{pmatrix} \tag{10.2.3}$$

中，如果误差项$\mathbf{u}_t=(u_{yt},\ u_{xt})'$是平稳的，则有

$$\text{plim}\hat{\beta}=\Omega_{yx}\Omega_{xx}^{-1} \tag{10.2.4}$$

其中 Ω_{yx}，Ω_{xx} 分别表示 u_{yt} 与 x_t 的长期协方差（long-run covariance），以及 u_{xt} 与 x_t 的长期方差（long-run variance），它们的定义如下：

$$\begin{aligned}\Omega &= \lim_{T\to\infty}E\left[\left(\frac{1}{\sqrt{T}}\sum_{t=1}^{T}\mathbf{u}_t\right)\left(\frac{1}{\sqrt{T}}\sum_{t=1}^{T}\mathbf{u}'_t\right)\right]\\ &= \sum_{\ell=-\infty}^{\infty}E(\mathbf{u}_0\,\mathbf{u}'_\ell)=\begin{pmatrix}\Omega_{yy} & \Omega_{yx}\\ \Omega_{xy} & \Omega_{xx}\end{pmatrix}\end{aligned} \tag{10.2.5}$$

对于观测（y_{it}，x_{it}）（$i=1,\ \cdots,\ N$），当横截面单元有不同的长期协方差矩阵 Ω_i，且 $E\Omega_i=\Omega$ 时，Phillips 和 Moon（1999）进一步推广了横截面单元之间长

期平均关系的概念：

$$\beta = E(\Omega_{yx,i})(E\Omega_{xx,i})^{-1} = \Omega_{yx}\Omega_{xx}^{-1} \tag{10.2.6}$$

他们证明当 N，$T\to\infty$时最小二乘估计量收敛于（10.2.6）。

横截面单元之间平均关系的广义概念包含了协整的情形［Engle 和 Granger（1987）］［在特殊线性组合（$y_t-\beta x_t$）平稳的意义下，β是协整系数］，还包含相关但非协整的情形（对单个时间序列来说这种情形没什么用）。为更清楚地理解这一点，假设两个非平稳时间序列变量有如下关系

$$\begin{aligned} y_t &= f_t + w_t \\ x_t &= f_t \end{aligned} \tag{10.2.7}$$

并满足

$$\begin{pmatrix} w_t \\ f_t \end{pmatrix} = \begin{pmatrix} w_{t-1} \\ f_{t-1} \end{pmatrix} + \begin{pmatrix} u_{wt} \\ u_{ft} \end{pmatrix} \tag{10.2.8}$$

对所有的 t 和 s，u_{ws} 与 u_{ft} 独立，且有非零的长期协方差。则 f_t 是 y 和 x 共有的非平稳因子，而 u_w 是个体特有的非平稳因子。由于 w_t 在各时期都是非平稳的，故在 y_t 和 x_t 之间显然不存在协整关系。但是，因两个非平稳变量 y_t 和 x_t 共享 u_{ft} 中活跃的非平稳源，所以我们仍预期可找到 y_t 与 x_t 之间长期相关的证据，而这就是式（10.2.6）中回归系数 β 度量的对象。

Phillips 和 Moon（1999，2000）证明，对具有大 N 和大 T 的面板，回归系数 β 收敛于前面定义的长期平均关系。但如果 N 固定，则当 $T\to\infty$时，β 的最小二乘估计量是非退化的随机变量，它是关于 Brown 运动的泛函，且不收敛于 β［Phillips 和 Durlauf（1986）］。换句话说，对于单个时间序列或固定数量的时间序列，如果只是 $T\to\infty$，则回归系数 β 并不收敛于（10.2.6）定义的长期平均关系。

因此，如果我们将伪回归定义为对两个独立变量得到了非零相关系数 β 的回归，那么，与包含两个线性无关 I（1）变量的时序回归不同［Phillips 和 Durlauf（1986）］，对 $N\to\infty$时的面板数据估计量来说伪回归问题不会出现［参见 Kao（1999）］。

10.3 单位根检验

应用经济学家也使用横截面维度较大和时间周期较长的面板数据来检验增长理论中的收入收敛假说（income-convergence hypothesis）［参见 Bernard 和 Jones（1996）］和汇率决定理论中的购买力平价假说（purchasing-power parity hypothesis）［参见 Frankel 和 Rose（1996）］。但变量的时序性质对经济学家来说具有重要意义，时序估计量的统计性质事实上与数据是平稳的还是非平稳的有关。[2] 如果各变量是平稳的，则 $T\to\infty$时多数估计量的极限分布是正态分布。标准正态分

布表和 χ^2 分布表可用来构建置信区间或进行检验假设。如果数据是非平稳的，或者包含单位根，则 $T\to\infty$ 时标准估计量没有标准分布。t 分布或 χ^2 分布都不能很好地近似常用的 Wald 检验统计量［参见 Dickey 和 Fuller（1979，1981）；Phillips 和 Durlauf（1986）］。只能通过计算机模拟方法找到虚拟假设下的临界值。但对于面板数据，我们可根据横截面维度上的中心极限定理，利用正态分布或 t 分布近似值，从横截面维度中挖掘信息来推断变量是平稳的还是非平稳的。

在 Quah（1994）后，很多人提出了 N 和 T 较大时的面板数据单位根检验统计量［参见 Binder，Hsiao 和 Pesaran（2000）；Choi（2002）；Harris 和 Tzaralis（1999）；Im，Pesaran 和 Shin（1997）；Levin 和 Lin（1993）；Levin，Lin 和 Chu（2002）；Maddala 和 Wu（1999）］。这里我们仅讨论 Levin 和 Lin（LL）（1993），Im，Pesaran 和 Shin（IPS）（1997），以及 Maddala 和 Wu（MW）（1999）等人的检验方法。

按照 Dickey 和 Fuller（1979，1981）的思路，Levin 和 Lin（1993），以及 Levin，Lin 和 Chu（2002）考虑了面板数据的单位根检验问题，该检验中的虚拟假设是"面板中每个个体的时间序列包含单位根"，备择假设是"所有个体的时间序列都是平稳的"。考虑下面的模型：

$$\Delta y_{it} = \alpha_i + \delta_i t + \gamma_i y_{i,t-1} + \sum_{\ell=1}^{p_i} \phi_{i\ell} \Delta y_{i,t-\ell} + \epsilon_{it}, \quad i = 1,\cdots,N, t = 1,\cdots,T \tag{10.3.1}$$

这里假定 ϵ_{it} 对所有的 i 是独立分布的，Δ 表示一阶差分算子（$1-L$）（L 是将观测移动一期的滞后算子，即 $Ly_{it}=y_{i,t-1}$）。如果 $\gamma_i=0$，则 y_{it} 包含单位根。如果 $\gamma_i<0$，则 y_{it} 是平稳的。Levin 和 Lin（1993）的虚拟假设是

$$H_0:\gamma_1=\gamma_2=\cdots=\gamma_N=0 \tag{10.3.2}$$

备择假设是

$$H_1:\gamma_1=\gamma_2=\cdots=\gamma_N=\gamma<0 \tag{10.3.3}$$

为检验原假设 H_0 和备择假设 H_1，Levin 和 Lin（1993）建议先对每个 i 做 Δy_{it} 和 $y_{i,t-1}$ 对模型（10.3.1）中其他变量的回归，分别得到残差 $\hat{e}_{it}$ 和 $\hat{v}_{i,t-1}$。再利用对模型

$$\hat{e}_{it}=\gamma\hat{v}_{i,t-1}+\epsilon_{it} \tag{10.3.4}$$

的回归估计 γ。为调整式（10.3.4）中各 i 之间的异方差，他们建议先利用 γ 的最小二乘估计 $\hat{\gamma}$ 来计算 $\hat{e}_{it}$ 的方差

$$\hat{\sigma}_{ei}^2 = (T-p_i-1)^{-1}\sum_{t=p_i+2}^{T}(\hat{e}_{it}-\hat{\gamma}\hat{v}_{i,t-1})^2 \tag{10.3.5}$$

然后对每个 i，用 $\hat{\sigma}_{ei}$ 除式（10.3.4）得到异方差修正模型

$$\tilde{e}_{it}=\gamma\tilde{v}_{i,t-1}+\tilde{\epsilon}_{it} \tag{10.3.6}$$

其中 $\tilde{e}_{it}=\hat{e}_{it}/\hat{\sigma}_{ei}$，$\tilde{v}_{i,t-1}=\hat{v}_{i,t-1}/\hat{\sigma}_{ei}$。检验 $\gamma=0$ 的 t 统计量为

$$t_{\gamma}=\frac{\hat{\gamma}}{sd_{\gamma}} \tag{10.3.7}$$

其中$\hat{\gamma}$是模型（10.3.6）的最小二乘估计，

$$sd_{\gamma}=\hat{\sigma}_{\epsilon}\Big[\sum_{i=1}^{N}\sum_{t=p_i+2}^{T}\tilde{v}_{i,t-1}^{2}\Big]^{-1/2}$$

$$\hat{\sigma}_{\epsilon}^{\;2}=(N\widetilde{T})^{-1}\sum_{i=1}^{N}\sum_{t=p_i+2}^{T}(\tilde{e}_{it}-\hat{\gamma}\tilde{v}_{i,t-1})^{2}$$

$$\overline{p}=\frac{1}{N}\sum_{i=1}^{N}p_i,\widetilde{T}=(T-\overline{p}-1)$$

Levin 和 Lin（1993）建议用

$$t^{*}=\frac{t_{\gamma}-N\widetilde{T}S_{NT}\hat{\sigma}_{\epsilon}^{-2}\cdot sd_{\gamma}\cdot\mu_{\widetilde{T}}}{\sigma_{\widetilde{T}}} \tag{10.3.8}$$

对式（10.3.7）进行调整，其中

$$S_{NT}=N^{-1}\sum_{i=1}^{N}\frac{\hat{\omega}_{yi}}{\hat{\sigma}_{ei}} \tag{10.3.9}$$

而$\hat{\omega}_{yi}^{2}$是 y_i 长期方差的估计，即

$$\hat{\omega}_{yi}^{2}=(T-1)^{-1}\sum_{t=2}^{T}\Delta y_{it}^{2}+2\sum_{j=1}^{\overline{K}}W_{\overline{K}}(j)\times\Big((T-1)^{-1}\sum_{t=j+2}^{T}\Delta y_{it}\Delta y_{i,t-j}\Big) \tag{10.3.10}$$

其中 $W_{\overline{K}}$（j）是确保$\hat{\omega}_{yi}^{2}$为正值的滞后核；如 Newey 和 West（1987）提出的

$$W_{\overline{K}}(j)=\begin{cases}1-\dfrac{j}{T} & 如果\ j<\overline{K}\\ 0 & 如果\ j\geqslant\overline{K}\end{cases} \tag{10.3.11}$$

$\mu_{\widetilde{T}}$和$\sigma_{\widetilde{T}}$是用 Monte Carlo 模拟计算出来的均值调整项和标准差调整项，在他们的文章中有这两项值的列表。Levin 和 Lin（1993）证明只要增广的 Dickey-Fuller（1981）滞后阶 p 以速度 T^{p} 递增（$0\leqslant p\leqslant 1/4$），且滞后断尾参数$\overline{K}$以速度 T^{q} 递增（$0<q<1$），则在虚拟假设 $\gamma=0$ 下，面板数据检验统计量 t_{γ}在 T，$N\to\infty$时收敛于标准正态分布。

在 $\alpha_i=\Delta_i=\phi_{il}=0$，且 ϵ_{it}是均值为零、方差为 σ_{ϵ}^{2} 的 i. i. d. 随机变量的特殊情形下，Levin 和 Lin（1993）以及 Levin，Lin 和 Chu（2002）证明在虚拟假设 $\gamma=0$下，由混合最小二乘估计量$\hat{\gamma}$得到的 $T\sqrt{N}\hat{\gamma}$收敛于均值为 0、方差为 2 的正态分布，而$\hat{\gamma}$的 t 统计量在 N，$T\to\infty$且$\sqrt{N}/T\to 0$ 时收敛于标准正态分布（即时间维度比横截面维度扩张得更慢一些）。

Im，Pesaran 和 Shin（1997）将备择假设设定为

$$H_{A}^{*}:至少有一个\ i\ 满足\ \gamma_i<0 \tag{10.3.12}$$

从而放宽了 Levin 和 Lin 要求模型（10.3.1）在备择假设下同质的强假设（即允

许 $\gamma_i \neq \gamma_j$）。因此，Im，Pesaran 和 Shin（1997）建议不用混合数据，而是对 N 个横截面单元中的每个个体 i 分别进行增广 Dickey-Fuller（ADF）单位根检验［Dickey 和 Fuller（1981）］，并求它们 t 比率 τ_i 的平均值$\bar{\tau}$。他们证明当 $T \to \infty$ 且 $N \to \infty$ 时，$\bar{\tau}$在虚拟假设下收敛于均值为 $E(\bar{\tau})$、方差为 $\mathrm{Var}(\bar{\tau}_N)$ 的正态分布。由于 $E(\tau_i)$ 和 $\mathrm{Var}(\tau_i)$ 随着 ADF 回归中的滞后长度变化，所以 Im，Pesaran 和 Shin（1997）对不同滞后长度列出了 $E(\tau_i)$ 和 $\mathrm{Var}(\tau_i)$ 的值。他们的结果还表明在其 Monte Carlo 研究中的某些情形下，他们的检验比 Levin，Lin 和 Chu（2001）的检验更有效。

在 Im，Pesaran 和 Shin（1997）的检验中隐含着"所有横截面单元都观测了 T 期，且所有个体时间序列的 ADF 回归都使用了相同滞后长度"的假设。为放宽这些约束条件，Maddala 和 Wu（1996）建议用 Fisher（1932）P_λ 检验将从几个独立检验中得到的证据综合起来。该方法的思想如下：与 Im，Pesaran 和 Shin（1997）的检验一样，假设有 N 个单位根检验。用 P_i 表示第 i 个检验观测到的显著性水平（P 值）。则 $T_i \to \infty$ 时，$(-2\sum_{i=1}^{N}\log P_i)$ 的极限分布是自由度为 $2N$ 的 χ^2 分布［Rao（1952，第 44 页）］。

LL 检验是基于"自回归参数的同质性"的检验（虽然它允许误差方差中存在异质性和误差项的序列相关）。故该检验是以混合（数据）回归为基础的。另一方面，MW 检验和 IPS 检验都基于自回归参数在备择假设下的异质性。这些检验实际上是不同独立检验的联合。MW 检验的优点是它没有要求面板数据是平衡的，也没有要求在个体的 ADF 回归中使用相同的滞后长度。实际上，对任何衍生出来的单位根检验都可实施 MW 检验。该检验是非参数检验。无论用什么检验统计量对各个体单元进行单位根检验，我们都可以得到相应的 P 值 P_i。MW 检验的缺点是其 P 值只能通过 Monte Carlo 模拟得到。而 LL 检验和 IPS 检验属于参数检验方法。虽然使用统计量 t_γ 和$\bar{\tau}$时需要调整均值和方差，但它们使用方便，因为可从这些作者的文章中查找已备好的表格。不过这些表格仅对 ADF 检验有效。

通过检验回归残差是平稳的还是一阶单整的［参见 Breitung 和 Mayer（1994）；Kao 和 Chiang（2000）；McCoskey 和 Kao（1998）］，我们可将面板数据的单位根检验推广为协整检验［Engle 和 Granger（1987）］。关于面板数据的单位根检验和协整的综述，可见 Banerjee（1999）。

10.4 多层结构的数据

通过假定面板数据模型中仅出现个体和/或时间效应，我们阐明了面板数据方法。但面板数据可能不止两个维度。我们可以有更复杂的**聚类结构**（clustering structure）或**分层结构**（hierarchical structure）。譬如，Antweiler（2001），Baltagi，Song 和 Jung（2001），以及 Davis（1999）根据 Wansbeek 和 Kapteyn（1978，1982）

的方法，考察了多因素误差成分模型

$$y_{ij\ell t}=\mathbf{x}_{ij\ell t}'\boldsymbol{\beta}+u_{ij\ell t} \tag{10.4.1}$$

这里 $i=1, \cdots, N$，$j=1, \cdots, M_i$，$\ell=1, \cdots, L_{ij}$ 以及 $t=1, \cdots, T_{ij\ell}$。例如，因变量 $y_{ij\ell t}$ 可以表示在时刻 t 在国家 i 的城市 j 的观测站 ℓ 测得的大气污染数据。这表明有 N 个国家，其中国家 i 有 M_i 个城市，并在某城市设置了 L_{ij} 个观测站。在每个观测站，对大气污染测量了 $T_{ij\ell}$ 次。那么 $\mathbf{x}_{ij\ell t}$ 表示 K 个解释变量的向量，且假定扰动项具有多因素误差成分结构，

$$u_{ij\ell t}=\alpha_i+\lambda_{ij}+v_{ij\ell}+\epsilon_{ij\ell t} \tag{10.4.2}$$

这里假定 α_i，λ_{ij}，$v_{ij\ell}$ 以及 $\epsilon_{ij\ell t}$ 都是 i.i.d. 的，且它们相互独立，均值都为零，方差分别为 σ_α^2，σ_λ^2，σ_v^2 和 σ_ϵ^2。

在平衡数据情形下，**u** 的方差—协方差矩阵为

$$\Omega=\sigma_\alpha^2(I_N\otimes J_{MLT})+\sigma_\lambda^2(I_{NM}\otimes J_{LT})+\sigma_v^2(I_{NML}\otimes J_T)+\sigma_\epsilon^2 I_{LMNT} \tag{10.4.3}$$

其中 J_s 是所有元素都等于 1 的 s 维方阵。用 Ω 谱分解的形式（如附录 3B）重新表示协方差矩阵（10.4.3），我们得到

$$\begin{aligned}\Omega &= MLT\sigma_\alpha^2(I_N\otimes P_{MLT})+LT\sigma_\lambda^2(I_{NM}\otimes P_{LT})\\&\quad+T\sigma_v^2(I_{NML}\otimes P_T)+\sigma_\epsilon^2 I_{LMNT}\\&=\sigma_\epsilon^2(I_{NML}\otimes Q_T)+\sigma_1^2(I_{NM}\otimes Q_L\otimes P_T)\\&\quad+\sigma_2^2(I_N\otimes Q_M\otimes P_{LT})+\sigma_3^2(I_N\otimes P_{MLT})\end{aligned} \tag{10.4.4}$$

其中 $P_s\equiv\frac{1}{s}J_s$，$Q_s=I_s-P_s$，而

$$\sigma_1^2=T\sigma_v^2+\sigma_\epsilon^2 \tag{10.4.5}$$

$$\sigma_2^2=LT\sigma_\lambda^2+T\sigma_v^2+\sigma_\epsilon^2 \tag{10.4.6}$$

$$\sigma_3^2=MLT\sigma_\alpha^2+LT\sigma_\lambda^2+T\sigma_v^2+\sigma_\epsilon^2 \tag{10.4.7}$$

σ_ϵ^2 是 Ω 的特征根。由于式（10.4.4）中的每一项都正交于其他项，且它们的和等于 I_{NMLT}，因此

$$\begin{aligned}\Omega^{-1/2} &= \sigma_\epsilon^{-1}(I_{NML}\otimes Q_T)+\sigma_1^{-1}(I_{NM}\otimes Q_L\otimes P_T)\\&\quad+\sigma_2^{-1}(I_N\otimes Q_M\otimes P_{LT})+\sigma_3^{-1}(I_N\otimes P_{MLT})\end{aligned} \tag{10.4.8}$$

将所有的 Q 矩阵展开为 I 矩阵和 P 矩阵的差，方程的两边乘以 σ_ϵ，再合并同类项，得到

$$\begin{aligned}\sigma_\epsilon\Omega^{-1/2} &= I_{NMLT}-\left(1-\frac{\sigma_\epsilon}{\sigma_1}\right)(I_{NML}\otimes P_T)\\&\quad-\left(\frac{\sigma_\epsilon}{\sigma_1}-\frac{\sigma_\epsilon}{\sigma_2}\right)(I_{NM}\otimes P_{LT})\\&\quad-\left(\frac{\sigma_\epsilon}{\sigma_2}-\frac{\sigma_\epsilon}{\sigma_3}\right)(I_N\otimes P_{MLT})\end{aligned} \tag{10.4.9}$$

模型（10.4.1）的广义最小二乘估计量（GLS）等价于

$$y_{ij\ell t}^{*} = y_{ij\ell t} - \left(1 - \frac{\sigma_{\epsilon}}{\sigma_1}\right)\overline{y}_{ij\ell.} - \left(\frac{\sigma_{\epsilon}}{\sigma_1} - \frac{\sigma_{\epsilon}}{\sigma_2}\right)\overline{y}_{ij..} - \left(\frac{\sigma_{\epsilon}}{\sigma_2} - \frac{\sigma_{\epsilon}}{\sigma_3}\right)\overline{y}_{i...} \quad (10.4.10)$$

对

$$\mathbf{x}_{ij\ell t}^{*} = x_{ij\ell t} - \left(1 - \frac{\sigma_{\epsilon}}{\sigma_1}\right)\overline{\mathbf{x}}_{ij\ell.} - \left(\frac{\sigma_{\epsilon}}{\sigma_1} - \frac{\sigma_{\epsilon}}{\sigma_2}\right)\overline{\mathbf{x}}_{ij..} - \left(\frac{\sigma_{\epsilon}}{\sigma_2} - \frac{\sigma_{\epsilon}}{\sigma_3}\right)\overline{\mathbf{x}}_{i...} \quad (10.4.11)$$

的最小二乘估计量，其中$\overline{y}_{ij\ell.}$（$\overline{\mathbf{x}}_{ij\ell.}$），$\overline{y}_{ij..}$（$\overline{\mathbf{x}}_{ij..}$）和$\overline{y}_{i...}$（$\overline{\mathbf{x}}_{i...}$）表示组平均值。用最内层组的三对组间估计以及组内估计得到的方差估计量替换式（10.4.10）和（10.4.11）中相应的方差变量后，我们就可对上面的回归应用可行广义最小二乘估计。

对平衡结构的高阶层次模型来说，式（10.4.10）和（10.4.11）中蕴涵的关系表明模型的解存在。如果层次模型是非平衡的，则不可再使用 Kronercker 乘积算子。用代数符号表示此类模型极不方便［参见 Baltagi（1995，第 9 章）；Wansbeek 和 Kapteyn（1982）］。GLS 估计量也不能表示成简单数据转换后得到的最小二乘估计量。非平衡面板的最外层有 N 个组，每个最外层组包含 M_i 个二级组，每个二级组又包含 L_{ij} 个最内层组，最内层组 L_{ij} 包含 $T_{ij\ell}$ 个观测。内层组中观测数量分别是 $T_{ij} = \sum_{\ell=1}^{L_{ij}} T_{ij\ell}$ 和 $T_i = \sum_{j=1}^{M_i} T_{ij}$，观测的总数是 $H = \sum_{i=1}^{N} T_i$。最外层有 N 组，第 2 层总共有 $F = \sum_{i=1}^{N} M_i$ 组，而最底层总共有 $G = \sum_{i=1}^{N}\sum_{j=1}^{M_i} L_{ij}$ 组。我们重新定义 J 矩阵为 $H \times H$ 的分块矩阵，在该分块矩阵的结构中，每个子块对应它们表示的组或下一层次的组。这些子块可用**组员资格**（group membership）矩阵（由 1 或 0 组成）明确地构造，故 J 矩阵中的元素可唯一地确定每个观测（总共有 H 个观测）在各层次属于哪个组。Antweiler（2001）已经推导出非平衡层次面板模型的最大似然估计量。

当数据构成多水平层次结构时，简单的误差成分估计虽然效率低，但在误差成分独立于回归元的假设下仍是一致的。但估计的斜率系数标准误通常有向下的偏误。

10.5 测量误差

迄今为止，我们都是假设观测变量时不存在误差。但经济数据一般都包含测量误差，特别是通过一次性追溯调查收集的纵列信息，众所周知，这些信息容易受到记忆误差的影响。如果变量确实存在测量误差，则利用面板数据，并用标准的差分法（对均值的偏离等）控制非观测个体属性的影响得到的估计量，可能比只用横截面数据得到的简单最小二乘估计量的偏误更严重。

例如，考虑下面的单方程模型［Solon（1985）］：

$$y_{it} = \alpha_i^{*} + \beta x_{it} + u_{it}, \quad i=1,\cdots,N, t=1,\cdots,T \quad (10.5.1)$$

其中 u_{it} 是独立同分布的，其均值为零，方差为 σ_u^2，且对任意的 t 和 s 有$\text{Cov}(x_{it}, u_{is})=\text{Cov}(\alpha_i^*, u_{it})=0$，但$\text{Cov}(x_{it}, \alpha_i^*)\neq 0$。我们进一步假定没有观测到 x_{it} 本身，而是观测到包含测量误差的

$$x_{it}^* = x_{it} + \tau_{it} \tag{10.5.2}$$

其中 $\text{Cov}(x_{is}, \tau_{it}) = \text{Cov}(\alpha_i^*, \tau_{it}) = \text{Cov}(u_{it}, \tau_{is}) = 0$，且 $\text{Var}(\tau_{it}) = \sigma_\tau^2$，$\text{Cov}(\tau_{it}, \tau_{i,t-1}) = \gamma_\tau \sigma_\tau^2$。

如果我们依据第 t 期的横截面数据利用 OLS 估计（10.5.1），则估计量收敛于（当 $N\rightarrow\infty$时）

$$\underset{N\rightarrow\infty}{\text{plim}}\hat{\beta}_{\text{LS}} = \beta + \frac{\text{Cov}(x_{it}, \alpha_i^*)}{\sigma_x^2 + \sigma_\tau^2} - \frac{\beta\sigma_\tau^2}{\sigma_x^2 + \sigma_\tau^2} \tag{10.5.3}$$

其中 $\sigma_x^2 = \text{Var}(x_{it})$。最小二乘估计的不一致性包含两项：前一项是因为不能控制个体效应 α_i^*，而后一项是因为测量误差。

如果我们有面板数据，譬如说 $T=2$，则对数据进行一阶差分可消除个体效应 α_i^*，

$$y_{it} - y_{i,t-1} = \beta(x_{it}^* - x_{i,t-1}^*) + [(u_{it} - \beta\tau_{it}) - (u_{i,t-1} - \beta\tau_{i,t-1})] \tag{10.5.4}$$

然后应用最小二乘法。当 $N\rightarrow\infty$时差分估计量的概率极限是

$$\begin{aligned}\underset{N\rightarrow\infty}{\text{plim}}\hat{\beta}_d &= \beta\left[1 - \frac{2(1-\gamma_\tau)\sigma_\tau^2}{\text{Var}(x_{it}^* - x_{i,t-1}^*)}\right] \\ &= \beta - \frac{\beta\sigma_\tau^2}{[(1-\gamma_x)/(1-\gamma_\tau)]\sigma_x^2 + \sigma_\tau^2}\end{aligned} \tag{10.5.5}$$

其中 γ_x 是 x_{it} 的一阶序列自相关系数。估计量 $\hat{\beta}_d$ 消除了导致不一致的前一个因素，但可能加重了第二个因素的影响。如果 $\gamma_x > \gamma_\tau$，则测量误差在 $\hat{\beta}_d$ 中引起的不一致比在$\hat{\beta}_{\text{LS}}$中引起的不一致更为严重。之所以会这样，是因为如果测量误差的序列相关性比真实 x 的序列相关性弱（似乎这种情形经常发生），则一阶差分提高了所测量解释变量的信噪比。

变量误差模型的标准处理方法需要利用外部信息识别重要的参数，这些信息或者是其他数据（复制数据和/或工具变量），或者是其他假设［参见 Aigner 等 (1984)］。利用面板数据，我们可用不同的数据变换，诱发参数估计量中偏误的多种有迹可循的变化，然后利用这些变化度量测量误差的重要性并还原“真实的”参数［Ashenfelter，Deaton 和 Solon（1984）；Griliches 和 Hausman (1986)］。譬如，如果测量误差 τ_{it} 对所有的 i 和 t 是 i. i. d. 的，且 x 序列相关[3]，则在前面的例子中只要 $T>3$，我们就可将 $x_{i,t-2}^*$ 或（$x_{i,t-2}^* - x_{i,t-3}^*$）作为（$x_{it}^* - x_{i,t-1}^*$）的工具变量。因此，即使 T 可能是有限的，但导出的 IV 估计量在 N 趋于无穷时是一致的。

我们也可对模型进行各种变换后，通过比较不同变换下的偏误程度而得到一致估计量［Griliches 和 Hausman (1986)］。譬如，如果用协方差变换消除非观测个体成分的影响，则我们得到

$$(y_{it}-\bar{y}_i)=\beta(x_{it}^*-\bar{x}_i^*)+[(u_{it}-\bar{u}_i)-\beta(\tau_{it}-\bar{\tau}_i)] \quad (10.5.6)$$

其中$\bar{y}_i$，$\bar{x}_i^*$，$\bar{u}_i$ 和$\bar{\tau}_i$ 是各变量的个体时间均值。对模型（10.5.6）做 LS 回归得到的估计量收敛于

$$\operatorname*{plim}_{N\to\infty}\beta_w=\beta\left[1-\frac{T-1}{T}\frac{\sigma_\tau^2}{\mathrm{Var}(x_{it}^*-\bar{x}_i^*)}\right] \quad (10.5.7)$$

然后β和σ_τ^2的一致估计量可从式（10.5.5）和（10.5.7）中得到，

$$\hat{\beta}=\left[\frac{2\hat{\beta}_w}{\mathrm{Var}(x_{it}^*-x_{i,t-1}^*)}-\frac{(T-1)\hat{\beta}_d}{T\mathrm{Var}(x_{it}^*-\bar{x}_i^*)}\right]$$
$$\times\left[\frac{2}{\mathrm{Var}(x_{it}^*-x_{i,t-1}^*)}-\frac{T-1}{T\mathrm{Var}(x_{it}^*-\bar{x}_i^*)}\right]^{-1} \quad (10.5.8)$$

$$\hat{\sigma}_\tau^2=\frac{\hat{\beta}-\hat{\beta}_d}{\hat{\beta}}\cdot\frac{\mathrm{Var}(x_{it}^*-x_{i,t-1}^*)}{2} \quad (10.5.9)$$

一般说来，如果已知测量误差的结构，则利用数据的面板结构，由矩方法和/或 IV 方法可导出一致估计量。此外，并不只是一阶差分估计量和组内估计量为我们提供对偏误的隐性估计。事实上有 $T/2$ 个这样的独立估计量。对一个包含六期横截面，且测量误差 τ_{it} 独立同分布的面板，我们可用下面的关系

$$\operatorname*{plim}_{N\to\infty}\hat{\beta}_{61}=\beta-2\beta\sigma_\tau^2/\mathrm{Var}(x_{i6}^*-x_{i1}^*)$$
$$\operatorname*{plim}_{N\to\infty}\hat{\beta}_{52}=\beta-2\beta\sigma_\tau^2/\mathrm{Var}(x_{i5}^*-x_{i2}^*)$$
$$\operatorname*{plim}_{N\to\infty}\hat{\beta}_{43}=\beta-2\beta\sigma_\tau^2/\mathrm{Var}(x_{i4}^*-x_{i3}^*) \quad (10.5.10)$$

由（y_6-y_1），（y_5-y_2）和（y_4-y_3）计算β与σ_τ^2的估计量。所以，还存在其他一致估计量。利用这一事实，通过研究β的不同估计量是否相互耦合来检验关于测量误差的假设，这些假设为工具变量的合理性提供了理论依据［参见 Griliches 和 Hausman（1986）］。综合矩条件（10.5.5）、（10.5.7）和（10.5.10），利用 Chamberlain π 方法（3.9 节）或广义矩法也可得到β和σ_τ^2的一致估计。

譬如，利用满足 $P_s\mathbf{e}_T=\mathbf{0}$ 的转换矩阵 P_s 对$\mathbf{y}$和$\mathbf{x}$进行转换，可消除模型（10.5.1）中的个体效应。对转换后的$\mathbf{y}$做关于转换后的$\mathbf{x}$的回归得到的估计量是关于β，σ_x^2，σ_τ以及 x 和 τ 序列相关性的函数。Wansbeek 和 Koning（1989）为基于各种数据转换的估计量提供了一个一般公式。令

$$Y^*=\mathbf{e}_{NT}\mu+X^*\boldsymbol{\beta}+\mathbf{v}^* \quad (10.5.11)$$

其中 $Y^*=(\mathbf{y}_1^{*\prime},\cdots,\mathbf{y}_T^{*\prime})'$，$\mathbf{y}_t^*=(y_{1t},\cdots,y_{Nt})'$，$X^*=(\mathbf{x}_1^{*\prime},\cdots,\mathbf{x}_T^{*\prime})'$，$\mathbf{x}_t^*=(\mathbf{x}_{1t},\cdots,\mathbf{x}_{Nt})'$，$\mathbf{v}^*=(\mathbf{v}_1^{*\prime},\cdots,\mathbf{v}_T^{*\prime})'$，$\mathbf{v}_t^*=(v_{1t},\cdots,v_{Nt})'$以及$v_{it}=(\alpha_i^*-\mu)+u_{it}$。则

$$\hat{\mathbf{b}}_s=[X^{*\prime}(Q_s\otimes I_N)X^*]^{-1}[X^{*\prime}(Q_s\otimes I_N)Y^*]$$
$$=\boldsymbol{\beta}+[X^{*\prime}(Q_s\otimes I_N)X^*]^{-1}[X^{*\prime}(Q_s\otimes I_N)(\mathbf{u}^*-\boldsymbol{\tau}^*\boldsymbol{\beta})] \quad (10.5.12)$$

其中 $Q_s=P_s'P_s$，$\mathbf{u}^*=(\mathbf{u}_1^{*\prime},\cdots,\mathbf{u}_T^{*\prime})'$，$\mathbf{u}_t^*=(u_{1t},\cdots,u_{Nt})'$，$\boldsymbol{\tau}^*=(\boldsymbol{\tau}_1^*,\cdots,\boldsymbol{\tau}_T^*)'$以及$\boldsymbol{\tau}_t^*=(\boldsymbol{\tau}_{1t},\cdots,\boldsymbol{\tau}_{Nt})'$。在 $K=1$ 且测量误差序列无关的情形下，Wansbeek 和 Koning（1989）证明 m 个不同的转换估计量$\mathbf{b}=(b_1, \cdots, b_m)'$收敛于

$$\sqrt{N}[\mathbf{b}-\beta(\mathbf{e}_m-\sigma_\tau^2\boldsymbol{\phi})]\sim N(\mathbf{0},V) \tag{10.5.13}$$

其中$\boldsymbol{\phi}=(\phi_1, \cdots, \phi_m)'$，$\phi_s=(\text{tr}(Q_s)/\text{tr}(Q_s\Sigma_{x^*}))$，

$$\Sigma_{x^*}=\text{Cov}(\mathbf{x}_i^*)$$

$$\mathbf{x}_i^*=(\mathbf{x}_{i1}^*,\cdots,\mathbf{x}_{iT}^*)' \tag{10.5.14}$$

$$V=F'[\sigma_u^2\Sigma_{x^*}\otimes I_T+\beta^2\sigma_\tau^2(\Sigma_{x^*}+\sigma_\tau^2 I_T)\otimes I_T]F \tag{10.5.15}$$

F 是 $T^2\times m$ 的矩阵，它的第 s 列为$\mathbf{f}_s=\text{vec}(Q_s)/(\text{tr}(Q_s\Sigma_{x^*}))$，这里vec($A$）表示通过将 A 的后一列堆积在前一列之下，将 $m\times n$ 矩阵 A 而转换成 $mn\times 1$ 向量的运算［Magnus 和 Neudecker（1999，第 30 页）］。然后我们关于 β 和 σ_τ^2 最小化

$$[\mathbf{b}-\beta(\mathbf{e}_m-\sigma_\tau^2\boldsymbol{\phi})]'V^{-1}[\mathbf{b}-\beta(\mathbf{e}_m-\sigma_\tau^2\boldsymbol{\phi})] \tag{10.5.16}$$

得到有效估计量

$$\hat{\beta}=\left\{\frac{\boldsymbol{\phi}'V^{-1}\mathbf{b}}{\boldsymbol{\phi}'V^{-1}\boldsymbol{\phi}}-\frac{\mathbf{e}_m'V^{-1}\mathbf{b}}{\mathbf{e}_m'V^{-1}\boldsymbol{\phi}}\right\}\bigg/\left\{\frac{\boldsymbol{\phi}'V^{-1}\mathbf{e}}{\boldsymbol{\phi}'V^{-1}\boldsymbol{\phi}}-\frac{\mathbf{e}_m'V^{-1}\mathbf{e}_m}{\mathbf{e}_m'V^{-1}\boldsymbol{\phi}}\right\} \tag{10.5.17}$$

和

$$\hat{\sigma}_\tau^2=\left\{\frac{\boldsymbol{\phi}'V^{-1}\mathbf{e}_m}{\boldsymbol{\phi}'V^{-1}\mathbf{b}}-\frac{\mathbf{e}_m'V^{-1}\mathbf{e}_m}{\mathbf{e}_m'V^{-1}\mathbf{b}}\right\}\bigg/\left\{\frac{\boldsymbol{\phi}'V^{-1}\boldsymbol{\phi}}{\boldsymbol{\phi}'V^{-1}\mathbf{b}}-\frac{\mathbf{e}_m'V^{-1}\boldsymbol{\phi}}{\mathbf{e}_m'V^{-1}\mathbf{b}}\right\} \tag{10.5.18}$$

Biørn（1992）以及 Hsiao 和 Taylor（1991）给出了该简单模型在测量误差序列相关时的推广。线性面板数据模型中仅有一个回归元存在测量误差时，Wansbeek（2001）将因变量向量和回归元之间的协方差矩阵堆积起来，然后排除冗余参数，从而给出了一个在若干测量误差假设下推导矩条件的简洁框架。为阐明他的基本思想，考虑线性模型

$$y_{it}=\alpha_i^*+\beta x_{it}+\boldsymbol{\gamma}'\mathbf{w}_{it}+\mathbf{u}_{it},\quad i=1,\cdots,N,t=1,\cdots,T \tag{10.5.19}$$

其中 x_{it} 不可观测。我们只能观测到 x_{it}^*，它与$\mathbf{x}_{it}$有如式（10.5.2）的关系。假设 $T\times 1$ 的测量误差向量$\boldsymbol{\tau}_i=(\tau_{i1}, \cdots, \tau_{iT})'$是 i. i. d. 的，其均值为零，协方差矩阵为 $\Omega=E(\boldsymbol{\tau}_i\boldsymbol{\tau}_i')$。

假设 Ω 的结构满足

$$\text{vec}\Omega=R_0\boldsymbol{\lambda} \tag{10.5.20}$$

这里 vec 表示以列向量的形式将矩阵的行一行接一行堆积起来的运算，R 是元素未知的 $T^2\times m$ 的矩阵，而$\boldsymbol{\lambda}$是 $m\times 1$ 的未知常数向量。利用协方差转换矩阵 $Q=I_T-\frac{1}{T}\mathbf{e}_T\mathbf{e}_T'$消除个体效应 α_i^* 后得到

$$Q\mathbf{y}_i=Q\mathbf{x}_i\beta+QW_i\boldsymbol{\gamma}+Q\mathbf{u}_i \tag{10.5.21}$$

$$Q\mathbf{x}_i^*=Q\mathbf{x}_i+Q\boldsymbol{\tau}_i \tag{10.5.22}$$

其中$\mathbf{x}_i=(x_{i1}, \cdots, x_{iT})'$，$W_i=(\mathbf{w}_{it}')$。令

$$R\equiv(I_T\otimes Q)R_0 \tag{10.5.23}$$

据式（10.5.2），我们有

$$
\begin{aligned}
E(\boldsymbol{\tau}_i \otimes Q\,\boldsymbol{\tau}_i) &= (I_T \otimes Q)E(\boldsymbol{\tau}_i \otimes \boldsymbol{\tau}_i) \\
&= (I_T \otimes Q)R_0\,\boldsymbol{\lambda} \\
&= R\,\boldsymbol{\lambda}
\end{aligned}
\tag{10.5.24}
$$

由此可得到

$$
\begin{aligned}
E(\mathbf{x}_i^* \otimes Q\,\mathbf{x}_i) &= E(\mathbf{x}_i^* \otimes Q\,\mathbf{x}_i^*) - E[(\mathbf{x}_i + \boldsymbol{\tau}_i) \otimes Q\,\boldsymbol{\tau}_i] \\
&= E(\mathbf{x}_i^* \otimes Q\,\mathbf{x}_i^*) - R\,\boldsymbol{\lambda}
\end{aligned}
\tag{10.5.25}
$$

因此，

$$
E(\mathbf{x}_i^* \otimes Q\,\mathbf{y}_i) = E(\mathbf{x}_i^* \otimes Q\,\mathbf{x}_i^*)\beta + E(\mathbf{x}_i^* \otimes QW_i)\,\boldsymbol{\gamma} - R\,\boldsymbol{\lambda}\beta \tag{10.5.26}
$$

式（10.5.26）包含冗余参数$\boldsymbol{\lambda}$。为消除该冗余参数，在式（10.5.26）两边同时乘以 $M_R = I_{T^2} - R\,(R'R)^{-1}R'$，我们得到正交条件

$$
M_R E\{\mathbf{x}_i^* \otimes Q(\mathbf{y}_i - \mathbf{x}_i^*\beta - W_i\,\boldsymbol{\gamma})\} = \mathbf{0} \tag{10.5.27}
$$

综合式（10.5.27）和矩条件 $E(W_i'Q\,\mathbf{u}_i)=\mathbf{0}$，我们得到测量误差模型（10.5.19）的矩条件：

$$
EM(\mathbf{d}_i - C_i\,\boldsymbol{\theta}) = \mathbf{0} \tag{10.5.28}
$$

其中

$$
M = \begin{bmatrix} M_r & \mathbf{0} \\ \mathbf{0} & I_K \end{bmatrix}
$$

$$
\mathbf{d}_i = \begin{bmatrix} \mathbf{x}_i^* \otimes I_T \\ W'_i \end{bmatrix}
$$

$$
C_i = \begin{bmatrix} \mathbf{x}_i^* \otimes I_T \\ W'_i \end{bmatrix} Q(\mathbf{x}_i^*, W_i)
$$

$$
\boldsymbol{\theta}' = (\beta, \boldsymbol{\gamma}')
$$

最小化

$$
\frac{1}{N}\Big[\sum_{i=1}^{N} M(\mathbf{d}_i - C_i\,\boldsymbol{\theta})\Big]' A_N \Big[\sum_{i=1}^{N} M(\mathbf{d}_i - C_i\,\boldsymbol{\theta})\Big] \tag{10.5.29}
$$

可得到 GMM 估计量。

令

$$
A_N^{-1} = \frac{1}{N}\sum_{i=1}^{N} (\mathbf{d}_i - C_i\,\hat{\boldsymbol{\theta}})(\mathbf{d}_i - C_i\,\hat{\boldsymbol{\theta}})' \tag{10.5.30}
$$

可得到最优 GMM 估计量，其中$\hat{\boldsymbol{\theta}}$是$\boldsymbol{\theta}$的某个一致估计量，例如

$$
\hat{\boldsymbol{\theta}} = \Big[\Big(\sum_{i=1}^{N} C'_i\Big) M \Big(\sum_{i=1}^{N} C_i\Big)\Big]^{-1} \Big[\Big(\sum_{i=1}^{N} C_i\Big)' M \Big(\sum_{i=1}^{N} \mathbf{d}_i\Big)\Big] \tag{10.5.31}
$$

在 τ_{it} 对所有的 i 和 t 是 i. i. d. 的情形下，Ω 是对角元素相等的对角矩阵。于

是 $m=1$ 且 $R_0=\text{vec}(I_T)$，$R=(I_T\otimes Q)\ \text{vec}(I_T)\ =\text{vec}(Q)$，$R'R=\text{tr}(Q)\ =T-1$，以及 $M_R=I_{T^2}-\frac{1}{T-1}(\text{vec}(Q))(\text{vec}(Q))'$。$\Omega$ 是对角元素不同的对角矩阵时，$m=T$ 且 $R_0=\mathbf{i}_t\ \mathbf{i}_t'\otimes\mathbf{i}_t$，其中 $\mathbf{i}_t$ 是 T 阶单位矩阵的第 t 个列向量。τ_{it} 是一阶移动平均过程且 $T=4$，

$$\Omega=\begin{bmatrix} a & c & 0 & 0 \\ c & b & c & 0 \\ 0 & c & b & c \\ 0 & 0 & c & a \end{bmatrix}$$

时，有

$$R_0=\begin{bmatrix} 1 & 0 & 0 & 0 & 0 & 0 & 0 & 0 & 0 & 0 & 0 & 0 & 0 & 0 & 0 & 1 \\ 0 & 0 & 0 & 0 & 0 & 1 & 0 & 0 & 0 & 0 & 1 & 0 & 0 & 0 & 0 & 0 \\ 0 & 1 & 0 & 0 & 1 & 0 & 1 & 0 & 0 & 1 & 0 & 1 & 0 & 0 & 1 & 0 \end{bmatrix}$$

以及 $\boldsymbol{\lambda}=(a,\ b,\ c)'$。

关于回归元 x 或扰动项 u_{it} 的协方差结构在线性框架下的更多变形也可纳入该分析框架内。详细内容见 Wansbeek（2001）。

非线性模型测量误差的处理更加困难［参见 Hsiao（1992c）］。对包含测量误差的动态模型的讨论见 Wansbeek 和 Kapteyn（1982）。对包含测量误差的二元选择模型见 Kao 和 Schnell（1987a，1987b）以及 Hsiao（1991b）。

10.6 对横截面相依的建模

多数面板模型研究都假定，除了可能出现的对个体恒定但随周期变化的时间特异效应外，遗漏变量的效应对不同横截面单元是独立分布的。但经济理论常常预测经济人采取导致他们之间相互依赖的行为。譬如，预言风险厌恶者将签署允许他们平滑意外冲击的保险合同说明不同个体的消费活动存在相依性。Kelejian 和 Prucha（2001）以及 Pinkse（2000）提出了基于空间相关性的横截面相依检验，该检验类似于检验时间序列相关性的 Durbin-Watson 检验和 Box-Pierce 检验；但与时间下标自然地给出模型的阶和结构的时间序列数据不同，横截面相依的一般形式很难用数学公式表示出来。因此，计量经济学家必须依赖较强的参数假设来建立横截面相依的模型。

一般根据横截面单元之间的某个距离建立横截面相依模型，并且还要用到一个空间形式的自回归移动平均模型［参见 Anselin 和 Griffith（1988）；Case（1991）］。例如，Conley（1999）建议用**经济距离**（economic distance）描述两个经济人之间关系的密切程度。假定随机变量在某个点集上的联合分布为经济人之间的“经济距离”的函数。具体说来，假定总体来自低维欧氏空间，譬如 R^2，个体 i 位于点 s_i 处，则表示经济人的随机变量在样本区域内位置的集合 $\{s_i\}$ 上

的实现组成所研究的样本。如果两个经济人的位置 s_i 和 s_j 很近，则 y_{it} 和 y_{js} 可能高度相关。随着 s_i 与 s_j 之间的距离增大，y_{it} 和 y_{js} 逐渐变得无关。假定某个点集上随机变量的联合分布对位置上的转换是不变的，且该联合分布是经济人之间经济距离的函数。在该假设下，横截面数据中的相依性可用类似于时间序列中的参数或非参数方法来估计［参见 Hall，Fisher 和 Hoffman（1992）；Priestley（1982）；Newey 和 West（1987）］。

虽然用经济距离定义横截面相依的方法允许个体间存在比时间特异（或群组特异）效应模型更为复杂的相依性，但该方法要求计量经济学家已经掌握关于该距离的信息。在哪个城市，环境状况，发展水平，增长速度，以及其他经济区域等，这些信息都能够获取。譬如，在人们对本地公共物品支付意愿的调查中，相关的经济距离可能是使用这些物品时在点与点之间移动的时间成本和金钱成本。而研究空气质量时，各地天气条件可能是最主要的不可观测因素。其他例子还包括对农村发展经济体共同风险的研究，其中对个体的主要冲击可能是与天气相关的因素。如果实际情况真是如此，那么对两个个体农场天气相关性的度量可作为二者经济距离的代理变量。

第 11 章　全书概略

11.1　引言

前面各章介绍了很多计量经济学家使用面板数据估计行为方程时开创的分析方法。选择合适的方法研究面板数据丰富而独有的属性时多思考以下几个问题不无裨益。首先，研究经济问题时，面板数据与横截面数据或时间序列数据相比，能够给我们带来哪些优势？其次，面板数据和分析这些数据的经济计量方法有哪些局限性？再次，使用面板数据时，我们如何提高估计的效率？最后，面板数据为某问题提供的具体解答与各假设间的相容性有关，而这些假设隐含在统计推断方法和数据生成过程之中。

11.2　面板数据的优点和局限性

使用面板数据为经济计量估计带来的主要好处至少体现在四个方面：(1) 增

加了数据的自由度并降低了变量间的多重共线性程度；(2) 识别经济模型并对竞争性经济假说进行区分；(3) 消除或降低估计偏误；(4) 为总量数据分析提供微观基础。但是，面板数据的特殊性质也产生了新的经济计量难题，特别是在非线性模型中更为突出。

11.2.1 增加自由度和降低多重共线性问题

时序数据中自由度不足和严重的多重共线性让试图量化每个解释变量影响的经济学家深感沮丧。时序样本提供的信息不能满足所设定模型对信息的需求是该问题产生的原因。出现这样的问题后，我们必须增大样本信息量或者压缩模型的信息需求量（譬如，对参数添加先验约束）。面板数据，因包含更多自由度和更多关于样本属性的信息，从而能够缩小模型的信息需求量和数据提供的信息量之间的差距 [1.1 节或 Fujiki，Hsiao 和 Shen (2002)；Hsiao，Mountain 和 Ho-Illman (1995)]。

11.2.2 模型识别和竞争性假说的区分

与社会和行为科学的其他分支一样，经济学中也普遍存在竞争性理论。此类例子包括集体议价对工资的影响，缓解失业的短期合理政策（第 1、7 和 8 章），在校教育对收入的影响（第 5 章），以及因果序问题等等。站在这些问题对立面的经济学家常常对经济的运行和制度对经济效益的影响持有截然不同的观点。部分经济学家认为工会确实有助于增加工人工资或广告确实有助于增长销售量。但持相反观点的经济学家倾向于将这种影响看做一种附带现象，而不是实质性的决定因素，他们认为观察到的差距主要是因为依据某些特点对工人或企业进行分类所导致的 [参见 Allison (2000)]。

用总量时序数据区分这些依赖微观经济属性的经济假说不是特别有效。单个个体的时序数据集也没有提供不同的社会统计因素影响的信息。横截面数据虽然包含微观经济变量和统计变量，却不能用来建立动态模型和因果序模型。利用横截面数据估计的系数更可能反映个体之间或企业之间的差异而不是反映个体或企业内在的动态差异，除非能够获取控制这些差异的变量的数据，且这些变量明确地包含在所选择的模型设定中。例如，如果没有工人素质的信息，则用横截面数据估计的工资方程中，工会状态的系数可能既没有反映工会的影响也没有反映工人素质的差异。同理，在横截面数据集中发现自尊心和不良行为之间存在负相关关系 [Jang 和 Thornberry (1998)] 也不能回答下面的问题：是不良行为导致较低的自尊心还是较低的自尊心导致不良行为?

面板数据包含大量个体的序列观测，通常允许我们将**个体间差异** (interindividual differences) 与**个体内差异** (intraindividual differences) 区分开来，并为研究事前事后效应问题构建一个确当的递归结构［参见 Hsiao（1979a，1979b，1982)］。譬如，在前面的例子中，即使没有工人素质的信息，但如果工人的能力保持不变或变化极为缓慢，那么工会状态虚拟变量和工人素质变量之间的内在相关性就可以忽略。因此，工人素质可通过组内估计控制。所以估计的工会状态虚拟变量的系数将给出工会组织影响的度量（第 3 章和第 4 章)。

此外，从平均行为中区分个体行为或识别在其他情形不可识别的模型时，正确辨识出来的其他波动源也能提供非常有用的信息。例如，在收入—教育模型中，如果能够获取家庭成员组的信息，则通过一组同被遗漏的变量可提供更多家庭成员间的波动信息。为识别在其他情形下不能识别的结构参数，还可将这些新的约束条件和常见的对斜率的约束条件结合起来（5.4 节)。

此外，在时间维度基础上增加横截面维度，极大地提高了识别残差序列相关模式和识别滞后调整模式（条件变量改变后无须添加对参数的先验设定）的可能性（3.9 节和 9.1 节)，也提高了识别包含测量误差模型的可能性（10.5 节)。

11.2.3 减少估计偏误

每个计量经济学家都要面对一个基本的统计问题：**模型设定问题**（specification problem)。该问题指的是如何选择包含在行为关系中的变量，以及这些变量与那些影响结果但在方程中仅通过误差项出现的变量有怎样的方式相关。如果遗漏变量的影响与包含的解释变量相关，且这种相关性没有被明确考虑，则导出的估计量存在偏误。对模型包含的变量和误差项之间四种类型的相关性进行区分，有助于使偏误达到最小。第一类型的相关性是因模型中包含的外生变量与应出现在方程中却没有出现的遗漏变量（因模型设定错误或因数据无法获取）相关所引起的。第二类型的相关性是因模型的动态结构和冲击的持续性导致滞后因变量和误差项相关所引起的。第三类型的相关性是因模型的联立性导致联合因变量和误差项相关所引起的。第四类型的相关性是因解释变量的测量误差所引起的。了解产生相关性的各种原因不仅为导出一致估计量提供了重要信息，而且还有助于避免消除某种偏误源后却又加重其他偏误源（参见 5.1 节)。

11.2.3.a 遗漏变量偏误

实证结果常常因为研究人员没有清楚地认识到遗漏变量的影响与包含的解释变量相关而遭受批评（工会例子中的遗漏变量，譬如工人素质，可能与包含的工会状态变量相关)。如果遗漏变量的影响对给定的个体在时间上保持恒定，或者在给定时期对所有个体都一样，则使用面板数据时遗漏变量偏误可通过三种方法消除：(1) 对样本观测值差分以消除个体特异和/或时间特异效应；(2) 利用虚拟变量捕捉个恒和/或时恒变量的影响；(3) 设定非观测因素在可观测外生变量下的条件分布。

对于线性回归模型，三种方法都可用来消除由遗漏的恒定变量导致的偏误

（第 3 章）。此外，给定可观测外生变量后，如果随个体和时间变化的误差成分是 i. i. d. 的，则虚拟变量（固定效应）法和随机效应法（给效应项设定一个条件分布）都可导出斜率系数相同的协方差估计量（3.4 节）。在其他假设下，虽然斜率系数的协方差估计量可能不是有效的，但它仍是无偏且一致的。因此，在实证研究中固定效应方法极其重要。

但线性模型的这些结论实在非常特殊，对非线性模型一般都不成立。在非线性模型中，固定效应法和随机效应法将导出不同的估计结果。此外，与线性情形不同，一般情况下，从特异效应估计中分离共同系数估计的 Neyman-Scott 法则不适用。如果未知特异效应的数量和样本容量以相同的速度增长，则估计特异效应时将产生关联参数问题。因此，固定效应法无法得到共同系数的一致估计（第 7 章和第 8 章）。对于一般的包含固定效应的非线性模型，似乎不存在普遍适用的，可导出所有个体在所有时期共同参数的一致估计量（结构参数）的分析框架。要导出结构参数的一致估计量，我们必须利用非线性模型的特殊结构。三个最常用的方法是：(i) 条件方法，该方法是控制效应项的最小充分统计量；(ii) 半参数方法，该方法利用模型潜在的线性结构；(iii) 模型的重新参数化，使重新参数化后个体效应的信息矩阵和重新参数化后的结构参数无关［Lancaster (2001)］。但是没有哪种方法是一般非线性模型的通用方法。它们能否得到一致估计量还必须逐一思考。

另一方面，随机效应法用因变量仅控制解释变量的（条件）概率分布函数取代控制特异效应项和外生变量后的（条件）概率分布。因为一般情况下效应项的概率函数仅与有限个参数有关，所以不存在关联参数问题。但线性模型和非线性模型之间还存在一个重要区别。在线性模型中，我们无须具体的假设。我们只需将特异效应项分解为两部分：它们在可观测外生变量上的投影和与投影正交的残差（3.9 节）。在非线性模型中，通常我们必须假设控制可观测外生变量后特异效应项的条件均值实际上是线性的，且效应项在给定解释变量后的分布可设定为参数形式（参见第 7 章和第 8 章）。这些都是限制性假设，通常需要补充其他条件才能放松这些假设。

11. 2. 3. b　由模型动态结构导致的偏误

区分两种偏误源是有用的：一种偏误源是忽略与滞后因变量相关的**时间持续误差**（time-persistent errors）；另一种偏误源是用不正确的模型描述初始观测（第 4 章和 7.5 节）。残差和滞后因变量相关的问题不受时序观测期数 T 的影响，但用模型描述初始观测时没有所需的具体信息且 T 较小，则将产生初始值问题。T 较大时，便可忽略初始观测在似然函数中的权重，且忽略该问题也是合理的。当 T 比较小且模型和数据要求将初始观测当作随机变量比较合适时，消除偏误（因初始观测和残差之间的相关性引起）的修正方法与误差项序列相关方式有关。

如果模型是线性的且时间持续误差是两部分（一部分是个体的时恒部分，另一部分是独立分布的）的和，则对个体的连续观测进行差分可消除个体时恒效应。然后将滞后因变量（滞后高阶充分高）用作转换后模型的工具变量，就可同时避免初始观测和残差序列相关两个问题（4.3 节和 4.5 节）。

如果误差项有任意模式的序列相关，只要所有个体属性独立性假设成立，则对给定个体的行为方程，我们可将它的 T 期观测堆积成给定模型的 T 个方程，并将所有可观测变量作为初始观测的条件。然后用联立方程估计法可导出系数和协方差矩阵的一致估计，这里的联立方程估计法与横截面数据的联立方程模型的估计法是一样的（4.3 节和 4.6 节）。

对非线性情形，必须假设初始值和误差过程服从某具体分布（7.5 节和 8.3 节）。给定模型类型后，模型系数的估计和描述误差过程的参数的估计通常是不可分的。要得到一致估计量，误差过程就必须设定正确，或设定为包含基本过程的一般形式，而且还必须使用计算复杂的最大似然估计量。不管怎么说，误差过程的识别都是一项不简单的工作。如果在各种关于误差过程的假设下不先得到未知参数的最大似然估计，则用来缩小可能设定范围的一系列似然比检验就不可能实施（参见 7.5 节）。

11.2.3.c 联立性偏误

消除联立性偏误的标准方法是利用工具变量清除联合因变量与误差项之间的相关性。如果误差项在方程之间的相关性不受约束，则像常见的横截面或时序数据一样，我们用排除在方程之外的外生变量作为出现在方程中的联合因变量的工具变量。如果方程之间的相关性是因为遗漏的共同恒定变量引起的，则除了被排斥的外生变量外，我们还可用模型包含的变量作为工具变量清除这些恒定效应（5.3 节和 5.4 节）。

11.2.3.d 由测量误差导致的偏误

解释变量的测量误差导致方程中的回归元和误差项之间的相关性。变量存在测量误差时，常见的通过差分清除个体特异效应的方法清除了一个偏误源却产生了另外一个偏误源，该偏误源导致的偏误比简单最小二乘估计偏误更严重。但是，数据的不同转换方法可引起数据中不同且可推导的变化，这些变化可用来确定测量误差的重要性并得到重要参数的一致估计量（10.5 节）。

11.2.4 为总量数据分析提供微观基础

总量数据分析通常援引“典型经济人”假设。但是，如果宏观单元是异质的，则不仅总量数据的时序属性可能明显不同于个体数据的时序属性［参见 Granger（1980）；Lewbel（1992，1994）；Pesaran（1999）］，基于总量数据的政策评价也可能具有严重误导性。此外，用总量数据对总产出预测的精度可能不及基于微观方程的预测［参见 Hsiao，Shen 和 Fujiki（2002）］。在第 6 章中讨论的可变系数模型就是考虑到微观单元间的异质性后对总体进行推断的尝试。

11.3 估计的效率

因为面板数据一般都包含大量的观测，所以有可能产生效率问题不及一致性问题重要的情况，但也不是必定会这样。假设模型设定正确，我们在 6.2 节中的例子表明虽然忽略了随机系数假设的最小二乘估计应该是一致的，但事实上他们得到了不太可能的结果，这些结果与考虑了横截面单元随机属性的有效 GLS 估计相反。

与数据有效利用紧密相关的问题是固定效应或随机效应的推断问题。如果非观测异质项可视为从共同分布中随机抽取的，则将模型设定为随机效应模型更为合适。如果非观测异质项与解释变量相关或来自异质的总体，则将模型设定为固定效应模型更合适。固定效应模型是控制特殊效应后进行统计推断，因此，它不要求我们设定效应项的分布（特别是该分布很复杂时）或效应与所包含解释变量之间的相关方式，这是该方法的优点。但在条件推断中，估计特殊效应时自由度的损失将导致效率的损失（3.4 节，第 7 章和第 8 章）。此外，如前面的讨论，如果模型不是线性的，且特殊效应项随着横截面维度变化（在该维度上观测数是增加的），则固定效应推断可能产生关联参数问题，该问题给所有个体在所有时期共同参数的估计带来偏误（第 4、第 7 章）。

另一方面，随机效应推断需要对效应项分布作出假设。如果模型是非线性的，需要的假设可能非常具体，且通常必须使用复杂的最大似然法来导出一致估计（第 7 章）。如果模型是线性的且（控制解释变量后）可认为个体观测是从共同分布中随机抽取的，则假设可以是具有“效应项独立同分布，具有相同的均值和有限的方差—协方差矩阵”的一般形式。只要我们知道了剩余残差的相关方式，广义最小二乘估计就比较容易实现，而且是渐近有效的。如果 T 固定，横截面单元数 N 趋于无穷，且个体属性在横截面上是独立分布的，则对给定的模型，我们还可以将个体在各期的行为方程堆积成 T 个方程，并对所有的横截面观测应用最小距离方法估计共同参数。该方法允许任意形式的序列相关和某些形式的异方差，并在误差结构未知时得到一致且有效的估计。此外，因为无须添加具体的序列相依方式就可一致地估计 T 方程（连续的）的方差—协方差矩阵，所以该方法还允许我们检验关于误差项分布的特殊假设（如误差成分公式）（第 3～6 章）。

虽然面板数据包含横截面和时间维度，但在多数情形下它在一个维度上仅包含少数观测（通常是在时间维度上），而在另一个维度上包含大量的观测（通常是在横截面维度上）。要得到未知参数的一致估计，我们需要在能够得到相关参数信息的维度上增加样本（第 4 章、第 7 章、第 8 章；9.2～9.4 节）。因此，区分面板是 N 趋于无穷还是 T 趋于无穷还是 N 和 T 都趋于无穷非常重要。基于这些信息，我们才可以确定对给定的面板模型哪些参数可一致地估计，哪些参数不可一致地估计。本书集中讨论了具有大 N 和小 T 的面板。近来，具有大 N 和大

T的面板已获得更多的关注（10.2节和10.3节）。但诸如个体特异效应在各时期保持恒定的假设在T增大时可能不再是对实际情况的合理近似。我们必须作出更符合实际，与数据生成过程一致的假设。

最后需要提醒读者的是，虽然面板数据的优点很多，但它们也不是万灵药。面板数据分析的效果严重依赖对统计方法的假设和对数据生成过程的假设之间的相容性。当前提条件不满足时，面板数据分析将导出误导性推断。

注　释

第 1 章

[1] 关于市场数据的例子，参见 Beckwith（1972）；关于生物医学数据，参见 Sheiner，Rosenberg 和 Melmon（1972）；关于金融市场数据库，参见 Dielman，Nantell 和 Wright（1980）。

[2] 对 ECHP 感兴趣的读者可访问 ECHP 网站并下载 ECHP 用户数据库（ECHP UDP）详细文档。ECHP 的网址是 http：//forum. europa. eu. int/irc/dsis/echpane/info/data/information. html。

[3] 这里假设没有其他变量（譬如消费变量）可以作为 $\mathbf{z}_i$ 的代理变量。大多数北美数据集不包含消费信息。

[4] 关于这一点的正式处理，参见第 8 章。

[5] 许多在第 7 章和第 8 章讨论的问题也适用于一般的非线性模型。

第 2 章

[1] 本章内容主要基于 Kuh（1963）的工作。

[2] 注意，即使拒绝了同质性假设，只要样本波动源可识别，那么还是可在混合数据中发现许多有用的信息。细节详见后面的章节。

[3] 我们假定 $T>K+1$。关于这一点的详细讨论参见 3.2 节。

[4] 关于协方差分析计算问题的论述参见 Johnston（1972，第 6 章）。

[5] 如果企业差距在各期保持恒定，则企业间的异质性可能被截距项吸收。因为一阶差分消除了截距项，所以一阶差分模型［譬如（2.3.1）或（2.3.3）］更有可能表现出同质性反应。

[6] 对该问题更深入的讨论，参见 9.4 节和 Mairesse（1990）。

[7] 对投资支出行为的深入讨论，参见第 6 章或 Hsiao 和 Tahmiscioglu（1997）。

第 3 章

[1] 当然这三种不同类型的波动既适用于包含的变量也适用于被排除的变量。在本书中我们将始终集中关注被排除的个体时恒变量与包含的变量之间的关系。

[2] 虽然记号不同，但估计量（3.2.5）与（2.2.10）一样。

[3] 方程（3.2.7）可视为具有单个扰动协方差矩阵 $\sigma_u^2 Q$ 的线性回归模型。推广 Aitken 定理可得到广义最小二乘估计量

$$\hat{\boldsymbol{\beta}}_{CV} = \Big[\sum_{i=1}^{N} X'_i Q' Q^- Q X_i\Big]^{-1}\Big[\sum_{i=1}^{N} X'_i Q' Q^- Q\, \mathbf{y}_i\Big]$$
$$= \Big[\sum_{i=1}^{N} X'_i Q X_i\Big]^{-1}\Big[\sum_{i=1}^{N} X'_i Q\, \mathbf{y}_i\Big]$$

其中 Q^- 是 Q 的满足条件 $QQ^-Q=Q$ 的广义逆［Theil（1971，6.6 节，6.7 节）］。

[4] 因为假定斜率系数对所有的 i 和 t 都相同，为简单起见，我们不再像第 2 章那样区分个体均值修正估计量和组内估计量。我们简单地将估计量（3.2.8）或其等价表达式作为组内估计量。

[5] 注意，根据公式（3.2.10），我们将 α_i 和 λ_t 当作对总体均值的偏离。为表述方便，我们仅关注 α_i 和 λ_t 同方差的情形。对包含异方差的误差成分模型的推广，参见 3.7 节或 Mazodier 和 Trognon（1978）以及 Wansbeek 和 Kapteyn（1982）。关于个体异方差的检验，参见 Holly 和 Gardiol（2000）。

[6] 细节详见 3.3.2 节。

[7] 方程（3.3.16）可能得到 σ_α^2 的负的估计。关于该问题的其他讨论，参见 3.3.3 节。

[8] 负的方差成分问题在两步 GLS 法中也会出现。正如我们在估计量（3.3.15）和（3.3.16）中所见，不能保证估计量（3.3.16）必然得到 σ_α^2 的正的估计。在这种情形下的一个实用方法是用方差成分的边界值零代替估计的负值。根据估计的均方根误而使用该方法的预期结果的 Monte Carlo 研究，请参见 Baltagi（1981b）以及 Maddala 和 Mount（1973）。关于随机效应模型 MLE 的其他讨论，参见 Breusch（1987）。

[9] 我们知道在随机效应假设下，固定效应估计量虽不是有效的，但仍是一致的（参见 3.3.1 节）。

[10] 在这方面，如果 N 增大，则我们不应该重点关注每个个体的特异效应而应关注总体的特征。随机效应框架更为合适。

[11] 如果 $(Y^{(1)'}, Y^{(2)'})'$ 是正态分布的，其均值为 $(\boldsymbol{\mu}^{(1)'}, \boldsymbol{\mu}^{(2)'})'$，方差—协方差矩阵为

$$\begin{bmatrix} \Sigma_{11} & \Sigma_{12} \\ \Sigma_{21} & \Sigma_{22} \end{bmatrix}$$

则已知 $Y^{(2)}=\mathbf{y}^{(2)}$ 后 $Y^{(1)}$ 的条件分布是正态的，其均值为 $\boldsymbol{\mu}^{(1)}+\Sigma_{12}\Sigma_{22}^{-1}(\mathbf{y}^{(2)}-\boldsymbol{\mu}^{(2)})$，而协方差矩阵为 $\Sigma_{11}-\Sigma_{12}\Sigma_{22}^{-1}\Sigma_{21}$［参见 Anderson（1958，2.5 节）］。

[12] ψ^* 未知时，我们用一个估计值来替换它，并认为统计量（3.5.1）的渐近分布是 F 分布。

[13] 证明参见 Hausman（1978）或 Rao（1973，第 317 页）。

[14] 严格说来，Hausman 检验是 $\sum_t \mathbf{x}'_{it}\mathbf{a}_t=0$ 对 $\sum_t \mathbf{x}'_{it}\mathbf{a}_t\neq 0$ 的检验。很显然，$\mathbf{a}_t=0$ 则 $\sum_t \mathbf{x}'_{it}\mathbf{a}_t=0$，反之却不一定。对 Hausman 设定检验和常规检验方法之间一般关系的讨论，参见 Holly（1982）。

[15] 我们用$\otimes$表示两个矩阵的 Kronecker 积［Theil（1971，第 7 章）］。假设 $A=(a_{ij})$ 是 $m\times n$ 的矩阵，B 是 $p\times q$ 的矩阵；则 $A\otimes B$ 定义了一个 $mp\times nq$ 的矩阵

$$\begin{bmatrix} a_{11}B & a_{12}B & \cdots & a_{1n}B \\ \vdots & \vdots & & \vdots \\ a_{m1}B & a_{m2}B & \cdots & a_{mn}B \end{bmatrix}$$

[16] 这是因为 Q 清除了模型（3.6.1）中的 α_i。

[17] 对误差项中的序列相关是由个体特异效应、时恒成分引起还是因冲击的惯性引起的检验，参见 Li 和 Hsiao（1998），而对未知形式序列相关的检验，参见 Hong 和 Kao（2000）。

[18] 如果 $E(\alpha_i^* \mid \mathbf{x}_i)$ 是线性函数，则 $E^*(y_i \mid \mathbf{x}_i)=E(y_i \mid \mathbf{x}_i)$。

[19] 当然，约束条件"所有的 T 个方程都有相同的截距 μ"可让我们得到$\boldsymbol{\pi}$的最小二乘估计。但这样做仅使得最小二乘估计的代数方程更复杂，却并未获得对未知参数相应的了解。

[20] 细节详见 White（1980）或 Chamberlain（1982）。

[21] 证明参见附录 3A，或 Chamberlain（1982），Chiang（1956），或 Malinvaud（1970）。

[22] 如果 $E(\alpha_i^* \mid \mathbf{x}_i)\neq E^*(\alpha_i^* \mid \mathbf{x}_i)$，则异方差存在，因为残差中包含了 $E(\alpha_i^* \mid \mathbf{x}_i)-E^*(\alpha_i^* \mid \mathbf{x}_i)$。

[23] 用模型（3.9.20）拟合面板数据，见第 5 章。

[24] 验证式（3.9.25）的分块矩阵的逆可得到该结果。

[25] 如果$\hat{\boldsymbol{\pi}}^*$是$\boldsymbol{\pi}$的另一个具有渐近方差—协方差矩阵 Ω^* 的估计量，则通过选择$\hat{\boldsymbol{\theta}}^*$来最小化 $[\hat{\boldsymbol{\pi}}^*-\mathbf{f}(\boldsymbol{\theta})]'\Omega^{*-1}[\hat{\boldsymbol{\pi}}^*-\mathbf{f}(\boldsymbol{\theta})]$ 而得到的$\boldsymbol{\theta}$的最小距离估计量具有渐近方差—协方差矩阵 $(F'\Omega^{*-1}F)^{-1}$。假设 $\Omega-\Omega^*$ 是正半定的，则 $F'\Omega^{*-1}F-F'\Omega^{-1}F=F'(\Omega^{*-1}-\Omega^{-1})F$ 是正半定的。因此，最小距离估计量的效率主要取决于$\boldsymbol{\pi}$的（不受限）估计量的效率。

[26] 关于 Chamberlain π 法的完整讨论和广义矩法（GMM），参见 Crépon 和 Mairesse（1996）。

[27] 事实上，如果$\hat{\boldsymbol{\pi}}$几乎处处收敛于$\boldsymbol{\pi}$，则可得到一个更强的结果。在本书中我们不打算对依概率收敛和几乎处处收敛的概念［Rao（1973，2.c 节）］进行区分，因为更强的结果要求一些更为严格的假设和推导，但直觉上却没有太多受益。

第 4 章

[1] 我们将关于滞后分布模型估计的讨论放到第 9 章。

[2] 假设 $|\gamma|<1$ 是为了建立自回归过程的（弱）平稳性［Anderson（1971，第 5 章、第 7 章）］。随机过程 $\{\xi_t\}$ 是平稳的，如果它的概率结构不随时间变化。随机过程是弱平稳的，如果它的均值 $E\xi_t=m$ 是与时间无关的常数，且任意两个随机变量的协方差 $E(\xi_t-E\xi_t)(\xi_s-E\xi_s)=\sigma_\xi(t-s)$ 仅取决于它们之间的时间长度。动态模型的最小二乘估计量的统计性质取决于当 $T\to\infty$ 时是否有 $|\gamma|<1$［Anderson（1959）］。当 T 固定而 $N\to\infty$ 时，不必为得到最小二乘估计量的渐近正态性而假定 $|\gamma|<1$［Anderson（1978），Goodrich 和 Caines（1979）］。我们保留了这一常规的假设，既是为了表述的方便，也因为它允许我们对 4.3 节中所讨论的各种关于初始条件的假设给出一个统一的方法。

[3] 这并不表明我们已解决效应项与外生变量是否相关的问题。此处仅表明出于估计的目的，我们可让 α_i 代表 ω_i 并将模型（4.3.1）当作（4.3.2）的一种特殊情形。

[4] 细节详见 4.3.2 节或 Sevestre 和 Trognon（1982）。

[5] $\boldsymbol{\beta}'\mathbf{x}_{it}$ 的出现表明，$\{y_{it}\}$ 通常都不是平稳过程。但是当 $T\to\infty$ 时，过程 $\{y_{it}\}$ 的统计性质基本上取决于序列$\mathbf{x}_{it}$一致地等于零时 $\{y_{it}\}$ 是否收敛到平稳序列。如注释 2 中所述，我们总是通过令

$|\gamma|<1$ 而采用第一种情形。

[6] V 和式（3.3.4）中一样。

[7] Bhargava 和 Sargan（1983）在 α_i 和$\mathbf{x}_i$ 无关的假设下，将 y_{i0} 投影到$\mathbf{x}_i$ 上，从而避开了与初始值 y_{i0} 相关的关联参数问题。Chamberlain（1984）和 Mundlak（1978a）假定效应 α_i 与$\mathbf{x}_i$ 相关，并将 α_i 投影到$\mathbf{x}_i$ 上，也避开了关联参数问题。不管对于哪种情形，如果 N 不是远远大于 KT，则将 y_{i0} 或 α_i 投影到$\bar{\mathbf{x}}_i$ 上比投影到$\mathbf{x}_i$ 上导出的估计量具有更好的有限样本性质。

[8] 严格说来，据式（4.3.21），非平稳类型Ⅳd 表明

$$\mathrm{Var}(v_{i0})=\sigma_{\omega 0}^2+\frac{\sigma_\alpha^2}{(1-\gamma)^2}$$

和

$$\mathrm{Cov}(v_{i0},v_{it})=\frac{\sigma_\alpha^2}{1-\gamma},\quad t=1,\cdots,T$$

但只要预测误差项 ϵ_{i0} 存在，则仅依赖 y_{i0} 的信息无法将该情形从情形Ⅳc′中区分开来。故我们按照 Bhargava 和 Sargan（1983）的方法将情形Ⅳd′当作情形Ⅳd 的非平稳类型。

[9] 此前因为常数的 MLE 的性质和时变外生变量系数的 MLE 的性质一样，所以我们把截距项和时变外生变量并入向量$\mathbf{x}_{it}$。现在我们将常数项作为一个元素并入时恒变量$\mathbf{z}_i$ 中以避免在式（4.3.21）中常数项出现多次。

[10] 关于受限估计量的公式，参见 Theil［1971，第 285 页，方程（8.5）］。

[11] 见第 5 章。

[12] 另一种方法见 3.5 节。

[13] 注意，令$\mathbf{z}_i=0$ 只是为了方便表述。当有$\mathbf{z}_i$ 的时候，一阶差分模型（4.3.38）将$\mathbf{z}_i$ 从模型中消除，因此式（4.3.39）的矩条件仍成立。但要使 $E\,\bar{v}_i=0$ 成立，需要关于均值的平稳性假设［Blundell 和 Bond（1998）］。

[14] 为易于标识，我们再次假定$\mathbf{z}_i=\mathbf{0}$。

[15] Bhargava 和 Sargan（1983）没有报告他们检验的显著性水平。大概他们使用的是常用的 5% 的显著性水平。

[16] 将初始观测当作内生变量时，我们不知道 GLS 估计的值是多少。我猜想该值可能接近包含固定初始观测的两步 GLS 估计。如 4.3 节提到过的，Sevestre 和 Trognon（1982）已证明，即使初始值与效应相关，在固定初始观测假设下的两步 GLS 估计量的渐近偏误仍比 OLS 或组内估计量的小。此外，如果 Bhargava 和 Sargan 的模拟结果具有某种指导意义，则因关于初始观测的错误假设而导致的偏误的阶在 T 大于 10 时大约有一个标准误大小。此处，对包含固定初始值的两步 GLS 估计来说，滞后因变量的标准误仅为 0.037。

[17] 其他关于初始观测贡献的讨论，参见 Blundell 和 Bond（1998）以及 Hahn（1999）。

[18] 我们称$\mathbf{y}_t$ 是平稳的，如果 $E\,\mathbf{y}_t=\boldsymbol{\mu}$，$E[(\mathbf{y}_t-\boldsymbol{\mu})(\mathbf{y}_{t-s}-\boldsymbol{\mu})']=E[(\mathbf{y}_{t+q}-\boldsymbol{\mu})(\mathbf{y}_{t+q-s}-\boldsymbol{\mu})']$。如果 $(1-L)^d\,\mathbf{y}_t$ 是平稳的 $I(0)$，则称$\mathbf{y}_t$ 是 d 阶单整的，记为 $I(d)$。如果$\mathbf{y}_t\sim I(d)$ 但$\boldsymbol{\beta}'\,\mathbf{y}_t\sim I(d-c)$，譬如说 $d=1$，$c=1$，则称$\mathbf{y}_t$ 是 c 阶协整的。称$\boldsymbol{\beta}$中线性独立向量的最大个数为协整的秩。对任意 $m\times 1$ 的 $I(d)$ 过程，协整的秩可在 0 与 $m-1$ 之间变动［参见 Engle 和 Granger（1987）；Intriligator，Bodkin 和 Hsiao（1996）］。

[19] $\mathrm{vec}(ABC)=(C'\otimes A)\mathrm{vec}(B)$；参见 Magnus 和 Neudecker（1999）。

第5章

[1] 也就是说，家庭影响 A_i 与第3～4章中 α_i 的意义相同。

[2] 固定效应线性联立方程模型的渐近性质与单方程固定效应线性静态模型（见第3章）一样。$\boldsymbol{\alpha}_i$ 的MLE仅当 T 趋于无穷时是一致的。$\boldsymbol{\lambda}_t$ 的MLE仅当 N 趋于无穷时是一致的。但是，正如在线性静态模型中一样，$\boldsymbol{\Gamma}$ 和 $\mathbf{B}$ 的MLE与 $\boldsymbol{\alpha}_i$ 和 $\boldsymbol{\lambda}_t$ 的MLE无关。它们仅当 N 或 T 或二者都趋于无穷时是一致的［Schmidt（1984）］。

[3] 注意，这些星号的意义与前面章节中星号的意义不一样。

[4] 如果允许 X 不同，则约简型方程估计的讨论可在更一般的似乎无关回归模型框架内进行［Avery（1977）；Baltagi（1980）］。

[5] 通过重复使用Kronecker积：$(B+C)\otimes A=B\otimes A+C\otimes A$，$(A\otimes B)(C\otimes D)=AC\otimes BD$（只要这些积存在）［Theil（1971，7.2节）］，我们可验证式（5.2.7）确实是式（5.2.6）的逆。

[6] 如果 G 个方程中仅前 M 个存在非零截距，则我们用 $\{[I_M,(V_4^{MM})^{-1}V_4^{M(G-M)}]\otimes(1/NT)\mathbf{e}_{NT}'\}(\mathbf{y}-X\boldsymbol{\pi})$ 估计前 M 个截距，并用 $[X'V^{*-1}X]^{-1}[X'V^{*-1}\mathbf{y}]$ 估计 $\boldsymbol{\pi}$，其中 I_M 是 M 行的单位矩阵，V_4^{MM} 和 $V_4^{M(G-M)}$ 是

$$V_4^{-1}=\begin{bmatrix} V_4^{MM} & V_4^{M(G-M)} \\ V_4^{(G-M)M} & V_4^{(G-M)(G-M)} \end{bmatrix}$$

和

$$V^{*-1}=\tilde{V}^{-1}+\begin{bmatrix} \mathbf{0} & \mathbf{0} \\ \mathbf{0} & V_4^{(G-M)(G-M)}-V_4^{(G-M)M}(V_4^{MM})^{-1}V_4^{M(G-M)} \end{bmatrix}\otimes\frac{1}{NT}J$$

中相应的 $M\times M$ 和 $M\times(G-M)$ 分块矩阵。细节参见Prucha（1983）。

[7] 见第3章注22。

[8] 如前面的说明，这里我们假定所有的变量是相对于它们各自全局均值的离差度量。这样的处理不失一般性，因为截距 μ_g 是用 $\hat{\mu}_g=(1/NT)\mathbf{e}_{NT}'(\mathbf{y}_g-W_g\hat{\boldsymbol{\theta}}_g)$ 来估计的。由于 $C_h'\mathbf{e}_{NT}=\mathbf{0}(h=1,2,3)$，仅与我们的讨论相关的项是 $C_h(h=1,2,3)$。

[9] 因为我们已经假定每个方程有一个截距，并且 $C_h'\mathbf{e}_{NT}=\mathbf{0}(h=1,2,3)$，所以我们再次忽略 $C_4=\mathbf{e}_{NT}/\sqrt{NT}$。

[10] 关于式（5.4.36）和（5.4.37）的推导，参见附录5A。

[11] 由 $V\cdot V^{-1}=I_{GT}$ 我们有 $-\Lambda\,\mathbf{cc}'-T\,\mathbf{aa}'\mathbf{cc}'+\mathbf{aa}'\Lambda^{-1}=\mathbf{0}$。用 $\mathbf{c}'$ 左乘该方程，我们得到 $(b_1+Tb_2^2)\mathbf{c}'=b_2\,\mathbf{a}'\Lambda^{-1}$，其中 $b_1=\mathbf{c}'\Lambda\,\mathbf{c}$ 以及 $b_2=\mathbf{c}'\mathbf{a}$。在附录5A中我们根据 $|\mathbf{aa}'-\lambda\Lambda|=0$ 的特征根显式地给出了 b_1 和 b_2 的值。

[12] 利用公式 $\partial\log|\Lambda|/\partial\Lambda^{-1}=-\Lambda'$ 和 $\partial(\mathbf{c}'\Lambda\,\mathbf{c})/\partial\Lambda^{-1}=-\Lambda\,\mathbf{cc}'\Lambda$［Theil（1971，第32～33页）］。

[13] 见附录5A，方程（5A.7），其中 ψ_1 是正的。

[14] 寻找方程（5.4.43）最大的根等价于最大化式（5.4.49）。如果我们标准化 $\mathbf{c}'R\,\mathbf{c}=1$，那么为找到式（5.4.49）的最大值我们可用Lagrange乘子法并最大化 $\mathbf{c}'\bar{R}\mathbf{c}+\lambda(1-\mathbf{c}'R\,\mathbf{c})$。求关于 $\mathbf{c}$ 的偏导数得到 $(\bar{R}-\lambda R)\mathbf{c}=\mathbf{0}$。左乘 $\mathbf{c}'$，我们有 $\mathbf{c}'\bar{R}\,\mathbf{c}=\lambda$。因此，式（5.4.49）的最大值是

$|\bar{R}-\lambda R|=0$ 的最大的根，且$\mathbf{c}$是属于最大特征根的特征向量。

第 6 章

[1] 另一个证明使用误差成分法处理异质性不是总能得到有经济意义结论的例子，参见 Mehta，Narasimhan 和 Swamy（1978）。

[2] 我们也可以为每个时期单独设定一个回归，即 $y_{it}=\boldsymbol{\beta}_t'\mathbf{x}_{it}+u_{it}$。

[3] 用调控变量条件调控个体效应的 Mundlak-Chamberlain 方法在包含个体特有斜率（该斜率可能与调控变量相关）模型上的推广，参见 Chamberlain（1992）。在有限维矩法框架内提出了工具变量估计量。

[4] 重复使用公式 $(A+BDB')^{-1}=A^{-1}-A^{-1}B(B'A^{-1}B+D^{-1})^{-1}B'A^{-1}$ [Rao（1973，第 1 章）]，我们有

$$
\begin{aligned}
X'_i\Phi_i^{-1}X_i &= X'_i[\sigma_i{}^2I+X_i\Delta X'_i]^{-1}X_i \\
&= X'_i\left\{\frac{1}{\sigma_i{}^2}I_T-\frac{1}{\sigma_i{}^2}X_i[X'_iX_i+\sigma_i{}^2\Delta^{-1}]^{-1}X'_i\right\}X_i \\
&= \frac{1}{\sigma_i{}^2}\Bigg[X'_iX_i-X'_iX_i\Bigg\{(X'_iX_i)^{-1}-(X'_iX_i)^{-1} \\
&\quad\times\left[(X'_iX_i)^{-1}+\frac{1}{\sigma_i{}^2}\Delta\right]^{-1}(X'_iX_i)^{-1}\Bigg\}X'_iX_i\Bigg] \\
&= [\Delta+\sigma_i^2(X'_iX_i)^{-1}]^{-1}
\end{aligned}
$$

[5] 方程（6.2.9）可从$\hat{\boldsymbol{\beta}}_i=\boldsymbol{\beta}_i+(X_i'X_i)^{-1}X_i'\mathbf{u}_i$ 和 $E(\hat{\boldsymbol{\beta}}_i-\bar{\boldsymbol{\beta}})(\hat{\boldsymbol{\beta}}_i-\bar{\boldsymbol{\beta}})'=\Delta+\sigma_i^2(X_i'X_i)^{-1}$导出。

[6] 符号 $O(N)$ 表示序列 $\{N^{-1}a_N\}$ 有界 [Theil（1971，第 358 页）]。

[7] 我们称这为转换的 Lagrange 乘子检验，因为它是由最大化$\bar{y}_i/\sigma_i$ 的对数似然函数而不是最大化 y_{it}/σ_{it} 的对数似然函数导出的。

[8] 令

$$
(T\hat{\omega}_i^2-1)=\frac{1}{\sigma_i{}^2}\Big[\sum_{i=1}^{K}\sum_{i'=1}^{K}\bar{x}_{ki}\,\bar{x}_{k'i}\,\hat{\sigma}_{\alpha kk'}^2\Big]
$$

是（$T\hat{\omega}_i^2-1$）的最小二乘预测值；则预测平方和为

$$
\sum_{i=1}^{N}(T\hat{\omega}_i^2-1)^2
$$

[9] 我们不必在 6.2.1 节中添加相似的约束条件，因为无须从$\boldsymbol{\alpha}_i$ 中分离出$\boldsymbol{\beta}$。

[10] Hsiao（1975）已证明 Hildreth-Houck 估计量是 Rao（1970）的最小范数二次无偏估计。

[11] 令（$y_{it}-\bar{y}$）是样本均值离差，并令（$\widehat{y_{it}-\bar{y}}$）是其最小二乘预测，则解释平方和是 $\sum(\widehat{y_{it}-\bar{y}})^2$。

[12] 注意，这里的第一项$x_{1it}=1$。因此虚拟假设是 $(\sigma_{\lambda2}^2,\cdots,\sigma_{\lambda K}^2)=(0,\cdots,0)$。

[13] 本节大部分内容来自 Chow（1983，第 10 章）的工作。

[14] 注意，在备择假设下 u_t^* 序列相关。因此 Breusch-Pagan 检验对备择假设可能无效。

[15] 根据 Bayes 定理，给定 B 在 A 下的条件概率，记为 $P(B\mid A)$，$P(B\mid A)=P(A\mid B)P(B)/P(A)$，与 $P(A\mid B)P(B)$ 成正比。

[16] 当 u_{it}序列相关时，参见 Baltagi 和 Li（1992）。关于估计系数和误差成分参数时的渐近平方误差，参见 Baille 和 Baltagi（1999）。

[17] 我们仅关注短期调整系数$\bar{\gamma}$的估计。关于长期系数估计的讨论，参见 Pesaran 和 Smith（1995），Pesaran 和 Zhao（1999），Pesaran，Shin 和 Smith（1999），以及 Phillips 和 Moon（1999，2000）。

[18] $\mathbf{x}_{it}$严格外生性条件（6.7.4）在动态随机系数模型的识别中非常关键。Chamberlain（1993）给出一个模型

$$y_{it}=\gamma y_{i,t-1}+\beta_i x_{it}+\alpha_i+u_{it}$$

其中x_{it}取值 0 或 1，该模型中的γ不可识别，因为$E(\alpha_i \mid \mathbf{x}_i,\ \mathbf{y}_{i,-1})$不受约束，与$\gamma$识别有关的矩只有

$$E(\Delta y_{it}-\gamma\Delta y_{i,t-1} \mid \mathbf{x}_i^{t-1},\mathbf{y}_i^{t-2})=E(\beta_i\Delta x_{it} \mid \mathbf{x}_i^{t-1},\mathbf{y}_i^{t-2}),\quad t=2,\cdots,T$$

其中$\mathbf{x}_i^t=(x_{i1},\ \cdots,\ x_{it})$，$\mathbf{y}_i^t=(y_{i0},\ \cdots,\ y_{it})$。令$\mathbf{w}_i^t=(\mathbf{x}_i^t,\ \mathbf{y}_i^t)$，上面的表达式在下面的两个条件下是等价的：

$$\begin{aligned}&E(\Delta y_{it}-\gamma\Delta y_{i,t-1} \mid \mathbf{w}^{t-2},x_{i,t-1\,i}=0)\\&\quad=E(\beta_i \mid \mathbf{w}_i^{t-2},x_{i,t-1}=0)P(x_{it}=1 \mid \mathbf{w}_i^{t-2},x_{i,t-1}=0)\end{aligned}$$

和

$$\begin{aligned}&E(\Delta y_{it}-\gamma\Delta y_{i,t-1} \mid \mathbf{w}_i^{t-2},x_{i,t-1}=1)\\&\quad=-E(\beta_i \mid \mathbf{w}_i^{t-2},x_{i,t-1}=0)P(x_{it}=0 \mid \mathbf{w}_i^{t-2},x_{i,t-1}=1)\end{aligned}$$

如果$E(\beta_i \mid \mathbf{w}_i^{t-2},\ x_{i,t-1}=0)$和$E(\beta_i \mid \mathbf{w}_i^{t-2},\ x_{i,t-1}=1)$不受限制且$T$固定，则自回归参数$\gamma$无法从上面的两个方程中识别出来。

[19] 我们假定$T(>3)$大到足以识别γ和β。关于在$T=3$且y_{it}是二值变量时不可识别的例子，参见 Chamberlain（1993）或 Arellano 和 Honoré（2001）；还可见第 7 章。

[20] 可用$\Psi^{-1}=0$，$\rho=2$以及R等于Δ的 Swamy 估计这些值推导分层 Bayes 估计量。

第 7 章

[1] 对最小χ^2法的研究，参见 Hsiao（1985b）。

[2] 因为变量y_{i0}由$y_{i0}=1-\sum_{j=1}^{m}y_{ij}$确定，所以它有时候被模型设定省略。譬如，二分模型常用单个二值变量y_i，$i=1$，…，N进行区分。

[3] 需要指出的是，将二值情形的结论推广到多值响应情形时，我们应该考虑到如下事实：虽然$i\neq i'$时，y_{ij}与$y_{i'j}$独立，但y_{ij}和$y_{ij'}$却不独立，因为$\mathrm{Cov}(y_{it},\ y_{ij'})=-F_{ij}F_{ij'}$。

[4] 关于 probit 模型的随机系数方法，参见 Hausman 和 Wise（1978）。

[5] 注意，因为$F(\boldsymbol{\beta}'\mathbf{x}+\alpha)$是非线性的，故通常有$\int F(\boldsymbol{\beta}'\mathbf{x}+\alpha)dH(\alpha \mid \mathbf{x})\neq F[\boldsymbol{\beta}'\mathbf{x}+E(\alpha \mid \mathbf{x})]$。

[6] 注意，我们将α_i^*和α_i都用α_i表示只是为了标记方便。读者应该记住，只要α_i被当作固定常数，则它就不是对共同均值μ的偏离。另一方面，将α_i当作随机变量时，都假定$E\alpha_i=0$。

[7] 满足$y_{i1}+y_{i2}=0$的个体数为$N-n_1+n_2$。

[8] 我们称$\boldsymbol{\beta}$为结构参数是因为$\boldsymbol{\beta}$的值刻画了完整随机变量序列的结构。对所有的i和t它都是一样的。我们称α_i为关联参数是为了强调当i变化时α_i的值可以改变。

[9] 假定可观测随机变量$\mathbf{y}$有确定的属于某特定分布函数族$\mathcal{J}$的联合分布函数。如果给定统计量$S(\mathbf{y})$（一个关于可观测样本值$\mathbf{y}$的函数）后任何其他统计量$H(\mathbf{y})$的条件期望独立于$\mathcal{J}$，则称

统计量 $S(\mathbf{y})$ 为充分统计量。如果统计量 $S^*(\mathbf{y})$ 是 $\mathcal{J}$ 中每个充分统计量的函数，则称它为最小充分统计量。更多相关讨论，参见 Zacks（1971，第 2 章）。

[10] 当 u_{it} 是独立正态分布时，对线性静态模型，$\boldsymbol{\beta}$ 的 LSDV 估计量是条件 MLE［Cornwell 和 Schmidt（1984）］。

[11] 对固定效应 logit 模型的 MLE，相似的结论也成立。Wright 和 Douglas（1976）用 Monte Carlo 方法研究 MLE 的性质，他们发现当 $T=20$ 时，MLE 实际上是无偏的，且它的极限分布可用一个正态分布很好地描述，该正态分布的方差—协方差矩阵可由估计的信息矩阵的逆导出。

[12] α_i 与 $\mathbf{x}_i$ 无关时，我们有 $\mathbf{a}=\mathbf{0}$ 和 $\sigma_\eta^2=\sigma_\alpha^2$。

[13] 当对 $T\times 1$ 的正态随机向量 $\mathbf{u}_i+\mathbf{e}\eta_i$ 的方差—协方差矩阵没有添加约束条件时，Ω 是 $\hat{\boldsymbol{\pi}}$ 的渐近方差—协方差矩阵。我们可放松关于 u_{it} 的序列无关假设并允许 $E\,\mathbf{u}_i\,\mathbf{u}_i'$ 的除了标量标准项之外的任意的。在这种情况下，$\Pi=\text{diag}\{(\sigma_{u1}^2+\sigma_\eta^2)^{-1/2},\cdots,(\sigma_{uT}^2+\sigma_\eta^2)^{-1/2}\}[I_T\otimes\boldsymbol{\beta}'+\mathbf{e}\mathbf{a}']$。

[14] 这里同质的两阶段 Markov 链的转换概率矩阵是

$$\mathcal{P}=\begin{bmatrix}1-\Phi(\beta_0+\alpha_i) & \Phi(\beta_0+\alpha_i)\\ 1-\Phi(\beta_0+\gamma+\alpha_i) & \Phi(\beta_0+\gamma+\alpha_i)\end{bmatrix}$$

由数学推导可知，n 步转换矩阵为

$$\begin{aligned}\mathcal{P}^n=&\frac{1}{1-\Phi(\beta_0+\gamma+\alpha_i)+\Phi(\beta_0+\alpha_i)}\\ &\times\left\{\begin{bmatrix}1-\Phi(\beta_0+\gamma+\alpha_i) & \Phi(\beta_0+\alpha_i)\\ 1-\Phi(\beta_0+\gamma+\alpha_i) & \Phi(\beta_0+\alpha_i)\end{bmatrix}\right.\\ &+[\Phi(\beta_0+\gamma+\alpha_i)-\Phi(\beta_0+\alpha_i)]^n\\ &\left.\times\begin{bmatrix}\Phi(\beta_0+\alpha_i) & -\Phi(\beta_0+\alpha_i)\\ -[1-\Phi(\beta_0+\gamma+\alpha_i)] & 1-\Phi(\beta_0+\gamma+\alpha_i)\end{bmatrix}\right\}\end{aligned}$$

[15] 这容易看出来，只需注意到当用似然函数（7.5.10）或（7.5.11）估计期望值时，联合概率分布函数（7.5.5）或（7.5.8）关于结构参数的一阶导数向量的数学期望在真实的参数中并没有消失。

[16] 估计动态随机效应 probit 模型的 GMM 方法，参见 Arellano 和 Carrasco（2000）。

[17] 令 $P_{it}=\text{Prob}(y_{it}\mid\mathbf{x}_{it},\alpha_i)$，$P_{it}^*=\text{Prob}(y_{it}\mid y_{i,t-\ell},\mathbf{x}_{it},\alpha_i)$。令 $\hat{P}_{it}$ 和 $\hat{P}_{it}^*$ 是分别关于未知参数最大化 $\mathcal{L}=\Pi_i\Pi_t P_{it}^{y_{it}}(1-P_{it})^{1-y_{it}}$ 和 $\mathcal{L}^*=\Pi_i\Pi_t P_{it}^{*y_{it}}(1-P_{it}^*)^{1-y_{it}}$ 而得到的 MLE。虚拟假设（7.5.34）的一个似然比检验统计量是 $-2\log[\mathcal{L}(\hat{P}_{it})/\mathcal{L}(\hat{P}_{it}^*)]$。如果控制 $\mathbf{x}_{it}$ 和 $\boldsymbol{\alpha}_i$ 后存在重复观测，则我们还可用 Pesaran χ^2 拟合优度统计量检验（7.5.34）。细节详见 Bishop，Fienberg 和 Holland（1975，第 7 章）。但是，在 T 有限的情形下，由于所有的 α_i 未知且不能一致地估计，所以该检验方法不可实施。

[18] Heckman（1981c）还估计了一个非平稳模型。但因为数据没有拒绝平稳性假设，所以我们将模型当作有平稳协方差对待。

[19] 我们可用 T_i 替换 T 来修正估计量（7.5.33）。

第 8 章

[1] 关于各种 Tobit 模型的广泛探讨参见 Amemiya（1985）和 Maddala（1983）。

[2] 譬如，在（$\mathbf{w}'\hat{\mathbf{a}}$）中自由度为 m，在［-1，1］中有 L 个均匀节点的样条的基可以是

$$P_{kK}=(\mathbf{w}'\mathbf{a})^{k-1} \qquad (1\leqslant k\leqslant m+1)$$
$$=\left\{\left[\mathbf{w}'\mathbf{a}+1-2\frac{(k-m-1)}{L+1}\right]_{+}\right\}^{m}, \quad m+2\leqslant k\leqslant m+1+L\equiv K$$

其中 $b_{+}\equiv(b>0)\cdot b$。

[3] 另一个例子是事件历史分析，事件历史中的响应处在非均匀分布时间点上［如 Heckman 和 Singer（1984）；Lancaster（1990）］。有人选择用二元示性值序列来为离散时间的事件历史建模。则该问题变得非常像第 7 章中讨论的离散面板数据分析。

[4] 关于切换回归模型的研究参见 Quandt（1982）。

[5] 本章我们仅考虑涉及个体特异效应出现的情形。关于随机系数样本选择模型估计的一些推广，请参见 Chen（1999）。

[6] 一个潜在的在计算方面有吸引力的替代方法是模拟积分；参见 Gourieroux 和 Monfort（1996），Keane（1994），Richard（1996），或者 10.3 节。

[7] 该部分的阐述受益于 J. L. Powell 的建议。

[8] 带有随机缺失数据的线性面板数据将在 9.2 节讨论。

[9] 对模型 $y_{it}^{*}=\gamma y_{i,t-1}+\boldsymbol{\beta}'\mathbf{x}_{it}+\alpha_i+u_{it}$ 的讨论参见 Honoré（1993）。

[10] $\mathbf{x}_{it}$ 和 $\mathbf{w}_{it}$ 不一致的假设排除了作为模型（8.6.13）和（8.6.14）的一种特殊情形的截取回归模型。

[11] Kyriazidou（2001）证明，如果 $d_{it}^{*}=\phi d_{i,t-1}+\mathbf{w}_{it}'\mathbf{a}+\eta_i+v_{it}$，则这些矩条件也成立。

第 9 章

[1] 本节中的材料在得到许可后选自 Pakes 和 Griliches（1984）。

[2] 必须指出当模型从一种形式变化到另一种形式的时候误差项也发生了变化［如 Malinvaud（1970，第 15 章）］。

[3] 请注意，在 y 的第一个观测之前存在 $\ell+1$ 个关于 x 的观测假设是不受限制的。如果在 0 时期前不存在 x_{it} 的观测，则可令 $l=-1$。如果 ℓ 必须固定下来，则我们可丢弃 y 的前 $\ell+1$ 个观测。

[4] 请注意，只需容许向量 $\mathbf{c}$ 中的每个元素各不相同即可让抽样前的 $x_{i,-\tau}$ 在当前样本 $\mathbf{x}_i$ 和 α_i^{*} 上的投影与 α_i^{*} 任意相关。

[5] 可用多种模型选择准则来确定 p［如 Amemiya（1980a）］。

[6] $c_q=0$ 表明 α_i^{*} 与抽样前的 $x_{i,-j}$ 无关。

[7]（9.1.11）的系数是（9.1.8）中 Π 的另一种表示方法。

[8] 要求特征方程的根在单位圆外的条件确保当 $\tau\rightarrow\infty$ 时 $\boldsymbol{\beta}_\tau$ 呈几何级数递减［如 Anderson（1971，第 5 章）］，以便断尾余项在任何关于 x 序列的任何合理假设下都是有限的。

[9] 参见 Neyman（1949）或 Hsiao（1985b）。

[10] 因此，他们假定本年度的投资不影响该年度的利润，并假定有两个关于投资的抽样前观测值（$\ell=1$）。

[11] 如果 α_i 和 $\mathbf{x}_{it}$ 相关，则只需假定 $\alpha_i=\sum_t \mathbf{a}_t'\mathbf{x}_{it}+\epsilon_i$，我们便可消除 α_i 和 $\mathbf{x}_{it}$ 之间的相依性。细节详见第 3 章或 Mundlak（1978a）。

[12] 细节详见第 4 章和第 6 章。

[13] 参见 Verbeek（1992）关于 $(1/N_c)\sum_{i\in c}\alpha_i=\alpha_{ct}$ 与 t 有关时的讨论，以及 Collado（1997），

Girma (2000)，和 Moffit (1993) 将样本均值当成典型个体的误差严重的观测，分别用 GMM 方法和两阶段最小二乘法对动态群组模型进行的分析。

[14] Bayes 分析方法请参见 Chetty (1968)。

[15] 如果横截面数据由总体中的所有个体组成，则在收集横截面观测的年份，某个变量对所有个体观测的和应该等于相应的加总时序变量。因为在多数情形下横截面样本是由总体的一小部分组成的，所以我们忽略该关系并假定变量是无关的。

[16] 在 Bayes 分析框架内，这类似于基于$\boldsymbol{\beta}_2$ 的条件分布 $f(\boldsymbol{\beta}_2 \mid \boldsymbol{\beta}_1 = \boldsymbol{\delta}_{1c})$ 进行统计推断，但确实不知$\boldsymbol{\beta}_1$ 的时候应该使用$\boldsymbol{\beta}_2$ 的边缘分布。细节详见 Chetty (1968)。

[17] 需要注意的是，前面提到的结果是基于 u_i 和 v_t 都是独立正态分布的假设得到的。在实践中，研究混合问题、使用似然比检验或相对极大似然方法之前有必要进行仔细的诊断性检查。实际上，Izan (1980) 在 v_t 服从一阶自回归过程的假设下重新进行了分析。考虑自相关之后的似然比检验导致接受了混合假设。

第 10 章

[1] 参见 Philips 和 Moon (2000) 的案例。

[2] 相关入门级的讨论，参见 Intriligator，Bodkin 和 Hsiao (1996)。

[3] τ_{it} 同时包含个体时恒成分和独立同分布成分时，后面的结论基本上保持不变。

参考文献

Abramowitz, M., and J. Stegun (1965). *Handbook of Mathematical Functions with Formulas, Graphs and Mathematical Tables*. New York: Dover.

Abrevaya, J. (1999). "Leapfrog Estimation of a Fixed-Effects Model with Unknown Transformation of the Dependent Variable," *Journal of Econometrics*, 93, 203-228.

(2000). "Rank Estimation of a Generalized Fixed-Effects Regression Model," *Journal of Econometrics*, 95, 1-24.

Ahn, H., and J. L. Powell (1993). "Semiparametric Estimation of Censored Selection Models with a Nonparametric Selection Mechanism," *Journal of Econometrics*, 58, 3-30.

Ahn, S. C., and H. R. Moon (2001). "On Large-N and Large-T Properties of Panel Data Estimators and the Hausman Test." Mimeo, University of Southern California.

Ahn, S. C., and P. Schmidt (1995). "Efficient Estimation of Models for Dynamic Panel Data," *Journal of Econometrics*, 68, 5-27.

Aigner, D. J., and P. Balestra (1988). "Optimal Experimental Design for Error Components Models," *Econometrica*, 56, 955-972.

Aigner, D. J., C. Hsiao, A. Kapteyn, and T. Wansbeek (1984). "Latent Variable Models in Econometrics," in *Handbook of Econometrics*, vol. II, edited by Z. Griliches and M. Intriligator, pp. 1322-1393. Amsterdam: North-Holland.

Akaike, H. (1973). "Information Theory and an Extension of the Maximum Likelihood Principle," in *Proceedings of the 2nd International Symposium on Information Theory*, edited by B. N. Petrov and F. Csaki, pp. 267-281. Budapest: Akademiai Kiado.

Allison, P. (2000). "Inferring Causal Order from Panel Data," paper presented at the 9th International Conference on Panel Data, Geneva, Switzerland.

Amemiya, T. (1971). "The Estimation of the Variance in a Variance-Component Model," *International Economic Review*, 12, 1-13.

(1974). "Bivariate Probit Analysis: Minimum Chi-Square Methods," *Journal of the American Statistical Association*, 69, 940-944.

(1976). "The Maximum Likelihood, the Minimum Chi-Square and the Nonlinear Weighted Least Squares Estimator in the General Qualitative Response Model," *Journal of the American Statistical Association*, 71, 347-351.

(1978a). "The Estimation of a Simultaneous Equation Generalized Probit Model," *Econometrica*, 46, 1193-1205.

(1978b). "A Note on a Random Coefficients Model," *International Economic Review*, 19, 793-796.

(1980a). "Selection of Regressors," *International Economic Review*, 21, 331-354.

(1980b). "The n^{-2}-Order Mean Squared Errors of the Maximum Likelihood and the Minimum Logit Chi-Square Estimator," *Annals of Statistics*, 8, 488-505.

(1981). "Qualitative Response Models: A Survey," *Journal of Economic Literature*, 19, 1483-1536.

(1983). "Nonlinear Regression Models," in *Handbook of Econometrics*, vol. I, edited by Z. Griliches and M. Intriligator, pp. 333-89. Amsterdam: North-Holland.

(1984). "Tobit Models: A Survey," *Journal of Econometrics*, 24, 3-62.

(1985). *Advanced Theory of Econometrics*. Cambridge, MA: Harvard University Press.

Amemiya, T., and W. A. Fuller (1967). "A Comparative Study of Alternative Estimators in a Distributed-Lag Model," *Econometrica*, 35, 509-529.

Amemiya, T., and T. E. MaCurdy (1986). "Instrumental Variable Estimation of an Error Components Model," *Econometrica*, 54, 869-880.

Andersen, E. B. (1970). "Asymptotic Properties of Conditional Maximum Likelihood Estimators," *Journal of the Royal Statistical Society*, Series B, 32, 283-301.

(1973). *Conditional Inference and Models for Measuring*. Köbenhavn: Mentalhygiejnish Farlag.

Anderson, T. W. (1958). *An Introduction to Multivariate Analysis*. New York: Wiley.

(1959). "On Asymptotic Distributions of Estimates of Parameters of Stochastic Difference Equations," *Annals of Mathematical Statistics*, 30, 676-687.

(1969). "Statistical Inference for Covariance Matrices with Linear Structure," in *Multivariate Analysis*, vol. 2, edited by P. R. Krishnaiah, pp. 55-66. New York: Academic Press.

(1970). "Estimation of Covariance Matrices Which Are Linear Combinations or Whose Inverses Are Linear Combinations of Given Matrices," in *Essays in Probability and Statistics*, edited by R. C. Bose, pp. 1-24. Chapel Hill: University of North Carolina Press.

(1971). *The Statistical Analysis of Time Series*. New York: Wiley.

(1978). "Repeated Measurements on Autoregressive Processes," *Journal of the American Statistical Association*, 73, 371-378.

Anderson, T. W., and C. Hsiao (1981). "Estimation of Dynamic Models with Error Components," *Journal of the American Statistical Association*, 76, 598-606.

(1982). "Formulation and Estimation of Dynamic Models Using Panel Data," *Journal of Econometrics*, 18, 47-82.

Angrist, J. D., and J. Hahn (1999). "When to Control for Covariates? Panel-Asymptotic Results for Estimates of Treatment Effects," NBER Technical Working Paper 241.

Anselin, L., and D. A. Griffith (1988). "Do Spatial Effects Really Matter in Regression Analysis?" *Papers of the Regional Science Association*, 65, 11-34.

Antweiler, W. (2001). "Nested Random Effects Estimation in Unbalanced Panel Data," *Journal of Econometrics*, 101, 295-313.

Arellano, M., and S. Bond (1991). "Some Tests of Specification for Panel Data: Monte Carlo Evidence and an Application to Employment Equations," *Review of Economic Studies*, 58, 277-297.

Arellano, M., and O. Bover (1995). "Another Look at the Instrumental Variable Estimation of Error-Components Models," *Journal of Econometrics*, 68, 29-51.

Arellano, M., O. Bover, and J. Labeaga (1999). "Autoregressive Models with Sample Selectivity for Panel Data," in *Analysis of Panels and Limited Dependent Variable Models*, edited by C. Hsiao, K. Lahiri, L. F. Lee and M. H. Pesaran, pp. 23-48. Cambridge: Cambridge University Press.

Arellano, M., and R. Carrasco (2000). "Binary Choice Panel Data Models with Predetermined Variables," *Journal of Econometrics*, (forthcoming).

Arellano, M., and B. Honoré (2001). "Panel Models: Some Recent Development," in *Handbook of Econometrics*, vol. 5, edited by J. Heckman and E. Leamer, Amsterdam: North Holland (forthcoming).

Ashenfelter, O. (1978). "Estimating the Effect of Training Programs on Earnings," *Review of Economics and Statistics*, 60, 47-57.

Ashenfelter, O., A. Deaton, and G. Solon (1984). "Does It Make Sense to Collect Panel Data in Developing Countries?" Mimeo. World Bank.

Ashenfelter, O., and G. Solon (1982). "Longitudinal Labor Market Data - Sources, Uses and Limitations," in *What's Happening to American Labor Force and Productivity Measurements?* pp. 109-126. Proceedings of a June 17, 1982, conference sponsored by the National Council on Employment Policy, W. E. Upjohn Institute for Employment Research.

Avery, R. B. (1977). "Error Components and Seemingly Unrelated Regressions," *Econometrica*, 45, 199-209.

Baille, R. T., and B. H. Baltagi (1999). "Prediction from the Regression Model with One-Way Error Components," in *Analysis of Panels and Limited Dependent Variable Models*, edited by C. Hsiao, K. Lahiri, L. F. Lee, and M. H. Pesaran, pp. 255-267. Cambridge: Cambridge Uni-

versity Press.
Balestra, P. , and M. Nerlove (1966). "Pooling Cross-Section and Time Series Data in the Estimation of a Dynamic Model: The Demand for Natural Gas," *Econometrica*, 34, 585-612.
Baltagi, B. H. (1980). "On Seemingly Unrelated Regressions with Error Components," Econometrica, 48, 1547-1551.
(1981a). "Simultaneous Equations with Error Components," *Journal of Econometrics*, 17, 189-200.
(1981b). "Pooling: An Experimental Study of Alternative Testing and Estimation Procedures in a Two-Way Error Components Model." *Journal of Econometrics*, 17, 21-49.
(1995). *Econometric Analysis of Panel Data*. New York: Wiley.
Baltagi, B. H. , and J. M. Griffin (1983). "Gasoline Demand in the OECD: An Application of Pooling and Testing Procedures," *European Economic Review*, 22, 117-137.
Baltagi, B. H. , and Q. Li (1991). "A Transformation That Will Circumvent the Problem of Autocorrelation in an Error Component Model," *Journal of Econometrics*, 48, 385-393.
(1992). "A Monotonic Property for Iterative GLS in the Two-Way Random Effects Model," *Journal of Econometrics*, 53, 45-51.
Baltagi, B. H. , S. Song, and B. Jung (2001). "The Unbalanced Nested Error Component Regression Model," *Journal of Econometrics*, 101, 357-381.
Banerjee, A. (1999). "Panel Data Unit Roots and Cointegration: An Overview," *Oxford Bulletin of Economics and Statistics*, 61, 607-630.
Barro, R. , and X. Sala-i-Martin (1995). *Economic Growth*. New York: McGraw-Hill.
Barth, J. , A. Kraft, and J. Kraft (1979). "A Temporal Cross-Section Approach to the Price Equation," *Journal of Econometrics*, 11, 335-351.
Bates, G. , and J. Neyman (1951). "Contributions to the Theory of Accident Proneness. II: True of False Contagion," *University of California Publications in Statistics*, 215-253.
Becketti, S. , W. Gould, L. Lillard, and F. Welch (1988). "The Panel Study of Income Dynamics after Fourteen Years: An Evaluation," *Journal of Labor Economics*, 6, 472-492.
Beckwith, N. (1972). "Multivariate Analysis of Sales Response of Competing Brands to Advertising," *Journal of Marketing Research*, 9, 168-176.
Ben-Porath, Y. (1973). "Labor Force Participation Rates and the Supply of Labor," *Journal of Political Economy*, 81, 697-704.
Berkson, J. (1944). "Application of the Logistic Function to Bio-assay," *Journal of the American Statistical Association*, 39, 357-365.
(1955). "Maximum Likelihood and Minimum χ^2 Estimates of the Logistic Function," *Journal of the American Statistical Association*, 50, 130-162.
(1957). "Tables for Use in Estimating the Normal Distribution Function by Normit Analysis," *Biometrika*, 44, 411-435.
(1980). "Minimum Chi-Square, Not Maximum Likelihood!" *Annals of Statistics*, 8, 457-487.
Bernard, A. , and C. Jones (1996). "Productivity Across Industries and Countries: Time Series Theory and Evidence," *Review of Economics and Statistics*, 78, 135-146.

Bhargava, A., and J. D. Sargan (1983). "Estimating Dynamic Random Effects Models from Panel Data Covering Short Time Periods," *Econometrica*, 51, 1635-1659.

Binder, M., C. Hsiao, and M. H. Pesaran (2000). "Estimation and Inference in Short Panel Vector Autoregression with Unit Roots and Cointegration." Mimeo, Cambridge University.

Biørn, E. (1981). "Estimating Economic Relations from Incomplete Cross-Section/Time Series Data," *Journal of Econometrics*, 16, 221-236.

(1992). "Econometrics of Panel Data with Measurement Errors," in *Econometrics of Panel Data: Theory and Applications*, edited by L. Mátyás and P. Sevestre, pp. 152-195. Kluwer.

Bishop, Y. M. M., S. E. Fienberg, and P. W. Holland (1975). *Discrete Multivariate Analysis, Theory and Practice*. Cambridge, MA: MIT Press.

Blanchard, P. (1996). "Software Review," in *The Econometrics of Panel Data*, 2nd edition, edited by L. Matyas and P. Sevestre, pp. 879-913. Dordrecht: Kluwer Academic.

Blundell, R., and S. Bond (1998). "Initial Conditions and Moment Restrictions in Dynamic Panel Data Models," *Journal of Econometrics*, 87, 115-143.

Blundell, R., M. Browning, and C. Meghir (1994). "Consumer Demand and the Life Cycle Allocation of Household Expenditure," *Review of Economic Studies*, 61, 57-80.

Blundell, R., and R. J. Smith (1991). "Conditions Initiales et Estimation Efficace dans les Modèles Dynamiques sur Données de Panel," *Annals d'Economies et de Statistique*, 20-21, 109-124.

Bond, S., and C. Meghir (1994). "Dynamic Investment Models and the Firm's Financial Policy," *Review of Economic Studies*, 61, 197-222.

Borus, M. E. (1981). "An Inventory of Longitudinal Data Sets of Interest to Economists." Mimeo. Ohio State University.

Box, G. E. P., and G. M. Jenkins (1970). *Time Series Analysis: Forecasting and Control*. San Francisco: Holden-Day.

Box, G. E. P., and G. C. Tiao (1968). "Bayesian Estimation of Means for the Random Effects Model," *Journal of the American Statistical Association*, 63, 174-181.

(1973). *Bayesian Inference in Statistical Analysis*. Reading, MA: Addison-Wesley.

Brainard, W. C., and J. Tobin (1968). "Pitfalls in Financial Model Building," *American Economic Review*, 58, 99-122.

Breitung, J., and W. Mayer (1994). "Testing for Unit Roots in Panel Data: Are Wages on Different Bargaining Levels Cointegrated," *Applied Economics*, 26, 353-361.

Breusch, T. S. (1987). "Maximum Likelihood Estimation of Random Effects Models," *Journal of Econometrics*, 36, 383-389.

Breusch, T. S., G. E. Mizon, and P. Schmidt (1989). "Efficient Estimation Using Panel Data," *Econometrica*, 51, 695-700.

Breusch, T. S., and A. R. Pagan (1979). "A Simple Test for Heteroscedasticity and Random Coefficient Variation," *Econometrica*, 47, 1287-1294.

Butler, J. S., and R. Moffitt (1982). "A Computationally Efficient Quadrature Procedure for the One Factor Multinominal Probit Model," *Econometrica*, 50, 761-764.

Cameron, A. C., and P. K. Trevedi (1998). *Regression Analysis of Count Data*. Cambridge: Cambridge University Press.

Canova, F. (1999). "Testing for Convergence Clubs in Income Per Capita: A Predictive Density Approach," Mimeo, Universitat Pompeu Fabra.

Case, A. C. (1991). "Spatial Patterns in Household Demand," *Econometrica*, 59, 953-965.

Chamberlain, G. (1976). "Identification in Variance Components Models," Discussion Paper No. 486. Harvard Institute of Economic Research.

(1977a). "Education, Income, and Ability Revisited," in *Latent Variables in Socio-Economic Models*, edited by D. J. Aigner and A. S. Goldberger, pp. 143-161. Amsterdam: North-Holland.

(1977b). "An Instrumental Variable Interpretation of Identification in Variance-Components and MIMIC Models," in *Kinometrics: Determinents of Social-Economic Success Within and Between Families*, edited by P. Taubman, pp. 235-254. Amsterdam: North-Holland.

(1978a). "Omitted Variable Bias in Panel Data: Estimating the Returns to Schooling," *Annales de l'INSEE* 30-1, 49-82.

(1978b). "On the Use of Panel Data," paper presented at the Social Science Research Council Conference on Life-Cycle Aspects of Employment and the Labor Market, Mt. Kisco, N. Y.

(1980). "Analysis of Covariance with Qualitative Data," *Review of Economic Studies*, 47, 225-238.

(1982). "Multivariate Regression Models for Panel Data," *Journal of Econometrics*, 18, 5-46.

(1984). "Panel Data," in *Handbook of Econometrics*, vol. II, edited by Z. Griliches and M. Intriligator, pp. 1247-1318. Amsterdam: North-Holland.

(1992). "Efficiency Bounds for Semiparametric Regression," *Econometrica*, 60, 567-596.

(1993). "Feedback in Panel Data Models," Mimeo. Department of Economics, Harvard University.

Chamberlain, G., and Z. Griliches (1975). "Unobservables with a Variance-Components Structure: Ability, Schooling and the Economic Success of Brothers," *International Economic Review*, 16, 422-450.

Charlier, E., B. Melenberg, and A. van Soest (2000). "Estimation of a Censored Regression Panel Data Model Using Conditional Moment Restrictions Efficiently," *Journal of Econometrics*, 95, 25-56.

(2001). "An Analysis of Housing Expenditure Using Semiparametric Models and Panel Data," *Journal of Econometrics*, 101, 71-108.

Chen, S. (1999). "Distribution-Free Estimation of the Random Coefficient Dummy Endogenous Variable Model," *Journal of Econometrics*, 91, 171-199.

(2000). "Efficient Estimation of Binary Choice Models under Symmetry," *Journal of Econometrics*, 96, 183-199.

Chesher, A. D. (1983). "The Information Matrix Test: Simplified Calculation via a Score Test Interpretation," *Economics Letters*, 13, 45-48.

(1984). "Testing for Neglected Heterogenity," *Econometrica*, 52, 865-872.

Chesher, A. D., and T. Lancaster (1983). "The Estimation of Models of Labor Market Behavior," *Review of Economic Studies*, 50, 609-624.

Chetty, V. K. (1968). "Pooling of Time Series and Cross-Section Data," *Econometrica*, 36, 279-290.

Chiang, C. L. (1956). "On Regular Best Asymptotically Normal Estimates," *Annals of Mathematical Statistics*, 27, 336-351.

Chintagunta, P., E. Kyriazidou, and J. Perktold (2001). "Panel Data Analysis of Household Brand Choices," *Journal of Econometrics*, 103, 111-153.

Choi, In, (2002). "Instrumental Variable Estimation of a Nearly Nonstationary, Heterogeneous Error Components Model," *Journal of Econometrics*, 109, 1-32.

Chow, G. C. (1983). *Econometrics*. New York: McGraw-Hill.

Coleman, J. S. (1964). *Models of Change and Response Uncertainty*. Englewood Cliffs, NJ: Prentice-Hall.

Collado, M. D. (1997). "Estimating Dynamic Models from Time Series of Independent Cross-Sections," *Journal of Econometrics*, 82, 37-62.

Conley, T. G. (1999). "GMM Estimation with Cross-sectional Dependence," *Journal of Econometrics*, 92, 1-45.

Cooley, T. F., and E. C. Prescott (1976). "Estimation in the Presence of Stochastic Parameter Variation," *Econometrica*, 44, 167-84.

Cornwell, C., and P. Schmidt (1984). "Panel Data with Cross-Sectional Variation in Slopes as Well as Intercepts," Mimeo. Michigan State University.

Cox, D. R. (1957). "Note on Grouping," *Journal of the American Statistical Association*, 52, 543-547.

(1962). "Further Results on Tests of Separate Families of Hypotheses," *Journal of the Royal Statistical Society*, Series B, 24, 406-424.

(1970). *Analysis of Binary Data*. London: Methuen.

Crépon, B., and J. Mairesse (1996). "The Chamberlain Approach," in *The Econometrics of Panel Data: A Handbook of the Theory with Applications*, edited by L. Matyas and P. Sevestre, pp. 323-391. Dordrecht: Kluwer Academic.

Cripps, T., and R. Tarling (1974). "An Analysis of the Duration of Male Unemployment in Great Britain, 1932-1973," *Economic Journal*, 84, 289-316.

Davis, P. (1999). "Estimating Multi-way Error Components Models with Unbalanced Data Structures," Mimeo. MIT Sloan School.

Deaton, A. (1985). "Panel Data from Time Series of Cross-Sections," *Journal of Econometrics*, 30, 109-126.

DeFinetti, B. (1964). "Foresight: Its Logical Laws, Its Subjective Sources," in *Studies in Subjective Probability*, edited by H. E. Kyburg, Jr., and H. E. Smokler, pp. 93-158. New York: Wiley.

Dhrymes, P. (1971). *Distributed Lags: Problems of Estimation and Formulation*. San Francisco: Holden-Day.

Dickey, D. A., and W. A. Fuller (1979). "Distribution of the Estimators for Autoregressive Time Series with a Unit Root," *Journal of the American Statistical Association*, 74, 427-431.

(1981). "Likelihood Ratio Statistics for Autoregressive Time Series with a Unit Root," *Econometrica*, 49, 1057-1072.

Dielman, T., T. Nantell, and R. Wright (1980). "Price Effects of Stock Repurchasing: A Random Coefficient Regression Approach," *Journal of Financial and Quantitative Analysis*, 15, 175-189.

Duncan, G. M. (1980). "Formulation and Statistical Analysis of the Mixed Continuous/Discrete Dependent Variable Model in Classical Production Theory," *Econometrica*, 48, 839-852.

Durbin, J. (1953). "A Note on Regression When There Is Extraneous Information about One of the Coefficients," *Journal of the American Statistical Association*, 48, 799-808.

(1960). "Estimation of Parameters in Time-Series Regression Models," *Journal of the Royal Statistical Society*, Series B, 22, 139-153.

Durlauf, S. N. (2001). "Manifesto for Growth Econometrics," *Journal of Econometrics* (forthcoming).

Durlauf, S. N., and P. Johnson (1995). "Multiple Regimes and Cross-Country Growth Behavior," *Journal of Applied Econometrics*, 10, 365-384.

Durlauf, S., and D. Quah (1999). "The New Empirics of Economic Growth," in *Handbook of Macroeconomics*, edited by J. Taylor and M. Woodford. Amsterdam: North-Holland.

Eicker, F. (1963). "Asymptotic Normality and Consistency of the Least Squares Estimators for Families of Linear Regression," *Annals of Mathematical Statistics*, 34, 447-456.

Engle, R. F., and C. W. J. Granger (1987). "Cointegration and Error Correction: Representation, Estimation, and Testing," *Econometica*, 55, 251-276.

Eurostat (1996). *European Community Household Panel* (*ECHP*). Office for Official Publications of the European Communities, Luxembourg.

Fazzari, S. M., R. G. Hubbard, and B. C. Petersen (1988). "Financing Constraints and Corporate Investment," *Brookings Papers on Economic Activity*, 1, 141-195.

Ferguson, T. S. (1958). "A Method of Generating Best Asymptotically Normal Estimates with Application to the Estimation of Bacterial Densities," *Annals of Mathematical Statistics*, 29, 1046-162.

Fisher, R. A. (1932). *Statistical Methods for Research Workers*, 4th edition. Edinburgh: Oliver and Boyd.

Flinn, C., and J. Heckman (1982). "New Methods for Analyzing Structural Models of Labour Force Dynamics," *Journal of Econometrics*, 8, 115-168.

Florens, J. P., D. Fougére, and M. Mouchart (1996). "Duration Models," in *The Econometrics of Panel Data*, 2nd edition, edited by L. Matyas and P. Sevestre, pp. 491-536. Dordrecht: Kluwer Academic.

Foug'ere, D., and T. Kamionka (1996). "Individual Labour Market Transitions," in *The Econometrics of Panel Data: A Handbook of the Theory with Applications*, 2nd edition, edited by L. Matyas and P. Sevestre, pp. 771-809. Dordrecht: Kluwer Academic.

Frankel, J. A., and A. K. Rose (1996). "A Panel Project on Purchasing Power Parity: Mean Reversion Between and Within Countries," *Journal of International Economics*, 40, 209-244.

Freeman, R. B., and J. L. Medoff (1981). "The Impact of Collective Bargaining: Illusion or Reality?" Mimeo. Harvard University.

Friedman, M. (1953). *Essays in Positive Economics*. Chicago: University of Chicago Press.

Fujiki, H., C. Hsiao, and Y. Shen (2002). "Is There a Stable Money Demand Function Under the Low Interest Rate Policy? - A Panel Data Analysis," *Monetary and Economic Studies*, Bank of Japan (forthcoming).

Fuller, W. A., and G. E. Battese (1974). "Estimation of Linear Models with Cross-Error Structure," *Journal of Econometrics*, 2, 67-78.

Gelfand, A. E., and A. F. M. Smith (1990). "Sampling-Based Approaches to Calculating Marginal Densities," *Journal of the American Statistical Association*, 85, 398-409.

Girma, S. (2000). "A Quasi-differencing Approach to Dynamic Modelling from a Time Series Independent Cross-Sections," *Journal of Econometrics*, 98, 365-383.

Goldberger, A. S. (1964). *Econometric Theory*. New York: Wiley.

(1972). "Maximum Likelihood Estimation of Regressions Containing Unobservable Independent Variables," *International Economic Review*, 13, 1-15.

Goodman, L. A. (1961). "Statistical Methods for the Mover-Stayer Model," *Journal of the American Statistical Association*, 56, 841-68.

Goodrich, R. L., and P. E. Caines (1979). "Linear System Identification from Nonstationary Cross-Sectional Data," *IEEE Transactions on Automatic Control*, AC-24, 403-11.

Gorseline, D. E. (1932). *The Effect of Schooling upon Income*. Bloomington: Indiana University Press.

Gourieroux, C., and J. Jasiak (2000). "Nonlinear Panel Data Models with Dynamic Heterogenity," in *Panel Data Econometrics*, edited by J. Krishnakumar and E. Ronchetti, pp. 127-148. Amsterdam: North-Holland.

Gourieroux, C., and A. Monfort (1996). *Simulation-Based Econometric Methods*. Oxford: Oxford University Press.

Graybill, F. A. (1969). *Introduction to Matrices with Applications in Statistics*. Belmont, CA: Wadsworth.

Granger, C. W. J. (1980). "Long Memory Relationships and the Aggregation of Dynamic Models," *Journal of Econometrics*, 14, 227-238.

Griliches, Z. (1957). "Specification Bias in Estimates of Production Functions," *Journal of Farm Economics*, 39, 8-20.

(1977). "Estimating the Returns to Schooling: Some Econometric Problems," *Econometrica*, 45, 1-22.

(1979). "Sibling Models and Data in Economics: Beginning of a Survey," *Journal of Political Economy* 87 (Supplement 2), S37-S64.

Griliches, Z., B. Hall, and J. A. Hausman (1978). "Missing Data and Self-selection in Large Panels," *Annales de l'INSEE* 30-1, 137-176.

Griliches, Z., and J. A. Hausman (1986). "Errors-in-Variables in Panel Data," *Journal of Econometrics*, 31, 93-118.

Gronau, R. (1976). "The Allocation of Time of Israeli Women," *Journal of Political Economy*, 84, 4, Part Ⅱ.

Grunfeld, Y. (1958). "The Determinants of Corporate Investment." Unpublished PhD thesis. University of Chicago.

Hahn, J. (1998). "On the Role of the Propensity Score in Efficient Semiparametric Estimation of Average Treatment Effects," *Econometrica*, 66, 315-331.

(1999). "How Informative is the Initial Condition in a Dynamic Panel Model with Fixed Effects?" *Journal of Econometrics*, 93, 309-326.

Hahn, J., and G. Kuersteiner (2000). "Asymptotically Unbiased Inference for a Dynamic Panel Model with Fixed Effects When Both *N* and *T* are Large." Mimeo.

Hall, P., N. I. Fisher, and B. Hoffman (1992). "On the Nonparametric Estimation of Covariance Functions." Working Paper. Australian National University.

Hansen, B. (1982). "Efficient Estimation and Testing of Cointegrating Vectors in the Presence of Deterministic Trends," *Journal of Econometrics*, 53, 87-121.

Härdle, W. (1990). *Applied Nonparametric Regression*. Cambridge: Cambridge University Press.

Harris, R. D. F., and E. Tzaralis (1999). "Inference for Unit Roots in Dynamic Panels Where the Time Dimension is Fixed," *Journal of Econometrics*, 91, 201-226.

Hartley, H. O., and J. N. K. Rao (1967). "Maximum Likelihood Estimation for the Mixed Analysis of Variance Model," *Biometrika*, 54, 93-108.

Harvey, A. C., (1978). "The Estimation of Time-Varying Parameters from Panel Data," *Annales de l'INSEE*, 30-1, 203-206.

Harvey, A. C., and G. D. A. Phillips (1982). "The Estimation of Regression Models with Time-Varying Parameters," in *Games, Economic Dynamics, and Time Series Analysis*, edited by M. Deistler, E. Fürst, and G. S. Schwödiauer, pp. 306-321. Cambridge, MA: Physica-Verlag.

Hausman, J. A. (1978). "Specification Tests in Econometrics," *Econometrica*, 46, 1251-1371.

Hausman, J. A., and D. McFadden (1984). "Specification Tests for the Multinomial Logit Models," *Econometrica*, 52, 1219-1240.

Hausman, J. A., and W. E. Taylor (1981). "Panel Data and Unobservable Individual Effects," *Econometrica*, 49, 1377-1398.

Hausman, J. A., and D. Wise (1977). "Social Experimentation, Truncated Distributions, and Efficient Estimation," *Econometrica*, 45, 919-938.

(1978). "A Conditional Probit Model for Qualitative Choice: Discrete Decisions Recognizing Interdependence and Heterogeneous Preferences," *Econometrica*, 46, 403-426.

(1979). "Attrition Bias in Experimental and Panel Data: The Gary Income Maintenance Experiment," *Econometrica*, 47, 455-473.

Hayashi, F. (1982). "Tobin's Marginal q and Average q: A Neoclassical Interpretation," *Econometrica*, 50, 213-224.

Heckman, J. J. (1976a). "The Common Structure of Statistical Models of Truncation, Sample Selection, and Limited Dependent Variables and a Simple Estimator for Such Models," *Annals of Economic and Social Measurement*, 5, 475-492.

(1976b). "Simultaneous Equations Models with Continuous and Discrete Endogenous Variables and Structural Shifts," in *Studies in Nonlinear Estimation*, edited by S. M. Goldfeld and R. E. Quandt, pp. 235-272. Cambridge, MA: Ballinger.

(1978a). "Simple Statistical Models for Discrete Panel Data Developed and Applied to Test the Hypothesis of True State Dependence against the Hypothesis of Spurious State Dependence," *Annales e l'INSEE*, 30-1, 227-269.

(1978b). "Dummy Endogenous Variables in a Simultaneous Equation System," *Econometrica*, 46, 931-959.

(1979). "Sample Selection Bias as a Specification Error," *Econometrica*, 47, 153-161.

(1981a). "Statistical Models for Discrete Panel Data," in *Structural Analysis of Discrete Data with Econometric Applications*, edited by C. F. Manski and D. McFadden, pp. 114-178. Cambridge, MA: MIT Press.

(1981b). "The Incidental Parameters Problem and the Problem of Initial Conditions in Estimating a Discrete Time-Discrete Data Stochastic Process," in *Structural Analysis of Discrete Data with Econometric Applications*, edited by C. F. Manski and D. McFadden, pp. 179-195. Cambridge, MA: MIT Press.

(1981c). "Heterogeneity and State Dependence," in *Studies in Labor Markets*, edited by S. Rosen, pp. 91-139. University of Chicago Press.

(2001). "Econometric Evaluation of Social Programs," in *Handbook of Econometrics*, vol. 5. Amsterdam: North-Holland (forthcoming).

Heckman, J. J., and G. Borjas (1980). "Does Unemployment Cause Future Unemployment? Definitions, Questions and Answers from a Continuous Time Model of Heterogeneity and State Dependence," *Economica*, 47, 247-283.

Heckman, J. J., H. Ichimura, and P. Todd (1998). "Matching as an Econometric Evaluations Estimator," *Review of Economic Studies*, 65, 261-294.

Heckman, J. J., and R. Robb (1985). "Alternative Methods for Evaluating the Impact of Interventions," in *Longitudinal Analysis of Labor Market Data*, edited by J. Heckman and B. Singer. New York: Cambridge University Press.

Heckman, J. J., and B. Singer (1982). "The Identification Problem in Econometric Models for Duration Data," in *Advances in Econometrics*, edited by W. Hildenbrand, pp. 39-77. Cambridge: Cambridge University Press.

(1984). "Econometric Duration Analysis," *Journal of Econometrics*, 24, 63-132.

Heckman, J. J., and E. J. Vytlacil (2001). "Local Instrumental Variables," in *Nonlinear Statistical Inference*, edited by C. Hsiao, K. Morimune, and J. L Powell. New York: Cambridge University Press.

Heckman, J. J., and R. Willis (1977). "A Beta-Logistic Model for the Analysis of Sequential Labor Force Participation by Married Women," *Journal of Political Economy*, 85, 27-58.

Henderson, C. R., Jr. (1971). "Comment on 'The Use of Error Components Models in Combining Cross-Section with Time Series Data'," *Econometrica*, 39, 397-401.

Hendricks, W., R. Koenker, and D. J. Poirier (1979). "Residential Demand for Electricity: An E-

conometric Approach," *Journal of Econometrics*, 9, 33-57.
Hildreth, C., and J. P. Houck (1968). "Some Estimators for a Linear Model with Random Coefficients," *Journal of the American Statistical Association*, 63, 584-595.
Hirano, K., G. W. Imbens, and G. Ridder (2000). "Efficient Estimation of Average Treatment Effects Using the Estimated Propensity Score," Mimeo, University of California, Los Angeles.
Hirano, K., G. W. Imbens, and G. Ridder, and D. B. Rubin (2001). "Combining Panel Data Sets with Attrition and Refreshment Samples," *Econometrica*, 69, 1645-1660.
Hoch, I. (1962). "Estimation of Production Function Parameters Combining Time-Series and Cross-Section Data," *Econometrica*, 30, 34-53.
Holly, A. (1982). "A Remark on Hausman's Specification Test," *Econometrica*, 50, 749-759.
Holly, A., and L. Gardiol (2000). "A Score Test for Individual Heteroscedasticity in a One-Way Error Components Model," in *Panel Data Econometrics*, edited by J. Krishnakumar and E. Ronchetti, pp. 199-211. Amsterdam: North-Holland.
Holtz-Eakin, D., W. Newey, and H. S. Rosen (1988). "Estimating Vector Autoregressions with Panel Data," *Econometrica*, 56, 1371-1395.
Hong, Y., and C. Kao (2000). "Wavelet-Based Testing for Serial Correlation of Unknown Form in Panel Models," Mimeo, Cornell University.
Honoré, B. E. (1992). "Trimmed LAD and Least Squares Estimation of Truncated and Censored Regression Models with Fixed Effects," *Econometrica*, 60, 533-567.
(1993). "Orthogonality Conditions for Tobit Models with Fixed Effects and Lagged Dependent Variables," *Journal of Econometrics*, 59, 35-61.
Honoré, B. E., and E. Kyriazidou (2000a). "Panel Data Discrete Choice Models with Lagged Dependent Variables," *Econometrica*, 68, 839-874.
(2000b). "Estimation of Tobit-Type Models with Individual Specific Effects," *Econometrics Review*, 19.
Honoré, B. E., and J. L. Powell (1994). "Pairwise Difference Estimators of Censored and Truncated Regression Models," *Journal of Econometrics*, 64, 241-278.
Horowitz, J. L. (1992). "A Smoothed Maximum Score Estimator for the Binary Response Model," *Econometrica*, 60, 505-531.
(1996). "Semiparametric Estimation of a Regression Model with an Unknown Transformation of the Dependent Variable," *Econometrica*, 64, 103-137.
Hsiao, C. (1974a). "Statistical Inference for a Model with Both Random Cross-Sectional and Time Effects," *International Economic Review*, 15, 12-30.
(1974b). "The Estimation of Labor Supply of Low Income Workers - Some Econometric Considerations," Working Paper 970-1. The Urban Institute, Washington, D. C.
(1975). "Some Estimation Methods for a Random Coefficients Model," *Econometrica*, 43, 305-25.
(1976). "Regression Analysis with Limited Dependent Variable," 1P-186. IBER and CRMS, University of California, Berkeley.
(1979a). "Causality Tests in Econometrics," *Journal of Economic Dynamics and Control*, 1,

321-346.
(1979b). "Autoregressive Modelling of Canadian Money and Income Data," *Journal of the American Statistical Association*, 74, 553-560.
(1982). "Autoregressive Modelling and Causal Ordering of Economic Variables," *Journal of Economic Dynamics and Control*, 4, 243-259.
(1983). "Identification," in *Handbook of Econometrics*, vol. I, edited by Z. Griliches and M. Intriligator, pp. 223-283. Amsterdam: North-Holland.
(1985a). "Benefits and Limitations of Panel Data," *Econometric Reviews*, 4, 121-174.
(1985b). "Minimum Chi-Square," in the *Encyclopedia of Statistical Science*, vol. 5, edited by S. Kotz and N. Johnson, pp. 518-522. New York: Wiley.
(1989). "Consistent Estimation for Some Nonlinear Errors-in-Variables Models," *Journal of Econometrics*, 41, 159-185.
(1991a). "A Mixed Fixed and Random Coefficients Framework for Pooling Cross-Section and Time Series Data," paper presented at the Third Conference on Telecommunication Demand Analysis with Dynamic Regulation, Hilton Head, S. C., in *New Development in Quantitative Economics*, edited by J. W. Lee and S. Y. Zhang. Beijing: Chinese Academy of Social Science.
(1991b). "Identification and Estimation of Latent Binary Choice Models Using Panel Data," *Review of Economic Studies*, 58, 717-731.
(1992a). "Random Coefficients Models," in *The Econometrics of Panel Data*, edited by L. Matyas and P. Sevestres, Kluwer: 1st edition, pp. 223-241; 2nd edition (1996), pp. 410-428.
(1992b). "Logit and Probit Models," in *The Econometrics of Panel Data*, edited by L. Matyas and P. Sevestre, pp. 223-241. Dordrecht: Kluwer Academic.
(1992c). "Nonlinear Latent Variables Models," in *Econometrics of Panel Data*, edited by L. Matyas and P. Sevestre, pp. 242-261. Kluwer.
(1995). "Panel Analysis for Metric Data," in *Handbook of Statistical Modelling in the Social and Behavioral Sciences*, edited by G. Arminger, C. C. Clogg, and M. Z. Sobel, pp. 361-400. Plenum.
(2000). "Economic Panel Data Methodology," in *International Encyclopedia of the Social and Behavioral Sciences*, edited by N. J. Snelser and P. B. Bates. Oxford: Elsevier (forthcoming).
Hsiao, C., T. W. Appelbe, and C. R. Dineen (1993). "A General Framework for Panel Data Analysis - with an Application to Canadian Customer Dialed Long Distance Service," *Journal of Econometrics*, 59, 63-86.
Hsiao, C., K. Lahiri, L. F. Lee, and M. H. Pesaran (1999). *Analysis of Panel Data and Limited Dependent Variable Models*. Cambridge: Cambridge University Press.
Hsiao, C., and D. C. Mountain (1994). "A Framework for Regional Modeling and Impact Analysis- An Analysis of the Demand for Electricity by Large Municipalities in Ontario, Canada," *Journal of Regional Science*, 34, 361-385.
Hsiao, C., D. C. Mountain, and K. F. Ho-Illman (1995). "Bayesian Integration of End-Use Metering and Conditional Demand Analysis," *Journal of Business and Economic Statistics*, 13, 315-326.

Hsiao, C., D.C. Mountain, K.Y. Tsui, and M.W. Luke Chan (1989). "Modeling Ontario Regional Electricity System Demand Using a Mixed Fixed and Random Coefficients Approach," *Regional Science and Urban Economics*, 19, 567-587.

Hsiao, C., K. Morimune, and J.L. Powell (2001). *Nonlinear Statistical Inference*. New York: Cambridge University Press.

Hsiao, C., M.H. Pesaran, and A.K. Tahmiscioglu (1999). "Bayes Estimation of Short-Run Coefficients in Dynamic Panel Data Models," in *Analysis of Panels and Limited Dependent Variables Models*, edited by C. Hsiao, L.F. Lee, K. Lahiri, and M.H. Pesaran, pp. 268-296. Cambridge: Cambridge University Press.

Hsiao, C., M.H. Pesaran, and A.K. Tahmiscioglu (2002). "Maximum Likelihood Estimation of Fixed Effects Dynamic Panel Data Models Covering Short Time Periods," *Journal of Econometrics*, 109, 107-150.

Hsiao, C., and B.H. Sun (2000). "To Pool or Not to Pool Panel Data," in *Panel Data Econometrics: Future Directions, Papers in Honor of Professor Pietro Balestra*, edited by J. Krishnakumar and E. Ronchetti. Amsterdam: North Holland.

Hsiao, C., and A.K. Tahmiscioglu (1997). "A Panel Analysis of Liquidity Constraints and Firm Investment," *Journal of the American Statistical Association*, 92, 455-465.

Hsiao, C., and G. Taylor (1991). "Some Remarks on Measurement Errors and the Identification of Panel Data Models," *Statistica Neerlandica*, 45, 187-194.

Hsiao, C., and K.Q. Wang (2000). "Estimation of Structural Nonlinear Errors-in-Variables Models by Simulated Least Squares Method," *International Economic Review*, 41, 523-542.

Hsiao, C., L.Q. Wang, and K.Q. Wang (1997). "Estimation of Nonlinear Errors-in-Variables Models - An Approximate Solution," *Statistical Papers*, 38, 1-28.

Hsiao, C., Y. Shen, and H. Fujiki (2002). "Aggregate vs. Disaggregate Data Analysis -A Paradox in the Estimation of Money Demand Function of Japan Under the Low Interest Rate Policy," Mimeo, University of Southern California.

Hsiao, C., J. Nugent, I. Perrigne, and J. Qiu (1998). "Shares versus Residual Claimant Contracts: The Case of Chinese TVEs," *Journal of Comparative Economics*, 26, 317-337.

Hu, L. (1999). "Estimating a Censored Dyna-mic Panel Data Model with an Application to Earnings Dynamics," Mimeo. Department of Economics, Princeton University.

Hurwicz, L. (1950). "Systems with Nonadditive Disturbances," in *Statistical Inference in Dynamic Economic Models*, edited by T.C. Koopmans, pp. 330-372. New York: Wiley.

Hyslop, D. (1999). "State Dependence, Serial Correlation and Heterogeneity in Intertemporal Labor Force Participation of Married Women," *Econometrica*, 52, 363-389.

Im, K.S., M.H. Pesaran, and Y. Shin (1997). "Testing for Unit Roots in Heterogeneous Panels," Mimeo. University of Cambridge.

Imbens, G.W., and J.D. Angrist (1994). "Identification and Estimation of Local Average Treatment Effects," *Econometrica*, 62, 467-475.

Intriligator, M.D., R.G. Bodkin, and C. Hsiao (1996). *Econometric Models, Techniques, and Applications*. Upper Saddle River, NJ: Prentice-Hall.

Izan, H. Y. (1980). "To Pool or not to Pool? A Reexamination of Tobin's Food Demand Problem," *Journal of Econometrics*, 13, 391-402.

Jang, S. J., and T. P. Thornberry (1998). "Self Esteem, Delinquent Peers, and Delinquency: A Test of Self-Enhancement Thesis," *American Sociological Review*, 63, 586-598.

Janz, N., G. Ebling, S. Gottshalk, and H. Niggemann (2001). "The Mannheim Innovation Panels (MIP and MIP-S) of the Centre for European Economic Research (ZEW), Schmollers Jahrbuch, 121, 123-129.

Jeong, K. J. (1978). "Estimating and Testing a Linear Model When an Extraneous Information Exists," *International Economic Review*, 19, 541-543.

Johansen, S. (1995). *Likelihood Based Inference on Cointegration in the Vector Autoregressive Model*. Oxford: Oxford University Press.

Johnston, J. (1972). *Econometric Methods*, 2nd edition. New York: McGraw-Hill.

Jorgenson, D. W. (1971). "Econometric Studies of Investment Behavior: A Survey," *Journal of Economic Literature*, 9, 1111-1147.

Jorgenson, D. W., and T. M. Stokes (1982). "Nonlinear Three Stage Least Squares Pooling of Time Series and Cross Section Data." Discussion Paper No. 952. Harvard Institute of Economic Research.

Judge, G., W. E. Griffiths, R. Hill, and T. Lee (1980). *The Theory and Practice of Econometrics*. New York: Wiley.

Judson, R. A., and A. L. Owen (1999). "Estimating Dynamic Panel Data Models: A Guide for Macroeconomists," *Economic Letters*, 65, 9-15.

Juster, T. (2000). "Economics/Micro Data," in *International Encyclopedia of Social Sciences* (forthcoming).

Kalman, R. E. (1960). "A New Approach to Linear Filtering and Prediction Problems," *Transactions of the ASME*, Series D, *Journal of Basic Engineering*, 82, 35-45.

Kao, C. (1999). "Spurious Regression and Residual-Based Tests for Cointegration in Panel Data," *Journal of Econometrics*, 90, 1-44.

Kao, C., and M. H. Chiang (2000). "On the Estimation and Inference of a Cointegrated Regression in Panel Data," *Advances in Econometrics*, 15, 179-222.

Kao, C., and J. F. Schnell (1987a). "Errors in Variables in Panel Data with Binary Depen-dent Variable," *Economic Letters*, 24, 45-49.

(1987b). "Errors-in-Variables in a Random Effects Probit Model for Panel Data," *Economic Letters*, 24, 339-342.

Karlin, S., and H. Taylor (1975). *A First Course in Stochastic Processes*, 2nd edition. New York: Academic Press.

Kaufman, G. M. (1977). "Posterior Inference for Structural Parameters Using Cross Section and Time Series Data," in *Studies in Bayesian Econometrics and Statistics*, in Honor of L. J. Savage, vol. 2, edited by S. Fienberg and A. Zellner, pp. 73-94. Amsterdam: North-Holland.

Keane, M. P. (1994). "A Computationally Practical Simulation Estimator for Panel Data," *Econometrica*, 62, 95-116.

Kelejian, H. H. (1977). "Random Parameters in Simultaneous Equation Framework: Identification and Estimation," *Econometrica*, 42, 517-527.

Kelejian, H. H., and I. R. Prucha (2001). "On the Asymptotic Distribution of the Moran I Test Statistic with Application," *Journal of Econometrics*, 104, 219-257.

Kelejian, H. H., and S. W. Stephan (1983). "Inference in Random Coefficient Panel Data Models: A Correction and Clarification of the Literature," *International Economic Review*, 24, 249-254.

Kiefer, N. M. (1979). "Population Heterogeneity and Inference from Panel Data on the Effects of Vocational Education," *Journal of Political Economy*, 87 (pt. 2), S213-S226.

(1980). "Estimation of Fixed Effects Models for Time Series of Cross-Sections with Arbitrary Intertemporal Covariance," *Journal of Econometrics*, 14, 195-202.

(1988). "Economic Duration Data and Hazard Functions," *Journal of Economic Literature*, 26, 646-679.

Kim, J., and D. Pollard (1990). "Cube Root Asymptotics," *Annals of Statistics*, 18, 191-219.

Kiviet, J. F. (1995). "On Bias, Inconsistency, and Efficiency in Various Estimators of Dynamic Panel Data Models," *Journal of Econometrics*, 68, 53-78.

Kiviet, J. F., and G. D. A. Phillips (1993). "Alternative Bias Approximation with Lagged Dependent Variables," *Econometric Theory*, 9, 62-80.

Klein, L. R. (1953). *A Textbook of Econometrics*. Evanston, IL.: Row Peterson.

(1988). "The Statistical Approach to Economics," *Journal of Econometrics*, 37, 7-26.

Klein, R., and R. Spady (1993). "An Efficient Semiparametric Estimator for Binary Response Models," *Econometrica*, 61: 2, 387-342.

Krishnakumar, J., and E. Ronchetti (2000). *Panel Data Econometrics: Future Directions, Papers in Honor of Professor Pietro Balestra*. Amsterdam: North Holland.

Kuh, E. (1959). "The Validity of Cross Sectionally Estimated Behavior Equations in Time Series Applications," *Econometrica* 27, 197-214.

(1963). *Capital Stock Growth: A Micro-Econometric Approach*. Amsterdam: North-Holland.

Kuh, E., and J. R. Meyer (1957). "How Extraneous Are Extraneous Estimates?" *Review of Economics and Statistics*, 39, 380-393.

Kyriazidou, E. (1997). "Estimation of a Panel Data Sample Selection Model," *Econometrica*, 65, 1335-1364.

(2001). "Estimation of Dynamic Panel Data Sample Selection Models," *Review of Economic Studies*, 68, 543-572.

Lancaster, T. (1984). "The Covariance Matrix of the Information Matrix Test," *Econometrica*, 52, 1051-1053.

(1990). *The Econometric Analysis of Transition Data*. New York: Cambridge University Press.

(2001). "Some Econometrics of Scarring," in *Nonlinear Statistical Inference*, edited by C. Hsiao, K. Morimune, and J. L. Powell, pp. 393-402. New York: Cambridge University Press.

Layton, L. (1978). "Unemployment over the Work History." PhD dissertation. Department of Economics, Columbia University.

Lewbel, A. (1992). "Aggregation with Log-Linear Models," *Review of Economic Studies*, 59, 635-642.

(1994). "Aggregation and Simple Dynamics," *American Economic Review*, 84, 905-918.

Lee, L. F. (1978a). "Unionism and Wage Rates: A Simultaneous Equations Model with Qualitative and Limited Dependent Variables," *International Economic Review*, 19, 415-434.

(1978b). "On the Issues of Fixed Effects vs. Random Effects Econometric Models with Panel Data," Discussion Paper 78-101. University of Minnesota.

(1979). "Efficient Estimation of Dynamic Error Components Models with Panel Data," Discussion Paper No. 79-118. Center for Economic Research, University of Minnesota.

(1982). "Specification Error in Multinomial Logit Models: Analysis of the Omitted Variable Bias," *Journal of Econometrics*, 20, 197-209.

(1987). "Nonparametric Testing of Discrete Panel Data Models," *Journal of Econometrics*, 34, 147-178.

Lee, L. F., and W. E. Griffiths (1979). "The Prior Likelihood and Best Linear Unbiased Prediction in Stochastic Coefficient Linear Models," Working Papers in Econometrics and Applied Statistics, No. 1. University of New England.

Lee, M. J. (1999). "A Root-*N* Consistent Semiparametric Estimator for Related Effects Binary Response Panel Data," *Econometrica*, 67, 427-433.

Levin, A., and C. Lin (1993). "Unit Root Tests in Panel Data: Asymptotic and Finite Sample Properties," Mimeo, University of California, San Diego.

Levin, A., C. Lin, and J. Chu (2002). "Unit Root Tests in Panel Data: Asymptotic and Finite-Sample Properties," *Journal of Econometrics*, 108, 1-24.

Li, Q., and C. Hsiao (1998). "Testing Serial Correlation in Semi-parametric Panel Data Models," *Journal of Econometrics*, 87, 207-237.

Lillard, L. A., and Y. Weiss (1979). "Components of Variation in Panel Earnings Data: American Scientists 1960-1970," *Econometrica*, 47, 437-54.

Lillard, L. A., and R. Willis (1978). "Dynamic Aspects of Earnings Mobility," *Econometrica*, 46, 985-1012.

Lindley, D. V., and A. F. M. Smith (1972). "Bayes Estimates for the Linear Model," and Discussion, *Journal of the Royal Statistical Society*, Series B, 34, 1-41.

Little, R. J. A., and D. B. Rubin (1987). *Statistical Analysis with Missing Data*. NewYork: Wiley.

Liu, L. M., and G. C. Tiao (1980). "Random Coefficient First-Order Autoregressive Models," *Journal of Econometrics*, 13, 305-25.

MaCurdy, T. E. (1981). "An Empirical Model of Labor Supply in a Life Cycle Setting," *Journal of Political Economy*, 89, 1059-85.

(1982). "The Use of Time Series Processes to Model the Error Structure of Earnings in a Longitudinal Data Analysis," *Journal of Econometrics*, 18, 83-114.

Maddala, G. S. (1971a). "The Use of Variance Components Models in Pooling Cross Section and Time Series Data," *Econometrica*, 39, 341-58.

(1971b). "The Likelihood Approach to Pooling Cross-Section and Time Series Data," *Econometrica*, 39, 939-53.

(1983). *Limited Dependent and Qualitative Variables in Econometrics*. Cambridge: Cambridge University Press.

Maddala, G. S., and T. D. Mount (1973). "A Comparative Study of Alternative Estimators for Variance Components Models Used in Econometric Applications," *Journal of the American Statistical Association*, 68, 324-8.

Maddala, G. S., and S. Wu (1999). "A Comparative Study of Unit Root Tests with Panel Data and a New Simple Test," *Oxford Bulletin of Economics and Statistics*, 61, 631-652.

Magnus, J. R., and H. Neudecker (1999). *Matrix Differential Calculus with Applications in Statistics and Econometrics*, revised edition. New York: Wiley.

Mairesse, J. (1990). "Time-Series and Cross-sectional Estimates on Panel Data: Why are They Different and Why Should They Be Equal?" in *Panel Data and Labor Market Studies*, edited by J. Hartog, G. Ridder, and J. Theeuwes, pp. 81-95. Amsterdam: North-Holland.

Malinvaud, E. (1970). *Statistical Methods of Econometrics*, 2nd edition. Amsterdam: North-Holland.

Mankiew, N. G., D. Romer, and D. Weil (1992). "A Contribution to the Empirics of Economic Growth," *Quarterly Journal of Economics*, 107, 407-437.

Manski, C. F. (1975). "Maximum Score Estimation of the Stochastic Utility Model of Choice," *Journal of Econometrics*, 3, 205-228.

(1985). "Semiparametric Analysis of Discrete Response: Asymptotic Properties of the Maximum Score Estimator," *Journal of Econometrics*, 27, 313-333.

(1987). "Semiparametric Analysis of Random Effects Linear Models from Binary Panel Data," *Econometrica*, 55, 357-362.

Matyás, L., and P. Sevestre (1996). "The Econometrics of Panel Data: A Handbook of the Theory with Applications," 2nd edition. Dordrecht: Kluwer Academic.

Mazodier, P., and A. Trognon (1978). "Heteroscedasticity and Stratification in Error Components Models," *Annales de l'INSEE*, 30-1, 451-482.

McCoskey, S., and C. Kao (1998). "A Residual-Based Test of the Null of Cointegration in Panel Data," *Econometric Reviews*, 17, 57-84.

McFadden, D. (1974). "Conditional Logit Analysis of Qualitative Choice Behavior," in *Frontiers in Econometrics*, edited by P. Zarembka, pp. 105-142. New York: Academic Press.

(1976). "Quantal Choice Analysis: A Survey," *Annals of Economic and Social Measurement*, 5, 363-390.

(1984). "Econometric Analysis of Qualitative Response Models," in *Handbook of Econometrics*, vol. II, edited by Z. Griliches and M. D. Intriligator, pp. 1395-1457. Amsterdam: North-Holland.

(1989). "A Method of Simulated Moments for Estimation of Discrete Response Models without Numerical Integration," *Econometrica*, 57, 995-1026.

Mehta, J. S., G. V. L. Narasimham, and P. A. V. B. Swamy (1978). "Estimation of a Dynamic Demand Function for Gasoline with Different Schemes of Parameter Variation," *Journal of Econometrics*, 7, 263-279.

Meyer, J. R., and E. Kuh (1957). *The Investment Decision: An Empirical Study*. Cambridge, MA: Harvard University Press.

Miller, J. J. (1977). "Asymptotic Properties of Maximum Likelihood Estimates in the Mixed Model of the Analysis of Variance," *Annals of Statistics*, 5, 746-62.

Miller, M. H., and F. Modigliani (1961). "Dividend Policy, Growth and the Valuation of Shares," *Journal of Business*, 34, 411-433.

Min, C. K., and A. Zellner (1993). "Bayesian and Non-Bayesian Methods for Combining Models and Forecasts with Applications to Forecasting International Growth Rate," *Journal of Econometrics*, 56, 89-118.

Modigliani, F., and M. H. Miller (1958). "The Cost of Capital, Corporation Finance, and the Theory of Investment," *American Economic Review*, 48, 261-297.

Moffitt, R. (1993). "Identification and Estimation of Dynamic Models with a Time Series of Repeated Cross-Sections," *Journal of Econometrics*, 59, 99-123.

Moffitt, R., J. Fitzgerald, and P. Gottschalk (1997). "Sample Selection in Panel Data: The Role of Selection on Observables," Mimeo, Johns Hopkins University.

Mundlak, Y. (1961). "Empirical Production Function Free of Management Bias," *Journal of Farm Economics*, 43, 44-56.

(1978a). "On the Pooling of Time Series and Cross Section Data," *Econometrica* 46, 69-85.

(1978b). "Models with Variable Coefficients: Integration and Extension," *Annales de l'INSEE* 30-1, 483-509.

Nerlove, M. (1965). *Estimation and Identification of Cobb-Douglas Production Functions*. Chicago: Rand McNally.

(1967). "Experimental Evidence on the Estimation of Dynamic Economic Relations from a Time Series of Cross Sections," *Economic Studies Quarterly*, 18, 42-74.

(1971a). "Further Evidence on the Estimation of Dynamic Economic Relations from a Time Series of Cross Sections," *Econometrica*, 39, 359-82.

(1971b). "A Note on Error Components Models," *Econometrica*, 39, 383-96.

(2000). "An Essay on the History of Panel Data Econometrics," paper presented at 2000 Panel Data Conference in Geneva.

Newey, W. (1999). "Two Step Series Estimation of Sample Selection Models," Mimeo, MIT.

Newey, W., and K. West (1987). "A Simple Positive Semi-Definite, Heteroscedasticity and Autocorrelation Consistent Covariance Matrix," *Econometrica*, 50, 703-708.

Neyman, J. (1949). "Contribution to the Theory of the χ^2 Test," in *Proceedings of the First Berkeley Symposium on Mathematical Statistics and Probabilities*, edited by J. Neyman, pp. 230-270. Berkeley: University of California Press.

Neyman, J., and E. L. Scott (1948). "Consistent Estimates Based on Partially Consistent Observations," *Econometrica*, 16, 1-32.

Nicholls, D. F., and B. G. Quinn (1982). *Random Coefficient Autoregressive Models: An Intro-*

duction. Berlin: Springer-Verlag.

Nickell, S. (1979). "Estimating the Probability of Leaving Unemployment," *Econometrica*, 47, 1249-1266.

(1981). "Biases in Dynamic Models with Fixed Effects," *Econometrica*, 49, 1399-1416.

Nijman, T. H. E., and M. Verbeek (1992). "Nonresponse in Panel Data: The Impact on Estimates of a Life Cycle Consumption Function," *Journal of Applied Econometrics*, 7, 243-257.

Nijman, T. H. E., M. Verbeek, and A. van Soest (1991). "The Efficiency of Rotating Panel Designs in an Analysis of Variance Model," *Journal of Econometrics*, 49, 373-399.

Pakes, A., and Z. Griliches (1984). "Estimating Distributed Lags in Short Panels with an Application to the Specification of Depreciation Patterns and Capital Stock Constructs," *Review of Economic Studies*, 51, 243-62.

Pakes, A., and D. Pollard (1989). "Simulation and the Asymptotics of Optimization Estimators," *Econometrica*, 57, 1027-1057.

Pagan, A. (1980). "Some Identification and Estimation Results for Regression Models with Stochastically Varying Coefficients," *Journal of Econometrics*, 13, 341-364.

Peracchi, F. (2000). "The European Community Household Panel: A Review," paper presented at the Panel Data Conference in Geneva.

Pesaran, M. H. (1999). "On Aggregation of Linear Dynamic Models," Mimeo, University of Southern California and University of Cambridge.

Pesaran, M. H., Y. Shin, and R. J. Smith (1999). "Pooled Mean Group Estimation of Dynamic Heterogeneous Panels," *Journal of the American Statistical Association*, 94, 621-634.

Pesaran, M. H., Y. Shin, and R. J. Smith (2000). "Structural Analysis of Vector Error Correction Models with Exogenous I(1) Variables," *Journal of Econometrics*, 97, 293-343.

Pesaran, M. H., and R. Smith (1995). "Estimation of Long-Run Relationships from Dynamic Heterogeneous Panels," *Journal of Econometrics*, 68, 79-114.

Pesaran, M. H., and Z. Zhao (1999). "Bias Reduction in Estimating Long-Run Relationships from Dynamic Heterogeneous Panels," in *Analysis of Panels and Limited Dependent Variables*, edited by C. Hsiao, K. Lahiri, L. F. Lee, and M. H. Pesaran, pp. 297-322. Cambridge: Cambridge University Press.

Phelps, E. (1972). *Inflation Policy and Unemployment Theory: The Cost Benefit Approach to Monetary Planning*. London: Macmillan.

Phillips, P. C. B. (1991). "Optimal Inference in Cointegrated Systems," *Econometrica*, 59, 283-306.

Phillips, P. C. B., and S. N. Durlauf (1986). "Multiple Time Series Regression with Integrated Processes," *Review of Economic Studies*, 53, 473-495.

Phillips, P. C. B., and H. R. Moon (1999). "Linear Regression Limit Theory for Nonstationary Panel Data," *Econometrica*, 67, 1057-1111.

(2000). "Nonstationary Panel Data Analysis: An Overview of Some Recent Developments," *Econometrics Review*, 19, 263-286.

Pinkse, J. (2000). "Asymptotic Properties of Moran and Related Tests and Testing for Spatial Correlation in Probit Models," Mimeo, University of British Columbia.

Powell, J. L. (1986). "Symmetrically Trimmed Least Squares Estimation for Tobit Models," *Econometrica*, 54, 1435-1460.

Powell, J. L. (2001). "Semiparametric Estimation of Censored Selection Models," in *Nonlinear Statistical Inference*, edited by C. Hsiao, K. Morimune, and J. L. Powell, New York: Cambridge University Press, 165-196.

Powell, J. L., J. H. Stock, and T. Stoker (1989). "Semiparametric Estimation of Index Coefficients," *Econometrica*, 57, 1403-1430.

Priestley, M. B. (1982). *Spectral Analysis and Time Series*, vols. I and II. New York: Academic Press.

Prucha, I. R. (1983). "Maximum Likelihood and Instrumental Variable Estimation in Simultaneous Equation Systems with Error Components," Working Paper No. 83-6. Department of Economics, University of Maryland.

Quah, D. (1994). "Exploiting Cross-Section Variations for Unit Root Inference in Dynamic Data," *Economic Letters*, 44, 9-19.

Quandt, R. E. (1982). "Econometric Disequilibrium Models," *Econometric Reviews*, 1, 1-64.

Raj, B., and A. Ullah (1981). *Econometrics, A Varying Coefficient Approach*. London: Croom Helm.

Rao, C. R. (1952). *Advanced Statistical Methods in Biometric Research*. New York: Wiley.

(1970). "Estimation of Heteroscedastic Variances in Linear Models," *Journal of the American Statistical Association*, 65, 161-172.

(1972). "Estimation of Variance and Covariance Components in Linear Models," *Journal of the American Statistical Association*, 67, 112-115.

(1973). *Linear Statistical Inference and Its Applications*, 2nd edition. New York: Wiley.

Richard, J. F. (1996). "Simulation Techniques," in *The Econometrics of Panel Data*, 2nd edition, edited by L. Matyas and P. Sevestre, pp. 613-638. Dordrecht: Kluwer Academic.

Ridder, G. (1990). "Attrition in Multi-wave Panel Data," in *Panel Data and Labor Market Studies*, edited by J. Hartog, G. Ridder, and J. Theeuwes. Amsterdam: North-Holland.

(1992). "An Empirical Evaluation of Some Models for Non-random Attrition in Panel Data," *Structural Change and Economic Dynamics*, 3, 337-335.

Robinson, P. M. (1988a). "Semiparametric Econometrics: A Survey," *Journal of Applied Econometrics*, 3, 35-51.

(1988b). "Root-N-Consistent Semiparametric Regression," *Econometrica*, 56, 931-954.

(1989). "Notes on Nonparametric and Semiparametric Estimation," Mimeo. London School of Economics.

Rosenberg, B. (1972). "The Estimation of Stationary Stochastic Regression Parameters Reexamined," *Journal of the American Statistical Association*, 67, 650- 654.

(1973). "The Analysis of a Cross-Section of Time Series by Stochastically Convergent Parameter Regression," *Annals of Economic and Social Measurement*, 2, 39-428.

Rothenberg, T. J. (1973). *Efficient Estimation with a Priori Information*. New Haven: Yale University Press.

Rubin, D. B. (1976). "Inference and Missing Data," *Biometrica*, 63, 581-592. Sant, D. (1977). "Generalized Least Squares Applied to Time-Varying Parameter Models," *Annals of Economic and Social Measurement*, 6, 301-314.

Scheffé, H. (1959). *The Analysis of Variance*. New York: Wiley.

Schmidt, P. (1984). "Simultaneous Equation Models with Fixed Effects," Mimeo. Michigan State University.

Schwarz, G. (1978). "Estimating the Dimension of a Model," *Annals of Statistics*, 6, 461-464.

Searle, S. R. (1971). *Linear Models*. New York: Wiley.

Sevestre, P., and A. Trognon (1982). "A Note on Autoregressive Error Component Models." # 8204. Ecole Nationale de la Statistique et de l' Administration Economique et Unité de Recherche.

Sheiner, L., B. Rosenberg, and K. Melmon (1972). "Modeling of Individual Pharmacokinetics for Computer-Aided Drug Dosage," *Computers and Biomedical Research*, 5, 441-459.

Sims, C. (1980). "Macroeconomics and Reality," *Econometrica*, 48, 1-48.

Sims, C., J. H. Stock, and M. W. Watson (1990). "Inference in Linear Time Series Models with Some Unit Roots," *Econometrica*, 58 (1), 113-144.

Singer, B., and S. Spilerman (1974). "Social Mobility Models for Heterogeneous Populations," in *Sociological Methodology* 1973-1974, edited by H. L. Costner, pp. 356-401. San Francisco: Jossey-Bass.

(1976). "Some Methodological Issues in the Analysis of Longitudinal Surveys," *Annals of Economic and Social Measurement*, 5, 447-474.

Singh, B., A. L. Nagar, N. K. Choudhry, and B. Raj (1976). "On the Estimation of Structural Changes: A Generalization of the Random Coefficients Regression Model," *International Economic Review*, 17, 340-361.

Small, K., and C. Hsiao (1985). "Multinomial Logit Specification Tests," *International Economic Review*, 26, 619-627.

Solon, G. (1985). "Comment on 'Benefits and Limitations of Data' by C. Hsiao," *Econometric Reviews*, 4, 183-186.

Smith, A. F. M. (1973). "A General Bayesian Linear Model," *Journal of the Royal Statistical Society*, B, 35, 67-75.

Stiglitz, J. E., and A. Weiss (1981). "Credit Rationing in Markets with Imperfect Information," *American Economic Review*, 71, 393-410.

Stone, R. (1954). *The Measurement of Consumers' Expenditure and Behavior in the United Kingdom*, 1920-1938. Cambridge: Cambridge University Press.

Stroud, A. H., and D. Secrest (1966). *Gaussian Quadrature Formulas*. Englewood, NJ: Prentice Hall.

Summers, L. H. (1981). "Taxation and Corporate Investment: A *q*-theory Approach," *Brookings Papers on Economic Activity*, 1, 67-127.

Swamy, P. A. V. B. (1970). "Efficient Inference in a Random Coefficient Regression Model," *Econometrica*, 38, 311-323.

(1971). *Statistical Inference in Random Coefficient Regression Models*. Berlin: Springer-Verlag.

(1974). "Linear Models with Random Coefficients," in *Frontiers in Econometrics*, edited by P. Zarembka, pp. 143-168. New York: Academic Press.

Swamy, P. A. V. B., and J. S. Mehta (1973). "Bayesian Analysis of Error Components Regression Models," *Journal of the American Statistical Association*, 68, 648-658.

(1977). "Estimation of Linear Models with Time and Cross-Sectionally Varying Coefficients," *Journal of the American Statistical Association*, 72, 890-898.

Swamy, P. A. V. B., and P. A. Tinsley (1977). "Linear Prediction and Estimation Method for Regression Models with Stationary Stochastic Coefficients." Special Studies Paper No. 78. Federal Reserve Board Division of Research and Statistics, Washington, DC.

Taub, A. J. (1979). "Prediction in the Context of the Variance-Components Model," *Journal of Econometrics*, 10, 103-107.

Taylor, W. E. (1980). "Small Sample Consideration in Estimation from Panel Data," *Journal of Econometrics*, 13, 203-223.

Temple, J. (1999). "The New Growth Evidence," *Journal of Economic Literature*, (1999), 37 (1), 112-156.

Theil, H. (1954). *Linear Aggregation of Economic Relations*. Amsterdam: North-Holland.

(1971). *Principles of Econometrics*. New York: Wiley.

Theil, H., and L. B. M. Mennes (1959). "Conception Stochastique de Coefficients Multiplicateurs dans l'Adjustment Lin′eaire des Séries Temporelles," *Publications de l'Institut de Statistique de l'Université de Paris*, 8, 211-227.

Tobin, J. (1950). "A Statistical Demand Function for Food in the U. S. A.," *Journal of the Royal Statistical Society*, Series A, 113, 113-141.

(1958). "Estimation of Relationships for Limited Dependent Variables," *Econometrica*, 26, 24-36.

(1969). "A General Equilibrium Approach to Monetary Policy," *Journal of Money, Credit and Banking*, 1, 15-29.

Trognon, A. (1978). "Miscellaneous Asymptotic Properties of Ordinary Least Squares and Maximum Likelihood Estimators in Dynamic Error Components Models," *Annales de L'INSEE*, 30-1, 631-657.

(2000). "Panel Data Econometrics: A Successful Past and a Promising Future," paper presented at the 2000 Panel Data Conference in Geneva.

Quah, D. (1994). "Exploiting Cross-Section Variations for Unit Root Inference in Dynamic Data," *Economic Letters*, 44, 9-19.

Vella, F., and M. Verbeek (1999). "Two-Step Estimation of Panel Data Models with Censored Endogenous Variables and Selection Bias," *Journal of Econometrics*, 90, 239-264.

Verbeek, M. (1992). "The Design of Panel Surveys and the Treatment of Missing Observations." PhD Dissertation. Tilburg University.

Verbeek, M., and TH. E. Nijman (1996). "Incomplete Panels and Selection Bias," in the *Econometrics of Panel Data*, 2nd edition, edited by L. Matyas and P. Sevester. Dordercht: Kluwer Academic.

Wachter, M. L. (1970). "Relative Wage Equations for U. S. Manufacturing Industries 1947-1967," *Review of Economics and Statistics*, 52, 405-10.

Wallace, T. D., and A. Hussain (1969). "The Use of Error Components Models in Combining Cross-Section with Time Series Data," *Econometrica*, 37, 55-72.

Wansbeek, T. J. (2001). "GMM Estimation in Panel Data Models with Measurement Error," *Journal of Econometrics*, 104, 259-268.

Wansbeek, T. J., and P. A. Bekker (1996). "On IV, GMM and ML in a Dynamic Panel Data Model," *Economic Letters*, 51, 145-152.

Wansbeek, T. J., and A. Kapteyn (1978). "The Separation of Individual Variation and Systematic Change in the Analysis of Panel Data," *Annales de I'INSEE*, 30-31, 659-680.

(1982). "A Class of Decompositions of the Variance-Covariance Matrix of a Generalized Error Components Model," *Econometrica*, 50, 713-24.

Wansbeek, T. J., and R. H. Koning (1989). "Measurement Error and Panel Data," *Statistica Neerlandica*, 45, 85-92.

White, H. (1980). "A Heteroscedasticity-Consistent Covariance Matrix Estimator and a Direct Test for Heteroscedasticity," *Econometrica*, 48, 817-838.

(1982). "Maximum Likelihood Estimation of Misspecified Models," *Econometrica*, 50, 1-25.

Wooldridge, J. M. (1999). "Distribution-Free Estimation of Some Nonlinear Panel Data Models," *Journal of Econometrics*, 90, 77-98.

Wright, B. D., and G. Douglas (1976). "Better Procedures for Sample-Free Item Analysis," Research Memorandum 20. Statistical Laboratory, Department of Education, University of Chicago.

Zacks, S. (1971). *The Theory of Statistical Inference*. New York: Wiley.

Zellner, A. (1962). "An Efficient Method of Estimating Seemingly Unrelated Regressions and Tests for Aggregation Bias," *Journal of the American Statistical Association*, 57, 348-368.

(1966). "On the Aggregation Problem: A New Approach to a Troublesome Problem," in *Economic Models, Estimation and Risk Programming: Essays in Honor of Gerhard Tintner*, edited by K. Fox, pp. 365-374. Berlin: Spinger-Verlag.

(1970). "Estimation of Regression Relationships Containing Unobservable Variables," *International Economic Review*, 11, 441-454.

Zellner, A., C. Hong, and C. K. Min (1991). "Forecasting Turning Points in International Output Growth Rates Using Bayesian Exponentially Weighted Autoregression, Time Varying Parameter and Pooling Techniques," *Journal of Econometrics*, 49, 275-304.

Zellner, A., and H. Theil (1962). "Three Stage Least Squares: Simultaneous Estimation of Simultaneous Equations," *Econometrica*, 30, 54-78.

Ziliak, J. P. (1997). "Efficient Estimation with Panel Data When Instruments Are Predetermined: An Empirical Comparison of Moment-Condition Estimators," *Journal of Business and Economic Statistics*, 15, 419-431.

译后记

计量经济学近些年的发展表明在描述复杂的人类行为时，面板数据模型明显表现出比横截面数据模型和时序数据模型更强的能力，很多时候研究人员利用面板数据可以处理用横截面数据或时序数据无法处理的经济问题。面板数据的优点日益受到国内外学者的重视，其方法理论逐渐完善，在应用领域更是与微观经济学、宏观经济学以及金融学等相结合，发挥着巨大的作用。萧政教授所著的 *Analysis of Panel Data* 第一版在国外经济学界和统计学界影响极大，备受推崇。新的第二版更新了原版中的很多内容，并增加了面板数据模型近年来新的发展成果。清华大学的李子奈教授称赞该书是“迄今为止关于 Panel Data 模型的最全面、系统、深入的教科书”。

译者慕名拜读原著后深深被吸引，喜欢它的内容，喜欢它的风格。因萧政教授同时还是厦门大学王亚南经济研究院的兼职教授和学术顾问，也是我的导师组成员，有此“人和”，故产生了翻译该著作的想法，希望能为推动面板数据计量经济学在国内的发展尽一点绵薄之力。与萧老师沟通后，经其指引，译者与剑桥大学出版社和中国人民大学出版社建立联系，翻译工作正式启动。但事情做起来总是比想象的困难，幸而在翻译过程中得到多方面的帮助和指导。首先感谢萧政教授本人，萧老师平易近人，从始至终给予译者最大的支持，令译者非常感动。他总是不厌其烦地回答译者的问题，尽量满足译者提出的各种要求。他甚至亲自审查了译稿全文，指出若干翻译错误，同时也纠正译者理解上的偏差，在很大程度上保证了译文的“信”。感谢厦门大学外文学院主攻翻译理论和创作的张文宇博士。与张博士相识是一种幸运，他学识渊博，学术成果丰硕，更是宅心仁厚，教会译者很多翻译知识和技巧，并帮助译者解决译稿中的许多实际问题，大大提高了译文的“达”

和“雅”。感谢厦门大学王亚南经济研究院的方颖副教授与林明副教授等老师帮助译者纠正了译稿中的若干错误。感谢浙江大学数学系的周慧博士、浙江财经学院的邱瑾博士、厦门大学经济学院的潘力博士、王亚南经济研究院的谢匡丽同学在百忙之中阅读译稿，指出若干错误并提出许多修改建议，增强了译文的可读性。

译者还要感谢中国人民大学出版社经济分社副社长崔惠玲女士和相关编辑人员，剑桥大学出版社大中华区资深业务经理朱起飞先生，正是在他们的帮助下，本书才得以与读者见面。最后感谢浙江财经学院相关领导和科研处在本书翻译过程中的关心与支持。

原著中一些小的错误，经萧政教授核实后已在译文中直接更正。虽然译者以“信、达、雅”为最高目标，在翻译过程中力求译文准确、自然、优美，但囿于学识水平，舛错之处在所难免，敬请广大读者和相关专家学者赐教。

李　杰

2012 年 2 月 25 日

图书在版编目（CIP）数据

面板数据分析/萧政著；李杰译．—北京：中国人民大学出版社，2012.12
（经济科学译库）
ISBN 978-7-300-16708-4

Ⅰ.①面… Ⅱ.①萧… ②李… Ⅲ.①计量经济模型 Ⅳ.①F224.0

中国版本图书馆 CIP 数据核字（2012）第 282499 号

经济科学译库
面板数据分析（第二版）
萧 政 著
李 杰 译
Mianban Shuju Fenxi

出版发行	中国人民大学出版社		
社　址	北京中关村大街 31 号	**邮政编码**	100080
电　话	010－62511242（总编室）		010－62511770（质管部）
	010－82501766（邮购部）		010－62514148（门市部）
	010－62515195（发行公司）		010－62515275（盗版举报）
网　址	http://www.crup.com.cn		
	http://www.ttrnet.com（人大教研网）		
经　销	新华书店		
印　刷	北京昌联印刷有限公司		
规　格	185 mm×260 mm　16 开本	**版　次**	2012 年 12 月第 1 版
印　张	20　插页 1	**印　次**	2018 年 8 月第 3 次印刷
字　数	436 000	**定　价**	45.00 元